Max Zoeller

# Römische Staats und Rechtsaltertümer

Ein Kompendium für das Studium und die Praxis

Max Zoeller

**Römische Staats und Rechtsaltertümer**
*Ein Kompendium für das Studium und die Praxis*

ISBN/EAN: 9783742855299

Hergestellt in Europa, USA, Kanada, Australien, Japan

Cover: Foto ©ninafisch / pixelio.de

Manufactured and distributed by brebook publishing software
(www.brebook.com)

Max Zoeller

**Römische Staats und Rechtsaltertümer**

# Römische Staats- und Rechtsaltertü..

# Römische
# Staats- und Rechtsaltertümer.

Ein Kompendium

für

das Studium und die Praxis

von

## Dr. Max Zoeller
Professor am Gymnasium zu Mannheim.

**Zweite vermehrte und verbesserte Auflage.**

Breslau.
Verlag von Wilhelm Koebner.
(Inhaber: M. & H. Marcus.)
1895.

# Inhaltsverzeichnis.

# Vorrede
zur ersten Auflage.

———

Das vorliegende Kompendium verfolgt den Zweck, den jungen Studierenden in das Studium der römischen Staats- und Rechtsaltertümer einzuführen, dem Kandidaten nach gründlichem Studium als Repetitorium zu dienen und dem Gymnasiallehrer bei seinen Vorbereitungen für den Unterricht in der lateinischen Lektüre ein praktisches Mittel an die Hand zu geben, sich vom Standpunkte der neueren Forschungen aus über die in das genannte Gebiet einschlägigen Materien zu orientieren.

Die neueren grösseren Handbücher, wie die von Mommsen-Marquardt und Lange, so vorzüglich sie auch sonst sind, werden ihres grossen Umfangs wegen wohl selten vom Studenten in der von den Verfassern beabsichtigten Weise durchstudiert; ja man kann unbedenklich behaupten, dass sie zumeist nur von denjenigen gelesen werden, die die römischen Antiquitäten zum Gegenstand ihres Spezialstudiums gemacht haben oder selbst mit Forschungen auf diesem Gebiete beschäftigt sind. Die Folge davon ist, dass der Student auf diesem Felde entweder es meist bei einem sehr lückenhaften Wissen bewenden lässt oder zu veralteten Büchern greift. Beides ist in gleicher Weise zu vermeiden. Dabei will aber das vorliegende Kompendium das Studium der grösseren epochemachenden Werke keineswegs ausschliessen,

sondern zu demselben anregen und anleiten, falls der
Studierende Zeit findet, sich spezieller zu unterrichten.

Was die Orientierung für den einzelnen Fall betrifft, so
werden diejenigen, welche die genannten Handbücher sonst
nicht kennen, sich nur schwer und mit grossem Zeitverlust
in denselben zurecht finden können, weil sie so angelegt sind,
dass sie zum Verständnis des Einzelnen oft das Studium einer
längeren Partie nötig machen. In dieser Beziehung kann
auch Paulys Realencyklopädie nur einen ungenügenden Ersatz
bieten, da die in ihrer Art und zu ihrer Zeit trefflichen
Artikel nicht mehr auf dem Standpunkt der heutigen Forschung
stehen.

Wollte der Verfasser die genannten Ziele erreichen, so
war ihm sein Weg genau vorgezeichnet. Das Buch musste
sämtliche Teile der Staats- und Rechtsaltertümer
vom Standpunkte der heutigen Wissenschaft in
systematischer Anordnung mit Ausschluss des Un-
wesentlichen in möglichst übersichtlicher und prä-
ciser Form zur Darstellung bringen. Der Verfasser
musste also möglichst objektiv verfahren und nur bei den
wichtigsten bestrittenen Dingen die bemerkenswertesten einander entgegenstehenden Ansichten kurz andeuten, bei Litteraturnachweisen sich auf das Wichtigste und bei Citaten auf das
Charakteristische beschränken, grössere historische Exkurse
ganz vermeiden und das nach seiner Ansicht wissenschaftlich
Feststehende in eine möglichst knappe und präcise Form zu
bringen suchen. Dabei war einerseits öfters die Entscheidung
darüber, was als wissenschaftliches Ergebnis zu gelten habe,
durchaus nicht leicht; in solchen Fällen sind denn auch die
Kontroversen meist angeführt; andererseits hat freilich ab
und zu der Verfasser auch gewagt, seine persönliche Ansicht
auszusprechen, was bei ihm nicht verwundern darf, da er

sich seit vielen Jahren mit den römischen Altertümern beschäftigt hat. Auch wird das Buch, abgesehen von den neuesten Litteraturnachweisen, für den Kenner bezüglich der Auffassung der Materie manches enthalten, was sonst in den Handbüchern nicht zu finden sein dürfte. Doch wird dadurch der Charakter des Buches als Kompendium in keiner Weise beeinträchtigt, da es im wesentlichen eine Zusammenfassung der neueren Forschungsresultate ist, denen der Verfasser im Anschluss bald an dieses bald an jenes Handbuch zu folgen hatte, wenn er auch in Sichtung, Gruppierung und Gestaltung des Stoffes sich seine Selbständigkeit gewahrt hat.

Da das Buch zugleich auch für das Studium der grösseren Handbücher eine Vorbereitung und Anleitung sein soll, so sind dieselben unter dem Titel eines jeden Abschnitts und Kapitels regelmässig citiert, um demjenigen, der sich für einen Abschnitt besonders interessiert, den Ort anzugeben, wo er Ausführlicheres über die betreffende Materie finden kann. Monographien dagegen sind in die Anmerkungen verwiesen. Da das Buch auch zum Nachschlagen bestimmt ist, ist ihm ein ausführlicher Index beigegeben.

Colmar i. E., den 24. November 1884.

Dr. Max Zoeller,
Gymnasialoberlehrer.

# Vorrede

## zur zweiten Auflage.

Die überaus günstige Aufnahme, die das Buch gleich bei seinem Erscheinen gefunden hat, hat den Beweis geliefert, dass dasselbe einem wirklichen Bedürfnisse entsprach, und so ist denn nach einem verhältnismässig kurzen Zeitraum eine zweite Auflage nötig geworden. Die in den verschiedenen Zeitschriften erschienenen Besprechungen habe ich genau geprüft und mich bemüht, die darin geäusserten Wünsche und Ausstellungen, für welche ich den Recensenten im Interesse des Buches nur dankbar sein kann, nach Möglichkeit zu berücksichtigen. Die inzwischen erschienene Fachlitteratur ist gewissenhaft benutzt worden. Infolgedessen haben einzelne Teile des Buches, namentlich die Abschnitte über die Magistratur, das Kriegswesen und die Provinzen eine bedeutendere Vermehrung und Umgestaltung erfahren, so dass in diesen wesentliche Dinge nicht mehr vermisst werden dürften.

Bezüglich der Methode sind in den mir vorliegenden Besprechungen des Buches keinerlei Ausstellungen gemacht worden. Der Recensent im Literarischen Centralblatt (1885, Nr. 52) hebt sogar ausdrücklich hervor, dass „der Verfasser mit Recht die systematische Behandlung der historischen vorgezogen habe, weil die erstere theoretisch und praktisch die grösseren Vorteile für ein Kompendium biete." Deshalb ist in dieser Auflage an der Gruppierung der Materie nur wenig geändert worden.

Für die eifrige Mitwirkung bei der Korrektur spreche ich meinem Kollegen, Professor Kautzmann, hiermit meinen wärmsten Dank aus.

Mannheim, den 12. September 1894.

Dr. Max Zoeller,
Professor am Gymnasium.

# Einleitung.

## Begriff der römischen Staats- und Rechtsaltertümer. Quellen. Litteratur.

Die römischen Staats- und Rechtsaltertümer enthalten die Darstellung der faktischen Zustände und Einrichtungen auf dem Gebiete des römischen Staats- und Rechtslebens. Sie sind daher verschieden von der römischen Geschichte, welche die durch bestimmte Thatsachen bedingte Entwickelung des römischen Staatslebens zum Gegenstande hat. Staatsaltertümer und Rechtsaltertümer lassen sich nicht trennen, da Staat und Recht in einem sich gegenseitig bedingenden Zusammenhange stehen, indem der Staat ebensowohl Ursache wie Wirkung der nationalen Rechtsentwickelung der Römer ist. Deshalb wird auch statt Staats- und Rechtsaltertümer vielfach der Ausdruck „Staatsrecht" gebraucht. Derselbe trifft jedoch nur zum Teil zu, da manche äussere Einrichtungen, wie die meisten in das Gebiet des Kriegs- und Finanzwesens einschlägigen Dinge, z. B. Bewaffnung, Schlachtordnung, sich dem Begriffe des „Rechtes" schwerlich unterordnen lassen, und in der Darstellung des Rechtswesens das einen integrierenden Teil desselben bildende Privatrecht dem Staatsrechte als koordinierter, dasselbe ausschliessender Begriff gegenübersteht.

Andererseits sind römische Rechtsaltertümer aber wohl zu scheiden von römischer Rechtswissenschaft oder Jurisprudenz. Die letztere hat sich bei den Römern zu einem besonderen Systeme entwickelt und ist als solches ein Teil der gesamten Rechtswissenschaft. Die Rechtsaltertümer dagegen haben sich mit den Rechtsinstitutionen nur insoweit zu befassen, als sie für die Beurteilung des römischen Volks- und Staatslebens charakteristisch sind, und bilden in dieser Stoffbegrenzung einen Teil der Philologie. Desgleichen sind die Rechtsaltertümer zu unterscheiden von der Rechts- geschichte. Letztere betont die Entwickelung des römischen Rechts, während die Rechtsaltertümer den Nach- druck auf die Institutionen legen.

Quellen für die Staats- und Rechtsaltertümer sind teils die alten Schriftsteller, die direkt oder indirekt über römische Institutionen berichten, teils Münzen und In- schriften. Unter den mit den römischen Staats- und Rechts- altertümern direkt sich befassenden Quellen sind vor allem Cicero de republica (6 Bücher) und Cicero de legibus (3 Bücher) zu nennen. Ferner gehören hierher die Fragmente aus Varros Schrift Rerum humanarum et divinarum anti- quitates 41 B., Plutarch in seinen Quaestiones Romanae, A. Gellius in seinen Noctium Atticarum libri XX und Joh. Lydus περὶ ἀρχῶν τῆς Ῥωμαίων πολιτείας. Doch haben die letzten hier genannten Schriften nur für einzelne Punkte gute Nach- richten. Sehr zuverlässige Nachrichten enthalten auch die Schriften der Fachlitteratur, so z. B. die der Agrimensoren, die Notitia dignitatum und die erhaltenen Gesetze. Als die wichtigsten indirekten Quellen sind zu bezeichnen:

1. Titi Livi historiarum ab urbe condita libri, wovon erhalten Buch I—X und XXI—XLV.

2. Dionysius von Halicarnass, Ῥωμαϊκὴ ἀρχαιολογία 20 B., die Gründung und Geschichte Roms bis 264 v. Chr. enthaltend; davon sind 11 B. erhalten, von den übrigen Auszüge und Fragmente.

3. Diodorus Siculus, βιβλιοθήκη ἱστορική, 40 Bücher, die jedoch nur zum Teil erhalten sind.

Die Litteratur über die römischen Staatsaltertümer zerfällt in die Darstellungen vor Niebuhr und diejenigen nach Niebuhr.

Von den älteren Werken, die heutzutage für den Studierenden wie den Forscher zum grössten Teil wertlos geworden sind, mögen folgende erwähnt werden:

1. Sigonius, De antiquo iure populi Romani, Lipsiae
   et Halae 1715. (Nicht Gesamtdarstellungen, aber
   interessante Beurteilungen verschiedener Punkte und
   Fragen enthaltend.)

2. Graevii thesaurus antiquitatum Romanarum (12
   voll. Traj. ad Rhenum 1694—99; wieder abgedruckt
   Venet. 1783. (Eine Sammlung von meist kompila-
   torischen Abhandlungen.)

3. Rosini antiquitatum Romanarum corpus absolutissi-
   mum. Bas. 1583, mehrmals abgedruckt, zuletzt
   Amstel. 1743. (Enthält eine systematische Darstellung, aber ohne innere Verknüpfung und staatsrechtliche Begründung.)

4. Perizonius, Animadversiones historicae, Amstelae-
   dami 1685.

5. Giambattista Vico, De universo iuris uno prin-
   cipio et fine liber unus, (Opere di Vico, Vol. III,
   herausgegeben von Ferrari, Mailand 1835).

6. Beaufort, Sur l'incertitude des cinq premiers siècles
   de l'histoire Romaine, und La rép. Rom. ou plan
   général de l'ancien gouvernement de Rome, Haag
   1750 und 1756.

7. Macchiavelli, Discorsi sopra la prima decade di Tito
   Livio, abgedruckt in Opere di M., Milano 1804.

8. Montesquieu, Considérations sur les causes de la
   grandeur et de la décadence des Romains 1734, abgedruckt bei Laboulay, Oeuvres compl., Paris 1876.

Von den Werken nach Niebuhr sind die älteren von
den neueren Darstellungen zu unterscheiden. Von den früheren,
zum Teil jetzt ebenfalls veralteten Werken nach Niebuhr sind
hervorzuheben:

1. Ruperti, Handbuch der römischen Altertümer. 2 Bde.
   Hannover 1841, 42.

2. Zeiss, Römische Altertumskunde. Jena 1843.

3. W. A. Becker, Handbuch der römischen Altertümer,
   nach den Quellen bearbeitet Bd. I. II, 1. 2., fortgesetzt

von J. Marquardt II, 3, III, 1 u. 2, IV, V, 1. 2. Leipzig 1843—67.

Das Handbuch von Becker, obwohl durch neuere Darstellungen vielfach überholt, ist bei der darin zu findenden vollständigen Angabe der Quellen und älteren Litteratur für den Forscher immer noch nicht ganz zu entbehren.

Neben den 3 genannten Werken sind unter den früheren Darstellungen für einzelne Teile der Antiquitäten noch wichtig: Göttling, Geschichte der römischen Staatsverfassung, Peter, Die Epochen der Verfassungsgeschichte der römischen Republik und Rubino, Untersuchungen über römische Verfassung und Geschichte.

Die neuesten Werke über die römischen Altertümer sind:

1. Lange, Römische Altertümer, 3 Bde. I. Band in 3. Aufl. 1876, II. in 3. Aufl. 1879, III. in 2. Aufl. 1876. Die Einteilung und Behandlung des Stoffes ist eine geschichtliche nach Perioden. Die 1. Periode behandelt den patricischen Staat, die 2. die servianische Verfassung, die 3. die staatsrechtliche Gleichstellung der Plebejer mit den Patriciern und im Anschluss hieran die Magistrate der Republik, die 4. die Herrschaft der Nobilität und in Verbindung damit Senat und Volksversammlungen, die 5. die Auflösung der bestehenden Staatsform.

2. Mommsen-Marquardt, Handbuch der römischen Altertümer, ein bis jetzt nur zum Teil vollendetes, auf 8 Bände berechnetes Werk. Erschienen sind:

    I. Band, Mommsen, Römisches Staatsrecht: Die Magistratur überhaupt. 2. Aufl. 1876. 3. Aufl. 1887.

    II. in 2 Abteilungen: Mommsen, Römisches Staatsrecht: Die einzelnen Magistraturen. 2. Aufl. 1877.

    III. ebenfalls von Mommsen, Römisches Staatsrecht: Bürgerschaft und Senat. 1. Abt. Bürgerschaft 1887. 2. Abt. Senat 1888.

IV. Marquardt, Römische Staatsverwaltung, die Organisation des römischen Reichs. 2. Aufl. 1881.

V. Marquardt, Röm. Staatsverwaltung, Finanzwesen und Militärwesen. 1. Aufl. 1876, 2. Aufl. besorgt von H. Dessau und A. von Domaszewski 1884.

VI. Marquardt, Sakralwesen der Römer. 1. Aufl. 1878, 2. Aufl., besorgt von Georg Wissowa, Leipzig, 1885.

VII. Marquardt, Das Privatleben der Römer. 2 Teile. 1. Teil 1879, 2. Teil 1882. 2. Aufl. von Mau 1886.

In Aussicht steht noch die Behandlung des Gerichtswesens.

3. Madvig, Die Verfassung und Verwaltung des röm. Staats. 2 Bde. 1. Bd. (enthaltend: Das römische Volk, Volksversammlungen, Senat und Magistratur), 1881. 2. Bd. (Verwaltung der Teile des Reichs, Rechtswesen, Staatshaushalt, Kriegswesen, öffentliche Gottesverehrung) 1882 (Leipzig, Teubner).

4. Willems, Le droit public romain ou les institutions politiques de Rome depuis l'origine jusqu'à Justinien, 5° édition. Louvain 1883.

5. E. Herzog, Geschichte und System der römischen Staatsverfassung. 1. Bd. Königszeit und Republik. Leipzig, Teubner, 1884. 2. Bd., 1. Abt. 1887, 2. Abt. 1890.

6. J. B. Mispoulet, Les institutions politiques des Romains, 2 Vol. Paris 1882 und 1883.

7. Robiou et Delaunay, Les Institutions de l'Ancienne Rome. Paris 1884.

8. Bouché-Leclercq, A. professeur, Manuel des Institutions romaines Paris (Hachette & Cie.) 1886. Vgl. Bursian-Müller, Jahresbericht LX (1889, III).

9. Karlowa, Otto, Röm. Rechtsgesch. Bd. I, Staatsrecht und Rechtsquellen, Leipzig, Veit & Co. 1885.

10. H. Schiller, Die römischen Staats- und Kriegsaltertümer im Handbuch der klass. Altertumswiss.
herausgegeben von Dr. Iwan von Müller, München
1893.

11. Th. Mommsen, Abriss des römischen Staatsrechts,
Leipzig 1893.

12. Ettore di Ruggiero, Dizionario epigrafico di
antichità Romane, Roma, Loreto Pasqualucci, editore,
1886 ff. (nur zum kleinsten Teile vollendet, vergl.
meine Recension in Bursian-Müllers Jahresbericht
LXXIII. Bd., 1892 III).

13. Smith und Wayte, Dictionnary of Greck and Romain
antiquities 2 Bde., London, Murray 1890.

14. M. Voigt, Römische Rechtsgeschichte, Leipzig 1891.

Unter den zahlreichen Kompendien ist hervorzuheben:

Hubert, F. G., Röm. Staatsaltertümer in kurzer Übersicht zusammengestellt (Umarbeitung der 3. Aufl. v. W. Kopp,
Röm. Litteraturgeschichte und Altertümer, Berlin 1891.)

Zum Nachschlagen ist auch geeignet: Lübker, Real-
lexikon 7. Auflage von Erler, Leipzig 1891.

Von Paulys Realencyklopädie des klassischen Altertums
ist jetzt eine neue Auflage unter Leitung von Wissowa in
Vorbereitung.

Von den genannten Werken ist zum eingehenderen
Studium des ganzen Gebietes insbesondere Lange zu empfehlen.
Zum Studium einzelner Teile eignet sich Mommsen-Marquardt;
auch wird dasselbe als Nachschlagebuch für Einzelheiten unentbehrlich sein, wobei zu hoffen ist, dass es nach seiner
Fertigstellung einen Gesamtindex erhalten wird. Bei Madvig
ist zu bedauern, dass er die deutsche Forschung principiell
ignoriert und so auf einem, durch das Studium anderer über-
holten Standpunkte stehen geblieben ist. Doch eignet sich
das Buch andererseits insofern zum eingehenderen Studium,
als es sehr reich an Beispielen aus der dem Studenten und
Gymnasiallehrer geläufigen Lektüre ist. Herzogs Werk, das
jetzt vollständig ist, füllt eine empfindliche Lücke aus, in-

dem es die neueren Ansichten über die verschiedenen Fragen mit grossem Geschick zusammenstellt und beurteilt.

Neben diesen Gesamtdarstellungen der römischen Altertümer kommt noch eine Reihe von Monographien in Betracht, von denen die wichtigsten am betreffenden Orte Erwähnung finden werden. Auch die rein geschichtlichen Werke, wie die von Niebuhr, Schwegler, Mommsen, Peter, Ihne, Clason, Nitzsch, neben denen auch des Verfassers Latium und Rom eine Stelle finden mag, werden in verschiedenen Materien mit Vorteil zum eingehenderen Studium benutzt werden können.

# Die römische Bürgerschaft, ihre Standesgliederungen und Rechte.

Becker, Handbuch der römischen Altertümer II, Abt. 1, 3. 26. Madvig, Die Verfassung und Verwaltung des röm. Staats I, 73. Mommsen, Staatsrecht III, 130. Karlowa, Röm Rechtsgeschichte I. 30. Herzog, Gesch. u. System d. röm. Staatsverfassung I, 10, 96.

## Kapitel I.
## Entstehung des römischen Volkstums.

Lange, Röm. Altertümer I², 55. Schwegler, Röm. Gesch. I, 169. Mommsen, Röm. Gesch. I⁷, 8. Herzog, Gesch. u. System der Staatsverfassung I, 3. Lepsius, Inscriptiones umbricae et oscae, Leipzig 1841. Mommsen, Unteritalische Dialekte. Jordan, Kritische Beiträge zur Geschichte der lat. Sprache. Heinrich Nissen, Italische Landeskunde, 1. Bd. Land u. Leute. Berlin, Weidmann 1883. C. Pauli, Altitalische Studien. Hannover, Hahn 1884. Peucker, Carl, Vorarbeiten zur lat. Sprachgesch. Herausgg. von Herm. Rönsch. 3 Teile in 1 Band. Berlin, Calvary 1884. Zwetajeff, Inscriptiones Italiae mediae dialecticae. Leipzig 1884. Deecke, Die italischen Sprachen, Strassburg 1886, Trübner (aus Gröbers Grundriss der romanischen Philologie.)

### § 1. Die italischen Sprachstämme.

Die Entstehung des römischen Volkstums ist in Sagen gehüllt. Ihnen zufolge sind die Latiner, von denen die Römer unmittelbar abstammen, ein Mischvolk, welches aus der Vereinigung verschiedener Elemente hervorgegangen ist. Solche Elemente sind das uransässige Volk der Sikuler, das später eingewanderte Volk der Aboriginer und die zuletzt mit Aeneas nach Latium verschlagenen Trojaner. Die Aboriginer

selbst wieder werden — und dieser Ansicht huldigt noch Becker
— als Angehörige eines weit verbreiteten Pelasgervolkes
betrachtet, welches wieder mit den Tyrrhenern zusammen-
hänge und mit griechischen Elementen vermischt gewesen sei.
Aus diesen Sagen haben sich nun seit Niebuhr verschiedenartig kombinierte Hypothesen aufgebaut, die nur. das eine
gemeinsam haben, dass sie in der lateinischen Nation und
Sprache zwei Elemente, ein griechisches und ein barba-
risches, unterscheiden und das Vorhandensein des ersteren
durch Vermischung mit griechisch redenden Stämmen zu erklären suchen.

Die neuere Kritik verwirft aber mit Recht die Angaben der griechischen und lateinischen Schriftsteller über die
Entstehung des latinischen Volkstums und die auf dieselben gegründeten Hypothesen und lässt als einzige zuverlässige Quelle nur die Sprachen der betreffenden Völker
gelten. Danach unterscheidet man nach Ausscheidung der
stammfremden Etrusker, Japygen, Gallier, Ligurer und Griechen zwei, jedoch mit einander verwandte Haupt-
stämme:

1. den latinischen Stamm,
2. den umbrisch-sabellisch-oskischen Stamm, der
   der Kürze wegen auch bloss der umbrische oder sabellische Sprachstamm genannt wird.

Beide zusammen bilden den national italischen Stamm
im Gegensatz zu den oben genannten ihm fremden Etruskern,
Japygen, Galliern, Ligurern und Griechen.

### § 2. Der umbrische Stamm.

Vergl. ausser Mommsen Bücheler, Umbrica, Bonnae 1883.

Der umbrische Stamm im engeren Sinne ist kenntlich
an einem besonderen umbrischen Dialekt, welcher von dem
nördlichsten Teile der Italiker gesprochen wurde. Derselbe
ist uns hauptsächlich bekannt aus sieben Erztafeln, welche
im Rathause zu Gubbio (Iguvium) aufbewahrt sind. Diese,
die iguvinischen Tafeln genannt und wohl das merkwür-
digste der alt-italischen Sprachdenkmäler, haben wegen ihrer

Verwandtschaft mit dem Lateinischen[1]) leicht entziffert werden können. Sie enthalten die Akten eines Priesterkollegiums, auf dessen öffentliche Thätigkeit sie sich beziehen. Eine Vergleichung mit dem Lateinischen und Oskischen zeigt einerseits die nächste Verwandtschaft in Lautsystem und Flexionsformen mit den genannten Idiomen, andererseits aber auch einen roheren Charakter, der das Umbrische auf das bestimmteste von dem Lateinischen und Oskischen unterscheidet und auf ein Zurückbleiben in der Entwickelung sowie auf den Mangel einer Litteratur schliessen lässt.

Ein Zweig des Umbrischen scheint das Volskische zu sein, wie aus zwei volskischen Inschriften geschlossen wird. Neuere Funde haben aber auch oskische Inschriften im Volskergebiet ergeben, sodass über diesen Dialekt nichts mit Sicherheit behauptet werden kann.

Übrigens hat die Thatsache, dass der umbrische Dialekt der am meisten in der Entwickelung zurückgebliebene innerhalb des italischen Sprachstammes ist, zu der Vermutung Veranlassung gegeben, dass der umbrische Stamm der Grundstamm der Italiker sei. Unterstützt wird diese Vermutung durch seinen Wohnsitz im Norden, wo unzweifelhaft die ältesten Sitze der Italiker waren, und die ethnographischen Traditionen, in denen die Umbrer als das älteste Volk Italiens bezeichnet werden.

## § 3. Der sabellische Stamm.
Schwegler, Röm. Geschichte I, 180.

Südlich von dem umbrischen Dialekt erscheint demselben Sprachstamm angehörig, aber verkümmert und verschwindend der sabellische Sprachstamm, der sich über die Stämme der Picenter, Marser, Marruciner, Päligner, Vestiner und Sabiner erstreckte. Obwohl in diese Gebiete, insbesondere in das eigentliche Sabinerland, die lateinische

---

[1]) Vergl. die mehrmals in denselben vorkommende Formel: *Sve rehte kuratom sit*, lateinisch = *si recte curatum sit.*

Sprache schon ziemlich früh eindrang, so sind doch noch einige Reste vorhanden, die einen besonderen Dialekt erkennen lassen. Dahin gehören zwei sabellische Inschriften in βοωστροφηδόν sowie vielleicht auch einzelne Reste desselben oder doch verwandten Dialekts bei den Volskern. Trotz dieser dürftigen Reste lässt sich doch die Thatsache der engeren Verwandtschaft mit dem umbrisch-oskischen Dialekt sowie die Mittelstellung zwischen beiden erkennen. Gestützt wird dieses Ergebnis der Sprachforschung durch die Berichte der Alten, denen zufolge die Sabiner einerseits Angehörige des umbrischen Stammes, andererseits Stammeltern der oskisch-sabellischen Völkerschaften gewesen sind.

## § 4. Der oskische Stamm.

Der oskische Dialekt wurde von den Sidicinern und Frentanern an im ganzen südlichen Teil der apenninischen Halbinsel gesprochen. Am meisten ausgebildet war er bei den Oskern in Campanien und den Samniten. Das ziemlich zerstreute Sprachmaterial hat zuerst Lepsius (s. oben S. 1) zusammengestellt. Das meiste Verdienst um die Feststellung der Sprache hat sich indessen Mommsen erworben, der in seinen „Unteritalischen Dialekten" zuerst das Material bis zu einem gewissen Grade vollständig zusammengestellt, gesichtet und interpretiert hat. Von den zur Kenntnis der oskischen Sprache besonders wichtigen Denkmälern sind folgende hervorzuheben:

1. der Cippus von Abella, einen Vertrag zwischen den Städten Abella und Nola enthaltend,
2. die Erztafel von Bantia, ein der Stadt Bantia verliehenes Recht,
3. die Weihinschrift von Agnone.

Die uns in diesen Denkmälern entgegentretende Sprache darf nach Mommsens Urteil hinsichtlich ihres Wohllauts und der harmonischen Durchbildung ihrer lautlichen Verhältnisse und Formen dem Lateinischen in seiner besten Zeit zur Seite gestellt werden. Die Sprache wird die oskische genannt,

weil sie von den Oskern[1]) geredet wurde, die als Bewohner
des fruchtbaren Campaniens und Nachbaren der Hellenen in
den Küstenstädten Neapel und Cumae schon frühe von ihren
Stammesgenossen in den Gebirgen, den Samniten, sich durch
eine besondere Kulturentwickelung unterschieden haben. Gesprochen wurde dieselbe Sprache aber auch von den Samniten,
die sie, nach Mommsens Ansicht, von ihrem Berglande aus
auf Campanien und die anderen Länder des südlichen Italiens,
wie Lukanien, Apulien, Bruttium, übertrugen. Doch lässt sich
auch mit Mannert und Forbiger[2]) annehmen, dass die Samniten von Haus aus in ihrer Sprache sich nicht von den Bewohnern der genannten Länder unterschieden. Gestützt wird
diese Ansicht durch die Thatsache, dass die nördlich vom
Liris wohnenden Ausoner, die historisch nie mit den Samniten
in Berührung gekommen sind, nach neueren Inschriftenfunden
erweislich die oskische Sprache geredet haben. Danach war
die letztere wohl schon vor der samnitischen Eroberung über
ganz Süditalien verbreitet.

### § 5. Die Italiker.

Der umbrische, sabellische und oskische Dialekt bilden
zusammen eine engere Sprachfamilie, die unter dem Namen
der umbrisch-sabellisch-samnitischen dem lateinischen Sprachstamm gegenübersteht und mit demselben sehr
bald in feindliche Berührung kommt. Wie übrigens die oben
erwähnten Inschriften beweisen, handelt es sich hier nicht um
besondere Sprachen, sondern um Dialekte, die sich in
nichts mehr von einander unterscheiden wie das Böotische
vom Attischen oder das Allemannische vom Sächsischen und
nur Modifikationen einer und derselben italischen Grund-
sprache sind, die von den Umbrern im Norden bis zu der

---

[1]) Der Name Osci = Opsci, Feldarbeiter (vergl. Mommsen, Römische
Geschichte I², 21), haftete ursprünglich nur an den Bewohnern des
mittleren Campaniens.
[2]) Mannert, Geographie der Griechen und Römer IX, 699, Forbiger,
Handbuch der alten Geographie III, 661.

Südspitze Italiens reichte. Aus dieser Sprachverwandtschaft
folgt die Thatsache eines grossen italischen Stammes,
dem auch die Latiner und die Römer angehören.
Wie diese Italiker nach Italien gekommen, welche
Wanderungen sie vorher in Europa gemacht und in welcher
Weise sie mit dem verwandten griechischen Völkerstamme
vereint aus dem Ursitz der Völker, aus Asien, herübergewan-
dert, darüber lassen sich nur unsichere Vermutungen aufstellen.
Doch wird fast allgemein angenommen, dass die Italiker vor
ihrem Eintreffen in Italien längere Zeit mit den Griechen
ein Volk[1]) gebildet haben, bis sich diese nach der Balkan-
halbinsel absonderten und sie selbst den Weg nach Italien
einschlugen. Dort eingewandert, haben sie dann infolge von
mancherlei besonderen, zum Teil der verschiedenen Boden-
beschaffenheit und Formation der Halbinsel, zum Teil der
Berührung mit fremdartigen Völkerschaften entspringenden
Einwirkungen eine von den Griechen in Sprache und Sitte
vielfach verschiedene Entwickelung genommen.

## § 6. Die Latiner und Römer.

Die Latiner und Römer sind nach dem Gesagten als
ein Zweig des grossen italisch-indogermanischen Stammes aufzufassen. Gleichwohl haben aber auch sie eine besondere
Entwickelung durchgemacht, die sie in manchen Stücken von
den übrigen Italikern unterschied. Während nämlich die zumeist den gebirgigen Osten der Halbinsel bewohnenden sabellischen Völkerschaften die ursprünglichen Kulturzustände
mit grosser Zähigkeit festhielten, hat sich in Latium schon
durch die günstigeren Bodenverhältnisse und den von
der See her die Küste belebenden Verkehr früher eine Kultur
herausgebildet, die in einem blühenden Ackerbau und einer
mächtigen, durch Handelsverkehr unterstützten Städteent-
wickelung zur Entfaltung gelangte.

---

[1]) Vgl. Fick, Wörterbuch der indogermanischen Sprachen, 2. Aufl
1876. Doch wird diese Ansicht neuerdings angefochten. Vgl. Schmid, die
Verwandtschaftsverhältnisse der indogermanischen Sprachen, 1872. Kuhn,
Zeitschr. für vergl. Sprachwissensch. 1876, S. 333 ff.

Aber der von den Sabellern verschiedene Entwickelungs-
gang der latinischen Nation war noch durch andere Faktoren
bedingt. Zunächst darf der Einfluss nicht unterschätzt werden,
den das einst in Italien so mächtige Etruskervolk schon
durch seine unmittelbare Nachbarschaft auf Latium und Rom
ausgeübt haben muss. Dieser Einfluss muss aber noch viel
tiefer gehend gedacht werden, wenn, wie jetzt fast von keinem
Forscher mehr geleugnet wird, die Etrusker sogar eine Zeitlang über Rom und einen Teil Latiums geherrscht und dort
vielfache Spuren ihrer Kultur und Bevölkerung zurückgelassen
haben. Ob die Etrusker dem indogermanischen oder einem
anderen Völkerstamme angehören, hat bis jetzt nicht sicher-
gestellt werden können, da trotz der eifrigsten Forschungen
die Entzifferung der etruskischen Sprachüberreste nicht gelungen ist.[1]) Aber so viel ist sicher, dass ihr Kulturleben
von dem der übrigen Italiker in vielen Dingen sich unterschied. Demnach mussten die innigen Beziehungen der
Etrusker zu Rom auf letzteres einen Einfluss ausüben, der
nur in einer grösseren oder geringeren Entfremdung von den
übrigen Italikern zur Geltung gelangen konnte.

Dazu kam noch, dass zu irgend einer Zeit — wann.
möge dahingestellt bleiben — unleugbar zu dem ursprünglich
rein lateinischen Element in Rom noch ein sabellisches
hinzugetreten ist. Diese Thatsache. die aus dem Vorhandensein einer Menge sabinischer Sitten und Kulte mit Sicherheit geschlossen werden kann, erscheint in der Sage als eine
Folge des von den eben erst angesiedelten jungen Römern
an den Sabinern begangenen Jungfrauenraubes, infolgedessen
die letzteren den Römern den Krieg erklärt und unter ihrem
Könige Titus Tatius sich nach einem siegreichen Kampfe
Aufnahme in die römische Bürgerschaft ertrotzt haben sollen.
Ob nun die Vereinigung mit den Sabinern gerade damals zu

---

[1]) Vgl. Deecke a. a. O, ferner Deecke. Die Bleiplatte von Magliano.
Rhein. Museum für Phil. N. F. XXXIX (1884) S. 141—150. Pauli, Altitalische Studien Heft IV. S. auch des Verfassers Grundriss der Geschichte
d. röm. Litteratur, Münster (Schöningh) 1891 S. 2.

Romulus Zeiten, wie die Sage berichtet, oder in einer anderen, früheren oder späteren Zeitperiode stattgefunden, kann hier nicht erörtert werden.[1]) Thatsache ist aber das Vorhandensein dieses sabinischen Bevölkerungselements sowie der grosse Einfluss, den dasselbe als konservatives Element in religiöser und politischer Beziehung gegenüber der leicht erregbaren und zu Neuerungen geneigten latinischen Bevölkerung ausgeübt hat.

---

[1]) Vgl. des Verfassers Latium und Rom, Leipzig, Teubner 1878.

# Kapitel II.

# Einteilung und Standesunterschiede des römischen Volkes in der älteren Zeit.

Madvig, Die Verfassung und Verwaltung des römischen Staats, I, 73.
Lange, Röm. Altertümer I², 77, 90, 356, 492, II. 1. Becker, Handbuch
der röm. Altertümer II, 26. Schwegler, Röm. Gesch. I, 459. Herzog,
Gesch. und System der röm. Staatsverf. I S. 89. Mommsen, Röm. Staatsrecht III, 13, Karlowa, Röm. Rechtsgeschichte, I 30.

## § 7. Die Quiriten.

Lange I², 81. Schwegler I, 489. Mommsen, Röm. Gesch. I⁷, 55, Staatsrecht III, 1.

Vielfache Spuren weisen darauf hin, dass der römische
Staat durch Eroberung entstanden ist, wenn auch die Art
und Weise, wie sich diese Thatsache vollzogen hat, sich aus
der Sage nicht erkennen lässt. Die Geschlechter, die *gentes*
*patriciae*, die als die Eroberer zu denken sind, bildeten daher
auch als die herrschenden ursprünglich allein den Staat, der
als *populus Romanus Quirites* oder später auch als *populus*
*Romanus Quiritium* bezeichnet wird. *Populus* heisst der Staat
als nationale Zusammengehörigkeit der ihn bildenden Bürger.
Die ursprüngliche Bezeichnung für den einzelnen Bürger ist
*quiris*. Das Wort *quiris* leiten die einen ab von Cures,
einer Stadt im Sabinerlande, wonach die erobernden Geschlechter als Sabiner zu denken wären[1]), andere dagegen
von *curis* oder *quiris* = Lanze. Danach würde das Wort
so viel bedeuten als Lanzenmänner oder Wehrmänner.
Quirites wären demnach diejenigen, die berechtigt sind, die
Lanze zu führen. Diese Erklärung, welche sich mit der
Auffassung, dass der römische Staat durch Eroberung entstanden ist, wohl verträgt, hat in der That Manches für sich.
Wenn auch später der Ausdruck Quirites die Bürger im

---

[1]) Diese letztere Ansicht vertritt der Verfasser in seinem Latium
und Rom. Vergl. auch Volquardsen, Die drei ältesten römischen Tribus
im rh. Mus. 43.

Frieden bezeichnet und, wie aus der Anrede Cäsars an seine Soldaten vor dem Kampf mit Ariovist hervorgeht, mit Beziehung auf die Soldaten eine Art Schimpf enthält, so darf man doch nicht vergessen, dass mit der Zeit durch die später so sehr veränderten Verfassungsverhältnisse sich eine Umwandlung in dem Begriffe des Wortes vollzogen hatte. Die Quirites waren die Wehrmänner, die allein zum Tragen der Waffen und zur Abstimmung in der Versammlung des Volkes berechtigt waren. Letztere Bedeutung als stimmberechtigte Bürger musste später das Übergewicht erlangen, als „die Begriffe Volk und Heer praktisch auseinander gefallen waren".[1] So ging der Begriff des Wortes *quiris* allmählich über in den Begriff des Bürgers mit Beziehung auf seine staatsbürgerlichen Rechte.

*Quirites* waren ursprünglich nur die Patricier. Sie bildeten allein den Staat, an deren Spitze der von ihnen gewählte bezw. anerkannte und durch den Senat kontrollierte und beschränkte König stand. An dieser Auffassung änderte die Abschaffung des Königtums und Einführung des Consulats an sich nichts. Eine wesentliche Umgestaltung der Verfassungsverhältnisse trat vielmehr erst durch den Kampf ein, den das zweite Element des römischen Volkstums, die Plebs, um die Gleichberechtigung mit den Patriciern durchgeführt hat. In dieser Zeit kam für den Begriff Bürger der Ausdruck *civis* und für Bürgerschaft die Bezeichnung *civitas* auf.

## § 8. Die Patricier.[2]

Der Name Patricier kommt her von *patres*, wozu *patricius* das Adjektiv ist. Zu dem Adjektiv *patricii* ist wohl *homines*

---

[1] Vergleiche Ihering, Geist des römisch. Rechts I, 116 und dazu W. Soltau, Die Entstehung und Zusammensetzung der alt-römischen Volksversammlungen. Berlin. Weidmann 1880, S. 456.

[2] Vergl. über dieses sehr kontroverse Kapitel Mommsen, Römische Forschungen I, 129 ff. und 319. Dieser Darstellung zufolge ist *patres* die technische Bezeichnung für den alten patricischen Senat in seiner Gesamtheit. A *potiori* wurde auch die Gesamtheit der Patricier so genannt. Anderer Ansicht dagegen ist Lange, *De patrum auctoritate commentatio* 1876. Mommsen sind im wesentlichen gefolgt: Christensen, Die ursprüng-

oder *cives* zu ergänzen. Als solche bezeichneten sich die alten Bürger im Gegensatz zu den neuhinzugekommenen, den *novicii* oder *plebeii*. Der Name *patres* bedeutet aber so viel als „Senatoren" und umfasst die Mitglieder des Senats, der damit als Rat der Alten oder Geronten bezeichnet wird. Patricier sind also der Wortbedeutung nach solche, welche, ohne gerade selbst Senatoren zu sein, zu dem Senatorenstande dauernd in naher Beziehung stehen. Das sind aber die Geschlechter, *gentes*, oder der Erbadel, der, weil aus ihm der Senat gewählt und ergänzt wurde, seine Gesamtbezeichnung von den Hauptvertretern des Standes, von den Senatoren, entlehnte.[1]) Daraus folgt nun keineswegs, dass der Patricierstand aus den ursprünglich eingesetzten Senatoren hervorgegangen sei, sondern es ist mit der gegebenen Erklärung des Namens die sonst durch vielfache Anzeichen beglaubigte Ansicht wohl vereinbar, dass der genannte Erbadel von Anbeginn der römischen Geschichte als solcher und nicht bloss als Senat existiert habe. Der später als Patricier bezeichnete Erbadel bildet vielmehr das ursprünglich allein herrschende Volk; er allein ist der *populus*, d. h. die Gemeinde oder der Staat, in dem die übrigen Volkselemente ursprünglich ganz rechtlos sind und erst nach langen Kämpfen mit dem herrschenden Volke sich Gleichberechtigung erringen können. Damit hängt zusammen, dass die Patricier ihre eigenen *sacra* hatten, von denen die Plebejer vollständig ausgeschlossen

---

liche Bedeutung der *patres*, Hermes 9, 196 ff. und Die ursprüngliche Bedeutung der *patricii*, Husum, Progr. 1876, Herzog a. a. O. und W. Soltau, Altröm Volksversammlungen, Berlin, Weidmann 1880, 109 ff. Vergl. auch des Verfassers Latium und Rom, S. 15 ff.

[1]) Nach Lange bedeutet der Ausdruck *patres* so viel als *patres familias*. Mommsen, Staatsrecht III, 13 sagt hierüber verschieden von dem, was er früher behauptet hatte: Da der Begriff der Geschlechtsgenossenschaft auf der die väterliche Gewalt begründenden Geburt beruht, so heissen die Geschlechtsgenossen wie *gentiles*, so auch *patres* oder adjektivisch *patricii*, insofern sie und sie allein einen Vater haben. Die erstere Bezeichnung wird den Geschlechtsgenossen im Gegensatz zu der ausserhalb der Gentilität stehenden Plebs beigelegt.

waren, dass ferner die Priestertümer ursprünglich nur von Patriciern verwaltet und die *auspicia* nur von Patriciern vorgenommen werden durften, und dass kein Plebejer mit einer Patricierin und kein Patricier mit einer Plebejerin eine rechtsgiltige Ehe abschliessen konnte. Aber auch abgesehen von diesen Momenten setzt schon der ganze Verlauf des Ständekampfes die Patricier als ein selbständiges Volkselement voraus, insbesondere wäre eine Auswanderung der Plebs einem bloss als Senat gedachten Patricierstande gegenüber nicht leicht denkbar. Auch der Umstand darf nicht vergessen werden, dass die Patricier lange Zeit im ausschliesslichen Besitze des Gemeindelandes oder des *ager publicus* waren. Dies beweist, dass die Staatssouveränität nur in ihrer Gemeinschaft ruhte, was wohl mit der Annahme eines ursprünglich nur aus Senatoren bestehenden Patriciats kaum vereinbar wäre. Dieses ursprünglich allein den Staat bildende und von anderen Bevölkerungselementen sich streng abschliessende Patriciervolk ward später als Adel gedacht, als mit der wachsenden Plebs und ihren sich immer mehr steigernden Ansprüchen die Gegensätze nicht mehr als reines Oberherrlichkeits- und Unterthanen-Verhältnis, sondern als Vorrechte gegenüber niederen Rechten sich ausbildeten.

Allmählich nahmen die patricischen Geschlechter, obwohl ab und zu durch Aufnahme fremder Geschlechter mittelst Kooptation verstärkt, doch infolge ihrer Abgeschlossenheit ab, bis sie zur Zeit Cäsars zu einem so geringen Reste zusammengeschmolzen waren, dass eine *lex Cassia* (im J. 45 v. Chr.) zur Aufrechterhaltung gewisser Priestertümer und Ceremonien neue Patricier und patricische Geschlechter ernannte. Alle Kaiser wurden Patricier, und seit Constantins Zeiten wird der Titel *patricius* auf Lebenszeit verliehen.

Das ursprünglich allein staatlich berechtigte Volk der Patricier war nun selbst wieder verschiedentlich gegliedert. Es zerfiel nämlich in die drei Tribus:

    1. der Tities,

    2. der Ramnes,

    3. der Luceres.

Die Tribus zerfielen wieder nach der gewöhnlichen, übrigens keineswegs feststehenden, auf Niebuhrs Auktorität sich stützenden Ansicht in je 10 *curiae*, die *curiae* in je 10 *gentes* und diese wieder in eine Reihe von Familien, so dass das ganze Volk hiernach bestand aus:

3 *tribus*,

30 *curiae*,

300 *gentes*.

## § 9. Die Stammtribus.

Madvig I, 95. Lange I³, 81. Mommsen, Röm. Gesch. I⁷, 41. Staatsrecht III, 95. Schwegler I, 459, 468 ff. bis 514. Herzog I, 96. Karlowa I, 81.

Das älteste römische Volk war in 3 Tribus eingeteilt, *Tities*, *Ramnes*, *Luceres*, auch *Titienses*, *Ramnenses*, *Lucerenses* genannt. Die Bildung dieser drei Tribus weist nach der gewöhnlichen Annahme auf eine vorstaatliche Zeit zurück, da ihre Vereinigung die Existenz der einzelnen Stämme voraussetzt. So werden die *Ramnes* als das ursprünglich latinische Element (von Rama = Roma, den ursprünglichen Bewohnern Roms), die *Tities* als Sabiner (von Titus Tatius, dem sabinischen Könige,)[1] und die *Luceres* (von Lucumo) als Etrusker, nach Neueren als die nach Zerstörung von Alba-Longa nach Rom verpflanzten Albaner bezeichnet. Man nimmt dabei an, dass durch successives Hinzutreten der Tities und Luceres zu den Ramnes die Stammesdreiheit entstanden sei. Es darf aber nicht vergessen werden, dass die Dreiteilung eine gräcoitalische Urform ist[2], die uns bei sämtlichen Stämmen Italiens begegnet, und dass deshalb eine besondere Bildung dieser Form aus verschiedenen Nationalitäten für die einzige Stadt Rom um so unwahrscheinlicher ist, als

---

[1] Auch die *Sodales Titii*, die zur Wahrung des sabinischen Kultus (*retinendis Sabinorum sacris*) eingesetzt wurden, werden mit dem Stamm der Titier in Verbindung gebracht. Mommsen, Staatsr. III, 97 A. 3.

[2] Vgl. Mommsen, Röm. Gesch. I², 41 Anm.; Nissen, *Templum*, S. 144. Volquardsen, Die drei ältesten römischen Tribus, Rhein. Museum, N. F. 33, 538 ff.

die genannten Etymologien heute so gut wie aufgegeben
sind. Wie überall in Italien, so wurde auch in Rom die
Feldmark in drei Teile[1]), und zugleich mit dieser Gaueinteilung
die Altbürgerschaft in die drei Stämme geteilt.
Die Gaueinteilung fiel also wohl mit der Einteilung in Stämme
und so mit der Gründung des Staates zusammen. Auf diese
Weise ist auch sehr verständlich, weshalb die genannte Tribuseinteilung
zugleich die Grundlage für die Zusammensetzung
des Heeres bildete, zu dem jeder Stamm ein gleich grosses
Kontingent, angeblich 1000 Mann, stellte. Die älteste römische
Legion war demnach 3000 Mann stark. Später scheinen zu
den Geschlechtern der drei Stämme neue hinzugefügt worden
zu sein, die als Titienses, Ramnenses, Luceres *secundi* von
den Titienses, Ramnenses, Luceres *priores* unterschieden
wurden. Nach Servius Tullius werden die drei Stammtribus
nirgends mehr erwähnt.

## § 10. Die Curien.

Lange I³, 90. Madvig I. 98. Herzog I. 96. Mommsen. Staatsrecht III. 99.
Karlowa I, 31.

Wie die Einteilung des Volkes in Stämme oder *tribus*,
so beruhte auch die Curieneinteilung auf einem lokalen Princip,
wie der Umstand, dass jede Curie ihre abgesonderte Feldmark
hatte, und einige der erhaltenen Namen: Foriensis,
Rapta, Veliensis. Velitia, Titia, Faucia und Acculeia beweisen.
Die Curien waren wie die attischen Phratrien eine politischsakrale
Einteilung der Bürger. Wie die Phratrien ihr besonderes
Lokal (φράτριον) mit Altären der Phratriengötter
hatten, so hatte auch jede der 30 Curien ihren besonderen

---

[1]) Varro, l. l. 5,55: *ager Romanus primum divisus in partes tres, a quo
tribus appellata Tatiensium, Ramnium, Lucerum.* Nach Mommsen bezeichnet
das Wort Tribus immer die staatlich abgegrenzte Flur. Es ist demnach
nicht sehr wahrscheinlich, dass, wenn der Name „der Tribus vom Boden
auf die Person übergeht" (Mommsen. Staatsr., III, 98) die drei Tribus
besondere Gemeinden schon vor Gründung des Staates gebildet haben,
wie Mommsen, Staatsrecht III, 96, gleichwohl annimmt.

Raum in einem Gebäude, das ebenfalls *curia* hiess und zunächst als eine staatlich anerkannte und dotierte Opferstätte, an welcher besonderen Göttern geopfert wurde, angesehen werden muss.[1]) Auch die Funktionen waren denen der Phratrien ähnlich; denn gleich den letzteren lag auch den *curiae* die Pflege und Beaufsichtigung gewisser natürlicher Vorgänge, wie der Ehen, Geburten und Todesfälle, ob.[2]) Zugleich scheint die lokale Curieneinteilung auch militärischen Zwecken gedient zu haben.[3]) Jedenfalls haben die 10 Unterabteilungen der Curien (bei Dionys Dekaden genannt) als militärische Einrichtungen[4]) zu gelten und sind nicht, wie früher geschah, mit den *gentes* zu verwechseln. Die Opfer wurden durch eigene Priester, *curiones*, die zugleich die Vorstände der Curien waren, vollzogen. An ihrer Spitze stand der *curio maximus*. Die Mitglieder der einzelnen Curien hiessen *curiales* Die ältesten Curien enthielten nach der überwiegenden Annahme der neueren Forscher nur Patricier, gleichwie die *comitia curiata* in der älteren Zeit ausschliesslich patricisch waren.[5]) Der Name *curia* wird teils von der Stadt Cures, teils von *Quiris*, teils von *curare* (vgl. das griechische κυρία ἐκκλησία) abgeleitet.[6])

---

[1]) Soltau, Ueber Entstehung und Zusammensetzung der alt-römischen Volksversammlungen, Berlin, Weidmann, 1880. S. 51 ff. insbes. S. 63.

[2]) Vgl. ausser Soltau Genz, Das Patricische Rom. 1878, S. 32 ff.

[3]) Mommsen, Staatsrecht III, 102. Von anderen wird ihr militärischer Charakter bestritten, insbesondere von Soltau S. 64 (gegen Ihering, Geist des römischen Rechts I⁰ 248, der sich für den wesentlich militärischen Charakter der Curien ausspricht).

[4]) S. J. J. Müller, Studien zur röm. Verfassungsgesch. im Philol. 34, 96 ff.

[5]) Dagegen Soltau, Altröm Volksversammlungen S. 68.

[6]) Corssen, Aussprache, Vokalismus und Betonung der lat. Sprache, leitet es ab von der Wurzel *cu* oder *sku* = decken; *cusia*, später *curia* ist etymologisch gleich dem altdeutschen *hus*; somit bedeutet *curia* ursprünglich einfach Haus. Mommsen verwirft diese Etymologie. Vergl. übrigens bezüglich der Curien überhaupt E. Hoffmann, Patricische und plebejische Curien, Wien 1879 und Sorof, Die römischen Curien Zeitsch. f. d. Gym. W. 16, 433 ff.

## § 11. Die gentes.

Lange I³, 211. Mommsen, Staatsrecht III, 9. Karlowa I, 33.

Während die Tribus und Curien künstliche Einrichtungen sind, beruht die römische *gens* auf Blutverwandtschaft. Sie wird daher geradezu als *agnatio* aufgefasst, unterscheidet sich aber von dieser teils dadurch, dass die *gens* dem patricischen Stande eigentümlich ist, während die *agnatio* sowohl bei Plebejern als Patriciern vorkommt, teils dadurch, dass bei der ersteren ein strenger Nachweis der Verwandtschaft nicht mehr möglich ist. Bloss der gemeinsame Name ist dafür ein Anhaltspunkt, insofern für diejenigen Römer, welche das gleiche *nomen* führen, die Rechtsvermutung der Abstammung von einem allen gemeinschaftlichen ältesten Vorfahren besteht, daher die Definition: *gentiles sunt qui eodem nomine sunt.*[1]) Die *gentiles* sind demnach solche *agnati*, welche den Nachweis des Grades der *agnatio* zu führen ausser stande sind. Damit hängt dann zusammen, dass innerhalb einer *gens* zwischen Verwandten und Nichtverwandten unterschieden wird, und die Mitglieder der *stirpes*, in welche manche *gentes* sich verzweigt hatten, unter sich vor den *gentiles* ein näheres Erbrecht zu haben behaupteten. Dass die *gentes* patricisch sind, geht vor allem daraus hervor, dass den Plebejern für die ältere Zeit der Name *gens* abgesprochen wurde, obgleich das *nomen gentilicium* sich auch bei ihnen vorfindet. Nach alledem stellen sich die *gentes* als erweiterte Familien innerhalb des Patricierstandes dar. Jede *gens* bildete eine Opfergemeinschaft, gleichwie alle zusammen wieder eine solche darstellten, von der diejenigen, welche nicht Mitglieder der *gentes* waren, ebenso ausgeschlossen waren, wie ursprünglich von dem Staate, den nur die *gentes* gebildet

---

[1]) Dazu kommt bei Cicero als Ergänzung der Definition noch folgendes: *qui ab ingenuis oriundi, quorum maiorum nemo servitutem servivit, qui capite non sunt deminuti.* Dieser Zusatz ist aber nur richtig für die patricisch-plebejische Bürgerschaft, für die rein patricische genügt der Hauptsatz; Mommsen Str. III, 11 A. 2.

haben. Die *gentes* hatten gemeinschaftliche Opfer und Heilig-
tümer, vielleicht auch gemeinsames Land und gemeinschaftliche Grabstätten, ferner die Vormundschaft über Geistes-
schwache und Verschwender. Auch hatten sie ein Erbrecht,
wenn einer starb, ohne Erbberechtigte oder ein Testament
hinterlassen zu haben.

Die Zahl der *gentes patriciae* wird in der Regel auf 300
angegeben, doch kann die Zahl kaum genau fixiert gewesen
sein. Schon ziemlich früh kommen neben den patricischen
*gentes*, die allein mit Recht diesen Namen verdienen, sog.
plebejische *gentes* vor, die zum Teil denselben Namen wie die
patricischen Geschlechter führen.[1]) Dieses Verhältnis ist wohl
durch Freilassung oder Austritt aus der Clientel entstanden.

Der vorstehenden Auseinandersetzung, die sich vorzugsweise auf Lange stützt, mit dem Mommsen in den wesentlichen Punkten übereinstimmt, steht entgegen 1. die Ansicht
Rubinos, welcher die *gentes patriciae* ableitet von den Senatoren, welche den romulischen Staat bildeten und *patres*
hiessen, 2. die Ansicht Niebuhrs, welcher den *gentes* den
verwandtschaftlichen Charakter abspricht und in ihnen künstliche Nachbildungen von Verwandtschaftskreisen zum Zwecke
der staatlichen und militärischen Organisation erblickt.[2])

### § 12. Die Clienten.

Madvig, I. 92. Lange I², 237. Mommsen, R. G. I², 82. Forschungen I, 355,
Staatsrecht III, 52. Karlowa I, 37.

Ausser den Patriciern gab es in Rom ursprünglich noch
eine Anzahl höriger Leute, die Clienten hiessen (wahrscheinlich von *cluere*, κλύειν, hören). Diese standen zu den
Patriciern im Verhältnis einer Art Leibeigenschaft, die höchst
wahrscheinlich aus Unterjochung[3]) hervorgegangen ist und

---

[1]) So standen z. B. den patricischen Claudii die plebejischen Claudii
Marcelli gegenüber.

[2]) Über die *gentes* vgl. auch H. Genz, Das Patricische Rom. Berlin.
Grote 1878.

[3]) Karlowa I, 37.

sich aus den römischen Rechtsprinzipien unschwer erklärt.
Auf römischem Territorium war der Peregrine nach römischem Rechte vollkommen rechtlos. Um ihm Rechtsschutz
zu gewähren, lag es daher nahe,[1]) ihn dem Schutze eines berechtigten Bürgers (*patronus*, da dieser Bürger an dem Hörigen
gewissermassen Vaterstelle zu vertreten hat) zu übergeben und
dieses Verhältnis durch die Bande der Heiligkeit und Pietät zu
einem existenzfähigen zu machen. Das Pietätsverhältnis giebt
sich vor allem in dem Sittlichkeitsverhältnis gegenseitiger Treue
kund und zeigt sich namentlich in den Verpflichtungen, die
beiden, Patronen und Clienten, gemeinsam waren: beide mussten
sich als zu einer Familie gehörig betrachten; sie durften sich
daher nicht gegenseitig vor Gericht belangen oder gegen einander Zeugnis ablegen. Im übrigen hatte der Patron die
Verpflichtung, den Clienten wie ein Vater zu beschützen, namentlich ihm in Rechtsgeschäften beizuspringen und ihn vor
Gericht zu vertreten, während der Client auch seinerseits
wieder Verpflichtungen hatte, die denen der Kinder gegen
den Vater entsprechen. Während der Patron in den genannten Dingen dem Clienten an die Hand ging, also für
ihn Käufe und Verträge abschloss, den Gegner vor Gericht
rief oder geladen seinen Schützling daselbst verteidigte und
überhaupt in allen privaten und öffentlichen Dingen ihm Sicherheit und Ruhe verschaffte, so hatte dagegen der Client die
Verpflichtung, die Töchter des Patronen bei ihrer Verheiratung
auszustatten oder ausstatten zu helfen, im Falle derselbe arm
war, dann, wenn der Patron oder einer seiner Angehörigen
in Kriegsgefangenschaft geraten war, denselben auszulösen,
bei verlorenen Prozessen oder Geldbussen ihm aus eigenen
Mitteln Ersatz zu leisten, und wenn der Patron durch Übernahme eines öffentlichen Amtes sich in Kosten stecken musste,
ihm durch Geldmittel hilfreich unter die Arme zu greifen.[2])

---

[1]) Wahrscheinlich geschah dies durch einen Vertrag, Karlowa I, 38.
[2]) So schildert Dionys von Halicarnass (II, 10) das Verhältnis,
ebenso Plutarch. Vgl. über die ältere Clientel. M. Voigt, Ueber die
Clientel und Libertinität, Ber. d. k. sächs. Ges. d. W. Philol. hist. Kl. 1878,

Im ganzen kann man die Stellung der Clienten mit Mommsen als einen Mittelstand zwischen Freiheit und Unfreiheit bezeichnen. Dieses Verhältnis war erblich, hat sich aber bald gelockert und ist zu irgend einer Zeit verschwunden. Zwar existierte noch das Institut der Clientel in den späteren Zeiten der Republik und in der Kaiserzeit fort, allein das Verhältnis war ein anderes; diese späteren Clienten waren arme Bürger, zum Teil Freigelassene, die sich den vornehmeren Häusern anschlossen und ihnen gegen Unterstützung und Gaben allerlei Aufmerksamkeiten erwiesen.[1])

## § 13. Die Plebejer.

Niebuhr, Röm. Gesch. I², 393, 452, 649 (Classen). Lange I², 414. Mommsen, Röm. Gesch. I⁷, 82, Staatsrecht III, 63, 66, 143. Schwegler I, 620. Karlowa I, 62.

Neben den *gentes patriciae* wohnte in historischer Zeit in Rom eine grosse Volksmasse, welche sich nicht im Clientelverhältnis befand und Plebs hiess. Dieselbe steht als die „Gemeinen", als die regierte Masse,[2]) den herrschenden Geschlechtern gegenüber, die sich als die allein berechtigte Gemeinde, *populus*, betrachten. Im Anfang ihrer Entwickelung erscheinen uns die Plebejer als freie Leute, die sich in keiner privatrechtlichen Abhängigkeit wie die Clienten befinden, Fähigkeit zu den römischen Vermögensrechten (*commercium*) haben, aber, ausserhalb der Bürgerschaft und ihrer Gliederungen stehend, der politischen Rechte vollständig entbehren. Sie

---

1. Abt. S. 146—219, Leist, Das römische Patronatsrecht, Erlangen 1879 und G. Melin, Essay sur la Clientèle rom. Nancy, Desté, 1889.

¹) Vgl. über diese spätere Clientel die grundlegende Schrift von Heuermann: Ueber die Clienten unter den ersten römischen Kaisern. Münster 1856, ausserdem Friedländer, Darstellungen aus der Sittengeschichte Roms I³, 335.

²) Das Wort *plebs* hängt mit der Wurzel *ple* zusammen, die auch in πίμπλημι πλῆθος πολύς liegt, und bedeutet ursprünglich so viel wie οἱ πολλοί. Vergl. die Definition der Alten: *plebes ea dicitur, in qua gentes civium patriciae non insunt.*

2*

haben keine *iura publica*, also weder das *ius suffragii* noch
das *ius honorum*, und von den *iura privata* (*ius commercii* und
*ius conubii*) haben sie nur das *ius commercii*, während sie von
dem *conubium* mit den Patriciern, d. h. von der Fähigkeit,
eine rechtsgiltige Ehe mit jemanden aus dem Patricierstand
einzugehen, ausgeschlossen sind. Sie haben nur Pflichten,
insofern sie Kriegsdienste zu leisten und Grundsteuer (*tributum*)
zu zahlen haben, aber keine Rechte. So erscheinen sie in
allem von Haus aus wie ein fremdes, unterworfenes Volk, das
sich durch Leistungen an den Staat seinen Aufenthalt auf
dessen Territorium gewissermassen verdienen muss und an
dem Staate selbst keinen Anteil hat.

## § 14. Entstehung der Plebs nach der Auffassung Niebuhrs.

Den Alten selbst galt die Plebs nicht als ein hinzuge-
kommenes, sondern als ein ursprüngliches Element im
römischen Staatsorganismus. Als Romulus den Staat gegründet, teilte er das Volk in Edle und Unedle. Die Edlen
waren die Patricier, die Unedlen die Plebejer. Diese letzteren
hatten sich einen Patricier als Patron zu wählen, unter dessen
Rechtsschutz sie als Hörige oder Clienten standen. Der Begriff der Plebs ging nach dieser Vorstellung auf im Begriff
der Clientel, und die Plebejer waren sonach mit den Clienten
identisch.

Diese Ansicht war die im Altertum allein herrschende
und hat sich bis Niebuhr in ausschliesslicher Geltung erhalten. Letzterer aber, von der unleugbaren Thatsache aus-
gehend, dass später in der Epoche des Ständekampfes die
Clienten als Parteigenossen der Patricier von den Plebejern
auf das bestimmteste unterschieden werden, fasst die Clienten
und die Plebs als zwei gesonderte Elemente auf. Beide sind
zwar aus Unterjochung hervorgegangen, allein die Clientel
ist bedeutend älter und reicht weit in die Zeit vor Roms
Gründung zurück, während die Plebs erst nach der Gründung
Roms entstanden ist. Nach Niebuhr ist die Clientel hervorgegangen aus der Unterjochung der vorrömischen Einwohner
des Landes durch siegreiche Eindringlinge. Die Besiegten

wurden dann den einzelnen, das römische Volk komponierenden Stämmen ebenso unterthan, wie den Thessalern die Penesten, den Kretern die Klaroten und den Spartanern die Heloten, Bevölkerungselemente, die ebenfalls aus den unterjochten ursprünglichen Landesbewohnern hervorgegangen sind.

Die Plebs dagegen ist nach Niebuhr entstanden aus denjenigen Latinern, welche nach Roms Gründung von den römischen Königen unterjocht und zum Teil nach Rom verpflanzt wurden. Dort wurden sie auf dem Aventin angesiedelt, der bis in die späteste Zeit von dem eigentlichen Rom politisch getrennt blieb und noch lange als eine Nebenstadt nicht in das *pomoerium* aufgenommen wurde. Hierbei hat Niebuhr namentlich die Regierungszeit des Ancus Marcius im Auge, unter welchem die vier Städte Ficana, Medullia, Tellene und Politorium zerstört und die Einwohner derselben zum Teil nach Rom übergesiedelt wurden. Nicht alle Einwohner der genannten Städte wurden nach Rom verpflanzt; die meisten sogar blieben in ihrer Heimat; da aber die Städte aufhörten, Korporationen zu sein, so wurde ihr Gebiet zum römischen geschlagen, und die Einwohner blieben in den von Mauern entblössten Orten als Landbauern, die an den *nundinae* oder Markttagen nach Rom kamen. Von dem Laude, das sie früher besessen, wurde ihnen ein Teil genommen, der zum *ager publicus* geschlagen wurde, das übrige aber als freies Eigentum belassen. So sind also die Plebejer die freien nicht-adeligen, aus den unterworfenen Latinern hervorgegangenen Grundeigentümer. Diese verschmolzen später mit den Clienten, oder vielmehr die Clienten gingen in ihnen auf, als sich das Band ihrer Erbunterthänigkeit teils durch das Absterben der Geschlechter ihrer Patrone, teils durch den allmählichen Fortschritt zur Freiheit gelöst hatte.

Die Niebuhrsche Ansicht von dem Ursprung der Plebs, die zur Zeit immer noch die herrschende ist, wird mit mehr oder weniger Modifikationen und weiteren Begründungen von Becker, Schwegler, Walter, Lange und Karlowa geteilt, jedoch verworfen von Mommsen, der wieder zu der früheren

Ansicht von der ursprünglichen Identität der Plebs und Clientel
zurückgekehrt ist.

## § 15. Die Entstehung der Plebs nach der Auffassung Mommsens.

Nach Mommsen geht die Plebs ursprünglich auf in
dem Begriff der Clientel. Das Institut der Clientel hing
aber wieder mit dem alten Gastrecht zusammen: denn durch
die Gewährung des letzteren schützte der Patron den unfreien
Plebejer gegen die Unbill anderer. Dieses Verhältnis hat sich
aber nach Mommsen später gelockert. Die vielen Nieder-
lassungen von Fremden, die Verminderung der Zahl der Altbürger durch die Kriege, sowie die hierdurch entstehende Notwendigkeit, dazu andere heranzuziehen, hatte bald eine freiere
Stellung der ursprünglich Hörigen zur Folge. Dazu kam,
dass viele Eingewanderte den Clientelzwang geradezu dadurch
umgingen, dass sie sich in die Clientel des Königs begaben.
Dem Einwurf, dass zur Zeit des Ständekampfes die Plebejer von den Clienten unterschieden wurden, begegnet
Mommsen mit der Einräumung, dass die in dieser Zeit von
der Schutzherrschaft des Adels rechtlich oder auch nur thatsächlich gelösten Plebejer den Freigelassenen oder sonst faktisch
abhängig gebliebenen Leuten in scharfem Gegensatz gegenüber stehen, und dass insofern der gewöhnlich angenommene
Unterschied zwischen der Plebs im eminenten Sinne und
den Clienten für die Zeit des ständischen Kampfes keineswegs durch die von ihm behauptete ursprüngliche Identität
beider in Frage gestellt werden soll. Auch giebt Mommsen
zu, dass in der späteren Plebs auch noch andere Elemente
als bloss ursprüngliche Clienten enthalten gewesen seien, so
z. B. seien später viele eingewandert, die gleich von vornherein in die Rechte der damals schon von dem Clientelverband gelösten Plebejer eingetreten; aber ursprünglich sei die
Clientel mit der Plebs identisch.

## § 16. Resultat.

Man kann mit Mommsen annehmen, dass die ursprünglichen Plebejer in einem gleichen oder ähnlichen Verhältnis

wie die Clienten zu den Patriciern gestanden und sich allmählich erst aus demselben gelöst haben. Darin sind aber
alle Forscher einverstanden, dass der Ursprung der Clientel
höher hinaufreicht, als der der Plebs im engeren Sinn, so wie
sie uns später entgegentritt. Somit ist das Institut der
Clientel jedenfalls das primitive. Diejenigen Clienten aber,
die uns noch später neben den Plebejern begegnen, sind wohl
die Nachkommen derjenigen, die schon sehr frühe, vielleicht
vor der Gründung des Staates, in dieses Verhältnis gekommen
und deshalb auch fester und zäher an diesem uralten geheiligten
Institute festgehalten haben. Von dem ersten Claudier, dem
Attus Clausus, wird z. B. erzählt, dass er mit 5000 Clienten
aus dem Sabinerlande in Rom eingewandert sei bezw. dort Aufnahme gefunden habe. Wenn diese Zahl auch offenbar über-
trieben ist, so geht doch so viel daraus hervor, dass dieses
Institut ein uraltes, insbesondere an die sabinische Aristokratie
geknüpftes Verhältnis war, und dies macht es wahrscheinlich,
dass wohl auch die übrigen Geschlechter lange solche Clienten
besassen, ehe die Masse der latinischen Bevölkerung von denselben unterworfen wurde. Ohne den Hinzutritt einer solchen
fremden Menge zum römischen Staatsorganismus wäre derselbe wohl schwerlich jemals aus den engen Grenzen heraus-
getreten, die ihm durch das Verhältnis der *gentes patriciae* zu
den Clienten gesteckt waren. Wir wissen aber, dass die
Plebs das eigentlich treibende Element im römischen Staate
war. Ohne sie wäre derselbe wohl immer auf der nämlichen
Stufe der Entwickelung stehen geblieben und hätte immer
den Charakter einer latinischen Landstadt bewahren können.
Durch die Plebs erst kam das zum Fortschritt drängende,
um nicht zu sagen revolutionäre, Element hinzu, das bei der
Stabilität der alten Verhältnisse für die weitere Entwickelung
des Staates als notwendige Voraussetzung zu denken ist.

## § 17. Die servianischen Tribus.

Lange I², 501. Mommsen, Die römischen Tribus, Staatsrecht III, 161.
Madvig I. 100—108. Karlowa I. 78.

Mit der republikanischen Zeit hebt eine neue Einteilung
der Bevölkerung und des städtischen Gebietes an, welche

schon dem Könige Servius zugeschrieben wird und davon bei Neueren den Namen der servianischen Tribus hat. Es ist eine lokale, zum Zweck der Administration gemachte Einteilung der Stadt in vier Tribus,[1]) die mit den alten 3 Geschlechtertribus der Tities, Ramnes und Luceres nichts zu thun hat. Diese vier Distrikte umfassten nicht nur die Stadt, sondern auch den angrenzenden *ager Romanus*, der wieder in verschiedene *pagi* (oder *regiones*) eingeteilt war. Später lösten sich die Landdistrikte als eigene Verwaltungsbezirke von den vier Stadttribus ab und wurden dann als *tribus rusticae* den *tribus urbanae* entgegengestellt und erfreuten sich höheren Ansehens. Die vier städtischen Tribus waren die *tribus* Suburana (ursprünglich Sucusana), Palatina, Esquilina und Collina. Sie zerfielen wieder in *vici*, welche an die Stelle der alten *montes* treten, während die ländlichen Tribus in *pagi* geteilt sind. Eine Zeitlang gab es 16 *tribus rusticae* und 4 *tribus urbanae*.[2]) Später wurde noch eine neue, die *Clustumina* (471 v. Chr. Vgl. Mommsen Staatsr. III, 167), hinzugefügt, so dass der römische Staat längere Zeit in 21 *tribus* eingeteilt war. Diese Zahl blieb bestehen, bis nach der Einverleibung des vejentischen Gebiets im Jahre 387 v. Chr.

---

[1]) Niebuhr und Becker nehmen mit Unrecht an, dass das ganze römische Gebiet schon von vornherein in 30 Tribus, 4 städtische und 26 ländliche, eingeteilt gewesen sei. Dem gegenüber ist die ursprüngliche Vierzahl mit Huschke (Verfassung des Servius Tullius, Heidelberg 1838), Mommsen und Lange festzuhalten.

[2]) S. Mommsen, Röm. Tribus S. 9. Beloch, Der italische Bund, Leipzig, Teubner 1880 S. 28, scheint geneigt, gleich von vornherein 21 Tribus anzunehmen. Über die lokalen Tribus s. auch Kubitschek, *De Rom. trib. origine et propagatione*, Wien 1882, Mommsen, Die röm. Tribuseinteilung nach d. mars. Kriege, Hermes, 22, 201 ff. Die sechzehn Landtribus waren *Aemilia, Cornelia, Claudia, Fabia, Horatia, Menenia, Papiria, Sergia, Veturia Romilia, Camilia, Galeria, Lemonia, Pollia, Pupinia, Voltinia*. Von diesen sind die zehn ersten sicher und die sechs übrigen wahrscheinlich auf patricische Geschlechter zurückzuführen. Von der *Claudia* nehmen übrigens Neuere an, dass sie erst später hinzugefügt worden sei, so dass es längere Zeit nur 15 Landtribus und somit im ganzen nur 19 Tribus gegeben habe. S. Kubitschek a. a. O.

vier neue Tribus errichtet wurden. Von da an hat ein Jahrhundert lang die Errichtung neuer Tribus mit der Erweiterung
des römischen Gebietes Schritt gehalten. Im Jahre 241
wurden die beiden letzten Tribus, die Velina und Quirina,
hinzugefügt und damit die Zahl 35 erreicht, welche von da
an nicht weiter überschritten wurde.[1]) Neue Distrikte wurden
jetzt schon bestehenden Tribus einverleibt: dadurch musste
die Karte von Italien ein sehr buntscheckiges Aussehen be-
kommen, da auf diese Weise geographisch zusammengehörige
Gebiete verschiedenen Tribus zufielen.

Die servianischen Tribus wurden zunächst zum Behuf
der Aushebung konstituiert. Zugleich dienten sie auch zur
Feststellung der persönlichen Rechte und, da dieselben an
Grundbesitz geknüpft waren, zur Aufstellung und Festsetzung
des letzteren. Vorab enthielten die Tribusverzeichnisse alle
mannbaren Bürger, die ein Grundstück besassen, das gross
genug war, um ihnen die Last der militärischen Dienstleistung
möglich zu machen. Später war die Aufnahme in die Tribus
nicht mehr von dem Grundbesitz, sondern nur von dem Ver-
mögensbesitz abhängig. Zunächst war dies aber nur bei den
4 städtischen Tribus der Fall. Dann enthielten sie auch zugleich den Kataster, so dass die Tribusverzeichnisse die
Grundlage für den *census* und das *tributum* (die Grundsteuer)
bildeten. Die Zugehörigkeit zu einer *tribus* war die uner-
lässliche Vorbedingung des römischen Vollbürgerrechts. Die
Ausstossung aus einer *tribus* infolge von *infamia (minutio
existimationis)* hatte die Versetzung unter die *aerarii* (d. h.
diejenigen, welche eine Kopfsteuer bezahlten, im Gegensatz
zu den Tribulen, welche nur das *tributum* = Grundsteuer
entrichteten) zur Folge. An der Spitze einer jeden Tribus

---

[1]) Die übrigen zu den 21 hinzugekommenen Tribus waren: *Stellatina,
Tromentina, Sabatina, Arnensis* (387 v. Chr.), *Pomptina, Poplilia* (358),
*Maecia, Scaptia* (332), *Oufentina, Falerna* (318), *Aniensis, Teretina* (300),
*Velina, Quirina* (241). Die Benennungen dieser später hinzugekommenen
Tribus sind örtlichen Ursprungs mit Ausnahme der *Poplilia* und
*Quirina*.

stand ursprünglich ein *tribunus aerarius*, an dessen Stelle später die Centurionen der einzelnen Centurien traten, aber sich *curatores* bald der Tribus, bald der einzelnen Centurie nannten. Mommsen, Röm. Tribus S. 22, nimmt deren fünf und zwar einen für jede Klasse an. In späterer Zeit gab es in einer Tribus so viel *curatores*, als in derselben Centurien waren. Den *curatores tribuum* waren wieder die *magistri vicorum et pagorum* (*infimum genus magistratuum*) untergeordnet. Zwischen den *tribus urbanae* und den *tribus rusticae* bestand von vornherein ein bedeutender Dignitätsunterschied; so war es z. B. eine *ignominia* in milderer Form, wenn ein römischer Bürger aus einer *tribus rustica* in eine *tribus urbana* versetzt wurde; ferner wurde der ganze Stand der Freigelassenen auf die städtischen Tribus beschränkt; erst in der Kaiserzeit wurden dieselben auf sämtliche Tribus verteilt.

## § 18. Die Centurien.

Lange I², 464. Madvig I, 109. Schwegler I, 738. Mommsen, R. G. I⁷, 89, Staatsrecht III, 104, 245. Ihne, Röm. Gesch. I, 56. Karlowa I, 67 u. 384.

Neben und in Verbindung mit der Einteilung des Volkes in Tribus besteht aber noch eine andere in Klassen und Centurien, deren Einführung gleichfalls dem Könige Servius Tullius zugeschrieben wird.[1]) Die Einteilung des Volkes war hiernach keine bloss numerische, sondern das Volk zerfiel nach dem Vermögen in verschiedene Klassen. innerhalb deren erst wieder das rein numerische Prinzip zur Geltung kam.

Diese servianische Klassen- und Centurieneinteilung war im wesentlichen folgende:

Zuerst wurden aus der ganzen Menge diejenigen ausgeschieden, die über 100 Minen oder 100000 As²) im Vermögen

---

[1]) Huschke, Verf. des Servius Tullius, Heidelberg 1838.

²) Jedenfalls nicht nach dem Libralfusse, sondern entweder nach dem späteren Sextantarfusse, wobei 100000 As = 20000 Librilas sind, oder wahrscheinlicher nach dem Trientalfuss, wonach 10 As auf einen Denar gehen. Mommsen, Staatsrecht III, 249. Danach sind 100000 As gleich 40000 Libralas. Übrigens waren die ursprünglichen Sätze wohl überhaupt nicht in Geld, sondern in Morgen Landbesitz ausgedrückt. Vgl. Mommsen, Staatsrecht III, 249 und 247.

hatten. Diese erste Klasse zerfiel zunächst in 80 Hundertschaften oder Centurien, deren Bewaffnung die der griechischen Hopliten war und in dem argolischen Schild, ehernem Helm, Panzer und Beinschienen als Schutz- und in Lanze und Schwert als Angriffswaffen bestand. Diese 80 Centurien zerfielen aber wieder in zwei Kategorien, je 40 Centurien enthaltend. Die ersten 40 Centurien enthielten die Männer von 17 bis 45, die übrigen 40 Centurien die älteren von 45 bis 60 Jahren. Es waren also 40 *centuriae iuniorum* und 40 *centuriae seniorum*. Das war die erste Klasse (nach einigen von κλῆσις. dor. κλᾶσις = Ladung. nach Mommsen ist die Ableitung dieses Wortes unsicher) [1]) oder das erste Aufgebot. Sie bildeten die vier ersten Reihen der Phalanx.

Die zweite Klasse bestand aus Leuten. die nicht weniger als 75 Minen oder 75000 As (30000 Libralas) im Vermögen hatten; sie war aber nicht in 80, sondern nur in 20 Centurien. und zwar ebenfalls wieder in 10 *centuriae iuniorum* und 10 *centuriae seniorum* eingeteilt. Sie entbehrten des Panzers. hatten einen Holzschild statt des kupfernen und nahmen die fünfte Reihe in der Schlachtordnung ein.

Die dritte Klasse musste ein Vermögen von 50 Minen oder 50000 As (20000 Libralas) aufweisen können. Sie bestand gleich der zweiten Klasse aus 20 Centurien und hatte ausser den in Wegfall kommenden Beinschienen dieselbe Bewaffnung. Sie nahm in der Schlachtordnung die sechste Reihe ein.

Die vierte Klasse wurde aus denjenigen gebildet, welche nicht weniger als 25 Minen oder 25000 As (10000 Libralas) besassen. Sie bestand ebenfalls aus 20 Centurien. Sie führte keine Schutzwaffen. sondern nur Lanzen und Wurfspiesse und stand ausserhalb der Schlachtordnung.

Die fünfte und letzte Klasse. welche sich aus denen rekrutierte. deren Vermögen nicht unter 12$^{1}/_{2}$ Minen (nach

---

[1]) Die technische Bedeutung des Wortes ist nach Mommsen, Staatsrecht III. 262, die Linie im Gegensatz zu den ausser der Reihe am Kampf beteiligten Truppen oder Schiffen.

Dionys) oder 11000 As = 4400 Libralas (nach Livius) war, bestand aus 30 Centurien, welche ebenfalls ausserhalb der Schlachtordnung standen und nur mit Wurfgeschossen und Schleudern kämpften.

Zu diesen Centurien der Kombattanten traten aber noch 4 Centurien von Nicht-Kombattanten hinzu, nämlich 2 Handwerkercenturien (*centuriae fabrum*) und 2 Centurien Musiker (*centuriae tubicinum* und *cornicinum*), jene zur zweiten, diese zur vierten Klasse gehörig.

Zu diesem Fussvolk kam noch die Reiterei, die aus 18 Centurien der Vornehmsten und Reichsten bestand. Diese stimmten vor der ersten Klasse ab und hiessen deshalb *centuriae praerogativae*. Sie bestanden aus den 6 alten patricischen Rittercenturien der Titienses, Ramnenses, Lucerenses *priores* und *posteriores* und 12 unbenannten plebejischen Centurien. Die ersteren hiessen auch die 6 *suffragia* und stimmten vor den 12 plebejischen Reitercenturien. Alle 18 Reitercenturien wurden mit zu der ersten Klasse gerechnet, so dass diese mit den Rittern (*equites*) aus 98 Centurien bestand.

Alle diejenigen, die unter 11000 As besassen, wurden in einer Centurie untergebracht, die von jedem Kriegsdienste und jeder Abgabe frei war, aber dafür auch ein entsprechend geringes Stimmrecht hatte. Weil sie nicht nach dem Vermögen, sondern nur nach Köpfen eingeschätzt sind, heissen sie *capite censi*. Mit dieser letzteren sind es also im ganzen 193 Centurien.[1]

Diese neue Einteilung war nach dem auch der solonischen Verfassung zu Grunde liegenden (timokratischen) Grundsatz geschaffen, dass die allgemeine Sicherheit, die der Staat biete, den Reichen am meisten zu gute komme, weshalb sie auch zur Verteidigung desselben am meisten beizutragen hätten,

---

[1]) Manche fügen nach Livius noch eine *centuria accensorum* zur 5. Klasse hinzu, wodurch die Zahl 194 herauskommt; dabei ist aber eine einfache Majorität unmöglich. Nach Mommsen, Staatsrecht III, 285 und 293 war die Centurie der Armen mit der der *accensi velati* identisch. Sie stimmte mit der 5. Klasse.

während den Ärmeren, weil sie weniger zu verlieren hatten, ein gleicher Beitrag hierzu nicht zugemutet werden könne. Im Verhältnis zur Grösse der Lasten mussten aber auch die den Reichen eingeräumten Rechte stehen und darum bei Abstimmungen ihnen die Hauptentscheidung zukommen. Dies wurde bei der Centurienverfassung dadurch erreicht, dass die erste Klasse, wenn sie einig war, mit ihren 98 Centurien alle anderen überstimmte.

§ 19. Fortsetzung.

**Die ursprüngliche Bedeutung der Centurienverfassung.**

Die Censussätze, die in der servianischen Centurienverfassung angegeben werden, sind, wie Boeckh in seinen metrologischen Untersuchungen nachgewiesen, nicht die ursprünglichen Ansätze des Servius Tullius. Darnach sind die Censussätze nicht in den Libralassen der früheren Zeit, die den Wert von einem Pfund Kupfer hatten,[1]) ausgedrückt, sondern in dem Trientalfuss der späteren Zeit, welches ungefähr den dritten Teil des alten Asses repräsentiert (10 As = 1 Denar.)[2]) Hieraus folgt allein schon, dass die Schriftsteller, denen wir unsere Kunde der servianischen Verfassung verdanken, ihre Angaben späteren Censusformularen entnahmen und zwar aus einer Zeit, wo schon viele Veränderungen und Umgestaltungen in den politischen, wirtschaftlichen und Bevölkerungsverhältnissen vor sich gegangen waren. Aus diesen und anderen, hier nicht weiter zu erörternden, inneren Gründen kann die Urheberschaft des komplizierten servianischen Verfassungssystems, das gewiss eine ganze Reihe von Entwickelungsepochen hinter sich hat, dem Servius in keinem anderen Sinne beigelegt werden, als in dem, wonach Romulus den

---

[1]) Einige halten noch an dem ursprünglichen Pfundas fest, so Bélot, *De la révolution économique et monétaire qui eut lieu à Rome au milieu du III siècle avant l'ère chrétienne et de la classification générale de la société rom. avant et après la première guerre punique,* Paris 1885.
[2]) So Lange, a. a. O. Soltau, Altröm. Volksverf. nimmt Trientalasse an. Vergl. unten § 144.

Senat, Numa den Gottesdienst und Tullus Hostilius das
Fetialrecht eingeführt haben soll. Aber zu irgend einer Zeit
muss es einen Ansatz zu der Entwickelung der genannten Verfassung gegeben haben. Dass dieser Ansatz
wesentlich militärischer Natur gewesen, erhellt aus einem
einfachen Blick auf die Censustafel, die eine wesentlich nach
militärischen Prinzipien angelegte Einteilung aufweist. Es
ist somit als Thatsache festzustellen, dass die Verfassung,
die uns als servianisch überliefert ist, anfangs nur oder im
wesentlichen als Heeresverfassung existierte, und dass ihr
ursprünglicher Zweck kein anderer war, als aus Alt- und
Neubürgern ein Heer zu bilden, und dass erst mit der
Zeit der Gedanke erwachte, diese militärische Gliederung zur
Grundlage der politischen Gliederung und Einteilung des
römischen Volkes zu machen. Der ursprünglich rein militärische
Charakter der Institution zeigt sich in der ganzen militärischen
Anlage und der offenbaren Übertragung militärischer Ausdrücke auf rein politische Institutionen, wie z. B. auch die
Zusammenberufung des nach Centurien versammelten Volkes,
d. h. der *comitia centuriata*, mit „*imperare exercitum*" be-
zeichnet wird.

## § 20. Fortsetzung.
### Die ältere römische Schlachtordnung.

Die militärische Ordnung selbst zeigt einen unverkenn-
baren Zusammenhang mit der dorischen Schlachtordnung,
welche sich in den griechischen Städten Unteritaliens zu
einer Zeit entwickelte, wo das Schwergewicht von den Geschlechtern allmählich in die Hände der Besitzenden überging.
Doch war die Phalanx wahrscheinlich den Griechen nicht
direkt, sondern den Etruskern entlehnt.[1] Auch hatte die
römische Phalanx andere Schutzwaffen.

Vorher bestand das römische Heer aus der Legion, welche

---

[1] Vgl. Fröhlich, Beiträge zur Geschichte der Kriegführung und
Kriegskunst der Römer, Berlin 1886, S. 17.

aus den drei Stämmen je 1000 Mann aushob[1]), so dass also
der ganze Bestand auf 3000 Mann sich belief. Die Aushebung geschah innerhalb jedes Stammes nach Curien (s.
oben § 10), welche die künstlichen Verwaltungsgebiete der
alten Organisation sind. Jede Curie stellte 100 Mann zu
Fuss, eine Centurie, auch genannt *manipulus*, das Fähnchen,
und 10 Reiter. Es ist leicht begreiflich, dass diese rein aus
den Geschlechtern entnommene Kriegsmacht von 3300 Mann
bald nicht mehr für die vielen Kriege ausreichte, die Rom
um seine Existenz zu führen hatte, und dass mit der Entwickelung der von den griechischen Städten in Unteritalien
sich ausbreitenden Kriegskunst Schritt gehalten werden musste.
Auf der anderen Seite war die Last, die auf den Geschlechtern
allein ruhte, auch zu gross und insofern mit Gefahr für ihre
Stellung verbunden, als ihre Zahl im Verhältnis zu der der
Neubürger sich immer mehr mindern musste. Die Altbürger
oder Patricier wollten daher die ausschliessliche Kriegslast
von ihren Schultern abwenden. So wurden nun alle Ansässige,
Patricier wie Plebejer, vom 17. bis 60. Jahre zum Kriegsdienst verpflichtet und zu diesem Zwecke nach der Grösse
ihrer Grundstücke in 5 Ladungen eingeteilt, so zwar, dass
immer noch das Hauptgewicht bei den Besitzenden und
Patriciern war und auf den letzteren die Hauptstärke des
Heeres beruhte. Mit ihren in vollständiger Hoplitenrüstung
bewaffneten 80 Centurien und den 18 Centurien Ritter der
ersten Klasse hatten sie allein schon das militärische Übergewicht über die übrigen Centurien, die wohl grösstenteils
aus Plebejern gebildet waren. Sie machten in der ersten
Klasse mit ihren 4000 Mann (= 40 *centuriae iuniorum*) die
vier ersten Reihen der Schlachtordnung aus, während die
zwei folgenden Klassen die zwei übrigen Reihen der dorischen
Schlachtreihe komplettierten und die vierte und fünfte Klasse
ausserhalb der Schlachtreihe kämpfte. Ja diese erste Klasse
war so sehr der Repräsentant des Heeres als solchen, dass
sie ausschliesslich als *classis*, als Ladung des Heeres,

---

[1]) Daher *miles* von *mille* und *ire*, womit *eques*, *pedes*, *ales* zu vergleichen sind.

erscheint, und dass ihr gegenüber die übrigen Elemente nur als komplettierende Teile zu betrachten sind.

Die Phalanx selbst, deren Front 500 Hopliten stark war, zerfiel in zwei Teile. jeder aus 3000 Schwergerüsteten bestehend, 6 Glieder hoch aufgestellt. jeder ferner begleitet von 1200 Ungerüsteten oder Leichtbewaffneten (*velites*), welche mit den ersteren zusammen je eine Legion bildeten. So haben wir also zwei Legionen, jede mit Phalangiten und Leichtbewaffneten zusammen aus 4200 Mann bestehend. Diese 2 Legionen bildeten die regelmässig ins Feld rückende Kriegsmacht, während der Besatzungsdienst daheim von 2 aus den *seniores* gebildeten, aber numerisch schwächeren Legionen versehen wurde.

Neben diesem Fussvolk bildeten die Reiter (*equites*) eine Kriegsmacht. die nicht nur im Kriege aufgeboten, sondern auch im Frieden zusammengehalten wurde. Aus dem letzteren Grunde allein schon mussten sie aus den Meistbegüterten gebildet werden. Sie waren zur Hälfte zusammengesetzt aus den alten *equites Titienses, Ramnenses, Lucerenses*, zur anderen Hälfte bestanden sie aus den Reichsten unter den Plebejern. Ursprünglich waren es 300, dann 600, dann 900, zuletzt 1800. Für diese Reiter hatten diejenigen unter den Begüterten, die wegen ihres Alters, ihres Geschlechts oder ihrer Minderjährigkeit nicht zum Kriegsdienst herangezogen werden konnten, die Pferde sowie den Unterhalt zu besorgen, damit auch ihnen ein Teil der Gesamtlasten zufalle.

# Kapitel III.

# Einteilung und Standesunterschiede des römischen Volkes seit der politischen Gleichstellung der Patricier und Plebejer.

§ 21. **Die Umgestaltung der staatsrechtlichen Verhältnisse durch den Ständekampf.**

Lange I³, 567. Mommsen, Röm Gesch. I⁷, 286. Ihne, Röm. Gesch. I, 151 und 361. Karlowa I, 98.

Solange die Plebejer im Clientelverband oder in einem ähnlichen Verhältnisse standen, enthielt der Patricierstaat nichts, was in seinem inneren Staatsleben zu einem Widerstreite der Volkselemente führen konnte. In die Tribus, Curien und Geschlechter eingegliedert, waren die fremden Elemente mit seinem Organismus innig verwachsen, und weit entfernt, denselben zu gefährden, gaben sie dem ganzen Gefüge eine materielle Unterlage, durch welche die Kraft nach aussen nicht unwesentlich erhöht wurde. Dies musste jedoch anders werden, als die Plebs — und dies war wohl das Werk der Könige — aus dem Clientelverbande zum grossen Teile losgelöst wurde. Während der Königszeit zwar machte sich dieser Umstand weniger zum Nachteil des Staates geltend, da die Plebejer als Schützlinge der Könige galten, die sie in ihr thatsächliches Patronat aufnahmen. Nach der Vertreibung der Könige jedoch hängen sie am Staate wie ein loses Glied, da sie nach patricischer Anschauung vollständig rechtlos waren. Und diese Rechtlosigkeit erstreckte sich nicht minder auf das Staats- als auf das Privatrecht. In beiden Beziehungen der vollständigen Willkür der patricischen Magistrate preisgegeben, waren sie genötigt, sich nach irgend einem Schutze umzusehen, und diesen erlangten sie infolge der ersten *secessio* (494 v. Chr.) durch die Einsetzung der Volkstribunen, deren ursprüngliches Recht, das *ius auxilii*, auf den Entstehungsgrund dieses Instituts auf das klarste hinweist. Das darauf bezügliche Gesetz (*lex sacrata*) lautet (Liv. II, 33):

*„ut plebi sui magistratus essent sacrosancti, quibus auxilii latio adversus consules esset neve cui patrum capere eum magistratum liceret."*

Damit war ein Ansatz zu einer weiteren Entwickelung von selbst gegeben, indem die Plebejer allmählich alle den Patriciern zukommenden Rechte zu erwerben suchten. Zuerst ging das Bestreben der Plebs dahin, den Schutz in privatrechtlichen Dingen wirksam zu machen, und dies ist die erste Phase des Ständekampfes, welche mit der Decemviralgesetzgebung abschliesst (452), durch welche die Consuln verpflichtet wurden, nicht mehr nach dem alten, ungeschriebenen Gewohnheitsrecht, sondern nach geschriebenen Gesetzen zu richten. Dieser Kampf war somit in seinem ersten Stadium ein wesentlich privatrechtlicher. Dass aber derselbe auch mit dem staatsrechtlichen Prinzip sich berühren, ja allmählich in dasselbe übergehen und endlich ganz in demselben aufgehen musste, das versteht sich bei dem staatsrechtlich getrennten Standpunkt der Kämpfenden von selbst.

Von der Decemviralgesetzgebung an nimmt aber der Kampf von seiten der Plebejer eine andere Richtung. Von nun an waren sie nicht mehr bestrebt, sich vor den Patriciern zu schützen und damit ihre Sondersouveränität zu entwickeln, sondern Teilnahme an der obersten Magistratur und der gesamten Gesetzgebung zu erlangen. Dieser zweite, positive, auf staatsrechtliche Gleichstellung hinzielende Kampf reicht im grossen und ganzen bis zu den *leges Liciniae Sextiae* (366), durch welche ausser anderem den Plebejern Teilnahme am Consulat gewährt werden sollte, obwohl das thatsächlich erst seit 342 der Fall ist.[1]) Damit war der Kampf, wenn noch nicht vollständig, so doch im wesentlichen und im Prinzip abgeschlossen, da die übrigen patricischen

---

[1]) Willems (*Sénat* II, 81) geht noch weiter und ist der Meinung, dass die Wahl je eines plebejischen Consuls nicht schon seit 366 als Gesetz könne gegolten haben; denn wäre dies der Fall gewesen, dann müssten die patricischen Consulatswahlen für 355 bis 353, 351, 349, 345 und 343 ebensoviele Rechtsverletzungen gewesen sein.

Vorrechte jetzt rasch eines nach dem andern fielen und den Plebejern der Zutritt zu allen übrigen Staatsämtern gewährt wurde. Den vollständigen Abschluss in diesem Sinne fand der Ständekampf durch die *lex Ogulnia*, 300, kraft deren die im Amte befindlichen patricischen Augurn und Pontifices Plebejer kooptieren mussten. Durch dieses Gesetz waren also die Plebejer auch sakralrechtlich den Patriciern gleichgestellt, indem sie hierdurch zu dem wichtigen Amte des *pontifex maximus* und des *curio maximus* Zutritt erhielten. Ausgeschlossen blieben sie nur noch von den politisch bedeutungslosen patricischen Priestertümern der *flamines* und des *rex sacrificulus*.

## § 22. Die Nobilität.

Lange II², 1 ff. Madvig I, 185. Mommsen, R. G. I⁷, 286, 784 und 811, Staatsrecht III, 458. Ihne, R. G. IV, 246. C. Neumann, Gesch. Roms während des Verfalls der Republik I, 30.

Der Kampf der Patricier und Plebejer ist nur unter der Voraussetzung denkbar, dass innerhalb der letzteren sich eine Klasse von Reichen befunden habe, die mit Hilfe der ärmeren Klasse sich den Zugang zu den Staatsämtern zu erringen suchte. Solange nun der Kampf mit den Patriciern noch währte und die reichen Plebejer zur Durchfechtung desselben der Unterstützung der ärmeren benötigt waren, da fand noch ein Zusammenwirken beider Elemente statt, indem die reichen Plebejer Gesetze zur Unterstützung der ärmeren (wie z. B. die Ackergesetze) einbrachten, die letzteren dafür aber wieder den Reichen bei der Bewerbung um hohe Staatsämter zum Siege verhalfen. Als aber das *ius honorum* erkämpft und durch die *lex Canuleia* das Verbot des *conubium* zwischen beiden Ständen aufgehoben war (444), da stand einer Annäherung der Patricier und der reichen Plebejer weder in politischer noch in privatlicher Hinsicht kein Hindernis mehr entgegen. Im Gegenteil, das gemeinsame konservative Interesse musste sie zusammenführen gegenüber denjenigen Volkselementen, die der niedrigen und armen Klasse angehörig sich immer dichter in Rom ansammelten und schon

durch ihre Masse eine Gefahr für den Staat in sich bargen.
So bildete sich eine Erweiterung des Patriciats, die technisch
als Namhaftigkeit, *nobilitas*, bezeichnet wird.[1]) So ist in
dem Gegensatz von angesehen und nicht angesehen der Keim
für die Entwickelung der Nobilität zu suchen. Dieses Ansehen bestand bei den Patriciern von selbst; von den Plebejern wurde es erst erworben durch Bekleidung eines Staats-
amtes. Unter Nobilität versteht man daher denjenigen Adel, der den Nachkommen desjenigen zusteht, welcher ein curulisches Amt bekleidet hat.
Die Nobilität kann also mit Recht als Amtsadel bezeichnet werden. Es musste also innerhalb der reichen Klasse
ausser dem Reichtum noch das Ansehen hinzukommen,
das durch eine würdevolle Stellung im Staate erworben ward.
Deshalb hat es auch schon Nobiles unter den Patriciern gegeben, noch ehe die Nobilität im engeren Sinne entstanden
war, und auch später noch verschwand der Vorzug, den eine
von einem Vorfahren bekleidete Magistratur gewährte, von
selbst, wenn durch allzulange Zeit hindurch diese *nobilitas*
durch Nichtbekleidung von hohen Staatsämtern in Gefahr
schwebte, vergessen zu werden. Die Nobilität war also nicht
ein Adel mit bestimmten, abgegrenzten Rechten, wie einst das
Patriciat, sondern wurzelte teils in der Achtung, die das Volk
den vornehmen Familien entgegenbrachte, teils in dem Werte,
den die Aristokratie ihren eigenen Verdiensten beimass. Deswegen war auch der Adel ein niederer oder höherer, je nachdem die Zahl der innerhalb einer Familie im Laufe der Zeit
bekleideten Ämter klein oder gross, die Reihenfolge unterbrochen oder ununterbrochen, die Stufe niedrig oder hoch war.

Ganz naturgemäss bildete sich zwischen diesen einzelnen
Familien allmählich eine Annäherung, gegenseitige Unterstützung und Abgrenzung nach aussen, die auch in einer gemeinsamen aristokratischen Gesinnung ihren Ausdruck fand.
Sie bildeten den Kern derer, die sich selbst die *boni* oder

---

[1]) Mommsen, Staatsrecht III, 462.

*optimus quisque* oder *optimates* nannten und sich als
solche der Volkspartei, den *populares*, entgegensetzten.

Da nun der Kreis dieser den Amtsadel bildenden Familien die Bekleidung der hohen Magistraturen gewissermassen
als sein Privilegium oder Erbstück betrachtete, so nannten
sie jeden, dem es, ohne vorher einer solchen Familie angehört
zu haben, durch besondere Volksgunst gelungen war, zu einem
hohen Amte gewählt zu werden, einen *homo novus*. Die
*homines novi* selbst gehörten somit nicht zur Nobilität, sondern
sie haben nur Rechte erworben, durch deren Vererbung auf
die agnatischen Descendenten erst der Adel der Familie begründet wird. Solche *homines novi* waren z. B. M. Porcius
Cato der Ältere, Q. Pompeius, Consul des Jahres 141, C.
Marius, Cicero.[1])

Die *homines novi*, obwohl nicht selbst von Adel, erwarben
also denselben ihren Nachkommen,[2]) vorausgesetzt, dass dieselben ihre politische Thätigkeit fortsetzten und die errungene
Stufe festhielten. Doch bezieht sich der Ausdruck *homo novus*
nur auf Plebejer, die vorher *ignobiles* waren, nicht auf Patricier, die wegen ihres alten Geschlechtsadels füglich nicht
so genannt werden konnten.

Ein äusseres Ehrenzeichen dieses Amtsadels bestand in
der Sitte, von denjenigen Mitgliedern in der Familie, die ein
höheres Amt bekleidet hatten, im Atrium des Hauses Bild-
nisse aufzustellen, woraus sich ein förmliches *ius imagium*
entwickelt hat. Diese Bilder waren Wachsmasken, *cerae,*
zu denen Inschriften, *tituli*, hinzugefügt wurden, welche
die Thaten, Amtswürden und sonstigen Auszeichnungen enthielten. Sie waren in Schränken, *armaria*, aufbewahrt und
wurden an besonderen Tagen, an denen die Familie zu neuen
Würden gelangte oder einen Triumph feierte, hervorgeholt
und bekränzt. Bei Leichenbegängnissen wurden sie von

---

[1]) Cicero hebt seine Stellung als *homo novus* und den Kampf, den
er mit der Nobilität um das Consulat zu führen hatte, an verschiedenen
Stellen hervor, z. B. Verr. V, 70, *de lege agraria* II, 1; *pro Murena*, 8.

[2]) In diesem Falle wurden sie zu *principes nobilitatis* ihrer Familie.

Männern vor dem Gesichte getragen, um auf diese Weise die gestorbenen Vorfahren zu vertreten.

Dieses *ius imaginum* ging nicht verloren, auch wenn die Nobilität einer Familie durch längeres Nichtbekleiden von Ämtern allmählich verblasst war. Verloren ging das *ius imaginum* nur in dem Falle, wenn eine Verurteilung in einem entehrenden Prozesse, wie z. B. wegen Amtserschleichung, *ambitus*, stattgefunden hatte. In diesem Falle trat aber auch zugleich der Verlust der Nobilität ein.

Andere äussere Kennzeichen für die gesamte Nobilität als solche gab es nicht. Denn gewisse Abzeichen in der Tracht hatten sie mit dem Senat und später mit dem Ritterstande gemeinsam, und andere besondere Abzeichen kamen nur denjenigen *nobiles* zu, welche ein curulisches Amt bekleidet hatten.

Jene allgemeinen Ehrenzeichen, die die Nobilität mit dem Senat und den Rittern gemeinsam hatte, bestanden in dem goldenen Fingerring, *anulus aureus*, und dem silberbeschlagenen Pferdeschmuck (*phalerae*), welcher letztere urspünglich ein Vorrecht der Rittercenturien war. Auch die Kinder der Vornehmen hatten gewisse Abzeichen, die sie von den Kindern der *ignobiles* unterschieden, so die *toga praetexta* (die Toga mit einem Purpurstreif), die ihnen mit den Magistratspersonen gemeinsam war und anzeigen sollte, dass sie dereinst zur Magistratur bestimmt seien. Ebenso verhielt es sich mit der *bulla aurea*, durch deren Tragen sie als künftige Triumphatoren bezeichnet werden sollten.

Ausser diesen Ehrenzeichen bestanden aber noch besondere, die nur einem auserlesenen Teile der Nobilität zukamen. Diese waren nämlich für diejenigen bestimmt, welche selbst ein curulisches Amt (von der curulischen Ädilität an aufwärts) bekleidet hatten. Diese hatten das Recht, die *tunica laticlavia*, d. h. die *tunica* mit breitem Purpurstreifen, *latus clavus*, und den *calceus mulleus*, eine besondere Fussbekleidung,[1]) zu tragen. Auch hatten sie seit der *lex Ovinia* Sitz und Stimme

---

[1]) Auch *calceus patricius* oder *sola* genannt.

im Senat, den sie seit dieser Zeit beherrschten. Wie daraus allmählich der *ordo senatorius* hervorging, werden wir weiter unten sehen.

Im allgemeinen ist die Stellung der Nobilität mehr als eine thatsächliche, denn als eine durch besondere Gesetze begründete zu betrachten.

## § 23. Der Senatorenstand.
### (ordo senatorius.)
Lange II³. Madvig I, 123. Mommsen. R. G. I⁷, 784, II⁷, 70, 106, 317, Staatsrecht III, 468, 886.

Der Senatorenstand (*ordo senatorius*) wird unterschieden von dem Ritterstand (*ordo equester*), beide wieder von dem niederen Volke, den Plebejern im engeren Sinne des Wortes. Letztere bildeten keinen eigentlichen Stand, weshalb auch niemals von einem *ordo plebeius* die Rede ist.

Diese beiden Stände haben mit der Nobilität den Reichtum gemein, decken sich aber im übrigen mit derselben durchaus nicht.

Einmal sassen bis zum ersten Jahrhundert v. Chr. im Senate viele, die nicht zur Nobilität gehörten, wie z. B. die Ritter, deren *Census* sie dazu qualificierte, die aber weder einen Ahnen aufweisen konnten, der ein Amt bekleidet, noch selbst ein solches innegehabt hatten. Andererseits sassen nicht alle *nobiles* im Senat. Die Nobilität hatte Berührung mit dem Senat wie mit dem Volke, insbesondere der reichsten Klasse desselben, den sog. Rittern. Aber allmählich gelang es der Nobilität, den Senat immer ausschliesslicher für sich in Anspruch zu nehmen, und so entwickelte sich allmählich ein neuer Stand, der als eine Art Metamorphose der Nobilität zu betrachten ist.[1]) Als fest organisiert erscheint derselbe erst unter Augustus, wenn er sich auch schon vorher von dem Ritterstande auf das bestimmteste hervorhob.

Dem Census zufolge waren die Senatoren Ritter, und sie stimmten auch in den Rittercenturien. bis sie aus den

---

[1]) S. Lange II³, 15.

Rittercenturien ausgeschlossen wurden (131 v. Chr.); ebenso waren die Söhne der Senatoren nach dem Buchstaben des Gesetzes einfach Ritter. Allein von denen, die den Ritter-census hatten, gehörte nur ein Bruchteil dem Amtsadel an, und als durch Sullas Anordnungen nur noch dem letzteren der Senat zugänglich geworden war, fiel Nobilität und Senatorenstand bis zu einem gewissen Grade zusammen.

Sulla hatte nämlich den Senat verdoppelt und zugleich die Bestimmung getroffen, dass, um den Senat vollzählig zu erhalten, jährlich 20 Quästoren gewählt werden sollten, die wie die anderen höheren Beamten nach Ablauf ihres Amts-jahres dem Senat fortan lebenslänglich angehörten. Da auf diese Weise der Abgang von Senatoren durch den Eintritt von Beamten gedeckt werden konnte, griff man bei der *lectio senatus* in der Regel nicht mehr auf andere Kategorien zurück, und so rekrutierte sich seit dieser Zeit der Senat fast aus-schliesslich aus den gewesenen Magistraten. Damit bildete sich der Grundsatz aus, dass die Senatorenwürde von der Be-kleidung eines höheren Amtes abhängig sei.[1]) Die Senatoren-würde war daher eine Folge der Volkswahl und seit der Übertragung der Magistratswahlen vom Volk auf den Senat durch Tiberius eine Folge der eigenen Wahl des Senats. Cäsar freilich ergänzte den Senat nach freiem Ermessen auf 900 Mitglieder. Auch Augustus hat willkürlich Ausstossungen und *lectiones senatus* vorgenommen. Für die Bildung und Ab-grenzung dieses besonderen Standes trugen aber noch viel bei der Reichtum und die Ehrenrechte der Senatoren. Ob in den älteren Zeiten ein bestimmter *census senatorius* vorgeschrieben war, der als Bedingung für den Eintritt in den Senat galt, ist streitig.[2]) Allein später bestand ein solcher sicherlich;

---

[1]) Lange III², 25. Vergl. *Cic. de legg.* III, 3 *exque magistratibus senatus esto.*

[2]) Madvig sucht dies S. 138 ff. nachzuweisen. Nach seiner Ansicht beruhen die Erzählungen von den armen Senatoren, wie P. Valerius Publicola, Agrippa Menenius, L. Quinctius Cincinnatus, Fabricius, Regulus, zum Teil auf offenbaren Missverständnissen, namentlich auf Verwechselung der Be-

auch müssen schon früher die Senatoren in jedem Fall den Rittercensus gehabt haben, da sie in den *centuriae equitum* stimmten. In der letzten Zeit der Republik belief sich der *census senatorius* auf 800000 Sesterzien. Augustus setzte denselben vorübergehend auf 400000 Sesterzien herab, um nicht vielen, die in den Bürgerkriegen in ihren Vermögensverhältnissen herabgekommen waren, den Senat zu verschliessen, erhöhte ihn aber später wieder auf 1000000 (*decies*), nach anderen Nachrichten sogar auf 1200000. Später wurden arme Senatoren durch *annua salaria* bis zu 500000 Sesterzien jährlich unterstützt.

Die Feststellung des genannten Census ist aber nicht etwa so aufzufassen, als ob mit dem Nachweis eines solchen Vermögens zugleich der Eintritt in den Senat gestattet gewesen wäre, sondern derselbe blieb nach wie vor abhängig von den Bedingungen, die sonst an die Zugehörigkeit zu diesem Stande gestellt wurden. Auch berechtigte nicht jedes Vermögen dazu, sondern nur dasjenige, das in Grund und Boden bestand, der *censui censendo* war und in einer der 35 *tribus* verzeichnet stand. Mit diesem *census* war das *minimum* angegeben, unter dem man nicht bleiben durfte. Allein in der That hatte in den letzten Zeiten der Republik der Senatorenstand ganz kolossale Vermögen aufzuweisen, denen bei einigen allerdings ebenso grosse Schulden gegenüber standen. Derartige Schulden, wenn sie vorhanden waren, suchte man durch Raub und Plünderung, insbesondere in den Provinzen, zu beseitigen. So heisst es z. B. von Milo, dass er *tria patrimonia* verbraucht und dass nach seiner Verurteilung seine Habe für ungefähr 4 Procent der Schulden veräussert worden sei. Allein da nur der Wert der Liegenschaften an sich censiert wurde, so kamen die Schulden bei

---

stattung auf Staatskosten als Ehrenbezeigung mit dem Bedürfnis einer solchen aus Armut, oder auf rhetorischer Ausschmückung altväterischer Schlichtheit und Einfachheit zu Armut, indem man zugleich bei der Beurteilung den Massstab gebrauchte, den die spätere Zeit an Reichtum und Wohlstand legte.

der Aufstellung des Census nicht in Betracht. Übrigens suchte man die Verschuldung der Senatoren gesetzlich zu verhindern, indem man z. B. durch eine *lex Sulpicia* festsetzte, dass kein Senator mehr als 2000 Denare schuldig sein dürfe.

Aus dem Vorhergehenden erhellt, dass die Bildung eines Senatorenstandes im wesentlichen durch Sulla und Augustus gefördert wurde, indem durch ersteren eine regelmässige Ergänzung gesichert und durch letzteren infolge des Census eine unübersteigliche Schranke nach unten geschaffen wurde. Die Übertragung der äusseren Ehrenrechte auf Frauen und Kinder und die Sicherung der äusseren Ehrbarkeit durch bestimmte Gesetze haben neben anderen Dingen in der Folge den Stand als solchen immer mehr gehoben. Eine eigentliche Titulatur erhielt der senatorische Stand erst durch die Kaiser Marcus und Verus in der Ehrenbezeichnung *clarissimus*, welche nicht nur die Männer, sondern auch die Frauen und Kinder beiderlei Geschlechts und zwar unmittelbar hinter dem Eigennamen führten. Der senatorische Stand erstreckte sich in der Kaiserzeit auch auf die Frauen der Senatoren, sowie auf die agnatische Nachkommenschaft bis zum dritten Grade, nicht aber hinaus über die Urenkel.

## § 24. Fortsetzung.

### Vorrechte und Beschränkungen.

Zur Ausbildung eines besonderen Senatorenstandes trugen nicht wenig besondere Vor- und Ehrenrechte bei. So wurden lange Zeit die Richterkollegien ausschliesslich aus ihnen gebildet. Dieses Privilegium wurde durch C. Gracchus aufgehoben, durch Sulla aber wiederhergestellt; die *lex Aurelia* teilte die Geschworenenstellen unter Senat, Ritterschaft und Bürgerschaft; Iulius Cäsar dagegen beschränkte die Teilung auf Senat und Ritterschaft, wobei es dann verblieb. Ferner hatte sich schon seit des älteren Scipio Zeiten äusserlich eine Absonderung der Senatoren von dem übrigen Volk und zwar dadurch vollzogen, dass bei den öffentlichen Spielen die

Senatoren die ersten Plätze einnahmen.[1]) Dann aber unterschieden sie sich vom Volke durch gewisse Abzeichen. Einige hatten sie mit dem Ritterstande gemeinsam, wie z. B. den schon oben erwähnten *anulus aureus*. Übrigens legten sie ganz die Rittertracht an, wenn sie bei irgend einem für den Staat traurigen oder gefährlichen Ereignisse damit äusserlich ihren Schmerz kundgeben wollten. Es geschah dies bei einer plötzlich eingetretenen grossen Kriegsgefahr (*in tumultu*) oder sonst bei allgemeiner Landestrauer, in *luctu publico*. Man nannte das *vestem mutare*.

Unterscheidende Abzeichen, die nur den Senatoren und den Rittern nicht zukamen, waren:

1. Der *latus clavus* an der Tunica im Gegensatz zu dem *angustus clavus* der Ritter.
2. Eine eigentümliche Art Schuh, *calceus mulleus*, die sich insbesondere durch die Schnürriemen von der gewöhnlichen Fussbekleidung in auffallender Weise unterschied. Dieser Schuh wurde übrigens bis zum 6. Jahrh. d. Stadt nur von den patricischen Senatoren und denjenigen plebejischen Senatoren getragen, die ein curulisches Amt bekleidet hatten. Als von da an auch die Plebejer sich seiner bedienten, bestand immer noch der Unterschied, dass die ursprünglich allein berechtigten patricischen Senatoren noch einen Knöchelhalter trugen. Danach wird ein doppelter Senatorenschuh unterschieden, der *calceus patricius* der *patres* und der *calceus senatorius* der übrigen Senatoren. Der Ausdruck *mutavit calceos* heisst so viel als er wurde Senator.

Übrigens gab es unter den Senatoren verschiedene Abstufungen, *gradus*, die sich selbst wieder durch besondere, aber nicht näher bekannte Abzeichen unterschieden (*ornamenta consularia, praetoria, aedilicia, quaestoria*).

---

[1]) Im Theater hatten sie einen besonderen Platz, die *Orchestra;* auch bei den *ludi Circenses* hatten sie später abgesonderte Sitze.

Diese Vorrechte und Auszeichnungen verliehen auch den Söhnen der Senatoren einen gewissen Glanz und gingen schliesslich zum Teil auf diese selbst über.

Die Söhne der Senatoren galten an sich als Ritter, wurden aber schon sehr frühe als eine besondere Klasse unter denselben betrachtet und von den übrigen jungen Rittern als *senatorum liberi* hervorgehoben. Auch war schon vor dem zweiten punischen Kriege, wenn auch nur vorübergehend, bei den Senatoren die Sitte aufgekommen, ihre Söhne mit in die Senatssitzungen zu bringen, um sie von früher Jugend an in die Grundsätze der Regierung einzuweihen. So wurde allmählich manches, was nur die Senatoren anging, auch auf sie ausgedehnt, wenn es zunächst auch nur in der Anschauung des Volkes und der Sitte seine Berechtigung fand. Bestimmten Ausdruck erhielt die hervorragende Stellung der Senatorensöhne durch Augustus, der ihnen gestattete, gleich ihren Vätern den *latus clavus* zu tragen und den Verhandlungen des Senats zuzuhören.

Hierin zeigt sich eine Tendenz zur Vererbung des Standes, die nicht wenig zu seiner Abgrenzung und Befestigung beigetragen hat.

Die durch die hohe Würde geschaffene exklusive Stellung der Senatoren hatte aber noch weitere sociale Abgrenzungen zur Folge, die in ganz bestimmten Verboten hervortrat. Schon frühe galt es für einen Verstoss gegen die durch das Herkommen gebotene Schicklichkeit, wenn ein Senator entweder selbst eine eheliche Verbindung mit Personen niederen Standes einging oder für seine Angehörigen in eine solche willigte. Insbesondere galt eine Heirat mit freigelassenen Weibern, *libertinae*, oder mit Töchtern von solchen für schimpflich. Letzteres wurde von Augustus geradezu durch zwei Gesetze (*lex Iulia* und *Papia Poppaea*) verboten.

Was aber die Senatoren mehr als alles andere von den übrigen Bürgern, im besonderen aber von den Rittern, scheiden musste, das war die Ausschliessung vom Handel, dem gerade der Ritterstand sich vor allem zuwendete. Diese Ausschliessung, schon vorher durch Sitte und Herkommen geboten, wurde gesetzlich fixiert durch die *lex Claudia* vom Jahre 218, welche dem Senator und dem Sohne des Senators die Haltung grösserer Lastschiffe, als sie der Grundbesitzer für den Transport seiner Bodenerzeugnisse braucht, untersagte. Später öfters übertreten, wurde dieses Gesetz von Iulius Cäsar durch eine *lex Iulia repetundarum* eingeschärft und blieb auch in der Kaiserzeit in Kraft.

Ebenso durfte sich kein Senator an den Gesellschaften beteiligen, die die Pachtung der Zölle und sonstiger Staatseinkünfte oder Lieferungen an den Staat übernommen hatten.

Auch ist anzunehmen, dass in der Zeit der Republik die Senatoren keinen Grund und Boden in den Provinzen haben durften. In der Kaiserzeit, in der viele Senatoren aus den Provinzen stammten, musste man davon Abstand nehmen; doch verordnete noch Trajan, dass jeder Senator mindestens ein Drittel seines Vermögens in italischen Besitzungen anlegen sollte.

Die häufigen Senatssitzungen brachten es mit sich, dass die Senatoren sich die grösste Zeit des Jahres in Rom aufhalten mussten. Italien ohne Urlaub zu verlassen, war nicht gestattet. Wollte ein Senator in Privatangelegenheiten eine Reise ausserhalb Italiens machen, so musste er sich von den jeweiligen Magistraten den Charakter eines öffentlichen Gesandten verleihen lassen. Mit einer solchen *legatio* bekleidet, konnte er als officieller Vertreter des römischen Staates reisen und sich von den Statthaltern der Provinzen sogar Lictoren erteilen lassen. Man nannte eine solche *legatio* eine *legatio libera*, d. h. eine *legatio* ohne besonderen Auftrag. Als später Missbrauch damit getrieben wurde, wurde sie gesetzlich beschränkt. In der Kaiserzeit war das Reisen der Senatoren ausserhalb Italiens, Siciliens und des narbonensischen Galliens von der Erlaubnis des Kaisers abhängig.

Die Teilnahme an den Fechterspielen war nach Sitte und Herkommen unschicklich. Als aber dennoch zu Ciceros und Octavians Zeit einzelne es sich einfallen liessen, als Gladiatoren ihre Kraft und Gewandtheit zu zeigen, wurde das Auftreten bei den Gladiatorenspielen von den genannten Machthabern untersagt.

## § 25. Der Ritterstand; Entstehung, Definition desselben.

Madvig I, 1t5. Mommsen, R. G. II², 109, Staatsrecht III, 476, 569.

Der Name Ritter hat in republikanischer Zeit eine vierfache Bedeutung:

1. Nach strengem Sprachgebrauch werden mit diesem Namen nur diejenigen bezeichnet, welche in den achtzehn Rittercenturien wirkliche Kriegsdienste zu Pferde leisteten oder wenigstens, wie dies später der Fall war, eine militärische Organisation bildeten (*equites equo publico*, die Staatspferdeinhaber).

2. Werden diejenigen als *equites* bezeichnet, welche zur Ergänzung der Lücken zum Reiterdienst ausgehoben wurden. Es waren dies nur wohlhabende Leute, die meist schon Pferde besassen und dann mit eigenen Pferden dienten (*equo privato*).

3. In einer weiteren Bedeutung trugen diesen Namen auch alle diejenigen, die einmal in den genannten Rittercenturien gedient, aber aus irgend einem Grunde aus denselben ausgetreten waren.

4. In allgemeiner Übertragung des Namens wurden zuletzt alle diejenigen *equites* genannt, welche, ohne in die Reitercenturien einzutreten oder zum Reiterdienst überhaupt zugezogen zu werden, doch das für den Eintritt in dieselben vorgeschriebene Vermögen und die übrigen Qualificationen dazu besassen. Aus der letzteren Klasse ging der **Ritterstand** oder *ordo equester* hervor.[1]

Zuerst soll es nur drei Rittercenturien gegeben haben, die *equites Titienses, Ramnenses, Lucerenses*, die den Namen *celeres* führten. Tarquinius Priscus soll die Zahl auf 6 Cen-

[1] Von Monographien sind hervorzuheben: G. F. Zumpt, Über die röm. Ritter und den Ritterstand, Berlin 1840. Marquardt, *Historia eq. rom.*, Berlin 1840. Mispoulet, *Des equites equo privato, Revue de phil.* 1884 und *De la constit. de l'ordre equestre, revue crit.*, 1886, ferner derselbe, *Des chevaliers rom. sous l'empire*, Paris 1887. Gerathewohl, Die Reiter und die Rittercenturien der röm. Rep. München 1886.

turien erweitert und Servius Tullius dieselbe auf 18 Centurien gebracht haben. Diese 18 *centuriae equitum* wurden aus den wohlhabendsten und begütertsten der ersten Vermögensklasse gebildet und hatten bei den *comitia centuriata* das Recht, vor allen übrigen Centurien zu stimmen,[1]) weshalb sie auch *centuriae praerogativae* genannt wurden. Ob damals schon ein bestimmter Census für den Eintritt in diese Centurien bestanden hat, ist unsicher. Da übrigens der Reiterdienst kostspielig war, so ist anzunehmen, dass nur die reichsten zu demselben bestimmt wurden. Aus dem grossen für den Reiterdienst nötigen Geldaufwande erklärt sich auch der Umstand, dass der Staat den Rittern einen Zuschuss gewährte (*equus publicus*).

Dieser Zuschuss war bestimmt:

1. Zur Anschaffung und Erneuerung des Rosses, *ad equos emendos*. Es ist dies das *aes equester*, welches in der ältesten Zeit 10000 As betrug.

2. Zur Bestreitung der Unterhaltungskosten: *aes hordearium*, welches sich auf 2000 As belief und von den *viduae* bestritten werden musste.

Mit diesem Gelde, *equus publicus* genannt, welches die Censoren für die 1800 *equites* jeweils anwiesen, mussten die Ritter das Pferd anschaffen oder erneuern und in dienstfähigem Zustand erhalten. Dies war trotz des Staatszuschusses noch eine bedeutende Last, wie daraus hervorgeht, dass der Austritt aus den Rittercenturien als eine Vergünstigung, *largitio*, bezeichnet wird. Insbesondere wird dies bei dem Austritt der Senatoren erwähnt, die sich bis zum Jahre 184 in den Rittercenturien befunden hatten. Ausser den Senatoren waren in denselben nur *iuniores*, die als die *proceres* oder *principes iuventutis Romanae* bezeichnet werden.

Alle fünf Jahre wurden diese Reiter bezüglich ihres militärischen Zustandes und ihres moralischen Verhaltens von dem Censor einer Musterung unterzogen, die im Falle eines

---

[1]) Dieses Vorstimmrecht wurde ihnen bei der Umgestaltung der Centuriatcomitien im Jahre 241 entzogen. Mommsen I⁵, 818.

unbefriedigenden Resultats zu Ehrenstrafen (*notae*) sowie zur Ausstossung aus den Centurien führen konnte (*adimere equum: rendere equum iubere*). Ausserdem fand alljährlich am 15. Juli eine *transrectio*, d. h. ein feierlicher Zug in Parade-ausrüstung (*trabea* und Ehrenzeichen), vom Marstempel über das Forum zum Capitol statt. Für diese *equites equo publico* passt streng genommen allein der Ausdruck *ordo equester*, da sie allein eine geschlossene Körperschaft bildeten.

Wer seine Dienstpflicht erfüllt oder infolge von Krankheit oder eingetretener körperlicher Untauglichkeit seinen Dienst nicht weiter versehen konnte, trat aus den Centurien aus. Aber der Name Ritter verblieb solchen, und so bildete sich schon aus diesen eine Art Stand. Dazu kamen noch alle diejenigen, welche, um die Lücken in den Rittercenturien auszufüllen, von dem Feldherrn ausgehoben wurden und natürlich dann ebenfalls *equites* hiessen. Diese wurden gleichfalls den wohlhabenderen Klassen entnommen; sie dienten aber nicht *equo publico*, sondern *equo privato* und hiessen im Gegensatz zu jenen, deren offizielle Bezeichnung *eques Romanus equo publico* war, einfach *eques Romanus*. Schon vor der Zeit des Hannibalischen Krieges stellte sich nun die Regel fest, dass jeder über eine gewisse Grenze eingeschätzte Bürger bei Bildung der Legionen zum Reiterdienst herangezogen werden könne. Dieser Reitercensus, der ursprünglich nur für den mit eigenem Pferde Dienenden bestimmt war, kam dann auch für die allerdings immer aus den vermögendsten Bürgern ausgewählten *equites equo publico* in Anwendung.[1]) So bildete sich ein besonderer Reitercensus und damit eine bestimmte Standesabgrenzung nach unten aus.

Andererseits gab es aber auch viele, die, obwohl mit dem nötigen Census und allen übrigen Eigenschaften zum Reiterdienst ausgerüstet, aus verschiedenen Gründen nicht zum Eintritt in eine Centurie gelangen konnten.[2]) Diese mochten

---

[1]) Mommsen, Staatsrecht III, 478.

[2]) Die Zahl war ursprünglich auf 1800 beschränkt, durch Cato wurde sie auf 2200 erhöht.

sich den übrigen gleichdünken, und damit war schon von den ersten Zeiten der Republik an von selbst der Ansatz zur Bildung eines Ritterstandes gegeben, wie er seit der Gracchenzeit uns in der römischen Geschichte entgegentritt. Begünstigt wurde diese Entwickelung durch verschiedene Umstände.

1. Obwohl die 18 *centuriae equitum* mit einer gewissen militärischen Organisation fortbestanden, ja auch noch längere Zeit als römische Legionsreiterei im Heere Verwendung fanden, so trat doch allmählich der militärische Charakter hinter der politischen und sozialen Bedeutung zurück, als sie die grossen Heere der späteren Zeit nicht mehr mit der genügenden Zahl Kavallerie versorgen konnten und deshalb durch bundesgenössische Reiterei aus den Provinzen ersetzt wurden.

In dieser Zeit bekleideten die römischen Ritter höchstens noch als Officiere die Stellen, die dann *militiae equestres* hiessen. Je mehr aber die militärische Bedeutung der *centuriae* zurücktrat, um so mehr musste ihre soziale Bedeutung wachsen, die auf ihrem hohen *census* ruhte. Da die *centuriae* nun diese mit den übrigen Bürgern desselben Vermögensstandes gemein hatten, so bezeichnete der Name Ritter zuletzt den Stand der Höchstbegüterten.

2. Eine ausserordentliche Verstärkung der letztgenannten Auffassung musste durch das Gesetz des *C.* Gracchus (122) eintreten, welches bestimmte, dass die Gerichte, in denen bisher nur Senatoren gesessen hatten, mit Männern aus dem Ritterstande besetzt werden sollten (*lex iudiciaria*).

3. Ihren äusserlichen Abschluss erhielt die Abgrenzung des Ritterstandes als des Standes der Höchstbegüterten durch die *lex Roscia theatralis* vom Jahre 67, durch welche die 14 Sitzreihen im Theater zunächst an der Orchestra oder den Reihen der Senatoren den Rittern vorbehalten wurden.[1]) Zu-

---

[1]) Madvig, Marquardt und Mommsen glauben, dass es sich bei diesem Gesetze nur um Restitution eines schon früher bestandenen Vorrechts handelt. In diesem Falle würde also diese äussere Abgrenzung des Ritterstandes in eine noch frühere Zeit und zwar, wie Mommsen annimmt, in die Zeit der Gracchen fallen. S. Staatsrecht III, 487. Vergl. dagegen Drumann, Geschichte Roms V, 352.

gleich normierte dieses Gesetz den Rittercensus und schloss alle diejenigen vom Ritterplatz und Ritterrecht aus, deren Vermögen unter 400 000 Sesterzien geschätzt wurde.

4. Dem Senate gegenüber trat eine Scheidung zur Zeit des C. Gracchus und zwar dadurch ein, dass durch Gesetz die Unvereinbarkeit des Sitzes in der Curie mit dem Dienst in den Reitercenturien festgestellt wurde (s. oben § 23). Dadurch bildete sich die Vorstellung aus, dass der Ritterstand im Gegensatz zu der im Senate vertretenen Nobilität (Amtsadel) als Geldaristokratie zu betrachten sei.[1])

Danach können wir[2]) den Ritterstand folgendermassen definieren:

Was sich in der Zeit des Gracchus und später Ritterstand nannte, bestand aus sämtlichen Bürgern, die mit dem *census equester* die Herkunft und bürgerliche Makellosigkeit verbanden, welche die Bedingung für die Aufnahme in die *centuriae equitum* waren, das heisst, aus der ganzen freigeborenen und nach einem gesetzlichen Massstabe vermögenden Bürgerschaft.

## § 26. Fortsetzung.

### Rittercensus. Soziale und politische Stellung; Ehrenrechte des Ritterstandes.

Einen Rittercensus gab es von Haus aus nach der servianischen Verfassung nicht, sondern es ist nur im allgemeinen die Rede von der Auswahl der Reiter aus den vermögendsten und angesehensten Bürgern. Der rechtlich fixierte Rittercensus, ist erst, wie oben S. 48 angeführt, um die Mitte des vierten Jahrhunderts der Stadt entstanden, als neben den *equites equo publico* die *equites equo privato* aufkamen. Damals wurde die zur Aushebung eines solchen privaten Reiterdienstes

---

[1]) Vergl. Mommsen, Röm. Gesch. II[7], 109.
[2]) Vergl. Madvig I, 167.

unentbehrliche Vermögensqualifikation censorisch festgestellt und dann der für diesen normierte Census auch auf die Staatspferdeinhaber übertragen. Wie hoch dieser Census gewesen, ist nicht überliefert. Erst die *lex Roscia* (s. oben S. 49) forderte das zehnfache Vermögen der ersten Klasse oder 400 000 Sesterzien (= ungefähr 75 000 Mark). Dieser Census hat sich durch die Kaiserzeit hindurch behauptet. Durch Minderung des Vermögens geht das Ritterrecht verloren.[1]) Die Zahl derjenigen, welche das genannte Vermögen überschritten, war in der Zeit, in welche die Blüte des Ritterstandes fällt, eine sehr grosse und belief sich, nach verschiedenen Nachrichten zu schliessen, auf viele Tausende. Diese hielten sich zum Teil als Kaufherren in den Provinzen auf, von wo aus sie mit ihren in Rom als Staatspächter und Spekulanten sesshaften Standesgenossen die lebhaftesten Geschäftsverbindungen unterhielten. Ein Teil von ihnen waren Lieferanten für den Staat. Diese Staatslieferanten und Staatspächter hiessen *publicani*. Die Staatspächter hatten die Einkünfte und Zölle in den Provinzen gepachtet, d. h. sie zahlten dem Staate eine gewisse Pachtsumme und erhielten dafür das Recht, die Einkünfte der Provinzen zu erheben. Sie bildeten, wohl unter Mitwirkung der dazu berufenen Beamten und des Senats, zu diesem Zwecke Genossenschaften, deren jede die Steuern einer bestimmten Provinz oder gewisse Einkünfte einer Provinz (*vectigalia, portoria, scriptura*) in ihre Verwaltung nahm. Die römischen Kaufleute, die sich in den Provinzen, um dort Handel zu treiben, aufhielten, hiessen *negotiatores* oder, wenn ihr Geschäft hauptsächlich in Schiffsrhederei bestand, *navicularii*. Doch gehörten letztere nicht sämtlich dem Ritterstande an. Übrigens ist auch von einem *ordo publicanorum* die Rede. Dieser Ausdruck ist aber nicht gleichbedeutend mit dem Ausdruck *ordo equester*, sondern bezeichnet nur eine bestimmte Klasse innerhalb des Ritterstandes. In Rom selbst trieb der Ritterstand hauptsächlich Spekulations- und Wechsel-

---

[1]) Vgl. Mommsen, Staatsrecht III. 258, 489, 499, s. auch II. 298, 1100.

geschäfte, deren grosse Ausdehnung durch die Beziehungen
zu den römischen Kaufleuten in den Provinzen und den dortigen
Geldanlagen überhaupt bedingt waren.[1])

Dass übrigens nicht alle Ritter solche Geschäfte trieben,
das geht aus der ausdrücklichen Erwähnung von solchen hervor,
die denselben fern geblieben sind, so z. B. von Ciceros Freund,
T. Pomponius Atticus, und Maecenas. In welcher Weise die
genannten Staatspächter die Provinzen, insbesondere Asien
und Sicilien, ausbeuteten, darüber haben wir verschiedene,
zum Teil haarsträubende Berichte. Ermöglicht wurden solche
Brandschatzungen dadurch, dass die Statthalter der Provinzen
mit den *publicani* gemeinschaftliche Sache machten. Sehr
klar traten diese Verhältnisse in der Amtsverwaltung des
Q. Mucius Scaevola in Asien hervor, der im Gegensatze zu
seinen Amtsvorgängern sich der geplagten Provinzialen annahm, indem er die Klagen gegen die Zollpächter und deren
Unterbeamten genau untersuchte, die Frevler zu hohen
Geldbussen verurteilte und, wo todeswürdige Verbrechen vorkamen, ans Kreuz schlagen liess.[2])

Indem nun dem Ritterstand die Thätigkeiten im öffentlichen Leben zufielen, von denen die Senatoren ausgeschlossen
waren, die aber auch nicht von dem gemeinen Volke ausgeübt werden konnten, schied er sich einerseits scharf von dem
Senat, dessen Gewalt er faktisch beschränkte, andererseits
aber auch wieder von dem niederen Volk, so dass er gewissermassen zu einer Mittelstellung berufen war. Doch hatte er
vielfache Berührung mit dem Senatorenstand teils dadurch,
dass in den Rittercenturien, die immer noch den Mittelpunkt
des Standes bildeten, auch viele Senatorensöhne dienten, teils
dadurch, dass manche mit senatorischen Familien in ver-
wandtschaftliche Beziehungen traten. Solche wurden als

---

[1]) Über diese Verhältnisse erhalten wir ein anschauliches Bild aus
Ciceros Rede pro lege Manilia, bes. aus cp. 7. Vgl. dort die Stelle § 10:
*haec fides atque haec ratio pecuniarum, quae Romae, quae in foro versatur,
implicata est cum illis pecuniis Asiaticis et cohaeret.*
[2]) Neumann, Gesch. Roms I, 446 und 447.

*equites illustres. equites splendidi* oder auch als *equites Romani dignitate senatoria* bezeichnet. Sonst haben die Ritter als Kapitalistenstand besonders den Titel *ornatissimi* (wohl ausgestattet, als Leute von Vermögen) auch *honestissimi* mit Beziehung auf die Achtung, die man ihrem Stande entgegenbrachte.

In der Kaiserzeit kam dieser Ritterstand im weiteren Sinne, wie er von der Gracchenzeit an in Rom bestanden hatte, in Wegfall. Es gab jetzt keine andere Ritterschaft mehr als die *equites equo publico*, wie sie in den ersten Zeiten der Republik bestanden hatten, und der Ausdruck *ordo equester* bezog sich nur noch auf die letzteren. Das **Rittercorps** trat jetzt wieder, wenn auch nicht als eigentliche Truppe, so doch als militärische Formation in den Vordergrund, war aber jetzt nicht mehr in Centurien, sondern nur noch in *turmae* eingeteilt und hiess deswegen *turmae equitum*, nicht *centuriae equitum*. Die Gesamtzahl der Turmen ist nicht überliefert, doch nimmt Mommsen 54 an.[1]) Sie bestanden aus den *iuniores* und erscheinen somit als Vertreter der ganzen römischen Jugend. Daher der Titel *princeps iuventutis*, der den kaiserlichen Prinzen verliehen wurde. Als Vorsteher der Ritterschaft erscheinen seit Augustus bis in das dritte Jahrhundert die *seviri equitum Romanorum*, die vom Kaiser ernannt werden und in magistratischer Art von Jahr zu Jahr wechseln. Sie haben ausser anderem die Verpflichtung, jährliche Spiele zu veranstalten und bei der Festfeier, welche an den Tempel des *Mars Ultor* anknüpft (2 v. Chr. geweiht), die Pompa anzuführen. Zur Aufnahme in die *turmae equitum* waren diejenigen berechtigt, die den früheren Rittercensus

---

[1]) Mommsen, R. G. I², 786 A. Staatsrecht III, S. 525 lässt er jedoch die Zahl der Turmen uuentschieden. Er sagt: „Wir wissen nicht, wie viel Köpfe man bei der so viel zahlreicheren augustischen Ritterschaft auf die Turme gerechnet, ja nicht einmal, ob man statt der alten sechzig nur sechs Turmen eingerichtet oder ob es deren unter dem Principat mehr gegeben und man nur die sechs ersten derselben durch Ernennung eines Einzelführers ausgezeichnet hat."

und die sonstigen Qualifikationen nachweisen konnten. Der Name und der Stand eines Ritters wurde aber erst durch den Eintritt in die drei *decuriae iudicum* erworben, die in der Kaiserzeit ausschliesslich den Rittern entnommen wurden. Daher wird mit diesem letzteren Ausdruck (*decuriae*) in der ersten Kaiserzeit der Ritterstand im Gegensatz zu der *plebs* bezeichnet, die den Namen Tribus führt.[1]) Als diese *decuriae iudicum*, die in der Hauptstadt ihren Sitz hatten, ihre Bedeutung für das Reich verloren und das alte Publikanensystem durch die kaiserliche Verwaltung ersetzt wurde, verlor der Name und der Stand der Ritter allmählich seine Bedeutung, indem an deren Stelle ein anderer Standesunterschied, der der *honestiores*, trat.

Gleich dem Senatorenstand hatte auch der Ritterstand seine besonderen Vorrechte und Ehrenzeichen. Vorausgeschickt muss werden, dass sowohl die besonderen Vorrechte wie die Ehrenzeichen der Ritter sich wesentlich auf die *equites Romani equo publico* bezogen, wenn auch bei einzelnen eine Übertragung auf die *equites equo privato* stattfand, und auch die Ehrenabzeichen bei dem ganzen Stande, wenn auch nicht gesetzlich zugelassen, so doch toleriert wurden.

Die besonderen politischen und Ehrenrechte, die den *equites equo publico* zukamen, waren:

1. Das privilegierte Stimmrecht bei den 18 Centurien.

2. Der Sonder- und Mitbesitz der Geschworeneugerichte.

3. Das ausschliessliche Anrecht auf sämtliche Offizierstellen und auf die eine Hälfte der nach Ständen geschiedenen Priestertümer und Ämter zur Zeit des Principats.

4. Das schon oben erwähnte seit der Gracchenzeit bestehende, durch Sulla aufgehobene und durch die *lex Roscia* erneuerte Recht besonderer Sitze im Theater.

---

[1]) Allerdings wurde ausser den drei ausschliesslich mit *equites* besetzten Richterdecurien für geringere Civilsachen noch eine vierte Decurie von Augustus und eine fünfte von Caius eingerichtet. Diese besassen aber nicht den Ritterceusus, sondern nur die Hälfte desselben.

der 14 ersten Bankreihen (*quattuordecim subselliorum ordines*). Im Circus trat die Trennung des Ritterstandes von der Plebs erst mit Augustus ein.

Die Ehrenzeichen waren:

1. Die *trabea*, das ritterliche Kriegskleid, ein Obergewand mit einem eingewirkten schmalen Purpurstreif. Dieses kam natürlich auch nur den eigentlichen Rittern im engeren Sinne zu.

2. Der *angustus clavus* gegenüber dem *latus clavus* der Senatoren, ein schmaler Purpurstreif an der Tunica, von rechtswegen auch nur dem Staatspferdeinhaber gestattet, aber später wohl auch bei den Mitgliedern des Standes überhaupt geduldet.

3. Der *anulus aureus*, ein goldener Fingerreif, statt des gewöhnlichen eisernen oder kupfernen, obwohl es manchmal vorkam, dass derselbe von Feldherren und Statthaltern auch nicht zum Ritterstande Gehörigen, wie z. B. den *scribae*, und in der Kaiserzeit sogar Freigelassenen, die dadurch dem Range nach zu Freigeborenen und Rittern wurden (*ius anuli aurei*), verliehen wurde. Ursprünglich nur Senatoren und den Staatspferdeinhabern zugänglich, war der Goldring das Distinktiv der beiden oberen Stände gegenüber der gemeinen Bürgerschaft.

4. Die *bulla aurea*, eine goldene Amuletkapsel der Kinder des Ritter- und Senatorenstandes.

Diesen Vorrechten standen aber, ähnlich wie dies bei den Senatoren der Fall war, durch das Herkommen gebotene und später gesetzlich fixierte Beschränkungen entgegen. So durfte z. B. kein Ritter auf der Bühne als *histrio* oder im Amphitheater als Gladiator auftreten.

## § 27. Der Stand der Tribuni aerarii.

Madvig I, 182. Lange I³, 509, III, 197, 455. Mommsen. Staatsrecht III, 189. Marquardt, Röm. Staatsverwaltung V. 168.

Neben dem *ordo senatorius* und *ordo equester* wird noch ein dritter, nämlich der der *tribuni aerarii*, unterschieden.

Offenbar stand derselbe unter dem Rittercensus und gehörte demnach der Plebs an, wenn er auch den höchstbegüterten Teil derselben gebildet haben wird.

Dieser neue *ordo* tritt zum ersten Mal auf, als durch ein Gesetz des Prätor L. Aurelius Cotta (vom Jahre 70 v. Chr.) verordnet wurde, dass die Richterliste aus Männern dreier Stände, Senatoren, Rittern und *tribuni aerarii*, zusammengesetzt werden solle. Diese *tribuni aerarii* waren demnach eine zahlreiche Bürgerklasse, die dem Ritterstande zunächst stand und im Anschluss an letzteren, wie wir sonst erfahren, konservativen Principien huldigte. Welche Censusgrenze für dieselben normiert war, wissen wir nicht, sowie wir von ihnen überhaupt, nachdem sie von Cäsar im Jahre 46 wieder von den Gerichten ausgeschlossen wurden, in der ganzen folgenden Zeit nichts weiter hören.

Wie der genannte Stand zu dem Namen *tribuni aerarii* gekommen ist, ist streitig. Es gab in früheren Zeiten *tribuni aerarii*, die, was der Name besagt, Kassenvorsteher waren, und zwar waren sie Kassenvorsteher beim Militär, indem sie die Soldzahlung an die Soldaten zu besorgen hatten, die sie im Falle der Nichtzahlung pfänden lassen konnten. Über den Zusammenhang dieser älteren *tribuni aerarii* mit dem späteren *ordo* giebt es zwei einander entgegenstehende Ansichten.[1])

1. Die Ansicht Madvigs. Die *tribuni aerarii*, die die Soldzahlung zu besorgen hatten, waren ökonomisch zuverlässige Privatleute. Diese Privatpersonen wurden, um für die ihnen übertragene Geldverwaltung eine Garantie bieten zu können, nach einem gewissen *census* gewählt. Nun ging später die Soldzahlung an die Quästoren über, so dass keine *tribuni aerarii* mehr bestellt wurden. Der Name derselben blieb aber für diejenige Censusklasse bestehen, aus der jene ursprünglich entnommen worden waren, und diese Censusklasse war es, welche im Jahre 70 in die *iudicia* berufen wurde.

---

[1]) Madvig, Opuscula academica II, 242. Mommsen, Röm. Tribus 44. Mommsens Ansicht folgt Lange. Vergl. auch Rein in Paulys Realencyklopädie.

**2. Die Ansicht Mommsens.** Die *tribuni aerarii* sind ursprünglich Vorsteher der Tribus, die auch die Soldzahlung zu besorgen hatten. Als ihnen aber die Soldzahlung abgenommen worden war, hiessen sie offiziell *curatores tribuum.* Nach der Reform der Centurienverfassung gab es 350 jährlich wechselnde *tribuni* oder *curatores tribuum.* Diese wurden nun im Jahre 70 v. Chr. in die Gerichte berufen und bildeten infolge davon ebenso einen *ordo,* wie die *equites* infolge der gracchischen Richtergesetze.

Die Identität der *curatores tribuum* mit den *tribuni aerarii* ist allerdings nicht quellenmässig nachzuweisen, aber da die Benennung *tribunus* die Vorsteherschaft einer Tribus fordert, so bietet für den *aerarius* sich keine andere Beziehung als die auf die servianischen Tribus. Es dürfte demnach der Ansicht Mommsens der Vorzug zu geben sein.

§ 28. **Die Proletarier und die capite censi.**

Lange I², 467 und 499. Mommsen, Staatsrecht III, 237.

Der dritte Stand enthielt ausser den *tribuni aerarii* gewiss noch Abstufungen, die jedoch politisch nicht ins Gewicht fielen. Eine von früher her bestandene Trennung hatte jedoch auch noch in späteren Zeiten eine gewisse Bedeutung, und dies ist der Unterschied zwischen den *assidui* (den mit Grundeigentum Ansässigen) und *proletarii* oder *capite censi.*

Der Ausdruck *capite censi* besagt, dass dieselben im Gegensatz zu den *assidui,* d. h. den Steuerfähigen, nicht mit Rücksicht auf ihr Vermögen, sondern nur wegen ihrer privatrechtlichen Selbständigkeit, *caput,* in die Bürgerlisten eingetragen worden seien. Der Ausdruck *proletarii* (von *proles*) bezeichnet diejenigen, welche Kinder hatten und deswegen eine vor den übrigen *capite censi* bevorzugte Gruppe bildeten.[1]

---

[1] Einen solchen Unterschied nimmt Mommsen nicht an: nach ihm ist der *proletarius* gleich dem *capite census;* er ist wie der letztere der nichtsteuerfähige Bürger; er ist der Kinderbürger, der Kinder hat oder haben kann, der also nur für die *proles* und nicht für die Steuern in Betracht kommt. vgl. Staatsrecht III, 238 u. 840, A 2.

Ursprünglich waren die Proletarier wie die *capite censi* vom Kriegsdienste frei; später aber wurden sie zu demselben, insbesondere zum Flottendienste, herangezogen. Zu letzterem wurden solche Proletarier verwendet, die nicht mehr als 4000 As besassen, und für den Landdienst wurde der Census (wohl seit 281) auf 1500 As fixiert. Als nun die Censoren dem Kriegsdienst entsprechend die Proletarier auch zum *tributum* verpflichteten, wurde des letzteren wegen eine weitere Grenze gezogen und das tributpflichtige Vermögen auf 375 As festgesetzt. Von da unterschieden sich die Proletarier von den *capite censi* so, dass man *capite censi* diejenigen nannte, die weniger als 375 As Vermögen besassen;[1]) aber auch dieser Unterschied hörte wieder auf, als C. Marius sein Heer für den Jugurthinischen Krieg meist aus dieser ärmsten Klasse, den *capite censi* im engeren Sinne, aushob.

### § 29. Die Freigelassenen (libertini); die Formen der manumissio.

Madvig I, 189. Lange I², 191. Mommsen, Staatsrecht III, 420.

Alle bis jetzt besprochenen Klassen der römischen Bürgerschaft sind *ingenui* d. h. freigeboren. Diesen stehen gegenüber die *libertini* oder die Freigelassenen. Diese gehen aus dem Sklavenstande hervor, sind aber römische Bürger. Der Sklave ist nach römischer Auffassung eine Sache (*res*), keine Person (*caput*), weshalb der Verlust der Freiheit eine *capitis deminutio* und zwar *capitis deminutio maxima* war. Die Sklaven waren:

1. *Vernae*, Hausssklaven, d. h. im Hause geboren.
2. Kriegsgefangene, die durch Verkauf (*sub corona*) Sklaven geworden sind. Der Ausdruck *sub corona* kommt von dem Kranz, der den zu verkaufenden Kriegsgefangenen aufgesetzt wurde und der die Schenkung des Lebens bedeutet.
3. *Venales*, Kaufsklaven, die infolge des Sklavenhandels, besonders aus Kleinasien und Syrien, eingeführt wurden.

---

[1]) Vgl. hierüber auch Mommsen, Staatsrecht III, 298.

Die Sklaven lebten ohne giltige Ehe bloss in natürlicher Gemeinschaft, *contubernium;* ebensowenig konnten sie Vermögen besitzen: doch gestattete ihnen der Herr häufig einen Sparpfennig, *peculium,* den sie öfters zum Loskaufen verwandten. Aus dem Zustande der Sklaverei wurden sie befreit und infolge davon zu *libertini* durch die Freilassung, *manumissio.* Dieselbe war zunächst eine doppelte:

1. *Manumissio iusta,* die rechtlich-förmliche Freilassung.
2. *Manumissio minus iusta,* eine mehr thatsächliche, formlose Freilassung.

Die *manumissio* oder förmliche Freilassung war eine dreifache:

1. *Vindicta,* d. h. durch ein förmliches Verfahren vor einem Magistrat mit richterlichem *imperium,* meistens vor dem *praetor. Vindicta* heisst der Stab, den ein anwesender römischer Bürger, gewöhnlich ein *lictor,* auf das Haupt des Sklaven legte mit den Worten: *hunc hominem liberum esse aio,* worauf der Herr des Sklaven sagte: *hunc hominem liberum esse volo;* hierbei liess der Herr den Sklaven, den er noch in der Hand hielt als sein *mancipium,* aus der Hand los (*manu mittere*). Hierauf sprach der Prätor den Sklaven dem Lictor als dem *vindex in libertatem* zu, und zuletzt wurde dem *libertus* gratuliert mit den Worten: *cum tu liber es gaudeo.*
2. *Censu,* d. h. dadurch, dass der Herr den bisherigen Sklaven in die Bürgerlisten eintragen liess. Diese Form war jedoch weniger häufig als die erste.[1]

---

[1] Die im römischen Rechte für die Freilassung verwendeten Akte unter Lebenden sind nach Mommsen, formell betrachtet, nicht Akte, welche die Freiheit geben, sondern solche, welche die angeblich vorhandene nur schützen. Die *manumissio (vindicta)* ist nur „die fiktive Anwendung der auf Freigebung einer zu Unrecht im Sklavenstande gehaltenen Person gerichtete Klage". Dieselbe Fiktion ist zu denken bei der vor dem Censor abgegebenen Erklärung, dass der Sklave, weil er zu unrecht Sklave gewesen, in die Bürgerlisten einzutragen sei. Vergl. hierüber Mommsen, Staatsrecht III, 59. Weiter ausgeführt ist diese Auffassung der *manumissio* in Röm. Forschungen I, 358—360.

3. *Testamento,* d. h. durch letztwillige, testamentarische Verfügung, und zwar konnte dies auf doppelte Weise geschehen:

   a) Indem der *testator* den Sklaven direkt für frei erklärte: *libertus orcinus,* da der Sklave von dem Moment, wo sein Herr im *Orcus* war, also unmittelbar nach dessen Tod, frei wurde.

   b) Indem der *testator* den Erben *per fidei commissum* bat, den Sklaven entweder *vindicta* oder *censu* freizumachen.

Ausser diesen drei Arten der förmlichen Freilassung kamen gegen Ende der Republik noch einige weniger formelle Arten vor und zwar:

   1. *Per epistolam,* d. h. durch eine brieflich an den Sklaven gerichtete Erklärung.

   2. *Per mensam,* indem der Herr den Sklaven an seinen Tisch zog.

   3. *Inter amicos,* d. h. durch eine mündliche Erklärung vor Freunden und Bekannten.

Durch diese drei Formen wurde aber nur eine thatsächliche, nicht rechtliche Freiheit erworben.

Die vielfachen Missbräuche, die gegen Ende der Republik, wohl hauptsächlich in Anwendung der letztgenannten Formen, in die Freilassung sich eingeschlichen hatten, führten unter Augustus zur *lex Aelia Sentia,* welche genau die Bedingungen feststellte, unter welchen in den drei allein gesetzlich zulässigen Formen (*vindicta, censu, testamento*) die Freilassung geschehen konnte: *iusta manumissio:* waren diese Bedingungen nicht zu erfüllen, so konnten allerdings die drei loseren Formen gewählt werden, aber die Sklaven erwarben dann nicht mit der Freilassung das Bürgerrecht: *manumissio minus iusta.* Durch eine *lex Iunia* (wahrscheinlich unter Tiberius) wurden Freigelassene dieser Art für *Latini* (d. h. Bundesgenossen mit latinischem Recht, welches in *conubium* und *commercium* bestand) erklärt mit der Massgabe, dass sie ein und noch dazu beschränktes *commercium iure Quiritium,* aber kein *conubium* haben sollten. Diese Klasse von *Latini* erhielt den Namen *Latini Iuniani.*

Zum Zeichen der stattgefundenen Freilassung erhielt unmittelbar nach derselben der *libertus* einen Hut, *pileus,* den er auf dem glatt rasierten Haupte trug.

## § 30. Fortsetzung.

### Soziale und politische Stellung der Freigelassenen.

Bezüglich der Stellung der Freigelassenen kommt in Betracht:

1. Ihre Stellung im Privatleben.
2. Ihre Stellung im Staatsleben.

Im Privatleben im besonderen ist wieder zu beachten:

- a) Die Stellung der Freigelassenen ihren früheren Herren gegenüber.
- b) Ihre sonstige Stellung in der Gesellchaft.

In ihrer staatlichen Stellung treten folgende Beschränkungen hervor:

- a) Beschränkung des Stimmrechts.
- b) Ausschliessung vom Kriegsdienst.

Das Verhältnis zu dem früheren Herrn zeigt sich vor allem äusserlich in dem Umstande, dass der Freigelassene das *praenomen* und *nomen (gentilicium)* desselben annahm und somit in die *gens* seines *patronus* eintrat, während er als *cognomen* seinen früheren Namen beibehielt, wie z. B. Chrysogonus, der Freigelassene des L. Cornelius Sulla, den Namen L. Cornelius Chrysogonus erhielt oder Tiro, der Freigelassene Ciceros, M. Tullius Tiro hiess. In älterer Zeit wurde dem Namen noch die Bezeichnung *servus* mit dem Genitiv des Freilassers hinzugefügt, wodurch die rechtliche Unvollkommenheit der Freilassung einen scharfen Ausdruck findet; erst etwa um das Jahr 146 v. Chr. wurde die Bezeichnung *servus* durch die von *libertus* ersetzt.

Im übrigen zeigte sich die Stellung des Freigelassenen zu seinem früheren Herrn sowohl in einem gewissen Abhängigkeitsverhältnis des ersteren zu dem Patron oder dessen

Erben, als auch in einem gewissen dem *patronus* zustehenden Vormundschafts- und Erbrecht.

Die Abhängigkeit von dem Freilasser war jedoch mehr eine thatsächliche, auf Pietät gegründete, als eine rechtlich fixierte und hatte insofern einige Ähnlichkeit mit der Stellung, welche in dem früheren Clientelverhältnisse der Client zu seinem *patronus* einnahm. Der Freigelassene musste sich vor allem gegen seinen Patron willfährig und ehrerbietig benehmen (*obsequium praestare* und ihm *observantia, reverentia* bezeigen) und ihn im Unglück unterstützen und dergleichen.

Von rechtlichen Bestimmungen wird in der Kaiserzeit eine Beschränkung des Klagerechts gegen den Patron erwähnt, während umgekehrt der Patron das Recht hatte, den undankbaren *libertus* auf 100 Meilen von Rom (*centesimum ultra lapidem*)[1]) verbannen zu lassen, in späterer Zeit sogar gegen ihn wegen Verletzung des *obsequium* auf körperliche Züchtigung anzutragen; selbst die *deportatio in insulam* oder *ad metalla* wird erwähnt.

Das Vormundschaftsrecht des *patronus* wird noch auf die 12 Tafeln zurückgeführt, doch war dies nicht so bedeutend wie das Erbrecht des Freilassers an den Gütern des *libertus*. Von diesem Recht, das sich allmählich, insbesondere mit Rücksicht auf spezielle Klassen der Freigelassenen, zu einem besonderen, ziemlich verwickelten Abschnitt des römischen Privatrechts in der Kaiserzeit ausbildete,[2]) sei nur hervorgehoben, dass nach den XII Tafeln der Patron nur dann erbte, wenn der *libertus* ohne Testament und ohne *sui heredes* gestorben war, dass aber später durch prätorisches Edikt dem Patron, wofern der Freigelassene nicht leibliche Kinder hinterliess und die zu Erben Eingesetzten nicht blutsverwandt waren, ein Recht auf die Hälfte der Erbschaft eingeräumt wurde, und dass die *lex Papia Poppaea* ihm selbst dann einen Anteil gestattete, wenn der *libertus* weniger als drei Kinder hinterliess.

---

[1]) Nach anderer Lesart *ricesimum ultra lapidem*.

[2]) Gaius III, 39—76. Dig. XXXVIII, 2 u. a. Vergleiche dazu Walter, Röm. Rechtsgeschichte, Seite 507 ff.

Das Patronatsrecht erstreckte sich nicht auf die Kinder des Freigelassenen, da diese *ingenui* waren.

Mit Rücksicht auf seine Beziehungen zu dem früheren Herrn hiess der Freigelassene *libertus*, mit Bezug auf seine soziale und politische Stellung *libertinus*, man spricht daher nur von einem Stande der *libertini*. Im Privatleben beeinflusste natürlich die Erinnerung an die frühere Knechtschaft die Stellung des Freigelassenen in hohem Masse; doch war dieselbe einigermassen abhängig von dem Stand des Herrn, der, wenn er mächtig war, nicht selten auch ihm zu Macht und Ansehen verhalf, wie dies schon zu Sullas Zeiten, in viel umfangreicherem Masse jedoch unter den Kaisern der Fall war. Gleichwohl blieb immer ein Makel an ihnen haften, der sogar auf die Kinder der Freigelassenen überging (die nicht das Recht hatten, die *bulla aurea* zu tragen) und sich in der öffentlichen Meinung hauptsächlich darin kund gab, dass man Familienverbindungen mit Freigelassenen oder den Kindern der Freigelassenen für unschicklich hielt. Ja man ging zum Teil hierin so weit, dass man sogar dem Mäcenas seinen vertrauten Umgang mit Horaz, der *libertino patre natus erat*, übelnahm. Die Anmassung der Ingenuität von seiten der Freigelassenen ist von jeher bestraft worden. Unter dem Principat tritt dies insbesondere mit Bezug auf die unbefugte Führung der goldenen Ringe durch einen Senatsbeschluss vom Jahre 23 n. Chr. und die *lex Visellia* vom Jahre 24 hervor. Vergl. Mommsen, Staatsrecht III, 424.

In politischer Beziehung waren die *libertini* in der Ausübung des Stimmrechts beschränkt; doch war dies in verschiedenen Zeiten verschieden.[1]) Seit es einen Unterschied zwischen *tribus urbanae* und *tribus rusticae* gab, finden wir die Freigelassenen auf die vier ersteren, die als weniger vornehm galten als die übrigen, eingeschränkt. Im Jahre 312

---

[1]) Vgl. darüber auch Mommsen, von dem die hier gegebene Darstellung in einigen Punkten abweicht; ausser a. nimmt er eine rechtliche Zurücksetzung der Freigelassenen im Stimmrecht nicht vor dem 6. Jahrh. d. St. an. Vgl. Staatsrecht III, 436.

sollen sie durch Appius Claudius den Zutritt zu allen Tribus erhalten haben. Im Jahre 304 wieder in die vier städtischen Tribus zurückgewiesen, scheinen sie später vielfach Gelegenheit gefunden zu haben, auch in anderen Tribus abzustimmen, da im Jahre 220 die Einschränkung auf die vier *tribus urbanae* von neuem eingeschärft wird, eine Massregel, die sich unter Ti. Gracchus wiederholte. Auf den Vorschlag des P. Sulpicius wurde im Jahre 88 die Beschränkung auf die *tribus urbanae* aufgehoben. Dies dauerte jedoch nur so lange, als die marianische Partei am Ruder war, und wurde von Sulla wieder abgeschafft.

Die inferiore Stellung der Freigelassenen als Staats-bürger zeigte sich aber nicht minder darin, dass sie nur in äusserster Not mit zum Kriegsdienst herangezogen wurden.[1]) wie im Jahre 296 und zur Zeit des Bundesgenossenkrieges. Doch wurden sie öfters auf der Flotte als Matrosen (*socii navales*) und später auch zu dem von Augustus organisierten städtischen Feuerwehr- und Nachtwächterdienst (*vigiles*) ver-wendet.

Unter Augustus und später konnte ein Freigelassener künstlich zum Freigeborenen gemacht werden, dadurch dass ihm vom Kaiser der *anulus aureus* und damit das *ius in-genuitatis* verliehen wurde.

---

[1]) Nach Mommsen bestand eine Zurücksetzung im Heeresdienst ur-sprünglich nicht; wahrscheinlich wurden sie erst durch die Censuren des App. Claudius und Fabius Maximus vom ordentlichen Heeresdienst ausge-schlossen und seitdem nur im Falle der Not einberufen.

# Kapitel IV.
## Das römische Bürgerrecht.

§ 31. **Begriff und Bedeutung des römischen Bürgerrechts.**

Wenn auch nach Ständen und Vermögen verschieden, bildeten die Bürger doch eine Gemeinschaft, eine *iuris societas*.[1] Dieselbe umfasst sowohl das private, wie das öffentliche Recht und ist entweder eine vollständige oder eine unvollständige. Im ersteren Falle erstreckt sie sich auf sämtliche, sowohl die privaten wie die öffentlichen Rechte, und dann sind diejenigen, die sie besitzen, Vollbürger (*cives optimo iure*); ist aber die *iuris societas* eine unvollständige, so dass demjenigen, der in dieser Lage ist, gewisse Rechte fehlen, dann entsteht das Halbbürgerrecht, welches in späterer Zeit in Rom in verschiedenen Formen sich ausgebildet hat. Von diesen Halbbürgern wird in einem späteren Abschnitte die Rede sein.

Die auf die Gemeinsamkeit aller Rechte im Staate bezügliche *iuris societas* wird mit zwei Ausdrücken bezeichnet und zwar:
1. mit dem Namen *ius Quiritium*,
2. mit dem Ausdruck *ius civile* oder *ius civitatis* oder bloss *civitas*, welch letztere Bezeichnung am häufigsten vorkommt.[2]

Ursprünglich war allein (s. oben § 20) der Name *Quiris* für den römischen Vollbürger üblich, und der Verein derselben nannte sich *populus Romanus Quirites* oder, wenn auch erst später, *populus Romanus Quiritium*. Daneben mag wohl auch schon früher der Ausdruck *civis* (vielleicht zusammenhängend

---

[1] Als solche wird die *Civität* bei Cicero definiert, Cic. de rep. I, 32: *Quid est enim civitas nisi iuris societas?*

[2] Das Bürgerrecht heisst auch *caput*, aber nur in der älteren staatsrechtlichen Terminologie. Im gemeinen Brauch tritt dieselbe frühe zurück und hat sich nur in gewissen festen Wendungen erhalten, Mommsen, Staatsr. III, 7.

mit χεῖμαι, *cubare* = der Ansässige, oskisch *ceus*[1]) gebraucht worden sein; allein diesem Wort wohnte in der früheren Zeit keine staatsrechtliche Geltung inne, wie aus den Referaten über die verschiedenen Gesetze hervorgeht, in denen ausschliesslich der Name Quirites gebraucht wird. Erst im sechsten Jahrhundert scheint das Wort *civis* in die officielle römische Sprache Eingang gefunden zu haben. In dieser Zeit fand anstatt des Ausdrucks *ius Quiritium* der Ausdruck *ius civile Romanorum* Aufnahme. Statt *ius civile Romanorum* setzte man aber bald mit Weglassung von „*Romanorum*" bloss *ius civile*, so dass damit schlechthin das römische Partikularrecht bezeichnet wurde, gleichwie man unter dem blossen Worte *civitas* das speziell römische Bürgerrecht verstand.[2])

Bei den Römern gilt nun vor allem das Prinzip der **personalen Herrschaft des Gesetzes** über das Rechtssubjekt; ebenso ist die **Rechtsfähigkeit** an die **Person des Bürgers** gebunden. Daraus folgt, dass die Herrschaft des Gesetzes wie die Rechtsfähigkeit mit der **Civität** unzertrennbar verknüpft ist und den Inhaber derselben überall dahin begleitet, wo immer derselbe verweilt.[3]) Umgekehrt sind aber auch die Fremden, die *peregrini*, wenn sie auf römischem Territorium wohnen, von diesem Rechte ausgeschlossen; ebenso die *Latini* und die übrigen *socii*, deren Bundesverhältnis zu der römischen Bürgerschaft eben die Verschiedenheit des Rechtes zur Voraussetzung hat, wenn ihnen auch in dem *commercium*, *conubium* und der *actio* eine gewisse, jedoch bloss formelle Teilnahme an aktiven Rechtspartien gewährt wurde. Hiervon unten.

---

[1]) Vgl. Corssen, Ausspr. I, 385 (vergleicht es mit unserem „Heim").

[2]) In der Kaiserzeit, als die *Latini* eine Zwischenklasse zwischen Bürgern und Fremden bildeten, bezeichnet der Ausdruck *ius Quiritium* den Inbegriff aller Befugnisse, durch welche der römische Bürger sich von dieser Mittelklasse unterschied.

[3]) Die Erklärung: „*civis romanus sum*" gereichte oft mitten unter barbarischen Völkerschaften zum Schutz. Cic. Verr. V, 57 und 60.

Mit demselben Prinzip hängt auch die Unvereinbarkeit des römischen Bürgerrechts mit dem eines jeden anderen Staates zusammen. Es war unmöglich, römischer Bürger und zugleich Bürger eines anderen Staates zu sein;[1]) deswegen ist auch der Unterschied zwischen *civis* sein und nicht *civis* sein im römischen Rechte ein kapitaler und von den bedeutendsten Folgen für die Person selbst wie für ihre Beziehungen zu allen anderen.

Da das römische Bürgerrecht personaler Art ist, so ist die erste Frage: wie muss die Person beschaffen sein, welche römisches Rechtssubjekt ist? Dann kommt erst die zweite Frage: welches sind die gemeinsamen Rechte, an welchen die *cives* Anteil haben?

Bei der ersten Frage kommen sowohl die Erwerbsarten des römischen Rechts wie die sogenannten Statusverhältnisse und bei den letzteren die verschiedenen Rechtskategorien der *iura publica* und *iura privata* in Betracht.

## § 32. Die Erwerbsarten des römischen Bürgerrechts.

Becker II, 89. Madvig I, 52. Mommsen, Staatsrecht III, 129.

Es gab im allgemeinen eine zwiefache Art, das römische Bürgerrecht zu erwerben:

1. Durch Abstammung (*civis natus*)[2]).
2. Durch Verleihung (*civis factus*).

Durch Abstammung waren alle diejenigen *cives*, die von einem *civis Romanus* in einem *matrimonium iustum* erzeugt waren. Ein *matrimonium* war *iustum*, d. h. die Ehe war rechtsgiltig, wenn zwischen den Verehelichten *conubium* bestand. *Conubium* bestand an sich nur zwischen römischen Bürgern, zwischen Bürgern und Nicht-Bürgern dagegen nur in dem Falle, wenn es ausdrücklich in einem Vertrage bestimmt war. In diesem letzteren Falle, d. h. wenn mit einem fremden Staate *conubium* bestand, folgten die Kinder

---

[1]) Cicero pro Balbo § 28, 29, 31: *duarum civitatum civis noster esse iure civili nemo potest.* Vergl. Cic. pro Caes. § 100.

[2]) Quint. 5, 10, 65: *ut sit civis quis aut natus sit oportet aut factus.*

dem Stande des Vaters; wenn also z. B. ein Römer eine Frau aus einem solchen Staate, mit dem *conubium* bestand, heiratete, so hatten die Kinder das römische Bürgerrecht. Bestand aber zwischen Rom und dem anderen Staate kein *conubium*, so folgten nach dem in diesem Falle anwendbaren *ius gentium* die Kinder dem Stande der Mutter; ehelichte also ein Römer eine Numidierin, so wurden die aus dieser Ehe entspringenden Kinder nicht des römischen Bürgerrechts teilhaftig, sondern waren *de iure* Numidier; umgekehrt sollten demselben Grundsatz zufolge die Kinder einer römischen Mutter mit einem Ausländer Römer werden; doch verordnete eine *lex Mensia*, dass jede Ehe mit Peregrinen ohne *conubium* die Peregrinität zur Folge haben sollte.[1])

Durch Verleihung wurde das römische Bürgerrecht erworben:

1. Durch gesetzmässige, von einem römischen Bürger vorgenommene Entlassung aus der Sklaverei (*manumissio iusta* s. oben § 29).

2. Durch Geschenk des römischen Volkes und zwar:

   a) unmittelbar durch einen Volksbeschluss, eine *lex*, durch welche entweder ganzen Völkern oder einzelnen Individuen die Civität geschenkt wurde:

   b) mittelbar dadurch, dass das Volk einzelne Männer, namentlich die Feldherren und die *triumviri coloniae deducendae*, beauftragte, Fremde in das römische Bürgerrecht aufzunehmen. So treffen wir in Ciceros Verrinen manche Leute, die von Pompeius mit dem Bürgerrecht beschenkt worden sind und deshalb seinen Namen angenommen haben. Offenbar war er dazu bevollmächtigt. Bei der Aufnahme ganzer Provinzen in die Civität durch Feldherren kam später noch eine Scheinbestätigung durch das Volk hinzu.

---

[1]) Ulpian fr. V, 8 . . . *lex Mensia ex alterutro peregrino natum deteriorem parentis condicionem sequi iubet.*

3. Durch Geschenk der Kaiser, was in der Kaiserzeit, abgesehen von der *manumissio*, die allein übliche Form war und als ein Ausfluss ihrer Herrschergewalt betrachtet werden muss.

Das Bürgerrecht ging verloren:

1. Durch Strafe; hier kommt hauptsächlich die Verbannung und die Auslieferung an die Feinde in Betracht. — Näheres hierüber § 34.

2. Durch freiwillige Verzichtleistung: dies kam vor, wenn z. B. ein Römer sich in eine latinische Kolonie einschreiben liess, wodurch er *Latinus* wurde, oder sonst in einem mit Rom in Vertrag stehenden Staat das Bürgerrecht ausübte.

3. Durch Kriegsgefangenschaft.

In den beiden letzteren Fällen trat aber das Bürgerrecht wieder in Kraft durch Rückkehr in die Heimat. Dieses Recht zur Rückkehr in den früheren Rechtszustand heisst *postliminium*.

## § 33. Das Caput und die Statusverhältnisse.

Becker II, 100. Lange I², 110. Savigny, System des römischen Rechts II, 60 und 443.

Die rechtsfähige Persönlichkeit heisst *caput*. Dieses Wort bezeichnet mit dem „Kopf" die Persönlichkeit des einzelnen Bürgers vom publizistischen Standpunkt aus.[1]) Es wird also damit die Stellung ausgedrückt, welche der Freie im Staate mit Rücksicht auf sein persönliches Recht als Bürger einnimmt. *Caput* bezeichnet daher auch das persönliche Recht des Einzelnen als solches im Gegensatz zum Vermögen, weshalb z. B. die *capite censi* diesen Namen führen, indem sie nur mit Rücksicht auf ihre rechtsfähige Person und nicht mit Rücksicht auf ihre Habe eingeschätzt sind.[2])

---

[1]) Mommsen, Staatsrecht III. 7.

[2]) Vergl. Huschke, Verfassung des Servius S. 202. Verschieden wird der Begriff erklärt bei Niebuhr, Savigny, Göttling und Lange; letzterer leitet den Begriff ab aus dem konkreten Rechte des Hausvaters als des Hauptes (*caput*) der Familie.

Bei dem *caput*, der rechtsfähigen Persönlichkeit, werden drei *status* unterschieden, und zwar: 1. *status libertatis*, 2. *status civitatis*, 3. *status familiae*.

Diese drei Status bezeichnen die Stufen der aus den persönlichen Verhältnissen sich ergebenden Rechtsfähigkeit.

Der *status libertatis* ist die notwendige Voraussetzung für die übrigen; er bezeichnet den Zustand der Freiheit, in welchem sich das Rechtssubjekt befinden muss, um seiner übrigen Rechte fähig zu sein; so kann z. B. ein Kriegsgefangener seine Funktionen als Bürger nicht ausüben, weil er sich nicht im *status libertatis* befindet.

Der *status civitatis* ist derjenige *status*, der dem Rechts- subjekt als solchem zukommt, und der *status familiae* ist die rechtliche Unabhängigkeit von anderen, so dass er über sich und sein Vermögen frei verfügen kann, also *sui iuris*, nicht *alieni iuris* ist.

## § 34. Die capitis deminutio.

Becker II, 102. Lange I², 204. Savigny a. a. O. Mommsen, Staatsrecht II, 111, 572. 917, III. 43. H. Krüger. Geschichte der *capitis deminutio* I, Breslau 1887.

Die *capitis deminutio* ist die Schmälerung der Rechtsfähigkeit. Sie ist nach den drei *status* eine dreifache:

1. *Capitis deminutio maxima:* Verlust des *status libertatis*.
2. *Capitis deminutio media:* Verlust des *status civitatis*.
3. *Capitis deminutio minima:* Verlust des *status familiae*.

Die *capitis deminutio maxima* ist der Verlust des *status libertatis*, wodurch zugleich der *status civitatis* und *familiae* verloren wird; dieselbe trat ein in folgenden Fällen:

1. Wenn ein römischer Bürger sich der Kriegspflicht oder der Vermögenssteuer entzog. In diesem Falle wurde dem Straffälligen sein Vermögen konfisziert und er selbst in die Sklaverei verkauft. In den ältesten Zeiten wurde er *trans Tiberim* verkauft. Letzteres

kam auch in der älteren Zeit in dem Falle vor,
wenn ein Gläubiger seinen Schuldner dreimal geladen
und derselbe nicht bezahlt hatte. Der Gläubiger
hatte dann das Recht, den Schuldner zu töten oder
zu verkaufen.

2. Wenn ein römischer Bürger wegen Verletzung des
   Gesandtenrechts oder wegen Abschliessung eines vom
   Volke nicht genehmigten Vertrages dem Feinde durch
   den *pater patratus*, das Haupt des Fetialenkollegiums,
   ausgeliefert wird. Für den letzteren Fall ist die
   Auslieferung der Consuln Sp. Postumius und P. Ve-
   turius Calvinus mit allen, die an dem mit dem samnitischen Feldherrn Pontius bei Caudium abgeschlossenen Vertrag teil gehabt hatten, charakteristisch.

3. Wenn ein Freier sich betrügerischer Weise als Sklave
   verkaufen liess. In diesem Falle sollte er zur Strafe
   Sklave des Käufers bleiben.

4. Wenn ein römischer Bürger im Kriege vom Feinde
   gefangen genommen wird. Eigentlich fand hier nur
   eine Suspension der bürgerlichen Rechte statt, da er
   nach der Rückkehr wieder in alle seine Rechte eintrat. Dies geschah vermöge des *ius postliminii*, durch
   welches fingiert wurde, dass er nie seinen früheren
   Verhältnissen entrissen gewesen sei.[1]

Die *capitis deminutio media* oder **minor** ist der
Verlust des *status civitatis*. Der davon Betroffene bleibt
zwar frei, verliert aber sein Bürgerrecht.
Dieselbe trat ein:

1. Durch die *reiectio civitatis*, d. h. durch das freiwillige Aufgeben des Bürgerrechts, indem man in
   dasjenige eines anderen Staates eintrat.

2. Durch die Verbannung. Dieselbe hat in der republikanischen Zeit zwei Formen:

---

[1] Der Ausdruck wird in der Regel so erklärt, dass *limen* oder
*limina* die Grenze des Staates bedeute und *post* = „hinter", „zurück"
sei, so dass also der im Auslande Gefangene dadurch, dass er in das
Gebiet des Staates zurückkehre, wieder frei werde.

a) Das *exilium*, d. h. die freiwillige Verbannung[1]), welche der Römer häufig wählte, um einer Capitalstrafe zu entgehen. Der *exul* hörte aber nicht auf, rechtlich ein Mitglied des römischen Staats zu sein, sondern war es nur *de facto* nicht, vorausgesetzt, dass er nicht in eine solche Gemeinde übersiedelte, mit der ein besonderer Staatsvertrag bestand, gemäss welchem er schon durch den Wohnsitz die Gemeindeangehörigkeit der fremden Stadt erwarb. In diesem Falle ging das Bürgerrecht ohne weiteres verloren. Siedelte er dagegen in eine Gemeinde über, mit welcher ein derartiger Vertrag nicht bestand, so verlor er sein Bürgerrecht erst dann, wenn er das Bürgerrecht der anderen Stadt erwarb oder wenn die gleich zu besprechende *interdictio aqua et igni* darauf folgte.[2])

b) Die *interdictio aqua et igni*,[3]) welche vom Volke und zwar in den Centuriatcomitien über einen Bürger verhängt wurde. Diese Verbannung hatte allein rechtliche Folgen. Der von derselben Betroffene wurde für vogelfrei erklärt, was in den Worten *aqua* und *igni interdicere* d. h. dem Entziehen der notwendigsten Dinge innerhalb des Staatsgebiets seinen Ausdruck fand. Damit hing dann die Einbusse aller staatsbürgerlichen Rechte zusammen, und deswegen ist die *interdictio aqua et igni* zugleich *capitis deminutio*. Da sich mit dem *exilium*, d. h. der freiwilligen Verbannung, jemand der über ihn verhängten

---

[1]) Danach ist das *exilium* auch keine Strafe, sondern ein Mittel sich der Strafe zu entziehen. Cic. pro Caec. 34, 100: *exilium non supplicium est, sed perfugium portusque supplicii.*

[2]) Vgl. Mommsen, Staatsrecht III, 48 ff. L. M. Hartmann, De exilio apud Romanos inde ab initio bell. civil. usque ad Severi Alexandri principatum, Diss. Berlin 1887.

[3]) Vergleiche Madvig II, 289 und 290.

Capitalstrafe entzog und der Staat ein natür-
liches Interesse daran hatte, dass der Verurteilte
nach Möglichkeit von Strafe getroffen wurde,
ward dem Exil die Entziehung der Bürgerrechte
durch die *interdictio* hinzugefügt und beschlossen,
*id ei iustum exilium esse.*

In der Kaiserzeit traten noch einige andere Formen
hinzu, wie die *deportatio in insulam,* die eine Verschärfung
der *aqua et igni interdictio* war, indem noch der Ort der
Verbannung bestimmt wurde, ferner die *relegatio,* eine mildere
Form, durch welche keine Veränderung im *status* des Rele-
gierten hervorgebracht wurde.

Durch den Verlust des *ius suffragii* und *ius honorum,*
die manche Bürger durch *infamia* und *ignominia* erlitten,
ward keine *capitis deminutio,* sondern nur eine *minutio
dignitatis* oder *existimationis* herbeigeführt.

Die *capitis deminutio minima* ergab sich durch ver-
änderte Stellung in betreff der Familie, wie z. B. durch die
Adoption, oder beim Weibe bei ihrer Verheiratung durch den
Eintritt in die *manus* des Eheherrn. Eine Minderung der
Rechtsfähigkeit findet dabei entweder insofern statt, als einer
der *sui iuris* ist, der *potestas* eines anderen unterworfen und
dadurch *alieni iuris* wurde, oder insofern als ein *filius familias*
durch seinen Vater einem anderen etwa *ex noxali causa* in
eine halbe Knechtschaft abgetreten wurde. Andere Fälle,
die mehr in das Privatrecht einschlagen, übergehen wir hier.

### § 35. Die Rechte des Bürgers.

Becker I, v7. Lange I³, 111. Madvig I, 35.

Die Rechte, welche die Civität gewährte, waren *iura
privata, iura publica* und *iura sacrata.*

Die *iura privata* bestanden in folgenden Rechten:

1. *Commercium* oder genauer *commercium ex iure
   Quiritium.* Dieses Recht enthält die Befugnis nach
   streng römischem Rechte Eigentum zu erwerben und
   zu veräussern, Verträge zu schliessen und das aktive
   wie passive Erbrecht, also 1. das *ius emendi* und

*rendendi.* 2. das *ius nexus,* 3. das *ius testamenti-
factionis et hereditatum.* Besonders wichtig war das
*commercium agrorum,* welches in dem Rechte bestand,
römisches Grundeigentum zu erwerben, weil dadurch
ein Fremder die Civität erlangen konnte.

2. *Conubium.* Damit wird die Befugnis bezeichnet, eine
nach römischem Rechte giltige Ehe, *iustae nuptiae,*
abzuschliessen; findet ein solches *conubium* nicht
statt, so treten für die Kinder eine Reihe besonderer
rechtlicher Folgen ein, die hier nicht weiter erörtert
werden können. Bezüglich der Civität s. oben § 32.

3. Die *actio,* d. h. die Fähigkeit *lege agere* oder nach
römischen Rechte und vor einem römischen Richter
seine Rechtsansprüche zu verfolgen.

Die *iura publica* waren folgende:

1. Das *ius suffragii,* d. h. das Recht in den Comitien
abzustimmen. Davon wird in dem Kapitel über die römischen Volksversammlungen weiteres gesagt werden.

2. Das *ius honorum,* d. h. das Recht sich um Staatsämter zu bewerben. Darüber Näheres in dem Kapitel
über die römische Magistratur.

3. Das *ius provocationis* oder das Recht der Berufung
auf die Entscheidung des Volkes, wodurch sich jeder
Bürger Schutz gegen jegliche Bestrafung an Leib und
Leben gegenüber den Magistraten verschaffen konnte.

Von den *iura sacrata* oder dem *ius sacratum* wird an
einem anderen Orte die Rede sein.

# Die Volksversammlungen.

Becker I, 1, 353, II, 3, 1. Madvig I, 211. Lange I², 396 und II², 446.
Mommsen, Staatsrecht III, 300. Herzog I, 1063. Karlowa, Röm. Rechtsgesch. I, 379.

## Kapitel V.
## Über die Versammlungen des Volkes im allgemeinen.

Lange a. a. O. Herzog I, 1053. Mommsen, Staatsrecht III, 300.

### § 36. Stellung des römischen Volkes im Staatsorganismus.

Madvig a. a. O. Rein unter *comitium* in Paulys Realencyklopädie.
Mommsen a. a. O.

Die Grundlage der römischen Verfassung war in der Zeit
der Republik der Volkswille.[1]) Dieser Volkswille kam zum
Ausdruck in den Versammlungen des Volkes, und zwar im
Gegensatz zu den beiden anderen Faktoren im Staatsorganis-

---

[1]) Für die Zeit des Königtums und des Principats stellt sich, wie
Mommsen richtig ausführt, die Sache etwas anders. Unter dem Königtum findet der souveräne Wille der Gemeinde seinen Ausdruck in dem
zusammentreffenden Willen des Königs und der Bürgerschaft. Die Her-
leitung des königlichen Imperium aus dem Mandat der Bürgerschaft
widerstreitet der echten römischen Anschauung, wie sich aus der Thatsache ergiebt, dass noch in republikanischer Zeit der Interrex und der
Dictator ohne Mitwirkung der Gemeinde in ihr Amt eintraten. Unter
dem Principat verschiebt sich im Gegensatz zur Praxis der Republik das
Verhältnis zwischen Magistratur und Bürgerschaft dahin, dass an Stelle
des ursprünglichen Gleichgewichts beider Teile und der späteron Vorherrschaft der Bürgerschaft jetzt die Vorherrschaft der Magistratur tritt
und der Wille des höchsten Beamten gefasst wird als der rechte Ausdruck
des Willens der Gemeinde. In der Theorie freilich wird noch von den
klassischen Juristen des dritten Jahrhunderts dem Volke das Recht der
Gesetzgebung zugeschrieben.

mus, der **Magistratur** und dem **Senat**. Diese drei Faktoren des Staatslebens teilten sich folgendermassen in die Staatsgewalt:

1. Das **Volk** oder die **Bürgerschaft**, *populus*, ist im Besitze der Hoheitsrechte, indem es die Wahl der Magistrate, das Recht der Gesetzgebung und die Entscheidung über Krieg und Frieden hat. Darum hat das Volk als Inbegriff der höchsten Machtvollkommenheit allein *maiestas* und das Recht das *imperium* zu verleihen. Zum Ausdruck kam diese höchste Gewalt in den Comitien, d. h. den gesetzlichen römischen Volksversammlungen, in denen jeder vollberechtigte Bürger durch seine Stimme unmittelbar dazu beitrug, dem höchsten Willen des Volkes Ausdruck zu geben. Äusserlich anerkannt wird die *maiestas populi* dadurch, dass die höchste ausübende Gewalt die Zeichen ihrer Macht, die *fasces*, vor dem Volke senkt.

2. Die **Magistratur** erhält ihre Machtbefugnis, *imperium* und *potestas*, nur vom Volk. Allein einmal damit bekleidet, beschränkte sie den Willen des Volkes und dessen Thätigkeit in den Versammlungen, und zwar letztere, insofern sie an die vom Senate kontrollierte Initiative der Magistratur gebunden war.

3. Der **Senat** war nur ein Ausschuss aus der Gemeinde: er hatte zunächst nur die Aufgabe, die Magistrate zu kontrollieren, bildete aber später den Mittelpunkt der Regierung und Verwaltung. Zur Zeit der Könige wurde er von diesen, in der Republik zuerst von den Consuln, dann von den Censoren bestellt. Aber gleichwie die Volksversammlung konnte auch er nur unter dem Vorsitze und der Leitung kompetenter Obrigkeiten verhandeln und beschliessen. Auch bezogen sich seine Beschlüsse nur auf die Exekutive und Vorberatung über das, was dem Volke zur Entscheidung vorgelegt werden sollte; daher hat er nur *auctoritas*, nicht *maiestas*, und seine Beschlüsse wurden nicht mit dem Ausdruck *iubere*, das nur dem Volke zukommt, sondern mit *censere* bezeichnet.

Dies waren die in der ganzen Zeit der Republik fest-
gehaltenen Grundzüge in der Stellung und dem gegenseitigen
Verhältnis der drei Staatsgewalten. Wie sehr sich auch in der
späteren Verfassungsentwickelung die Magistratur teilen und
zersplittern, und wie verschiedenartig auch die Organisation
sich gestalten mochte, in der sich der Volkswille manifestierte,
in den gegenseitigen Beziehungen der drei Gewalten zu einander hat sich im Prinzip nur wenig verändert.

Zu den drei genannten Faktoren kommt aber schon in
der ersten Zeit der Republik, und zwar zugleich mit dem Auftreten der Plebs, ein den ursprünglichen Einrichtungen fremdes
Element hinzu, das Tribunat. Dieses verdankt seine Entstehung dem Kampfe, welchen das ursprünglich vom Staatsorganismus ausgeschlossene plebejische Volkselement mit den
Patriciern um Gleichberechtigung führte, und war anfänglich
nur ein den einzelnen Bürger beschützendes und die Obrigkeit
zu Gunsten der Plebejer kontrollierendes Amt, hat sich aber
nach Ausgleich der Stände allmählich zu einer zu Gunsten
des niederen Volkes die ganze Staatsmaschine kontrollierenden
und in den *comitia tributa* bezw. *concilia plebis* gesetzgeberisch
thätigen ausserordentlichen Gewalt entwickelt.

Aber trotz der anerkannten Souveränität des Volkes und
der grossen Macht des Volkstribunats blieb die Gewalt der
Magistratur doch immer stark, und der Senat leitete die
inneren und äusseren Angelegenheiten des Staates im grossen
und ganzen bis zu dem Hortensischen Gesetz ohne besondere
Einmischung des Volkes, so dass insofern der Charakter des
römischen Staates im ganzen immerhin als ein aristokrati-
scher bezeichnet werden kann.

## § 37. Die contiones und concilia.

Becker I, 358. Rein in Pauly unter den betr. Worten. Lange II², 446.
Karlowa I, 379.

Es giebt drei Arten von Volksversammlungen:

1. Die *concilia*.
2. Die *contiones*.
3. Die *comitia*.

1. Das Wort *concilium* hat zwar auch eine allgemeine Bedeutung, indem es überhaupt jede
   Versammlung bezeichnen kann und somit die
   beiden anderen Arten von Versammlungen, *comitia* und *contiones*, als der weitere Begriff ein-
   schliesst; im engeren Sinn des Wortes bezeichnet
   es jedoch nur die Versammlung eines Teiles
   des Volkes, und zwar der Patricier wie Plebejer; in letzterer Beziehung findet es die häufigste
   Anwendung, indem die Versammlungen der Plebs
   nach Tribus, vor der staatsrechtlichen Anerkennung der Tribusversammlungen als *comitia*, ausschliesslich und die späteren von Tribunen geleiteten Volksversammlungen gewöhnlich *concilia
   plebis* genannt werden.[1])

2. *Contio* (von convenire, contio, zusammengezogen
   aus conventio) bezeichnet in nicht technischem
   Sinne jede Versammlung, und in dieser Beziehung ist es gleich *concilium* in der weiteren
   Bedeutung dieses Wortes; im engeren staatsrechtlichen Sinne ist es jedoch eine Volksversammlung, welche ein Magistrat berufen hat,
   um dem Volke etwas vorzutragen, aber
   nicht, um dasselbe über irgend etwas entscheidend
   abstimmen zu lassen, wie es nur in den Comitien
   geschehen durfte. Alle Magistrate hatten das
   Recht, solche Contionen zu berufen und dann
   in denselben entweder selbst eine Rede zu halten
   oder Personen vorzuführen (*in contionem pro-
   ducere*), denen sie die Erlaubnis zu reden erteilten (*contionem alicui dare*). Am häufigsten
   hielten jedoch solche Versammlungen die Consuln
   und die Tribunen ab, insbesondere die letzteren,

---

[1]) Mommsen, Röm. Forschungen 171. „Ueberall ist die Bezeichnung
gewissermassen negativer Art und gegensätzlich gegen die *comitia populi
Romani.*" Vergl. auch Staatsrecht III, 149.

die durch dieselben einen grossen Einfluss auf
das Volk ausübten.

Abgehalten wurden solche Contionen entweder, um das Volk für etwas, was demnächst
in den Comitien vorkommen sollte, vorzubereiten
und günstig zu stimmen, bezw. davon abzumahnen
(*suadere, dissuadere*), mochte es ein Gesetzesvorschlag oder eine Abstimmung über Krieg
und Frieden sein, oder um dem Volke über
irgend etwas Geschehenes zu berichten, wohin
z. B. die Berichterstattung des aus dem Feldzug
zurückkehrenden Triumphators gehört. Der
Mittelpunkt der *contio* war gewöhnlich die
öffentliche Rednerbühne auf dem Forum, *rostra*,
so genannt von den Schiffsschnäbeln, mit welchen
dieser Platz nach der Auslieferung der Schiffe
von Antium (im Jahre 338 v. Chr.) geziert war.
Cicero bezeichnet diesen Ort als *locus ad agen-
dum amplissimus, ad dicendum ornatissimus.*[1]
Doch wurde die *contio* häufig auch an anderen
Orten abgehalten, z. B. auf dem Capitol, auf dem
Marsfelde, im Circus Flaminius. Der die *contio*
berufende Magistrat nahm seinen Platz gewöhnlich auf einem *templum* (geweihter Platz), von
wo er zuerst das übliche Gebet (*solenne carmen
precationis*) sprach und dann seinen Vortrag hielt,
der ebenfalls *contio* hiess. Die Versammlung
verhielt sich dabei nur zuhörend. In der späteren
Zeit jedoch ging es in diesen Versammlungen
oft stürmisch her, indem durch Fragen, die die
Redner an das Volk richteten, dasselbe zu Ge-
schrei und Tumult veranlasst wurde.

---

[1] Cic. pro lege Manilia I, 1.

## § 38. Die comitia und ihre verschiedenen Formen.

Madvig I, 219. Lange a. a. O. Herzog I, 1054. Karlowa I, 3×1.

Comitia werden diejenigen Volksversammlungen genannt, zu welchen das nach bestimmten politischen Abteilungen gegliederte und dadurch in seiner Gesamtheit vertretene Volk von einem bestimmten Magistrat feierlich berufen wird und über irgend einen von demselben vorgelegten Antrag abstimmt.[1])

Nach dieser Definition unterscheiden sich also die comitia von den concilia hauptsächlich dadurch, dass in den Comitien das Gesamtvolk, in den Concilia aber nur ein Teil des Volkes vertreten ist. Zur Unterscheidung der Contionen von den Comitien dagegen sind folgende Merkmale festzuhalten:

1. Die Contionen können von jedem Magistrat berufen werden, während bei den Comitien dieses Recht jeweils nur einem bestimmten Magistrate zusteht.

2. In der Contio ist das Volk nicht nach bestimmten politischen Abteilungen gegliedert, wie in den Comitien, in welchen es nach Curien oder Centurien oder Tribus geordnet ist.

3. Bei den Contionen findet keine entscheidende Abstimmung statt, was bei den Comitien der eigentliche Zweck der Abhaltung ist.

4. Die Berufung und Abhaltung der Comitien ist mit gewissen Feierlichkeiten verbunden, die bei den Contionen nicht beobachtet werden.

Diese Definition der Comitia ist für alle Versammlungen dieses Namens giltig, die einen politischen Charakter haben, also für die *comitia curiata*, *comitia centuriata* und *comitia tributa*, nicht aber für die *comitia calata*, die sich nur mit

---

[1]) Gellius XIII, 15, 9: *ex his verbis Messalae manifestum est, aliud esse cum populo agere, aliud contionem habere. Nam cum populo agere est rogare quid populum quod suffragiis suis aut iubeat aut vetet; contionem autem habere est verba facere ad populum sine ulla rogatione.* Doch wird der Ausdruck *agere cum populo* häufig auch von dem Reden in der *contio* gebraucht.

sakralen Angelegenheiten beschäftigen. Genau genommen bilden sie auch keine besondere Species unter den Comitien, sondern sind nur eine eigentümliche, der ältesten Zeit angehörige Art und Weise der Verwendung teils der *comitia curiata*, teils der *com. centuriata*, um gewisse sakrale Handlungen vorzunehmen, bei denen die blosse Anwesenheit des Volkes genügte und eine Abstimmung nicht stattfand. Daher erklären sich auch die Ausdrücke *comitia calata curiata* und *comitia calata centuriata*. In der Königszeit fanden *comitia calata* statt:

1. Bei der Inauguration des gewählten Königs.
2. Bei der Inauguration der *flamines*.
3. Zur Errichtung von Testamenten.
4. Zur Vornahme der *detestatio sacrorum* bei der Arrogation.
5. Zur Verkündigung des Festkalenders.

Nach Abschaffung des Königtums trat an Stelle der Inauguration der Könige die des *rex sacrificulus*; die Berufung erfolgt durch den *pontifex maximus*. Später schwand allmählich die Bedeutung dieser Comitien.

Abgesehen von diesen *comitia calata*, die nach dem Gesagten nicht als eine besondere vierte Art der Comitien betrachtet werden können, gab es drei Formen der Volksversammlung:

1. *Comitia curiata*.
2. *Comitia centuriata*.
3. *Comitia tributa* und *concilia plebis*.

> 1. Die *comitia curiata*, die älteste Art, waren diejenige Form der Comitia, bei der das Volk nach Curien geordnet zur Abstimmung berufen wurde. Sie waren den Ansichten der meisten Forscher zufolge rein patricisch.
>
> 2. Die *comitia centuriata* waren solche Comitien, in denen das Volk nach Centurien abstimmte. Sie enthielten Patricier und Plebejer und gestalteten sich allmählich haupt-

sächlich zu **Wahlcomitien** (*comitia magistratuum*).

3. Die *comitia tributa* waren diejenigen Comitien, in denen das von einem Consul oder Prätor berufene Volk nach Tribus abstimmte. Ursprünglich wohl ganz plebejisch, enthielten sie später auch die Patricier; doch war ihr Charakter in jedem Fall ein überwiegend plebejischer.

Von diesen *comitia tributa* sind die *concilia plebis* zu unterscheiden. Letztere entwickelten sich vorzugsweise als gesetzgebende Versammlungen, weshalb sie auch, wenn auch missbräuchlich, als *comitia legum* bezeichnet werden. Sie wurden ausschliesslich von Tribunen berufen und geleitet. Nach Anerkennung der rechtlichen Gültigkeit ihrer Beschlüsse für den Gesamtstaat wurden sie von den Schriftstellern ebenfalls häufig *comitia tributa* genannt.

# Kapitel VI.
## Die Comitia curiata.

Madvig I, 222. Becker I, 272. Lange I³, 401. Herzog I, 1059. Rein in Paulys Realencyklopädie. Mommsen, Staatsrecht III, 316, I, 588. Karlowa I, 48 u. 382.

## § 39. Berufung, Versammlungsort, Abstimmung der comitia curiata.

Die *comitia curiata* waren die älteste Form der Comitia. In ihnen war das zur Abstimmung berufene Volk nach Curien geordnet. (Über dieselben s. oben § 9.)

Berufen und geleitet wurden sie in der ersten Zeit vom Könige oder in dessen Auftrag von dem *praefectus celerum*, oder nach erfolgtem Tode des Königs von dem Interrex, später von dem obersten republikanischen Magistrate, einem Consul oder Prätor bezw. Dictator. Die Berufung erfolgte jedoch erst nach vorher eingeholtem Senatusconsultum und glücklich ausgefallenen Auspicien und zwar durch *praecones* oder *lictores*, welche von Haus zu Haus wandernd neben dem Namen jedes zur Teilnahme Berechtigten auch den seines Vaters, als Zeichen seiner edlen Geburt, nennen mussten.

Der Ort dieser Comitia war immer der Teil des *forum Romanum*, welcher *comitium* hiess. Nur ausnahmsweise wurden dieselben auf dem Capitol abgehalten, als die Gallier die Stadt und das Forum besetzt hatten.

Der Tag der Abhaltung musste ein *dies comitialis* und der Gegenstand der Beratung drei Markttage vorher angekündigt sein. An dem Versammlungstage wurden Opfer und Gebete verrichtet, ehe man zur eigentlichen Verhandlung schritt. Nachdem auf diese Weise die Versammlung eröffnet war, trug der Vorsitzende die zu entscheidende Sache dem Volke vor und forderte dann die Anwesenden zur Abstimmung auf. Eine Beratung fand dabei nicht statt, indem die von dem Vorsitzenden vorgelegte Frage durch die Abstimmung einfach mit ja oder nein zu beantworten war. Diese Abstimmung geschah in der Weise, dass die Bürger nach Curien auseinandertraten und dann zunächst innerhalb jeder Curie *viritim*, nicht nach *gentes*, ihr Votum abgaben. Was also die Mehrzahl der Mitglieder beschloss, galt als Stimme der Curie. Nachdem auf diese Weise der Wille einer jeden Curie ermittelt war, wurde der Gesamtwille durch die Majorität der Curiatstimmen selbst festgestellt. Eine erloste Curie stimmte zuerst, als *principium*, alle übrigen Curien aber stimmten gleichzeitig. Die Verkündigung des Resultats der Abstimmung (*renunciatio*) der einzelnen Curien geschah in einer durch das Los bestimmten Reihenfolge. Gegen das Ende der Republik, als die *comitia curiata* ganz bedeutungslos geworden waren, erschienen statt der 30 Curien 30 Lictoren als Vertreter derselben.

§ 40. **Befugnisse der comitia curiata in der älteren Zeit.**

In der Königszeit und überhaupt in den älteren Zeiten hatten die Curiatcomitien folgende Rechte:

1. **Wahlrecht.** Vor Einsetzung der *comitia centuriata* waren die Curiatcomitien berechtigt, den König und die obersten Magistrate zu wählen bezw. die Ernennung desselben durch den *interrex* gutzuheissen. Fand eine wirkliche Wahl statt, was von Mommsen bezweifelt wird, hatten sie jedenfalls nur das Recht, den vom *interrex* vorgeschlagenen Kandidaten anzunehmen oder abzulehnen, nicht unter mehreren vorgeschlagenen auszuwählen. Dem *interrex* kommt hierbei das *rogare*, die *rogatio*, dem Volke das *iubere*, der *iussus* zu. Doch wählte das Volk nicht alle Beamte; die Ernennung einiger derselben war dem Könige bezw. dem höchsten Magistrate vorbehalten.

2. **Die Einsetzung in das Amt oder Bestallung der Magistrate.** Nachdem der König oder der oberste Magistrat gewählt bezw. ernannt worden war, traten die Curien nochmals zusammen, um demselben noch ausdrücklich diejenigen Rechte zu verleihen, die vor allem als ein Eingriff in die Rechte des Einzelnen erscheinen und mit dem Ausdrucke *imperium* bezeichnet

werden. Diese Verleihung hiess *lex curiata de imperio*. Zu dieser *lex curiata de imperio* waren die Curiatcomitien selbst dann noch befugt, als die Wahl der Magistrate schon auf die Centuriatcomitien übergegangen war.

3. Das Recht der letzten richterlichen Entscheidung bei einer Anklage wegen Hochverrats (*perduellio*), wenn eine Appellation (*provocatio ad populum*) stattgefunden hatte.

4. Recht über Krieg und Frieden. Dieses Recht hatten in der älteren Zeit die Curiatcomitien, insofern ihnen die Entscheidung über die Verfolgung eines fremden Volkes mit gerechtem Angriffskriege zustand.

5. Das Recht der *arrogatio* und *cooptatio*. Bei der *arrogatio* erklären die Curien für Recht, dass jemand *patria potestas* über einen anderen erhalte. Die *cooptatio* ist die Aufnahme fremder Familien in den Verband der patricischen *gentes;* anstatt *cooptatio* kommt auch der Name *adlectio* vor, der jedoch nur von der Aufnahme plebejischer Familien gebraucht wird.

Ungeschmälert kommen alle diese Rechte den Curiatcomitien nur bis zur Entwickelung der Centurienverfassung zu.

## § 41. Befugnisse der comitia curiata in der späteren Zeit.

Becker I, 3, 183. Lange I⁴, 407.

Nach Einführung der Centurienverfassung mussten die Curien, da sie damit aufgehört hatten, den *populus* zu repräsentieren, auch diejenigen Rechte an die Centuriatcomitien abgeben, die nur das Gesamtvolk verleihen kann. Indem sie nicht mehr Träger der Volkssouveränität waren, konnten sie auch die aus derselben fliessenden Rechte nicht mehr ausüben. Sie verloren die Wahlen der höheren Magistrate, die Provocationsjurisdiktion und das Recht über Krieg und Frieden zu beschliessen, welche Rechte sie alle an die *comitia centuriata* abtreten mussten.

Aber da sie einmal die Volkssouveränität wirklich besessen hatten und die Erinnerung daran immer noch in dem Ständekampfe fortlebte, so wurde ihnen jene theoretisch auch fernerhin in dem Rechte gewahrt, die Wahl der Magistrate durch die *lex curiata de imperio* zu bestätigen. Diese *lex curiata de imperio* ist nicht zu verwechseln mit der *patrum auctoritas*, d. h. der vorher einzuholenden Billigung des Senats. Ebenso hatten die *comitia curiata* das Recht, die während des Amtsjahres der Magistrate beschlossenen Verfassungsveränderungen durch eine *lex curiata de imperio* zu bestätigen, wobei aber gleichfalls jenen die *patrum auctoritas* vorhergehen musste.[1])

Durch diese beiden politischen Rechte ergänzten und hemmten die Curiatcomitien das Wahlrecht und die legislative Thätigkeit der Centuriatcomitien.

Beide Rechte wurden aber zuletzt zur reinen Formsache. Dieser Umstand findet äusserlich seinen Ausdruck in der Thatsache, dass schliesslich die Anwesenheit von dreissig *lictores curiati*, gewissermassen als Stellvertreter der dreissig Curien, und von drei zur Anstellung der Auspicien nötigen Augurn genügte, um die *lex curiata de imperio*, welche in einem einzigen Akte für alle beteiligten Magistrate rogiert wurde, rechtsgiltig zu beschliessen. Ausser diesen politischen allmählich zu reinen Formen gewordenen Rechten verblieb den Curiatcomitien alles dasjenige, was sich auf den ursprünglich patricischen Charakter derselben bezog, also:

1. Die *arrogatio* und *cooptatio*.
2. Ausschliessung aus dem Verband der Curien.
3. Genehmigung des Übertritts eines Patriciers zur Plebs, *transitio ad plebem*.

## § 42. Die Zusammensetzung der Curiatcomitien.

Schwegler, Röm. Gesch. I, 622. Herzog I. 1014 und 1059. Mommsen, Römische Forschungen 145. Karlowa I, 88 und 382.

Die Forscher über römische Verfassungsgeschichte stimmen mit wenigen Ausnahmen darin überein, dass die Curiatcomitien nur die Patricier enthalten hätten und dass die

---

[1]) Ad. Niessen, Beiträge zum römischen Staatsrecht. Strassburg 1885. Derselbe verficht die Ansicht, dass durch die *lex curiata de imperio* nur der militärische Oberbefehl verliehen worden sei.

Plebejer von denselben ausgeschlossen gewesen seien, wenn auch von einigen, wie Niebuhr und Lange, die Teilnahme der Clienten an den Heiligtümern der Curien nicht in Zweifel gezogen wird. Bei dieser Übereinstimmung der Forscher, unter denen vor allem Niebuhr, Schwegler, Ihne, Lange, Rein zu nennen sind, könnte man sich beruhigen, wenn nicht Mommsen[1]) unter Aufstellung nicht ungewichtiger Argumente die entgegengesetzte Meinung vertreten hätte. Letzterer ist nämlich der Ansicht, dass seit Beginn der Republik in den Curien Patricier und Plebejer Stimmrecht besessen hätten, und stützt seine Ansicht auf folgende Gründe:

1. Im Jahre 209 wird ein Plebejer *curio maximus*, woraus folge, dass schon geraume Zeit vorher patricischplebejische Curiatcomitien existiert hätten.

2. Die alten Schriftsteller, insbesondere Dionys von Halikarnass, setzen alle voraus, dass nach den Eroberungen der Königszeit die unterworfene Bevölkerung in die Curien aufgenommen worden und als nicht-adeliger Bestandteil schon in der ältesten Zeit mitgestimmt hätte.

Wie dem nun auch in späterer Zeit sein mochte, wo mit dem Zurücktreten des Patriciats und dem Ständeausgleich so viele Veränderungen vor sich gegangen waren, die gewiss auch die Schilderungen der früheren Zeiten durch die alten Schriftsteller beeinflussten, für die frühere Zeit ist der ausschliesslich patricische Charakter der *comitia curiata* unbedingt festzuhalten, und zwar hauptsächlich aus inneren Gründen, die am treffendsten von Schwegler I, 622 ff. hervorgehoben sind.

Dieser Forscher sagt dort u. a.: „Bei der Voraussetzung, dass die Curien eine Einteilung der Gesamtnation gewesen

---

[1]) Noch weiter geht Soltau (Altrömische Volksversammlungen), der die Behauptung zu erweisen sucht, „dass die Curiatcomitien von jeher nicht nur aus patricischen Geschlechtern, sondern aus allen freien römischen Bürgern bestanden, und dass also vor allem die seit alters in der Clientel des Patriciats stehenden Gemeinen Stimmrecht in den Curien gehabt haben müssen".

sind und die Plebs in sich begriffen haben, wird die Ent-
wickelungsgeschichte der römischen Verfassung zu einem
wahren Rätsel, was sie auch, eben um jenes Grundirrtums
willen, für Dionysius gewesen ist. Erstlich hätten die Patricier
in jenem Falle gar keine eigene Standesversammlung gehabt;
denn die Tributcomitien waren Standesversammlungen der
Plebs und die Centuriatcomitien Versammlungen des Gesamtvolkes ..... Ferner, wenn die Plebs in den Curiatcomitien
Stimmrecht gehabt hat, so hatte sie in ihnen — da nach der
Kopfzahl abgestimmt worden sein soll — die Majorität. Aber
damit reimt sich nur alles nicht, was wir von der staatsrechtlichen Stellung der Plebs in ältester Zeit wissen. Es wäre
auch von seiten der Patricier ein wahrer politischer Selbstmord
gewesen, wenn sie der mit Waffengewalt unterworfenen Bevölkerung der benachbarten Städte ein gleiches Stimmrecht
in der Volksversammlung eingeräumt hätten. Eine weitere
Unbegreiflichkeit wird bei der fraglichen Annahme die servische
Centurienverfassung. Hat Servius Tullius die Befugnisse der
Curiatcomitien, in denen nach der Kopfzahl abgestimmt worden
war, und in denen folglich die Plebs die Majorität gehabt
hatte, auf die Centuriatcomitien übertragen, in welchen das
Mass des Stimmrechts durch das Vermögen bedingt und das
Übergewicht nach allen Anzeichen auf seiten der Patricier
war, so war die ganze Verfassungsreform zum Vorteil der
Patricier und zum Nachteil der Plebs. Aber wie reimt sich
damit das traditionelle Bild dieses Königs? Wie die Anhäng-
lichkeit der Plebs an ihn etc. . . . .? Endlich wird bei der
fraglichen Voraussetzung auch das Aufkommen der Tributcomitien zu einer rätselhaften Erscheinung. Hatten die
Plebejer in den Curiatcomitien die Majorität, wozu bedurften
sie jener neuen Art von Volksversammlungen? Warum beriefen die Tribunen die Plebs nicht nach Curien? Und da
die Tributcomitien, seit sie aufgehört hatten, Standesversammlungen der Plebs zu sein, gleichfalls censuslose Nationalver-
sammlungen waren, wie bei der fraglichen Annahme die Curiatcomitien, so hätte es also von da an neben einander zwei
völlig gleichartige Comitien gegeben — eine unnütze Häufung

von Verfassungsformen, wie man sie den Römern nicht zu-
trauen sollte." 

Diese inneren Gründe Schweglers sind so gewichtig, dass
die bisherige Ansicht über die Zusammensetzung der Curien,
wenigstens für die Königszeit und die ältere Republik, festzuhalten ist.[1])

[1]) Die entgegenstehende Ansicht war zuerst von Bröcker und
Bachhofen aufgestellt worden; hierauf wurde sie von Mommsen weiter begründet und zuletzt ausführlich verteidigt von Soltau: Über Entstehung
und Zusammensetzung der altrömischen Volksversammlungen, Berlin,
Weidmann 1880, 69 ff. Karlowa, Röm. Rechtsgesch. 1, 88 und 382, nimmt
an, dass die Plebejer erst seit der *lex Hortensia* zu den Curiatcomitien zugelassen worden seien.

# Kapitel VII.
## Die Comitia centuriata.

Becker I, 3. 1. Lange I², 551 und II², 494. Madvig I, 226. Rein in Paulys Realencyklopädie. Herzog I, 1066. Karlowa I, 82 und 384.[1])

## § 43. Allgemeines. Recht der Berufung.

Die *Comitia centuriata* waren diejenigen Comitien, in denen das Volk nach Centurien abstimmte (s. über diese oben § 17). Die Centurien waren Einteilungen des Volkes nach dem Vermögen, deren ursprünglicher Zweck darin bestanden hatte, aus Patriciern und Plebejern ein Heer zu bilden. Später wurde diese militärische Einteilung die Grundlage einer politischen Gliederung, die die Rechte des Volkes nach dem Prinzip des Vermögens zum Ausdruck brachte und im Gegensatz zu den Curien Patricier und Plebejer umfasste. Diese neue politische Gliederung des Volkes war die Grundlage der *comitia centuriata*, die mit ihrer Begründung den Anspruch erhoben, die Souveränität des Volkes vorzüglich zu repräsentieren, weshalb sie auch in den zwölf Tafeln als *comitiatus maximus* bezeichnet wurden.

Die Berufung der *comitia centuriata* (*imperare exercitum*) stand unumschränkt nur denjenigen Magistraten zu, welche mit dem *imperium* bekleidet waren. Dies waren vor allem die Consuln und Prätoren als Inhaber des *imperium* und ausserdem selbstverständlich alle diejenigen Beamten, die in besonderen Zeiten an Stelle der regelmässigen Magistrate mit dem *imperium* bekleidet waren, wie die Dictatoren, die Decemvirn, die *tribuni militares consulari potestate* und zur Vornahme von Wahlen auch der Interrex. Alle übrigen Magistrate konnten nur im Auftrage der genannten Magistrate die Centuriatcomitien berufen, so der *magister equitum* nur im

---

[1]) Von neueren Schriften über dieses Kapitel sind hervorzuheben: Soltau, Alt-röm. Volksvers., Absch. IV. §§ 8—16. Morlot, Les comices électoraux sous la rép. rom., Paris 1884. G. Boissier, Les élections à Rome vers la fin do la république in der Revue des deux mondes LI. J. Kappeyne van de Copello, Betrachtungen über die Comitien, Stuttgart 1885.

Auftrage des Dictators und die Quästoren, Ädilen und Tribunen nur mit Erlaubnis des Consuls oder Prätors, von dem sie die Auspicien erbitten und den Tag der Comitien ansetzen lassen mussten. Die Censoren dagegen, die kein *imperium*, sondern nur *potestas* hatten, übten zwar das Recht einer selbständigen Berufung, aber nur innerhalb der Grenzen ihrer *potestas*, die sich ausschliesslich auf die Abhaltung des *census* und des *lustrum* erstreckte. Sie beriefen auch eigentlich nicht die *comitia centuriata*, sondern nur das Volk *centuriatim*, da ja hierbei das Volk zu keiner Abstimmung berufen wurde. Bei Wahlcomitien, sofern Consuln, Censoren oder Prätoren gewählt werden sollten, hatten nur die Consuln das Recht des Präsidiums. Der berufende Magistrat hatte die Comitien, gewöhnlich *ex senatus consulto*, vorher in einem Edikte anzukündigen, welches ein *trinum nundinum*, d. h. drei *nundina* oder drei achttägige Wochen,[1]) oder 24 Tage vorher zu veröffentlichen war und den Gegenstand der Verhandlung enthalten musste, also bei Wahlen die Veröffentlichung der Kandidatenliste, bei Gerichten die Benennung des Beschuldigten, des Anklagegrundes und der in Aussicht genommenen Strafe und bei Gesetzen den Wortlaut des Gesetzes (*promulgare*

---

[1]) Die Anfangstage der römischen Woche hiessen *nundinae*; an diesen Tagen kamen die Landleute in die Stadt und hatten so dreimal Gelegenheit, die Gesetzesvorlage kennen zu lernen. Der Zeitraum einer achttägigen Woche selbst hiess *nundinum*, wie Mommsen wahrscheinlich gemacht hat (Staatsrecht III, 375). Auf welche der beiden Wörter die Redensart *trinum nundinum* zurückgeht, ist zweifelhaft; im einen Fall wird es als Genitiv Pluralis von *nundinae*, im anderen als Nominativ bezw. Accusativ Singularis gefasst. Mommsen erklärt sich mit guten Gründen für die letztere Auffassung. Karlowa I, 391 schliesst sich im allgemeinen Mommsen an, fasst das Wort *nundinum* aber adjektivisch und zwar entweder als Accusativ: *trinum nundinum diem* oder als Genitiv: *trinum nundinum dierum*. Nach Lange betrug die Frist 30 Tage. Dies hing ihm zufolge mit dem militärischen Charakter der Centuriatcomitien zusammen, indem nämlich zwischen einem Kriegsbeschlusse der Comitien und der formellen Ankündigung des Krieges durch die Fetialen 30 Tage (*iusti triginta dies*) verstreichen mussten. Für die ältere Zeit ist dies zuzugeben; die Abänderung in *trinum nundinum*, also 24 Tage, ist sicher bezeugt. Vergl. Karlowa I, 390.

*legem*). Mit demselben ursprünglich militärischen Charakter
der Centurienverfassung hängt offenbar die Einrichtung
zusammen, dass während der genannten 24 Tage eine
rote Kriegsfahne (*vexillum russeum*) auf der Arx aufge-
pflanzt war. Die Beobachtung des *trinum nundinum* wurde
durch eine *lex Caecilia Didia* und später noch einmal durch
eine *lex Iunia et Licinia* eingeschärft.

### § 44. Zeit und Ort der Abhaltung der comitia centuriata.

An Festtagen (*feriae, dies nefasti*) durften überhaupt
keine Comitien abgehalten werden; aber auch von den nicht
festlichen Tagen waren die für die Rechtspflege reservierten
Tage ausgeschlossen (*dies fasti* im eminenten Sinne). Alle
übrigen Tage, also alle diejenigen, welche weder als *nefasti*
noch *fasti* im engeren Sinne galten, waren für die Abhaltung
der Comitien im allgemeinen geeignet. Diese heissen kalendarisch *dies comitiales* (in den aufbewahrten Fasten mit C
bezeichnet). Doch gehen auch von diesen die Anfangstage
der achttägigen Woche und alle nicht kalendarisch festen
Feiertage ab. Die Wahlcomitien sollten jährlich zu einer
bestimmten Zeit, d. h. womöglich rechtzeitig abgehalten
werden, damit vor Ablauf des alten Amtsjahres noch alles
Nötige geschehen konnte. Diese Zeit hiess *comitiorum tempus;*
doch ist über bestimmte Termine nichts Sicheres bekannt.

Der Ort, wo die Centuriatcomitien abgehalten wurden,
musste ausserhalb des Pomoeriums[1]) liegen. Dies hing gleichfalls mit dem anfänglich rein militärischen Charakter der
Centuriatcomitien zusammen, da der *exercitus* nur kraft des
militärischen *imperium* entboten werden und letzteres nur
ausserhalb des Pomoeriums zur Anwendung kommen konnte.
Daher wurden die Centuriatcomitien regelmässig auf dem
*campus Martius*[2]) und niemals auf dem *Forum Romanum* abgehalten. Nur ganz ausnahmsweise fand in der ältesten Zeit

---

[1]) D. h. das geweihte Gelände vor und hinter der Stadtmauer.

[2]) Doch versammelten sie sich auch im petelinischen Hain vor dem
Flussthore und *in Aesculeto*, einem Ort nicht bestimmter Lage innerhalb
der Bannmeile.

die Abhaltung der Centuriatcomitien an anderen Orten statt, die jedoch ebenfalls ausserhalb des Pomoeriums liegen mussten. Auch war unerlässlich, dass der Versammlungsort von den Augurn geheiligt war. Auf demselben befanden sich auch die *villa publica* für die letzteren, ein *tabernaculum* für den Vorsitzenden und die Schranken für die Versammlung. Zum Schutze derselben gegen auswärtige Feinde war eine bewaffnete Schaar mit einer Fahne (*vexillum*) auf dem Ianiculum aufgestellt, eine Sitte, die auch dann noch beobachtet wurde, als die Versammlung eines solchen Schutzes nicht mehr bedurfte.

### § 45. Auspicien bei den comitia centuriata.

Da die Kenntnis des Götterwillens im ganzen römischen Staatsleben eine so überaus wichtige Rolle spielte, insbesondere zur Leitung des Volkes unentbehrlich war, so durfte sie auch bei der Abhaltung der Volksversammlungen nicht fehlen, und somit waren die Auspicien, durch welche man vorzugsweise zur Kenntnis dieses Götterwillens gelangte, das Hauptgeschäft, welches der berufende Magistrat vor Abhaltung der Comitien zu besorgen hatte. Das erste also, was am Tage der Comitien geschah, war, dass der genannte Magistrat am Orte der Comitien *auspicia* anstellte, von deren Ausfall die Abhaltung der Versammlung abhängig war.

In der Regel wurden diese Auspicien gleich nach Mitternacht und zwar unter Zuziehung eines *augur publicus* angestellt. Fand letzterer die beobachteten Zeichen ungünstig, was er durch die Worte *alio die* verkündigte (*obnuntiatio* = ungünstige Erklärung), so mussten die Comitien verschoben werden. Wenn sie aber günstig ausfielen und der Augur erklärte, *silentium esse videri* und dergleichen, dann war die Abhaltung der *comitia* gestattet.

Die Auspicien mussten ausserhalb des *pomoerium* vorgenommen werden. Da nun ausserhalb desselben andere Auspicien in Geltung waren, als in der Stadt, so durfte der Magistrat nach Anstellung der Auspicien nicht wieder in die Stadt zurückkehren, um nicht in das Bereich der *auspicia urbana* zu kommen und dadurch die bereits angestellten

Auspicien ungiltig zu machen. Musste er aus irgend einer Veranlassung dennoch vor Abhaltung der Comitien in die Stadt zurückkehren, so hatte er vor Überschreitung des Pomoeriums zu diesem Zweck besondere Auspicien anzustellen.

Ausser den eigentlichen Auspicien konnten aber noch zweierlei Vorkommnisse ähnlicher Art die Abhaltung der Comitien verhindern:

1. Jeder Magistrat hatte das Recht *servare de coelo*, d. h. Himmelsbeobachtungen anzustellen. Benachrichtigte er nun den die Comitien abhaltenden Magistrat davon, dass er ungünstige Zeichen wahrgenommen, so musste die Versammlung aufgeschoben werden. Da aber auf diese Weise eine Menge Störungen sich hätten ergeben können, so verbot später der die Comitien abhaltende Magistrat allen niederen Magistraten, solche Himmelsbeobachtungen überhaupt anzustellen (*ne quis magistratus minor de coelo servasse vellet*). Allerdings ward das Recht einer Himmelsbeobachtung den übrigen Magistraten durch eine *lex Aelia Fufia* gewährt, bis später durch ein Gesetz des Clodius das *servare de coelo* im allgemeinen verboten wurde.

2. Unglückverheissende Naturereignisse vor Beginn oder während der Volksversammlung hatten ebenfalls die Verschiebung der Comitien bezw. die Auflösung der Versammlung zur Folge. Dahin gehörten Blitz, Donner, eintretender Regen oder der Fall, wenn jemanden die Epilepsie befiel, die deshalb auch *morbus comitialis* heisst.

In späterer Zeit wurde mit der *obnuntiatio* Missbrauch getrieben, indem manche Augurn von einer politischen Partei, welche die Abhaltung der Comitien verschoben wissen wollte, sich bestechen liessen und ungünstige Auspicien meldeten. Auch konnten die Augurn einen bereits in den Comitien gefassten Beschluss hintennach durch die Erklärung rückgängig machen, dass sie nachträglich in den Auspicien irgend einen Fehler gefunden hätten. Diese Erklärung hatte die Folge, dass die Wahl für ungiltig erklärt wurde und die bereits

Gewählten als *vitio creati* abtreten mussten. Infolge der häufigen Benützung der *obnuntiatio* für politische Parteizwecke sank die Achtung vor dem Auspicienwesen.

## § 46. Berufung zur Versammlung.

Waren die Auspicien günstig ausgefallen, so erfolgte die förmliche Berufung der Versammlung, was mit *exercitum vocare, exercitum educere, viros vocare* bezeichnet wird. Auch diese Ausdrücke weisen auf eine ursprünglich militärische Institution hin. Diese Berufung erfolgt in drei Akten:

1. Akt. Der noch im *templum* (dem Ort, wo die Auspicien vorgenommen worden waren) weilende Magistrat fordert das Volk auf, sich zur Versammlung zu begeben. Dies hiess *vocare in licium*[1]) *Quirites.* Dieses Geschäft besorgte von dem genannten *templum* aus ein Diener des Magistrats (*accensus* oder *praeco*, später der Augur), was aber nur eine reine Förmlichkeit war, da diese Aufforderung nicht gehört wurde. Um den Befehl wirksam weiter zu verbreiten, wurde der *accensus* oder *praeco circum moeros* geschickt, um ihn *de moeris* zu verkündigen. Darauf erfolgte ebenfalls *de moeris* und *in arce* noch ein besonderes militärisches Signal, was durch die *centuriae cornicinum* und *tibicinum* ausgeführt wurde und *classicum* hiess. Dieses Signal musste noch in der Nacht erfolgen, da das Volk *prima luce* zu erscheinen hatte. Ausserdem musste, um die Bürger vor möglichem Überfall zu schützen, die Burg und das Ianiculum mit Bewaffneten belegt und auch die rote Kriegsfahne auf der Burg aufgezogen werden.

---

[1]) Diesen Ausdruck fassen einige nach den Alten als ein und zwar substantivisches Wort und leiten es ab von *inlicere*, herbeilocken (*inlicium* ist dabei Accusativ des Ziels). Mommsen dagegen von *in* und *licium*, der Gurt, d. h. das Gehege der Abstimmung; danach wäre der Ausdruck nur von der eigentlichen Abstimmung zu verstehen. Corssen (Aussprache I, 494) fasst *licium* als Kriegskleid, eine Erklärung, die Mommsen aus sprachlichen und sachlichen Gründen verwirft. Karlowa I. 398, leitet es wie Mommsen von *licium* = Gurt ab, versteht aber darunter nicht das Gehege der Abstimmung, sondern den abgegrenzten Raum des *templum*, d. h den für die Beobachtung der Auspicion auch in *terra* abgegrenzten Raum, in welchen das Volk im ersten Akte berufen wurde.

2. Akt. Wenn auf die genannten Signale hin das Volk zusammengekommen war, wurde es durch den *praeco* zur *contio* berufen. Dies hiess *vocare ad conventionem*. Diese *contio* wurde nach Verrichtung eines Opfers durch ein Gebet des Vorsitzenden vom *tribunal* aus eröffnet, wobei Pontifices, Augurn und zwei Opferpriester assistierten (*solenne praecationis carmen*). Hierauf wurden die Reden gehalten, die sich auf den Zweck der Versammlung, wie Empfehlung der Wahlkandidaten durch die Magistrate, Anklage und Verteidigung und dergl. bezogen. Private konnten hierbei nur mit Genehmigung des Magistrats das Wort ergreifen.

3. Akt. Nach Beendigung der *contio* erteilte der Magistrat den Befehl zur Eröffnung der eigentlichen *comitia* (*comitia* im engeren Sinne) und zwar in Person mit den Worten: *impero qua convenit ad comitia centuriata*. Jetzt musste sich das Volk, das bisher noch in ungeordneten Haufen umhergestanden hatte, nach Centurien ordnen und unter Anführung der Centurionen und Vortragung der *vexilla* auf den in späterer Zeit durch *septa* und *pontes* abgegrenzten Platz der Abstimmung schreiten.

## § 47. Die Comitia centuriata im engeren Sinne oder die Abstimmung.

Nachdem die genannten drei Akte vollzogen waren, wurde die *comitia centuriata* im engeren Sinne von dem Vorsitzenden eröffnet mit den Worten: *quod bonum, faustum felix fortunatumque sit*, worauf der Vorsitzende den Antrag nochmals bekannt machte und dann die Abstimmung veranlasste, indem er sprach: *haec ita, uti dixi, ita vos Quirites rogo*. Die Abstimmung vollzog sich in folgender Weise, und zwar stimmten:

1. 18 *centuriae equitum*. Diese hiessen, weil sie vor allen anderen gefragt wurden, *centuriae praerogativae*. Ihre Abstimmung, die bekannt gemacht wurde, bevor die übrigen Centurien stimmten, war in der Regel für die ganze folgende Abstimmung von entscheidendem Einfluss.

2. Die 80 *centuriae peditum* der ersten Klasse, die im Gegensatz zu den Centurien der folgenden Klasse *primo vocatae* genannt wurden, während die *centuriae peditum* überhaupt im Gegensatz zu den vorausstimmenden Reitercenturien *iure vocatae* hiessen.

3. Die 22 Centurien der zweiten Klasse.

4. Die 20 Centurien der dritten Klasse.

5. Die 22 Centurien der vierten Klasse.

6. Die 30 Centurien der fünften Klasse.

7. Die *centuria capite censorum*.

Häufig kam es vor, dass die Majorität schon durch die Abstimmung der Rittercenturien und der *centuriae peditum*, die zusammen 97 Stimmen hatten, erreicht war, in welchem Falle die übrigen Centurien, die zusammen nur über 96 Stimmen verfügten, gar nicht zur Abstimmung berufen zu werden brauchten. Erst wenn es sich herausstellte, dass die erste Klasse verschiedentlich gestimmt hatte, wurde die zweite Klasse berufen und so fort, bis die Majorität für einen Kandidaten oder ein Gesetz gefunden war. Die vierte Klasse kam selten zur Abstimmung: ihr wie der folgenden Klassen Stimmrecht kam überhaupt erst dann zur Geltung, wenn die früheren *suffragia* sich zersplittert hatten. Ursprünglich wurde nur mündlich abgestimmt. Dies geschah in der Weise, dass sog. *rogatores* an den Gehegen (*septa*)[1]) standen und jeden Bürger nach seinem *suffragium* fragten, welches sie auf einer Tafel niederschrieben. Bei Wahlen z. B. wurde der Name des gewählten Kandidaten dem *rogator* angegeben, welcher dann bei dem Namen desselben einfach so viele Punkte machte, als mündlich Stimmen für ihn abgegeben wurden (davon der Ausdruck *puncta ferre*). Die schriftliche geheime Stimm-

---

[1]) Die *septa* war ein ursprünglich durch Stricke, später durch eine feste Umzäunung eingeschlossener Platz, in welchem sich die Centurie befand; er war ähnlich einer Schafhürde, weshalb er auch *ovile* (von *ovis*) genannt wurde. Der Zugang zu demselben hiess *pons*. Andere nehmen an (so Lange II³, 488), dass das *ovile* ein von der *septa* verschiedener Platz war, in welchen man aus der *septa* erst nach Überschreiten der *pontes* gelangte.

gebung wurde erst später durch bestimmte Gesetze (*leges tabellariae*)[1]) eingeführt. Bei Abstimmung über Gesetze erhielt in dieser Zeit jeder Abstimmende zwei Täfelchen. Das eine war mit V R (*uti rogas*) das andere mit A (*antiquo*) bezeichnet. Im Fall der Annahme gab er das erste, im Fall der Verwerfung das zweite Täfelchen ab, welches dann in den Stimmkorb (*cista*)[2]) geworfen wurde. Bei gerichtlichen Comitien erhielt jeder zwei Tafeln, von denen das eine mit A (*absolvo*), das andere mit C (*condemno*) bezeichnet war. Bei Wahlen erhielten die Bürger leere Tafeln, auf welche sie mit einem Griffel den Namen ihres Kandidaten niederschrieben.

Wenn die Abstimmung beendigt war, so wurde das Resultat derselben durch den Vorsitzenden feierlich verkündigt. Diese feierliche Verkündigung, *renuntiatio* genannt, war ein wesentlicher Bestandteil des ganzen Abstimmungsverfahrens, da die Verweigerung derselben durch den Vorsitzenden die Folge hatte, dass die Wahl als ungiltig angesehen wurde. Nach der Verkündigung des Abstimmungsresultats wurde das Volk entlassen (*remittere exercitum*). Damit waren die Comitien zu Ende, und das *vexillum russeum* wurde abgenommen.

## § 48. Kompetenz der comitia centuriata.

Seit der Begründung der *comitia centuriata* ruhte in ihnen die Souveränität des Volkes. Sie waren von da an die

---

[1]) Es gab deren vier. Die erste derselben, die *lex Gabinia* (139 v. Chr.), bestimmte die schriftliche Abstimmung speziell für die Magistratswahlen, eine andere, die *lex Cassia* (137), für das gewöhnliche Volksgericht mit Ausnahme des Perduellionsprozesses, die *lex* des L. Papirius Carbo (131) für die Gesetzcomitien, die *lex* des L. Coelius Caldus für den noch übrigen Perduellionsprozess.

[2]) Diese Stimmkörbe werden dann in das *diribitorium* gebracht, d. h. ein Gebäude, in welchem die Sonderung und Aufzeichnung der Stimmen stattfand. Die mit diesem Geschäfte Beauftragten hiessen *diribitores* (von *diribeo* = *dis*-hibeo, auseinanderhalten, von dem Auseinanderhalten der auf Ja oder Nein oder bei Wahlen der auf die einzelnen Kandidaten abgegebenen Stimmen).

*iusta comitia*, im Gegensatz zu den *comitia leviora*, den Curiat-
und Tributcomitien. Von diesen waren die ersteren, seit sie
ihre Hoheitsrechte an die Centuriatcomitien hatten abtreten
müssen, völlig bedeutungslos geworden, während die Tribusversammlungen ihre Rechte sich erst allmählich erkämpfen
mussten. Die den Centuriatcomitien zustehenden politischen
Rechte waren demnach im wesentlichen diejenigen, welche
einst die *comitia curiata* besessen hatten, also:

1. Das Wahlrecht.
2. Die höchste Gerichtsbarkeit in Capitalsachen.
3. Die Entscheidung über Krieg und Frieden.

Dazu ist zu bemerken, dass das Recht der eigentlichen Bestallung der Magistrate den Curiatcomitien verblieb, welche
nach wie vor durch die *lex curiata de imperio* die von den
Centuriatcomitien vollzogenen Wahlen bestätigten. Ferner
kommt zu dem Punkte 3 noch die ganze Gesetzgebung hinzu,
die in der Zeit der Curiatcomitien nur eine untergeordnete
Rolle gespielt und eigentlich nur in der Entscheidung über
Krieg und Frieden, die im römischen Sinne unter den Umfang der Gesetzgebung fällt, einen prägnanten Ausdruck gefunden hatte. Demnach haben wir bei den Centuriatcomitien
dreierlei zu betrachten:

1. **Wahlrecht.**
2. **Gerichtsbarkeit.**
3. **Gesetzgebung.**

### § 49. Wahlrecht der comitia centuriata.

Ursprünglich beschränkte sich die Volkswahl überhaupt
auf das Oberamt. Die Unterbeamten wurden vom Consul ernannt und erst später in Tributcomitien gewählt. Neben dem
ursprünglich das Oberamt allein repräsentierenden Beamten,
dem Consul, wurden nur der Prätor und Censor, deren
Funktionen ursprünglich mit im Consulat enthalten gewesen
waren, in Centuriatcomitien gewählt.[1]) In betreff des Wahl-
rechts soll ursprünglich der Senat ein Vorschlagsrecht ge-

---

[1]) Vergl. Mommsen, Staatsrecht III, 346, 347.

habt haben, welches darin bestanden, dass der Senat die Kandidaten präsentiert und das Volk dann über die in Vorschlag gebrachten abgestimmt habe. Diese Einrichtung mag in früherer Zeit in Übung gewesen sein, als die Bewerber noch ausschliesslich dem Patriciat angehörten. Nachdem jedoch auch die Plebejer Zutritt zu der obersten Magistratur erhalten hatten, fiel dieses Vorschlagsrecht jedenfalls weg, ohne dass dadurch ein faktischer Einfluss des Senats auf die Kandidaturen ausgeschlossen war. Dagegen hatte der Senat das Recht, durch einen Beschluss die Zeit zu bestimmen, in der die Wahlcomitien abgehalten werden sollten; dabei war er jedoch an gewisse, durch das Herkommen und die Natur der Sache bestimmte, Grenzen gebunden (*legitimum comitiorum tempus*). Abgehalten wurden die Wahlcomitien von einem Consul. Waren beide Consuln abwesend, beschloss der Senat, dass entweder beide oder einer von ihnen zur Abhaltung der Wahlen nach Rom zurückkehrten. Waren beide verhindert, dann trat entweder ein *interregnum* ein, oder es wurde ein *dictator comitiorum causa* ernannt.

Gewählt wurden in Centuriatcomitien alle *magistratus maiores*, d. h. alle *magistratus cum imperio* und die Censoren, also

1. die Consuln oder die ausserordentlichen *magistratus cum imperio*, die ausnahmsweise an ihre Stelle traten, wie die *decemviri legibus scribundis*, die *tribuni militum consulari potestate*, nicht aber die Dictatoren, die nicht gewählt, sondern ernannt wurden,

2. die Prätoren, deren Anzahl sich zuerst auf 2, später auf 4, dann auf 6, zuletzt (durch Sulla) auf 8 belief,

3. die Censoren, die zwar nicht das *imperium*, aber doch das *ius vocationis*, das *ius multae dictionis* und das wichtige Amt der Abhaltung des *lustrum* besassen.

Gebunden war diese Wahlkompetenz

1. an die *lex curiata de imperio*, die den Curiatcomitien zustand,

2. durch den faktischen Einfluss des Senats und der Nobilität,

3. durch ausgedehnte Befugnisse des Vorsitzenden: dieser musste zwar alle Bewerber berücksichtigen, doch stand ihm eine Entscheidung darüber zu, ob jemand rechtmässig als Bewerber aufgetreten sei, und durch die Verweigerung der *renuntitiao* (s. oben § 47) konnte er eine bereits vollzogene Wahl ungiltig machen.

## § 50. Gerichtsbarkeit der comitia centuriata.

Lange II². 541. Herzog I, 1076. Mommsen, Staatsrecht III, 351.

Die Gerichtsbarkeit des Volkes war keine absolute, sondern eine beschränkte, und zwar fand eine Rechtsprechung desselben nur unter folgenden Bedingungen statt:

1. Nur bei Kriminalprozessen,
2. und auch in diesem Falle nur als Appellinstanz;
3. wenn der vom Magistrat Verurteilte das Recht der *provocatio ad populum* hatte.

Die richterliche Kompetenz stand ursprünglich ausschliesslich dem obersten Magistrat zu, dem sie das Volk zugleich mit der Verleihung des *imperium* übertragen hatte. Das *imperium* bestand aber ausser dem obersten Heerbefehl hauptsächlich in dem Rechte, die Todesstrafe oder körperliche Züchtigungen durch Richterspruch zu verhängen. Gegen solche Richtersprüche, welche Todesstrafe oder körperliche Züchtigung oder auch beides zugleich gegen einen Bürger verhängten, gab es ursprünglich keine Berufung. Später ward eine solche geschaffen durch das Recht der Provocation. Dieselbe wird von den römischen Schriftstellern auf eine *lex Valeria de provocatione* vom ersten Jahre der Republik (509 v. Chr.) zurückgeführt. Geschichtlich sicher ist, dass schon in der Zwölftafelgesetzgebung dieses Recht in seinem ganzen Umfang vorausgesetzt und anerkannt war. Jedenfalls war es daher von da an jedem Bürger gestattet, gegen das vom richtenden Magistrat über ihn gefällte Urteil an das Volk zu appellieren. Die Provocation ist aber nach vier Seiten hin eingeschränkt:

1. Sie gilt nur für Bürger, und zwar nur für die Männer; die Frauen sind dieses Rechtes, ausser bei ädilicischen Multklagen, nicht teilhaftig.

2. Sie gilt bis zur *lex Porcia* nur innerhalb der Stadt.

3. Sie ist nur anwendbar gegen die kriminelle Jurisdiktion und die Coercition der Magistrate. Ausgeschlossen sind die sakralen Delikte, alle zur Administrativ- und Civiljustiz gehörigen Sprüche und die Urteile der Quästionengerichte.

4. Sie ist nicht anwendbar bei gewissen Strafen, wie Freiheitsentziehung, Pfändung und Geldstrafen unter dem Maximum von 3020 Assen.

Die *iudicia populi* gehörten ursprünglich ausschliesslich zur Kompetenz der *Comitia centuriata*. Da die Verurteilten wohl meistens von dem ihnen zustehenden Rechte der Provocation Gebrauch machten, so verzichteten die Consuln auf solche Scheinurteile, die ihre Würde auf die Dauer hätten untergraben müssen, und beauftragten mit der Fällung derselben die *quaestores paricidii*. Hieraus ergab sich dann ein besonderes Verfahren, der sog. Provocationsprozess, welcher folgendermassen verlief:

1. Akt. Die *diei dictio*, Ansetzung eines ersten Termins durch die Quästoren oder *prima accusatio*.

2. Akt. Erste *contio*, in der die Quästoren vor dem versammelten Volk als *accusatores* auftraten und der Angeklagte sich verteidigte. Dieses Verfahren hatte den Zweck, das Volk über den Fall zu orientieren und hiess deshalb *anquirere*. Dieser zweite Akt wurde die *secunda accusatio* genannt.

3. Akt. Neuer Termin bezw. *contio*, mit demselben Zweck wie der erste, *tertia accusatio*.

4. Akt. Der Quästor bezw. die Quästoren gaben nach erneuertem Anquisitionsverfahren jetzt das Urteil ab, gegen welches die *provocatio* an das Volk in Centuriatcomitien gestattet war: *quarta accusatio*.

Wie die erste *accusatio diei dictio*, so hiessen die drei folgenden *prodictiones*, weil immer in der vorhergehenden ein neuer Termin für die folgende Verhandlung angesetzt wurde.

5. Akt. Verhandlung des Prozesses in den *comitia centuriata*, in der entweder Freisprechung oder Verurteilung zum Tode stattfand. Dieser letzteren konnte sich schon sehr

frühe der Verurteilte durch freiwillige Verbannung entziehen
(*exilium*).

Dieses Verfahren fand hauptsächlich statt im Falle der
*perduellio* und des *parricidium*. Es wurde gesetzlich den
Centuriatcomitien vorbehalten durch einen Artikel der zwölf
Tafeln, in welchem bestimmt war, dass *de capite civis* nur
im *comitiatus maximus* (d. h. den Centuriatcomitien) abgeurteilt werden dürfe. Die Folge davon war der Tradition
zufolge die, dass von nun an nicht bloss die Quästoren,
sondern auch die Tribunen, die bis dahin ihre Anklagen in
den *concilia plebis* oder Tribntcomitien vorgebracht hatten, in
den Centuriatcomitien als Ankläger auftraten, und Quästoren
und Tribunen das Geschäft der öffentlichen Anklage in
Capitalsachen besorgten. Dies regelte sich mit der Zeit der
Art, dass die Quästoren mehr die unpolitischen, die Tribunen
die politischen Prozesse (*perduellio*) übernahmen, bis in späterer
Zeit die Thätigkeit der Quästoren ganz aufhörte und nur noch
die Tribunen, und zwar ausschliesslich in Capitalsachen in
den *comitiis centuriatis* auftraten. Für die unpolitischen Prozesse kamen dann die *quaestiones extraordinariae* auf, d. h.
Ausschüsse aus der Bürgerschaft, die zum Richten in Capitalsachen berufen wurden. Missbräuche in dieser Praxis führten
zur *lex Sempronia*, die bestimmte, *ne de capite civium Romanorum iniussu populi iudicaretur* (123), so dass sich neben
den *quaestiones perpetuae* die Gerichtsbarkeit der *comitia
centuriata* in politischen Capitalprozessen noch eine Zeitlang
erhalten hat, bis Sulla derselben ein Ende machte. Seitdem
trat an Stelle des alten quästorischen Mordprozesses die *quaestio
inter sicarios* und an die Stelle des tribunicischen politischen
Prozesses die *quaesto maiestatis*. Zwar hat eine förmliche
Abschaffung des *iudicium populi* nicht stattgefunden, es kommt
in nachsullanischer Zeit noch hier und da vor, ist aber ein
Ausnahmeverfahren. Mit dem Principat fiel auch dieses weg.

### § 51. Gesetzgebung der comitia centuriata.

Der Begriff der Gesetzgebung war bei den Römern
weiter als in der modernen Zeit. Unter einer *lex* versteht

man überhaupt jede Äusserung des Volkswillens, die nicht
in einer Wahl oder in einem Urteile besteht. Deswegen wird
z. B. die Genehmigung eines Antrags über Kriegserklärung
als ein gesetzgeberischer Akt aufgefasst. Danach zeigt sich
die legislative Kompetenz der Centuriatcomitien hauptsächlich
in drei Fällen:

1. Bei Verfassungsänderungen. Diese Kompetenz
schliesst sich eng an das Wahlrecht an, insofern die
in Frage kommenden Verfassungsänderungen auch
das Wahlrecht beeinflussten; hierher gehören z. B. die
*lex de dictatore creando,* die *lex* der Einsetzung der
*decemviri legibus scribundis,* die *leges Valeriae Horatiae*
(449) u. s. w. Diese gesetzgeberische Kompetenz
ward den Centuriatcomitien durch den Artikel der
Zwölf Tafeln gesichert: *ut quodcumque postremum
populus iussisset, id ius ratumque esset;* bedeutend erhöht aber wurde sie noch durch die *lex Publilia
Philonis* (339), welche bestimmte, *ut legum, quae
comitiis centuriatis ferrentur, ante initum suffragium
patres auctores fierent,* wodurch die Erteilung der
*patrum auctoritas* zur leeren Formalität wurde; doch
kam nie ein Gesetz vor die Volksversammlung, das
nicht ein zum Vorsitz in derselben berechtigter Magistrat mit Genehmigung des Senates rogierte.

Nach der *lex Hortensia* (287) ging die Gesetzgebung auch für den Fall von Verfassungsänderungen
immer mehr auf die Tributcomitien über, ohne dass
gerade die Centuriatcomitien ausgeschlossen waren.

2. Bei der *lex centuriata de potestate censoria.*
Als die Censur als besonderes Amt von dem Consulat
abgegrenzt wurde (444), bekamen die Centuriatcomitien
das Recht, die jedesmal den gewählten Censoren zu
gewährende Vollmacht durch eine besondere *lex* festzustellen. Diese ist zu vergleichen mit der *lex curiata
de imperio,* durch welche die Curiatcomitien den
Consuln das *imperium* noch besonders verliehen.
Gerade wie diese letztere, so wurde natürlich gar

bald auch die *lex centuriata de potestate censoria* zu
einer leeren Formalität.[1])

3. Bei der *lex de bello indicendo*, d. h. der Genehmigung eines Angriffskrieges.[2]) Unzweifelhaft hing
dieses Recht mit dem ursprünglich rein militärischen
Charakter der *comitia centuriata* zusammen, indem
das als Heer versammelte Volk vor allem über eine
es selbst so nahe berührende Frage zur Abstimmung
berufen wurde. Dieses Recht war um so wichtiger,
als es die Bewilligung der Aushebung und des *tributum*
in sich schloss. Die Initiative ging natürlich von dem
höchsten Magistrat aus, der jedoch erst nach einge-
holter Genehmigung des Senats den Antrag auf
Kriegserklärung an einen fremden Staat der Volksversammlung vorlegte. Da der Antrag fast nie verweigert wurde, so wurde auch dieses Recht schliesslich zur reinen Formalität.

Das Privatrecht gehörte zwar ursprünglich auch in die
Kompetenz der Centuriatcomitien; seitdem aber durch die *lex
Valeria Horatia* (449) die Tributcomitien in dieser Beziehung
den Centuriatcomitien gleichgestellt worden waren, wurden
Gesetze des Privatrechts faktisch nur noch in Tributcomitien
rogiert. Das Gleiche gilt von dem Sakralrecht.

Sonach kam eine regelmässige legislative Thätigkeit
der Centuriatcomitien nur bei der *lex de bello indicendo* und
der *lex centuriata de potestate censoria* vor. Da diese aber,
wie gezeigt, im wesentlichen leere Formalitäten waren, so

---

[1]) Mit der *lex centuriata de potestate censoria* steht auch das Recht
der Centuriatcomitien in Verbindung, das Bürgerrecht zu verleihen und
zu nehmen, ebenso das Recht, Verbannte zurückzurufen. Doch wurde
es später Regel, hierüber die Tributcomitien zu befragen. Allerdings
wissen wir, dass Cicero im Jahre 57 durch einen Beschluss der Centuriatcomitien aus der Verbannung zurückgerufen worden ist, jedoch war dies
nicht das Gewöhnliche; s. hierüber Lange II², 611.

[2]) Vergl. Mommsen, Staatsrecht III, 343 und 344. Der internationale
Vertrag gehörte ursprünglich überhaupt nicht zu den Rechten der Gemeinde;
in den beiden letzten Jahren der Republik gehörte er vor allen übrigen
Gesetzen zur Kompetenz der Tribusversammlungen.

ruhtc der Schwerpunkt der Gesetzgebung nicht in den *comitia centuriata*, sondern in den Tributcomitien bezw. den *concilia plebis*.

## § 52. Die Reform der comitia centuriata.

Lange II², 494. Becker-Marquardt II², 1 ff. Ihne, Röm. Gesch. IV, 8. Herzog I, 1119. Mommsen, Staatsrecht III, 270. Karlowa I, 384.

Im § 47 war die ursprüngliche Form der *comitia centuriata* dargestellt worden. Nach dieser gab es im ganzen 193 Centurien, die sich mit Ausnahme der *centuria capite censorum*[1]) in dem dort angegebenen Verhältnis auf fünf Klassen verteilten. Allein diese Centurienordnung erlitt später eine Veränderung im demokratischen Sinne. Da nämlich in der servianischen Centurienverfassung nur eine unbedeutende Minorität des Volkes den Volkswillen repräsentierte, später aber das Volk nicht mehr nach dem numerischen Verhältnis der Centurien, sondern nach dem Prinzip der Kopfzahl zum Kriegsdienst herbeigezogen wurde, so musste dieser Gegensatz der Rechte und Pflichten notwendig zu einer Reform führen, die den veränderten Verhältnissen Rechnung trug.

Über das Wesen dieser Reform sind wir aber leider so unvollständig unterrichtet, dass wir nur auf Vermutungen angewiesen sind, die sich auf eine mehr oder minder willkürliche Interpretation von zwei Stellen bei Livius und Dionysius stützen,[2]) aus denen weiter nichts erhellt, als dass die Ordnung demokratischer geworden sei und dass die Zahl der Centurien sich verändert habe, weil sie in ein bestimmtes Verhältnis zu der Zahl der 35 Tribus getreten sei. Die Ansichten über diese Reform gehen daher sehr weit auseinander. Im wesentlichen stehen sich drei Ansichten gegenüber.

1. Die Ansicht Niebuhrs, der annimmt, dass die Anzahl der Centurien auf 88 gemindert worden sei, und zwar hätten sich diese zusammengesetzt aus 18 *centuriae equitum* und 70 *centuriae peditum*. Diese 70

---

[1]) Vgl. hierüber S. 28, Anm. 1.
[2]) Dionys. IV, 21 und Liv. I, 43.

*centuriae peditum* seien derart aus den 35 Tribus gebildet worden, dass jede Tribus aus einer *centuria
seniorum* und einer *centuria iuniorum* bestanden habe.
Diese Auffassung stützt sich hauptsächlich auf die
Worte des Livius:[1]) sie ist aber mit der in späterer
Zeit noch vorhandenen Einteilung in 5 Klassen un-
vereinbar.

2. Die Ansicht von G. G. Zumpt, Gerlach u. a., welche
die servianische Centurienzahl in der reformierten
Centurienverfassung festzuhalten suchen, eine Ansicht,
die mit dem klaren Wortlaut des Livius in Widerspruch steht.

3. Die Ansicht des Octavius Pantagathus (eines
Gelehrten des 16. Jahrhunderts), dem im grossen
und ganzen die meisten neueren Forscher, wie
Savigny, Göttling, Rein, Mommsen, Marquardt,
Lange gefolgt sind.

Die Hypothese des Pantagathus hat allerdings keine
äusseren Zeugnisse für sich, empfiehlt sich aber dadurch
ausserordentlich, dass sie, ohne mit den Stellen bei Livius
und Dionysius in Widerspruch zu geraten, die Verbindung
der Centurieneinteilung mit den 35 Tribus erklärt. Pantagathus nahm an, dass die Zahl der Centurien der verschiedenen Klassen, welche in der servianischen Verfassung sehr
ungleich war, gleichmässig auf alle Klassen verteilt worden
sei, so dass auf jede 70 gekommen seien. Dies ergiebt im
ganzen 350 Centurien und mit Hinzuzählung der 18 Rittercenturien 368. Danach bestand die von Livius berichtete
Verdoppelung der Tribus nicht in einer Verdoppelung der

---

[1]) Liv. I. 43: *nec mirari oportet hunc ordinem qui nunc est post
expletas quinque et triginta tribus duplicato eorum numero centuriis iuniorum
seniorumque ad institutam ab Servio Tullio summam non convenire.* Der
Niebuhrschen Ansicht folgen mehr oder minder Huschke, Verfassung des
Servius Tullius, Pluess, Die Entwickelung der Centurienverfassung in
den beiden letzten Jahrhunderten der römischen Republik, Leipzig 1870,
Clason, Zur Frage über die ref. Cent. Heidelb. Jahrb. 1872.

35 Tribus an sich, wie Niebuhr annimmt, sondern in einer Verdoppelung der Tribuszahl zum Zweck der Centurienbildung in jeder Klasse. Demnach ergäbe sich folgende Einteilung:

### Erste Klasse:
18 Rittercenturien.
35 Tribuscenturien der Älteren,
35 Tribuscenturien der Jüngeren.
### Zweite Klasse:
35 Tribuscenturien der Älteren,
35 Tribuscenturien der Jüngeren.
### Dritte Klasse:
35 Tribuscenturien der Älteren,
35 Tribuscenturien der Jüngeren.
### Vierte Klasse:
35 Tribuscenturien der Älteren,
35 Tribuscenturien der Jüngeren.
### Fünfte Klasse:
35 Tribuscenturien der Älteren,
35 Tribuscenturien der Jüngeren.

Unsicher bleibt dabei die Zahl und Stellung der Zusatzcenturien. Lange nimmt an, dass zu den 368 Centurien noch die vier Zusatzcenturien der *fabri* etc. und die *centuria capite censorum* hinzugekommen seien, so dass die Gesamtzahl 373 (350 + 18 + 4 + 1) betragen habe. Mommsen in seinem Römischen Staatsrecht kommt auf Grund einer erneuten gründlichen Auseinandersetzung auch auf die Zahl von 350 und mit Hinzuzählung der Rittercenturien auf 368 Centurien, macht aber einen Unterschied zwischen der Zahl der Centurien selbst und der Zahl der Centurienstimmen. Für die erste Klasse nimmt er wie Pantagathus ausser den achtzehn Rittercenturien 70 Stimmen an, für alle folgenden zusammen aber nur 100, über deren Verteilung auf die vier Klassen wir nicht unterrichtet sind. Nur so viel ist seinen Ausführungen nach bezeugt, „dass, während nach der ursprünglichen servianischen Ordnung die *classis* nebst den Rittern, wenn sie einig waren, allein die Majorität machten, nach der reformierten wenigstens die zweite Klasse mit zur Abstimmung kommen musste, damit aber auch, wenn sie zustimmte, die Majorität entschieden war."

Über die Zeit, wann diese neue Ordnung eingeführt worden ist, sind die Ansichten der Neueren ebenfalls schwankend. Da darüber nichts berichtet wird, so hat man angenommen, dass die Reform in eine Zeit gefallen sei, für welche der betreffende Abschnitt bei Livius (die zweite Dekade) fehle, also in die Zeit zwischen 292 und 218.[1]) Doch bleibt hierbei das Schweigen des gesamten Altertums über die Einführung einer so wichtigen Reform immer noch sehr seltsam, so dass sich die Ansicht Ihnes empfiehlt, der das Schweigen der Alten durch die einfache und sehr wahrscheinliche Vermutung erklärt, dass die Reform nicht durch einen einmaligen Gesetzesakt, sondern durch successive Veränderungen und Modifikationen entstanden sei.

Mit dieser Reform der *comitia centuriata*[2]) sind ohne Zweifel auch einzelne Änderungen in der Abhaltung derselben eingetreten. Einige Veränderungen ergaben sich im Verlaufe der Zeit von selbst, wie die Vernachlässigung des Besuches der Centuriatcomitien und das Abkommen der Sitte, mit militärischer Rüstung in den Centuriatcomitien zu erscheinen, und noch andere Dinge, die sich zum Teil aus der Tendenz erklären, die zwischen den Centuriat- und Tributcomitien bestehenden Verschiedenheiten nach und nach auszugleichen. Die Akte der Berufung blieben im wesentlichen unverändert. Nur die *comitia* im engeren Sinne oder die Abstimmungen mussten sich mit Einführung der Reform anders gestalten, wenn die Bürgerschaft nicht mehr nach der früheren Centurien-

---

[1]) Vergl. Lange II³, 499, der den Zeitraum noch weiter einschränkt. Mommsen nimmt als wahrscheinliches Datum der Einführung das Jahr 534 d. St., also 220 v. Chr. an. S. Staatsrecht III, 270.

[2]) Vergl. über diese Reform auch Genz, Die Centuriatcomitien nach der Reform, Freienwalde 1882, Schmidt, De mutatis centur. Servian., Giessen 1890, Guiraud, Revue historique 1884 und Bloch, Revue historique 1886.

zahl abstimmte. Bei richtenden Comitien gelangten diese alle
zur Abstimmung, was daraus folgt, dass es dem Angeklagten
bis zur Abstimmung, d. h. Renuntiation der letzten Tribus,
frei stand, ins Exil zu gehen. Auch wurde jetzt im Gegensatz zu dem früheren servianischen Modus bei der Renuntiation
der gewählten Beamten ein Gewicht auf die Reihenfolge gelegt, worauf sich Ausdrücke beziehen wie *consul prior, praetor
primus*[1]) u. dergl.

### § 53. Die Centuriatcomitien in der Kaiserzeit.

Wie die Comitien überhaupt, so büssten auch die Centuriatcomitien schon nach der Gracchenzeit den grössten Teil
ihrer früheren Bedeutung ein. Die Ursachen davon sind
teils in der Entartung der Nobilität, der Ausbildung einer
vom Senat unabhängigen Ochlokratie und der Bestechlichkeit
des Volkes, teils in der Beschränkung des Volkswillens durch
die Schrecken der Bürgerkriege, teils in der Ausdehnung des
römischen Bürgerrechts über ganz Italien zu suchen. Das
erste, was die Centuriatcomitien verloren, war das Recht
über Krieg und Frieden zu beschliessen (§ 51); dieses
Recht, welches schon vorher zu einem leeren Schein herab-
gesunken war, wurde gesetzlich auf Cäsar übertragen. Ebenso
wurde den Centuriatcomitien die Gerichtsbarkeit unter
Augustus für immer genommen. Dagegen bestand das Wahlrecht noch einige Zeit als äussere Form fort.

Unter Cäsar und Augustus fanden noch wirkliche Wahlen
statt; allein durch ein besonderes Gesetz hatten sich diese
Machthaber bevollmächtigen lassen, die Kandidaten, insbesondere die zum Consulate, vorzuschlagen. Tiberius endlich
hob die Wahlen in den Comitien ganz auf, indem er die
Kandidaten vom Senate ernennen bezw. wählen liess.[2]) Die

---

[1]) Cic. pro leg. Man. 1, 2: *nam cum propter dilationem comitiorum
ter praetor primus centuriis cunctis renuntiatus sum, facile intellexi,
Quirites, et quid de me iudicaretis et quid aliis praescriberetis.*

[2]) Tacitus Ann. 1, 16: *tum primum a Campo comitia ad patres
translata sunt.*

Gewählten wurden alsdann den *comitia centuriata* vorgestellt und als erwählt feierlich renuntiiert. Hieraus hat sich im Senate selbst ein *ambitus* entwickelt, da die Vorwahl des Senats das Entscheidende und der feierliche Akt in den Comitien nur reine Formsache war. In dieser Form sind sogenannte Wahlcomitien noch lange abgehalten worden; noch im dritten Jahrhundert fanden dieselben unter Beibehaltung aller alten Gebräuche, der Auspicien, des Vorsitzes des Consuls, des Aussteckens des *vexillum russeum* auf dem Janiculum und zuletzt der Renuntiation ganz wie ehedem statt; nur fehlte die Hauptsache, nämlich die Abstimmung. Auf dem Gebiet der Gesetzgebung hatten sich die *comitia centuriata* überhaupt in der letzten Zeit der Republik nur in den oben angedeuteten engen Grenzen bewegt. In der Kaiserzeit fiel die Initiative hierbei ganz den Kaisern zu, indem sich diese beim Regierungsantritt die Rechte des Volkes auf diesem Gebiete durch eine *lex de imperio* übertragen liessen. Obwohl hierdurch hauptsächlich die Kompetenz der Tributcomitien geschmälert wurde, so kann diese *lex*, da sie das *imperium* betraf, doch nur in Centuriatcomitien rogiert und angenommen worden sein (*lex regia*). Letzteres geschah wahrscheinlich durch Zuruf, nicht durch Abstimmung. Später stellte der Senat allein eine Urkunde über das *imperium* aus. Gegen Ende des vierten Jahrhunderts verschwinden die Comitien überhaupt gänzlich, und der Kaiser bestimmte die Ernennungen zu den Magistraturen und erliess die Gesetze ohne Senat und Volksversammlungen.

# Kapitel VIII.

# Die comitia tributa und concilia plebis.

Lange II⁴, 459, 533, 565, 613. Herzog I, 1128 u. 1169. Mommsen, Röm.
Forschungen I, 151, Staatsrecht III, 322, 149.

## § 54.  Allgemeines.  Begriff der Tributcomitien; ihre Entstehung.

Lange II², 446. Mommsen, Staatsrecht III, 322.

Die *comitia tributa* waren diejenigen Comitien, in denen das Volk nach Tribus abstimmte. Dem strengen Begriff der *comitia* zufolge sind sie Versammlungen des ganzen Volkes und unterscheiden sich demzufolge von den Sonderversammlungen der Plebs, die *concilia plebis* genannt werden. In den *comitia tributa* stimmten also mit den allerdings in ihnen dominierenden Plebejern auch die Patricier, in den *concilia plebis* nur die Plebejer.

Hervorgegangen sind die *comitia tributa* allerdings aus den *concilia plebis*. Daher haben beide Arten von Versammlungen vieles mit einander gemein und werden deshalb auch öfters von den Schriftstellern mit einander verwechselt. Auch haben in späterer Zeit die *comitia plebis*, obwohl sie der Theorie nach keine Comitien sind, doch der Sache nach den Wert von *comitia*, so dass beide in Beziehung auf manche Dinge, wie Ort, Zeit, Berufung etc., zusammen betrachtet werden können. Aber begrifflich sind sie in der späteren Zeit gerade so von einander zu scheiden, wie sie ursprünglich thatsächlich und ihrem Werte nach verschieden waren.

Die Entwickelung der Tributcomitien aus den *concilia plebis* und die Entstehung dieser letzteren selbst hängt mit dem ganzen Ständekampfe auf das Innigste zusammen. Die *concilia plebis* oder Sonderversammlungen der Plebs fanden zum ersten Male infolge der ersten *secessio* statt, als Volkstribunen zum Schutze der *plebs* bestellt und diesen neben dem *ius auxilii* auch noch das *ius cum plebe agendi* eingeräumt wurde. Dieses *ius cum plebe agendi* enthielt das Recht, Versammlungen der Plebs zu berufen und sie daselbst in ihren eigenen Angelegenheiten Beschlüsse fassen zu lassen. Einen wesentlichen Fortschritt in der Kompetenz der *concilia plebis* enthielt die *lex Publilia Voleronis* (471), die bestimmte, *ut plebeii magistratus tributis comitiis fierent*, d. h., dass die plebejischen Beamten, d. h. die Tribunen und die Ädilen, in diesen *concilia plebis* gewählt werden sollten. Das Wort *comitia* ist hierbei nur ein ungenauer Ausdruck.[1])

Die Errungenschaft der Plebs ist also bei diesem, von den Neueren verschieden gedeuteten, Gesetz aller Wahrscheinlichkeit nach darin zu suchen, dass die *concilia plebis* bezüglich ihrer Wahlkompetenz durch ein Gesetz sicher gestellt wurden. Ein weiteres Recht erhalten die *concilia plebis* durch die *lex Aternia Tarpeia* (454). Dieses Gesetz dehnte das Recht Geldstrafen zu verhängen, die *multae dictio*, auf alle Magistrate, also auch auf Tribunen und Ädilen, aus. Die Folge davon war, dass die Tribunen hierauf bezügliche Anklagen vor die *concilia plebis* brachten (*multam irrogare*), so dass von da an die letzteren in Multprozessen als kompetent betrachtet wurden. Doch gestalteten sich damit die *concilia plebis* noch keineswegs zu *comitia tributa*. Einen weiteren Fortschritt in der Kompetenz der *concilia plebis* enthält das dritte Valerische Gesetz vom Jahre 449. Diese dritte *lex Valeria Horatia* bestimmte: *ut quod tributim plebs iussisset populum teneret*, d. h. dass die in den *concilia plebis* gefassten Beschlüsse (*plebiscita*) für alle Römer Giltigkeit haben sollten, während sie bis dahin nur auf die Plebs Bezug gehabt hatten. Wie weit sich diese Kompetenz auf legislativem Gebiete erstreckte und wie sich diese von den durch die gleichlautenden späteren Gesetze (*lex Publilia Philonis* 339 und *lex Hortensia*

---

[1]) Mommsen will die Bedeutung dieser *lex* darin finden, dass es zweierlei *concilia plebis* gegeben habe, nämlich *concilia plebis* nach Curien und *concilia plebis* nach Tribus gegliedert, und dass letztere erst durch die genannte *lex* eingeführt worden seien. Mommsen, Röm. Gesch. I², 278. Übrigens will Mommsen damit nicht sagen, dass auch die Patricier in diesen Versammlungen nach Curien mitgestimmt, sondern nur dass die Plebs vor der *lex Publilia Voleronis* nach Curien, statt nach Tribus, gegliedert ihre Beschlüsse gefasst habe.

287) den Tribusversammlungen gewährten Rechten unterschied, bleibe zunächst dahingestellt. Selbstverständlich wünschten von nun an die Patricier an solchen Versammlungen der Plebs teilzunehmen, in welchen den ganzen Staat betreffende Gesetze rogiert wurden. Da die *concilia plebis* aber Sonderversammlungen der Plebs waren, so konnte dies erst geschehen, seitdem die Consuln sich entschlossen, den ganzen *populus tributim* zu berufen. Wann dies geschehen, ist nicht mit Sicherheit zu bestimmen. Lange nimmt als frühesten Zeitpunkt einige Jahre nach der *lex Valeria Horatia* an (447 v. Chr.), während Mommsen aus dem in der Zwölftafelgesetzgebung vorkommenden und nur auf die *comitia centuriata* anwendbaren Ausdruck *comitiatus maximus* den indirekten Beweis entnehmen will, dass es *comitia tributa* schon vor den Zwölf Tafeln gegeben haben müsse.[1]) Doch wie dem auch sei, jedenfalls sind die *comitia tributa* im engern Sinne um die Mitte des 5. Jahrh. vor Chr. aufgekommen.

Ausser den Consuln übten aber gar bald auch die Prätoren in diesen Comitien das Recht der Gesetzgebung, und zu der Legislative gesellte sich dann auch noch ein Wahlrecht für nicht rein plebejische Beamte, wie die Quästoren (seit 447) und später der curulischen Ädilen und andern *magistratus minores* und *extraordinarii*. Diese Wahlen wurden geleitet vom Consul und später auch vom Prätor.

Neben diesen *comitia tributa* im eigentlichen Sinne bestanden aber die *concilia plebis*[2]) unter dem Vorsitz der

---

[1]) Staatsrecht III, 323: „Es mögen also diese Comitien nicht lange vorher, vielleicht zu gleicher Zeit mit der plebejischen Tribusversammlung im Jahre 283 (471 vor Chr.) aufgekommen sein."

[2]) Vgl. Mommsen, Röm. Forschungen I, 155—166, und Berns, De comitiorum tributorum et conciliorum plebis discrimine, Wetzlar 1875, bei dem die genaueren Nachweise für die Verschiedenheit beider Arten von Tribusversammlungen zu finden sind. Vergl. auch F. Ruppel, De comit. tribut. et concil. pl. discrimine, Wiesbaden, Pgr. 1884, und K. W. Ruppel, Die Teilnahme der Patricier an den Tribuscomitien, Diss., Heidelberg 1887. Soltau, Alt-röm. Volksvers., 473. Lange a. a. O. und neuerdings Herzog 1129. Vgl. auch Soltau, 493. Die Ansicht von einer doppelten Art von Tributcomitien, die übrigens zuerst von Rubino aufgestellt

Tribunen immer noch fort; sie waren kompetent für die Wahl der Tribunen, plebejischen Ädilen u. a. m., wovon weiter unten. Es bestanden also:

1. Bis zu den *leges Valeriae Horatiae* nur *concilia plebis*, d. h. plebejische Sonderversammlungen, die bis zur *lex Aternia Tarpeia* ausschliesslich mit Angelegenheiten der Plebs sich befassten und von Tribunen geleitet wurden: missbräuchlich wurden sie mehrfach auch *comitia tributa* genannt.

2. Von den *leges Valeriae Horatiae* ab:

    a) *comitia tributa*, von einem Consul oder Prätor geleitete Versammlungen des ganzen, nach Tribus gegliederten Volkes zur Vornahme von Wahlen und Beschlussfassung über Gesetze und Aburteilungen von Capitalprozessen.

    b) *concilia plebis* nach wie vor zu der Besprechung rein plebejischer Angelegenheiten und der Wahl der rein plebejischen Beamten, ferner der Aburteilung in Multprocessen und der Beschlussfassung über Gesetze (*plebiscita*) von einem Tribunen berufene und geleitete Versammlungen. Nach nicht strengem Sprachgebrauch werden sie gelegentlich ebenfalls als *comitia tributa* bezeichnet, von denen sie in den äusseren Gebräuchen nicht verschieden waren.

§ 55. **Recht der Berufung und Stimmrecht.**

Lange II², 459.

Nach der oben angegebenen Scheidung der Tributcomitien in *concilia plebis* und Tributcomitien im engeren Sinne verteilt sich das Recht der Berufung wie folgt:

1. Das unbeschränkte Recht der Berufung der *concilia plebis* hatten vermöge des ihnen allein zustehenden

---

worden ist, ist durch die Ausführungen der Genannten sehr wahrscheinlich geworden. Wir haben sie daher der folgenden Darstellung zu Grunde gelegt. Dagegen halten an der früheren Ansicht fest: Clason, Ihne und Madvig.

*ius cum plebe agendi* nur die **Tribunen.** Da deren
mehrere waren, so konnte die Berufung entweder
vom gesamten Collegium oder von einem einzelnen
(da jeder das *ius agendi cum plebe* hatte) oder von
mehreren einzelnen ausgehen. Bei Wahlcomitien berief das ganze Collegium die Versammlung, in der
dann ein durch das Los dazu bestimmter Tribun
den Vorsitz führte, bei legislativen und richterlichen
Versammlungen dagegen je nach Umständen einer,
mehrere oder alle. Bei richterlichen *concilia plebis*
hatten aber ausser den Tribunen das Recht zur Berufung auch noch die plebejischen Ädilen, die seit
der *lex Aternia Tarpeia* Multprocesse vor das Volk
bringen konnten, und zwar, wie wahrscheinlich[1]), in
*concilia plebis,* nicht in den *comitia tributa.*

2. Das Recht der Berufung der *comitia tributa* im
engeren Sinne hatten:

1. Die **Consuln** und zwar zunächst bei **Wahlen.**
Dieses Recht übten sie nach Lange zuerst im Jahre
447 bei der Wahl der Quästoren und später bei der
Wahl der curulischen Ädilen und anderer *magistratus
minores* und *extraordinarii.* Der Consul war hierzu
berechtigt durch das *ius cum populo agendi,* indem
er mit dem von ihm *tributim* berufenen Gesamtvolk
verhandelte. Später haben die Consuln die Tributcomitien auch zum Zweck der Legislative berufen.

2. Die **Prätoren** und zwar bei Wahlen in Stellvertretung der Consuln, dann aber ganz besonders in
gesetzgebenden Comitien. Da die Prätoren das
Recht der Gesetzgebung in Centuriatcomitien nicht
hatten, so sind alle *leges praetoriae* solche, die in
Tributcomitien rogiert und angenommen worden sind.

3. Die **curulischen Ädilen,** die das ihnen zustehende
Recht Vermögensstrafen zu beantragen in den
Tributcomitien im engeren Sinne handhaben und zu

---

[1]) S. Lange II², 460.

diesem Zwecke das Recht hatten, dieselben zu berufen.

Übrigens haben öfters auch die Tribunen den Auftrag erhalten, *magistratus extraordinarii* unter ihrem Vorsitz wählen zu lassen; dies geschah dann in den *concilia plebis*. Überhaupt war das *ius agendi cum plebe* in den *concilia* praktisch wertvoller als das *ius cum populo agendi* der Consuln, Prätoren und curulischen Ädilen in den *comitia tributa*, die sich, seitdem die Beschlüsse der *concilia plebis* rechtliche Giltigkeit für den ganzen Staat erhalten hatten, nur in der staatsrechtlichen Theorie und zwar nur insoweit von den letzteren unterschieden, als der einmal für die Versammlung des ganzen Volkes fixierte Name der *comitia* im strengen Sinne des Wortes nur ihnen zukam.

Bezüglich des Stimmrechts ist folgendes mit Wahrscheinlichkeit anzunehmen:

1. In den *concilia plebis* stimmten rechtlich nur Plebejer.
2. In den *comitia tributa* hatten Plebejer und Patricier Stimmrecht. Allein da das Stimmrecht der Patricier gegenüber der grossen Masse des Volkes bedeutungslos war, so machten die Patricier gleich den vornehmen Plebejern hiervon nur wenig Gebrauch, so dass sich hierin die Tributcomitien von den *concilia plebis* faktisch so gut wie gar nicht unterschieden und beide ohne Unterschied als Versammlungen des niederen Volkes betrachtet wurden.

## § 56. Zeit und Ort der Tribusversammlungen.

Lange II², 466. Mommsen, Staatsrecht III, 380.

In betreff des Tages, an welchen die Tribusversammlungen stattfanden, sind keine positiv sicheren Nachrichten überliefert. Doch lassen sich darüber folgende wahrscheinliche Vermutungen aufstellen:

1. Die älteren *concilia plebis* konnten von den Tribunen an allen Tagen veranstaltet werden. Doch bildete sich allmählich die Sitte aus, sie nur an den Markttagen, d. h. den *nono quoque die* wiederkehren-

den *nundinae*, an denen die Plebejer zahlreich in die Stadt kamen, abzuhalten. Damit hängt dann zusammen, dass (weil die *nundinae* schon für die *concilia plebis* in Beschlag genommen waren) die *comitia centuriata* an solchen Tagen nicht stattfinden durften.

2. Für die von den Consuln oder auch von Prätoren abgehaltenen *comitia tributa* im engeren Sinne galten dieselben Kalendervorschriften wie für die Centuriatcomitien, d. h. sie durften nur an *dies comitiales* abgehalten werden.

3. Für die späteren nur von Tribunen geleiteten, aber durch die *lex Hortensia* (287) in legislativer Beziehung vollständig mit den Comitien gleichgestellten *concilia plebis* galt seit diesem Gesetz die Regel, dass sie wie die Centuriatcomitien und die plebejisch-patricischen Tributcomitien nur an den *dies comitiales* abgehalten wurden. Diese *dies comitiales* erlitten aber mit der Zeit durch die Vermehrung der Festtage, besonders der Festspiele, eine immer grössere Beschränkung. Daher ging im Jahre 58 ein Gesetz des P. Clodius Pulcher durch, nach welchem es erlaubt sein sollte, an allen *dies fasti* Gesetzesanträge an das Volk zu bringen. Die Frist zwischen der Ankündigung der Volksversammlung und der Abhaltung derselben war in späterer Zeit dieselbe wie bei den *comitia centuriata* (s. oben § 43 am Ende). Zum Ort der Abhaltung konnte jeder beliebige Platz innerhalb der Bannmeile und zwar innerhalb und ausserhalb des Pomoeriums gewählt werden. Ursprünglich, als Rednerbühne und Stimmstätte noch nicht getrennt waren, fanden die Tribusversammlungen gewöhnlich bei den *rostra* auf dem Forum statt. Später war der gewöhnliche Versammlungsplatz, besonders für die gesetzgebenden Versammlungen, die *area Capitolii* (der durch Mauern abgeschlossene Hof, innerhalb dessen der capitolinische Jupitertempel stand), obgleich auch andere Orte benutzt wurden, wie z. B. der *circus Flaminius*. Für

Wahlcomitien diente in der letzten Zeit der Republik der *Campus Martius*, woselbst schliesslich für alle Wahlen ein eigenes Gebäude, die *septa Iulia* (von Lepidus begonnen und 26 v. Chr. von Agrippa beendigt) errichtet wurde.

## § 57. Auspicien und Obnuntiation bei den Tribusversammlungen.

Lange II³, 474. Mommsen, Staatsrecht III, 385.

Bei der Frage, ob und welche Auspicien bei den Tribusversammlungen angestellt worden sind, müssen ebenfalls die verschiedenen Arten dieser Versammlungen unterschieden werden.

1. Bei den älteren *concilia plebis* fanden keine Auspicien statt.
2. Bei den von patricischen Magistraten abgehaltenen *comitia tributa* dagegen wurden solche ohne Zweifel vorgenommen.
3. Bei den späteren *concilia plebis* wurden von seiten der Tribunen Auspicien angestellt, aber diese Auspicien waren andere, als die der ursprünglich patricischen Magistrate und auch nach Zweck und Örtlichkeit verschieden.[1])

Hinsichtlich der ungesuchten Auspicien bestand dieselbe Regel wie bei den Centuriatcomitien: sie bewirkten die Verschiebung der Versammlung. Nur bestand keine *obnuntiatio* anderer Magistrate gegen die von Tribunen geleiteten *concilia*. Erst durch die *lex Aelia* und *lex Fufia* (153) wurden die Tribunen der *obnuntiatio* der anderen Magistrate unterworfen. Die *lex Aelia* stellte aller Wahrscheinlichkeit nach[2]) das gegenseitige Recht der *obnuntiatio* für die ursprünglich patricischen Magistrate und Tribunen mit Ausnahme der Wahlcomitien fest. Die *lex Fufia* bestätigte dieses Gesetz, scheint

---

[1]) Nach Mommsen fällt bei den plebejischen Magistraten die Auspication überhaupt fort.

[2]) S. Lange II³, 478.

aber noch ausserdem die Verhinderung der Wahlcomitien durch Obnuntiation geradezu durch eine Strafe verboten zu haben. Diese beiden Gesetze wurden teilweise wieder aufgehoben durch ein Gesetz des P. Clodius Pulcher (58), welcher das *servare de coelo* an allen Comitialtagen verbot, wodurch also auch die *obnuntiatio* gegen Wahlen ausgeschlossen wurde. Aber sowohl dieses Gesetz wie die *lex Aelia* und *lex Fufia* wurden später vielfach übertreten.

## § 58. Berufung und Verlauf der Tribusversammlung.

Lange II², 479. Mommsen, Staatsrecht III, 369, 396.

Wie bei den Centuriatcomitien (s. oben § 46), sind bei den Tribusversammlungen drei Akte der Berufung, das *in licium vocare*, die Berufung zur *contio* und die Aufforderung zur Abstimmung zu unterscheiden.

1. Das *in licium vocare*, d. h. die Berufung der Plebs oder des *populus*, fand bei den *concilia plebis* und den *comitia tributa* durch einen *praeco* statt. Doch kam dabei, wie überhaupt bei der ganzen Berufung und Abhaltung, der militärische Charakter der *comitia centuriata* in Wegfall. Angekündigt war natürlich die Versammlung schon vorher, wie es die gesetzlich bestimmte Frist erheischte, und zwar in einer dieser Frist vorausgehenden *contio*. Dies hiess *indicere* und darf mit dem am Tage selbst stattfindenden *in licium vocare* nicht verwechselt werden.

2. Nachdem das Volk sich am Orte der Versammlung eingefunden hatte, erteilte der vorsitzende Magistrat, der mit seinen Kollegen und Dienern auf dem Tribunal Platz genommen hatte, durch einen *praeco* dem Volk den Befehl, zu einer *contio* zusammenzutreten, welche er dann mit einem Gebet eröffnete. Opfer wurden dabei nur von den ursprünglich patricischen Magistraten, nicht aber von den Tribunen dargebracht. In der *contio* hielt dann zunächst der Magistrat eine Rede, die mit der Verlesung des Antrags (*rogatio*) endigte. Bei Wahlcomitien fanden in der Regel keine

Debatten statt, bei richterlichen Comitien dagegen wurde hier wie bei den Centuriatcomitien die durch die *quarta accusatio* (s. § 50) vorbereitete Anklagerede des Vorsitzenden gehalten, der die Verteidigungsrede des Angeklagten und summarische Vernehmung der Zeugen folgte. Bei den gesetzgebenden Tribusversammlungen fand in dieser Contio eine allerdings auch schon durch frühere Contionen vorbereitete Schlussdebatte statt, an der sich jeder beteiligen konnte, der ums Wort bat. Es ist dies das Suasions- und Dissuasionsverfahren. Die Erteilung des Wortes heisst *contionem dare*. Auch konnte hierbei Privaten das Wort gegeben werden; doch blieb dem Magistrate immer das letzte Wort. Der Schluss der *contio* heisst *summorere contionem*.[1])

3. Der dritte Akt der Berufung war die Berufung zur Abstimmung in dem *concilium* oder den *comitia*, *vocare tribus in* oder *ad suffragium*, auch *citare tribus ad suffragium ineundum* oder *mittere tribus in suffragium* genannt.

Vor der Abstimmung wurde noch diejenige Tribus ausgelost, in welcher die bereits als Bürger betrachteten, aber noch nicht in einer bestimmten Tribus eingeschriebenen Latiner für dieses Mal ihr Stimmrecht ausüben sollten.[2]) Das Volk trat dann in *tribus* auseinander (*discurrere in tribus*), zu welchem Zwecke ursprünglich Seile gespannt, später aber,

---

[1]) Die Rede Ciceros *pro lege Manilia* oder *de imperio Cn. Pompei* ist eine solche in einer *contio* vor der Abstimmung in einem *concilium plebis* gehaltene Rede.

[2]) Nach Lange und anderen wurde noch eine zweite Centurie ausgelost, die zuerst stimmen sollte und deswegen *principium* hiess. Nach Mommsen, Staatsrecht III, 397 und 411, existierte ein solches Vorstimmrecht nicht, sondern sämtliche Tribus stimmten gleichzeitig. Der Name *principium* findet nur auf die Verkündigung des Schlussergebnisses Anwendung, bei welchem die Abstimmung der einzelnen Tribus nach einer gewöhnlich durch das Los bestimmten Reihenfolge verkündet wurde, und wobei dann die zuerst an die Reihe kommende Tribus *principium* hiess.

besonders auf dem *campus Martius*, hölzerne Gehege (*septa*) errichtet wurden. Hierauf wurde abgestimmt und zwar von sämtlichen Tribus gleichzeitig.[1])

Bis zur Annahme der *leges tabellariae* (s. oben § 47)[2]) wurde nur mündlich abgestimmt. Die Einsammlung der Stimmen in jeder einzelnen Tribus geschah hierbei, wie bei den Centuriatcomitien, durch *rogatores*, die sich die Stimmen der Einzelnen auf Wachstafeln mit Punkten notierten. Nach Einführung der schriftlichen geheimen Abstimmung, die auf demokratische Einwirkung zurückzuführen ist, liess der Vorsitzende Stimmtäfelchen verteilen, die *tesserae* oder *tabellae* hiessen, und zwar bei Wahlcomitien ei ne *tessera* oder *tabella*, und bei legislativen und richtenden Comitien zwei, die wie bei den Centuriatcomitien mit den bekannten Buchstaben (s. oben § 47) bezeichnet waren. Abgegeben wurden die *tesserae* beim Überschreiten der *pontes* und zwar in eine *cista*, d. h. einen geflochtenen Korb. Ausser den *rogatores* standen auf den *pontes* noch besondere *custodes*, welche die Kontrolle bei der Stimmabgabe zu führen hatten. Nach Abgabe sämtlicher Stimmen wurden die Stimmkörbe in einen besonderen Ort gebracht, wo die Stimmen gesondert und das Ergebnis in jeder einzelnen Tribus ermittelt wurde. Im Jahre 8 v. Chr. wurde dafür ein besonderes Gebäude errichtet, das *diribitorium* hiess. Das Geschäft der Stimmensonderung selbst hiess *diribere* ( = *dishibere* auseinanderhalten, sondern) oder *diribitio*, die damit Beauftragten *diribitores*, zu deren Kontrolle gleichfalls wieder *custodes* aufgestellt waren.

---

[1]) Die von Appian und Plutarch berichteten Fälle eines successiven Abstimmens der Tribus beruhen auf einer Verwechselung mit der Renuntiation der Tribusstimmen, die allerdings nur successive vor sich gehen konnte. Vgl. Lange II³, 486.

[2]) Lex Gabinia, 139, lex Cassia, 137, lex Papiria, 131, und lex Coelia, von denen die erstere für Wahlcomitien, die zweite für richtende Volksversammlungen (ausser bei Prozessen über *perduellio in comitiis centuriatis*), die dritte für legislative Comitien und die vierte für den noch übrigen Perduellionsprozess die schriftliche Abstimmung vermittelst *tabellae* einführte. Von diesen *tabellae* führten die erwähnten Gesetze den Namen *leges tabellariae*.

Nach der Abstimmung und der *diribitio* fand die *renuntiatio* statt. Diese erfolgte in einer zuvor entweder von dem Vorsitzenden beliebten oder gewöhnlicher durch das Los festgestellten Reihenfolge und zwar auf Geheiss des Vorsitzenden durch den *praeco*, der zuvor die Stimmen der einzelnen Tribus gesammelt hatte. Wurde diese Verkündigung des Stimmresultats der einzelnen Tribus nicht unterbrochen, was jedoch zuweilen geschah und den ganzen Akt ungiltig machte, so verkündete dann der dazu von dem Vorsitzenden aufgeforderte *praeco* das Gesamtresultat. Dieser letzte Akt war unumgänglich nötig, wenn die ganze Handlung Giltigkeit haben sollte. Das ganze Abstimmungsgeschäft war in der Regel an einem Tage beendigt. Für Wahlcomitien ist das *plebiscitum Trebonium* (448) wichtig, welches festsetzte, dass die Wahlhandlung so lange fortgesetzt werden sollte, bis die vollständige Zahl der erforderlichen Kandidaten erreicht wäre, wodurch öfters die Ansetzung eines neuen Wahltermins nötig wurde.

Über Störung der Comitien und Obnuntiation ist schon oben das Nötige gesagt (§ 57.)

## § 59. Die Kompetenz der concilia plebis und comitia tributa.

Vergl. ausser Lange Mommsen, Staatsrecht III, 321.

Die Kompetenz der Tribusversammlungen, so wie sie in späteren Zeiten uns entgegentritt, ist von derselben erst im Laufe der Zeit erkämpft worden. Das deutlichste Bild von der Zunahme der Befugnisse wird dabei wieder durch die bereits mehrfach hervorgehobene Unterscheidung der älteren *concilia plebis*, der Tributcomitien im engeren Sinne und der späteren *concilia plebis* gewonnen.

Die älteren *concilia plebis* waren ursprünglich Versammlungen der Plebs ohne alle politischen Rechte; erst seit der *lex Publilia Voleronis* besassen sie das Recht, die Tribunen und Ädilen, also ihre eigenen Beamten, zu wählen. Die politische Gerichtsbarkeit, die sie ausübten, war, wenn sie historisch ist, in jedem Fall eine willkürliche und usur-

pierte bis zur *lex Aternia Tarpeia*, durch die sie zu dem
Rechte gelangten, über Multprozesse, die von den Tribunen
vor ihr Forum gebracht wurden, abzuurteilen. Die Legislative
endlich fehlte ihnen bis zur *lex Valeria Horatia*, 449 (*ut quod
tributim plebs iussisset, populum teneret*), gänzlich.

Die *comitia tributa* im engeren Sinne waren kompetent:

1. Für Wahlen, denen ein ursprünglich patricischer
   Magistrat präsidierte, und zwar für die Wahl von
   *magistratus minores* und *magistratus extraordinarii*.
2. Für Multprozesse, in denen die curulischen Ädilen
   präsidierten.
3. Für solche Gesetze, welche von ursprünglich rein
   patricischen Magistraten (Consuln, Prätoren) eingebracht wurden.

Die *concilia plebis* der späteren Zeit waren kompetent:

1. Für die Wahlen der rein plebejischen Beamten, d. h.
   der Tribunen und der plebejischen Ädilen.
2. In der Gerichtsbarkeit in Multprozessen, in denen bei
   wichtigeren, namentlich politischen, Fällen die Tribunen, bei minder wichtigen die plebejischen Ädilen
   präsidierten.
3. Für solche Gesetze, welche von Tribunen eingebracht
   wurden und im Gegensatz zu den von patricischen
   Magistraten in Centuriat- oder Tributcomitien rogierten
   Gesetzen (*leges*) *plebiscita* hiessen. Durch die *lex
   Hortensia* (287) wurden diese *plebiscita* den sog. *leges*
   im engeren Sinne völlig gleichgestellt.

Danach können in der folgenden Betrachtung die älteren
*concilia plebis* ganz in Wegfall kommen; ihre Thätigkeit, die
sich nach den jeweiligen Vorgängen im Ständekampfe richtet
und daher mit dem Ringen der Plebs nach Gleichberechtigung
mit den Patriciern so ziemlich zusammenfällt, gehört eher dem
Gebiet der Geschichte als dem der Antiquitäten an, die es
mehr mit fertigen Zuständen als mit geschichtlichen Vorgängen zu thun haben. In der späteren Zeit, wo es neben
den *concilia plebis comitia tributa* gab, besteht ein wesentlicher Kompetenzunterschied in sachlicher Hinsicht nur bei

Wahlen: in der richterlichen Thätigkeit und noch mehr bei der Gesetzgebung fällt die Wirksamkeit beider Arten von Tribusversammlungen im wesentlichen zusammen.

### § 60. Die Wahlen der Tribusversammlungen.

Lange II², 523. Mommsen, Staatsrecht III, 347.

Seit der *lex Publilia Voleronis* hatten die Plebejer das Recht, ihre eigenen Beamten in den *concilia plebis* zu wählen. Diese *concilia plebis* wurden von den Tribunen berufen und geleitet. Hierin hat sich nie etwas geändert: bis in die spätesten Zeiten fand die Wahl der Tribunen und plebejischen Ädilen in diesen *concilia plebis* statt. In der Regel wurden sie zweimal des Jahres berufen, einmal zur Wahl der Tribunen (*comitia tribunicia*. wobei der Ausdruck *comitia*, der speciell für Wahlen in Geltung kam, wie mehrfach bemerkt, für den staatsrechtlichen, streng juristischen Gebrauch des Wortes nicht beweisend ist), und einmal für die Wahl der plebejischen Ädilen (*comitia aedilicia*). Als regelmässige Jahreszeit für die Wahl der Tribunen scheint zur Zeit der Gracchen die Zeit der Ernte, und für die plebejischen Ädilen, wenigstens in der Zeit nach Sulla, der Monat Quintilis gegolten zu haben.

Von diesem Wahlrecht der rein plebejischen *concilia plebis* ist das der *comitia tributa* zu unterscheiden, die als *comitia populi*, d. h. des ganzen aus Patriciern und Plebejern bestehenden Volkes, unter dem Vorsitze von Consuln und Prätoren die *magistratus minores* zu wählen hatten.

Es waren dies solche Beamte, deren Ernennung nach dem alten Rechte den Inhabern des *imperium* selbst zugestanden hatte. Nach Lange ist dieses Recht zum erstenmal von den Consuln geübt worden, als sie im Jahre 447 das Volk *tributim* zur Wahl von Quästoren beriefen. Später standen diese Wahlen auch unter der Leitung der Prätoren. Selbstverständlich stand dasselbe Recht auch den Dictatoren zu. Zu den in Tributcomitien gewählten *magistratus minores* zählen in absteigender Reihenfolge 1. die curulischen Ädilen, 2. die Quästoren, 3. die sogenannten *magistratus minores* im

engeren Sinne oder *vigintisexviri*, wozu z. B. die *tresviri capitales*, die *decemviri stlitibus indicandis* u. a. m. gehören, 4. die
*tribuni militum*, soweit sie der Volkswahl überlassen waren
(*tribuni militum a populo*).

Ferner nahmen die Tributcomitien die Wahl von ausserordentlichen Magistraten vor, aber nur, wenn sie dazu durch
bestimmte Senatusconsulte oder Plebiscite autorisiert wurden.
Solche ausserordentliche Beamte waren z. B. die *tresviri coloniae
deducendae*. Doch wurde die Wahl dieser *magistratus extraordinarii* bisweilen, statt in Tributcomitien zu geschehen, den
*concilia plebis* unter Vorsitz der Tribunen überlassen.

Ein eigentümliches Wahlrecht übten neben den vollständigen *comitia tributa* siebzehn erloste Tribus[1])
und zwar für Priesterämter, die von politischer Bedeutung
waren. Doch wurden solche Comitien erst seit der *lex
Ogulnia* (300) abgehalten. Vor allem ist hier die Wahl des
*pontifex maximus* wichtig, zu deren Vornahme die genannten
17 Tribus unter dem Vorsitze eines *pontifex* zusammentraten
(*comitia pontificis maximi*). Dann hatte das Volk auch ferner
Anteil bei der Besetzung der einzelnen Stellen in den
Collegien der *Pontifices, Augures* und *Decemviri sacrorum*.
Dabei wählten die 17 Tribus einen der Männer, welche von
dem Collegium selbst als würdig zur Cooptation nominiert
worden waren, und auch nach der Wahl traten die so Gewählten erst dann in das Collegium ein, wenn eine feierliche
Cooptation und Inauguration darauf folgte. Diese Wahl-
versammlungen der 17 Tribus hiessen *comitia sacerdotum*,
obwohl nicht das ganze Volk, sondern nur ein Teil desselben
wählte. Da aber grundsätzlich kein Teil ausgeschlossen war,
indem die Losung jede Tribus treffen konnte, so waren sie
den Comitien ähnlicher als den *concilia*, wie sie denn auch
niemals mit diesem letzteren Namen, sondern immer als *comitia*
bezeichnet werden.

---

[1]) Vergl. über diese Mommsen, Staatsrecht II, 27.

## § 61. Die Gerichtsbarkeit der Tribus.

Bei der Gerichtsbarkeit sind die älteren Capitalprozesse der Tribunen von den späteren Multprozessen der Tribunen und Ädilen zu unterscheiden.

Die älteren Capitalprozesse der Tribunen können aber hier füglich übergangen werden, einmal da sie, wenn sie statthatten, auf Usurpation beruhten und von den Patriciern nicht anerkannt wurden, dann aber weil die Überlieferung über jene ältesten Volksgerichte nicht über alle Zweifel erhaben ist. Das älteste Beispiel eines Volksgerichts in den *concilia plebis* gegen einen Patricier bietet die Verurteilung des Coriolanus. Aber gerade die Darstellung der Anklage und Verurteilung desselben ist im ganzen wie im einzelnen wenig zuverlässig. Auch ist es nicht denkbar, dass in einer Zeit, in der die Patricier noch ihre Suprematie behaupteten und ausschliesslich die Magistratur in Händen hatten, die Plebs ein unbestrittenes Recht gehabt haben sollte, jeden ihrer politischen Gegner vor ihren besonderen Richterstuhl zu ziehen. In jedem Fall hing hierbei die Ausübung einer richterlichen Thätigkeit nicht von einer gesetzlich normierten Kompetenz ab, sondern von der jeweiligen thatsächlichen Macht der Tribunen und der Plebs, ihren Urteilen Geltung zu verschaffen.

Eine rechtliche Kompetenz haben die *concilia plebis* und die Tributcomitien nur in Multprozessen gehabt und zwar jedenfalls nicht vor der *lex Aternia Tarpeia.* (454). Durch dieses Gesetz wurde wahrscheinlich den Tribunen und Ädilen das Recht der *multae dictio* eingeräumt, d. h. das Recht Vermögensstrafen zu verhängen und im Falle der Provocation Prozesse hierüber bei den *concilia plebis* anhängig zu machen. Damit wurde den von der Plebs ausgesprochenen Urteilen der Wert von *iudicia populi* eingeräumt, und die Anklagen vor ihren *concilia* galten von nun an als ein *diem dicere ad populum.* Diese Konzession an die Plebs wurde durch die Decemviralgesetzgebung bestätigt, die zugleich bestimmte, dass über das *caput* eines Bürgers nur in Centuriatcomitien abgeurteilt werden dürfe. Seit dieser Zeit besteht also zu Recht, dass Capitalprozesse nur in Centuriatcomitien,

Multprozesse dagegen nur in Tributcomitien, beziehungsweise *concilia plebis*, anhängig gemacht werden dürfen.

Das Verfahren beim Multprozess in den Tributcomitien war dem der Capitalprozesse in Centuriatcomitien vollständig nachgebildet. Wie bei letzteren die *quaestores parricidii*, so fällten bei den Multprozessen die Tribunen oder Ädilen in einer ersten Tagsatzung (*diei dictio = prima accusatio*) zuerst ein Urteil: hierauf folgten die drei durch einen Zwischenraum von wenigen Tagen getrennten Contionen oder Anquisitionstermine (*secunda, tertia* und *quarta accusatio* oder auch *prodictiones*, weil jeder dieser Termine mit der Ankündigung eines neuen Termins schloss), woran sich dann als fünfter Akt die eigentliche Verhandlung des Prozesses und die Aburteilung in der Tribusversammlung anschloss. (Vgl. § 50.)

Angestrengt wurden Multprozesse 1. von Tribunen, 2. von plebejischen Ädilen, 3. von curulischen Ädilen, 4. von dem *Pontifex maximus*.

Die Tribunen, die sich anfangs mit den plebejischen Ädilen in die Anklagen so geteilt hatten, dass sie selbst die wichtigeren, insbesondere die politischen Prozesse übernahmen, die minder wichtigen aber den Ädilen überliessen, traten seit den *leges Liciniae Sextiae* hinter den Ädilen insofern zurück, als seitdem mehr und mehr auch die Ädilen politische Prozesse vor das Volk brachten. Zur Zeit der Entartung der Nobilität wurden aber die tribunicischen Prozesse wieder häufiger. Die meisten derselben waren gerichtet gegen ungesetzliche und verderbliche Amtsführung. So wurde z. B. M. Porcius Cato wegen seines Consulats (195) mehrmals angeklagt. Im Jahre 187 wurde P. Cornelius Scipio Africanus wegen *proditio* vor Gericht geladen. Öfters noch kamen solche tribunicische Anklagen wegen schlechter Heerführung vor, so gegen C. Plautius, der gegen Viriathus (148), und M. Iunius Silanus (103), der gegen die Cimbern unglücklich gekämpft hatte.

Die Ädilen brachten, abgesehen von politischen Prozessen, die ihnen die Tribunen überliessen, so ziemlich alle unpolitischen Prozesse mit Ausnahme derjenigen, die wie Diebstahl und Injurien im Civilprozesswege verfolgt wurden, oder solcher, für welche eine *quaestio extraordinaria* eingesetzt war, und zwar die plebejischen Ädilen vor die *concilia plebis* und die curulischen Ädilen vor die *comitia tributa*. Ädilicische Prozesse werden z. B. angestrengt wegen Übertretung der Wuchergesetze, wegen *stuprum*, besonders bei Matronen, wegen Päderastie, wegen Incests, wegen Zauberei u. dgl.

Der *Pontifex maximus*, der in Ausübung seiner Disciplinargewalt ebenfalls das Recht der *multae dictio* hatte, konnte, wenn gegen die von ihm verhängte Strafe Provocation eingelegt wurde, einen Multprozess in den Tributcomitien anhängig machen, wobei er selbst den Vorsitz führte. Einige solche Prozesse werden in der Zeit nach dem zweiten punischen Kriege erwähnt.

Seit der Einsetzung von *quaestiones perpetuae* tritt die tribunicische und ädilicische Gerichtsbarkeit mehr und mehr in den Hintergrund, indem sie fortan nur für solche Verbrechen in Thätigkeit blieb, für welche eine *quaestio perpetua* nicht bestand. Seit Sulla endlich, der die Befugnisse und Kompetenzen der Tribunen und Volksversammlungen überhaupt beschränkte, wurden die *quaestiones perpetuae* die Regel, und die Gerichtsbarkeit des Volkes trat immer mehr zurück. Ein Beispiel eines Multprozesses nach Sulla ist die **Anklage gegen** C. Rabirius, bei welcher Cicero die noch vorhandene Verteidigungsrede hielt.

Im ganzen war die römische Volksjustiz eine gerechte und zeichnete sich hierin vorteilhaft vor dem Verfahren in der athenischen Volksversammlung aus. Man kann daher dem Urteile Langes[1] beistimmen, welcher mit Recht sagt, dass, wenn auch in Rom viele Schuldige frei ausgegangen und einige Unschuldige ungerecht bestraft worden sein mögen, die grosse Mehrzahl der bekannten Volksprozesse namentlich aus den besseren Zeiten die Würdigkeit und die Berechtigung des römischen Volkes beweisen, seine Souveränität in wichtigen

---

[1] II², 597.

Fällen durch eigene Ausübung der höchsten Gerichtsbarkeit geltend zu machen.

## § 62. Gesetzgebung der Tribusversammlungen.

Die bei weitem wichtigste Funktion der Tribusversammlungen ist ihre gesetzgeberische Thätigkeit. Auch hier sind wieder die *comitia tributa* im engeren Sinne von den *concilia plebis* zu unterscheiden. Seit die ersten eingerichtet wurden, waren sie auch in gesetzgeberischer Beziehung kompetent, in welchem Umfange lassen wir dahingestellt, da ihre darauf bezügliche Thätigkeit faktisch ganz hinter der der *concilia plebis* zurücktritt. Die in eigentlichen Tributcomitien beschlossenen Gesetze heissen *leges* im strengen Sinne des Wortes, die in den *concilia plebis* dagegen *plebiscita*. Die Plebiscita werden von den Alten folgendermassen definiert: *scita plebei appellantur ea, quae plebs suo suffragio sine patribus iussit, plebeio magistratu rogante.* Diese in rein plebejischen Versammlungen beschlossenen Plebiscite hatten zuerst für den Staat als solchen kaum rechtliche Giltigkeit, sondern besassen, wie Lange dies sehr richtig bezeichnet, nur eine standesrechtliche Bedeutung. Doch nach und nach erlangten sie auch staatliche Giltigkeit, und einmal im Besitze derselben, beherrschten sie zuletzt das Gebiet der Gesetzgebung derart, dass sie geradezu als *leges* bezeichnet und die *concilia plebis* fast ausschliesslich als Organ der Gesetzgebung benutzt wurden.[1])

Die Kompetenz der *concilia plebis* auf diesem Gebiet beruht auf drei anscheinend gleichbedeutenden Gesetzen. Es sind dies folgende:

1. Die dritte *lex Valeria Horatia*, welche bestimmte: *ut quod tributim plebs iussisset populum teneret.* (449 v. Chr.)

2. Die erste der *leges Publiliae Philonis*, welche festsetzte: *ut plebiscita omnes Quirites tenerent.* (339.)

---

[1]) Vergl. Mommsen, Staatsrecht III, 150 und 159. W. Soltau, Die Giltigkeit der Plebiscite, Berlin, Calvary 1884. Hermes, Das dritte valerisch-horatische Gesetz und seine Wiederholungen. Bonn 1880.

3. Die *lex Hortensia* 287, die nach einer Version
lautet: *ut quod plebs iussisset, omnis Quirites teneret*,
nach einer anderen: *ut eo iure, quod plebs statuisset,
omnes Quirites tenerentur*, oder nach einer dritten:
*ut plebiscita universum populum tenerent*.
Dem Wortlaute nach besagen diese drei Gesetze alle
dasselbe, nämlich dass die Beschlüsse der Plebs für das ganze
Volk bezw. den ganzen Staat, also für die Plebejer und Patricier,
nicht bloss für die Plebejer, Giltigkeit haben sollten. Deshalb
ist es schwer zu sagen, in welchem Causalnexus diese Gesetze
zu einander gestanden haben. Die einfachste Annahme ist
dabei die, dass die folgenden Gesetze Wiederholungen der
*lex Valeria* im Sinne von wirksamen Einschärfungen gegenüber der Nichtbeachtung derselben von seiten der Patricier
oder der Nobilität gewesen seien. Die neueren Forscher sind
aber meistens der Meinung, dass die zwei letzten Gesetze
noch besondere, das Recht der Tribusversammlungen ver-
schärfende und erweiternde, Bestimmungen enthalten haben
müssten. Doch in der Frage, worin diese erweiterten Kompetenzen bestanden haben, gehen die Ansichten weit auseinander. Lange u. a. wollen den Unterschied der drei Gesetze darin erkennen, dass die *lex Valeria* die bis dahin
prekäre Kompetenz der *comitia plebis* auf dem Gebiet des
plebejischen Standesrechts und Privatrechts überhaupt
sicher stellte, die *lex Publilia* denselben die Kompetenz von
Verfassungsänderungen unter dem Vorbehalte der Bestätigung durch den Senat verlieh, während die *lex Hortensia*
das Veto des Senats beschränkt habe.[1]) Doch handelt es

---

[1]) Anders Mommsen, Röm. Forsch. I, 164. Ihne, Rhein. Museum·
XXVIII, 377. Willems, Le sénat II, 80. Mommsen, Staatsrecht III, 157,
sagt hierüber folgendes: Wenn das valerisch-horatische Gesetz vom Jahre
305 und das publilische vom Jahre 415 (449 und 339 v. Chr.), welche
den Tribusbeschlüssen die gleiche Kraft beilegen, sich auf die Beschlüsse
des Concilium der Plebs beziehen und nicht, wie es wahrscheinlich
ist, auf die der patricisch-plebejischen Tribus, so fehlt in der
überlieferten Fassung der beiden Gesetze irgend eine beschränkende
Clausel. Auf jeden Fall ist es ebenso unbestreitbar, dass zahlreiche vor

sich bei dieser an und für sich allerdings sehr ansprechenden
Ansicht wie bei den anderen doch nur um Vermutungen, die
um so unsicherer sind, als der Wortlaut der drei Gesetze
für derartige Annahmen auch nicht den geringsten Anhaltspunkt darbietet.

Wie dem aber auch sein möge, so viel ist andererseits
sicher, dass die plebejischen Tribusversammlungen nach und
nach das ganze Gebiet der Gesetzgebung in einer Weise sich
aneignen, dass die Centuriatcomitien nur noch ausnahmsweise
mit demselben befasst werden und nach dem Hortensischen
Gesetz sogar keine Spur mehr von in Centuriatcomitien rogirten
Gesetzen sich vorfindet.

Die gesetzgeberische Thätigkeit der Tribusversammlungen
erstreckt sich somit auf das ganze Staats- wie Privatrecht,
ausserdem aber auch auf die gesamte innere wie äussere
Staatsleitung, deren sich das Volk dem ursprünglich dafür
allein kompetenten Senate gegenüber durch Spezialgesetze,
d. h. durch Gesetze für den einzelnen Fall, als höchste Instanz
bemächtigte. Danach teilt sich die Betrachtung der legislativen Thätigkeit der Tribusversammlungen in zwei scharf
geschiedene Gebiete:

1. Die Betrachtung derjenigen gesetzgeberischen Thätigkeit, die sich auf allgemeine das Staats- und Privatrecht sowie die Verwaltung betreffende Gesetze bezieht: *iussa generalia.*

2. Die Betrachtung der auf die innere wie äussere Staatsleitung bezüglichen Spezialgesetze.

In betreff der ersteren waren auch die, wenn auch seltener
und in der letzten Zeit gar nicht mehr befragten, Centuriatcomitien kompetent.

Mit den letzteren dagegen sind zu jeder Zeit nur die
Tribusversammlungen befasst worden, und zwar, wie es scheint,
nur die *concilia plebis,* während die von einem Consul oder

---

dem Hortensischen Gesetz durchgebrachte und direkt die gesamte Gemeinde
angehende Plebiscite formale Giltigkeit gehabt haben, wie dass sie bis
dahin dem Plebiscit im allgemeinen gemangelt hat.

Prätor berufenen und geleiteten plebejisch-patricischen *comitia tributa* nur auf dem ersten Gebiete, in das sie sich übrigens mit den *concilia plebis* und den Centuriatcomitien teilten, thätig gewesen sind.

## § 63. Gesetzgebung.

Fortsetzung: **Iussa generalia oder allgemeine Gesetze.**[1])

Die allgemeinen Gesetze, welche in Tribusversammlungen, und zwar *concilia plebis* wie Tributcomitien, rogiert und genehmigt wurden, beziehen sich sowohl auf das Recht wie auf die Verwaltung. Die auf das Recht bezüglichen Gesetze zerfallen wieder in die allgemeinen Gesetze über das *ius publicum* und die über das *ius privatum*.

Die das *ius publicum* oder das Staatsrecht betreffenden Gesetze beziehen sich in der Zeit vor der *lex Hortensia* hauptsächlich auf die Stellung der Plebs zum Gesamtvolke. Dahin gehören z. B. das *plebiscitum Canuleium de connubio patrum et plebis*, 445, durch welches den Plebejern das Recht des *connubium* mit den Patriciern eingeräumt wurde; ferner das *plebiscitum Ogulnium* über die Teilnahme der Plebejer an den Collegien der Augurn und Pontifices (300). Diese und ähnliche Gesetze wurden von den Patriciern nicht beanstandet, weil sie Dinge behandelten, die das *imperium* nicht direkt berührten. Nach der *lex Hortensia* (287) aber erstreckte sich die gesetzgeberische Thätigkeit der Tribus auch hierauf, und wir finden von da an das gesamte Staatsrecht durch dieselben in umfassendster Weise beeinflusst. In dem genannten Zeitraum kommen allgemeine Gesetze auch über die Magistrate, den Senat und die Volksversammlungen vor, also so ziemlich über alles, wodurch die Staatsgewalt repräsentiert war.

1. Die auf die **Magistratur** bezüglichen Gesetze betreffen vor allem die Wahl und die Amtsgewalt. Dahin gehört z. B. die *lex Maenia* (unbestimmten Datums, aber wahr-

---

scheinlich ungefähr um 290)[1]), welche festsetzte, dass auch bei den Wahlen die *patres in incertum comitiorum eventum* ihre Zustimmung geben sollten, ferner das Gesetz über die Einführung von 8 Quästoren (267), die *lex* des Sulla über die Erhöhung der Zahl der Prätoren auf acht und eine gleiche ebendesselben über die Erhöhung der Zahl der Quästoren auf zwanzig. Ebenso gehört hierher das Gesetz, welches die Abwesenden von der Bewerbung um die Staatsämter ausschloss (63).

2. Auf den Senat bezogen sich Gesetze, wie das *plebiscitum Claudium* (219), durch welches den Senatoren und ihren Söhnen verboten wurde, Handelsgeschälte zu treiben, oder die *lex Sulpicia* (88), welche den Senatoren verbot, mehr als 2000 Drachmen Schulden zu haben, oder die *lex Pupia*, nach welcher es nicht gestattet war, an den *dies comitiales* Senatssitzungen abzuhalten.

3. Zu den Gesetzen, welche von den Tribusversammlungen über die Volksversammlungen beschlossen wurden, gehören vor allem die *leges tabellariae*, s. oben S. 122.

Zu den den Staat betreffenden allgemeinen Gesetzen können auch noch die allgemeinen Gesetze über Religion und Kultus gerechnet werden, die seit der *lex Hortensia* zu verzeichnen sind, so z. B. die *lex Domitia de sacerdotiis* (104). Zu diesen religiösen Gesetzen gehört auch ein auf den Kalender und ein auf den Triumph bezügliches Gesetz. Das über den Triumph (181) gegebene Gesetz ist der Erwähnung besonders wert, weil es für die Römer äusserst charakteristisch ist. Es lautet: *ne quis triumpharet nisi quinque millia hostium una acie cecidisset*, und dazu kam ergänzend später noch eine weitere *lex*, welche bestimmte, dass die Feldherren ihre Angaben über die Zahl der Gefallenen eidlich zu bekräftigen hätten.

Nicht minder wie in das Staatsrecht griff das Volk durch allgemeine Gesetze in das Privatrecht, den Civil-

---

[1]) Vgl. Mommsen, Staatsrecht III, 1042.

prozess und das Kriminalrecht beziehungsweise den Kriminalprozess, ein.

Von privatrechtlichen Bestimmungen aus früherer Zeit sind zu erwähnen: *lex Manlia de vicesima eorum qui manumitterentur* (357) und die *lex Poetelia Papiria*, welche die Schuldknechtschaft aufhob. In der späteren Zeit gab es zahllose Volksbeschlüsse über das Privatrecht, von denen jedoch nicht sehr viele genauer bekannt sind. Wir nennen darunter eine *lex Aquilia de damno*, eine *lex Atilia de tutela*, eine *lex Sempronia* vom Jahre 193, welche festsetzte, *ut cum sociis ac nomine Latino pecuniae creditae ius idem quod cum civibus Romanis esset*. Besonders verdient hier noch genannt zu werden die berühmte *lex Voconia de mulierum hereditatibus*.

Auf den Civilprozess bezieht sich z. B. die *lex Silia* über die *legis actio per condictionem*.

Von den auf das Kriminalrecht bezüglichen Gesetzen, die erst zur Zeit der einreissenden Sittenverderbnis Gegenstand der Volksversammlungen werden, ist als eines der ältesten die gegen Menschenraub gerichtete *lex Fabia de plagiariis* zu nennen. Am wichtigsten sind aber die zahlreichen Repetundengesetze, d. h. die Gesetze über Erpressungen, so die *lex Calpurnia de pecuniis*, dann die sullanische *lex Cornelia repetundarum*, sowie die verschiedenen Gesetze *de ambitu*, d. h. wegen Amtserschleichung. Auch eine *lex Plautia de vi*, die nicht lange nach Sulla gegeben wurde, ist für dieses Gebiet der gesetzgeberischen Thätigkeit der Tributcomitien nicht unwichtig.

Zuletzt sind hier auch noch die *leges iudiciariae* zu erwähnen, welche sich auf die Organisation der Gerichte bezogen.

Von diesen auf das Recht bezüglichen Gesetzen sind diejenigen allgemeinen Gesetze zu unterscheiden, welche die Verwaltung (wie z. B. die Finanzen) und die Polizei, insbesondere Sittenpolizei, zum Gegenstande haben.

In den ersten Zeiten konnte natürlich noch nicht von einer theoretisch oder praktisch feststehenden Kompetenz der

*concilia plebis* und der Tributcomitien in Verwaltungsangelegenheiten die Rede sein, obwohl die Plebs und die
Tribunen vielfach auf eine solche Ansproch erhoben. Die
Magistratur und der Senat erkannten eine solche über ihnen
stehende Instanz nicht an und behaupteten vielmehr, dass
in Verwaltungsangelegenheiten das Volk nichts mitzureden
habe. Allein nach der *lex Hortensia* waren die Ansprüche
der Plebs nicht mehr abzuweisen, und wir finden seit dieser
Zeit generelle Volksbeschlüsse über fast alle Zweige der Verwaltung, und zwar hauptsächlich auf folgenden Gebieten:

1. **Im Kriegswesen.** Hier ist vor allem zu nennen
   die *lex Sempronia militaris* (123), welche festsetzte,
   dass nie ein Konsul ein überseeisches Kommando
   anders führen dürfe als mit Genehmigung des Senats,
   und überhaupt den Senat nötigte, die consularischen
   Kompetenzen zu regeln.

2. **In der Provinzialverwaltnng.** Auf diesem Gebiete ist das älteste Gesetz die consularische *lex Porcia
   de sumptu provinciali* (195), welche die den Statthaltern zu leistenden Lieferungen einschränkte. Die
   wichtigste *lex* in diesem Ressort ist die *lex Pompeia
   de provinciis*, welche den Antritt der Statthalterschaft
   erst fünf Jahre nach Bekleidung der Magistratur
   erlaubte.

3. **Im Finanzwesen.** Hier sind die wichtigsten Gesetze diejenigen, welche sich auf die Verwaltung des
   Staatseigentums bezogen. Dahin gehört z. B. ein
   Plebiscit vom Jahre 210, durch welches die Censoren
   angewiesen wurden, den *ager Campanus* zu verpachten;
   ferner ist hier zu nennen die *lex Sempronia de provincia Asia*, welche sich auf die Verpachtung der
   Abgaben dieser Provinz bezog. Doch gehören diese
   Gesetze mehr zu den Spezialverfügungen als zu generellen Gesetzen, die verhältnismässig selten sind.
   Unter den letzteren nennen wir nur beispielshalber
   eine *lex Papiria*, durch welche der Semuncialfuss
   eingeführt wurde.

4. **Im Polizeiwesen.** Eines der ältesten Gesetze auf
diesem Gebiete ist die *lex alearia*, welche das Würfel-
spiel verbot. Am wenigsten erfolgreich, wenn auch
mit dem grössten Eifer, arbeitete aber die Gesetz-
gebungsmaschine auf dem Gebiete des Luxus, den
sie durch eine Reihe von Gesetzen, *leges sumptuariae*,
zu beschränken suchte. Das bekannteste unter diesen
ist das oppische Gesetz (*lex Oppia sumptuaria*
des Volkstribunen Oppius). Dieses suchte den Luxus
der Frauen in betreff des Goldschmuckes, der Kleidung
und des Gebrauchs der Wagen einzudämmen. Doch
konnten die Frauen kaum die nach Beendigung des
Hannibalischen Krieges wiederkehrende Prosperität
erwarten, um die Beseitigung jener lästigen Beschränkungen zu ertrotzen. So kam dann trotz des
Ansehens und der Beredsamkeit des alten Cato,
der vergebens gegen den Luxus sich ereiferte, in
dessen Consulatsjahre (195) gegen die Anktorität des
Senats eine tribunicische *lex Publilia* zu stande, durch
welche das oppische Gesetz wieder aufgehoben wurde.
Die folgenden Luxusgesetze waren sämtlich gerichtet
gegen den Aufwand bei der Tafel, weshalb sie gelegentlich auch *leges cibariae* genannt werden. Das
erste Gesetz dieser Art war die *lex Orchia sumptuaria*
oder *de cenis* (181), die hauptsächlich die Zahl der
Gäste beschränkte. Ein viel strengeres Gesetz in
dieser Richtung als die *lex Orchia* war die *lex Fannia*
(161), welche festsetzte, wieviel man an Festtagen
und sonst auf eine Mahlzeit verwenden dürfe, nämlich hundert Asse an den römischen und plebejischen
Spielen, an den Saturnalien und noch einigen anderen
Festtagen, dreissig Asse an zehn weiteren Festen
und nur zehn Asse an allen anderen Tagen. Ausserdem verbot es überhaupt den Genuss gewisser Speisen
und Getränke. Dieses Gesetz wurde noch verschärft
durch die *lex Didia* (143), welche die Vorschriften
des Fannischen Gesetzes auf ganz Italien ausdehnte.

Eine spätere *lex Cornelia sumptuaria* (81) schränkte auch den Luxus der Leichenbegängnisse ein, der in dieser Zeit sehr überhandgenommen hatte. Ein Polizeigesetz anderer Art als die Luxusgesetze im engeren Sinne ist die *lex Aufidia de feris africanis* (unsicheren Datums), welche die Einführung wilder Tiere aus Afrika zu Gunsten der circensischen Spiele einschränkte.

Aus allen diesen, die verschiedensten Verwaltungsgebiete betreffenden, Gesetzen ist ersichtlich, dass das Volk sich kein Gebiet entgehen liess, um der Magistratur und dem Senat gegenüber seine Souveränitätsrechte geltend zu machen. Wie sehr sich anfangs diese beiden Staatsorgane gegen die Eingriffe der Tribunen und der Tribusversammlungen in ein ihnen von jeher allein zustehendes Gebiet gesträubt haben, nach dem Hortensischen Gesetz konnten sie nicht mehr hindern, dass sich das Volk als höchste Instanz in allen Verwaltungsfragen betrachtete und dieses Recht nicht nur in generellen Gesetzen, sondern auch, wie wir gleich sehen werden, in Spezialverfügungen zur Geltung brachte.

## § 64. Gesetzgebung.

### Fortsetzung: Spezialgesetze oder besondere Verfügungen.

Lange, a. a. O.

Mit dem Namen *lex* bezeichneten die Römer nicht bloss das, was wir unter Gesetz verstehen, sondern überhaupt alle Beschlüsse der Volksversammlungen, soweit dieselben nicht in Wahlen oder Rechtsprechung bestanden. Sonach ist abgesehen von diesen zwei Ausnahmen jeder von einer Versammlung des gesamten Volkes gefasste Beschluss eine *lex*. Nur ist dabei zu bemerken, dass die *plebiscita*, die ursprünglich als rein plebejische Gesetze für den Gesamtstaat an sich ungiltig waren, nach Beseitigung dieser Auffassung durch die *leges Valeria, Publilia* und *Hortensia* die Bedeutung von *leges* bekamen und auch als solche bezeichnet wurden. Seit dieser Zeit gilt jeder Beschluss in den *concilia plebis* über irgend

etwas im Staate, sei es was es wolle, faktisch für eine *lex*,
und daraus folgt, dass auch die Spezialverfügungen der Volksversammlungen mit zu deren gesetzgeberischen Thätigkeit zu
rechnen sind. Diese Spezialverfügungen, die den im vorigen
Paragraphen behandelten *iussa generalia* entgegenstehen und
ausser *leges* und *plebiscita* auch speziell *rogationes* und *privilegia* heissen, haben sich wie die übrigen Rechte der Tributcomitien natürlich erst nach und nach und durch verschiedene
Präcedenzfälle zu der in den letzten Zeiten der Republik
so mächtig hervortretenden Kompetenz der Tribusversammlungen auf diesem Teile der gesetzgeberischen Thätigkeit
entfaltet.[1]) Diese Kompetenz auf dem Gebiet der Spezialgesetzgebung kam den Tribusversammlungen ausschliesslich
zu, wenn man von der zuletzt ganz veralteten *lex de bello
indicendo* und der *lex de potestate censoria* absieht, die nach
wie vor in den Centuriatcomitien rogiert werden konnten.
Die Spezialgesetzgebung der Tribus war zunächst ein Eingriff in die faktischen Rechte der Magistratur, dann aber des
Senats, der seinerseits wieder die Magistratsgewalt beschränkte,
und als beide sich derselben nicht mehr erwehren konnten
und sie anerkannten, führte sie zu einem förmlichen Mitregieren des Volkes zusammen mit dem Senate und den Beamten des Staates. Dieses Mitregieren des Volkes durch
*leges* oder *plebiscita* bezog sich sowohl auf die innere wie
äussere Staatsleitung.

I. Auf die innere Staatsleitung bezügliche Gesetze.

Hier kommen in Betracht erstens Spezialgesetze
über die Gerechtigkeitspflege und Dispensation von
Gesetzen, zweitens Verfügungen über Verwaltung des
Staatseigentums und damit zusammenhängende Dinge

---

[1]) Wenn sie sich auf Personen bezogen, hiessen solche Spezialgesetze auch *privilegia*. Diese nahmen mit der Zeit so überhand, dass
sie die *leges* im engeren Sinne förmlich überfluteten. Solche *privilegia*
meint wohl Tacitus, wenn er Ann. III, 37 sagt: *iamque non modo in
commune, sed in singulos homines latae quaestiones: et corruptissima
republica plurimae leges.*

und zuletzt Bestimmungen über Amtsgewalt und Entziehung derselben, Bewilligung von Triumphen u. dergl.

Bezüglich der Gerechtigkeitspflege sind als Spezialgesetze die Einsetzung von *quaestiones extraordinariae* zu bezeichnen. Solche wurden mit dem Wachstum des Staates immer häufiger und erstreckten sich sowohl auf politische wie nicht politische Verbrechen der Bürger. Dahin gehört z. B. eine *rogatio Petillia de pecunia regis Antiochi* (187), durch welche eine *quaestio extraordinaria* über L. Scipio Asiaticus eingesetzt wurde. Abgesehen von der Einsetzung solcher *quaestiones* zeigt sich die oberrichterliche Souveränität des Volkes in Gesetzen, durch welche Verbannte zurückberufen und Verurteilte begnadigt wurden. So wurden einige *rogationes* über die Zurückberufung Ciceros vor die *concilia plebis* gebracht, die aber alle durchfielen, so dass man auf den Gedanken kam, die darauf bezüglichen Anträge ausnahmsweise vor die Centuriatcomitien zu bringen, in welchen sie dann auch durchgingen (4. August 57).

Am bedeutendsten griffen die Tribus aber durch Spezialverfügungen in die Verwaltung des Staatseigentums ein, wobei es sich hauptsächlich um die Versorgung der armen Plebejer auf Kosten des Staates handelte. Hierbei kommen insbesondere die *leges agrariae* und die damit zusammenhängenden Beschlüsse über Ausführung von Kolonien und die *leges frumentariae* in Betracht. *Leges agrariae* kommen zwar auch schon früher vor, hauptsächlich aber begegnen wir ihnen in der Zeit nach der *lex Hortensia*. Da ist vor allem die *lex Sempronia* des Ti. Gracchus (133) zu nennen, welche die Wiederholung der *lex Licinia* (366) bezweckte. Dieses und andere sempronische Ackergesetze wurden dann durch die *lex Thoria* (118) wieder aufgehoben, später aber teilweise wieder hergestellt durch ein Gesetz, welches noch zum Teil erhalten ist und ebenfalls, aber fälschlich, *lex Thoria* genannt wird (111). In dieselbe Kategorie wie die *leges agrariae* gehören die auf die Ausführung von Kolonien bezüglichen Verfügungen. Die Mitwirkung der *concilia plebis* auf diesem Gebiet ist zum ersten Mal ausdrücklich bezeugt für das Jahr 296, in welchem die Tribunen beauftragt wurden, dafür zu sorgen: *ut plebei scito iuberetur P. Sempronius praetor triumviros coloniis deducendis creare*. Später griffen die Tribus direkt in die Kolonialgründung ein durch bestimmte Gesetze wie die *lex Atinia de quinque coloniis in oram maritimam deducendis* (197). Bekannter als dieses Gesetz ist aber die *lex Sempronia de coloniis Tarentum et Capuam deducendis* (123) und die *lex Rubria de colonia Karthaginem deducenda*. Eine spätere wichtige *lex* ist die *lex Iunia de colonia Capuam deducenda* (83) und noch später die vom Dictator Iulius Caesar eingebrachte *lex Iulia de coloniis deducendis* (45). Die *leges frumentariae* kommen erst seit der Gracchenzeit vor. Die älteste unter ihnen ist die *lex Sempronia* (123), welche jedem in der Stadt lebenden Bürger gestattete, monatlich fünf *modii* Weizen für nur sechs und ein drittel As in Empfang zu nehmen. In Verbindung mit diesen Gesetzen, die alle dazu bestimmt waren, der Notlage der Plebs zu steuern, stehen auch die Gesetze *de aere alieno*, welche die Absicht verfolgten, die Schuldenlast der Bürger zu mindern.

In dritter Linie kommen einige ausserordentliche Gesetze über Verleihung und Entziehung von Amtsgewalt auf dem Gebiet der zunächst zur Leitung der inneren Angelegenheiten berufenen Magistratur vor. Doch ist die Thätigkeit der Tributcomitien hierbei bei weitem mehr auf die in den Provinzen fungierenden Statthalter und deren *imperium* gerichtet, wovon weiter unten. Über das Recht einen Triumph zu feiern hatte ursprünglich nur der Senat zu entscheiden. Doch wurde es bald üblich, sich an die *concilia plebis* zu wenden, wenn der Senat den Triumph verweigert hatte. Bei diesem Usus blieb es bei den städtischen Magistraten *cum imperio*. Bei Bewilligung des Triumphs und der Ovation für Proconsuln und Proprätoren wirkten die Volksversammlungen auch in dem Fall mit, wenn der Senat einverstanden war, weil sie für den Tag des Triumphs durch eine *lex* die Erlaubnis zur Bekleidung des vollen *imperium* in der Stadt erteilen mussten. So verfügte das *Plebiscit* vom Jahre 211, *ut M. Marcello quo die urbem ovans iniret imperium esset*. — Auch gehören hierher noch verschiedene Spezialgesetze. die in das Gebiet des Kultus und der Religion einschlagen.

## II. Auf die äussere Staatsleitung bezügliche *leges*.

Auf die auswärtigen Angelegenheiten sollen die Tribut-comitien zum ersten Mal in dem zwischen den Ardeaten und Aricinern über die Feldmark von Corioli ausgebrochenen Streit einen Einfluss ausgeübt haben, als auf Veranlassung des Senats sie von den Consuln um ihre Entscheidung hierüber angegangen wurden (446). Später erstreckte sich die Thätigkeit der Tribusversammlungen auf alles, was nur irgendwie mit der auswärtigen Politik zusammenhing. Insbesondere kommt hier ihre Mitwirkung zur Legalisierung der ausserordentlichen Verwendung der hohen Magistrate, wie Prorogierung des Imperium, Verteilung der Provinzen und Kriegsführung, ferner ihre Mitwirkung bei Friedensschlüssen und anderen Verträgen, und zuletzt die Verleihung des Bürgerrechts an Peregrinen in Betracht.

Die erste *prorogatio imperii in concilia plebis* wird vom Jahre 327 berichtet. Da man den Q. Publilius Philo mit Ablauf seines Amtsjahres nicht mitten aus seiner militärischen Operation abberufen wollte, so veranlasste der Senat die Tribunen. beim Volke den Antrag zu stellen: *ut, cum Q. Publilius Philo consulatu abisset. pro consule rem gereret. quod debellatum cum Graecis esset.* Im Anfange des zweiten punischen Krieges wurde jedoch durch ein tribunicisches Gesetz ausdrücklich bestimmt. dass der Senat allein über die Prorogierung des *imperium* kompetent sein solle, was später durch eine *lex Cornelia de provinciis* bestätigt wurde. Daher begegnen wir nur ganz ausnahmsweise Volksbeschlüssen, welche die *prorogatio imperii* bestimmen. Auch auf die Zuweisung der Provinzen hatten dieselben nur ausnahmsweise und zwar nur dann Einfluss, wenn zwischen den Magistraten untereinander oder zwischen ihnen und dem Senate Konflikte entstanden waren. Anders war es jedoch bei der Bestellung eines ausserordentlichen *imperium consulare*. wenn jemand mit demselben bekleidet werden sollte, der unmittelbar vorher nicht

Consul gewesen war. In diesem Falle war die Mitwirkung des Volkes unumgänglich. Am bekanntesten sind hierbei die beiden auf den Pompeins bezüglichen Beschlüsse:

1. Die tribunicische *lex Gabinia de bello piratico* oder *de uno imperatore contra praedones constituendo*, durch welche dem Pompeius ein ausserordentliches und zwar für das ganze mittelländische Meer, sowie für die Küsten der an demselben gelegenen Länder und fünfzig römische Meilen landeinwärts giltiges *imperium proconsulare* auf drei Jahre eingeräumt wurde (67). Doch war der Name des Pompeius dabei nicht ausdrücklich genannt. Deshalb wurde er nach Annahme des Antrages des Gabinius noch in einer besonderen Volksversammlung ausdrücklich zum Feldherrn erwählt; auch wusste er es bei dem Senate und dem Volke noch ausserdem durchzusetzen, dass er ausser zwei Quästoren nicht fünfzehn, wie das gabinische Gesetz bestimmt hatte, sondern vierundzwanzig Legaten mitnehmen durfte und dass ihm nicht 200, sondern 500 Schiffe, dazu ein Heer von 120,000 Mann und 5000 Reitern bewilligt wurde.

2. Die tribunicische *lex Manilia* des *C. Manilius de bello Mithridatico Cn. Pompeio contra ordinem mandando* oder *de imperio Cn. Pompei* (66), durch welche dem Pompeius unter Belassung des ihm bereits durch die *lex Gabinia* bewilligten Imperium die Führung des mithridatischen Krieges mit dem Rechte Frieden und Verträge zu schliessen und die Provinzen Asien, Bithynien und Cilicien zuerteilt wurden. Bekanntlich unterstützte die Rogation Cicero in der erhaltenen Rede *de imperio Cn. Pompei*.

Im Zusammenhange mit derartigen Äusserungen der Volkssouveränität durch Spezialgesetze stehen auch die, wenn auch nur gelegentlich und vereinzelt vorkommenden Beschlüsse, durch welche Promagistraten das *imperium* wieder entzogen wurde (*abrogare*), und die ebenfalls seltenen Spezialbeschlüsse, welche in das Detail des Kriegswesens eingriffen.

Nicht minder wichtig als die eben besprochenen Kompetenzen war das Recht des Volkes bei Friedensschlüssen und Verträgen mitzuwirken. So wurde z. B. der Friede, den 241 Q. Lutatius Catulus mit den Carthagern abschloss, vom Volke, und zwar unter erschwerten Bedingungen, genehmigt. Desgleichen ist bekannt, dass der nach der Schlacht bei Zama von Scipio abgeschlossene Friede nur ein Präliminarfriede war, indem Scipio zum definitiven Friedensschluss erst durch eine *lex Acilia Minucia* (201) ermächtigt wurde. Die Mitwirkung bei der Kriegserklärung blieb jedoch den Tributcomitien versagt: in diesem Punkte hatten nur die Centuriatcomitien das oben besprochene, aber damals zur leeren Form herabgesunkene, Recht zu einer *lex de bello indicendo*. Hingegen kommt das Bestätigungsrecht von Verträgen mit auswärtigen Völkern den Tribusversammlungen ganz unzweifelhaft zu. So wurde der von Q. Pompeius im Jahre 140 mit den Numantinern abgeschlossene Vertrag verworfen, desgleichen derjenige, den C. Hostilius Mancinus (137) mit demselben Volke eingegangen hatte, wobei noch die Auslieferung des Mancinus selbst durch eine besondere *lex* verfügt wurde. Desgleichen wurde das im Jahre 133 mit der Stadt Bantia abgeschlossene *foedus* erst durch eine *lex* rechtskräftig, von der uns noch der Schluss auf der lateinischen Seite der *tabula Bantina*[1]) erhalten ist.

Mit der Kompetenz der *concilia plebis* und der Tributcomitien in den auswärtigen Angelegenheiten hängt auch noch die Verleihung des Bürgerrechts an auswärtige oder unterthänige Gemeinden zusammen. Die erste Benutzung der Tributcomitien auf diesem Gebiete scheint durch die Unterwerfung der Latiner und anderer Nachbarvölker nach dem Jahre 338 veranlasst worden zu sein; doch ist mehr als zweifelhaft, ob damals schon ganzen Gemeinden das Vollbürgerrecht verliehen worden ist. Sicherer sind die Nachrichten über die späteren Civitätsverleihungen. So wurde z. B. im Jahre 188 durch das *plebiscitum Valerium* den

---

[1]) C. I. L. A., S. 46.

Formianern, Fundanern und Arpinaten die *civitas cum suffragio* verliehen. Am wichtigsten waren aber die beiden Gesetze, durch welche nach dem Bundesgenossenkriege den Italikern die Civität verliehen wurde, nämlich die *lex Iulia* vom Jahre 90 und die *lex Plautia Papiria* vom Jahre 89. Ausserdem ist hier noch die teilweise inschriftlich erhaltene *lex Rubria de Gallia cisalpina* (48) zu nennen, weil sie zeigt, dass das Volk sich auch um die innere Organisation von italischen Bürgergemeinden bekümmert hat.

Von besonderer Bedeutung auf diesem Gebiete sind diejenigen Gesetze, welche gegen die **Erschleichung des Bürgerrechts**, insbesondere von seiten der *socii Latini nominis*, gerichtet sind. Wir machen die hierüber gefassten Volksbeschlüsse der Reihe nach namhaft:

1. Die consularische *lex Claudia* (177): *qui socii nominis Latini ipsi maioresque eorum M. Claudio T. Quinctio censoribus postque ea apud socios nominis Latini censi essent, ut omnes in suam quisque civitatem ante Kal. Nov. redirent.*
2. Die tribunicische *lex Iunia* des M. Iunius Pennus 126, welche die Nichtbürger von neuem aus der Stadt wies.
3. Die consularische *lex Licinia Mucia de civibus redigundis* der Consuln L. Licinius Crassus und Q. Mucius Scaevola, welche die *socii*, die sich das römische Bürgerrecht anmassten, nochmals aus der Stadt wies.
4. Die tribunicische *lex Papia de civitate* oder *de peregrinis* des C. Papius, welche wiederum bestimmte, dass alle Fremde, die sich in das Bürgerrecht eingeschlichen hatten, aus der Stadt verwiesen werden sollten.

## § 65. Die Tributcomitien der Kaiserzeit.

Die Ursachen des allmählichen Verfalls der Tributcomitien sind wie bei den Centuriatcomitien (s. oben § 53) in der Entartung der Nobilität und des Volkes sowie in der Ausdehnung des römischen Bürgerrechts über ganz Italien und der dadurch bedingten Unvereinbarkeit des Staatsinteresses

mit der Staatsform zu suchen. Bestechung und Gewalt-
thätigkeiten machten schon zu Ciceros Zeit trotz der *leges de
ambitu* und *de sodaliciis* die Comitien zu Organen der Partei-
wut, und die Ausdehnung des Bürgerrechts hatte zur Folge,
dass die Volksversammlungen in der Hauptstadt immer mehr
zu Versammlungen des Pöbels sich gestalteten. Dazu kam
noch zuletzt die Einführung der absoluten Monarchie, mit
der Versammlungen eines souveränen Volkes unverträglich sind.
Zwar bestand in der Theorie die Souveränität des Volkes
allerdings noch fort; dies dauerte jedoch nur so lange, als
die Volksversammlungen wenigstens in der Form noch aufrecht
erhalten wurden. Dass noch unter Cäsar und den ersten
Kaisern auf diese Formen ein grosser Wert gelegt wurde,
das zeigt unter anderem, dass Cäsar auf dem Campus Martius
für die Tributcomitien und die *concilia plebis* marmorne *septa*
anlegte (54), die unter Augustus vollendet und ihm zu Ehren
*septa Iulia* genannt und nach der Zerstörung durch eine
Feuersbrunst unter Titus von Hadrian wieder hergestellt
worden sind.

Von den bis zur Kaiserzeit von den Tribusversammlungen
geübten Rechten fiel wie bei den Centuriatcomitien zuerst die
Gerichtsbarkeit des Volkes fort, die schon vorher durch
die *quaestiones perpetuae* geschmälert worden war, nun aber
von Augustus durch vollständige Übertragung auf die Geschworenengerichte ganz beseitigt wurde.

Am längsten hielten sich noch die Wahlcomitien, wenn
auch seit Tiberius, der, wie oben bei den Centuriatcomitien
berichtet wurde, die Wahlen auf den Senat übertrug, die
Thätigkeit der Versammlungen dabei auf eine lediglich formale
Bestätigung jener Senatswahlen eingeschränkt wurde. Am
meisten prägte sich die Scheinsouveränität des Volkes immerhin noch in den legislativen Comitien aus.

Zwar kam schon in den letzten Zeiten der Republik die
Sitte auf, zu solchen Verfügungen, welche sonst das Volk
selbst beschloss, die Magistrate durch einen Volksbeschluss von
vornherein zu ermächtigen. Unter Augustus nahm diese
Übung schon grössere Dimensionen an, indem er eine solche

Vollmacht auf einer ganzen Reihe von Verwaltungsgebieten sich erteilen liess. So sind z. B. seine *leges Iuliae agrariae*, die sich auf Gründung von Militärkolonien und Ackeranweisungen an Veteranen bezogen, auf Grund einer vorher vom Volke erteilten Vollmacht erlassen worden. Andererseits wurde aber immer noch eine ganze Reihe von Gesetzen in Tributcomitien bestätigt, so z. B. die *lex Iulia theatralis*, die *lex Iulia de collegiis*, die *lex Iulia de ambitu*, die *lex Iulia de maiestate* und die *lex Iulia de adulteriis et pudicitia* u. a. m. Freilich wurde dieses Verfahren unter seinen Nachfolgern immer seltener. Von Tiberius ist nur ein rogiertes Gesetz bekannt, ebenso von Caligula. Claudius liess zwar die alte republikanische Sitte wieder mehr hervortreten, indem er in Tribusversammlungen verschiedene *plebiscita* rogieren liess; auch unter Vespasian und Nerva ist noch von solchen Gesetzen die Rede; allein die unter Augustus aufgekommene Sitte, sich für den Erlass von Gesetzen vorher Vollmacht erteilen zu lassen, ward immer allgemeiner, und zuletzt kam es dahin, dass den Kaisern die verschiedenen Gewalten, die gesetzgebende Gewalt mit eingeschlossen, beim Regierungsantritt ein für allemal durch ein besonderes Gesetz übertragen wurde. Dieses Gesetz, die *lex regia de imperio* genannt, besagte nichts anderes, als dass das Volk für die Regierungszeit eines Kaisers sich der Ausübung seiner Souveränität begab. Theoretisch stand damit also die letztere immer noch fest. Sie hörte aber auch in der Theorie auf, als mit der Erstarkung der monarchischen Gewalt die Kaiser die *lex regia de imperio* nicht mehr in den Comitien, sondern durch ein *senatus consultum* einholten, das übrigens auch nichts weiter als eine leere Form war.

# Dritter Abschnitt.

## Die Magistratur.

Mommsen, Röm. Staatsrecht I und II. Lange I³, 682. Madvig I, 323. Herzog I, 580. Karlowa I, 128.

## Kapitel IX.

## Über die Magistratur im allgemeinen.

Mommsen, Röm. Staatsr. I. Lange, Madvig, Herzog, Karlowa a. a. O.

**§ 66. Die Amtsgewalt: magistratus, potestas, imperium, intercessio.**

Unter *magistratus* versteht man sowohl ein vom Volke durch Wahl übertragenes Amt als den Inhaber eines solchen. Das Wort hat also eine doppelte Bedeutung:

1. Bezeichnet es als Abstractum zu dem Concretum *magister* die Vorsteherschaft in der Gemeinde, in welchem Falle es gleichbedeutend mit *honor* ist.

2. Bezeichnet es als Concretum den Inhaber des politischen Amtes. In letzterer Bedeutung trat es an die Stelle von *magister*, wie noch die veraltete Benennung *magister populi* und der noch später vorkommende Titel *magister equitum* beweist. Sonst kommt der Ausdruck *magister* nur noch vor für den Vorsteher der Arvalen, der Salier und Quindecemvirn und bedeutet überhaupt nur den Einzelvorstand. Im Plural ist derselbe nur üblich für die Vorsteher der *pagi* und *vici*.

Ursprünglich bezieht sich der Ausdruck *magistratus* nur auf die Vorsteher der ganzen Gemeinde. Als aber der Plebs das Recht eingeräumt wurde, besondere Vorsteher für ihre Gemeinde zu wählen (Tribunen. Ädilen), wurden diese letzteren analog *magistratus plebei* genannt (gleichwie auch später die Vorsteher der Landstädte ebenfalls *magistratus* ihrer betreffenden

Gemeinde hiessen). Seitdem wurden die Vorsteher des Gesamtvolkes als *magistratus patricii*[1]) von den *magistratus
plebei* unterschieden, aber nur dann, wenn sie von den letzteren gegensätzlich auseinandergehalten werden sollten. War
dies nicht der Fall, so hiessen sie schlechthin *magistratus*, und
dieser Ausdruck bezog sich staatsrechtlich in der früheren
Zeit nur auf die aus Volkswahl hervorgegangenen Beamten
des Gesamtvolks, während die Beamten der Plebs als *magistratus* ohne weiteren Zusatz erst dann bezeichnet wurden,
als sich der staatsrechtliche Unterschied zwischen *populus*
und *plebs* mit dem Eingreifen der Tribunen und der Plebs
in die Verhältnisse des Gesamtstaates verwischt hatte.

Das spezifische Kriterium für die Magistratur ist
die Volkswahl oder die dieser gleichgeachtete Cooptation
des vom Volke gewählten Magistrats (z. B. Dictator). Deshalb konnten Quästoren und andere Beamte so lange nicht
als *magistratus* bezeichnet werden, als sie nicht vom Volke
gewählt, sondern nur von Oberbeamten ernannt wurden.

Die Amtsgewalt zeigt sich sowohl im Befehlen wie im
Verbieten, was im allgemeinen als *potestas* bezeichnet
werden kann. Allein die höchste Gewalt im Befehlen sowie
die höchste Macht im Verbieten heben sich wieder darunter
besonders hervor, insofern einigen Beamten das Befehlen und
einigen wieder das Verbieten in hervorragendem Masse zusteht; daher kommt es, dass die Ausdrücke *imperium* als die
höchste Befehlsgewalt und *intercessio* als das Verbietungsrecht
von dem Ausdruck *potestas* in gewissem Sinne unterschieden
werden. Demnach sind die genannten Begriffe folgendermassen zu definieren:

1. *Potestas* im weiteren Sinne bezeichnet die Amtsgewalt überhaupt, und in diesem Sinne ist die Rede von

---

[1]) Dies war die Bezeichnung für die Magistrate des Gesamtvolks.
Der vielleicht ursprünglich dafür übliche Ausdruck *magister populi* ist in
diesem Sinne nicht nachweisbar. In der Kaiserzeit werden mit *magistratus populi* die hauptstädtischen Beamten im Gegensatz zu den provinzialen bezeichnet.

einer *consularis, tribunicia, censoria, aedilicia, quaestoria potestas.* Danach ist *potestas* der weitere Begriff, dem der des *imperium* untergeordnet ist. Gemeinsame Attribute der *potestas* aller Magistrate waren:

1. Das *ius edicendi*, d. h. das Recht dem Volke schriftliche Mitteilungen zu machen und für die Dauer der Amtsgewalt Verordnungen zu erlassen.

2. Das *ius contionem habendi*, d. h. das Recht das Volk zu berufen und zu ihm zu reden bezw. andere reden zu lassen.

3. Das *ius auspiciorum* oder die *spectio*, d. h. das Recht *auspicia publica* anzustellen.

Zu diesen allen Magistraten zustehenden Rechten kommen dann noch die, die nur den *magistratus cum imperio*, den *magistratus maiores* und *curules* insbesondere zustehen. Seite 155, 156 und 157.

2. *Imperium* bezeichnet die höchste Befehlsgewalt, wie sie sich hauptsächlich in der Gewalt über und gegen die Personen zeigt, aus denen der *populus* bestand. Es ist demnach hauptsächlich die mit Kommando und Jurisdiktion ausgestattete Amtsgewalt oder mit anderen Worten eine militärische und richterliche. Doch ist mit dieser begrifflichen Scheidung der obersten Amtsgewalt an sich thatsächlich kein bestimmter Kompetenzbegriff verbunden. Deshalb kann sie auch jeder damit Bekleidete ungeteilt ausüben. So kann z. B. der Prätor in Rom, wenn seine Aufgabe dort auch nur eine wesentlich richterliche ist, auch mit einem Heerbefehle betraut werden. Dieses *imperium* tritt nun so in einen Gegensatz einerseits zu dem untergeordneten Befehlsrecht der niederen Beamten, das dann *potestas* im engeren Sinne heisst, andererseits zu dem absoluten Verbietungsrecht, wie es den Volkstribunen zukommt. Ausser den Consuln und Prätoren hatten das *imperium* nur solche Beamte, die in ausserordentlichen Fällen damit bekleidet waren, wie z. B. der Dictator, der dann die ganze Königsgewalt wieder in seiner Person vereinigte.

Das militärische *imperium* galt nur ausserhalb des *pomoe-*

*rium* und zeigte sich besonders in der Disciplinar- und Strafgewalt, die dem Feldherrn im Kriege zur Aufrechterhaltung der Disciplin gegen die im Heere dienenden Bürger zukam. Das *imperium* zeigt sich als ein richterliches in der Macht durch Richterspruch über Leib und Gut der Bürger abzuurteilen und fand seinen praktischen Ausdruck in der *coërcitio*, d. h. in dem Recht Haft, Pfändung und Geldbussen anzuwenden.[1]) Einzeln kamen solche Rechte zwar auch anderen Magistraten zu, die sonst nicht als Magistrate *cum imperio* bezeichnet wurden, wie z. B. den Tribunen seit der *lex Aternia Tarpeia* die *multa dictio* eingeräumt war; allein der Charakter eines Amtes *cum imperio* wird nicht durch vereinzelte Rechtsattribute, sondern durch das Wesen desselben bestimmt, welches in der Fähigkeit liegt, überhaupt jede im Kreise des *imperium* enthaltene Amtshandlung vorzunehmen. Das äussere Kennzeichen des *imperium* waren die Lictoren, die mit Rutenbündeln (*fasces*) und Beilen — den Abzeichen der Disciplinargewalt — den *magistratus cum imperio* vorausschritten, während die Diener der übrigen Magistrate unbewaffnet waren. Die Entfernung der Beile (*secures de fascibus demptae*) bezeichnet, dass die *provocatio* statthaft sei (davon weiter unten). Das *imperium* wurde verliehen durch die *lex curiata de imperio*.

3. *Potestas* im engeren Sinne. *Potestas* im allgemeinen Sinne bezeichnet diejenige Amtsgewalt, welche allen Beamten zusteht, nämlich die Gewalt Amtshandlungen innerhalb ihres Ressorts vorzunehmen. Daneben hat sich, weil die Oberbeamten ausser dieser *potestas* auch noch das *imperium* hatten, im Gegensatz zu diesem letzteren Begriff eine besondere Bedeutung herausgebildet, so dass *potestas* vorzugsweise den-

---

[1]) Karlowa I, 130, ist der Ansicht, dass die technische Bedeutung des *imperium* nur die des militärischen *imperium* im Gegensatz zur bürgerlichen *potestas* war, wenn sich auch an das *imperium* in späterer Entwickelung mehreres knüpfte. So ist Karlowa zufolge die Jurisdiktion und Legisaktion in der Stadt nur ein Bestandteil der bürgerlichen *potestas*, während die Handhabung der später eingerichteten *quaestiones perpetuae imperium* erforderte.

jenigen Beamten beigelegt wird, denen das *imperium* fehlt.
Daher werden im technischen Sprachgebrauch *cum imperio
esse* und *cum potestate esse* als Gegensätze hingestellt.

4. Die *Intercessio*. Man unterscheidet eine doppelte
*Intercessio*, eine magistratische und eine tribunicische.

a) Die magistratische Intercession beruht auf der
Kollegialität der mit gleicher *potestas* ausgerüsteten
Beamten. Jeder Beamte besitzt nämlich die ihm zustehende *potestas* ungeteilt, so dass er als Kollege
eines anderen das Recht hat, die Handlung desselben
kraft der eigenen *potestas* zu hemmen. Dieses Hemmen
heisst *intercedere*, dazwischentreten, und erstreckt sich
nur auf Verhinderung von Handlungen, die im Vollzug
begriffen, nicht aber auf solche, die bereits abgeschlossen sind. Diese magistratische Intercession kann
demnach nur gegen Magistrate und zwar gegen
Kollegen, die eine *par potestas* haben, nicht aber
gegen andere Beamte oder gar gegen Beschlüsse des
Staates oder der Volksversammlungen in Anwendung
gebracht werden. Damit hängt auch zusammen, dass
sie nur auf persönliches Eingreifen stattfinden kann,
und zwar spätestens bis zu dem Moment, wo der Magistrat, gegen den interzediert wird, im Begriffe ist, seine
Verfügung auszusprechen. Die Folge der Intercession
ist dann die Sistierung des weiteren Verfahrens bei
dem betreffenden Akt.

b) Die tribunicische Intercession. Diese beruht
nicht auf der *potestas*, sondern ist ein nur dem Tribunat innewohnendes und zwar in dem Wesen dieses
Amtes begründetes, ursprünglich auf dem *ius auxilii*
beruhendes, Recht der Tribunen zunächst die Plebs,
dann aber die ganze Bürgerschaft gegenüber der
Magistratur und überhaupt die allgemeinen Volks-
interessen gegenüber der Regierung zu schützen und
zu diesem Zwecke überall ihr Veto einzulegen.
Während also die magistratische Intercession ein
Ausfluss der *potestas* ist, ist umgekehrt die tribunicische

*potestas* begrifflich und historisch erst eine Folge des tribunicischen Intercessionsrechtes. Über die tribunicische Intercession weiteres beim Volkstribunat.

5. Das Verbietungs- und Kassationsrecht der *maior potestas.* Zu unterscheiden von der kollegialischen Intercession ist das Verbietungsrecht und das Kassationsrecht der Oberbeamten, das kraft der *maior potestas* gegenüber der *minor potestas* eintritt und nicht mit *intercessio* bezeichnet wird, weil es nicht einen im Vollzug begriffenen Akt hemmt, sondern eine Handlung entweder von vornherein untersagt oder hinterher kassiert. Dieses Recht des höheren Beamten gegenüber dem niederen ist ein Ausfluss der *maior potestas,* auf Grund welcher der untergeordnete Magistrat dem übergeordneten einfach zu gehorchen hat. Daher kann der erstere dem letzteren nicht bloss einzelne Amtshandlungen bedingt oder unbedingt verbieten; er kann ihm sogar irgend welche Amtsthätigkeit untersagen: *vetare quicquam agere pro magistratu.*

## § 67. Die Kollegialität.

Seit der Abschaffung des Königtums gehört zum Wesen der Magistratur die Kollegialität, d. h. das gemeinsame Fungieren zweier oder mehrerer Magistrate auf demselben Amtsgebiet mit gleicher Gewalt, *par potestas.* Eine Ausnahme machte nur die Dictatur, die eben die Aufhebung des kollegialen Prinzips und die Wiedereinführung der monarchischen Gewalt auf Zeit ist. Die Kollegialität hat eine negative und positive Seite. Die negative Seite zeigt sich in der Schranke, die jedem einzelnen der mit gleicher Gewalt ausgerüsteten Kollegen durch die Mitwirkung des anderen Beamten gesteckt ist und ihren energischsten Ausdruck in der oben besprochenen magistratischen Intercession findet. Die positive Seite der Kollegialität ist in dem Grundsatz zu suchen, dass jeder der Kollegen die ganze Amtsgewalt, also das Recht hat, sämtliche in den Bereich des Amtes fallende Funktionen auszuüben.

Dieses Recht kann sich in der gemeinschaftlichen Vornahme von Amtshandlungen, aber auch in Akten des einzelnen Kollegen bethätigen. Sollte nur ein Träger der Amtsgewalt allein handeln, so war einer Kollision der Kollegen vorzubeugen. Letzteres geschah, namentlich in früherer Zeit, durch den Turnus, ferner durch besondere Übereinkunft (*inter se parare, inter se comparare*) oder durch das Los. Im besonderen zeigt sich ein solcher durch Übereinkunft oder das Los herbeigeführter Ausgleich beim Oberkommando im Krieg. Auf diesem Gebiete hat sich auch zunächst der Begriff einer dem einzelnen Kollegen zustehenden Spezialkompetenz ausgebildet, für welche der technische Ausdruck *provincia* ist (davon weiter unten). Doch enthält diese keine prinzipielle Abweichung von dem Prinzip der Kollegialität, da sie nichts anderes als eine Abfindung mit dem praktischen Bedürfnis ist.

Mit dem Prinzip der Kollegialität hing auch die im allgemeinen festgehaltene Verpflichtung zusammen, im Falle des Todes oder des Rücktritts eines Kollegen eine Nachwahl vorzunehmen. Nur aus besonderen Gründen konnte von einer solchen Abstand genommen werden. Zur Kollegialität waren mindestens zwei Amtsgenossen erforderlich. Doch ist der Ausdruck *collegium* nur dann anwendbar, wenn ein Amt von drei oder mehreren bekleidet wird (*tres faciunt collegium*). Übrigens bezieht sich diese Bezeichnung bei Magistraten mehr auf das gegenseitige Verhältnis, als auf die Gesamtheit der Kollegen, wie dies z. B. bei dem *collegium pontificum* und anderen derartigen *collegia* zu denken ist.

## § 68. Die magistratische Disciplinargewalt.

Der Beamte bedarf gewisser Mittel, die ihn instandsetzen, seinen Befehlen Gehorsam zu verschaffen. Solche Disciplinarmittel sind aber wohl zu unterscheiden von den durch Gesetz vorgesehenen Strafen (*poenae*). zu welchen ein Delinquent durch eine richterliche Instanz verurteilt wird. Bei ihnen handelt es sich wesentlich darum, das Ansehen des Amtes durch Züchtigung des Ungehorsamen aufrecht zu erhalten

und auf diese Weise die Auflehnung gegen den der Obrigkeit
schuldigen Gehorsam für die Zukunft einzuschränken (*coercere,*
*cogere*). Darum heisst die Disciplinargewalt *coercitio*. Übrigens
erstreckte sich diese Gewalt nicht lediglich auf Ungehorsam
gegen magistratische Anordnungen, sondern auch auf Dinge,
die überhaupt gegen Sitte und Ordnung verstiessen, sowie
auf Vergehungen, für welche im Gesetz keine bestimmte Strafe
vorgesehen war.

Die disciplinare Strafgewalt verfügte über folgende vier
Zwangsmittel:

1. *In vincula ductio* in Form der *prensio* oder *vocatio*.
2. *Verberatio.*
3. *Multae dictio.*
4. *Pignoris capio.*

Die *prensio* ist sofortige persönliche Verhaftung eines
Anwesenden durch den Magistrat, die *vocatio* (Ladung) die
Verhaftung eines Abwesenden durch den Amtsdiener. Beides
führt zur vorübergehenden Haft (*vincula*), die sich aber nicht
über das Magistratsjahr des Beamten hinaus erstrecken kann.
Die *verberatio*, körperliche Züchtigung als Disciplinarmittel
(wohl zu unterscheiden von der mit der Todesstrafe verbundenen *verberatio*), kam, seit Provocation dagegen gestattet
war, wohl nur noch selten vor. Die *multa* ist eine vom
Magistrat verhängte Geldbusse. Sie musste, um eine *multa*
*iusta* zu sein, in Stücken Vieh, Schafen und Rindern ausgesprochen sein. Doch wurde sie der Bequemlichkeit halber
später in Geld eingezogen, wobei ein Schaf zu 10 As und
ein Rind zu 100 As berechnet wurde. Die niedrigste Multstrafe belief sich auf 1 Schaf oder 10 As, die nächstfolgende
auf 2 Schafe und die höchste auf 2 Schafe und 30 Rinder.
Die *pignoris capio* ist die disciplinare Pfändung. Sie hat
gleich der *multa* den Zweck, den Trotz des Ungehorsamen
durch einen Vermögensnachteil zu brechen, das Pfand darf
jedoch nicht verkauft, sondern muss zerschlagen bezw. ver-
nichtet werden (*pignus caedere*).

Die Disciplinargewalt kam ursprünglich nur den Magistraten mit *imperium*, also den Dictatoren, Consuln und Prätoren

zu. Insbesondere gilt dies von der *in vincula ductio (prensio, vocatio)* und der *verberatio*. Später wurde sie auf alle Magistrate ausgedehnt, welche einen *viator* hatten, wozu abgesehen von den Tribunen die Censoren und Ädilen gehörten. Diese letzteren übten sie aber nur innerhalb gewisser Grenzen, die ihnen durch die Zwecke ihrer speziellen Amtsführung gesteckt waren. Den Quästoren, die keinen *viator* hatten, scheint sie gänzlich gefehlt zu haben.

## § 69. Einteilung der Magistrate.

Die Magistrate sind nach jeweils verschiedenem Einteilungsgrund verschieden eingeteilt worden; danach hat man unterschieden:

1. *Magistratus patricii* und *magistratus plebei.* Ursprünglich heissen *magistratus patricii* nur die wirklich patricischen Beamten, d. h. die Consuln, und *magistratus plebei* die zum Schutze der Plebs aufgestellten und von ihr selbst gewählten Tribunen und Ädilen. Letztere waren danach noch keine *magistratus populi* oder überhaupt noch nicht Magistrate. Als aber die Tribunen und Ädilen immer mehr den Charakter von Beamten des Gesamtvolkes angenommen und andererseits die ursprünglich patricischen Ämter auch den Plebejern zugänglich geworden waren, so hiessen *magistratus patricii* alle diejenigen Magisrate, zu deren Bekleidung nicht die Plebität erforderlich war, d. h. alle Magistrate mit Ausnahme der Tribunen und plebejischen Ädilen.

2. *Magistratus cum imperio* und *sine imperio;* *magistratus cum imperio* sind nur die Consuln und Prätoren, ausserdem noch die Dictatoren, wenn solche gewählt waren. Auch die zeitweise statt der Consuln gewählten Militärtribunen und die Decemvirn hatten begreiflicherweise das *imperium:* alle übrigen sind *magistratus sine imperio*. Die Magistrate, die mit dem *imperium* bekleidet sind, haben nach dem oben über das *imperium* Gesagten folgendes voraus:

a. Das Recht zur Bildung des Heeres, zum Heerbefehl und zum Triumph.

b. Das Recht der Civil- und Kriminaljurisdiktion innerhalb der Schranken der Provocation.

c. Die damit zusammenhängenden Rechte der *coercitio* (*prensio, vocatio, multae dictio, pignoris capio*). Übrigens wurde in späterer Zeit die disciplinare *coercitio* auch auf andere Beamte ausgedehnt. Vergl. oben § 68.

d. Das *ius cum populo agendi*, d. h. das Recht, mit dem Volke so zu verhandeln, dass aus dieser Verhandlung ein Beschluss hervorgeht.[1])

e. Das *ius senatum consulendi*.

f. Das Recht gegenüber den niederen Beamten gebietend und verbietend einzuschreiten: zu unterscheiden ist dabei das darin enthaltene Verbietungsrecht von den beiden oben genannten Arten der *intercessio*; dasselbe ist ein Ausfluss der höheren Gewalt und gegenüber jeder niederen Gewalt bis zu einem gewissen Grade anwendbar. Nur die Tribunen waren demselben nicht unterworfen.

g. Das Recht die Gewalt an einen anderen zu übertragen (*mandare imperium*).

h. Das Recht Lictoren mit *fasces* als Insigne des *imperium* mit sich zu führen.

3. *Magistratus maiores* und *minores*. *Magistratus maiores* sind alle *magistratus cum imperio* und ausserdem noch die Censoren, also von den regelmässigen Magistraten die Consuln, Prätoren und Censoren. *Magistratus minores* sind solche, die ursprünglich nur Diener oder Gehilfen der ersteren gewesen sind, also Ädilen, Quästoren und die *magistratus minores* im

---

[1]) Ob hierbei die Comitien die der Centurien, der Curien oder der patricisch-plebejischen Tribus sind, macht nach Mommsen (Staatsrecht I², 190) keinen Unterschied.

engeren Sinne, namentlich die *vigintisexviri* und *tribuni militum a populo*, d. h. die vom Volke ernannten Kriegstribunen. Die *magistratus maiores* wurden in Centuriatcomitien, die *minores* in den plebejisch-patricischen Tributcomitien erwählt. Die Tribunen gehören weder zu den *maiores* noch zu den *minores magistratus*, da ihre ganze Stellung eine exceptionelle ist. Doch können sie wegen des ihnen zukommenden *ius prensionis*, des *ius multae dictionis* und *pignoris capionis* eher mit den höheren Magistraten als mit den niederen verglichen werden.

4. *Magistratus curules* und *non curules*. Die curulischen Magistrate haben ihren Namen davon, dass sie sich der *sella curulis* bedienten; es ist dies ein Klappstuhl ohne Rück- und Seitenlehnen und wahrscheinlich aus Elfenbein; den Namen *curulis* hat er wohl davon, dass es ursprünglich ein Wagenstuhl war, von dem herab der König Recht sprach; somit ist die *sella curulis* eigentlich ein Gerichtsstuhl und steht mit der Jurisdiktion im engsten Zusammenhange. Von den regelmässigen Magistraten bedienten sich seiner und waren demnach *magistratus curules:* die Consuln, Prätoren, Censoren und die curulischen Ädilen; alle übrigen waren *non curules*. Übrigens hatten die *magistratus curules* auch noch die *toga praetexta*, eine weisse, mit einem Purpurstreifen besetzte Toga, und damit überhaupt die Insignien vor den *non curules* voraus.

5. *Magistratus ordinarii* und *extraordinarii*. Zwar kennt das römische Staatsrecht eine solche Einteilung nicht,[1] trotzdem ist dieselbe praktisch von Wert, weil sie alle römischen Beamte ohne Ausnahme umfasst. Die *magistratus extraordinarii* sind diejenigen, welche ausserhalb des regelmässigen Systems der Magistratur stehen; zu ihnen gehören:

---

[1] Mommsen, Staatsrecht I[2], 20.

1. Die aus der Königszeit herübergenommenen Beamten: der *interrex*, der *praefectus urbis*, die *duoviri perduellionis*.
2. Der in besonderen oder gefährlichen Lagen des Staates ernannte Dictator.
3. Die anstatt der regelmässigen Magistratur zeitweise eingesetzten und dann wieder abgeschafften konstituierenden Gewalten: die *decemviri legibus scribundis* und die *triumviri reipublicae constituendae*.
4. Die *tribuni militum consulari potestate*.
5. *Privati*, die *extra ordinem* mit *imperium* oder *potestas* ausgerüstet werden, die aber im strengen Sinne des Wortes allerdings nicht zu den Magistraten gerechnet werden können.
6. Verschiedene Kommissionen von *duoviri*, *tresviri*, *quinqueviri* etc., die zur Besorgung eines bestimmten, in der gewöhnlichen Amtsbefugnis der ordentlichen Magistrate nicht enthaltenen Geschäfts mit der Magistratsgewalt bekleidet wurden.

Doch bilden die unter 1 und 2 genannten wieder eine besondere Gruppe, die sich wesentlich von den übrigen unterscheidet. Denn das *interregnum* und die Dictatur sind verfassungsmässige Institutionen, die gegebenenfalls immer wieder von selbst eintreten, während die übrigen ausserordentlichen Beamten nicht verfassungsmässig vorgesehene Institute sind, sondern nur für den einzelnen Fall durch Spezialgesetz bestellt werden. Deswegen können die vier letzteren Kategorien auch als ausserordentliche Beamten im engeren Sinne des Wortes betrachtet und von den übrigen ausserordentlichen im weiteren Sinne unterschieden werden.

Alle anderen waren *magistratus ordinarii;* unter diesen bildeten später eine besondere Gruppe diejenigen, um welche man sich in einer gewissen Reihenfolge bewarb, nämlich

Quästor, Ädilität, Prätur und Consulat. (*magistratus, quorum certus ordo est.*)

## § 70. Folge und Intervallierung der Ämter und gesetzliche Altersgrenze.

Die Bekleidung der höheren Magistratur wurde durch die *lex Villia annalis* (180) an die Bedingung der Bekleidung anderer niederer Ämter geknüpft und auf diese Weise eine gewisse Reihenfolge in der Bekleidung der Ämter überhaupt festgesetzt. Zugleich hat dasselbe Gesetz bestimmt, dass zwischen der Bekleidung des früheren und dem Antritt des neuen Amtes ein gewisser Zeitraum in der Mitte liegen müsse. Sicherlich war auch schon vorher hierin der Usus den in diesem Gesetz enthaltenen Bestimmungen einigermassen analog, doch liess er sich umgehen und ist auch wohl thatsächlich vielfach umgangen worden.

Bezüglich der Reihenfolge in der Bekleidung der Ämter hat Mommsen wahrscheinlich gemacht, dass die *lex Villia annalis* die Prätur als Vorbedingung für die Bewerbung um das Consulat und die Quästur als Vorbedingung für die Prätur aufgestellt habe. Dagegen scheint das Gesetz keine Vorschrift darüber enthalten zu haben, dass die Quästur Vorbedingung für die curulische Ädilität und die letztere Vorbedingung für die Prätur sein sollte. Die Bewerbung um die curulische Ädilität war vielmehr fakultativ; erst mit der beginnenden Monarchie ist sie in die bekannte Ämterstaffel zwischen Quästur und Prätur eingetreten. Was die niederen Magistrate, *magistratus minores* im engeren Sinne, angeht, so war anfänglich nichts darüber bestimmt, ob das Kriegstribunat vor oder nach dem Vigintivirat übernommen wurde: seit dem 6. Jahrh. d. St. wurde es Regel, dass zuerst das Kriegstribunat, dann das Vigintivirat bekleidet wurde und hierauf der Übergang zur Quästur stattfand. In der Kaiserzeit wurde jedoch das Vigintivirat vor dem Kriegstribunat bekleidet.

Über das Tribunat und die plebejische Ädilität ist in republikanischer Zeit nichts gesetzlich bestimmt worden;

doch bildete sich das Herkommen, dass die plebejische Ädilität in der üblichen Ämterfolge mit der curulischen gleichgestellt und wie diese faktisch immer nach der Quästur übernommen wurde und der Prätur vorausging. Das Volkstribunat ist regelmässig nach der Quästur verwaltet worden und ging, falls die Ädilität übernommen wurde, dieser, und wenn dies nicht der Fall war, der Prätur voraus. Weder die plebejische Ädilität noch das Tribunat war für die Beamtencarrière obligatorisch. In republikanischer Zeit war also folgende Reihenfolge in der Bekleidung der Ämter üblich:

1. Quästur — obligatorisch.
2. Tribunat — fakultativ.
3. Ädilität — plebejische oder curulische — fakultativ.
4. Prätur — obligatorisch.
5. Consulat — obligatorisch.

Unter Augustus wurden das Vigintivirat und das Legionstribunat als obligatorische Vorstufen vor der Quästur und das Volkstribunat und die Ädilität als obligatorische Zwischenstufen zwischen Quästur und Prätur eingeführt; doch wurden Ädilität und Volkstribunat nicht von derselben Person verwaltet, sondern immer nur entweder das erstere oder das letztere Amt.

Die ausserordentlichen Ämter Dictatur, Reiterführeiamt und Censur unterlagen keiner gesetzlichen Regelung. Für sie gab es gewisse Observanzen, die bei den betreffenden Ämtern selbst zu erörtern sind.

Durch die *lex Villia annalis* wurde, wie oben bemerkt, ausser der Normierung der Reihenfolge auch die Intervallierung der Ämter bestimmt. Es kann keinem Zweifel unterworfen sein, dass die Ämter ursprünglich in unmittelbar aufeinanderfolgenden Jahren bekleidet werden durften. Nach dem hannibalischen Kriege scheint jedoch die ununterbrochene Bekleidung untersagt gewesen zu sein, um die Möglichkeit freizuhalten, die abgetretenen Beamten unmittelbar nach dem Amtsaustritt in Anklagezustand versetzen zu können. Die Dauer des Zwischenraumes war anfangs unbestimmt; erst seit der *lex Villia annalis* war zwischen Prätur und Consulat, zwischen

Ädilität, falls sie bekleidet wurde, und Prätur und wohl ebenso
zwischen Quästur und Ädilität, oder falls diese wegfiel,
zwischen Quästur und Prätur ein Zeitraum von zwei
Jahren als Intervall festgesetzt. Dieser erstreckte sich
jedoch nicht auf die plebejischen Magistraturen, sondern
zwischen Quästur und Tribunat sowie zwischen Tribunat und
Ädilität und zwischen Tribunat und Prätur genügte ein
Zwischenraum von einem Jahr und mehreren Tagen.[1] Das
villische Gesetz hat aber vor allem Bestimmungen über die
Altersgrenzen aufgestellt.[2] Dies waren jedoch, nach
allem zu schliessen, keine direkten Altersgrenzen für jedes
besondere Amt, sondern dieselben ergaben sich erst indirekt
aus der Forderung einer zehnjährigen Dienstpflicht vor dem
Antritt der Quästur und den weiteren Bestimmungen über die
Reihenfolge und Intervallierung der Ämter. Da nun die dabei in Anrechnung kommende Dienstzeit nicht vor dem
vollendeten 17. Jahre begann, so durfte demzufolge kein
Bürger vor dem 28. Lebensjahre die Quästur, vor dem 31.
die Prätur und vor dem 34. das Consulat bekleiden, und wer
noch die curulische Ädilität übernahm, konnte nicht vor dem
34. zur Prätur und vor dem 37. zum Consulat gelangen.
Erst durch Sulla wurden andere Grenzen aufgestellt, bezw.
dieselben hinausgeschoben. Cicero giebt nämlich als Minimaljahr für das Consulat das 43. Lebensjahr an. Dies setzt bei
Einhaltung derselben Intervalle voraus, dass durch die damals
bestehenden Gesetze für die Quästur das 37. Lebensjahr vorgeschrieben war, doch gab es später wieder andere Regelungen.
Eine Neuordnung der Altersgrenze fand unter Augustus statt.
Dieser bestimmte als Minimaljahr für die Quästur das Alter
von 25 Jahren, und, wie wahrscheinlich, für die Prätur das
30. Lebensjahr. Ob auch für die übrigen Ämter ausdrück-
liche Festsetzungen stattgefunden haben, ist nicht zu ermitteln.

[1] Vergl. darüber Mommsen, Staatsrecht I², 516.
[2] Dies wird von Livius 40, 44 als der Hauptinhalt des Gesetzes
angegeben: *quot annos nati quemque magistratum peterent caperentque.*
Die einzelnen Bestimmungen können nur aus Kombination der verschiedenen Fälle geschlossen werden. Vgl. Herzog I, 664.

**§ 71. Antritt des Amtes, Rücktritt und Entfernung von demselben. Prorogation. Promagistratur.**

Für die ordentlichen Ämter bestand zwischen der Ernennung zum Amte und dem Antritt desselben ein Intervall: solange dies währt, heissen die betreffenden Beamten *designati*. Die Dauer dieses Intervalls richtete sich je nach den betreffenden Wahlterminen und war demnach selbstverständlich verschieden. Der *designatus* war natürlich ein Privatmann, doch wird er in gewissen Beziehungen bereits als Beamter behandelt. So z. B. darf er die für seine Magistratur bestimmten schriftlichen Edikte schon vor dem Amtsantritt bekannt machen. Er hat ferner das Recht, im Senate in der entsprechenden Rangklasse zu stimmen. Seiner offiziellen Stellung entspricht es auch, dass er getadelt wird, wenn er sich von Rom entfernt.

Auf die Erwerbung des Amtes folgen zwei bestätigende Akte:

1. Das *auspicium*, indem der erwählte oder ernannte Beamte hierdurch die Frage an die Götter richtet, ob er ihnen als Beamter willkommen sei.

2. Die *lex curiata*, durch welche den Beamten noch einmal ausdrücklich ihr *imperium* und ihre *potestas* bestätigt wird. Ursprünglich wurde durch diese *lex* nur das *imperium* verliehen. In späterer republikanischer Zeit wurde jedoch dieser Akt für alle Magistrate des Jahres zugleich vorgenommen, und zwar durch 30 Lictoren als Vertreter der 30 Curien. Derselbe bezog sich aber nur auf diejenigen Magistrate, die vom *populus* in den Comitien gewählt wurden, nicht aber auf die in *concilia plebis* gewählten plebejischen Ädilen und Volkstribunen. Erst durch die *lex curiata* wurde der Magistrat zu einem *magistratus iustus*.

Ausser diesen beiden Bestätigungsakten giebt es noch eine grosse Zahl von Feierlichkeiten und Förmlichkeiten, die je nach dem Amte verschieden waren. Eine allen Ämtern gemeinsame Feierlichkeit ist der Beamteneid. Schon vor der Renuntiation hatte der Kandidat einen Eid auf gewissen-

hafte Pflichterfüllung für den Fall der Wahl zu leisten. Bedeutender ist derjenige Eid, den der Beamte nach dem Antritt des Amtes zu schwören hat. In der Regel fand derselbe gleich am Antrittstag, d. h. für die Mehrzahl der Beamten am 1. Januar, statt, da die Beamten vor der Eidesleistung zu gewissen Funktionen, wie z. B. zur Berufung
des Senates, nicht befugt waren. Versäumnis der fünftägigen
Frist, bis zu welcher die Eidesleistung zu geschehen hatte,
hatte in der früheren Zeit Verlust des Amtes, gegen das
Ende der Republik eine Multstrafe zur Folge.

Der Rücktritt vom Amte war entweder ein freiwilliger
oder gezwungener. Freiwillig erfolgte er entweder in regel-
mässiger Form durch den Ablauf der Amtsfrist oder vor
demselben durch freiwillige Entschliessung. Der Rücktritt
durch freiwillige Entschliessung vor der Zeit war jedem Beamten gestattet, ja zuweilen sogar Pflicht, wenn z. B. bei der
Wahl ein Fehler vorgekommen war oder wenn das Staatswohl
es zu erheischen schien. Ein solcher Rücktritt, *abdicatio*,
konnte zwar veranlasst, aber niemals durch ein Vorgehen
anderer Magistrate oder des Senats erzwungen werden. Die
regelmässige wie unregelmässige Abdication eines Beamten
fand unter der feierlichen eidlichen Versicherung statt, dass
er seinen bei Antritt des Amtes auf die Gesetze geleisteten
Eid gewissenhaft gehalten habe.

Amtsentsetzung konnte nicht auf gewöhnlichem discipli-
narischen Wege, sondern nur auf Grund eines gesetzgeberischen
Aktes erfolgen, indem das Volk im Wege des Privilegiums die
Amtsentsetzung (*abrogatio*) verhängte.

Eine zeitliche Verlängerung des Amtes an sich über
die gesetzliche Amtsfrist hinaus giebt es nicht; wohl aber
kann der Beamte seine Amtsthätigkeit über die ihm gesetzte
Zeitgrenze hinaus fortsetzen, während das eigentliche Amt
regelmässig von einem anderen verwaltet wird. Diese Verlängerung der amtlichen Thätigkeit nennt man *prorogatio*.
Aus ihr ist das Institut der Promagistratur hervorgegangen.
Die Prorogatio kommt ursprünglich nur vor bei *magistratus
cum imperio* und ist eine Verlängerung des *imperium militiae*,

entweder zum Zweck der Kriegsführung allein oder der Verwaltung einer Provinz, zu deren Schutz es eines solchen militärischen *imperium* bedurfte. Später gab es ausser den Consuln und Prätoren, die nach Ablauf ihres Amtes Proconsuln und Proprätoren wurden, auch Proquästoren. Die Proconsuln und Proprätoren bekleideten auch über die Fristgrenze hinaus so lange ihre Promagistratur, bis ihre Nachfolger eintrafen. Diese Fristgrenze war entweder schon durch eine feste regelmässige Zeit, in der Regel ein Jahr, oder wurde erst unter Angabe eines bestimmten Termins festgesetzt. Die Initiative stand ursprünglich bei dem Senat, und das Volk wurde bei einer die Jahresfrist nicht übersteigenden Prorogation nicht gefragt; die Abrogation dagegen erfolgte immer nur durch die Comitien.

Der Begriff der Promagistratur, obgleich ursprünglich aus dem der prorogierten Amtsgewalt hervorgegangen, ist jedoch ein weiterer als der letztere. Denn die Promagistratur entstand nicht bloss durch Amtsverlängerung. Sie konnte nämlich auch dadurch geschaffen werden, dass einem Privatmanne, der keine Magistratur bekleidet hatte, durch Senats- und Volksbeschluss ein ausserordentliches *imperium* übertragen wurde. Viel häufiger war jedoch der Fall, dass die Magistrate mit *imperium*, wenn sie in ihrem Geschäftsbereich nicht anwesend sein konnten, eine andere ihnen geeignet scheinende Persönlichkeit mit dem *imperium* bekleideten. Doch übt in diesem Fall der Beauftragte (*cum imperio missus*) sein *imperium suo nomine* und ist nicht auf eine Linie mit dem zu stellen, der wie z. B. die vom Prätor ernannten *praefecti iuri dicendo* in Italien nur eine ihm mandierte fremde Amtsgewalt ausübt.[1])

## § 72. Auspicien der Magistrate.

Die Auspicien, d. h. die Handlungen, die der Beamte vornimmt, um die Einwilligung der Götter zu den von ihm vorzunehmenden Staatsakten zu erkunden, gehören staats-

---

[1]) Vergl. hierüber Karlowa, Röm. Rechtsgesch. I, 145.

rechtlich mit zu dessen wichtigsten Kompetenzen, weshalb der vollste Ausdruck für die Gewalt des Beamten *auspicium imperiumque* lautet. Man unterscheidet zweierlei Auspicien:

1. *Auguria impetrativa*, d. h. solche Zeichen, welche der Beobachter vorher erbeten hat und eine Antwort auf eine Frage geben.
2. *Auguria oblativa*, d. h. Zeichen, die sich zufällig darbieten.

Die *auguria impetrativa* zerfallen nach der römischen Auguraldisciplin wieder in vier Unterabteilungen:

a) Vögelzeichen (*signa ex avibus*).

b) Tierzeichen (*signa ex quadrupedibus* oder auch *pedestria auspicia* genannt).

c) Himmelszeichen (*coelestia auspicia*), wie Donner und Blitz.

d) Hühnerzeichen (*auspicia ex tripudiis*).

Die *auspicia oblativa* bestehen in Warnungen, die sich ungesucht darbieten und als unheilbringend angesehen werden. Sie werden auch *signa ex diris* genannt. Dahin gehört z. B. die oben bereits erwähnte Epilepsie während der Comitien.

Neben den Auspicien gab es noch andere Mittel den Götterwillen zu erkunden, wie Loswerfen und Beschauung der Eingeweide eines Opfertiers; doch gehört dieses letztere nicht zu den Auspicien, sondern ist ein besonderes Ritual etruskischen Ursprungs, zu dem auch immer nur etruskische Haruspices verwendet wurden.

Das Recht der Magistrate *auspicia publica* vorzunehmen heisst *spectio* und kommt allen, wenn auch in verschiedenen Graden, zu. So haben die *magistratus maiores* die *auspicia maxima*, die *magistratus minores* dagegen nur *auspicia minora*; ausserdem ist der *pontifex maximus* befugt, für gewisse Amtshandlungen Auspicien einzuholen. Abgesehen davon hatte weder er noch sonst jemand ausser den Magistraten Auspicien.

Auspicien wurden angestellt bei der Vornahme der verschiedensten amtlichen Handlungen. Unerlässlich waren sie in drei Fällen:

1. Vor der Ernennung eines Beamten.
2. Vor der Abhaltung von Volksversammlungen.
3. Vor dem Auszug des Feldherrn in den Krieg.

Die Anstellung der Auspicien, *spectio*, muss an demselben Tage stattfinden, an welchem die Handlung vorgenommen werden soll, auf welche sie sich beziehen, und zwar gleich nach Mitternacht, womit rechtlich der Tag beginnt; ebenso müssen sie an dem auf die Handlung bezüglichen Orte stattfinden, wo für deren Vornahme ein besonderer Visierraum (*templum*) abgesteckt ist. Die Abgrenzung und Instandhaltung desselben ist aber nicht Sache der Magistrate, sondern der *augures*, eines Priestercollegiums, dessen Thätigkeit sich gerade hierauf bezieht, während die *spectio* und die Auslegung der Himmelszeichen dem Magistrat selbst zusteht. Bei ungesucht sich darbietenden Zeichen (*auspicia oblativa*) dagegen ist den Augurn eine grössere Wirksamkeit eingeräumt, insbesondere bei Comitien, denen sie zu dem Zwecke anzuwohnen hatten, eingetretene ungünstige Zeichen sofort zu melden und durch eine solche *nuntiatio* die Vertagung der Volksversammlung (*alio die*) vorzunehmen. (Von der Obnuntiation anderer Magistrate und deren Abschaffung durch Clodius (58) war oben die Rede.) Auch ist das Augurncollegium in dem Falle kompetent, wenn es sich um die Frage handelt, ob bei der *spectio* ein Fehler (*vitium*) stattgefunden habe. Dem hierüber gefassten Beschlusse der Augurn haben sich dann die Beamten zu fügen und demgemäss zu verfahren, obwohl kein rechtliches Mittel bestand, sie dazu zu zwingen. Bei Beamtenwahlen hatte die Konstatierung eines *vitium* durch die Augurn in der Regel die Abdankung der Gewählten und bei gesetzgeberischen Akten die Kassierung dieser zur Folge.

## § 73. Insignien und Ehrenrechte der Magistrate.

Hierbei kommen in Betracht 1. die *fasces* als das eigentliche Werkzeug wie Abzeichen des Imperium, 2. das Fahren und Sitzen der Magistrate, 3. die Beamtentracht.

1. Die *fasces*. Der *fascis* ist das aus einem Beil, *securis*, und mehreren Ruten, *virgae*, mittelst eines Riemens

von roter Farbe geknüpfte Bund, welches dem mit dem Imperium bekleideten Beamten vorausgetragen wurde: in der Stadt fehlt das Beil, und der *fascis* besteht nur in dem Rutenbündel. Die kaiserlichen *fasces* haben noch den Lorbeer, *fasces laureati*. Die Träger der *fasces* sind die Lictoren, die einzeln vor dem Beamten herschreiten, wobei der zunächst vor demselben hergehende *lictor proximus* genannt wird. Ihr gewöhnliches Geschäft besteht darin, die Menge von dem Magistrat abzuhalten (*summovere*), die Begegnenden aufzufordern, beiseite zu treten und dem Magistrat die schuldige Ehrerbietung zu erweisen.

Die *fasces* und die Lictoren drücken die dem Magistrat zustehende Strafgerichtsbarkeit und Coercition aus. Mit der ersteren steht der Name des Trägers (*lictor* von *licere* = vorladen) und die Beschaffenheit der Werkzeuge (Vollziehung der Leibes- und Lebensstrafe) in unmittelbarem Zusammenhange. Daher fällt auch nach dem Provocationsgesetze das Beil fort, weil nach demselben der Beamte nicht mehr zu einer solchen Strafe befugt ist, wogegen es überall da wieder mit den *fasces* erscheint, wo die Provocation nicht gilt oder aufgehoben ist. Über die den einzelnen Beamten zukommende Zahl der Lictoren wird bei diesen selbst die Rede sein.

2. **Fahren und Sitzen der Magistrate.** In der Stadt zu fahren war in republikanischer Zeit nur den Frauen erlaubt; im übrigen war es ein Vorrecht der Magistrate und Priester, und auch diesen war es nur bei besonderen Gelegenheiten gestattet, nämlich beim Triumphzug, bei welchem der Triumphator im Viergespann und vergoldeten Wagen zum Capitol fuhr, ferner bei der circensischen Pompa, wobei der *praetor urbanus* in der Biga sass, und bei gewissen sakralen Prozessionen, bei denen die Vestalinnen, der *rex sacrificulus* und die Flamines zweispännig auf das Capitol fuhren. Dass dem Magistrat in früherer Zeit der Gebrauch des Wagens in umfangreicherem Masse erlaubt gewesen sein muss, geht aus dem Namen des Magistratssessels, *sella curulis*, hervor, der nach Mommsens richtiger Erklärung ein auf einem Wagen stehender Sitz gewesen ist. Übrigens hatten die Magistrate

das Recht, die meisten Geschäfte, insbesondere die Geschäfte der Rechtspflege, sitzend zu erledigen. Dazu bedienten sie sich vor allem der eben erwähnten *sella curulis*, über deren Form und ursprüngliche Bedeutung schon oben das Nötige gesagt ist. Dieser curulische Sessel ward auf einer erhöhten Bühne aufgestellt (*tribunal*), auf welcher der Magistrat und seine Diener sich befanden. Berechtigt zu einem solchen Sitze waren die sog. *magistratus curules*, zu denen unter den regelmässigen Magistraten die Consuln, Prätoren, Censoren und curulischen Ädilen, unter den übrigen der König, der *interrex*, der Dictator und der *magister equitum* gehörten. Die Quästoren hatten als Amtsstuhl eine besondere *sella* von einfacheren Formen, die sich im Tempel des Saturn befand, und auch den niederen Magistraten wird bei Ausübung ihrer Funktionen eine solche eingeräumt gewesen sein. Die plebejischen Beamten, Tribunen und Ädilen, hatten im Gegensatz zu dem für ein e Person eingerichteten Sessel das *subsellium*, auf welchem mehrere neben einander Platz hatten. Dasselbe stieg mit der Zeit so sehr an Ansehen, dass bekanntlich Cäsar als besondere Auszeichnung das Recht verliehen wurde, mit den Tribunen zusammen auf demselben Platz zu nehmen. Ausser diesen Amtssitzen besassen die Magistrate auch Ehrensitze bei den Bühnen- und Circusspielen; doch ist weder über die Zeit der Verleihung noch über die Ausdehnung dieses Rechts etwas Genaueres bekannt.

3. **Die Beamtentracht.** Hierbei sind die **Friedenstracht** und die **Kriegstracht** zu unterscheiden. Im Frieden erscheint der Beamte in dem gewöhnlichen bürgerlichen Gewand, der Toga, doch unterscheidet sich die Toga der Beamten von der gewöhnlichen durch die Farbe. Während die letztere mit Ausnahme der der Kinder und Frauen ganz weiss war, war die Toga der Beamten entweder ganz von Purpur oder mit einem purpurnen Saum besetzt. Das vollständige Purpurgewand kam dem Könige und in republikanischer Zeit den Beamten beim Triumph und bei anderen festlichen Gelegenheiten, vor allem bei den Apollinarspielen zu, d. h. dem Triumphator und den den Spielen vorsitzenden Magis-

traten. Die gewöhnliche Tracht der republikanischen Beamten war jedoch die Toga mit dem Purpursaum, die *toga praetexta.* Ausgeschlossen sind nur die rein plebejischen Beamten, Tribunen und plebejischen Ädilen, und ausserdem die Quästoren und sämtliche *magistratus minores* im engeren Sinne. Ausser den Beamten trugen die *toga praetexta* auch die Priester, aber nur so lange, als sie in Funktion waren.

Ein anderes Ehrenzeichen der Beamten war die Fackel, mit der sie sich zur Nachtzeit voranleuchten lassen durften.

Das Scepter ist ein königliches Abzeichen und kommt in republikanischer Zeit nicht vor. Der elfenbeinerne Herrscherstab (*scipio eburneus*), sonst ein Abzeichen der Götter, wird vom Triumphator und zwar nur am Tage des Triumphes geführt, ebenso wie der Kranz (*corona*), der übrigens ein doppelter war, nämlich ein Kranz von grünem Lorbeer, den der Triumphator auf dem Haupte trug, und ein Kranz von goldenen Lorbeerblättern, den ein hinter ihm auf dem Wagen stehender Sklave über seinem Haupte hielt.

Das römische Kriegskleid, das *sagum* oder *paludamentum,* ist die griechische Chlamys und wird über der Rüstung getragen. Das *sagum* ist das Kriegskleid des Soldaten, das *paludamentum,* gewöhnlich von roter Farbe, das des Feldherrn. Es ist das Abzeichen des Oberbefehls, welches der Feldherr anlegt, wenn er die Stadt verlassen hat, um sich an die Spitze seines Heeres zu stellen. In Rom selbst trägt er es nur bei dem Akt der Kriegserklärung, der Öffnung der Pforten des Janustempels. In der Kaiserzeit, in der der Kaiser allein das rote *paludamentum* zu führen berechtigt war, war dasselbe zugleich das Symbol der Monarchie. Zu der Beamtentracht im Kriege gehört auch der Degen (*pugio* oder *gladius*) als Zeichen des militärischen Kommandos.

### § 74. Mittel gegen den Missbrauch der Amtsgewalt.

Gegen den Missbrauch der Amtsgewalt gab es verschiedene Schutzmittel. Diese bestanden in folgendem:

1. In der *provocatio ad populum,* d. h. Appellation von dem Straferkenntnis oder Urteilspruche eines Magis-

trats an ein Volksgericht. Eingeführt war dieses Volksrecht durch die *lex Valeria de provocatione*, und neu eingeschärft wurde es durch die *lex Valeria Horatia* (449) und abermals durch eine *lex Valeria* (300). Seit der Einsetzung ständiger Gerichte (*quaestiones perpetuae*) kam sie selten mehr in Anwendung.

2. In den Bestimmungen der *lex Porcia*, welche die Anwendung der Prügelstrafe bei Bürgern ausserhalb des Militärdienstes aufhob. Wann diese *lex Porcia* erlassen und wie sich zu derselben noch zwei andere von Cicero erwähnte *leges Porciae* verhalten, ist ungewiss.

3. In der Anrufung der Tribunen oder eines anderen höheren oder gleichgestellten Magistrats. Der Tribun und der gleichgestellte Magistrat konnten in diesem Falle kraft ihres Intercessionsrechts, der höhere Magistrat kraft seines Verbietungsrechtes eintreten.

4. In der Klage gegen den Magistrat nach seinem Rücktritt vom Amte. In der älteren Zeit ging eine solche Klage wohl meist von den Tribunen aus, in der späteren Zeit konnte sie von jedem Bürger angestrengt werden.

## § 75. Übersicht über die geschichtliche Entwickelung der Magistratur.

509 v. Chr. Wahl zweier Consuln (2 nicht durch das Volk gewählte Quästoren), ausnahmsweise eines Interrex.

501? „ Erste Ernennung eines Dictators.

494 „ Wahl von 5 Volkstribunen.

457 „ Wahl von 10 Volkstribunen und 2 plebejischen Ädilen.

447 „ Die Quästoren vom Volke in Tributcomitien gewählt.

444 „ Einsetzung von *tribuni militum consulari potestate*, nach mehreren Unterbrechungen zum letzten Mal im Jahre 367.

443 „ Wahl von 2 Censoren.

421 v. Chr. Wahl von 4 Quästoren.

366 „ Wahl eines Prätors und zweier curulischer Ädilen.

363 „ Einige Kriegstribunen vom Volke gewählt.

267 „ Wahl von 8 Quästoren.

242 „ Wahl von 2 Prätoren (*praetor urbanus* und *inter peregrinos*).

227 „ Wahl von 4 Prätoren.

197 „ Wahl von 6 Prätoren.

80 „ Wahl von 8 Prätoren und 20 Quästoren.

nach 47 „ Wahl von 2 *aediles cereales*.

# Kapitel X.
## Das Königtum.

Mommsen, Staatsrecht II², 3.   Lange, Röm. Altertümer I³, 284, 310.
Lange, Das röm. Königtum, Leipzig 1881.   Madvig I, 363.   Herzog I, 52.
Karlowa I, 27.

### § 76.  Die monarchische Magistratur.  Königtum und Dictatur.

Die Geschichte Roms zeigt uns zweierlei Arten von
Königtum, ein latinisch-patriarchalisches und ein etruskisch-
tyrannisches Königtum: das erstere erscheint als nationale,
in dem Volksleben wurzelnde und legal in den Staatsorganismus
eingefügte Institution, während das letztere als fremdherrliche
und gesetzlose Tyrannis uns entgegentritt.  Das erstere ist
repräsentiert in den nationalen Königen Romulus, Numa Pom-
pilius, Tullus Hostilius und Ancus Martius; das letztere hebt
an mit dem aus Etrurien eingewanderten Tarquinius Priscus.[1]
Die staatsrechtlichen Notizen nun, die uns aus späterer Zeit
über die Institution des Königtums überliefert und sicherlich
nur Kombinationen und Rückschlüsse aus den auf die republikanischen Beamten bezüglichen Einrichtungen sind, beziehen
sich ohne Zweifel nicht auf das tarquinische Königtum und
das etruskische Tyrannengeschlecht, sondern auf die Thatsache
einer nationalen monarchischen Institution, die mit
den späteren republikanischen Einrichtungen organisch zusammenhing und noch durch einzelne Institute wie das des
*interrex* und des *rex sacrificulus* auf den alten Namen dieser
monarchischen Gewalt hinweist.  Danach ist die älteste Bezeichnung des Trägers derselben der Name *rex*, d. h. der
Ordner, und die daneben noch vorkommenden Bezeichnungen
der obersten Macht *magister populi*, *praetor*, *iudex*, welche
nur einzelne Seiten der königlichen Macht, wie die militärische
und richterliche Thätigkeit, hervorheben, sind jedenfalls nur
als besondere Prädikate neben dem Namen *rex* gebraucht

---

[1] Vergl. M. Zoeller, Latium und Rom, 166 ff.

worden, der allein das Amt iu seiner ganzen Machtfülle bezeichnet.

Die monarchische Gewalt begegnet uns aber in Rom
nicht allein in der Institution des Königtums, sondern auch in
republikanischer Zeit unter dem Namen der Dictatur. Diese
ist zwar formell gefasst als Steigerung bezw. Aufhebung der
Consulatsgewalt, allein im wesentlichen war die Dictatur doch
nichts anderes als die Wiederaufnahme des Königtums auf
Zeit, indem es bei Abschaffung des Königtums sicherlich vorbehalten war, dasselbe, wenn auch nur in ausserordentlicher
Weise und mit kurzer Befristung, auf verfassungsmässigem
Wege wieder ins Leben zu rufen. Ja es ist sogar der Gedanke nicht ausgeschlossen, dass die Dictatur zeitlich eine
Mittelstufe zwischen Königtum und Consulat gebildet habe,[1]
wie ja auch in den übrigen latinischen Städten auf die lebenslänglichen Könige jährige Dictatoren gefolgt sind.[2] Wie
dem aber auch sein möge und wie sehr die römische Dictatur
in der Zeit der Republik als besondere staatliche Institution
ihrer Bedeutung nach von dem Königtum und der zuletzt
genannten latinischen Dictatur verschieden sein möge, so
haben die beiden Institutionen doch so vieles gemeinsam, dass
an einem historischen Zusammenhang und an einer gewissen
inneren Verwandtschaft nicht gezweifelt werden kann. Diese
übereinstimmenden Punkte sind:

1. König wie Dictator vereinigen das *imperium* in einer
   Person.
2. Beide regieren ohne Provocation; wenigstens war die
   Provocation gegen den Dictator erst in einer Zeit gestattet, als die Dictatur bereits im Sinken begriffen war.
3. Bei beiden fehlt die kollegialische Intercession.

---

[1] Vergl. Ihne, Forschungen auf dem Gebiet der röm. Verfassungsgeschichte 1847, S. 42 ff., und Schwegler, Röm. Gesch. II, 86 und 92.

[2] Mommsen, Staatsrecht II², 163: „Die latinische Dictatur" (d. h.
die Dictatur in den latinischen Städten in historischer Zeit) „ist nichts
anderes als die formale Fortsetzung des ursprünglichen, nur ungenannten
und von der Lebens- auf die Jahresfrist herabgesetzten, latinischen
Königtums."

4. Bei beiden tritt an Stelle der Volkswahl die magistratische Ernennung. Zwar wird die Volkswahl für die Könige in der Regel angenommen, doch ist dieselbe nichts als ein Rückschluss aus der späteren Magistratswahl, wie Mommsen mit Recht annimmt, und vom Dictator ist es bekannt, dass er von dem Consul ernannt wird (*dictator dicitur*).

Der Unterschied zwischen dem Königtum und der republikanischen Dictatur resultiert aus der verschiedenen Zweckbestimmung der Institute. Während das Königtum eine ständige Einrichtung war und der König demgemäss zunächst als Gebieter in seinen friedlichen Funktionen, d. h. als Richter und Ordner der bürgerlichen Angelegenheiten, und dann erst als oberster Kriegsherr erscheint, war die Dictatur ein auf ausserordentliche Fälle, namentlich auf den Fall eines gefährlichen Krieges, berechnetes Institut. Desbalb war dasselbe eine ausserordentliche Magistratur, auf die man nur zu bestimmten Zeiten und für bestimmte Zeit zurückgriff, und ihr Charakter war ein wesentlich militärischer. Ausserdem ist hervorzuheben, dass, nachdem einmal mit der Abschaffung des Königtums Magistratur und Priestertum geschieden war, auch dem Dictator keine priesterlichen Funktionen zukamen, während diese letzteren beim Könige wesentlich waren.

Wie die monarchische Magistratur alle Kompetenzen zusammenfasst, die später den einzelnen Beamten vereinzelt und zersplittert zukamen, so sind auch bezüglich der Äusserlichkeiten, wie Interregnum, Wahl oder Ernennung u. dgl., alle späteren Einrichtungen auf den König übertragen worden. Dies ist insofern wichtig, als wir hieraus die Grundbegriffe des römischen Staatsrechts kennen lernen, das sich als ein kontinuierliches darstellt und sich folgerichtig an die älteste Institution des Staates anlehnt; ob aber alle diese Rückschlüsse bis ins Einzelne zutreffen und den Königen wirklich historisch alles zukommt, was das Staatsrecht der späteren Zeit aus den gang und gäben Rechtsbegriffen heraus auf sie überträgt, mag zweifelhaft sein. Für die Kenntnis des Wesens der

Magistratur sind aber diese Darstellungen von der grössten Wichtigkeit, weshalb wir sie in den folgenden Paragraphen mit in den Kreis unserer Erörterungen ziehen.

## § 77. Die Bestellung des Königs.

Livius beschreibt den Vorgang bei der Wahl des Ancus Martius mit folgenden Worten: *res ad patres redierat, hique interregem nominaverunt. Quo comitia habente Ancum Martium regem populus creavit. Patres fuere auctores.* Bei der Wahl Numas nennt Livius dann noch die *auguratio*, und Cicero erwähnt noch die *lex curiata de imperio.* Demnach werden für die Bestellung des Königs fünf Akte erwähnt, nämlich 1. *interregnum*, 2. *creatio.* 3. *inauguratio*, 4. *patrum auctoritas.* 5. *lex curiata de imperio.*

1. Das Interregnum. Wenn der König gestorben war, wurde ein *interrex* bestellt mit der Aufgabe, die Einsetzung eines neuen Königs herbeizuführen, in der Zwischenzeit die Auspicien fortzuführen und überhaupt die Regierung des Staates zu übernehmen. Diese Zwischenregierung heisst *interregnum.* Der Interrex wurde von den Patres ernannt. Wer unter diesen Patres zu verstehen ist, ist streitig.[1]) Doch nimmt man mit den alten Schriftstellern, denen Rubino, Mommsen u. a. gefolgt sind, am besten an, dass unter den *patres* die Senatoren zu verstehen sind, und dass somit die Ernennung des Interrex durch den Senat stattzufinden hatte.

Diesem Zwischenregiment in der Königszeit entspricht das zur Zeit der Republik bestehende Interregnum, welches regelmässig eintrat, wenn infolge von Todesfall oder anderen Ursachen die zur Abhaltung von Wahlcomitien berechtigten Magistrate die Wahl zu leiten ausser stande waren und sonst auch kein dafür qualifizierter Magistrat da war. In einem solchen Falle wurde vom Senat ein *interregnum* ähnlicher Art wie unter den Königen eingesetzt, und dabei war es Gesetz, dass nie schon der erste *interrex* die Wahl des

---

[1]) Becker. Schwegler und Lange verstehen unter den *patres* die Patricier.

Magistrats vornehmen konnte. Es bedurfte vielmehr noch
eines zweiten. In der Regel folgten verschiedene *interreges*
mit fünftägiger Befristung auf einander, unter denen dann
der letzte die Wahl des neuen Beamten leitete. Der erste
Interrex bestimmte den zweiten, der zweite den dritten u. s. w.,
und es finden sich Beispiele dafür, dass der zweite, dritte,
fünfte, achte, elfte, vierzehnte, fünfzehnte Interrex die Wahlhandlung des definitiv zu wählenden Magistrats vornimmt.
Der technische Ausdruck für die Bestimmung des Nachfolgers
bei den Interreges ist *prodere*. Dieselben mussten Patricier
sein und konnten auch nur von Patriciern ernannt werden.
Das letzte Interregnum in republikanischer Zeit fand im
Jahre 52 statt. Das Interregnum nach dem Tode des Romulus,
das gerade ein Jahr lang gedauert haben soll, ist übrigens
das einzige, das uns ausführlich beschrieben ist; man wird
aber eher berechtigt sein, sich daraus das Bild der Interregenordnung für die Zeit der Republik zu entnehmen als umgekehrt alles, was sonst über diese Interregenordnung bekannt
ist, auf die Königszeit zu übertragen.

2. Die Creatio. Das, was uns über die von dem Interrex
geleitete Wahl des Königs berichtet wird, sieht einer Wahl
allerdings sehr unähnlich: denn das Volk hatte nicht das
Recht, unter mehreren Kandidaten auszuwählen, sondern nur
den vom Interrex Vorgeschlagenen anzunehmen oder abzulehnen, und ein Fall von Verwerfung wird überhaupt nicht
berichtet. Es ist daher dieses Wahlrecht ein sehr prekäres,
und andererseits sind von Neueren Gründe angeführt worden,
die die Wahl des Königs überhaupt als sehr zweifelhaft erscheinen lassen. Diese Gründe sind folgende:[1)]

1. Die Ernennung des *rex sacrificulus* durch den Pontifex,
   nicht durch die Comitien. Denn wenn man der
   Opfer halber, die einst der König verrichtete, den
   *rex* mit in die republikanische Zeit herüber nahm,
   so beruhte dies auf einer ängstlichen Beobachtung
   eines alten Brauchs. Dieselbe Gewissenhaftigkeit

---

[1)] Rubino und Mommsen, Staatsrecht II², 7.

hätte dann eben auch gefordert, dass man sich an die ursprüngliche Wahlform des *rex* band. Wurde also der König durch eigentliche Volkswahl bestellt, so hätte dies später auch bei dem *rex sacrificulus* der Fall sein müssen.

2. Der Umstand, dass der Interrex nicht gewählt, sondern ernannt wird.

3. Magistratische Ernennung des Dictator, dessen Amt nachweislich nichts ist als die Wiederaufnahme des Königtums auf Zeit.

4. Das in republikanischer Zeit herrschende Prinzip, dass Priestertum und Volkswahl sich ausschliessen; der König war aber auch Priester; deshalb ist es wahrscheinlich, dass erst dann die Volkswahl in die Magistratur eingeführt wurde, als mit dem Wegfall des Königtums Magistratur und Priestertum sich schieden.

Trotz dieser sehr ansprechenden Gründe wird es doch sehr schwer, hier eine Entscheidung zu treffen, da wir es überhaupt bei der Königszeit mehr mit Sagen und Mythen als mit Geschichte zu thun haben, und der Rückschluss von fertigen Institutionen auf solche uns sonst dunkle Zeiten eine sehr missliche Sache ist.

3. Die Inauguratio. Von Numa wird berichtet, dass er nach seiner Wahl zum König sich auf den nördlichen Gipfel des Capitolin, die *arx*, begeben und dass dort ein Augur die Gottheit um günstige Zeichen für den Erwählten gebeten habe. Dadurch war Numa auch mit dem Götterwillen als König eingesetzt, und erst von jetzt an schien er das Recht zu haben, durch Auspicien und Opfer mit den Göttern zu verkehren. Dieser Akt wird als *inauguratio* bezeichnet. Von Neueren ist dieselbe dem Königtum abgesprochen worden und zwar mit guten Gründen. Zur Einholung des göttlichen Willens genügte schon die erste Auspication des Interrex und die zweite, die der König, wie später die Consuln, selbst vorgenommen haben wird. Zwar findet bei dem *rex sacrificulus* eine Inauguration statt, und offenbar ist gerade daraus auf

eine solche beim Könige geschlossen worden; allein der Opferkönig wurde inauguriert als Priester, und bei dem Könige ist wohl noch keine Unterscheidung zwischen den priesterlichen und den Herrscherfunktionen gemacht worden.[1]) Bei den Consuln fand keine Inauguration statt.

4. Die *patrum auctoritas.* Obwohl auch dieser Akt kontrovers ist, so wird er doch mit grosser Wahrscheinlichkeit als die nachträgliche Bestätigung der Ernennung durch die Senatoren betrachtet. In republikanischer Zeit ging seit der *lex Maenia* die *patrum auctoritas* der Wahl voraus.[2])

5. Die *lex curiata de imperio* ist die Bestätigung der Ernennung durch das nach Curien gegliederte Volk. — Obwohl eine *lex curiata de imperio* für die republikanischen Magistrate bis in die spätere Zeit sich erhalten hat, so ist auch dieser Akt kontrovers, indem die einen die *patrum auctoritas* und die *lex curiata de imperio* für identisch halten,[3]) andere dagegen die obige Unterscheidung machen,[4]) die jetzt immer mehr Anklang findet.

Nach all dem Gesagten bleibt bei der Bestallung des Königs nur das Interregnum, die Ernennung durch den Interrex, die Bestätigung derselben durch den Senat und die *lex curiata de imperio* übrig. Abgesehen von der Ernennung durch den *interrex*, an deren Stelle in republikanischer Zeit die Wahl tritt, ist das ganze Verfahren der späteren Consulnwahl analog.

---

[1]) Göttling, Becker, Lange und Karlowa verteidigen die Inauguration; gegen dieselbe erklären sich Mommsen und Herzog.

[2]) Liv. I, 17: *priusquam populus suffragium ineat, in incertum comitiorum erentum patres auctores fiunt.*

[3]) So Niebuhr und Becker.

[4]) So Huschke, Mommsen, Ihne, Herzog, Karlowa; doch nimmt der letztere eine Scheidung zwischen *patrum auctoritas* und *lex curiata,* bezw. zwischen *potestas* und *imperium* erst seit der Centurienverfassung an, da das älteste Staatsrecht nur eine durchaus einheitliche Herrschergewalt kennt. Lange nimmt eine vermittelnde Stellung ein. Eingehend ist die Materie behandelt worden von Soltau, Altröm. Volksversammlungen 109.

## § 78. Die Gewalt des Königs.

Im Könige waren noch zwei Funktionen vereinigt, die in republikanischer Zeit getrennt erscheinen, nämlich Magistratur und Priestertum. Wie diese Gewalt des Königs zu den anderen Faktoren im Staatsleben, dem Senate und Volke, sich verhalten habe, ist mit absoluter Sicherheit nicht zu bestimmen. Man wird aber im allgemeinen nicht fehl gehen, wenn man sich dieselbe so denkt, wie sie auch meistens geschildert wird, nämlich als Consulargewalt ohne Kollegialität, Befristung und Provocation und mit Einschluss der ursprünglich in dem Consulat enthaltenen richterlichen und prätorischen Befugnisse. Der König vereinigte also das ganze *imperium* und die ganze *potestas* aller späteren Magistrate in seiner Person, war oberster Kriegsherr, oberster Richter und Censor, berief den Senat, versammelte das Volk und war in der Ausübung aller dieser Funktionen nicht durch Gesetze, sondern nur durch das Herkommen gebunden, das ihm die Einhaltung bestimmter Formen und Berücksichtigung der Meinung des Senats und des Volkswillens vorschrieb. Dazu kamen aber noch die priesterlichen Funktionen, die den republikanischen Beamten fehlten. Diese hatten zwar auch das Recht, mit den Göttern durch Anstellung von Auspicien zu verkehren, aber der Kultus als solcher unterstand nicht ihrer Aufsicht, sondern der des *pontifex maximus*. Die in republikanischer Zeit dem Oberpontifex zustehenden Befugnisse übt der König selbst neben seinen magistratischen Rechten. Demnach leitete der König den gesamten Kultus. Ausserdem konnte er als Priester Kultushandlungen vornehmen, und soweit er diese nicht selbst üben wollte, war er befugt, dafür Priester zu ernennen. Doch konnten gewisse Handlungen nur durch ihn vollzogen werden, und dieser Umstand veranlasste nach der Vertreibung der Könige die Einsetzung eines *rex sacrificulus*, der dann diejenigen Opferhandlungen vorzunehmen hatte, die sonst der König in Person hatte vollziehen müssen. Dass bei solchen priesterlichen Funktionen neben dem König auch die Königin thätig war, kann aus der Stellung der späteren *regina sacrorum*, der Gemahlin des *rex sacrificulus*, geschlossen werden. Danach war der König:

1. Oberster Kriegsherr: Aushebung des Heeres und Führung im Kriege.

2. Oberster Gerichtsherr: Rechtsprechung in eigener Person oder durch bestellte Richter.

3. Oberster Verwalter: Berufung des Senats und der Comitien und Vorsitz bei denselben; Initiative bei der Gesetzgebung.

4. Oberster Priester: Geschäfte des *pontifex maximus* und der Opferpriester, letztere entweder in eigener Person oder durch von ihm ernannte Priester besorgt.

Die Insignien der Königsgewalt waren folgende:

1. Die *fasces* mit den Beilen; da er der Provocation nicht unterworfen war, so war er die Beile auch innerhalb der Stadt zu führen berechtigt.

2. Die Lictoren, und zwar deren zwölf.

3. Ein Sessel auf einem Wagen (nach Mommsens Vermutung), ein Hochstuhl.

4. Im Krieg und Frieden ein Purpurgewand, und zwar im Kriege ein kurzer Purpurmantel, im Frieden die Purpurtoga.[1])

5. Wahrscheinlich auch das Scepter[2]) aus Elfenbein mit dem Adler, dem Vogel des Jupiter.

## § 79. Die weltlichen und geistlichen Gehilfen des Königs.

Die weltlichen Diener des Königs waren der *tribunus celerum*, der *praefectus urbis*, die *duoviri perduellionis*, die *quaestores parricidii*.

1. Der *tribunus celerum*, wahrscheinlich ein rein militärischer Beamter, wie Lange richtig annimmt. Während

---

[1]) Der Überlieferung gemäss hatte der König nur die *toga praetexta*; allein dies ist nach Mommsen nichts als ein Rückschluss aus der Amtstracht der Consuln. S. Staatsrecht II², 6.

[2]) Hierüber Mommsen a. a. O.

der König im Felde neben dem Oberbefehl noch den
besonderen Befehl über das Fussvolk führte, war
er wahrscheinlich Anführer der Reiter (*celeres*), daher
der Name *tribunus celerum*.

2. Der *praefectus urbis* oder *urbi*. Einen solchen ernannte der König, wenn er die Stadt verliess, zum
Schutze derselben. Auch konnte er vom Könige mit
verschiedenen anderen Funktionen betraut werden.
Die Institution überlebte das Königtum; denn auch
in republikanischer Zeit erforderte die Abwesenheit
der beiden Consuln in Ermangelung anderer städtischer
Magistrate die Bestellung eines *praefectus urbis*.
Regelmässig war dies der Fall zur Zeit der Abhaltung der *feriae Latinae*, weshalb alljährlich ein
*praefectus urbis feriarum Latinarum causa* von den
Consuln ernannt wurde. Dies war ein bedeutungs-
loses Amt, welches bis tief in die Kaiserzeit fort-
bestand und mit der von Augustus neu eingerichteten
*praefectura urbis* nicht zu verwechseln ist.

3. Die *duoviri* (*duumviri*) *perduellionis* oder auch
*duoviri perduellioni iudicandae*, stellvertretende Richter
im Falle der *perduellio*, unter der man diejenigen
Handlungen versteht, durch die ein einzelner sich im
Innern des Staates als Feind (*perduellis*) der bestehenden Staatsordnung erweist. Da bei der *perduellio*
die Könige nicht selbst richten, sondern eine *provocatio
ad populum* gestatteten, so fiel den *duumviri* das erste
Urteil bez. die Anklage zu. Deshalb sind sie auch
durchaus verschieden von den *quaestores parricidii*,
mit denen sie übrigens schon im Altertum verwechselt
worden sind. Bei Perduellionsprozessen ernennen
auch in republikanischer Zeit die Consuln *duumviri
perduellionis*.

4. Die *quaestores parricidii*. Sie waren nicht wie
die eben genannten *duoviri* für einen bestimmten Fall
ernannt, sondern ständige Gehilfen des Königs. Ob
es schon zur Königszeit zwei waren oder ob die

Zweizahl erst mit der Republik entstanden ist, lassen
wir dahingestellt. Ihre Aufgabe bestand darin, dem
mit Todesstrafen bedrohten Verbrecher nachzuspüren
(*quaestor* = *quaesitor* von *quaerere* = *conquirere maleficia*). Der Zusatz *parricidii* erklärt sich daher, dass
das *parricidium* das Hauptverbrechen war, dem sie
nachzuspüren hatten. Dieser Ausdruck bezeichnet in
Rom anfänglich nur Mord überhaupt, später wurde
er auf Vergehen gegen die Religion und Verletzung
der Ehre römischer Matronen ausgedehnt. Das Ab-
urteilen der von den *quaestores* ausfindig gemachten
Verbrecher kam nicht ihnen, sondern dem Könige
zu. Über ihren Zusammenhang mit den späteren
Quästoren später.[1])

Die geistlichen Gehilfen waren die Fetialen, die Augurn,
die Pontifices und Flamines. Von diesen haben die drei
ersteren die mannigfachsten Beziehungen zum Staate, die
letzteren dagegen sind lediglich Priester und allein dem
Dienste der Gottheit gewidmet, für die sie vom Könige als
dem Oberpriester bestellt sind.

1. Die Fetialen, ein Collegium von 20 Mitgliedern, das
mit der Wahrung bestimmter, im Verkehr mit auswärtigen Völkern, wie bei Kriegserklärungen, Friedensschlüssen, Verträgen u. dgl. zu beobachtenden Formen
beauftragt war. Der Name hängt wohl zusammen
mit *fat-eri, fa-ri, fas* (osk. *fatium* = sagen), so dass
*fetiales* von Lange richtig mit „Spruchmänner"
übersetzt worden ist. An der Spitze des Collegiums,
das ausserhalb Roms immer nur zum Teil zur Verwendung kam, steht der *pater patratus*. Dieser war
jedoch nicht ein ständiges Oberhaupt des Collegiums,
sondern wurde jedesmal durch einen besonderen Weihe-
akt erst zum Stellvertreter des Königs oder in republikanischer Zeit des obersten Magistrats gemacht.

---

[1]) Mommsen spricht die *quaestores parricidii* der Königszeit ab.
Vergl. jedoch dagegen Lange I², 385 und Herzog I, 79.

2. Die Augurn, *augures publici populi Romani Quiritium*, ein Collegium von Sachverständigen auf dem
Gebiete der Deutung der Götterzeichen. Dieses Gebiet unterstand zwar der Kompetenz des Königs
und der Magistrate, hatte sich aber zu einer so
komplizierten Technik entwickelt, dass es geraten
schien, solche Leute heranzuziehen, die diese Disciplin
zum Gegenstand eines besonderen Studiums gemacht
hatten. Solche Männer hiessen *augures* oder *auspices*
nach demjenigen Zeichen, welches am häufigsten beobachtet wurde, nämlich der Vögel: *auspices* hiessen
sie, sofern sie die Beobachtung des Vogelflugs anstellen (von *avis* und *spicere*), und *augures*, sofern
sie die gemachten Beobachtungen deuten (von *avis*
und einer sonst im Lateinischen verschollenen Wurzel,
die soviel bedeutet wie „verkünden")[1]): doch haben
nicht sie, sondern der König bez. die Magistrate die
*auspicia* und das Recht der *spectio;* sie selbst werden
nur wegen ihrer Kenntnisse herangezogen (*in auspicium
adhibentur*).

3. Die Pontifices waren wie die *augures* und *fetiales*
priesterliche Sachverständige. Sie bildeten wie diese
ein Collegium, das man befragte, wenn man wissen
wollte, was *sacrum, sanctum* und *religiosum* sei, an
welchen Orten Opfer zu vollziehen und bei welchen
Heiligtümern die Prozessionen einzukehren hätten.
Auch mussten sie neben der sakralen Ortskunde die
genaue Kenntnis der Zeiten besitzen, an welchen
die verschiedenen Kulthandlungen vorgenommen werden mussten. Daraus entwickelte sich dann in republikanischer Zeit ihre auf die Beaufsichtigung des
ganzen vom Staate anerkannten Kultus gerichtete

---

[1]) Sanskrit *ghush* = *pronuntiare* (Lange); Mommsen, Staatsrecht I³,
101 A. 2 billigt die alte Etymologie des Festus: *augur ab aribus
gerendoque dictus.* Nissen und Aufrecht-Kirchhoff bringen das Wort
mit *augere* und *auctor* zusammen (umbrisch *uhtur*); andere leiten es ab
von einem Stamme, der auch dem griechischen ὄχομαι zu Grunde liegt.

Thätigkeit. Insbesondere hielten sie den Kalender in Ordnung, bestimmten die Festordnung und was damit zusammenhing und überlieferten die Rechtskunde. Der Vorsteher des Collegiums, der *pontifex maximus*, hatte in republikanischer Zeit zunächst das Recht, die wichtigsten Priestertümer, das der Flamines, der Vestalinnen und des *rex sacrificulus* zu besetzen. Nur bei der Inauguration, die bei den drei grossen *flamines* und dem *rex sacrificulus* erforderlich war, wirkte das Volk in *comitiis calatis* und zwar nur als Zeuge mit. Der *pontifex maximus* führte dabei den Vorsitz.[1]) Insofern er des weiteren befugt war, innerhalb gewisser Grenzen Auspicien anzustellen, Contionen zu halten, Edikte zu erlassen und eine gewisse Gerichtsbarkeit und Disciplinargewalt gegen die seiner Gewalt unterworfenen Personen zu üben, kann für die genannte Zeit seine Gewalt in gewissem Sinne auch als eine magistratische gefasst werden. Doch war diese ganze Stellung des Oberpontifex das Resultat einer Entwickelung und kann ihm keineswegs für die Königszeit zugeschrieben werden; insbesondere fallen für dieselbe die magistratischen oder magistratähnlichen Rechte sowie die Ernennung der Priester fort, und es bleiben nur diejenigen Dinge übrig, die mehr technischer Natur waren, wie die Aufsicht über die *caerimoniae,* die Führung des Kalenders und die Überlieferung der Rechtskunde.

Bezüglich der Etymologie des Wortes kommen die Neueren meistens wieder auf die Ableitung von *pons* zurück: danach würde *pontifices* sein = Brückenbauer oder Wegebauer und ihre ursprünglichen Funktionen sich auf die Kommunikationen bei Priestergängen und Prozessionen bezogen haben. Insbesondere

---

[1]) Karlowa I, 276. Vergl. übrigens überhaupt die ganz treffliche Auseinandersetzung desselben über die *pontifices* von S. 269 an.

kam hier der *pons sublicius* in Betracht, auf welchem sie die Opfer der Argeer zu verrichten hatten.

4. Die Flamines. Diese bildeten kein Collegium, sondern waren nur einzeln für besondere ceremonielle Handlungen, hauptsächlich aber für die gewissen Gottheiten gebührenden Opfer bestimmt. Daher gab es verschiedene *flamines*: die vornehmsten aber waren die drei des Jupiter, des Mars und Quirinus, der *flamen Dialis*, der *flamen Martialis* und der *flamen Quirinalis*. Das Wort *flamen* leiten die Alten von *filum* Kopfbinde, also = *filamen*. Neuere jedoch richtiger von *flare*, anblasen, ab.[1])

---

[1]) So Mommsen, Corssen dagegen von *flagrare*, wovon *flagmen* = Opferverbrenner.

# Kapitel XI.
# Die Dictatur.

Mommsen, Staatsrecht II², 133. Lange I², 749. Madvig I, 483.
Herzog I, 718. Karlowa I, 211.¹)

## § 80. Allgemeines.

Oben § 76 ist die Dictatur bezeichnet worden als die Wiederaufnahme des Königtums auf Zeit. Der Unterschied zwischen beiden ist also ein zeitlicher, und zwar in doppelter Beziehung, insofern die Dictatur nur in ausserordentlichen Zeitlagen an die Stelle der ordentlichen Magistratur trat und, wenn dies der Fall war, in ihrer Zeitdauer auf 6 Monate beschränkt war. Diese doppelte zeitliche Beschränkung hängt mit dem Zweck der Dictatur zusammen, der darin bestand, in besonders gefahrvollen Lagen des Staates (*in asperioribus bellis aut in civili motu difficiliore*)²) das schwache regelmässige republikanische Regiment durch ein starkes ausserordentliches monarchisches zu ersetzen. Als ursprünglicher Titel des Dictator wird *magister populi* angegeben, womit der Gegensatz zu dem des ihm untergebenen *magister equitum* scharf enthalten ist. Auch der Titel *praetor* wird genannt.³) Der Name Dictator kommt von *dictare*, nicht von *dicere*;⁴) doch ist nicht ausgemacht, in welchem Sinne dies *dictare* zu fassen sei, da *dictare* niemals so viel ist wie *regere* und auch die Erklärung durch *edicere* (= Edikte erlassen) insofern misslich ist, als dieses Recht allen Magistraten eigentümlich

---

¹) Von Monographieen über die Dictatur sind hervorzuheben: Pardon, Die röm. Dictatur, Berlin, Progr. 1884; Servais, La dictature, Paris 1886.

²) Orat. Claud. 1, 28. Vergl. Cic. de leg. 3, 3, 9.

³) Liv. VII, 3, 5: *ut qui praetor maximus sit, idibus Septembribus clavum pangat*. Wenn man diesen *praetor maximus* auch mit dem Dictator identifizieren will, so folgt daraus übrigens noch nicht, dass der Dictator diese Bezeichnung auch als Amtstitel geführt hat. Siehe Karlowa I, 213. Vergl. unten S. 194.

⁴) Cicero und Varro: *dictator ab eo appellatur, quia dicitur*. Diese Ableitung ist sprachlich unmöglich, ebenso die andere Erklärung bei Varro: *quoi dicto audientes omnes essent*.

ist. Wahrscheinlich ist der Name in Anlehnung an die oben besprochene Dictatur in lateinischen Städten entstanden, wo sich derselbe bereits eingebürgert hatte, als er von den Römern für ihr dieser lateinischen Dictatur in manchen Punkten ähnliches Institut entlehnt wurde.

Wie die zu dem Titel *magister equitum* im Gegensatz stehende ursprüngliche Bezeichnung *magister populi* zeigt, war die Bestimmung des Dictators ursprünglich eine wesentlich militärische. Als jedoch der Staat nach aussen erstarkt war, kamen militärische Dictatoren seltener vor, und es begegnen uns mehr Dictatorwahlen zum Zweck der Erhaltung und Wiederherstellung der inneren Ordnung. Der letzte solcher Dictatoren war Hortensius im Jahre 286. Seitdem ruhte dieses Amt mit Ausnahme von zwei Ernennungen in den punischen Kriegen bis auf Sulla und Cäsar. Für letztere bildete sie die Brücke zur Alleinherrschaft. So führte die Dictatur, nachdem sie vom Königtum ausgegangen und einen Ersatz für dasselbe hatte gewähren sollen, zuletzt wieder zur reinen monarchischen Gewalt unter dem Kaisertum zurück.

Wann zum ersten Mal ein Dictator gewählt worden ist, wissen die Alten selbst nicht anzugeben.[1]) Nach einer Überlieferung soll der erste, der dieses Amt bekleidet, M. Valerius, Sohn des Consuls M. Valerius (im Jahre 505), nach einer anderen T. Larcius Clavus, Consul im Jahre 501, gewesen sein. Wahrscheinlich war in der Überlieferung hierüber gar nichts berichtet, gleichwie auch nirgends von einem Einführungsgesetz betreffs der Dictatur eine zuverlässige Nachricht zu finden ist. Letzter Umstand scheint darauf hinzudeuten, dass die Dictatur mit der Einführung der Republik entstanden ist.

## § 81. Die Einsetzung des Dictators.

Die Entscheidung darüber, ob der Staat sich in einer so gefahrvollen Lage befände, dass er zu dem ausserordentlichen, unverantwortlichen und unumschränkten Amt der Dictatur

---

[1]) Liv. II, 18, 4: *nec quo anno ... nec quis primum dictator creatus sit, satis constat.*

seine Zuflucht ergreifen müsse, lag faktisch in den Händen des Senats. Wenn auch gesetzlich die Consuln keineswegs an die Aufforderung oder Zustimmung des Senats gebunden waren, so haben sie doch immer entweder die Mitwirkung desselben durch ein von ihnen provoziertes *senatus consultum* veranlasst oder, wenn ein solches ohne ihre Veranlassung zu stande kam, demselben zu allen Zeiten sich gefügt. Dagegen stand das Recht den Dictator zu ernennen ausschliesslich den Consuln zu; weder der Senat, noch andere Magistrate,[1]) nicht einmal der Dictator selbst, waren hierzu befugt. Doch wurde diese Ernennung von den Consuln nicht gemeinschaftlich vollzogen, sondern durch Verabredung oder das Los entschieden, wer von beiden Consuln den Dictator ernennen solle. Der Akt der Ernennung, der in der Regel durch *dicere dictatorem* bezeichnet wird (daneben kamen jedoch auch die Ausdrücke *facere, creare, legere* und *nominare* vor), erfolgte immer in der nächsten auf das *senatus consultum* folgenden Mitternacht[2]) unter Anstellung von Auspicien, deren Beurteilung ganz in den Händen des Consuls lag. Wie alle *magistratus maiores* war auch die Dictatur anfänglich nur den Patriciern zugänglich; doch wie für jene, so trat auch für dieses Amt nach dem Ausgleich der Stände eine Änderung ein; der erste plebejische Dictator war C. Martius Rutilus (356), der wohl auf Grund des licinischen Gesetzes dazu ernannt werden konnte. Seit der Mitte des zweiten Jahrhunderts hatte sich das Herkommen gebildet, nur gewesene Consuln (*consulares*) zur Dictatur zuzulassen. Doch beruhte dies auf keiner gesetzlichen Vorschrift, und in der früheren Zeit waren viele Nicht-Consularen Dictatoren gewesen.[3]) Übrigens war der

---

[1]) Von den ausserordentlichen Magistraten machen hiervon die *tribuni militum consulari potestate* eine Ausnahme. Was die Prätoren betrifft, so kommt zwar ausnahmsweise die Ernennung eines Dictators durch einen Prätor vor, doch waren hierbei die Prätoren an die Mitwirkung der Comitien gebunden.

[2]) Der Consul vollzog die Wahl wie es heisst: *oriens, nocte, silentio,* d. h. gleich nachdem er sich vom Lager erhoben hat, nach Mitternacht und in nächtlicher Stille der Auspicien wegen.

[3]) Mommsen, Staatsrecht II², 137.

Consul in der Wahl der Person, die er ernennen wollte, durch
nichts beschränkt; die Berücksichtigung der Wünsche des
Senates hing ganz von ihm ab, und die Mitwirkung des Volkes
kam nur in dem oben berührten Ausnahmsfalle vor. Seinen
Kollegen im Amte oder den gerade fungierenden Prätor zum
Dictator zu ernennen, war der Consul durch nichts gehindert.
Auch gab es gegen die Ernennung weder eine kollegialische
noch tribunicische Intercession. Somit war der Consul, der
die Bestellung des Dictators vollzog, nach keiner Seite hin
durch irgend eine andere Gewalt im Staate gehemmt.

Hinzuzufügen ist, dass der Dictator nur innerhalb Italiens
ernannt werden konnte; in älterer Zeit war das Ernennungs-
gebiet auf den *ager Romanus* eingeschränkt, worunter man
das ursprüngliche Stadtgebiet verstand; später jedoch dehnte
man den Begriff des *ager Romanus* auf ganz Italien aus,
weil die römischen Tribus über ganz Italien zerstreut lagen.
Das ausserhalb Italiens liegende Gebiet war aber, soweit es
den Römern gehörte, nicht *ager Romanus,* sondern *ager provincialis*. Daher jene Bestimmung.

## § 82. Die Kompetenz des Dictators.

Die Ähnlichkeit zwischen Dictatur und Königtum zeigt
sich vor allem in der beiden zustehenden Gewalt. Wie der
König, so besass auch der Dictator das volle, anfänglich durch
nichts beschränkte Imperium, dem alle Organe des Staates
wie sämtliche Bürger in gleicher Weise unterworfen waren.[1]

Was das Verhältnis zu den übrigen Staatsorganen betrifft, so ist vor allem dasjenige zu den anderen Magistraten,
insbesondere zu den Consuln, zu beachten. Hierin zeigt sich
die Ähnlichkeit mit dem Königtum am allerdeutlichsten. Wie
es neben dem König keine anderen Magistrate mit selbständiger
Gewalt geben konnte, so ist auch bei der Dictatur grundsätzlich das selbständige Fortbestehen der anderen Magistraturen
ausgeschlossen; aber ebenso wie der König nicht alle Ge-

---

[1] Deshalb bezeichnen die Griechen den Dictator mit dem Namen
αὐτοκράτωρ (oder στρατηγὸς αὐτοκράτωρ).

schäfte selbst besorgte, sondern sich dazu besondere Diener
wählte, so traten auch unter der Dictatur die Magistrate zu
dem Dictator in ein untergeordnetes Verhältnis. Sie hörten
nicht auf, weiter zu funktionieren, aber sie hatten keine
selbständige Gowalt; dieselbe reichte nur so weit, als der
Dictator ihnen eine solche einzuräumen für gut fand.
In diesem Verhältnis zum Dictator stehen vor allem die
Consuln. Ihr Imperium ruhte gegenüber dem des Dictator
durchaus.[1]) Das zeigt sich sowohl im Kriege wie im Frieden.
Wenn ein Consul mit dem Dictator in demselben Kriege
thätig ist, so ist er Unterfeldherr (*legatus*) des letzteren und
ficht unter dessen Auspicien. Im Frieden war ihre Macht in
gleicher Weise der des Dictators unterworfen, wenn sie auch
nicht aufhörten zu fungieren; dies geschah aber nur in dem
Sinne, dass sie in den ihnen überlassenen Geschäften als von
ihm Beauftragte handelten. Dem Prätor und den Ädilen
gegenüber bestand in der Theorie dasselbe Verhältnis; doch
funktionierten sie effektiv weiter. Ganz anders war das Verhältnis zu den Tribunen gestaltet. Es kann kein Zweifel
darüber bestehen, dass es der unumschränkten Dictaturgewalt
gegenüber keine Intercession geben kann; denn in diesem
Falle wäre der Zweck der Dictatur verfehlt worden. Doch
waren die Personen der Tribunen, weil sie *sacrosancti*
waren, von dem *imperium* der Dictatoren eximiert. Deshalb
konnten sie immer ein thatsächliches *ius auxilii* ausüben, in-

---

[1]) Daraus folgt natürlich nicht, dass sie, wenn sie der Dictator nicht
daran hinderte, nicht auch Akte des Imperium ausüben konnten. Es ist
aber deshalb nicht gerechtfertigt, von einem *maius* und *minus imperium*
zu sprechen (Herzog I, 721), oder gar den Consul als einen *collega* des
Dictators aufzufassen. (Mommsen, Staatsrecht II, 145: „Seiner Amtsgewalt
nach ist der Dictator im allgemeinen aufzufassen als ausserordentlich
eintretender Kollege der Consuln und Prätoren." S. 146: „Die Be-
stellungsform ist dann einfach die Anwendung der Kooptation.") Die
Stelle bei Liv. 30, 24, 2, *dictator ad id ipsum creatus P. Sulpicius pro
iure maioris imperii consulem in Italiam revocavit* beweist für die genaue
allgemeine rechtliche Stellung nichts, da der hier in Betracht kommende
Consul bis dahin auf dem Kriegsschauplatze ein selbständiges *imperium*
bekleidet hatte und nun durch eine höhere Gewalt, als er damals selbst
besass, zurückgerufen werden sollte.

dem ihre Person in jedem Falle geschützt war; daher erklärt
sich der Kampf zwischen der Dictatur und dem Tribunat,
der bei der zunehmenden Macht des letzteren Instituts und
der Abschwächung des ersteren sich immer mehr zu Gunsten
der Tribunen gestaltete.

Vom Senate war der Dictator völlig unabhängig. Einmal brauchte er nicht wie der Consul senatorische Instruktionen
entgegenzunehmen; dann aber war er vollständig befreit von
irgend einer Rechenschaftsablage, welcher der Consul dem
Senate gegenüber unterworfen war. Dass der Dictator das
Geld, dessen er bedurfte, nur auf Grund eines Senatsbeschlusses
erhalten konnte, wie berichtet wird, mag sich auf den Fall
beziehen, wenn der Dictator im Felde stand.

Die Allgewalt des Dictators dem einzelnen Bürger gegenüber zeigt sich in der Aufhebung des Provocationsrechts, und
zwar nicht bloss im Felde, wo es ja auch für den Consul nicht
galt, sondern auch in der Stadt, wo er gleichfalls als Feldherr betrachtet wird, insbesondere wenn seine Ernennung
wegen innerer Ruhestörungen oder Aufruhrs erfolgt ist. Bei
der zunehmenden Abschwächung der Dictaturgewalt trat aber
mit der Zeit die Unterwerfung derselben unter die Provocation
ein. Wann diese Änderung eingetreten, ist zweifelhaft.[1])

Dass der Dictator die Gewalt beider Consuln in sich
vereinigte, sollte dadurch zum Ausdruck kommen, dass er im
Felde 24 Lictoren führte, während jeden der beiden Consuln
nur 12 Lictoren begleiteten. Die Aufhebung der Provocation
wurde dabei dadurch angedeutet, dass in der Stadt die Beile
nicht aus den Rutenbündeln entfernt wurden.

Die unumschränkte Macht der Dictatoren zeigt sich hiermit, insbesondere der Consulargewalt gegenüber, in folgenden
Punkten:

1. Aufhebung des *imperium* und der *potestas* der übrigen
Beamten und in der älteren Zeit auch der *intercessio*
der Tribunen.

---

[1]) Mommsen, Staatsrecht II², 157 nimmt an, dass das dritte valerische
Provocationsgesetz (300 v. Chr.) diese Neuerung bestimmt habe; ebenso
Lange I³, 757.

2. Unabhängigkeit vom Senat und Unverantwortlichkeit diesem gegenüber.

3. Aufhebung des Provocationsrechts der Bürger vor dem Jahre 300.

Für die Ausübung einer so ausgedehnten Gewalt war aber eine doppelte Zeitgrenze festgestellt:

1. Der Dictator durfte nicht länger als höchstens sechs Monate im Amt bleiben; in der Regel trat er schon ab nach Erledigung des Geschäfts, wofür er ernannt war.

2. Er durfte nicht über die Amtszeit des ihn ernennenden ordentlichen Magistrats hinaus funktionieren.[1]

Als besondere auf die Kompetenz des Dictators bezügliche Eigentümlichkeit ist die Nachricht zu verzeichnen, dass der Dictator beantragt habe, *ut equum escendere liceret*. Dies wird gewöhnlich so gedeutet, dass der Dictator als *magister populi* im Gegensatz zum *magister equitum* die Schlachten zu Fuss leiten und deshalb die Erlaubnis zu Pferde zu steigen besonders beantragen musste.

### § 83. Die verschiedenen Arten der Dictatur.

Die Machtfülle des Dictators war in der Theorie immer dieselbe, einerlei zu welchem Zwecke derselbe bestellt worden war. Doch war es praktisch nicht ohne Bedeutung, ob das Geschäft, zu dessen Besorgung er ernannt war, für die Existenz und Wohlfahrt des Staates besondere Wichtigkeit hatte, oder ob die Ernennung des Dictators nur mehr aus formellen Gründen erfolgte.

Ihrem ursprünglichen Zwecke gemäss wurde die Dictatur in gefährlichen Lagen des Staates angewendet, sei es, dass der Staat von einem auswärtigen Feinde bedroht oder von inneren Unruhen heimgesucht wurde. Diese ursprüngliche Bestimmung wird dann von anderen Arten der Dictatur durch den Zusatz: *rei gerundae causa* d. i. *belli gerundi causa*

---

[1] Es liegt dies in der Wirkung und dem Wesen der Ernennung, obwohl es nirgends bestimmt ausgesprochen ist, ja sogar ein Fall überliefert ist, in dem der Dictator über die Amtsfrist des Consuls, der ihn ernannt, im Amte bleibt.

unterschieden. Nämlich mit dem Jahre 363 kam zum ersten Mal für einen politisch ganz indifferenten Zweck eine neue Form der Dictatur auf. In diesem Jahre wurde nämlich ein *dictator clavi figendi causa* eingesetzt. Dies hing damit zusammen, dass eine alte Satzung, wonach ein *praetor maximus* die religiöse Ceremonie des Einschlagens eines Jahresnagels im capitolinischen Tempel zu besorgen hatte, wieder hervorgesucht wurde. Da nun als *praetor maximus* nur ein Dictator gelten zu können schien, so wurde also ein solcher zur Besorgung dieses Geschäfts bestellt. Damit war der Anfang zur Verwendung der Dictatur auch zu anderen eng begrenzten Zwecken ähnlicher Art gemacht, bei denen es sich meist nur um ein Mittel handelte, formelle Schwierigkeiten zu umgehen. So bediente man sich im Jahre 351 der Dictatur, um in Abwesenheit der Consuln die Wahlen abhalten zu lassen (*dictator comitiorum causa*), was von da an häufig vorkam. Andere derartige Dictaturen waren: *dictator interregni causa, dictator ludorum faciendorum causa, dictator feriarum constituendarum causa, dictator feriarum Latinarum causa, dictator senatus legendi causa*. Überhaupt wird die Dictatur häufig angewendet, um bei Abwesenheit beider Consuln gewisse städtische Geschäfte, für welche das *imperium* des Prätors nicht ausreichte, besorgen zu lassen.

Die Dictatur *rei gerundae causa* wurde im dritten Jahrhundert allmählich durch die Proconsuln und Proprätoren ersetzt. Sulla und Cäsar kamen wieder auf dieselbe zurück; doch waren diese Dictaturen materiell und formell illegal und nur Mittel, um zur Alleinherrschaft zu gelangen.

## § 84. Der magister equitum.

Mit dem Amt des Dictators ist das des Reiterobersten unzertrennlich verbunden. Dieser hat seinen Titel *magister equitum* im Gegensatz zu dem *magister populi*, welches die ursprüngliche Bezeichnung des Dictators war.

Der Reiteroberst wird ernannt durch den Dictator, der sofort an dem auf seine eigene Ernennung folgenden Tage vor Tagesanbruch nach Einholung von Auspicien dieses Geschäft vollziehen muss. Stirbt der *magister equitum* im Amte, so muss er durch einen neuen (*suffectus*) ersetzt werden. Die Amtsdauer richtet sich nach der des Dictators; mit dem Ablauf derselben tritt auch der Reiteroberst zurück, und zwar geschieht dies derart, dass der sein Amt niederlegende Dictator den Reiteroberst anweist, abzudanken, worauf zuerst der Dictator und dann der Reiteroberst sein Amt niederlegt.

Die ursprüngliche Bestimmung des *magister equitum* war wie die des Dictators eine militärische. Wie dieser Führer des Fussvolkes, so war er Führer der Reiterei, nur als solcher jenem untergeordnet. Auch in diesem Institut zeigt sich der Zusammenhang der Dictatur mit dem Königtum. Wie der Dictator dem König, so entspricht der *magister equitum* dem *tribunus celerum*, dem ständigen Reiteranführer in der Königszeit. Später gestaltete sich jedoch das Verhältnis zwischen Dictator und Reiteroberst so, dass letzterer als der Untergebene einfach als Unterfeldherr fungierte und auch sonst diejenigen Geschäfte übernahm, mit denen er vom Dictator beauftragt wurde. Doch unterscheidet er sich von den während der Dictatur suspendierten Consuln dadurch, dass er kraft der besonderen Ernennung des Dictators eine besondere, wenn auch der des Dictators untergeordnete, *potestas* hat und demnach als *collega minor* desselben betrachtet werden kann. War ihm daher irgend ein Geschäft zur eigenen Besorgung überlassen, so handelte dann der Reiteroberst kraft eigener *potestas*. Dies findet darin seinen bestimmten Ausdruck, dass er ausser anderen Insignien (*sella curulis* und *toga praetexta*) sechs Lictoren führt.[1]) Er war demnach ein im Amte stehender *magistratus*, eine Eigenschaft, die den suspendierten Consuln offenbar nicht beigelegt werden kann.

Das Reiterführeramt kann mit anderen Magistraturen ausser dem Consulat verbunden sein. Ursprünglich konnte natürlich nur ein Patricier *magister equitum* sein; später wurde dieses Amt, wie die patricischen Ämter überhaupt, auch den Plebejern zugänglich.

---

[1]) Ausserdem führt er noch als Officier das Schwert.

# Kapitel XII.
# Das Consulat.

Mommsen, Staatsrecht II², 71. Lange I³, 724. Madvig I, 367. Herzog I, 688, II, 827. Karlowa I, 206.

## § 85. Das Consulat als kollegialische Magistratur.
## Verschiedene Namen für dasselbe.

Im Gegensatz zur monarchischen Staatsgewalt, wie sie im Königtum und der demselben nachgebildeten Dictatur enthalten ist, steht die kollegialische. Eingeführt wurde dieselbe mit der Vertreibung der Könige, indem bestimmt wurde, dass die Befugnisse und Gewalten des Königs zweien jährlich wechselnden Consuln, die gottesdienstlichen Verrichtungen dagegen, die mit dem Königtum verknüpft gewesen waren, einem Opferkönig (*rex sacrificulus*) übertragen werden sollten. Auf die beiden jährigen Consuln ging die Königsgewalt samt ihren Insignien als solche ungeschmälert über:[1] aber da jeder der beiden Inhaber dieser Gewalt dieselbe ungeteilt besass, so beschränkten sie sich gegenseitig; die gleiche Gewalt konnte der gleichen verbietend entgegentreten (*intercessio*) und damit die ganze Gewalt lahm gelegt werden. Andererseits war die zeitliche Begrenzung der Amtsdauer auf ein Jahr zwar keine Schmälerung des Inhalts der Gewalt; aber der Inhaber, der nach Ablauf eines Jahres wieder abtreten musste, bekam nicht in gleicher Weise das Gefühl seiner Herrschergewalt, wie der auf Lebensdauer gewählte König.

Die beiden Consuln, auf welche dergestalt die Königsmacht überging, waren auch ursprünglich die einzigen Beamten, die alle Staatsgeschäfte entweder selbst vollzogen oder wie die Könige mit deren Vollzug andere beauftragten. Allein teils infolge des Umfanges, den einzelne Geschäfte annahmen, und der dadurch gesteigerten Wichtigkeit dieser Amtszweige, teils

---

[1] Liv. II, 1: *libertatis autem originem inde magis, quia annuum imperium consulare factum est, quam quod deminutum quicquam sit ex regia potestate, numeres. Omnia iura, omnia insignia primi consules tenuere.*

infolge von Konzessionen, die man der nach der Teilnahme
an der obersten Magistratur ungestüm verlangenden Plebs ein-
räumte, wurden nach und nach verschiedene Funktionen vom
Consulat losgelöst und zu besonderen, und zwar gleichfalls
kollegialischen Magistraturen umgestaltet. Zuerst ward die
Censur ausgeschieden, d. h. derjenige Geschäftskreis, welcher
sich auf die Ordnung und Einteilung der Bürgerschaft und damit
Zusammenhängendes bezog, und zwar, wie man gewöhnlich
annimmt, weil man diese so wichtige Funktion dem Patriciat
erhalten wollte, seitdem man das Consulat den Plebejern auf
die Dauer nicht vorenthalten zu können glaubte (448). Alsdann wurde die richterliche Gewalt (die Prätur) von dem
Consulat abgetrennt (366) aus dem gleichen Grunde, nämlich
weil, nachdem durch die licinischen Gesetze in dem genannten
Jahre die Plebejer endlich Zutritt zum Consulat erlangt hatten,
doch wenigstens das bis dahin im Consulat enthaltene Richteramt den Patriciern ungeschmälert verbleiben sollte. Ferner
hatten schon im Jahre 447 die Consuln die Quästoren, die
vorher von ihnen ernannt worden waren, in Tributcomitien
wählen lassen, wodurch eine neue kollegialische Magistratur
geschaffen worden war.

Nach diesen Ausscheidungen und Abzweigungen blieb den
Consuln im wesentlichen das militärische *imperium* und
im übrigen die ganze vollziehende Gewalt, insbesondere
die Oberleitung der Verhandlungen im Senat und den
Volksversammlungen, soweit nicht die Prätoren und Tribunen hierin mit ihnen konkurrierten. Die Macht der letzteren
enthielt allerdings auch eine Schmälerung der Consulargewalt,
aber nicht derart, dass die Consuln dadurch einen positiven
Verlust von Befugnissen erlitten hätten, sondern nur insoweit,
als das Intercessionsrecht sie in der Ausübung der ihnen zustehenden Gewalten hemmte und beschränkte.

Ausser dem Namen *consules* kommt auch noch die Be-
zeichnunng *praetores* und *iudices* vor.[1]) Wie sich diese

---

[1]) Cic. de leg. III, 8: *Regio imperio duo sunto iique praeeundo, iudi-
cando, consulendo praetores, iudices, consules appellamino.*

verschiedenen Titel zu einander historisch und sachlich verhalten, ist streitig. Doch ist es wahrscheinlich, dass der Name
*praetor* der ursprüngliche gewesen ist. Dafür spricht ausser
verschiedenen Stellen, die dies direkt bezeugen,[1]) der Umstand,
dass in den latinischen Städten die obersten Beamten durch-
gehends diesen Namen führen. Dass dieser Titel ursprünglich einen militärischen Sinn hatte und den Feldherrn bezeichnete, geht zunächst aus der Bedeutung verschiedener von
*praetor* abgeleiteten Bezeichnungen hervor, die sich alle auf
das Kriegswesen beziehen: so *praetorium* das Feldherrnzelt,
*praetoria porta* das Feldherrnthor, *praetoria cohors* die Feld-
herrncohorte, *praetoria navis* Admiralschiff. Damit hängt auch
zusammen, dass der höchste Beamte als oberster Feldherr im
Gegensatz zu den Unterfeldherren auch *praetor maximus* genannt wurde, was die Griechen mit στρατηγὸς ὕπατος übersetzten,
wovon dann das abgekürzte ὕπατος bei denselben als Über-
setzung des lateinischen *consul* in Gebrauch gekommen ist.
Wie sich nun zu dieser ältesten offiziellen Bezeichnung *praetor*
der später ausschliesslich übliche Titel *consul* verhält, ist nicht
mit Sicherheit zu ermitteln. Wenn man annimmt, dass unmittelbar nach der Vertreibung der Könige sofort die kollegialische Magistratur eingesetzt worden ist, dann wurde höchst
wahrscheinlich zu dem Namen *praetores* sofort der Zusatz *consules* hinzugefügt, der so viel bedeutet als kollegialisch[2]) und

---

[1]) Liv. III. 55: *quod his temporibus* (449) *nondum consulem iudicem,
sed praetorem appellari mos fuerit.* Vergl. Zonaras VII. 19.

[2]) Die Alten leiteten den Namen von *consulere* meist im Sinne von
„Fürsorge" ab, und diese Etymologie haben einige Neuere wie Schwegler
und Lange beibehalten. Dagegen finden andere in dem Worte mit Recht
den Begriff der Kollegialität, indem dabei das Hauptgewicht auf die Silbe
„con" = *cum* gelegt wird, sei es nun, dass man mit Niebuhr die zweite
Silbe „sul" als ein veraltetes Participium von *sum* fasst, wonach *consules* die Zusammenseienden bedeutet, sei es, dass man mit Mommsen
(der übrigens ursprünglich der Niebuhrschen Ansicht war) dieselbe mit
*salire* zusammenbringt. Mommsen, Staatsrecht II² 1, 74. A. sagt: „Da
*praesul* nicht von *salius* getrennt werden und nur den Vortänzer bezeichnen kann, ebenso *exul* nichts anderes heissen kann als ὁ ἐκπεσών,
auch für *insula* die Anschauung füglich von dem in das Meer gesprengten

die neue Prätur als kollegialische von der monarchischen unterscheiden sollte.

Mit der Zeit muss der Titel *praetores* hinter dem von *consules* zurückgetreten sein, da sonst das im Jahre 366 neu eingerichtete Amt des Oberrichters nicht mit *praetor* hätte bezeichnet werden können. Aus demselben Umstand kann auch geschlossen werden, dass der Zusatz *iudex* in dieser Zeit ebenfalls nicht mehr üblich war, da anderenfalls nichts näher gelegen hätte, als den neuen Richter mit diesem dem Amte so entsprechenden Titel zu bezeichnen. In jedem Falle hat sich seit dem Jahre 366 die Scheidung definitiv vollzogen, indem von jetzt an die Consuln ausschliesslich den Titel *consules* führten und der Name *praetores* nur noch den Oberrichtern zukam. Sonach verhalten sich die drei Titel in Kürze folgendermassen zu einander:

1. Die ursprüngliche Bezeichnung der Consuln im Gegensatz zu dem König bezw. dem monarchischen Prätor war *praetores consules* = die kollegialischen Prätoren.

2. Diese *praetores* führten den Namen *praetores* mit Rücksicht auf ihre Thätigkeit im Kriege; für ihre friedliche und bürgerliche Amtsthätigkeit war mehr der Titel *iudices* üblich.

3. Beide Bezeichnungen traten aber schon sehr früh zurück hinter dem Namen *consules;* der Titel *iudex* verschwand gänzlich, und der des Prätor, der seine militärische Bedeutung früh verloren, wurde als Titulatur des im Jahre 366 neugeschaffenen Oberrichteramtes verwendet.

---

Felsblock ausgehen kann, so wird auch *consul* nur den Mittänzer mit einem wahrscheinlich von dem paarweisen Tanze entlehnten Bild bezeichnen können. Die von Niebuhr aufgestellte Ableitung von *cum* und *esse* ist sprachlich nicht zulässig." Herzog will das Wort mit Vanicek lieber „von der allgemeinen Bedeutung der dem *salire* zu Grunde liegenden Wurzel *sul* = gehen" ableiten, „die Miteinandergehenden". Auch Madvig bringt das Wort mit *exul* und *praesul* zusammen.

### § 86. Wahl und Amtsantritt der Consuln.

Die Wahl der Consuln fand statt in Centuriatcomitien. Geleitet wurde dieselbe von einem Beamten gleicher oder höherer Gewalt, also von einem Consul, Interrex, Dictator, niemals aber von einem Prätor, weil derselbe ein *minus imperium* als der Consul hatte. Wenn bei der Wahl für den einen Consul die Majorität nicht erreicht ward oder während der Amtsführung einer der beiden Consuln starb, so musste der im Amte befindliche eine Nachwahl veranstalten. Der Zeit nach fanden die Wahlcomitien für die Consuln vor allen übrigen statt.

Die Zeit des Amtsantritts war in der älteren Zeit verschieden,[1] zur Zeit des zweiten punischen Krieges und auch noch nachher fand er am 15. März statt; seit dem Jahre 153 war der regelmässige Amtsantritt der 1. Januar.

Mit dem Amtsantritt des Consuls waren folgende Feierlichkeiten verbunden:

1. Anstellung von Auspicien früh Morgens (*auspicare magistratum*).
2. Unmittelbar hierauf Anlegung der *toga praetexta* und feierlicher Empfang der bei ihm zur *salutatio* erscheinenden angesehenen Bürger.
3. Festzug auf das Capitol und im Anschluss hieran Opferung weisser Stiere zu Ehren des Jupiter und Darbringung von Gelübden (*votorum nuncupatio*).

---

[1] Es kann hier unmöglich auf die einander entgegenstehenden Hypothesen Mommsens, Langes, G. F. Ungers, W. Soltaus und anderer eingegangen werden. Zu bemerken ist nur, dass das frühere bürgerliche Jahr mit dem 1. März begann. Mit diesem bürgerlichen Jahr fiel aber das Magistratsjahr der Consuln keineswegs zusammen. Der Antritt der Consuln ist vielmehr bis in die Mitte des fünften Jahrhunderts der Stadt durchaus unstät (vergl. Mommsen, Röm. Chronologie S. 86). In der zweiten Hälfte des fünften Jahrhunderts der Stadt scheint es zum ersten Mal zu einem festen Magistratsjahr gekommen zu sein, indem man, wie Mommsen vermutet, den 1. Mai als festes Antrittsjahr der Consuln bestimmte; der 15. März wurde nach Mommsen erst 222 als Antrittstag festgesetzt.

4. Senatssitzung auf dem Capitol. In dieser musste der Consul zuerst einen Vortrag über Religionsangelegenheiten halten (*de religionibus referre*) und dabei den Zeitpunkt der *feriae Latinae* festsetzen und zuletzt über die Lage des Staates überhaupt berichten.

5. Rückkehr des Consuls vom Capitol, wobei er feierlich nach Hause geleitet wurde.

## § 87. Die Amtsgewalt der Consuln: Das militärische Oberkommando.

Die Amtsgewalt der Consuln war eine doppelte, eine militärische und eine bürgerliche, und wird sowohl als *imperium* wie als *potestas* bezeichnet. Da aber die Magistrate *cum imperio* von denjenigen unterschieden werden, die das *imperium* nicht haben, so ist das *imperium* als oberste Befehlsgewalt anzusehen. Da nun auch die Prätoren als *magistratus cum imperio* bezeichnet werden, so haben letztere an derselben Teil und galten als Kollegen der Consuln, wenn auch als *collegae minores*. Die oberste Befehlsgewalt zeigt sich nun hauptsächlich in dem Rechte über Leib und Leben und Hab und Gut eines Bürgers Entscheidungen zu treffen, und da ersteres nur im Kriege dem Oberfeldherrn und letzteres im Frieden dem richtenden Magistrat zustand, so hat man ein *imperium militiae* und ein *imperium domi* unterschieden. Obwohl nun der Oberbefehl im Kriege Hauptgeschäft des Consuls und die Gerichtsbarkeit in Rom besondere Aufgabe des Prätors war, so ist dies doch nicht so aufzufassen, als ob das *imperium* nach diesen beiden Richtungen gespalten gewesen und dem einen nur das militärische und dem anderen nur das richterliche *imperium* zugekommen wäre, sondern beide, Consuln und Prätoren, besassen rechtlich genommen das ganze *imperium*. Alle Funktionen, welche die mit dem *imperium* ausgestatteten Magistrate vornehmen, sind ein Ausfluss dieses *imperium*, und der Begriff der engeren *potestas* (s. oben § 66), die den anderen Magistraten zukommt und nur darum als solche bezeichnet wird, weil sie nicht das *imperium* haben, darf in dieser Begrenzung nicht auf die

Consuln und Prätoren bezogen werden. Eine derartige Unterscheidung von Amtsfunktionen kann zwar unter verschiedenen Magistraten, nicht aber an einem und demselben Amt gemacht werden. Alle Amtshandlungen vielmehr, die Consuln und Prätoren vornehmen, sind ein Ausfluss ihres *imperium*, das zugleich ihre niederen, sonst als *potestas* im engeren Sinne bezeichneten, Handlungen mit in sich schliesst.

Der Consul ist wie der König und der Dictator vor allem Heerführer, in welcher Eigenschaft das *imperium*, d. h. die oberste Befehlsgewalt, am stärksten und uneingeschränktesten hervortritt. Die Befehlsgewalt in Rom selbst unterliegt gewissen historisch entwickelten Einschränkungen, ist aber dem geringeren Befehlsrecht der niederen Beamten übergeordnet, von dem sie als *maior potestas* (im allgemeinen Sinne genommen) unterschieden wird.

Das militärische Oberkommando, welches als der eigentliche Kern der obersten Beamtengewalt anzusehen und deswegen von ihr untrennbar ist, enthält aber nicht nur den eigentlichen Heerbefehl im Kriege (*imperium militiae*), sondern schliesst noch eine Reihe von Funktionen in sich, die mit der Kriegführung enge zusammenhängen. Danach begreift die Militärgewalt der Consuln folgende Rechte in sich:

1. Die Heerbildung, welche selbst wieder besteht in der Aushebung (*dilectus*) und der Ernennung der Oberoffiziere (*tribuni militum*), soweit dieselben nicht der Volkswahl überlassen sind. Die Aushebung stand dem Consul uneingeschränkt zu; er bedurfte zu derselben weder eines Volksbeschlusses noch eines *senatus consultum*, obwohl letzteres dem *dilectus* gewöhnlich vorherging. Der Consul konnte also aus Bürgern und Bundesgenossen ein Heer ausheben, das er auf seine Amtsdauer und auf seinen Namen eidlich verpflichtete und wann und wie es ihm beliebte (d. h. einzeln oder im ganzen) wieder verabschiedete. Diese Aushebung wurde anfänglich regelmässig jährlich vorgenommen. Später jedoch, als die Kriege längere Zeit dauerten und die Consuln die Führung der schon im Felde

stehenden Truppen übernahmen, kam die regelmässige
Aushebung ins Stocken. Der Aushebung vorher ging
die Ernennung der Oberoffiziere, welche dabei mitzuwirken hatten. Die Ernennung der *tribuni militum*
jedoch stand dem Consul unumschränkt nur bis zu der
Zeit zu, wo die Wahl der Tribunen für die vier regelmässigen Jahreslegionen auf die Comitien überging
und nur die Ernennung von Tribunen für weiter aus-
gehobene Legionen ihm überlassen blieb. Die Ernennung der Centurionen aber stand jederzeit nur
dem Consul zu. Einen Schutz gegen unrechtmässige
Heranziehung zum Kriegsdienst hatten die Bürger in
der tribunicischen Intercession.

2. Die Heerführung. Ehe die Consuln den Oberbefehl antraten und zu dem Behufe die Stadt verliessen, mussten sie erst gewisse Förmlichkeiten erfüllen. Zuerst hatten sie, wenn dies nicht schon
geschehen war, die *feriae latinae* abzuhalten. Dann
mussten sie Auspicien anstellen und auf dem Capitol
Gelübde darbringen *pro imperio suo communique re
publica*. Dann legten sie bei der Abreise zum Heere
den Feldherrnmantel (*paludamentum*) und die sie be-
gleitenden Lictoren das *sagum* an, und letztere fügten,
nachdem man die Stadt verlassen, zu den *fasces* die
Beile als das Zeichen des unumschränkten *imperium*
hinzu.

Ursprünglich erstreckte sich die militärische Kompetenz bei der Kriegführung auf das ganze Gebiet
jenseits des *pomoerium*, soweit überhaupt irgend ein
Teil desselben in Frage kam. Mit der Bildung fester
Provinzen wurden letztere militärischen Statthaltern
unterstellt und damit der consularischen Kriegsführung
entzogen. Dieselbe beschränkte sich seitdem auf Italien
und das ausserhalb des Provinzialgebietes liegende
Ausland. Als nun vollends durch Sulla der militärische
Oberbefehl der Consuln auch für Italien ausser Kraft
gesetzt wurde, blieb nur noch das Ausland übrig, in

welches aber von da an nur ganz ausnahmsweise
Consuln zur Kriegführung entsandt wurden, indem
sich die Regel bildete, dass die Consuln während ihres
Amtsjahres zu Rom blieben und erst nach Ablauf
desselben als Proconsuln in die Provinz gingen.
Was das gegenseitige Verhältnis der Consuln bei
der Kriegführung betrifft, so kommen zwei Fälle in
Betracht: Entweder befehligen beide Consuln getrennt
auf zwei verschiedenen Kriegsschauplätzen, oder sie
operieren zusammen auf einem Kriegsschauplatz. Im
ersteren Falle waren beide, nachdem sie sich mit
oder ohne Mitwirkung des Senats über ihren Amtskreis
(*provincia*) verständigt hatten, von einander unabhängig;
im zweiten Falle wechselten sie miteinander täglich
im Oberbefehl.

Das Recht der Kriegserklärung und des Friedensschlusses, das unzweifelhaft in dem königlichen *imperium* enthalten war, ging sicherlich ungeschmälert
auf die Consuln über, weshalb sie für die ältere Zeit
hierbei unumschränkt waren. Erst mit der steigenden
Bedeutung des Senats und der Volksversammlungen
traten hierin Änderungen ein, so dass es Grundsatz
wurde, Senat und Volk zur Mitwirkung heranzuziehen.
In welchem Umfange dies geschah, ob bei allen Kriegen
oder nur in Kriegen jenseits der Alpen, darüber sind
die Ansichten verschieden. Mommsen[1]) ist der Ansicht, dass im sechsten und siebenten Jahrhundert der
Stadt die Consuln das Recht der Kriegserklärung und
des Friedensschlusses regelmässig diesseits der Alpen
und nur ausnahmsweise in einer überseeischen Provinz
oder in Feindesland gehabt hätten und dass demgemäss die Kompetenz der Comitien im wesentlichen
darauf beschränkt gewesen sei, dass sie gefragt werden
mussten, bevor ein Krieg ausserhalb Italiens begonnen
ward.                               •

---

[1]) Staatsrecht II², 93.

3. Aufrechterhaltung der Disciplin im kriegführenden Heere durch die unumschränkte
*coercitio* und militärische Jurisdiktion, welch
letztere der Consul über die Feinde wie über die
eigenen Leute, Soldaten und Officiere, ausübt. Die
genannte Jurisdiktion kam auch manchmal Römern
gegenüber in Anwendung, die nicht Soldaten waren;
dies war aber an sich rechtlich nicht zulässig, da diesen
gegenüber nur die ordentlichen römischen Gerichte
kompetent sind. Dagegen lag bei Aufständen innerhalb Italiens zugleich mit der Bekämpfung derselben
auch die Bestrafung und Aburteilung der Schuldigen
rechtlich in den Händen der Befehlshaber.

4. Die militärische Oberverwaltung, Kassenführung
und Münzrecht. Die Consuln hatten ursprünglich die
Verwaltung der ihnen zum Behuf der Kriegsführung
anvertrauten Gelder; später besorgten dieses Geschäft
vom Volke erwählte Quästoren. Doch hatte der
Consul zu jeder Zeit freie Verfügung über diejenigen
Gelder, die aus der Kriegsbeute gewonnen wurden
und für welche eine besondere nur vom Consul verwaltete Kasse bestand. Die Münzprägung stand unter
der Kontrolle des Senats. Doch hatten die Consuln
als Feldherren jederzeit das Recht zu münzen und
sogar die Münzen mit ihrem Namen zu bezeichnen.

5. Imperatortitel und Triumph. Da das Wort
*imperium* im engeren Sinne das militärische *imperium*
bezeichnet, so ist derjenige, der es bekleidet, an sich
berechtigt, den Titel *imperator* zu führen. Doch
wurde es Sitte, diesen Titel erst nach dem ersten
grösseren Siege anzunehmen und die Initiative hierbei
den Soldaten auf dem Schlachtfelde zu überlassen.
Unter der Monarchie war nur noch den Kaisern
selbst gestattet, den Titel *imperator* zu führen. Mit
dem Imperatortitel hing noch der Triumph zusammen, obwohl der erstere häufig auch ohne den
Triumph vom Senate bewilligt wurde, während letzterer

nur dem siegreich vom Kriege heimkehrenden Feldherrn zustand. Der Triumph ist ein feldherrlicher Akt, der von dem noch in Funktion befindlichen Feldherrn vorgenommen wird und in einem feierlichen Aufzug des siegreich zurückgekehrten Heeres und des Feldherrn zum Capitol zum Zweck der Siegesfeier besteht. Da hiernach bei dem Triumph der Feldherr noch in Funktion war und daher das vollständige *imperium* hatte, so musste für den Tag des Triumphes das Provocationsrecht in der Stadt aufgehoben und der Gebrauch der Beile gestattet sein. Der Sieg, den der Feldherr erfochten, musste aber gewisse Bedingungen erfüllen, wenn er zum Triumph berechtigen sollte. Erstens musste es ein Sieg über **äussere Feinde** (nicht über aufständische Bürger oder aufrührerische Sklaven) sein; dann musste der Sieg eine bedeutende Waffenthat enthalten, was später dahin fixiert wurde, dass mindestens 5000 Feinde und zwar in **einer** Schlacht gefallen sein mussten; drittens musste das Heer mit dem Feldherrn zurückkehren. Bei der späteren Ausdehnung der Kriege war es nicht immer möglich, das ganze Heer zurückzuführen. und man begnügte sich, wenn nur ein Teil zurückkehrte und sonst der Krieg wirklich beendigt war (*debellatum*). Aus der oben angegebenen Definition des Triumphes geht auch hervor, dass die Berechtigung zu demselben an den Besitz des höchsten Imperium zur Zeit der Siegesfeier geknüpft war. Danach waren die Magistrate **nach Beendigung** ihrer Funktionen, ferner der nicht zur Zeit des Sieges höchst kommandierende Magistrat, der Stellvertreter des abwesenden oder die Unterbefehlshaber des anwesenden Oberfeldherrn und zuletzt die mit bloss ausserstädtischem Imperium aussgestatteten Promagistrate vom Triumphe ausgeschlossen. Die letzteren, also Proconsuln und Proprätoren, konnten jedoch der Ehre der Ovation teilhaftig werden, d. h. des Einzugs ohne den Triumphwagen und mit geringerem Schmuck in der Tracht. Diese Ovation wurde aber nicht speziell diesen Promagistraten, sondern überhaupt für geringere Erfolge gewährt. Im übrigen konnten von diesen feststehenden Regeln immer auf Grund von Volksbeschlüssen, also durch Privilegien, Ausnahmen gestattet werden. Über die Berechtigung zu einem Triumph entschieden ursprünglich die Feldherren selbst; später wurde es jedoch gebräuchlich, die Siegesfeier nur mit Genehmigung des Senats vorzunehmen; wurde der Triumph in der Stadt versagt, so zogen häufig die Consuln auf den Albanerberg und triumphierten dort. In der Kaiserzeit wurde der Triumph, wie der Imperatortitel, ein kaiserliches Reservatrecht; an seine Stelle trat für andere die Gewährung der Triumphaltracht, der sog. *ornamenta triumphalia.*

### § 88. Die Amtsgewalt der Consuln.
### Fortsetzung: Die bürgerliche Amtsgewalt.

Die Consuln hatten ursprünglich auch im Frieden die ungeschmälerte königliche Gewalt; allein einmal wurden von derselben, wie wir gesehen, einzelne Funktionen, wie das Richteramt[1]) und die *potestas censoria,* abgetrennt, andererseits war auch der Rest des *imperium* noch durch die Provocation

---

[1]) Nach Mommsen Staatsrecht II, 1², 94 war seit Errichtung der Prätur die Civiljurisdiktion dem Consul entzogen, doch stand ihm das Intercessionsrecht gegen Dekrete der Prätoren in Civilprozessen zu; ebenso war er befugt, in der Form der *legis actio* Rechtsgeschäfte, wie Adoptionen, Emancipationen, Manumissionen, vorzunehmen. Karlowa (Röm. Rechtsgesch. I, 20⁸) geht noch weiter und bestreitet, dass der Consul in durchgreifender Weise von den prätorischen Geschäften ausgeschlossen gewesen, und behauptet, dass sogar die Consuln, wenn keine Prätoren vorhanden waren, immer noch die im Oberamt dem Recht nach liegende *iurisdictio* ohne weiteres oder wenigstens auf Weisung des Senates ausüben konnten. Allerdings seien die Consuln selten in die Lage gekommen, eine *iurisdictio* auszuüben. Was die Kriminalgerichtsbarkeit betrifft, so war dieselbe ihnen seit Einführung der Provocatio entzogen. Nur ausnahmsweise wurden sie vom Senat mit einer *quaestio* betraut.

und die tribunicische Intercession eingeschränkt. Im wesentlichen verblieb ihnen die oberste Leitung des Staates in inneren wie auswärtigen Angelegenheiten, und alle anderen Magistrate, mit Ausnahme der rein plebejischen, waren ihnen untergeordnet.

I. Die Leitung des Staates in inneren Angelegenheiten. Hierbei kommt die eigentliche, regelmässige innere Verwaltung im engeren Sinne: die Initiative bei der Gesetzgebung, die Leitung der Wahlen und zuletzt die ganze Exekutive in Betracht. Der wichtigste Teil der inneren Verwaltung war zwar auf die Censoren übergegangen. Doch konnten die Consuln auch hier eingreifen, insbesondere sind sie in Stellvertretung der Censoren auf dem Gebiete des Verkehrswesens thätig gewesen. Im allgemeinen überliessen aber die Consuln die Bearbeitung der einzelnen Ressorts den Unterbeamten und begnügten sich mit der Überwachung des Ganzen. Diese erstreckte sich natürlich vorzugsweise auf die Wahrung der öffentlichen Sicherheit und Wohlfahrt, so dass dasjenige, was man heute Polizei nennt, trotzdem es besondere Oberbeamte dafür gab, in höchster Instanz von ihnen geleitet wurde. In besonders kritischen Lagen des Staates wurden sie gerade zur energischen Wahrnehmung dieses Amtszweiges entweder vom Senate oder vom Volke durch ein Ausnahmegesetz besonders beauftragt, und zu diesem Zwecke die Provocations- und andere Gesetze, sowie die tribunicische Intercession zeitweise aufgehoben. Einen solchen Auftrag erhielten die Consuln sowohl zum Zweck der Untersuchung gefährlicher politischer Verbrechen (*quaestio extraordinaria*) als zum Behuf energischen Einschreitens gegen innere Feinde des Staates und drohende Revolution. Die Vollmacht wurde vom Senate erteilt, der dazu allerdings durch kein Gesetz autorisiert, aber in den Augen des Volkes durch die Erkenntnis der Notwendigkeit eines solchen Vorgehens

berechtigt war. Der Senatsbeschluss, durch welchen
den Consuln (entweder allein oder mit anderen
Magistraten) die genannte Vollmacht erteilt wird,
heisst *senatus consultum ultimae necessitatis* oder auch
*ultimum et extremum senatus consultum* und ist gewöhnlich in der Formel enthalten: *videant consules*
[*praetores, tribuni plebis*], *ne quid detrimenti capiat
respublica*, d. h. die Consuln sollten dafür Sorge
tragen, dass der Staat keinen Schaden leide.[1]) Eine
andere Massregel ausserordentlicher Art, die aber die
Consuln auch ohne die Genehmigung des Senats vornehmen konnten, war das Iustitium, d. h. die Unterbrechung des ganzen öffentlichen und Privatverkehrs
durch Einstellung der Rechtsprechung, Schliessung der
Staatskassen, Verbot des Marktverkehrs u. dgl.

Im übrigen war die gesamte innere Verwaltung der
Consuln an die Mitwirkung des Senats gebunden, sofern es
sich um die Dinge handelte, die ausserhalb der Sphäre des
Gewöhnlichen lagen. Eine solche trat natürlich noch besonders
hervor bei dem zweiten hier in Betracht kommenden Punkt,
nämlich bei der Gesetzgebung. Ob es ein Gesetz gab,
welches die Consuln nötigte, einen Gesetzesvorschlag, den sie
der Genehmigung der Volksversammlung unterbreiten wollten,
vorher dem Senate zur Genehmigung vorzulegen, wissen wir
nicht, doch ist bekannt, dass die Consuln dies nie versäumten.
Die Initiative zu solchen Gesetzesvorschlägen lag aber,
abgesehen von der tribunicischen Gesetzgebung, von der später
zu handeln sein wird, ganz in den Händen der Consuln, insofern sie es waren, die das Gesetz dem Senate und nach

---

[1]) Die Wirkung eines solchen *senatus consultum ultimum* beschreibt
Sallust Cat. 29: *Itaque, quod plerumque in atroci negotio solet, senatus
decrevit: darent operam consules, ne quid respublica detrimenti caperet. Ea
potestas per senatum more Romano magistratui maxuma permittitur, exercitum parare, bellum gerere, coercere omnibus modis socios atque cives, domi
militiaeque imperium atque iudicium summum habere: aliter sine populi
iussu nullius earum rerum consuli ius est.* Vergl. hierzu Willems, Sénat II.
252 A. 6.

dessen Genehmigung dem Volke vorzulegen hatten. Auch waren die Consuln in keiner Hinsicht auf irgend ein bestimmtes Gebiet der Gesetzgebung beschränkt; denn wenn es auch den Tribunen gestattet war, ihrerseits Gesetzesvorschläge irgend welcher Art vor die *concilia plebis* oder Tributcomitien zu bringen, so stand es doch den Consuln frei, die gleichen Gesetzgebungsgebiete zu betreten. wobei sie natürlich dieselben nicht vor das Forum der *concilia*, sondern vor das der Tributcomitien im engeren Sinne des Wortes gebracht haben. Allerdings überwog mit der Zeit die tribunicische Gesetzgebung die consularische um ein Bedeutendes.[1]) Dagegen hatte der Consul das Recht, Edikte zu erlassen. Die Edikte unterscheiden sich von den Gesetzen dadurch, dass sie nur für die Dauer des Amtsjahres Giltigkeit beanspruchen, wogegen dasjenige, was dauernd bleiben sollte, auf dem Wege der Gesetzgebung zu regeln war. Doch war die Grenze nicht immer leicht zu bestimmen, da, wie wir oben gesehen, der Begriff des Gesetzes, der *lex*, bei den Römern einen sehr weiten Umfang hatte.

Was die Leitung der Wahlen betrifft, so ist vorauszuschicken, dass den Consuln gleich den Königen ursprünglich die Ernennung der Beamten zustand. Hiervon ist später nur noch die Ernennung des Dictators übrig geblieben, während alle übrigen Beamten gewählt wurden. Die Consuln leiten die Wahl der Prätoren, der Censoren, curulischen Ädilen und Quästoren. Nur die *vigintisexviri* sind nicht unter dem Vorsitz des Consuls, sondern des Prätors gewählt worden. Bei ausserordentlichen Magistraten ist der Wahlakt bald unter Leitung des Consuls, bald unter der des *praetor urbanus* vollzogen worden. Die Wahl der Consuln, Prätoren und Censoren nahm der Consul in Centuriatcomitien, die der Quästoren und curulischen Ädilen in Tribuscomitien vor.

---

[1]) Über die Konkurrenz des Prätors bei der Gesetzgebung wird später das Nötige gesagt werden. Im allgemeinen sei hier nur bemerkt, dass in der Regel die bedeutenderen Gesetze durch den Consul, die geringeren durch den Stadtprätor beantragt werden. Mommsen, Staatsr. II⁴, 120.

Zuletzt fiel dem Consul die ganze Exekutive in allem
dem zu, was entweder vom Consul allein aus eigener Machtvollkommenheit oder im Zusammenwirken mit den anderen
Staatsfaktoren beschlossen worden war, soweit die Ausführung
nicht untergeordneten Organen vom Consul überlassen oder
spezielle Beamte dafür ernannt wurden. Richterliche Funktionen hatten die Consuln seit der Gründung der Prätur nur
ausnahmsweise und infolge besonderen Auftrags. (S. oben Anm.
S. 207.)

Alle die genannten auf die innere Staatsleitung bezüglichen Funktionen sind aber undenkbar ohne gewisse formale
Rechte, die sich, die Berechtigung zu jenen vorausgesetzt,
sozusagen von selbst ergeben. Denn die innere Verwaltung
ist nicht ohne Verfügungen, die Verhandlungen mit dem
Senat nicht ohne das Recht ihn zu berufen und zu befragen,
die Gesetzgebung und Wahlen nicht ohne das Recht Volksversammlungen abzuhalten und in ihnen zu präsidieren und
überhaupt die ganze Aktion auf staatlichem Gebiet nicht ohne
Auspicien denkbar. Deshalb kommen zu den erörterten
materiellen Rechten noch folgende formelle Rechte hinzu:

1. Das *ius edicendi*, das Recht Verfügungen für das
   laufende Amtsjahr zu publizieren, Mitteilungen an
   den Senat oder das Volk zu erlassen, die Dienstpflichtigen einzuberufen, Steuern auszuschreiben, Feste
   anzusagen und dergleichen.

2. Das *ius cum populo agendi*, d. h. das Recht das
   Volk zu Comitien nach Curien, Centurien und Tribus
   zu berufen und zu befragen und die Verhandlungen
   zu leiten.

3. Das *ius cum patribus agendi*, d. h. den Senat zu berufen und die Verhandlungen in demselben zu leiten.
   (Davon Näheres unter Senat.)

4. Das *ius contionem habendi*, d. h. das Recht das
   Volk zu einer *contio* zu berufen, zu unterscheiden
   von dem oben erwähnten *ius cum populo agendi*.

5. Das *ius auspiciorum*, d. h. das Recht Auspicien
   vorzunehmen.

II. Die Leitung der auswärtigen Politik. Dieselbe
unterstand zwar in besonderem Masse dem Senat;
doch da die Consuln in demselben den Vortrag und
die von dem Senate gefassten Beschlüsse auszuführen,
oder falls dies nötig war, als besondere Anträge an
das Volk zu bringen und dann zuletzt überhaupt die
Überwachung der fremden Staaten und die Vornahme
der darauf bezüglichen Massregeln hatten, so war ihre
Thätigkeit auf diesem Gebiete nichtsdestoweniger von
besonderer Bedeutung. Dieselbe lässt sich direkt aus
ihrer Fürsorge für die Wohlfahrt des Staates ableiten.
Da sich dieselbe aber bei der wachsenden Ausdehnung
des Staates nicht auf das ursprüngliche Stadtgebiet
beschränken konnte, sondern alle mit der Zeit innerhalb und ausserhalb Italiens mit dem römischen Reiche
verbundenen Länder umfasste, die zumeist durch militärische Vorkehrungen teils vor inneren Unruhen
teils vor feindlichen Angriffen von aussen gesichert
werden mussten, so hing dieser Zweig der consularischen
Amtsthätigkeit, soweit er sich nicht auf Rom beschränkte, wieder mit ihrer militärischen Stellung
eng zusammen. Vorzugsweise findet das Gesagte
Anwendung auf Italien, das ganz besonders als die
Provinz der Consuln galt und ihrer Überwachung
unterstellt war. Dabei bestand ihre Aufgabe hauptsächlich darin, auf die Einhaltung der aus den Verträgen resultierenden Verpflichtungen der Bundesgenossen, namentlich in militärischer Beziehung, genau
zu sehen und nötigenfalls in die inneren Verhältnisse
der bundesgenössischen Staaten einzugreifen, Unruhen
zu beschwichtigen, Verschwörungen zu untersuchen
und zu bestrafen und die Grenzen Italiens vor Ein-
fällen zu hüten.

Ausser dieser auf die Leitung des Staates in inneren
und äusseren Angelegenheiten gerichteten Thätigkeit der
Consuln kommen ihnen noch gewisse Funktionen in der
Rechtspflege, auf dem Gebiet der Finanzen, vor allem aber

auf dem Gebiete der Religion zu, die gewissermassen als Rechte ihrer anfänglich unbeschnittenen Königsgewalt zu betrachten sind.

## § 89. Die Geschäftstellung.

Jeder der beiden Consuln besass dieselbe Amtsgewalt ungeteilt, weshalb auch jeder von ihnen die 12 Lictoren führte. Jeder von beiden konnte daher selbständig handeln, und wenn kein Ausgleich unter ihnen stattfand, so waren Konflikte unvermeidlich. Ein solcher Ausgleich war aber nur möglich, wenn die Consuln eine Teilung der Geschäfte vornahmen. Blieben beide Consuln in der Stadt, so teilten sie sich in die Leitung des Staates nach einem monatlich wechselnden Turnus, wobei der an Lebensjahren ältere Consul den Anfang machte:[1] der nicht geschäftsführende Consul enthielt sich dabei in älterer Zeit des Rechtes, Lictoren mit den *fasces* zu führen, woher auch der Ausdruck stammt: *penes quem tum fasces erant:* in späterer Zeit dagegen führte auch er Lictoren, nur mit dem Unterschied, dass sie hinter ihm statt vor ihm gingen. Waren beide Consuln im Felde auf einem und demselben Kriegsschauplatz und operierten sie gemeinschaftlich, so wechselten sie entweder einen Tag um den anderen im Oberbefehl ab oder teilten sich in denselben nach Verabredung. War dagegen die Anwesenheit der Consuln an verschiedenen Punkten nötig, so ergab sich von selbst eine räumliche Teilung, wobei das dem einzelnen zugewiesene Gebiet seine *provincia* genannt wurde, von *provincere*, d. h. der Mächtigere sein vor dem anderen. Geschah die räumliche Teilung in der Art, dass der eine zu Rom blieb und der andere in den Krieg zog,

---

[1] Daher der Ausdruck *consul maior*, nicht zu verwechseln mit dem *consul prior*, der bei der Wahl zuerst die erforderliche Anzahl Stimmen auf sich vereinigte. Bei Senatsverhandlungen und bei Beantragung von Gesetzen handelten beide Consuln immer gemeinschaftlich. Sehr wichtige ausserordentliche Geschäfte, wie z. B. die Ernennung des Dictators, wurden meist durch besondere Losung oder Verabredung dem einen oder anderen zugeteilt.

so hatte der erstere die *provincia urbana*, der letztere diejenige, die von dem Lande, in dem der Krieg geführt wurde, ihren Namen erhielt. Doch war dieser Fall, nach welchem auch der erstere als *consul togatus* von dem *consul armatus* unterschieden wird, viel weniger häufig als der andere, wonach beide Consuln Rom verliessen und jeder an der Spitze eines consularischen Heeres einen besonderen Kriegsschauplatz erhielt, der dann gleichfalls mit dem Namen der betreffenden Gegend oder des Volkes bezeichnet wurde. Das ist der Ursprung der geographischen Bedeutung des Wortes *provincia*. Welchen Kriegsschauplatz jeder der beiden Consuln erhalten sollte, darüber entschied entweder das Los, *sortiri provincias*, oder Verabredung, *comparare inter se provincias*. Ausnahmsweise geschah die Verteilung der Provinzen auch durch den Senat (*extra sortem, extra ordinem*).

Durch ein Gesetz des Sulla, *lex Cornelia de provinciis ordinandis*, wurde übrigens die Verwendung der Consuln ausserhalb Roms abgeschafft und bestimmt, dass die Consuln erst nach Ablauf ihres Amtsjahres eine Provinz erhalten, während ihres Amtsjahres aber in Rom bleiben sollten.

Die Kollegialität des Amtes erforderte, dass im Falle der Abdankung oder des eingetretenen Todes des einen Consuls der andere einen neuen Kollegen wählen lassen musste: ein solch nachgewählter Consul hiess *consul suffectus*.

## § 90. Das Consulat in der Kaiserzeit.

Schon in der letzten Zeit der Republik war die Bedeutung und Macht des Consulats, insbesondere durch die einzelnen ausserordentlichen Machthabern eingeräumten Gewalten, sehr gesunken. Die Dictatur des Sulla, die ausserordentlichen Imperia des Pompeius und zuletzt noch die Dictatur Cäsars liessen den Consuln für eine selbständige Handhabung ihrer Amtsbefugnisse wenig Spielraum mehr. In der Kaiserzeit vollends war das Consulat nicht viel mehr als eine äussere Ehre. Anfangs wurden unter Augustus noch jährlich zwei Consuln gewählt. Später führte Augustus nach dem Vorgange

des Triumvirats sechsmonatliche Consulate ein. Von da an
blieben dieselben, unterbrochen durch zeitweilige Jahres-
consulate, Regel bis zum Tode Neros. Vom Jahre 69 n. Chr.
an kam das viermonatliche Consulat als Regel auf, und seit
Hadrian das zweimonatliche. Eine gesetzliche Regelung fand
jedoch dabei niemals statt. Die jeweiligen Funktionsfristen
hiessen *nundina* oder *nundinia*, vielleicht deshalb, weil sich
in der ältesten Zeit der Wechsel der Geschäftsführung an
die achttägige Woche angeschlossen hatte.[1])

Der Zweck der Herabsetzung der Funktionszeit war,
dass die Ehre des Consulats möglichst vielen zugänglich
würde. Ausserdem erteilte man die Ehren und Würden der
Consuln noch vielen, die gar nicht Consuln gewesen waren
(*adlectio inter consulares*, d. h. Aufnahme unter die gewesenen
Consuln).

Das Consulat, dem die wirkliche Staatsleitung entzogen
war, galt als ein *honor sine labore*. Zwar liessen die Kaiser den
Consuln den Vorsitz in dem Senat und die Leitung der von
dieser Körperschaft zu entscheidenden Kriminalprozesse; doch
traten diese Funktionen immer mehr zurück hinter einem ihnen
von den Kaisern überlassenen Jurisdiktionsgebiet, von dem wir
nicht genauer unterrichtet sind, und nur als hinzukommend die
gerichtliche Leitung der Manumissionen, fideikommissarische Gerichtsbarkeit und Vormünderernennung erwähnt werden. Ausserdem wurde ihnen die Leitung von Spielen auferlegt, die sie
regelmässig zum Antritt ihres Amtes, aber auch sonst bei
ausserordentlichen Gelegenheiten zu geben hatten. In schroffem
Gegensatz zu dieser Ohnmacht des Consulats steht der bei
dem Amtsantritt der Consuln entfaltete Pomp, indem sie in
einem feierlichen Umzuge und bei den auf ihre Kosten gegebenen Spielen mit allen Insignien, sogar mit den Beilen,
und im Triumphatorengewand zu erscheinen hatten. Seit der
Verlegung des Herrschersitzes nach Constantinopel gab es
zwei Consulate, ein occidentalisches und ein orientalisches;
das erstere wurde zum letzten Male im Jahre 534 n. Chr.

---

[1]) Herzog II. 828 und 829.

bekleidet, das orientalische ging schliesslich im dortigen Kaiser
auf, der zugleich *consul perpetuus* war.[1])

## § 91. Die Consuln nach Bekleidung des Consulats: Consulares, proconsules.

Alle diejenigen, welche Consuln gewesen waren, hiessen
*consulares*. Sie bildeten die erste und vornehmste Klasse
der Senatsmitglieder im Gegensatz zu denen, die niedrigere
Ämter bekleidet hatten, wie die *praetorii, aedilicii* etc. Unter
den Kaisern erhielten diesen Titel als besondere Auszeichnung
aber auch solche, die kein Consulat bekleidet hatten, und
zwar vorzugsweise Feldherren, da gewesene Consuln früher
oft als Feldherren in die Provinzen geschickt worden waren,
und Provinzialstatthalter, für welche *consularis* der stehende
Titel wurde.

Der letztere Gebrauch hängt mit einer unter der Republik bestehenden wichtigen Einrichtung zusammen, nämlich
mit dem Proconsulat. Als mit der Erweiterung des Staates
die regelmässig funktionierenden Magistrate zur Besorgung
sämtlicher auswärtiger Geschäfte nicht mehr ausreichten, griff
man zu dem Mittel, die Magistratsgewalt über das Amtsjahr
hinaus auszudehnen. Dies nannte man *prorogatio imperii*. Dadurch verschaffte man sich sowohl Feldherren für besondere
Kriegszwecke, als auch Statthalter für die immer mehr
wachsende Zahl der Provinzen. Anfangs hatte man zu dem
letzteren Zwecke besondere Prätoren gewählt; als aber auch
diese für städtische Funktionen verwendet wurden, schickte
man gewesene Prätoren und Consuln in die Provinzen, indem man ihr *imperium* verlängerte (*prorogato imperio*), und
nannte diese *pro praetore* und *pro consule*, woraus dann später
je ein Wort *propraetor* und *proconsul* entstanden ist. Daraus
entwickelte sich dann ein selbständiges Statthalteramt, mit

[1]) Vergl. Henzen, De nundinis consularibus aetatis imp. in Ephem.
epigr. I (1872), 187—199. J. Asbach, Zur Gesch. der Cons. in der Kaiserzeit in Untersuchungen zum Jub. v. A. Schäfer, 1882, S. 190—262, und
Mommsen, Staatsrecht II³, 82 ff.

dem seit Sulla regelmässig die gewesenen Consuln betraut wurden. Ursprünglich fand die Bekleidung des Statthalterpostens unmittelbar nach dem abgelaufenen Consulatsjahr statt, später aber wurde (seit 53 und 52) ein Intervall von mindestens fünf Jahren festgesetzt.

Die Proconsules sind nicht *magistratus*, sondern *pro magistratu*, da ihr *imperium* sich nicht auf den ganzen Staat, sondern nur auf einen bestimmten Amtsbezirk (*provincia*) ausserhalb der Stadt erstreckte. In ihrer Provinz aber hatten sie das volle *imperium*, indem sie daselbst nicht nur den militärischen Oberbefehl, sondern auch die Jurisdiktion besassen und dabei durch keine Intercession, weder eines Kollegen noch eines Tribunen, beschränkt waren. Deshalb führten sie gleich den Consuln im Felde 12 Lictoren mit *fasces* und Beilen als Insignien ihres Imperiums. Die Verlängerung des Imperiums der Consuln war eine Verwaltungsmassregel; sie stand daher denjenigen Behörden zu, die in Verwaltungssachen kompetent waren, d. h. dem Senat und den Consuln, und wurde seit der regelmässigen Bekleidung des Statthalterpostens durch gewesene Consuln eine selbstverständliche Sache. Etwas anderes war es dagegen, wenn solche, die nicht unmittelbar vorher Consuln oder Prätoren gewesen waren, also Private, mit dem Imperium bekleidet wurden; in diesem Falle bedurfte es selbstverständlich einer besonderen *lex* und also der Mitwirkung des Volkes. Dies kam zum ersten Mal im Jahre 211 vor, als der junge P. Cornelius Scipio durch Volksbeschluss mit dem proconsularischen Imperium nach Spanien geschickt wurde.

Da die Proconsuln kein städtisches *imperium* hatten, so musste ihnen im Fall des Triumphes für den Tag, an welchem derselbe stattfinden sollte, das Imperium für die Stadt erst ausdrücklich verliehen werden, was auf Grund eines *senatus consultum* durch ein Plebiscit geschah, während die Bewilligung des Triumphs der Consuln nur vom Senate abhing. Proconsuln, die nicht unmittelbar vorher Consuln gewesen waren, triumphierten anfänglich überhaupt nicht, sondern wurden nur zu einer *ovatio* zugelassen. Erst dem

Pompeius wurde ausnahmsweise vor Bekleidung einer Magistratur ein Triumph bewilligt.

In der Regel blieben die Proconsules ein Jahr in ihrer Provinz. Doch konnte diese Frist verlängert werden: auch blieben die Statthalter im Besitze ihrer Gewalt, bis der Nachfolger im Amte eintraf. Durch Sulla (*lex Cornelia de provinciis*) wurden diese Verhältnisse dahin geordnet, dass der abgehende Statthalter die Provinz innerhalb der ersten dreissig Tage nach Ankunft seines Nachfolgers verlassen musste, das *imperium* aber sowohl während dieser Zeit als auch nachher so lange behielt, bis er die Stadt Rom wieder betreten hatte. Unter Pompeius und Caesar wurden die Fristen in ausserordentlicher Weise verlängert. Letzterer liess sich bekanntlich im Jahre 59 durch die *lex Vatinia* und 55 durch die *lex Pompeia Licinia* sein Provinzialimperium in Gallien auf jeweils 5 Jahre bewilligen. Wie die Dictatur, so wurde auch das ausserordentliche Proconsulat eine Brücke zur Alleinherrschaft.

# Kapitel XIII.
## Die Prätur.

Mommsen, Staatsrecht II², 185. Lange I², 770. Madvig I, 381. Herzog I, 740, II, 835. Karlowa I, 217.

## § 92. Ursprung und geschichtliche Entwickelung der Prätur.

Das ursprünglich in der Person des Königs vereinigte und später auf die zwei Consuln verteilte Imperium sollte noch weiter verzweigt werden durch Einrichtung eines neuen Amtes, der Prätur. Dieselbe verdankt ihre Entstehung dem Ständekampf und ist zunächst eine Folge des dritten licinischen Gesetzes. Dasselbe hatte bestimmt: *ne tribunorum militum comitia fierent consulumque utique alter ex plebe crearetur*, d. h. Militärtribunen sollten nicht mehr gewählt werden, statt dessen nur noch Consuln, und zwar sollte einer derselben ein Plebejer sein. Durch dieses Gesetz wurde die staatsrechtliche Gleichstellung des Patriciats und der Plebs begründet, insofern die höchste Gewalt im Staate auch der letzteren zugänglich wurde. Doch war dieses Gesetz nur ein Plebiscit, das ohne Anerkennung von seiten der Patricier damals noch von fraglicher Giltigkeit war. Deshalb mussten sich die Plebejer zu einer Vereinbarung bequemen, wonach die Patricier die höchste Gewalt den Plebejern nur unter der Bedingung zugestanden, dass die richterlichen Funktionen von dem Consulat abgezweigt und einem neu zu kreierenden rein patricischen Beamten übertragen würden. Es kam also zu dem Kompromiss, dass neben den alten zwei Prätoren, die von jetzt an Consuln genannt wurden, noch ein dritter nur aus den Patriciern zu wählender Prätor, *qui ius in urbe diceret*, kreiert werden solle. Damit war das Imperium auf drei Träger verteilt, auf die zwei alten *praetores consules* und einen neuen *praetor, praetor urbanus,* von denen die zwei alten hauptsächlich das militärische und der letzte das jurisdiktionelle *imperium* besass, doch so, dass jeder einzelne, also auch der

Prätor im engeren Sinne, doch wieder des *imperium* in seinem ganzen Umfang fähig war. Aus dem letzteren Grunde war der Prätor Kollege der Consuln. Da aber der von ihm vorzugsweise verwaltete Teil des Imperiums, die Jurisdiktion, als nicht so wichtig wie der im wesentlichen den Consuln verbleibende Oberbefehl im Kriege betrachtet wurde, so galt der Prätor als *collega minor* der Consuln und dementsprechend führte er nur sechs Lictoren. Sein *imperium* wurde mit Rücksicht auf seine Spezialfunktion dem *maius imperium* der Consuln gegenüber als ein *minus imperium* betrachtet, trotzdem er jederzeit mit der Vollgewalt des Imperiums verwendet werden konnte und auch, wenn auch selten, mit dem Heerbefehl betraut worden ist.

Um das Jahr 242 wurde aber zu dieser dritten Stellung im Imperium noch eine vierte hinzugefügt, indem für die Rechtsprechung noch ein neuer Prätor ernannt wurde. Während der bisher allein funktionierende *praetor urbanus* seine Jurisdiktion auf die Prozesse zwischen römischen Bürgern beschränkte, hatte der andere, neu ernannte, teils zwischen Nichtbürgern, teils zwischen Bürgern und Nichtbürgern Recht zu sprechen. Demgemäss wurde er dem *praetor urbanus* gegenüber, der auch *praetor qui inter cives ius dicit* heisst, als *praetor qui inter peregrinos ius dicit* und in der Kaiserzeit als *praetor qui inter cives et peregrinos ius dicit* oder abgekürzt als *praetor peregrinus* bezeichnet.

Schon wenige Jahre nachher wurden noch zwei neue Prätorenstellen hinzugefügt, so dass es von jetzt an vier Prätoren gab, und im Jahre 197 wurden noch zwei weitere Prätoren kreiert. Diese Vermehrung hing aber nicht mit dem städtischen Prätoramt, sondern mit der Einrichtung der Provinzen Sizilien, Sardinien und der beiden Spanien zusammen, deren Verwaltung je einem solchen Prätor unterstellt wurde. Als aber seit dem Jahre 146 weitere Provinzen dem römischen Reiche einverleibt wurden, erhöhte man nicht mehr die Zahl der Prätoren, sondern man behalf sich, wie dies teilweise auch schon vorher geschehen war, mit der *prorogatio imperii*, indem man teils gewesene Consuln, teils gewesene Prätoren *prorogato imperio* in die Provinzen schickte. Dabei wurde alljährlich von dem Senate vor der Losung bestimmt, welche Provinzen durch Prätoren und welche durch Prorogation zu versehen seien. Im Jahre 149 wurde ein stehender Kriminalgerichtshof (*quaestio perpetua*) eingerichtet und später mehrere noch hinzugefügt. Da nun die Prätoren nicht nur mit der Einsetzung, sondern auch der Leitung dieser Gerichtshöfe betraut wurden, so wurde die Prorogation zur Regel, und die Provinzialleitung gewöhnlich erst nach Verwaltung der städtischen Funktionen übernommen. So kam es, dass derselbe Beamte meistens zwei und mehr Jahre funktionierte. Eine feste Regel kam in diese Verhältnisse erst durch Sulla, der die Zahl der Prätoren von 6 auf 8 erhöhte und zugleich bestimmte, dass alle acht Prätoren im ersten Jahre nur jurisdiktionelle Geschäfte in der Hauptstadt besorgen, im zweiten Jahre dagegen als Proprätoren die Verwaltung überseeischer Provinzen übernehmen sollten. (*lex Cornelia de provinciis ordinandis.*)

Dasselbe wurde von Sulla für die Consuln bestimmt. Die weitere Vermehrung der Provinzen und die Einsetzung neuer Spezialgerichte führte wieder Ausnahmezustände und infolge davon eine neue Regulierung durch Cäsar herbei, welcher die Zahl der Prätoren zuerst auf zehn, dann auf vierzehn und zuletzt auf sechzehn erhöhte, welche Zahl bis auf Augustus geblieben ist.

So hatten sich mit der Zeit drei prätorische Spezialgeschäftskreise herausgebildet:

1. Die Civiljurisdiktion.
2. Provinzialstatthalterschaft.
3. Leitung der *quaestiones perpetuae*.

Wie oben bemerkt, wurde die Prätur ursprünglich als rein patricisches Amt betrachtet[1]; allein schon im Jahre 337

---

[1] Anders Mommsen Staatsrecht II², 195, der die Ansicht vertritt, dass die Prätur gleich von ihrer Einsetzung an den Plebejern von Rechts wegen zugänglich gewesen sei, wenn auch erst 31 Jahre später der erste Plebejer zu diesem Amte gelangt sei; vergl. dagegen Herzog I, 740, 3.

ward das Amt zum ersten Male von einem Plebejer, Q. Publilius Philo, bekleidet.[1]

## § 93. Wahl. Amtsantritt. Insignien.

Die Wahl der Prätoren fand, wie die der Consuln, in Centuriatcomitien statt. Die Leitung derselben besorgte der Consul, niemals der Prätor, dem nur die Wahl der *vigintisexviri* zustand. Bei dem Amtsantritt sind die allgemeinen Befugnisse von dem speziellen, dem einzelnen Prätor zugewiesenen, Geschäftskreise zu unterscheiden. Die allgemeinen Befugnisse standen dem Prätor sofort nach der Wahl zu, die spezielle Funktion beginnt jedoch erst nach der Zuweisung des Geschäftskreises und der persönlichen Ankunft in dem ihm zugewiesenen Sprengel. Ein Prätor, der zum Statthalter einer Provinz bestimmt wird, ist demnach nach vollendeter Wahl zwar schon im Amt als Prätor im allgemeinen, die Statthalterschaft beginnt aber erst mit dem Tage, wo er in der Provinz eintrifft. Vorher darf er nur diejenigen Amtsgeschäfte vollziehen, die entweder ganz allgemein in dem *imperium* des Prätors liegen oder ihm besonders durch ein *senatus consultum* übertragen sind. Der Rücktritt der Provinzialprätoren hing von der Ankunft des Nachfolgers und davon ab, ob eine Prolongation des Amtes stattfand oder nicht.

Bezüglich der Lictoren ist es fraglich, ob dem Prätor nur in der Provinz oder auch in der Stadt deren 6 zukommen. Mommsen, der ursprünglich der Ansicht gewesen war, dass der Stadtprätor sechs Lictoren habe führen dürfen, aber zwei habe führen müssen, vertritt später[2] die Meinung, dass die in Rom fungierenden Prätoren nur zwei Lictoren geführt, wogegen die in der Provinz verwendeten regelmässig deren 6 gehabt hätten.[3] Ebenso Madvig. Anders dagegen Lange,

---

[1] Vergl. P. Wehrmann, Fasti praetorii ab anno U. 586 ad a. U. 770, Berlin 1875, und M. Hölzl, Fasti praetorii ab a. U. 687 usque ad a. U. 710, 2 Bde., Leipzig 1876 und 1890.

[2] Staatsr. I², 368.

[3] Daher nannten die griechischen Schriftsteller den Prätor στρατηγὸς ἑξαπέλεκυς (*sexfascalis*).

der annimmt, dass auch in der Stadt der Prätor berechtigt gewesen sei, 6 Lictoren zu führen, wenn er nicht
gerade mit der Jurisdiktion beschäftigt gewesen sei. Für
die letztere seien allerdings nur 2 Lictoren und zwar im
Gegensatz zu dem *imperium militiae* üblich geworden.[1]) Die
übrigen Insignien der Prätoren unterscheiden sich nicht von
denen der Consuln. Vgl. übrigens oben § 73.

### § 94. Die allgemeinen Befugnisse des Prätors.

Unter den Befugnissen des Prätors sind die im Imperium
enthaltenen allgemeinen Rechte von den im Laufe der Zeit
entwickelten Spezialgeschäftskreisen zu unterscheiden. Da
das Imperium an sich nicht teilbar ist, also auch dem Prätor
voll zusteht, so kann er jederzeit kraft des ihm zustehenden
Imperium zu jeder, auch ausserhalb seiner regelmässigen
Spezialthätigkeit liegenden, Handlung, zu der ihn der Voll-
besitz seines Imperiums berechtigt, berufen werden. Am
deutlichsten zeigt sich dies in der ausnahmsweisen Verwendung der Prätoren zum Heerbefehl, wie dies noch bis
zum Ende des dritten Jahrhunderts vor Christi Geburt verschiedentlich vorkam, und ferner in der Stellvertretung der
Consuln in den städtischen Geschäften, wozu sie auf besonderes
Geheiss des Senats in der Abwesenheit jener bestellt wurden.
Dies ist, wie Mommsen[2]) richtig ausführt, im Rechtssinn nicht
Vertretung, sondern „einfache Consequenz des Satzes, dass
der Prätor College der Consuln und Inhaber gleichartiger
Amtsgewalt ist, welche nur im Falle der Collision als die
schwächere zurücksteht". Diese Stellvertretung kommt hauptsächlich beim *praetor urbanus*, manchmal auch beim *praetor
peregrinus* vor. Aber auch abgesehen von diesen durch besonders übertragene Stellvertretung ausgeübten Funktionen
der obersten Gewalt haben die Prätoren die letztere in
einigen Fällen auch regelmässig, so z. B. bei Wahlen, insofern
ihnen die Leitung der Wahlen der *magistratus minores* im

---

[1]) Lange I³, 784.
[2]) Staatsrecht II², 223.

engeren Sinne zustand, und auch bei der Wahl ausserordentlicher Magistrate wirken sie insofern regelmässig mit, als die
speziellen Gesetze, durch welche dieselben ins Leben gerufen
wurden, noch häufiger den *praetor urbanus* als die Consuln
mit deren Leitung beauftragten. Auch bei der Gesetzgebung
ist die Mitwirkung der Prätoren eine regelmässige; zwar
wurden in der Regel die bedeutenderen Gesetze durch den
Consul, die geringeren durch den *praetor urbanus* beantragt:
aber die Kompetenz war die gleiche. Dementsprechend hat
dem Prätor auch keines der formellen Rechte gefehlt, ohne
welche die Ausübung des im Imperium enthaltenen materiellen
Rechtes undenkbar ist. Der Prätor besass demnach in dieser
Beziehung dieselben Rechte wie der Consul (vgl. oben § 88,
S. 211), also:

1. Das *ius edicendi*, s. hierzu Näheres weiter unten, wo
   vom prätorischen Edikt die Rede ist.
2. Das *ius cum populo agendi*.
3. Das *ius cum patribus agendi*, d. h. das Recht den
   Senat zu berufen. Allerdings liegt die Berufung des
   Senats zunächst den Consuln ob; allein auch den
   Prätoren stand dieses Recht zu, und zwar nicht bloss
   in Abwesenheit der Consuln, wo der Stadtprätor regelmässig den Senat berief, sondern auch selbständig,
   obwohl letzteres meist nur dann geschah, wenn die
   Consuln damit einverstanden waren oder ein Senatusconsult oder ein Volksbeschluss sie speziell dazu ermächtigte.
4. Das *ius contionem habendi*.
5. Das *ius auspiciorum*.

### § 95. Die Spezialgeschäftskreise des Prätors.

Wie wir in § 92 gesehen, hatten sich mit der Zeit drei
Spezialgeschäftskreise für die Prätur herausgebildet:

1. Die Civiljurisdiktion.
2. Die Leitung der *quaestiones perpetuae*.
3. Die Provinzialstatthalterschaft.

1. Unter die Civiljurisdiktion gehört der Prozess und das Edikt. Die Civiljurisdiktion hatte zum Gegenstand entweder Prozesse zwischen Bürgern und Bürgern oder solche zwischen Nichtbürgern und Nichtbürgern oder Römern und Nichtbürgern. Die ersteren unterstanden der Jurisdiktion des *praetor urbanus*, die beiden letzteren der des *praetor peregrinus*; für jene galt das *ius civile*, für diese das *ius gentium*. Über das Einzelne hierbei wird bei dem Abschnitt über das Rechtswesen gehandelt werden.

Ausser der auf den einzelnen Rechtsfall sich erstreckenden richterlichen Thätigkeit gehört zur jurisdiktionellen Kompetenz des Prätors die Befugnis allgemeine Entscheidungsnormen durch Edikte aufzustellen. Ein solches Edikt wurde vom Prätor bei oder vor seinem Amtsantritt erlassen, und zwar nicht nur von dem *praetor urbanus*, sondern auch von dem *praetor peregrinus* und den Provinzialprätoren, von letzteren natürlich nur für ihre Provinz. Das Edikt wurde meistens auch vom Nachfolger respektiert und entweder vollständig oder nach einer Revision mit Abänderungen von ihm aufgenommen, und so entstand im Laufe der Zeit aus diesen Edikten ein kodifiziertes Privatrecht. Ein solches Privatrecht war allerdings schon in den 12 Tafeln enthalten. Allein die Bestimmungen derselben reichten nicht für alle Fälle aus, und das war eben der Grund, weshalb die Prätoren bei ihrem Amtsantritt besondere Normen für Fälle festsetzten, die in den 12 Tafeln nicht vorgesehen waren. Somit war das prätorische Edikt eine Weiterbildung des *ius civile* der 12 Tafeln. Zu unterscheiden ist diese Art von Gesetzgebung von der Gesetzgebung des Volkes oder den eigentlichen *leges*. Allein da die Edikte von den Nachfolgern meistens, sei es mit, sei es ohne Abänderungen, respektiert wurden, so entstand daraus eine Sammlung von fast regelmässig beobachteten Bestimmungen (*edictum perpetuum*), die den *leges* und den *plebiscita* als Rechtsquelle gleich geachtet wurden.[1]

---

[1] Über das Edikt des Prätors vergl. Regelsberger, Sitzungsbericht der phil. hist. Gesellschaft in Würzburg. 1874, und O. Lenel, Das Edictum perpetuum, Leipzig 1883.

Die Civiljurisdiktion kann der Prätor mit Erfolg nur dann ausüben, wenn er imstande ist, seinem Richterspruche Achtung zu verschaffen und im Falle der Weigerung gegen den Ungehorsamen einzuschreiten. Hierzu ist er aber befugt durch die *coercitio*. Diese, der wesentliche Ausdruck des *imperium* und ursprünglich nur den *magistratus cum imperio* zustehend (vgl. oben § 68), ist das Recht des Beamten gegen einen Bürger einzuschreiten, der sich weigert, einem innerhalb der Kompetenz des Beamten erlassenen Befehl zu gehorchen. Diese *coercitio* gilt ganz allgemein für jede Funktion des Imperiums, kommt aber bei der Jurisdiktion ganz besonders in Anwendung. Coercitionsmittel sind, abgesehen von der Todesstrafe, die Freiheitsberaubung, die Züchtigung, die Geldbusse und die Pfändung. (§ 68.)

Gegen die richterlichen Akte des Prätors war zwar gesetzlich Intercession zulässig; dieselbe wurde jedoch nur ausnahmsweise geübt, da sonst eine regelmässige Jurisdiktion nicht möglich gewesen wäre. Vom Senate dagegen war der Prätor bezüglich seiner Jurisdiktion ganz unabhängig, nur die aus seinem Imperium fliessenden allgemeinen Befugnisse waren, wie die des Consuls, an die Auktorität des Senats gebunden.

2. Die Leitung der *quaestiones perpetuae* oder der grossen ständigen Geschworenengerichte. Ein Geschworenengericht wurde zum ersten Male im Jahre 149 v. Chr. eingesetzt, um die von den Provinzialen gegen römische Magistrate angestellten Klagen wegen Erstattung unrechtmässig erpresster Gelder (*pecuniae repetundae*, daher *de repetundis*) abzuurteilen. Nach dem Muster dieses Gerichtshofes wurden dann später noch eine Reihe anderer für andere Kriminalfälle eingerichtet und Prätoren mit ihrer Leitung beauftragt. Diese Kriminaljurisdiktion war aber wesentlich von der Civiljurisdiktion des Prätors verschieden. Bei der Civiljurisdiktion bedienten sich die Prätoren zwar meist auch geschworener Richter; doch war der Prätor dabei nicht Richter in eigener Person, sondern er instruierte nur den Prozess und überwies die Sachen selbst den Richtern zur Aburteilung (*iudices dabat*); bei der Kriminaljurisdiktion in den *quaestiones perpetuae* dagegen leitete der

Prätor die Gerichtsverhandlung und sprach dann auf Grund derselben die Entscheidung selbst aus. Über das Einzelne hierbei wird weiter unten bei dem Rechtswesen die Rede sein.

3. Die Provinzialstatthalterschaft der Prätoren enthielt das volle, sachlich uneingeschränkte Imperium, aber nicht für den ganzen Staat, sondern für einen geographisch abgegrenzten Bezirk, die Provinz. Die bei weitem wichtigste Seite des Imperiums ist dabei die militärische, da die Provinz vor allem gegen feindliche Angriffe von aussen oder gegen Schilderhebungen im Innern zu schützen war. In der Jurisdiktion, die ihm in der Provinz gleichfalls voll und ohne Provocation zustand, sind die Kriminaljurisdiktion und Civiljurisdiktion zu unterscheiden. Bezüglich der letzteren hatte er die Aufgabe, in einem Edikt, in dem er die Normen für seine Rechtsprechung aufstellte, die Billigkeit und die ortsüblichen Gebräuche zu berücksichtigen (*ius gentium*). In der Verwaltung der Provinz war er unumschränkt: nur musste er die speziellen Rechte wahren, die in dem Grundgesetz bei der Einrichtung der Provinz enthalten waren, sowie die für die Provinzialverwaltung überhaupt giltigen allgemeinen Normen beobachten.

## § 96. Die prätorische Losung.

Innerhalb der Prätur herrschte nicht das Prinzip der Kollegialität. Gleich wie von vornherein nur ein Prätor gewählt wurde, so wurden auch später, als es mehrere Prätorstellen gab, nicht zwei oder mehrere Prätoren zu einer Gesamthandlung berufen, sondern jeder nur zu einem bestimmten Geschäftskreise, innerhalb dessen er allein kompetent war. So kann vor allem die Civiljurisdiktion immer nur von einem Prätor gehandhabt werden: daher ist der *praetor urbanus* auf seinem Gebiet ebenso ausschliesslich thätig, wie der Peregrinenprätor auf dem seinen, und ebenso verhält es sich mit den übrigen. Daher gab es auch für die Geschäftsteilung zwischen den Prätoren keine Vereinbarung, weil eine solche nur zwischen Kollegen zulässig ist, sondern es war eine Losung (*sortitio provinciarum*) als Vorbedingung für die Übernahme ihrer

Spezialfunktionen notwendig. Anfänglich hatte der Senat das Recht, vor der Losung einige Kompetenzen nach eigenem Ermessen festzustellen. War aber die Losung erfolgt, so stand dem Senat kein Eingriff mehr zu. Übrigens war es vor, Sulla Regel, dass jede einmal gesetzlich normierte Kompetenz jedes Jahr besetzt werden musste. Trat daher eine vorher vom Senat bestimmte anderweitige Verwendung von Prätoren ein, so musste die Stelle, für welche keine besonderen Prätoren mehr da waren, auf andere Weise besetzt werden, was meist durch Prorogation oder Kombination geschah. Doch konnte hierbei nicht nach Willkür verfahren werden. Die städtische Jurisdiktion durfte z. B. überhaupt nicht von vornherein ausfallen, sondern musste in jedem Falle von einem für sie bestimmten Prätor besetzt werden. Bei der peregrinischen Jurisdiktion dagegen war noch vor dem zweiten Jahrhundert die Kombination mit der städtischen oder einer anderen gestattet. Bei den Statthalterschaften konnte ebenfalls, solange es deren nur so viele als dafür verfügbare Prätoren gab, der Senat nicht allein eingreifen; später aber, als die Zahl der Provinzen die der Prätoren überstieg und durch Kombination oder, wie häufiger, durch Prorogation nachgeholfen werden musste, war der Senat gezwungen, die für die Ausfüllung der Lücken notwendigen Massregeln selbständig zu vollziehen. Dabei war es dem Ermessen des Senats überlassen, eine oder mehrere Provinzen nicht verlosen zu lassen und bestimmte Kompetenzen mit in die Lose aufzunehmen. In diesem Falle wurde die Provinz durch einen Proprätor oder Proconsul verwaltet, so dass die Prätoren für andere Kompetenzen verfügbar wurden, die der Senat vor der Losung bestimmen konnte. Mit Sulla trat eine andere Ordnung ein, da von da an die Prätur zweijährig war, so zwar, dass jeder Prätor im Amtsjahr eine Jurisdiktion und im folgenden eine Statthalterschaft übernahm. Damit ergab sich eine doppelte Losung, im ersten Jahr um die jurisdiktionelle Kompetenz und im zweiten Jahr um die Statthalterschaft; die erste fand unmittelbar nach der Wahl, die zweite im Laufe des ersten Amtsjahres statt und wurde durch einen besonderen Senats-

beschluss jährlich reguliert. Eine solche Regulierung wurde
dadurch nothwendig, dass auch jezt noch die Zahl der Statthalterschaften die der dafür verfügbaren Beamten überstieg
und deshalb einzelne Provinzen für anderweitige Besetzung
ausgeschieden werden mussten. Man half sich hierbei auch
jetzt wieder meist durch Prorogation, indem das *imperium* des
Proprätors auf ein zweites und folgendes Jahr verlängert
wurde. Auch war es jetzt wie früher dem Senate gestattet,
ausserordentliche Kompetenzen einzuschieben, wenn er einen
oder mehrere Statthalter durch Prorogierung auf ihren Posten
belassen wollte und infolge davon Prätoren für andere Geschäfte verfügbar wurden.

### § 97. Die Prätur unter den Kaisern.

Schon die Vermehrung der Prätorstellen durch Cäsar, der
ihre Zahl auf 10, dann auf 14, zuletzt auf 16 erhöhte, hatte
nicht wenig dazu beigetragen, das Ansehen der Prätur herab-
zumindern. Dazu kam, dass zur Zeit der Monarchie die
amtliche Thätigkeit der Prätoren ganz in die Abhängigkeit
von den Kaisern geriet. Die Civiljurisdiktion der beiden ursprünglich städtischen Prätoren, des *praetor urbanus* und des
*praetor peregrinus*, ward zum Teil dem *praefectus praetorio*
und *praefectus urbi* übertragen, und mit dem Aufhören der
*quaestiones perpetuae* fiel auch die kriminelle Jurisdiktion der
übrigen Prätoren fort. Das Recht die Geschworenenliste aufzustellen verlor der *praetor urbanus* an den Princeps. Das prätorische Edikt blieb zwar prinzipiell bis Hadrian in Geltung,
hatte aber neben der kaiserlichen Jurisdiktion wenig Spielraum. Mit dem *edictum perpetuum* Hadrians kam es aber
ganz in Wegfall. Dafür erhielten die Prätoren teilweise
andere Funktionen. So wurden den beiden städtischen Prätoren die Gerichtsbarkeit der Ädilen, einem anderen die über
Handel und Wucher, wieder anderen die Fideicommisssachen
und die Prozesse zwischen dem Fiskus und den Privaten,
Vormundschaftssachen u. dergl. übertragen. Auch mit der
Verwaltung wurden sie befasst; einige z. B. bekamen die
Mitaufsicht über die 14 Regionen der Stadt; ferner erhielten

sie von Augustus die Aufsicht über das Ärar, die sie bis
Claudius und dann wieder unter Vespasian ausübten. Am
wichtigsten aber war hierbei die ihnen von Augustus und
Tiberius übertragene Besorgung der Spiele, die bis in die
späteste Zeit ihnen verblieb und ihre Hauptamtsthätigkeit
ausmachte. Die Verteilung der Kompetenzen geschah auch
jetzt noch durch Losung. Nach Ablauf des ersten eigentlichen Amtsjahres gingen sie nach wie vor als Proprätoren
bezw. Proconsuln in diejenigen Provinzen, deren Verwaltung
die Kaiser dem Senate überlassen hatten. Was die Zahl der
Prätoren betrifft, so hatte Augustus dieselbe zuerst von 16
auf 10 herabgesetzt, später aber dieselbe wieder auf 16 zurückgeführt. Claudius erhöhte sie auf 18, welche Zahl man, wenigstens als Maximalziffer, beibehielt. Doch war hierin ein
gewisses Schwanken.

Die Prätur überlebte, obschon zur Zeit des Kaisers
Caracalla die Peregrinenprätur und bald nach Constantin
auch die städtische Prätur abgeschafft wurde, doch noch lange
die Teilung des Reiches, indem in Constantinopel noch Prätoren, allerdings mit unbedeutender Gerichtsbarkeit in der
Stadt, aber mit der Besorgung der öffentlichen Spiele als
Hauptbeschäftigung, ernannt wurden.

Die gewesenen Prätoren traten zur Zeit der Republik
wie die gewesenen Consuln in den Senat ein und hiessen
*praetorii* — eine unmittelbar unter den *consulares* stehende
Rangstufe. Dieser Rang wurde aber unter den Kaisern auch
solchen verliehen, die vorher nicht Prätoren gewesen waren,
womit zugleich das Recht verbunden war, im Senate mit den
wirklichen *praetorii* zu stimmen und sich ohne vorhergehende
Bekleidung der Prätur um das Consulat zu bewerben. Diese
Aufnahme unter die *praetorii* hiess *adlectio inter praetorios*.

# Kapitel XIV.
## Die Censur.

Mommsen, Staatsrecht II², 319. Lange I³, 791. Madvig I, 393.
Herzog I, 754. Karlowa I, 229.

### § 98. Entstehung und Begriff der Censur.[1]

Im Jahre 444 v. Chr. wurde ein neues Amt in Rom eingerichtet,[2] mit der Aufgabe, den *census* vorzunehmen. Dieses
Amt heisst die *censura* und die Beamten selbst *censores*.
Über die Ursachen, welche die Gründung dieser neuen Magistratur veranlasst haben, herrschen verschiedene Meinungen.
Die einen sind der Ansicht, dass die sich häufenden Geschäfte
der Consuln, insbesondere die Kriegsführung, die Abzweigung
der censorischen Geschäfte von dem Consulat zur Notwendigkeit gemacht hätten.[3] Andere, wie Lange, führen die
Gründung der Censur auf politische Motive im Ständekampfe
zurück, indem sie bei der Einführung des den Plebejern zu-

[1] Vergl. L. Delavaud, Droit romain; le cens et la censure etc.,
Paris, 1885.

[2] Liv. IV. 8. *Hic annus censurae initium fuit . . . quod in populo
per multos annos incenso neque differi census poterat neque consulibus,
cum tot populorum bella imminerent, operae erat, id negotium agere.
Mentio inlata apud senatum est rem operosam ac minime consularem suo
proprio magistratu egere.* Vergl. hierzu Mommsen, Staatsrecht II², 323.
Anm. 4.

[3] Mommsen, Staatsrecht II², 323, sagt darüber folgendes: Das Geschäft der Schatzung haftet von Haus aus am Oberamt, das heisst, es
wurde ursprünglich vom König vollzogen . . . sodann von den Consuln.
. . . Aber bereits im Anfange des vierten Jahrhunderts d. St., nach den
uns vorliegenden Annalen im Jahre 311, wahrscheinlich aber erst im
Jahre 319, wurde dies Geschäft vom Consulat getrennt und zwei be-
sondern für dasselbe von Fall zu Fall ernannten Beamten überwiesen.
Schwerlich sind bei dieser Trennung Standesinteressen bestimmend gewesen, sondern vermutlich die Unmöglichkeit, diese ein längeres Ver-
weilen in Rom unausweichlich fordernde und eben wegen ihrer Intervallierung für das Collegium, das sie traf, besonders lästige Amts-
pflicht den stets durch die Feldzüge in Anspruch genommenen
Oberbeamten länger zu belassen.

gänglich gemachten Militärtribunats, das längere Zeit an die Stelle des Consulats trat, das wichtige Geschäft des Census rein patricischen Beamten — und solche waren die Censoren bis nach den *leges Liciniae Sextiae* — überlassen bleiben sollte. Daneben besteht noch eine dritte Ansicht, wonach der Census überhaupt nicht früher sei als die *Censur*, letztere somit als eine neue Magistratur für eine neue Einrichtung erst geschaffen worden sei.[1]) Die beiden ersteren Ansichten schliessen sich nicht aus. Es ist wohl möglich, dass die sich häufenden Geschäfte der Consuln eine Abtrennung des Census wünschenswert oder notwendig erscheinen liessen und dass gleichwohl die Patricier darauf bedacht nahmen, eine so wichtige bisher den Consuln zustehende Amtsbefugnis sich nicht entwinden zu lassen. Für die dritte Ansicht spricht allerdings manches, insbesondere der von Soltau erbrachte Nachweis, dass die Censur von vornherein ein Unteramt war, dessen Kompetenzen erst später erweitert wurden. Wie dem aber auch sein mag, soviel steht fest, dass, wenn es vor der Einrichtung der Censur einen Census gab, die Vornahme desselben mit zu den Funktionen der höchsten Gewalt gehörte, und dass somit die *censoria potestas* begrifflich jedenfalls von der *consularis potestas* abzuleiten ist.

Die Censur war ein Amt für einen bestimmten Zweck und hatte insofern Ähnlichkeit mit der Dictatur. Indem es für den besonderen Zweck der Vornahme des *census* geschaffen wurde, enthält es dementsprechend eine ausserordentliche Befugnis, die dem damit Bekleideten innerhalb gewisser Grenzen gestattet, nach Gutdünken zu verfahren, war aber nicht *imperium*, da weder der Heerbefehl noch eine eigentliche Jurisdiktion mit demselben verbunden war; deshalb führt der Censor auch keine Lictoren, sondern nur Viatoren. Entsprechend dieser dictaturähnlichen ausserordentlichen Amtsgewalt gab es gegen die Amtshandlungen

---

[1]) W. Soltau, Die alt-römischen Volksversammlungen 585 und dessen Abhandlung: Über den Ursprung von Census und Censur in Rom. Verhandlungen der Carlsruher Philologenversammlung 1882 (Teubner).

der Censoren weder eine andere als kollegialische Intercession noch ein Eingreifen der höheren Amtsgewalt, sondern die Censoren waren auf ihrem Gebiete vollständig souverän. Die Ähnlichkeit mit der Dictatur bestand also darin, dass die Censoren zur Vornahme eines bestimmten Geschäftes berufen wurden, nach dessen Erledigung ihre Amtsgewalt wieder aufhörte, und dass sie in der Ausübung dieser letzteren unumschränkt waren. Andererseits unterschied sich aber die Censur von der Dictatur wieder sowohl dadurch, dass das Geschäft, zu dessen Vornahme sie berufen wurden, periodisch wiederkehrte (*quinto quoque anno*), sie also auch in regelmässig wiederkehrenden Zeiträumen gewählt wurden, als auch dadurch, dass das Amt streng kollegialisch war.

Die Censur war demnach ein periodisch wiederkehrendes, unverantwortliches, kollegialisches Amt zur Vornahme des *census*, d. h. der Neubildung der politischen Gemeinde. Die Gewalt der Censoren wird nicht als *imperium*, sondern als *potestas* bezeichnet; doch zählen sie zu den *magistratus maiores*, da ihre, wenn auch beschränkte, Befugnis ein Ausfluss der höchsten Amtsgewalt ist.

### § 99. Amtsdauer, Wahl und Wählbarkeit, Amtsantritt, Kollegialität.

Die Amtsdauer der Censoren richtete sich nach dem Geschäft, zu dessen Vornahme sie gewählt wurden. Dieses Geschäft war der *census*, die Neubildung der politischen Gemeinde. Selbstverständlich nahm dasselbe eine gewisse, nicht immer genau vorher zu fixirende, Zeit in Anspruch und hatte dann für eine Reihe von Jahren Giltigkeit. Erfahrungsgemäss dauerte jedoch der *census* länger als ein Consulatsjahr;[1] deswegen setzte man durch die *lex Aemilia* (433) die Amtsdauer auf anderthalb Jahre fest, während welcher Zeit die eigentlichen Censusgeschäfte erledigt sein konnten.

---

[1] Soltau erklärt die 18monatliche Amtsdauer durch eine Zusammensetzung aus einem Amtsjahre für die censorischen finanziellen Geschäfte und aus einer Frist bis zur Absolvierung der zur Lustration notwendigen Geschäfte.

Der Censusakt wurde erst perfekt durch die Vollziehung eines Sühnopfers für die in ihrer Gesamtheit auf dem Marsfeld vereinigte neu organisierte Bürgergemeinde. Dieses Sühnopfer heisst *lustrum*[1]) und ist zum Abschluss des Census derart rechtlich notwendig, dass ohne dasselbe der letztere nichtig ist. Daher wird auch der ganze Zeitraum, welcher sich von einem Census bis zum andern erstreckt, *lustrum* genannt. Welche Anzahl von Jahren ein solcher Zeitraum ursprünglich umfasste, ist nicht sicher. Allerdings soll dafür gleich von Anfang an ein periodisch wiederkehrender Zeitraum von 5 Jahren bestimmt gewesen sein;[2]) allein geschichtlich finden sich auch andere Intervalle, und der Ausdruck *quinto quoque anno*, der später regelmässig als ein *quinquennium* gefasst wird, kann nach strengem römischen Sprachgebrauch ursprünglich nur einen Zeitraum von vier Jahren bedeuten.[3]) Aber seit dem Jahre 209, wo nach längerer Unterbrechung im hannibalischen Kriege zum ersten Male wieder ein *census* stattfand, war der Zeitraum fest als ein fünfjähriger (*tempus quinquennale*) reguliert, und seitdem steht auch der Sprachgebrauch fest, wonach *quinto quoque anno* mit Rücksicht auf das *lustrum* als eine fünfjährige Periode gefasst wird.

Die Censoren wurden aber nicht für die ganze Zeit eines solchen Lustrums gewählt, sondern nur für die Vornahme des als *census* bezeichneten und mit einem Sühnopfer abschliessenden Geschäfts und etwaigen weiteren damit in Verbindung stehenden Regelungen, wofür im ganzen der oben genannte Zeitraum von $1\frac{1}{2}$ Jahren zu genügen schien. Alle fünf Jahre wurden also Censoren gewählt für $1\frac{1}{2}$ Jahre; in der

---

[1]) Von *luo* = abwaschen, daher *lustrum* = Wäsche oder Sühne.

[2]) Censorinus 18, 13: *lustrum . . . ita quidem a Ser. Tullio institutum, ut quinto quoque anno censu civium habito lustrum conderetur, sed non ita a posteris servatum.* Vergl. Varro l. l. 6, 4.

[3]) Mommsen II, 1³, 332: Damit stimmt auch die Sitte der alten Zeit, wonach ratenweise Zahlungen *annua, bima, trima, quadrima*, aber nicht darüber hinaus, geschahen, was sich wahrscheinlich zunächst auf die vier Raten des Pachtgeldes des ursprünglichen *lustrum* bezog. Vgl. Huschke, Das alte römische Jahr, S. 20, 67, und Karlowa I, S. 231.

übrigen Zeit des Lustrums gab es keine Censoren. Doch konnte, falls es nötig war, die genannte Amtsdauer auch auf 3 Jahre prorogiert werden. Dagegen konnte für die nicht unmittelbar mit dem *census* zusammenhängenden Geschäfte, wie z. B. die Abnahme und Billigung der von ihnen verdungenen Bauten, ihnen zwar nicht das Amt prorogiert, wohl aber eine besondere *cura* übertragen werden. Die Wahl der Censoren fand in Centuriatcomitien unter Vorsitz eines Consuls oder eines Beamten mit consularischer Gewalt statt. Der Amts-antritt erfolgte sofort nach der Wahl und zwar in der Weise, dass die Censoren auf dem Marsfelde, dem Hauptorte ihrer amtlichen Thätigkeit, ihre *sella curulis* aufstellen liessen und auf derselben Platz nahmen, von da aber sich auf das Capitol begaben, um dort zu opfern. Eine Senatssitzung kommt dabei nicht vor. Die Wahl und der Amtsantritt fanden im Früh-jahr, in der Regel, wie es scheint, im April statt.

Ursprünglich war das Amt patricisch: wann und wo-durch das Amt zum ersten Mal den Plebejern gesetzlich zu-gänglich wurde, ist nicht überliefert: wir wissen nur, dass im Jahre 351 dasselbe zum ersten Mal von einem Plebejer bekleidet worden ist. Im Jahre 339 bestimmte die *lex Publilia*, dass der eine der Censoren ein Plebejer sein müsse, und seit dieser Zeit war sogar die Wahl von zwei Plebejern für die Censur zulässig.

Die hohe Wichtigkeit des censorischen Amtes findet darin einen besonderen Ausdruck, dass dasselbe fast nur von ge-wesenen Consuln, *consulares*, bekleidet worden ist, doch be-ruht diese Thatsache wohl weniger auf irgend einem Gesetz als auf Herkommen.

Die Kollegialität ist bei dem Censorenamt besonders streng beobachtet worden, d. h. einen Censor konnte es nicht geben; wenn z. B. bei der Wahl nur die Majorität für einen Censor sich ergab, so war auch dessen Wahl ungiltig, und wenn ein Censor starb, so musste der andere entweder eine Nachwahl veranlassen oder zurücktreten. Aber obgleich das Censusgeschäft niemals vorgenommen werden durfte, wenn nur ein Censor im Amte war, so konnte doch das Lustrum faktisch nur von einem vollzogen werden. der hierzu durch das Los bestimmt wurde. Im übrigen aber zeigt sich die besondere Kollegialität des Amtes darin, dass die Aufnahme der Bürger- und Senatsliste, sowie auch die Erteilung einer censorischen Rüge durch beide Censoren, nicht durch einen allein geschieht. bezw. zwischen beiden Übereinstimmung herrschen muss.

**§ 100. Kompetenz der Censoren: Vornahme des Census und damit zusammenhängender Akte.**

Die Kompetenz[1]) der Censoren erstreckte sich ihrer ursprünglichen Bestimmung gemäss auf einen einmaligen Akt, den Census. Dazu kamen aber noch Geschäfte verwandter Art. sowie finanzielle Geschäfte, die zwar mit dem *census* zusammenhingen, aber sich nicht auf die Personen und ihre Leistungsfähigkeit im einzelnen. sondern auf die Ökonomie des ganzen Staates bezogen. Danach bestand die censorische Thätigkeit in folgendem:

1. Vornahme des *census*, und in Verbindung hiermit die *recognitio equitum*, die *lectio senatus* und das Sittenrichteramt, *regimen morum*.

2. Verwaltung des öffentlichen Vermögens und zwar Verpachtung der Staatseinnahmen, Verdingung der Staatsarbeiten und Instandhaltung sowie Herstellung öffentlicher Bauten.

Unter Census ist im engeren Sinne nur die periodisch wiederkehrende Vermögensabschätzung zu verstehen. Diese Vermögensabschätzung bildet aber seit der Einführung der sogenannten servianischen Verfassung die Grundlage der ganzen Einteilung des Volkes und der Festsetzung seiner Rechte und Leistungen. Danach ist der *census populi* im

---

¹) Cic. de leg. III, 3. 7 giebt hierüber folgende Übersicht: *censores populi aevitates suboles familias pecuniasque censento; urbis templa vias aquas aerarium vectigalia tuento; populique partis in tribus discribunto; exin pecunias aevitates ordines partiundo equitum peditumque prolem describunto; caelibes esse prohibento, mores populi regunto, probrum in senatu ne relinquonto.*

allgemeinen die Herstellung des Standes der römischen Gemeinde oder mit anderen Worten die Neubildung der Bürgerschaft. Zu dieser Neubildung gehören die Anfertigung der Bürgerlisten mit Abschätzung des Vermögens und der Leistungen eines jeden, *census populi*, und als besonders beachtete korrelate Vorgänge der *census equitum* oder die *recognitio equitum* und die *lectio senatus*. Ferner hängt damit zusammen das *regimen morum* oder das Sittenrichteramt.

1. *Census populi*. Der *census* begriff zunächst nur in sich den allgemeinen *census*, den *census populi*. Er stand zunächst im Gegensatz zu dem *census equitum* oder der *recognitio equitum*, was sich schon in der Einladungsformel kundgiebt, wonach der *praeco omnes Quirites pedites* berief. Doch waren die Ritter hiervon nicht ausgeschlossen, da sie zunächst als Personen nach ihrem Vermögen u. s. w. in demselben mit abgeschätzt wurden, worauf dann für sie noch ein besonderer nur für sie bestimmter *census* folgte. Das Volk, welches die Censoren abzuschätzen hatten, war nicht das alte Patriciat, sondern der aus Patriciern und Plebejern bestehende *exercitus*. Deshalb fand die Schätzung ausserhalb der Stadt auf dem Marsfelde statt, wohin das Volk nach Anstellung von Auspicien von einem Herold zu einer feierlichen *contio* geladen wurde, nachdem dieser von einem Censor die Aufforderung dazu mit folgenden Worten erhalten hatte: *quod bonum fortunatum felixque salutareque siet populo Romano Quiritium mihique collegaeque meo fidei magistratuique nostro: omnes Quirites pedites armatos privatosque, curatores omnium tribuum, si quis pro se sive pro altero rationem dari* (= *dare*) *velet, voca in licium huc ad me.*[1]) In dieser *contio* fand die Einschätzung statt, welche *tributim* und unter Zugrundelegung der alten Tribusregister vorgenommen wurde. Unterstützt wurden hierbei die Censoren von *iuratores*, d. h. vereidigten Sachverständigen für die richtige Abschätzung des Vermögens, von den *curatores tribuum*, ferner von einer grossen Anzahl von Schreibern und Dienern (*scribae*, *viatores*).

---

[1]) Varro l. l. 6, 86.

Auch pflegten höhere Beamte, wie die Prätoren und Volkstribunen, bei dem Akte zugegen zu sein.

Die Abschätzung, die vom Standpunkte des Bürgers *censeri* und von dem des Censors *censere* hiess, geschah derart, dass jeder die Fragen nach seinem Namen, Vater, Alter, Frau und Kindern, Wohnort und Vermögen zu beantworten hatte. Ursprünglich mussten diese Angaben persönlich gemacht werden: später war Vertretung gestattet. Erst nachdem diese Erhebungen beendet waren, konnte bestimmt werden, ob einer die Stelle, die er vorher in den Listen eingenommen, behalten konnte, indem mit Vermögensverlust oder mit Vermögensminderung bezw. Mehrung desselben ebenso mit Erwerb und Verlust des Grundeigentums andere Klassen und andere Tribus bedingt waren. Wer z. B. früher über 100 000 As Vermögen besessen und jetzt nicht mehr als 75 000 aufweisen konnte, wurde aus der ersten in die zweite Klasse, und wer sein Grundeigentum eingebüsst, aus einer *tribus rustica* in eine *tribus urbana* versetzt. Der ganze Censusakt wurde im Freien vorgenommen, jedoch in der Nähe der *villa publica*, welche als censorisches Amtslokal diente.

2. Der *census equitum* oder die *recognitio equitum* fand nicht auf dem Marsfelde statt, sondern in der Stadt auf dem Forum. Sie ist wohl zu unterscheiden von dem allgemeinen *census populi*, denn sie ist eine militärische Inspektion, zu der die Reiter einzeln vor das Tribunal gerufen werden. Dabei wurden diejenigen, welche nach Leistung der vorgeschriebenen Zahl von Feldzügen ihr Pferd abzugeben wünschten, ihres Dienstes entlassen. Bei den übrigen fand im Falle der Dienstuntauglichkeit oder bei Anwendung einer sittlichen Rüge Entfernung aus dem Reiterdienste statt (*equum adimere*).

3. Die *lectio senatus*. Diese war ursprünglich, solange die Senatorenstellen lebenslänglich waren, mit dem Consulat verbunden. Erst die *lex Ovinia*, wahrscheinlich im Jahre 312, hob die Lebenslänglichkeit der Senatorenstellen auf und übertrug zugleich die Besetzung der erledigten Senatorenstellen den Censoren, welche dieselbe dann im nächsten Lustrum vornahmen. Die Aufstellung der neuen Senatorenliste, obwohl

mit dem Censusgeschäft zusammenhängend, bildete jedoch
keinen Bestandteil desselben und konnte so zu einer beliebigen
Zeit vorgenommen werden, und ihre Gültigkeit war von der
Vornahme des Lustrum unabhängig; in der Regel geschah
sie unmittelbar nach dem Amtsantritt. Im übrigen ist das
Geschäft ähnlich der Aufstellung der neuen Ritterliste. Denn
wie bei der letzteren die Untauglichen, so wurden bei Aufstellung der Senatorenliste die den Censoren unehrenhaft erscheinenden Senatoren von ihnen unter Angabe des Grundes
von der Liste gestrichen und diese dann durch die „jedesmal
besten Männer", *optimus quisque,*[1]) ersetzt. Dabei erschienen
auch diejenigen, welche ihre Sitze im Senat behielten, gewissermassen als neu gewählt, weshalb der Ausdruck *legere
in senatum* sowohl im allgemeinen als auch im ovinischen
Gesetz auf die neu aufgenommenen und die beibehaltenen
Senatoren in gleicher Weise Anwendung findet. Das Verfahren
der Censoren bestand dabei darin, dass, nachdem die frühere
Senatsliste geprüft und die dabei nicht mit einer *nota censoria*
versehenen Namen in eine neue Liste geschrieben waren, zur
Ergänzung der Lücken geschritten und dann das so vervoll-
ständigte Verzeichnis auf Geheiss der Senatoren vor ver-
sammeltem Volke verlesen wurde.

4. Das Sittenrichteramt, das *regimen morum*, hat
sich aus der Vermögensschätzung entwickelt und zwar derart,
dass mit der Versetzung in eine andere Tribus wegen Ver-
lustes des Grundeigentums und der Versetzung in eine niedere
Vermögensklasse an und für sich schon ein gewisser Makel
verknüpft war. Dazu kam dann noch, dass ein Bürger wegen
*infamia* überhaupt aus der Vollbürgerliste gestrichen und unter
die Klasse der *aerarii*, d. h. Kopfsteuerzahler, zu Rom wohnende
Halbbürger, versetzt werden konnte. Daraus entwickelte sich
zuletzt das Recht der Censoren, Bürger überhaupt wegen
sittlich tadelnswerten Lebenswandels in ihrer bürgerlichen

---

[1]) Festus . . . *Ovinia tribunicia intervenit, qua sanctum est, ut censores ex omni ordine op t im u m q ue m q u e curiatim in senatum legerent,
quo factum est, ut qui praeteriti essent et loco moti, haberentur ignominiosi.*

Stellung zu degradieren. Dies geschah auf doppelte Weise: erstens dadurch, dass die Censoren aus dem angeführten Grunde einen Bürger aus einer ländlichen in eine städtische Tribus versetzten (*tribu movere*), zweitens dadurch, dass sie ihn unter die Ärarier versetzten (*aerarium facere, in aerarios referre. in tabulas Caeritum referre*). womit der Verlust des Stimmrechts verbunden war. Der Akt dieser censorischen Degradation hiess, weil er in einer *nota* zum Namen des Bürgers bestand, *notio* oder *notatio*, auch *animadversio*. Der mit einer solchen *nota* (Rüge) bedachte Bürger war dann *ignominiosus*. da dieselbe *ignominia* (oder *minutio existimationis*) im Gefolge hatte. Eine solche *ignominia* dauerte aber nur bis zur nächsten Censur, wo sie wiederholt werden musste, wenn sie auch ferner Giltigkeit behalten sollte. Übrigens hatten die Censoren ihr Verfahren durch Angabe des Grundes (*subscriptio censoria*) zu motivieren. Auch war nach dem oben über die Kollegialität Bemerkten die Übereinstimmung beider Censoren notwendig. Veranlassung zu einer censorischen Rüge gaben alle Pflichtverletzungen gegen den Staat, wie z. B. Missbrauch der Amtsgewalt, Verstösse gegen die gute Sitte, Missachtung des Eides. In weiterer Anwendung dieses *regimen morum* erliessen die Censoren sogar Edikte, wie z. B. gegen Theater, Luxus, Rhetorenschulen. Diese Edikte führten auch den Namen *leges censoriae*, obwohl sie, da das Volk nicht mitwirkt, nur uneigentlich so genannt werden können. Am meisten Bedeutung hatte das censorische Sittenrichteramt für die höheren Stände, die Ritter und Senatoren, denen gegenüber es schon in der oben besprochenen *recognitio equitum* und *lectio senatus* in Betracht kam.[1])

Auf Grund des Census und der besprochenen mit dem Census teils direkt teils indirekt verbundenen Vorgänge vollzog

---

[1]) Bei der Erteilung der Rüge fand eine Art gerichtlichen Verfahrens mit Ladung, Anklage, Verteidigung, Urteilsfällung statt, doch war ein solches nicht gesetzlich vorgeschrieben. Nur vorübergehend war auf Grund einer nach wenigen Jahren wieder aufgehobenen *lex Clodia* (58) die Bestimmung in Geltung, dass eine censorische Ehrenstrafe nur nach vorhergehender *accusatio* von beiden Censoren zugleich verhängt werden dürfe.

sich die Neubildung der Bürgerschaft. Ihren feierlichen Abschluss fand dieselbe und damit das ganze Censusgeschäft in einer allgemeinen Entsühnung des Volkes in dem Lustrum. Der Ausdruck für das Abhalten desselben ist *lustrum condere*[1]) (auch *facere*). Nachdem der Tag hierfür im voraus bestimmt war, wurde das Volk durch den das Lustrum abhaltenden Censor feierlich berufen. Dabei wurde ein eigentümliches Opfer, die *suovetaurilia*, vollzogen. Das dabei gesprochene Gebet für die *salus publica* enthielt nach alter Formel die Bitte an die Götter: *ut populi Romani res meliores amplioresque facerent*, was durch Scipio Aemilianus durch die zeitgemässere Formel „*ut eas perpetuo incolumes servarent*" ersetzt wurde. Gewisse aussergewöhnliche Vorgänge konnten infolge der damit verbundenen religiösen Bedenken die Abhaltung des Lustrums verhindern, wie z. B. wenn der eine Censor starb, oder wenn der Censor unmittelbar vor Beginn des feierlichen Aktes einen Leichnam erblickte. Nachdem das Volk durch die Opfer und Gebete gesühnt war, wurde es *ad vexillum* von den Censoren in die Stadt zurückgeführt.

## § 101. Kompetenz der Censoren.
### Fortsetzung: Verwaltung des öffentlichen Vermögens. Formale Rechte.

Der Bereich der censorischen Amtsthätigkeit beschränkte sich aber nicht auf den Census und die im vorhergehenden Paragraphen besprochenen mit demselben verwandten Akte[2]), sondern es traten zu demselben bald auch Geschäfte finanzieller Art hinzu. Wenn durch die Censoren vermittelst

---

[1]) Nach Mommsens Erklärung metonymisch für *lustro rem publicam in proximum lustrum condere*, wobei also *condere* in der gewöhnlichen Bedeutung „gründen" gebraucht ist. Nach Madvig dagegen heisst *condere lustrum* „das Reinigungsopfer vergraben", wie *condere fulmen*.

[2]) Unter diesen ist die *lectio senatus* erweislich erst später hinzugekommen. Ob dies auch bei der Ritterergänzung und der *censura morum*, wie Soltau meint, der Fall war, möge dahingestellt bleiben.

des *census* und der verwandten Akte der Stand der Personen
und ihre Leistungsfähigkeit festgestellt wurde, so lag es nahe,
durch dasselbe Organ die ökonomischen Verhältnisse des
Staates im ganzen beaufsichtigen, bezw. die dem Staate unmittelbar zur Verfügung stehende ökonomische Kraft revidieren,
den Ertrag derselben für das bevorstehende *lustrum* feststellen
und damit zusammenhängende bestimmte Ausgaben regulieren
zu lassen. Danach liegen den Censoren im wesentlichen noch
folgende Geschäfte ob: 1. Verpachtung des Staatseigentums
und der Staatsgefälle, 2. Verpachtung der Staatslieferungen, 3.
Beaufsichtigung der öffentlichen Bauten und Anlagen.

1. Verpachtung des Staatseigentums und der
Staatsgefälle. Mit der Ausdehnung der römischen Herrschaft
in Italien und den überseeischen Ländern war eine Masse Land
Eigentum des römischen Staates geworden. In Italien selbst
war das den Besiegten abgenommene Land Staatsland, *ager
publicus*. Dieses Staatsland wurde entweder den alten Bewohnern dauernd entrissen, und in diesem Falle wurde dasselbe unter arme Plebejer zu freiem Eigentum assigniert, und
dann verlor es wieder den Charakter als Staatsland; oder es
wurde den alten Bewohnern bezw. solchen überlassen, die es
unter denselben Bedingungen wie diese antraten; dann blieb es
Staatseigentum und der Staat verlangte natürlich von den Nutz-
niessern des Bodens einen Zins, *vectigal*.[1] Diesen Zins erhob
der Staat aber nicht direkt durch besondere Steuerbeamte,
sondern er verpachtete die direkte Erhebung desselben an
Staatspächter (*publicani*), die dem Staate eine runde Summe
bezahlten und nun ihrerseits die *vectigalia* direkt einzogen.
Ähnlich war es in den Provinzen. In denselben gab es nun
auch eine Menge *ager publicus* wie in Italien, und dieser
wurde in ähnlicher Weise an Staatspächter vergeben. Aber
auch abgesehen von dem direkt als Staatsland betrachteten

---

[1] Das Wort kommt von *vehere*, fahren, weil die ursprünglichen
Abgaben *in natura* an den Staat abgefahren wurden, *vectigalia* also ursprünglich = Fuhren.

Boden galt in der Theorie noch sämtlicher Provinzialboden als römisches Staatsland: deshalb war der *ager provincialis* steuerpflichtig: *vectigalis*. Diese Vectigalia wurden gleichfalls an die *publicani* verpachtet. Die Verpachtung der Gefälle an Staatspächter war nun das Geschäft der Censoren. Dabei verkündigten sie zuerst durch ein Edikt die Pachtbedingungen und luden zur Pachtung ein. Hierauf nahmen sie auf dem Forum die Verpachtung (*locatio*) vor, die sie mit den Meistbietenden (*summis pretiis*) auf fünf Jahre abschlossen. Wahrscheinlich fand diese Verpachtung gleich am Anfange der Censur statt. Der technische Ausdruck dafür ist von seiten des verpachtenden Censors *publica vectigalia fruenda locare* oder *vendere*, von seiten des pachtenden Publicanus *publica rectigalia emere, redimere, conducere*. Von diesen *publica vectigalia* hat der Publicanus auch seinen Namen. Doch waren die Censoren in allen diesen Dingen nur die ausführenden Organe des Senates, der ihre Anordnungen aus eigener Machtvollkommenheit aufheben und andere an die Stelle setzen konnte. Der Grund, weshalb die Censoren mit einem derartigen Geschäft betraut wurden, ist in dem Umstand zu suchen, dass die am Beginn des Lustrums vorzunehmenden Verpachtungen der Gefälle die Basis des Einnahmebudgets bis zu einer neuen Censur bildeten, also am besten diesen alle fünf Jahre periodisch wiederkehrenden Beamten übertragen wurden.[1])

2. Verpachtung der Staatsausgaben. Ähnlich wie für die Einnahmen war auch für die Ausgaben, die der Staat zu machen hatte, das Verpachtungssystem aufgekommen, indem die von staatswegen zu machenden Lieferungen und Arbeiten auf dem Submissionswege dem Mindestfordernden übergeben wurden. Dies geschah gleichfalls durch die Censoren und zwar wie die Verpachtung der Einnahmen am Anfange der Censur. Auf diese Weise erhielt man eine Übersicht über die hauptsächlichsten Staatsausgaben. Diese Art von Verpachtung hiess *opera locare* oder *locare ultro*

---

[1]) C. Hahn, De censorum locationibus, Leipzig 1879.

*tributa*,[1]) und da die *opera opera publica* waren, so hiessen die Unternehmer gleichfalls *publicani*. Die erste Verpachtung, die die Censoren vornahmen, betraf die Übernahme der Fütterung der capitolinischen Gänse und der Bemalung der capitolinischen Jupiterstatue. Doch hatten die Censoren hierbei nur die Verträge abzuschliessen; diese selbst unterstanden der Kontrolle des Senats, der auch die Gelder bewilligte, während die Überwachung der kontraktmässigen Ausführung der durch die Censoren verdungenen Arbeiten den jährlichen Magistraten, Consuln, Prätoren oder Ädilen oblag.

3. **Beaufsichtigung der öffentlichen Bauten und Anlagen.** Während bei den beiden bis jetzt genannten censorischen Finanzgeschäften den Censoren nur der Vertragsabschluss, die Ein- und Auszahlung der Gelder aber nebst deren Bewilligung sowie die Überwachung der Kontrakte anderen Behörden zukam, wurde dagegen bei baulichen **Anlagen und Reparaturen** den Censoren die **Instandhaltung und Überwachung** übertragen. Diese Arbeiten bezogen sich auf Tempel und andere öffentliche Gebäude, Wasserleitungen, Kloaken, Brücken, insbesondere aber seit Appius Claudius (*Appia via*) auf die Heerstrassen und Wasserleitungen. Die Gelder wurden hierbei gleichfalls vom Senate und zwar in Bausch und Bogen bewilligt; doch lag die Verwendung derselben im einzelnen ganz in dem Ermessen der Censoren. Der stehende Ausdruck für das Instandhalten der öffentlichen Gebäude ist *sarta tecta tueri* und *exigere* oder auch *sarta tectaque tueri* und *exigere*. Die Bedeutung dieser Worte ist kontrovers. Nach Mommsen,[2]) der das Wort *sartum* in der Bedeutung von Körper im Gegensatz von *tectum*, Dach, fasst, will die Formel besagen „den Körper und das Dach

---

[1]) Dieser Ausdruck kommt daher, dass diese Leistungen schon frühe von einzelnen Unternehmern **freiwillig**, wenn auch gegen eine entsprechende Gegenleistung, übernommen wurden. In ältester Zeit waren sie ein pflichtmässig von den Bürgern zu übernehmendes *munus* gewesen. Vgl. Karlowa I, 246.

[2]) Staatsr. II², 443 und daselbst Anmerk. 4 u. 5. Die volle Formel lautet: *sarta tecta aedium sacrarum locorumque communium tueri.*

der heiligen Häuser und der Gemeindestätten in Stand halten", Lange[1]) dagegen nimmt *sarta tecta* nicht als Objekt, sondern als Prädikat zu einem zu ergänzenden Objekt *opera publica*, danach würde die Formel bedeuten: die öffentlichen Lokalitäten in Besserung und unter Dach zu halten.

Übrigens bezog sich die bauliche Thätigkeit der Censoren nicht bloss auf die Instandhaltung alter, sondern auch auf die Errichtung neuer Anlagen, wohin vorzugsweise die oben erwähnten Wasserleitungen und Chausseen gehören. Die Instandhaltung wurde wie die Errichtung von Bauten in Verdung gegeben. Waren die kontraktlich verdungenen Arbeiten beendigt, so fand von seiten der Censoren deren Übernahme statt, welche *probare* oder *in acceptum referre* hiess im Gegensatz zu dem *exigere* in der Redensart *sarta tecta exigere*, womit die dem *probare* vorausgehende Prüfung gemeint ist. Doch fand diese Übernahme meist erst seitens der neuen Censoren statt. Inwieweit sich diese Thätigkeit der Censoren mit der der Ädilen berührte, davon weiter unten.

In den genannten drei auf die finanzielle Thätigkeit der Censoren bezüglichen Geschäften stand den Censoren ein gewisses Judicationsverfahren zu. Ein solches trat ein in Streitigkeiten, die sich zwischen den Publicani und den zur Zahlung der *vectigalia* Verpflichteten ergaben, ferner in Streitigkeiten, die durch die Anlage oder Instandhaltung von öffentlichen Gebäuden mit Privaten entstanden, wenn sich diese letzteren in ihrem Eigentumsrechte beeinträchtigt glaubten oder sich Eingriffe in öffentliches Eigentum erlaubten. Dabei entscheidet der Censor ohne Geschworene und zwar nach Berücksichtigung der Umstände und billigem Erwägen (*ius aequum*). Manchmal kamen die Censoren auch in die Lage, zwischen Privaten und Privaten entscheiden zu müssen, und in diesem Falle wurde die Sache von ihnen vor Geschworene gebracht. Stellvertretend für den Censor funktionierten hierbei Consuln und Prätoren.

---

[1]) Lange I², 818.

Zur Ansübung der ihnen übertragenen Gewalt mussten die Censoren auch mit gewissen formalen Rechten ausgerüstet sein. Diese Rechte waren:

1. Das *ius contionem habendi* und zwar zur Vornahme ihres Hauptgeschäfts, um dessentwillen sie gewählt wurden. Die Versammlung des Volkes auf dem Marsfeld zum Zweck des Census sowie verschiedene vorbereitende Versammlungen waren *contiones* und nicht *comitia*, zu deren Berufung sie nicht berechtigt waren.
2. Das *ius edicendi* sowohl zum Zwecke des *census* wie des Erlasses baupolizeilicher Bestimmungen.
3. Ein auf ihren speziellen Amtskreis eingeschränktes *ius multae dictionis* und *ius pignoris capionis*.
4. *Ius auspiciorum.*

Dagegen fehlte ihnen das *ius cum populo* oder *cum plebe agendi* und das *ius senatum consulendi*, d. h. das Recht Centuriat-, Curiat- oder Tributcomitien bezw. *concilia plebis* sowie das Recht den Senat zu berufen.

## § 102. Untergang der Censur.

Schon mit der Ausdehnung der römischen Herrschaft an sich musste der Census immer mehr die Bedeutung verlieren, die er für die eigentlich römische Bevölkerung ursprünglich gehabt hatte. Dazu kam, dass infolge der *lex Cornelia de viginti quaestoribus* der Senat auch ohne die *lectio* der Censoren die nötige Ergänzung fand, da die von nun an gewählten 20 Quästoren nach Ablauf ihres Amtsjahres lebenslängliche Mitglieder des Senates wurden und so der Senat ausschliesslich mit gewesenen Magistraten besetzt werden konnte. Damit wurde die *lectio senatus* der Censoren entbehrlich, und was die übrigen Geschäfte der Censoren betrifft, so konnten dieselben ebensogut von den Consuln und Prätoren besorgt werden. Daher wurden nach Sulla längere Zeit keine Censoren mehr gewählt.[1]) Zum ersten Mal gab es wieder im Jahre 70 Cen-

---

[1]) Beloch, Die röm. Censusliste, Rh. Museum 32, 227.

soren und von da an noch mehrmals, doch wurde von denselben bis auf Augustus kein *lustrum* mehr abgehalten. Erst
Augustus veranstaltete wieder ein solches im Jahre 28 v. Chr.
und zwar als Consul, und im Jahre 22 v. Chr. wurden auch
zum ersten Mal wieder nach längerer Zeit zwei Censoren gewählt. Doch hörte die Censur gar bald ganz auf, da die
Kaiser sich das Recht der Abhaltung des Census sowie die
übrigen Funktionen, insbesondere das Sittenrichteramt (in der
*praefectura morum*), selbst vorbehielten. Die Aufsicht über
das Bauwesen war seit Augustus besonderen stehenden Beamten, den *curatores operum publicorum, aquarum, viarum,
alvei Tiberis* überwiesen. Das letzte *lustrum* wurde von
Vespasian als Censor im Jahre 74 abgehalten. Ausnahmsweise kam im dritten Jahrhundert n. Chr. noch ein Censor
vor, der nicht Kaiser war.

# Kapitel XV.
## Die Quästur.

Mommsen, Staatsr. II², 511. Lange I³. 881. Madvig I. 438.
Herzog I, 812, II, 853. Karlowa I, 255.

**§ 103. Ursprung, Name und Entwickelung der Quästur;
allgemeine Verhältnisse des Amtes.**

In den verschiedenen Berichten über die Namen und die
Entstehung der Quästur ist von zweierlei Quästoren die
Rede, den *quaestores parricidii* und den *quaestores aerarii.*
Die *quaestores parricidii*, von denen oben § 79 gesprochen
worden war, hatten schon zur Königszeit als weltliche Diener
des Königs die Aufgabe, den mit Todesstrafe bedrohten Verbrechen nachzuspüren. In der Zeit der Republik, mit der
ihre Zweizahl vielleicht erst beginnt, behielten sie diese
Funktionen bei, nur waren sie jetzt Stellvertreter der Consuln.
Die *quaestores parricidii* waren also Kriminalbeamte. Die
*quaestores aerarii* dagegen waren Kassenbeamte, welche
die Einkassierung und Auszahlung der Staatsgelder zu besorgen hatten. Über das Verhältnis zwischen diesen beiden
Arten von Quästoren oder diesen verschiedenen Funktionen
herrschten schon im Altertum verschiedene Meinungen. Die
einen waren der Ansicht,[1]) dass beide Arten von Quästoren
identisch seien, indem sie sowohl die Aufgabe gehabt hätten,
die Verbrechen aufzuspüren, als die Staatsgelder einzukassieren.
Die anderen dagegen — und das sind spätere Schriftsteller[2])
— halten beide Arten von Quästoren als verschiedene Beamte auseinander, wozu allerdings die totale Verschiedenheit
der beiderseitigen Thätigkeiten Veranlassung gab. Der
letzteren Ansicht trat unter den Neueren auch Niebuhr und
neuerdings noch Madvig bei; doch ist dieselbe jetzt als aufgegeben zu betrachten, und die Identität der *quaestores parricidii* und der *quaestores aerarii* kann nach den Erörterungen

---

[1]) Varro, Livius, Dionysius, Tacitus, Zonaras.
[2]) Pomponius und Ulpian sowie überhaupt die Juristen der Kaiserzeit.

von Mommsen, Herzog, Karlowa u. a. kaum mehr in Zweifel
gezogen werden. Vor allen Dingen beweist dies, wie
Mommsen richtig ausgeführt hat, die Benennung. Die Alten
leiten zwar beide Funktionen der Quästur von *quaerere* ab,
und zwar die kriminalistische von *res capitales quaerere* und
die finanzielle von *quaerere* oder *conquirere pecunias:*[1]) allein
da der Ausdruck *quaerere pecunias* niemals eine staatsrechtliche Bezeichnung für die amtliche Thätigkeit der Kassen-
beamten gewesen ist, andererseits aber *quaerere* wie *anquirere*
technische Ausdrücke für die gerichtliche, insbesondere die
peinliche Untersuchung sind, so passt der Ausdruck nur
für die *quaestores parricidii*, und in diesem Fall bleibt nur
die Annahme übrig, dass die ursprüngliche Thätigkeit der
Quästoren nur eine kriminelle gewesen und dass dann mit
derselben erst die finanzielle verbunden worden ist. Mommsen[2])
sagt darüber noch folgendes: „Dies bestätigt sich ferner
dadurch, dass diese Magistratur, und zwar zu einer Zeit,
wo es noch nicht mehr als die ursprünglichen zwei Quästoren
gab, in dem Gesetz der zwölf Tafeln selbst unter der
Bezeichnung *quaestores parricidii* anftritt; es kann dies
nichts sein als die ursprünglich vollere Titulatur, wie
denn in der That die Bezeichnung Quästor ohne Hinzufügung
desjenigen Kreises, auf den das *quaerere* zu beziehen ist, der
hinreichenden Bestimmtheit entbehrt. Andererseits ist es
begreiflich, dass, da die kriminalrechtliche Thätigkeit der
Quästoren wieder zurücktrat, man nachher den Beisatz unter-
drückte oder mit angemesseneren Determinativen vertauschte,
was sodann späte und unwissende Schriftsteller dazu verleitet
hat, die *quaestores parricidii* als eine verschollene, von der
bekannten Quästur verschiedene Magistratur aufzufassen.“

Danach wird also die Identität beider Arten von Quästoren
festzuhalten sein; nur wird es sich fragen, wie dann zwei
so heterogene Funktionen in einem und demselben Amt ver-

---

[1]) So insbesondere Varro 5, 81, der beide Thätigkeiten so zusammenfasst: *quaestores a quaerendo, qui conquirerent publicas pecunias et maleficia.*
[2]) Staatsrecht II[2], 525.

einigt werden konnten. Zur Erklärung einer so auffallenden
Thatsache wird man folgendes sich zu vergegenwärtigen haben.
Wie die *quaestores* in der ältesten Zeit die Diener des Königs,
so waren sie auch in der republikanischen Zeit ursprünglich
nur die Gehilfen oder Stellvertreter der Consuln; ja auch
noch in späterer Zeit, als sie nicht mehr durch die Consuln
ernannt wurden, sondern durch Volkswahl bestellte Magistrate
geworden waren, wurden sie als Unterbeamte, *magistratus
minores*, von den Oberbeamten, *magistratus maiores* — und
solche waren die Consuln allein vor der Abzweigung der
Prätur und Censur — unterschieden. Wie die Consuln als
Oberbeamte ursprünglich sämtliche Funktionen der höchsten
Gewalt ausübten, so konnten auch die Quästoren als die
Unterbeamten schlechthin von ihnen mit den verschiedensten
Aufträgen betraut werden. Mit Recht macht hierbei Mommsen
auf die Analogie der Provinzialquästur aufmerksam, die sich
doch nach dem Muster der ursprünglich städtischen entwickelt habe. „Wie hier der Consul das Regiment führt,
der Quästor dabei sein erster Diener und Gehilfe ist, so ist,
nur unter Anwendung des Kollegialsystems, auch die römische
Republik ursprünglich regiert worden." Der Geschäftskreis
der Quästoren hat sich also nicht aus einer bestimmten
speziellen Kompetenz entwickelt, sondern ist erst durch verschiedene Aufträge von seiten der Consuln festgestellt worden.
Unter diesen Aufträgen waren aber gerade die über die Auf-
spürung der Verbrechen und die Einkassierung der Staatsgelder von besonderer Wichtigkeit, da sie eine mehr kontinuierliche Thätigkeit erforderten. Daher erklärt sich dann,
dass aus den ursprünglichen Dienern der Consuln allmählich
eine Magistratur wurde, und dass diese Magistratur zwei so
verschiedene Geschäftskreise vereinigte.[1])

[1]) Anders erklärt Karlowa die Verbindung beider Funktionen. Er
sagt (I, 257): „Nach römischer Auffassung ist die Folge der Verurteilung
zu einer Kapitalstrafe, dass das Vermögen des Verurteilten vom Staat
eingezogen wird. Die Einziehung bezw. Versilberung des Vermögens lag
natürlich denjenigen ob, welche als Untersucher und Ankläger die Verurteilung durchgesetzt hatten, den *quaestores parricidii*. Bevor den Nutz-

Die Entwickelung der Quästur zur Magistratur beginnt
mit dem Inslebentreten der Provocation.[1]) Seit dieser Zeit
verzichteten nämlich die Consuln, um ihr Ansehen nicht zu
schädigen, auf eigene Urteile in Capitalprozessen, da dieselben
ja doch durch das Volk umgestossen werden konnten, und beauftragten mit der Fällung der Scheinurteile ihre Unterbeamten,
die Quästoren. Diese Funktion übten letztere aber von jetzt
an regelmässig aus, und sie bedurften daher zu diesem Zwecke
notwendig des *ius contionem habendi* und *ius edicendi*. Diese
relative Selbständigkeit der Quästoren wurde aber noch bedeutend erhöht, als ihnen auch die Aufsicht über das Aerarium
übertragen wurde; doch waren sie damit noch nicht Magistrate, da sie immer noch von den Consuln ernannt wurden.
Erst als die Consuln nach der Decemviralregierung, während
welcher mit dem Consulat auch die Quästur aufgehoben war,
die Quästoren vom Volke in den damals wahrscheinlich zum
ersten Mal nach Tribus berufenen Comitien wählen liessen
(447), konnten sie als Magistrate im vollen Sinne des Wortes
gelten. Ursprünglich gab es nur zwei solcher Quästoren;
später aber (421) kamen zwei Quästoren hinzu, die als Finanzbeamte das Heer ins Feld zu begleiten hatten und als Heer-
quästoren von den zwei städtischen Quästoren unterschieden
wurden. Noch später (267 oder 241) wurde die Zahl der
Quästoren von 4 auf 8 erhöht, unter denen die 6 nicht
städtischen teils im Heere, teils in festen Finanzstationen

---

niessern des *ager publicus* ein *rectigal* auferlegt und seit der Einführung
des Soldes das *tributum* häufiger erhoben wurde, bildeten diese Vermögenspublikationen eine recht erhebliche und, da gemeine, mit Kapitalstrafe belegte Verbrechen doch immer vorkamen, ziemlich ständige Ein-
nahmequelle des Staates. Es lag daher ziemlich nahe, den Personen,
welche diese Vermögenspublikationen zu realisieren hatten, die daraus
gezogenen Einnahmen des Staates und weiter dann die übrigen Staatseinnahmen zur Verwaltung zu überlassen."

[1]) Pomponius Dig. 1, 2, 2, 23: *Quia de capite ciris Romani iniussu
populi non erat lege permissum consulibus ius dicere, propterea quaestores
constituebantur a populo, qui capitalibus rebus praeessent: hi appellabantur
quaestores parricidii, quorum etiam meminit lex duodecim tabularum.*

ausserhalb Roms in Italien verwendet wurden. Sulla endlich vermehrte ihre Zahl auf 20, teils mit Rücksicht auf eine geordnete Finanzverwaltung in den Provinzen, teils zum Zwecke einer regelmässigen Ergänzung des Senats. Bei dieser Zahl verblieb man in der Folgezeit, wenn man von der vorübergehenden Erhöhung auf 40 unter Cäsar absieht. Demnach sind seit Sulla dreierlei Quästoren zu unterscheiden:

1. Die städtischen Quästoren.
2. Die Feldherrnquästoren nebst deren Nebenarten, den Provinzial-, Consular- und kaiserlichen Quästoren.
3. Die italischen Quästoren.

Doch bildeten sämtliche Quästoren ein Collegium, das die einzelnen *provinciae* in der Regel durch das Los unter sich verteilte. Wahlberechtigt waren ursprünglich nur Patricier: doch erhielten die Plebejer unter allen Ämtern am frühesten zu diesem Amte Zutritt. Seit für die Quästoren Volkswahl bestand, wurde diese in Tributcomitien vollzogen. Die quästorischen Comitien waren der Zeit nach immer die letzten Wahlcomitien im Jahre. Der gesetzliche Antrittstag war in der Zeit, als die Consuln am 1. Januar ihr Amt antraten, der vorhergehende 5. Dezember. Wie auf das Consulat und die Prätur, so findet auch auf die Quästur die Prorogation Anwendung. Eigentliche magistratische Insignien haben die Quästoren ausser ihrem Amtsstuhl (*sella*, aber nicht *sella curulis*) nicht.

### § 104. Die Quaestores urbani.

Die städtischen Quaestoren hatten nach dem Obigen zweierlei Funktionen, nämlich kriminelle und finanzielle:

1. In ihrer Eigenschaft als Kriminalbeamte hiessen die städtischen Quaestoren *quaestores parricidii*. Sie waren als solche beauftragt, den Verbrechen, auf denen die Todesstrafe ruhte, nachzuspüren und, nachdem sie der Thäter habhaft geworden, sie anzuklagen und das Urteil zu fällen, das bei dem Provocationsverfahren, bei welchem das Volk der eigentliche Richter war, allerdings nur ein Scheinurteil war. Der Zusatz *parricidii* erklärt sich daher, dass das *parricidium* das

Hauptverbrechen war, dem sie nachzuspüren hatten. Dieser Ausdruck bezeichnete in Rom anfänglich nur „Mord" überhaupt.[1]) Später wurde er auf Vergehen gegen die Religion und Verletzung der Ehre römischer Matronen ausgedehnt. Ausgeschlossen waren dabei alle politischen Capitalverbrechen, deren Verfolgung nicht einer ständigen Kriminalbehörde, sondern besonders dazu bestellten *duoviri* und später anderen Magistraten zufiel.

In späterer Zeit ist von einer Thätigkeit der *quaestores parricidii* keine Rede mehr, doch wohl mehr deshalb, weil solche nichtpolitischen Prozesse in den Annalen nicht verzeichnet standen, als deshalb, weil sie zu funktionieren aufgehört hätten. Wahrscheinlich haben die städtischen Quästoren ihre kriminalrichterliche Thätigkeit erst eingestellt, als die Einrichtung der *quaestiones perpetuae* dieselbe überflüssig machte.

2. Die wichtigste Funktion der städtischen Quästoren war die Aufsicht über das *aerarium* und die Besorgung der damit zusammenhängenden finanziellen Geschäfte. In dieser Eigenschaft führen sie den Titel *quaestores aerarii* oder ausführlicher *quaestores urbani, qui aerarium provinciam obtinent*.

Ihr Dienst im Ärar erstreckte sich auf alles, was in demselben aufbewahrt war. Dies war vor allen Dingen das Geld. Dann befanden sich in demselben aber auch die öffentlichen Urkunden und die Feldzeichen. Das Ärar selbst war im Tempel des Saturn, und die Quästoren bewahrten die Schlüssel zu demselben.

---

[1]) Vgl. Festus: ... *parricida non utique is, qui parentem occidisset, dicebatur, sed qualemcunque hominem indemnatum. Ita fuisse indicat lex Numae Pompilii regis, his composita verbis: si quis hominem liberum dolo sciens morti duit, parricidas esto.* Die Etymologie des Wortes ist übrigens zweifelhaft. Mommsen ist der Meinung, dass in der ersten Hälfte dasselbe Wort steckt, das in *perperam* und *periurium* vorliegt, und in welchem die oben citierten Worte des alten Königsgesetzes *si quis hominem liberum dolo sciens morti duit* ihren Ausdruck finden. Demnach würde *parricidium* „den argen Mord" bezeichnen.

Was das Geld betrifft, so hatten sie für dessen Bewahrung
sowie richtige Vereinnahmung und Verausgabung zu
sorgen. Eine Disposition über die Staatsgelder kam nicht
ihnen, sondern anderen Behörden, wie den Consuln und den
Censoren, vor allem aber dem Senate zu, so dass sie nur als
ausführende Organe der genannten Behörden erscheinen. Sie
hatten nur die Überwachung der Kasse. Übrigens führten
sie diese nicht in Person, sondern durch die unter ihrer Kontrolle
stehenden *scribae.* an deren Spitze selbst wieder die sogenannten
*ser primi* standen. Ebenso war es mit der Einkassierung der
Gelder, die ebenfalls von untergeordneten Finanzbeamten unter
der Verantwortlichkeit der Quästoren besorgt wurde. Unter
solchen Geldern figurierten u. a. das *tributum*, die *vectigalia*,
die *stipendia*, die Kriegsbeute, welch letztere sie, wenn sie
nicht in Geld bestand, auf Rechnung des Staates zu veräussern hatten (*bona Porsenae vendere*). ferner der Erlös von
verkauftem *ager publicus* (*ager quaestorius*) und von den Gütern
der Verurteilten (*bona damnatorum*). Im Falle die dem Staate
geschuldeten Gelder nicht eingingen, mussten die Quästoren
die säumigen Schuldner vor Gericht ziehen. denn eine eigene
Gerichtsbarkeit besassen sie nicht. Auch bedurften zu den
genannten Verkäufen die Quästoren der Ermächtigung der
Consuln und der richterlichen Magistrate.

Die Auszahlungen erfolgten teils mit teils ohne das
Geheiss des Senats. Bei Auszahlung von Geldern an die
Consuln bedurfte es einer Anweisung des Senats nicht, wohl
aber bei solchen an die übrigen Magistrate. Von derartigen
Zahlungen sind hervorzuheben: die Soldatenlöhnung, die aber
niemals unmittelbar aus dem Ärar erfolgt ist, Auszahlung von
Emolumenten an *hospites publici* und Gesandte, die Zahlung
der Gelder für Staatslieferungen, die meist auf Anweisung
der Censoren erfolgte, Rückzahlung des Tributums durch die
*tribuni aerarii.*

Mit dieser Aufsicht über die vorhandenen Staatsgelder
sowie der Einnahmen und Auszahlungen war eine Reihe von
Geschäften untrennbar verbunden, wie die Entgegennahme und
Aufbewahrnng der von den Censoren aufgestellten Steuerlisten

und abgeschlossenen Kontrakte, die Aufstellung des Budgets u. dgl. Zu diesen Urkunden finanzieller Art, deren Aufbewahrung den Quästoren oblag, kamen aber noch andere, wie z. B. die Senatsbeschlüsse, die anfangs im Cerestempel unter Aufsicht der Ädilen sich befanden, später aber in dem Ärar niedergelegt wurden, wo sie eine Zeit lang der gemeinsamen Aufsicht der Ädilen und Quästoren, zuletzt aber der Quästoren allein unterstanden. Ferner mussten später alle Gesetze, die Protokolle über die Geschworenenliste und andere für die Zukunft wichtige Aufzeichnungen im Ärar niedergelegt und verwahrt werden. So wurden die Quästoren zugleich auch Archivare. Mit der Aufbewahrung der Geschworenenliste hängt dann auch zusammen, dass sie nach dem Jahr 70 unter Oberaufsicht des *praetor urbanus* die Geschworenen für die einzelnen *quaestiones* zu bestimmen hatten.

Ebenso hatten die Quästoren noch die Aufsicht über die Feldzeichen, die beim Abmarsch des Heeres von ihnen den Feldherren übergeben, bei der Rückkehr wieder abgenommen und aufs neue im *aerarium* verwahrt wurden. Die Aufbewahrung der nicht finanziellen Urkunden und der Feldzeichen im *aerarium* erklärt sich ohne Zweifel aus dem Umstande, dass man diese Dinge nirgends sicherer als eben da, wo sich der Staatsschatz befand, geborgen glaubte. Die *quaestores urbani* kommen bis tief in das zweite Jahrhundert n. Chr. hinein vor. Doch wissen wir nicht, welche Geschäfte ihnen noch verblieben sind, nachdem ihnen die ihnen vom Kaiser Claudius vorübergehend restituierte Verwaltung des Ärariums genommen (im Jahre 23 v. Chr.) und zwei Prätoren übertragen worden war.

## § 105. Die Feldherrnquästoren und deren Nebenarten.

Im Jahre 421 wurden ausser den zwei städtischen Quästoren zum ersten Mal zwei weitere gewählt mit der Bestimmung, die Feldherren in den Krieg zu begleiten und für die zum Kriege notwendigen Vorräte zu sorgen, wozu seit dem Jahre 406 auch noch die Soldzahlung hinzukam. Diese neuen Quästoren erscheinen als ständige Gehilfen der Feld-

herren, aber mit einer die Thätigkeit derselben beschränkenden
Kompetenz. Aus dem letzteren Grunde führt der Dictator
keinen Quästor bei sich, weil er unumschränkt sein soll. Nach
Ablauf der Amtszeit des Quästors wird seine Funktion regelmässig prorogiert. Im Falle der nicht ordnungsmässigen Besetzung des Amtes steht dem Feldherrn die Ernennung irgend
einer geeigneten Person *pro quaestore* zu. Das Verhältnis
zwischen Feldherr und Quästor wird als ein intimes und persönliches, gewissermassen wie zwischen Vater und Sohn, dargestellt.[1]) In ihrer Kompetenz kann man eine finanzielle,
militärische und jurisdiktionelle Seite unterscheiden.

Die finanzielle Kompetenz erstreckte sich vor allem
auf die Verwaltung der Kriegskasse und des Lagerinventars.
Dabei bezog der Quästor die Gelder für dieselben direkt aus
dem städtischen Ärar, gleichwie auch durch ihn die Zahlungen
direkt geleistet wurden. Es lag darin eine Beschränkung der
Consulargewalt, insofern den Consuln früher die Verfügung
über die Kriegskassengelder allein zustand. Über die aus
dem Ärar bezogeneuen Gelder musste der Quästor Rechnung
führen und später Rechnung ablegen. Anders war es mit
der Kriegsbeute. Über diese hatte der Feldherr allein zu
verfügen: deshalb hatte der letztere es in der Hand, ob er
dieselbe an den in dem Heer befindlichen Quästor abliefern
oder sie in anderer Weise verwenden wollte. In dem letzteren
Falle führte der Feldherr noch eine besondere Kasse, die von
Offizieren des Feldherrn. in der späteren Zeit den *praefecti
fabrum*, verwaltet wurde.

Für die Besorgung seiner Geschäfte hatte der Quästor
einen besonderen Raum im Lager nötig. Dies war das
*quaestorium*, welches sich neben dem Feldherrnzelt, dem *praetorium*, befand.

Die militärische Kompetenz der Quästoren fliesst aus
ihrer Stellung als Unterbeamten. in welcher Eigenschaft sie

[1]) Cic. pro Planc. 11, 28: *morem illum maiorum, qui praescribit in
parentum loco quaestoribus suis praetores esse oportere*; ferner ad fam. 13,
10, 1: *(mos maiorum) quaesturae coniunctionem liberorum necessitudini
proximam voluit esse.*

von den Oberbeamten mit Aufträgen jeglicher Art betraut werden konnten. Da der Quästor der nächste Offizier nach dem Feldherrn ist, so wird er von dem Feldherrn häufig mit dessen Stellvertretung beauftragt. Er fungiert dann *pro praetore*. Die jurisdiktionelle Kompetenz erstreckte sich in früherer Zeit auf die Stellvertretung in der Civiljurisdiktion im Falle der Abwesenheit des Feldherrn, wenn dieser zugleich Statthalter war.

Aus der Feldherrnquästur hat sich die **Provinzial-quästur** entwickelt. Als ständige Statthalter in die Provinzen geschickt wurden, wurden sie daselbst ebenso von Quästoren assistiert wie die Feldherren im Kriege. Die Geschäfte der Provinzialquästoren sind daher auch im ganzen dieselben; nur sind ihre Funktionen, namentlich bezüglich der Stellvertretung und der Jurisdiktion, noch etwas schärfer abgegrenzt. Was die Verteilung der Quästoren auf die verschiedenen Provinzen betrifft, so verdient hervorgehoben zu werden, dass die Provinz Sizilien zwei Quästoren hatte, einen zu Lilybaeum und einen zu Syrakus. Im übrigen bedurfte es, als bei der sich steigernden Zahl der Provinzen die Quästoren nicht ausreichten, hier ebenso der Prorogation wie bei den Prätoren und Consuln. Doch sind die *proquaestores* nicht zu verwechseln mit den *quaestores pro praetore*, d. h. den Quästoren, die von Statthaltern (*praetores*) zu ihren Stellvertretern ernannt wurden oder nach deren Tod das Kommando bezw. die Statthalterschaft übernahmen.

Aus den Feldherrnquästoren sind auch die *quaestores consulis* hervorgegangen, deren es seit Sulla zwei, in der Kaiserzeit vier gab. Nach dieser Einrichtung erhielt jeder der beiden Consuln, seit sie nicht mehr ins Feld zogen, sondern zu Rom blieben, einen, später je zwei Quästoren, die von ihnen für beliebige Geschäfte verwandt wurden. Ähnlicher Art sind auch die *quaestores principis* oder *Augusti* in der Kaiserzeit, deren Entstehung mit der Einteilung der Provinzen in Senatsprovinzen und kaiserliche Provinzen zusammenhängt. Seit dem Bestehen dieser zwei Arten von Provinzen gingen Quästoren als Finanzbeamte nur noch in die Senatsprovinzen;

daher aggregierten sich die Kaiser zwei Quästoren, hauptsächlich um Anträge an den Senat zu bringen und dort zu
verlesen. Die Provinzialquästoren selbst aber giugen mit der
Veränderung der Provinzialeinteilung unter Diocletian unter.
Doch gab es noch lange *quaestores*. Dies war aber nur eine,
mit der Last Spiele zu geben verbundene, senatorische Würde.
In dieser Form überlebte die Quästur sogar die Teilung des
Reiches. Der *quaestor sacri palatii* unter Constantin steht mit
der republikanischen Quästur in keinem Zusammenhang.

## § 106. Die italischen Quästoren.

Die Einführung von vier neuen Quästoren im Jahre 267
hing mit der Ausdehnung der römischen Herrschaft in Italien
zusammen. Ihre Kompetenz ist nur unvollkommen bekannt;
doch ist es wahrscheinlich, dass sie dazu bestimmt waren, die
Geschäfte und Interessen des Ärars, die sich bei der grossen
Ausdehnung des römischen Gebietes von Rom selbst aus nur
sehr unvollkommen überschauen liessen, von besonderen Verwaltungscentren oder Stationen aus wahrzunehmen. Als
solche Stationen sind bekannt Ostia, Cales in Campanien und
das cisalpinische Gallien. Ihr Hauptgeschäft war wohl in
allen dreien die Einforderung der nach Rom zu leistenden
Abgaben, insbesondere des *vectigal*, das teils von den Staatsdomänen, teils von den fremden Waren zu entrichten war.
Für Ostia kam dann wohl auch noch die Aufsicht über den
Getreidehandel und die Versorgung Roms mit Getreide hinzu.
Ursprünglich standen sie zu den Consuln wohl in demselben
Verhältnisse, wie die späteren Provinzialquästoren zu den
Statthaltern; aber da sie nicht einem einzelnen Consul beigegeben wurden, so wurde ihre Stellung mit der Zeit unabhängiger und analog der der Stadtquästoren. Sie werden
auch *quaestores classici* genannt. Dies wird so gedeutet, dass
sie ursprünglich für die Besorgung des Flottenbaues oder der
Flottenbemannung bestimmt gewesen seien, indem sie die hierauf bezüglichen Verträge mit den griechischen Städten zu über-

wachen gehabt hätten.[1]) Allein dies könnte höchstens für die campanische Quästur in Cales gelten; denn Ostia hatte keinen Kriegshafen, und Gallien hatte nur Bedeutung als Rekrutierungsbezirk für das Landheer. Ebenso hätte die campanische Quästur in dem von der See entfernten Cales einen sehr unbequemen Sitz für den genannten Zweck gehabt; deshalb ist es wohl richtiger, von dieser nur bei Lydus erwähnten Bezeichnung (*quaestores classici*) abzusehen.[2]) Die italischen Quästoren wurden vom Kaiser Claudius aufgehoben.

---

[1]) So Mommsen und Lange.

[2]) So Herzog I, S. 824. Wo und wie der vierte Quästor verwendet wurde, ist unbekannt. Nach Mommsens Vermutung funktionierte er in Lilybaeum. Über eine bei Cic. in Vat. 12 erwähnten *provincia aquaria* ist nichts Näheres bekannt. Sie scheint in Beziehung zu dem hauptstädtischen Wasserleitungswesen gestanden zu haben. Vgl. Mommsen, Staatsrecht II, 1², 558. Siehe auch Lange, Röm. Alt. I³, 894, und Karlowa I, 263.

# Kapitel XVI.

## Das Tribunat.

Mommsen, Staatsr. II², 261. Lange I², 821 und 593. Madvig I, 455. Herzog I, 1135, II, 849 und 620. Becker II, 2. Abt. 247. Karlowa I, 221.

### § 107. Entstehung des Tribunats.

Die bisher besprochenen Ämter sind alle aus der höchsten Staatsgewalt, teils durch Verzweigung, teils durch Übertragung, hervorgegangen. Wie das Consulat die Erbschaft der Monarchie, die zu Zeiten in der Dictatur wieder auflebte, angetreten, so zweigten sich dann von der Consulargewalt selbst wieder die Prätur und Censur ab als Teile dieser Gewalt, und in der selbständig gewordenen Quästur ist nur die Entwickelung einer ursprünglich von dem Consulat abhängigen ganz subalternen Stellung zu einem besonderen Amte zu erblicken. Alle diese Ämter gehen also zurück auf die alte rein patricische Obergewalt und waren so ihrem Ursprung nach patricisch, wenn sie auch in der Folge den Plebejern teils früher, teils später zugänglich geworden sind. Daher heissen noch später die genannten Ämter, als sie schon längst von Plebejern bekleidet wurden, immer noch patricische, *magistratus patricii* (s. oben § 69). Im Gegensatz zu diesen stehen nun die *magistratus plebei*, d. h. die zum Schutze der Plebs aufgestellten und von ihr selbt gewählten Tribunen und Ädilen. Sie stehen als besondere plebejische Beamte den Beamten des Gesamtvolkes, des *populus*, gegenüber, sind demnach an und für sich nicht *magistratus* in der genauen Bedeutung des Wortes, obwohl sie nach Verwischung des staatsrechtlichen Unterschiedes zwischen *populus* und *plebs* als Magistrate betrachtet und bezeichnet wurden.

Die Entstehung dieser rein plebejischen Ämter hängt mit der ursprünglich rechtlosen Stellung der Plebs (s. § 13 ff.) im römischen Staatsorganismus zusammen. Diese rechtlose Stellung, die sich insbesondere in dem Mangel eines wirksamen Schutzes gegen die Übergriffe und die Willkür

der patricischen Magistrate zeigte,[1]) führte bekanntlich zur
sogenannten ersten *secessio* im Jahre 494, in der Regel bezeichnet als *secessio plebis in montem sacrum* oder als
*secessio Crustumerina*. Die infolge dieses Auszugs der
Plebs zwischen dieser und den in Rom zurückgebliebenen
Patriciern angeknüpften Unterhandlungen hatten zwischen
beiden Volkselementen eine Vereinbarung zur Folge, die, weil
sie von beiden Teilen beschworen und ihre Verletzung mit
göttlicher Strafe bedroht wurde, als *lex sacrata* bezeichnet
wurde. Der Inhalt dieser Vereinbarung war, dass für die
Plebs besondere Beamte aufgestellt wurden, denen das Recht
der Hilfeleistung gegen die patricischen Oberbeamten zu
Gunsten bedrückter oder misshandelter Plebejer zustand, *ius
auxilii*, und zu diesem Behufe persönliche Sicherheit unter
feierlicher Verfluchung aller derer, die sich an ihnen vergehen
sollten, gewährt wurde.[2]) Zugleich wurde bestimmt, dass kein
Patricier dieses Amt bekleiden durfte. Die *lex sacrata* lautet
bei Livius II, 33: (*agi deinde de concordia coeptum conces-
sumque in condiciones*) *ut plebi sui magistratus essent
sacrosancti, quibus auxilii latio adversus consules
esset neve cui patrum capere eum magistratum liceret.*
Diese Beamten waren die Tribunen und Ädilen. Die
letzteren, obwohl ebenfalls *sacrosancti*, waren ihrer ursprünglichen Bestimmung gemäss nur die Diener der ersteren, deren
Befehle sie auszuführen hatten, und standen zu diesen in
einem ähnlichen Verhältnisse wie die *quaestores parricidii* zu
den Consuln.

Die ursprünglichen Befugnisse und Rechte der Tribunen
beschränkten sich also auf zwei Dinge: 1. das *auxilium*, d. h.

---

[1]) Vgl. hierüber die trefflichen Ausführungen Ihnes in dessen
Aufsatz: Über die Entstehung und die ältesten Befugnisse des röm.
Volkstribunats. Rhein. Museum. N. F. XXI, 161 ff. (1866).
[2]) In neuerer Zeit ist die Einsetzung des Volkstribunats für das
Jahr 494 bestritten worden von B. Niese, De annalibus Rom. observationes,
Marburg, Univers.-Pgr. 1886; derselbe nimmt das Jahr 471 an. Vgl. da-
gegen J. Schmidt, Hermes 21, 460.

die Einsprache gegen derartige richterliche und administrative
Entscheidungen der Consuln, durch welche einem Plebejer
der Meinung der Tribunen zufolge irgend ein Unrecht zu-
gefügt wurde; doch galt dieses *auxilium* nur innerhalb des
*pomoerium :* 2. die Sanctität, d. h. eidlich zugesicherte Unverletzlichkeit der Person[1]) unter feierlicher Verfluchung derer,
die sich an ihr vergehen sollten.

Der Ursprung des Namens *tribuni* ist zweifelhaft. Die
einen, wie Becker,[2]) nehmen das Wort *tribunus* in der allgemeinen Bedeutung „Vorsteher“, so dass *tribuni plebis* hiesse
Vorsteher der Plebs. Andere, wie Niebuhr und Schwegler,
meinen, dass das Wort „Tribusvorsteher“ bezeichne, indem
solche schon vorher für die inneren Angelegenheiten der
Plebs existiert und erst durch die *lex sacrata* die oben genannten weiteren Rechte erhalten hätten. Lange, der sich
dieser Ansicht anschliesst, präcisiert dieselbe genauer dahin,
dass die *tribuni plebis* ihren Namen erhalten hätten, „weil
sie wahrscheinlich aus der Zahl der Plebejer unter den *curatores tribuum*, die ursprünglich *tribuni* (später *tribuni aerarii*)
hiessen, und deren Gesamtzahl bei zwanzig Tribus gerade
hundert betragen haben wird, zu wählen waren. Bei den
griechischen Schriftstellern hiessen sie δήμαρχοι.“

Mommsen dagegen, dem Neuere, wie Herzog und Karlowa, gefolgt sind, erklärt mit Varro[3]) den Namen dahin,
dass die ersten *tribuni plebis* aus den *tribuni militum* hervorgegangen seien. Die letztere Ansicht verdient den Vorzug,
da sie sich einerseits auf die Auktorität des Varro stützt,
andererseits wegen des militärischen Charakters der *secessio*
innere Wahrscheinlichkeit hat. Auch ist eine besondere Be-

---

[1]) Vergl. Festus p. 318: *sacrosanctum dicitur, quod iure iurando
interposito est institutum, si quis id violasset, ut morte poenas penderet.*
Vergl. Herzog, Die lex sacrata und das sacrosanctum, N. J. für Phil,
1876, 139, und L. Lange, De sacrosanctae pot. trib. natura eiusque origine,
Leipzig 1883.

[2]) Becker. Handbuch II, 2. Abt. 280.

[3]) De l. l. 5, 81: *tribuni plebei, quod ex tribunis militum primum
tribuni plebei facti, qui plebem defenderent, in secessione Crustumerina.*

ziehung der *tribuni plebis* zu den Tribus der Gemeinde, die
zudem der Zahl nach verschieden sind, keineswegs nachzuweisen.

Von dem oben genannten *auxilium* war aber das spätere
Intercessionsrecht der Tribunen sehr verschieden. Denn
während das erstere nur darauf berechnet war, dem einzelnen
Plebejer persönlichen Schutz gegen Willkürakte und unge-
rechte Urteile der patricischen Oberbeamten angedeihen zu
lassen, erstreckt sich das letztere auf die Hemmung allgemeiner auf den Staat als solchen bezüglicher Massregeln.
Wie sich aus dem *ius auxilii* dieses allgemeine Intercessionsrecht und die sonstigen sich daran schliessenden Funktionen
der Tribunen entwickelt haben, wird im folgenden darzu-
stellen sein.

### § 108.  Geschichtliche Entwickelung des Tribunats bis zur Decemviralgesetzgebung.

Die geschichtliche Entwickelung des Tribunats schliesst
sich eng an die Entwickelung der Rechte der Plebs an.  Daher ist die Beurteilung des ersteren abhängig von der Art
und Weise der Auffassung, die man mit dem Ständekampfe
verbindet.  Nach § 21 ging das Bestreben des Plebs zunächst
dahin, den Schutz in privatrechtlichen Dingen wirksamer
zu machen; dies ist die erste Phase des Ständekampfes,
welche mit der Decemviralgesetzgebung abschliesst.
Durch diese wurden die Consuln verpflichtet, nicht mehr nach
dem alten ungeschriebenen Gewohnheitsrechte, sondern nach
geschriebenen Gesetzen zu richten.  Natürlich bewegte sich
dieser Kampf nicht lediglich auf diesem privatrechtlichen Gebiete, sondern griff auch in das staatsrechtliche hinüber, da es
sich auch um die Anerkennung der plebejischen Ansprüche
auf diesem Gebiete handelte.

Von der Decemviralgesetzgebung ab schlägt aber der
Kampf von seiten der Plebejer eine andere Richtung ein, indem sie von nun an nicht mehr bloss bestrebt waren, sich
vor den Patriciern zu schützen und damit ihre Sondersouveränität zur Geltung zu bringen, sondern Teilnahme an

der obersten Magistratur und der ganzen Gesetzgebung zu erlangen. Diese zweite Entwickelung des Ständekampfes reicht im wesentlichen bis zu den *leges Liciniae Sextiae* 366, ihren vollständigen Abschluss findet sie jedoch erst mit der *lex Ogulnia* (300) und der *lex Hortensia* (287).

Dem Charakter dieser beiden Entwickelungsphasen im Ständekampfe entspricht auch die historische Entwickelung des Tribunats. In der ersten Periode derselben bis zur Decemviralgesetzgebung ist das Tribunat wesentlich darauf bedacht, den Schutz, den es dem einzelnen Plebejer in privaten Dingen angedeihen lassen konnte, möglichst wirksam zu machen. Dies geschah einmal dadurch, dass die zum Schutze der Plebs bestellten Volkstribunen selbst persönlich und numerisch eine derartige Stellung einnahmen, dass sie mit Erfolg für ihre Standesgenossen eintreten konnten. Also erstrebten sie vorerst Garantie der Sanctität und Vermehrung der Zahl. Zweitens musste die Wahlkompetenz der Plebs hinsichtlich der Wahl der Tribunen und Ädilen sicher gestellt werden, wenn das ganze Institut nicht wirkungslos sein sollte, und drittens war das Bestreben der Tribunen darauf gerichtet, dem Privatrecht eine solche Grundlage zu geben, dass Wilkür schon von vornherein möglichst ausgeschlossen war. Daneben ging jedoch auch eine politische Entwickelung her, die zur *lex Aternia Tarpeia* (454) und zum dritten valerischen Gesetze (449) führte. In der Mitte zwischen beiden steht die agrarische Bewegung, die auf Teilnahme am *ager publicus* berechnet war und die Besserung der ökonomischen Lage der Plebs bezweckte. Von der Decemviralgesetzgebung an drehten sich die Bestrebungen der Tribunen um rein politische Machterweiterungen ihrer Stellung und ihres Organs, der *concilia plebis*.

Entwickelung des Tribunats bis zur Decemviralgesetzgebung.

1. Garantie der Sanctität und Vermehrung der Zahl der Tribunen. Die Sanctität der Tribunen war durch die *lex sacrata* bereits festgestellt; allein da die Tribunen in ihren Verhandlungen mit der Plebs in deren Sonder-

versammlungen häufig unterbrochen wurden, so fassten die
Plebejer einen Beschluss, der es für eine Verletzung der Tri-
bunen erklärte, wenn jemand es wagen würde, die vor dem
Volk ihre Ansicht aussprechenden Tribunen zu unterbrechen.
Dies *plebiscitum* war das *plebiscitum Icilium*, das in der
Regel in dem Jahre 492 angesetzt wird.[1]) Ob freilich die
Patricier diesen Volksbeschluss anerkannten, war eine andere
Frage. Doch war er immerhin für die Tribunen von Wert,
da sie die Zuwiderhandelnden vor den *concilia plebis* be-
schuldigen und die Verpönung des Angeschuldigten wenigstens
von seiten der Plebs herbeiführen konnten. Darin war der
erste Ansatz zu dem späteren Anklagerecht der Tribunen
enthalten.

Über die ursprüngliche Zahl und die Vermehrung
der Zahl der Tribunen existieren verschiedene Traditionen.
Nach der einen Version gab es ursprünglich nur zwei Tribunen
und erst seit der *lex Publilia Voleronis,* 471, deren fünf. Nach
einer anderen Tradition hatten sich die zwei auf dem heiligen
Berge gewählten Tribunen durch Kooptation drei weitere
Kollegen beigesellt; nach einer dritten Angabe endlich waren
schon von vornherein fünf Tribunen auf dem heiligen Berge gewählt worden. Wie dem aber auch sein mag, so viel ist sicher,
dass es längere Zeit bis zum Jahre 457 fünf Tribunen
gegeben hat, und dass in diesem letzteren durch ein
Plebiscit, dem die Patricier ihre Zustimmung gaben,
diese Zahl auf zehn erhöht worden ist. Wie des näheren
angegeben wird, sollten je zwei aus jeder der fünf Vermögens-
klassen, *bini ex singulis classibus,* gewählt werden.

2. Sicherung der Wahlkompetenz. Diese erlangten
die Tribunen für ihre Wahl in den *concilia plebis* durch die
*lex Publilia Voleronis* (471), durch die bestimmt wurde, *ut
plebei magistratus tributis comitiis fierent,* d. h. dass die Tribunen und Ädilen in den *concilia plebis* gewählt werden

---

[1]) Dieses Gesetz wird von Neueren für apokryph gehalten, von
anderen, wie Schwegler, in eine spätere Zeit gerückt, von anderen, wie
Lange, dagegen verteidigt. Livius erwähnt es nicht, sondern nur Dionys.

sollten. Wie oben § 54 gezeigt wurde, ist der Ausdruck *comitia* dabei ungenau, da als eigentliche *comitia* diese Sonderversammlungen der Plebs nicht bezeichnet werden können. Wahrscheinlich wurden die Tribunen auch vorher schon in diesen *concilia plebis* gewählt; allein einmal handelte es sich dabei auch um die Wahl der wahrscheinlich bisher von den Tribunen ernannten Ädilen durch das Volk, und dann war es ein grosser Vorteil, dass die Kompetenz der plebejischen Versammlungen für die Wahl ihrer Beschützer durch ein besonderes Gesetz garantiert war.[1])

3. Der Kampf um die Erlangung eines geschriebenen Rechts. Dieser ging aus dem Bestreben der Tribunen hervor, die Plebs vor der Willkür der patricischen Magistrate dadurch wirksamer zu schützen, dass dieselben an ein kontrollierbares Recht gebunden waren. Dadurch erhielt ihr *auxilium* in jedem einzelnen Falle eine sichere Handhabe. Dieser Kampf hob der Tradition zufolge an mit einem Gesetzesvorschlag des Terentilius Harsa vom Jahre 462, welcher nach Livius lautete: *ut quinque viri creentur legibus de imperio consulari scribundis.* Diesem Wortlaut zufolge bezog sich der Antrag auf die Beschränkung der Consulargewalt. Das Gesetz kam nicht zustande; die Folge des Antrags war aber doch, dass die Patricier sich zu Konzessionen herbeiliessen, zu denen unter anderen die schon oben erwähnte Vermehrung der Tribunen von fünf auf zehn, 457, gehört. Eine andere Konzession war die *lex Aternia Tarpeia* vom Jahre 454, die von den Consuln A. Aternius und Sp. Tarpeius beantragt wurde und Bestimmungen über die Verhängung von Vermögensbussen enthielt. Dieses Gesetz setzte zunächst ein Maximum für

---

[1]) Mommsen erblickt die Änderung, die durch das Gesetz herbeigeführt wurde, darin, dass die Plebs von jetzt an nach Tribus und nicht wie bisher nach Curien ihre Beamten gewählt hätte. Er meint: „Die Curien umfassten sämtliche, die Tribus nur die ansässigen Bürger; der Übergang von der Curien- zur Tribuswahl schloss demnach alle nicht ansässigen Plebejer aus, also eben das, was später als *turba forensis, plebs urbana* bezeichnet wird, die Masse der Freigelassenen und sonst abhängigen Leute." Mommsen, Röm. Forsch. 186 ff.

diese Vermögensbussen (*multa*) fest, das in zwei Schafen und dreissig Rindern bestand, und enthielt somit eine Beschränkung der Strafgewalt der Consuln. Dann aber soll diese *lex* das Recht Vermögensstrafen zu verhängen (die *multae dictio*) auf alle Magistrate ausgedehnt haben. Dadurch wären dann auch die Tribunen (wie die Ädilen) infolge dieses Gesetzes zu diesem Rechte gelangt. So wird daher in der Regel den Tribunen seit der *lex Aternia* die *multae dictio* und das Recht Multprozesse vor den *concilia plebis* anhängig zu machen zugeschrieben.[1]) In späterer Zeit bildet nun allerdings der Multprozess der Tribunen und Ädilen eine Hauptthätigkeit dieser Ämter; ob dieselbe aber schon an dieses Multgesetz oder, wie vielleicht richtiger, an das vom Jahre 430 anzuknüpfen ist, kann hier nicht weiter untersucht werden.[2])

Allein in jedem Fall war dies Gesetz eine Konzession an die Plebejer, die aber auf die Dauer das Drängen der Tribunen nach einem geschriebenen Landrecht nicht aufhalten konnte. Diesem Drängen sah sich der Senat schliesslich genötigt nachzugeben, und so wurde vereinbart, dass zum Zwecke der Abfassung dieser neuen Gesetzgebung zehn Männer aufgestellt würden, die zugleich die Regierung mit unumschränkter Gewalt übernehmen sollten, *decemviri legibus scribundis*. Dabei traten also alle anderen Magistrate, Consuln

---

[1]) Nach der Überlieferung, der auch Mommsen folgt, hätten die Tribunen schon seit der *lex sacrata* das Recht geübt oder sich wenigstens thatsächlich erlaubt, jeden Patricier wegen eines Vergehens gegen ihren Stand oder gegen den Staat vor das Volksgericht der Plebs zu stellen und zu einer Geldstrafe oder sogar zum Tode zu verurteilen. Allerdings nennt Mommsen die dahin einschlägigen von den Alten berichteten Fälle mehr Gewalts- als Rechtsakte; ja er bezeichnet sie geradezu als Lynchjustiz. Das wären diese tribunicischen Anklagen in dieser Zeit allerdings gewesen, wenn sie als historisch gelten könnten. Allein das letztere ist keineswegs der Fall. Vgl. darüber Ihne: Über die Entstehung der ältesten Befugnisse des röm. Volkstrib. Rh. Mus. N. F. XXI, 175 ff. Vgl. auch Herzog I, 154 u. 156.

[2]) Herzog glaubt, dass die *lex Aternia Tarpeia* (sowie die *lex Menenia Sestia* vom Jahre 452) sich nur auf die Beschränkung der Multierungsgewalt der Consuln bezogen und die Tribunen nichts angegangen habe. Dies ist allerdings wahrscheinlich.

und Tribunen, ihre Gewalt ab, und das Provocationsrecht war für die Dauer dieses neuen Imperiums sistiert. Das Resultat der Decemvirnherrschaft war bekanntlich das Zwölftafelgesetz sowie eine neue Revolution, die den Ausgangspunkt für eine neue Entwickelung des Tribunats bildete. Neben diesen zunächst auf grösseren persönlichen Schutz und Beschränkung der Consulargewalt abzweckenden Bestrebungen der Tribunen geht noch eine andere her, welche den Plebejern Teilnahme am *ager publicus* zu verschaffen suchte. Es kommen hier zwei Gesetze in Betracht, das angebliche Ackergesetz des Sp. Cassius vom Jahre 486 und die *lex Icilia de Aventino publicando* 456. Über das erstere sind wir nur unvollkommen unterrichtet. Die *lex Icilia* bestimmte, dass der auf dem Aventin gelegene *ager publicus* unter die Plebejer zu Bauplätzen verteilt werden solle. Sie erscheint ihrer Datierung nach als eine Konzession der Patricier, mit der diese die Plebejer für Nichtbewilligung einer geschriebenen Gesetzgebung beschwichtigen wollten. Das Bestreben der Tribunen aber der Plebs Teilnahme am *ager publicus* zu verschaffen ist sowohl daraus zu erklären, dass die reicheren Plebejer durch Unterstützung des ärmeren Teils sich dessen Gunst für weitere Agitationen sichern wollten, als auch aus der Absicht den Patriciern gegenüber die Gleichberechtigung der Plebejer im Staate durch Teilnahme an dessen Eigentum zur Geltung zu bringen.

§ 109. **Geschichtliche Entwickelung des Tribunats bis zur lex Hortensia.** (287.)

Durch das Zwölftafelgesetz war der Wunsch der Tribunen und der Plebs nach einer geschriebenen Gesetzgebung erfüllt worden. Allein die gewaltthätige Regierung der Decemvirn des zweiten Jahres führte zu einer zweiten *secessio* des Volkes, und diese hatte zur Folge die *leges Valeriae Horatiae*, die nicht nur eine Wiederherstellung der alten Verfassung und Volksrechte, sondern durch Erweiterung derselben auch den Keim zu einer neuen Entwickelung des Tribunats enthielten. Die drei valerisch-horatischen Gesetze waren:

1. *Ne quis ullum magistratum sine provocatione crearet; qui creasset, eum ius fasque esset occidi neve ea caedes capitalis noxae haberetur* (Liv. III, 55, 4). Dieses Gesetz war gegen die Erneuerung solcher Magistraturen gerichtet, wie es das Decemvirat gewesen war, und sicherte das Recht der Provocation. Es hatte zunächst mit dem Tribunat als solchem nichts zu thun.

2. *Ut qui tribunis plebis, aedilibus, iudicibus decemviris nocuisset, eius caput Iovi sacrum esset, familia ad aedem Cereris Libri Liberaequae venum iret* (Liv. III, 55, 7). Dieses Gesetz enthielt die Wiederherstellung des Tribunats nebst den dasselbe unterstützenden Instituten[1]) und zugleich verschärfte Garantie ihrer sacrosancten Gewalt.

3. *Ut quod tributim plebes iussisset, populum teneret*, d. h. dass das, was die Plebs nach Tribus beschlossen habe, für das Gesamtvolk verbindlich sein solle (Liv. III. 55, 3).

Dieses letztere Gesetz ist das wichtigste für die weitere Entwickelung des Tribunats, da es ihm die Handhabe bot, nach und nach das ganze Gebiet der Gesetzgebung sich anzueignen und aus einem plebejischen Sonderamte zu einer der wichtigsten Institutionen für den Gesamtstaat zu werden. Damit ist denn auch der Weg für die gesamte weitere Entwickelung des Tribunats vorgezeichnet. Während nämlich bis zur Decemviralgesetzgebung die Tribunen mehr dahin gestrebt hatten, ihre Sonderstellung und die Autonomie der Plebs zu befestigen, trachteten sie jetzt mehr danach, Einfluss auf den Gesamtstaat zu erhalten und aus speziellen Beamten der Plebs Beamte des Gesamtvolkes zu werden. Demgemäss haben sich ihre Befugnisse folgendermassen entwickelt:

1. Aus dem *ius auxilii*, das nur dem einzelnen Plebejer Schutz gewährte, ward mit der Zeit ein allgemeines Inter-

---

[1]) Es werden hier zum ersten Mal *iudices decemviri* genannt, offenbar ein plebejisches Geschworenengericht, welches in Fällen, die sich auf die persönliche Rechtsstellung der Plebejer bezogen, zu richten hatte. Vgl. Herzog I, 850, und Karlowa I, 225. Soltau will, jedoch mit Unrecht, *iudices* von *decemviri* getrennt wissen. Vgl. dessen Recension der ersten Auflage dieses Buches in der Phil. Rundschau, 5. Jahrg. Nr. 47, S. 1500.

cessionsrecht anfänglich zum Schutz der ganzen Plebs und
zuletzt des Gesamtstaates.

2. Das Recht die Plebs Beschlüsse in eigenen Angelegenheiten fassen zu lassen, denen die Patricier die Genehmigung
nicht versagen durften, erweiterte sich durch die bereits oben
erwähnten, wenn auch in ihrer Bedeutung verschieden gefassten, *lex Publilia Philonis* (339) und *lex Hortensia* (287)
allmählich zu dem Recht die Plebs über alle Staatsan-
gelegenheiten zu endgültigen Verfügungen zur Abstimmung zu berufen.[1]

3. Dieser gesteigerten Bedeutung des Tribunats für den
Gesamtstaat entsprechend werden auch ihre formalen Rechte,
wie die *coercitio*, die ihnen zum Zweck des *auxilium* zustand,
und das *ius cum plebe agendi*, von grösserer und allgemeiner Wichtigkeit, und seit der *lex Hortensia*, in welcher
ihre Stellung für den Gesamtstaat gesichert ist, haben sie auch
noch das *ius senatum consulendi*, d. h. das Recht den Senat
zu berufen.[2]

4. Ihrer zunehmenden Bedeutung für den ganzen Staat
entspricht auch noch die Erwerbung anderer Rechte, wie
z. B. Wahlen im Auftrage des Senats vorzunehmen u. a.
dergl., wovon des weiteren unten die Rede sein wird. Dagegen
tritt ihre Thätigkeit im Multprozess zurück, bei welchem sie
nur in schweren politischen Fällen dem Volksgerichte präsidieren, alle anderen aber meist den Ädilen überlassen.[3]

## § 110. Die Befugnisse des Volkstribunats seit der lex Hortensia.

Man kann die Befugnisse des Tribunats einteilen in die
Intercession, die mit dem Amte verbundenen positiven Be-

---

[1] Über diese Gesetze s. oben § 62. Die meisten neueren Forscher
sind der Ansicht, dass mit dem Hortensischen Gesetz das Veto des Senats
gegen Plebiscite wegfiel. Vergl. auch Herzog I, 284.

[2] So auch Mommsen und Herzog. Lange dagegen weist ihnen
dieses Recht schon durch das publilische Gesetz zu, ebenso Karlowa.

[3] Vgl. Wehrmann, Zur Gesch. des röm. Volkstrib., Prgr. Stettin
1887. Garafalo, I fasti dei tribuni della rep. rom. Catania 1889.

fugnisse und die korrelaten zur Ausübung derselben notwendigen formalen Rechte.

1. Die Intercession. Diese kann wieder unterschieden werden als Intercession zum Schutze Einzelner, Intercession zum Schutze der ganzen Plebs und Intercession im Interesse des ganzen Staates.

Die Intercession zum Schutze Einzelner ist identisch mit dem *ius auxilii*, aus dem ja das ganze Intercessionsrecht sich entwickelt hat, nur mit dem Unterschiede, dass später nicht nur Plebejer, sondern auch Patricier und überhaupt jeder, der den Schutz der Tribunen anrief, von denselben verteidigt werden konnte. Die Einsprache der Tribunen richtete sich hierbei sowohl gegen Verfügungen der administrativen Strafgewalt, wie gegen Anordnungen im Kriminal- und Civilprozess; doch fand dieselbe immer nur dann statt, wenn einer dieselbe angerufen hatte (*appellare*); auch kommt das *auxilium* nur innerhalb des Pomoeriums zur Anwendung, woher es sich auch erklärt, dass die Tribunen die Stadt nicht verlassen durften; ihr ständiges Amtslokal befand sich am Markt an der porcischen Basilika, wo jedermann sie leicht finden konnte. Bei der Einsprache selbst ist festzuhalten, dass dieselbe nicht gegen ein fertiges richterliches Urteil oder einen abgeschlossenen magistratischen Akt, sondern immer nur gegen ein einzelnes Dekret im gerichtlichen Verfahren selbst oder gegen sonstige noch in Vollzug befindliche Dekrete erhoben werden kann.

Die Intercession zum Schutze der ganzen Plebs und im Interesse des Gesamtstaates fallen zuletzt im wesentlichen zusammen, indem sie sich beide gegen allgemeine administrative Massregeln, sei es der Magistrate, sei es des Senats, oder gegen legislative Akte richten. Bezüglich der Intercession gegen allgemeine Administrativmassregeln der Magistrate ist zunächst ihre Opposition bei der Aushebung von besonderer Bedeutung gewesen, weil diese einem Verbote der Aushebung gleichkam. Da aber diese Aushebungen meist in Übereinstimmung mit dem Senat verfügt wurden, so richtete sich die Opposition und Intercession zugleich auch gegen den letzteren. Hieraus hatte sich dann das Recht der Tribunen

entwickelt, gegen alle Senatusconsulte ihr Veto[1]) einzulegen.
Dabei ist aber wohl zu beachten, dass die Intercession der
Tribunen nicht gegen den Senat als solchen, sondern gegen
den magistratischen Akt der Befragung und Beschlussfassung, also eigentlich gegen den präsidierenden Magistrat,
der das *senatus consultum* macht, gerichtet ist. Dabei wurde
ein *senatus consultum* sogar schon in dem Falle ungiltig, wenn
nur ein einziger Tribun dagegen intercediert hatte. Das Recht
gegen solche Senatusconsulte zu intercedieren ist wohl älter
als das Recht der Tribunen den Senatssitzungen beizuwohnen.
Dies geht daraus hervor, dass die Tribunen in früherer Zeit
ihr *subsellium* vor die Thüre der Curie stellen liessen, um von
da aus sofort gegen eine ihnen missliebige Beschlussfassung
Einsprache erheben zu können.[2])

Ebenso wie bei den Senatsverhandlungen findet auch bei
den Verhandlungen der Volksversammlungen eine tribunicische
Intercession statt. Auch hier ist dieselbe nicht gegen den
Volksbeschluss als solchen, sondern gegen die Akte der Magistrate gerichtet, insbesondere gegen die Antragstellung. Sie
hemmte Wahlen, Gesetzgebung und Volksgerichtsbarkeit und
findet bei Curiat-, Centuriat-, Tributcomiten und *concilia plebis*
in gleicher Weise Anwendung. Nur gegen die Wahlen der
Tribunen selbst gab es keine Intercession. Auch ist hier
wie überhaupt bei dem ganzen Intercessionsrecht festzuhalten,
dass dasselbe sich nur auf die Sistierung eines noch zu voll-
ziehenden magistratischen Aktes, nicht auf die Kassation einer
bereits vollzogenen Amtshandlung oder gar eines bereits ohne
Intercession zu stande gekommenen Senatusconsults oder Volksbeschlusses bezog; gegen eine bereits beschlossene *lex* z. B.
konnte nicht mehr intercediert werden; dies beweist schon

---

[1]) Der Ausdruck *reto* ist, wie Mommsen behauptet, nicht technisch;
der technische Ausdruck ist *intercedo*.

[2]) Valerius Maximus, 2, 2, 7: *tribunis plebis intrare curiam non
licebat, ante valvas autem positis subselliis decreta patrum attentissima cura
examinabant, ut si qua ex iis improbassent, rata esse non sinerent; itaque
veteribus senatus consultis C litera subscribi solebat eaque nota significabatur,
illa tribunos quoque censuisse.*

der Ausdruck *intercedere* = dazwischentreten, sowie die synonymen Wendungen *prohibere, impedire, morari* u. a.

Obwohl die Tribunen ein Collegium bildeten, so genügte doch schon die Intercession eines einzelnen Tribunen, um die Sistierung eines magistratischen Aktes herbeizuführen; doch erhielt eine solche grössere moralische Bedeutung, wenn mehrere Tribunen intercedierten; gesteigert wurde dieselbe natürlich noch, wenn die Majorität oder gar das ganze Collegium eintrat. Gegen die Intercession der einzelnen Tribunen oder der Minorität oder auch der Majorität gab es keine Gegenintercession der übrigen, doch konnte ein Tribun thatsächlich die Intercession des anderen dadurch verhindern, dass er dem intercedierenden im Vertrauen auf die Unverletzlichkeit seiner Person entgegentrat. Dies kam jedoch gegen den Tribun nur dann in Anwendung, wenn er in Verfolg seiner *intercessio* weitere positive Schritte that, durch die er seinem Verbot Nachdruck geben wollte. Die Intercession als solche wurde dadurch nicht ungiltig. Während es also eine Intercession von Tribunen gegen die Intercession nicht gab, konnte allerdings eine Intercession von Tribunen gegen positive Amtshandlungen anderer Tribunen eintreten, wie sie im folgenden dargestellt werden. Wie das Intercessionsrecht von einzelnen Tribunen zu chicanösen und tumultuarischen Eingriffen in den regelmässigen Gang der Staatsmaschine missbraucht wurde, lehrt die Geschichte der Gracchen und der Folgezeit.[1]

2. **Positive Amtsthätigkeit der Tribunen.** Die positive Thätigkeit der Tribunen erstreckt sich auf **Gesetzgebung, Gerichtsbarkeit und Wahlen.** Unter diesen dreierlei Arten von Amtshandlungen war ihre **legislative Thätigkeit,** die sie in den *concilia plebis* ausübten, bei weitem die wichtigste, da auf dieser ihr ganzer aktiver Einfluss auf das Volk in politischer Beziehung beruhte. Die Tribunen hatten seit der *lex Hortensia* das Recht, in den *concilia plebis* sowohl allgemeine, das Staats- und Privatrecht sowie die Verwaltung betreffende Gesetze, als auch besondere Ver-

---

[1] Siehe hierüber die von Madvig I, 467 ff. angeführten Beispiele.

waltungsmassregeln zu beantragen. Ihre Rechte waren in dieser Beziehung adäquat den oben § 63 und 64 erörterten Rechten der Tributcomitien bezw. *concilia plebis.* Danach hatten die Tribunen eine ebenso bedeutende Initiative in allen Dingen, die sich auf Abänderung des Staats- und Privatrechts, des Civilprozesses und Kriminalrechts, allgemeine Bestimmungen in Verwaltungsangelegenheiten, wie Kriegswesen, Provinzialverwaltung, Finanz- und Polizeiwesen, bezogen, wie sie durch Rogation von Spezialgesetzen zu jeder Zeit direkt in die innere und äussere Staatsleitung, in letzterer Beziehung insbesondere durch Bestellung ausserordentlicher *imperia*, eingreifen konnten.

Die richterliche Thätigkeit der Tribunen ist ebenfalls adäquat dem oben § 61 dargestellten Recht der *concilia plebis* und der Tributcomitien über Multprozesse abzuurteilen, welche Tribunen oder Ädilen bei den *concilia plebis* anhängig machten. Hierbei übernahmen die Tribunen, während sie den Ädilen mehr die unpolitischen Prozesse überliessen, selbst die wichtigeren Capitalprozesse von politischem Charakter, namentlich zur Zeit der Entartung der Nobilität, in der sie Anklagen gegen ungesetzliche und verderbliche Amtsführung erhoben. Ausnahmsweise konnten sie auch in den Centuriatcomitien als Ankläger auftreten, aber nur in einem Prozess wegen *perduellio* und dies selbst nur dann, wenn ihnen auf ihre Bitte die Erlaubnis dazu von einem Consul oder Prätor erteilt worden war.

Die Leitung der Wahl der Tribunen und Ädilen in den *concilia plebis* stand den Tribunen seit der *lex Publilia Voleronis* zu. Solche Wahlen hielten sie zweimal im Jahre ab, einmal Tribunenwahlen (*comitia tribunicia*) und das andere Mal Ädilenwahlen (*comitia aedilicia*). Ausnahmsweise nehmen sie auch die Wahl von ausserordentlichen Beamten vor; dies geschah aber erst gegen Ende der Republik und kraft besonderer Gesetze.

3. Äusserliche Rechte. Der Intercessio wie den positiven materiellen Rechten der Legislative, Gerichtsbarkeit

und Wahl entsprechen gewisse äusserliche oder formale Rechte, ohne welche erstere nicht ausgeübt werden können. Der Intercessio sind korrelat die *sacrosancta potestas* als negatives und die *coërcitio* als positives Recht. Diese beiden Rechte waren nötig zum Schutze der Tribunen im Fall der Anwendung der Intercessio wie zur Bestrafung des Ungehorsams gegen ihr Einschreiten oder der direkten Behinderung ihrer Amtsthätigkeit. Unter den Coercitionsmitteln, die sie zu diesem Behufe anwendeten, steht in erster Linie die *prensio* oder Verhaftung. Darauf gründeten die Tribunen ein ausgedehntes *ius prensionis*, welches sie, gestützt auf ihre persönliche Unverletzlichkeit, sogar gegen Magistrate, namentlich gegen Consuln, wenn auch nicht als anerkanntes Recht, in Anwendung brachten. Die Verhaftung nahmen sie jedoch nicht selbst vor, sondern sie bedienten sich dazu der plebejischen Ädilen oder besonderer Diener, der *viatores*.

Den positiven Rechten der Legislative, Gerichtsbarkeit und Wahl entspricht im allgemeinen das *ius cum plebe agendi*, welches als die formale Voraussetzung zu diesen zu denken und auch die Vorbedingung für die historische Entwickelung dieser Rechte gewesen ist. Das *ius cum plebe agendi* enthielt das Recht, die *concilia plebis* zu berufen und Anträge an dieselben zu stellen und hierbei zu präsidieren. Dabei war es den Privaten wie Magistraten bei schwerer Strafe untersagt, den zum Volke redenden Tribunen zu unterbrechen. Dieses *ius cum plebe agendi* erstreckte sich natürlich immer nur auf die plebejischen Sonderversammlungen, die *concilia plebis*, und ist wohl zu unterscheiden von dem *ius cum populo agendi*, d. h. der nur den sogenannten patricischen Magistraten zustehenden Berufung des Gesamtvolkes in Curiat-, Centuriat- und Tributcomitien im strengen Sinne. Nach der *lex Hortensia* aber, als die Beschlüsse der *concilia plebis* uneingeschränkte Giltigkeit für den Gesamtstaat erlangt hatten, war dieses Recht in seinem Wesen so wertvoll, ja noch wertvoller als das *ius cum populo agendi*.

Mit der Entwickelung der positiven Rechte steht auch ihr Recht Auspicien anzustellen in Zusammenhang.

Doch waren diese Auspicien ohne Zweifel von Haus aus nicht *auspicia publica*, sondern spezielle Auspicien der Plebs, zu deren Anstellung die Tribunen ihr eigenes *templum* hatten. Wenn also ein Plebiscit eine *lex inauspicata* genannt wird, so hat dies darin seinen Grund, dass die plebejischen Auspicien nicht als *auspicia publica*, d. h. als Auspicien des Gesamtstaates, betrachtet werden. Dagegen finden die ungesuchten *auspicia*, wie z. B. ein Gewitter, auf die *concilia plebis* jederzeit uneingeschränkte Anwendung, und ist in diesem Fall die *obnuntiatio* gestattet, wie umgekehrt die Tribunen in späterer Zeit, als sie schon als Magistrate der Gemeinde betrachtet wurden, gegen magistratische Akte auf Grund von solchen Oblativauspicien die Obnuntiation angewandt haben.[1]

Ferner besassen die Tribunen zur Ausübung ihrer positiven Rechte auch das Recht Edikte zu erlassen, aber ursprünglich auch nicht in dem Sinne eines allgemeinen magistratischen *ius edicendi*, sondern nur mit einer auf die Verhandlungen mit der *plebs* eingeschränkten Wirkung. Diese tribunicischen Edikte erhielten aber bei der gesteigerten Macht des Tribunats später entsprechende Bedeutung für den Gesamtstaat.

Mit der richterlichen Thätigkeit der Tribunen hing das *ius pignoris capionis* zusammen, dessen sie bedurften, um den von ihnen veranlassten richterlichen Entscheidungen der *concilia plebis* in Multprozessen Geltung zu verschaffen.

Schliesslich entspricht ihrer durch die Ausübung ihrer sämtlichen positiven Rechte so sehr gesteigerten Bedeutung für den ganzen Staat auch ihr *ius senatum consulendi*. Dieses Recht konnte ihnen nach der *lex Hortensia* nicht mehr vorenthalten werden, als sie thatsächlich Magistrate des

---

[1] So Mommsen. Lange dagegen ist der Ansicht, dass die Tribunen schon vor 292 Auspicien und das *ius spectionis* ohne Einschränkung besessen hätten. Lange I³, 829. Karlowa I, 227, glaubt, dass die Tribunen jedenfalls nicht erst nach der *lex Hortensia* vom Jahre 284 das *ius auspiciorum* erworben und nicht vor den licinischen Gesetzen besessen haben könnten. Die Überlieferung darüber lässt uns freilich vollständig im Stich.

ganzen Volkes geworden waren. Während sie früher wohl
auch eine gewisse Beteiligung an den Senatssitzungen genossen, aber nicht eigentlich in die Verhandlungen eingreifen
konnten, wurde ihnen jetzt geradezu das Recht eingeräumt,
nicht allein im Senate zu sitzen und zu reden, sondern auch
den Senat zu berufen.[1])

## § 111. Wahl, Kollegialität, Insignien.

Um als Tribun gewählt werden zu können, war es ab-
solut erforderlich, Plebejer zu sein; dieser Grundsatz wurde
sogar noch zur Kaiserzeit aufrecht erhalten. Bekannt ist,
dass in der letzten Zeit der römischen Republik Clodius, nachdem er vergebens versucht, das Tribunat beiden Ständen zugänglich zu machen, sich entschliessen musste, zur Plebs
überzutreten, um sich den Zugang zu diesem Amte zu verschaffen. Ursprünglich war, wenn die Wahl nicht für sämtliche Stellen Majorität ergab, Kooptation gestattet. Aber
durch das *plebiscitum Trebonium* 448 wurden die wahlleitenden
Tribunen genötigt, wenn der erste Wahlgang nicht die nötige
Zahl ergeben hatte, einen neuen Wahltermin anzusetzen.
Fiel während der Amtszeit ein Tribun aus irgend einem
Grunde aus, so musste eine Nachwahl stattfinden, wie bei
den Consuln. Unterblieb die Wahl der Nachfolger infolge
irgend einer Störung, so gab es kein Interregnum wie beim
Consulat, sondern das Collegium musste so lange im Amte
bleiben, bis die neuen Tribunen gewählt waren.

---

[1]) Karlowa I, 228 unterscheidet hierbei drei Phasen der Entwickelung.
1) Solange die Tribunen nur das *ius auxilii* hatten, haben sie in keiner
Weise regelmässig an den Senatsverhandlungen teilgenommen. 2) Seitdem sie das Recht der Intercession gegen Senatsbeschlüsse geltend
machten, stellten sie ihre *subsellia* vor der Thüre der *curia* auf, um die
gefassten Beschlüsse sofort prüfen und eventuell gegen die Ausführung
eines Beschlusses intercedieren zu können. 3) Auf einer weiteren Ent-
wickelungsstufe haben die Tribunen das *ius referendi*, d. h. das Recht
einen Senatsbeschluss zu beantragen und das damit zusammenhängende
Recht der Senatsberufung erworben. Dasselbe haben sie nicht vor der
licinischen Reform und nicht nach der *lex Hortensia* erlangt. Übrigens
wird das erste Beispiel der Ausübung des *ius referendi* zum ersten Mal
für das Jahr 216 v. Chr. (Liv. XXII, 61) berichtet.

Was die Amtsdauer betrifft, so war dieselbe ebenfalls dem Consulat nachgebildet. Die Tribunen blieben wie die Consuln vom Tage des Amtsantritts ein Kalenderjahr im Amte. Derselbe fand im sechsten und siebenten Jahrhundert der Stadt regelmässig am 10. Dec. (a. d. IV. Id. Dec.) statt. Die Tribunen waren zehn an der Zahl und bildeten nach Analogie der patricischen Ämter ein Collegium. Jeder hat demzufolge die gleiche Gewalt, die er allein vollständig ausüben kann, und jeder das Recht, dieselbe dem Kollegen gegenüber zur Anwendung zu bringen. Sie haben daher gegenseitig das Intercessionsrecht. Dies ist jedoch nur die magistratische Intercession der *par potestas* und ist wohl zu unterscheiden von der spezifischen tribunicischen Intercession; auch kann dieselbe niemals gegen die tribunicische Intercession selbst, sondern immer nur gegen positive Akte eines anderen Tribunen in Anwendung kommen.

Insignien haben die Tribunen nicht; sie haben weder *fasces* noch die *toga praetexta* noch überhaupt ein magistratisches Abzeichen ausser dem *subsellium*, das aber erst mit der Zeit eine Art Abzeichen geworden ist. Dieser Mangel an Insignien hängt offenbar mit dem Umstand zusammen, dass die Tribunen von Anbeginn nicht die Qualität als *magistratus populi* hatten. Zu Dienern hatten sie ursprünglich die Ädilen, später die *viatores* oder auch *praecones*.

## § 112. Untergang des Tribunats.

Als Sulla den Staat aristokratisch zu reorganisieren suchte, ging er zuerst gegen das Volkstribunat vor, welches mit einer aristokratischen Regierungsform unverträglich schien. Sulla schmälerte es daher bedeutend, indem er ihm seine positiven Befugnisse, insbesondere die Legislative, nahm und das Intercessionsrecht beschränkte. Auch fügte er die Bestimmung hinzu, dass derjenige, welcher Tribun gewesen war, nachher kein anderes Amt mehr bekleiden dürfe, wodurch jeder, der Anspruch auf die Staatsämtercarrière erhob, vom Tribunat abgeschreckt wurde und dieses somit in die Hände unbedeutender und ungefährlicher Leute kommen musste.

Doch dauerten die sullanischen Beschränkungen nicht lange;
denn schon im Jahre 70 unter dem Consulat des Crassus und
Pompeius wurde durch ein Gesetz das Tribunat in seiner
alten Machtfülle wiederhergestellt. Doch wurde es jetzt immer
mehr ein Werkzeug der Machthaber, indem einzelne, wie
Cäsar und Pompeius, es benützten, um ihre besonderen
Zwecke durchzusetzen. Unter Cäsar und unter Augustus
war natürlich für ein selbständiges Tribunat gar kein Platz
mehr, obwohl seine Kompetenz im grossen und ganzen dieselbe
geblieben war. Aus dem letzteren Grunde gelang es zwar
noch diesem oder jenem, damit eine Art Opposition zu treiben,
aber in der Regel war es nur Schein und leere Form. Dagegen liessen sich Augustus und nach ihm die folgenden Kaiser
die *tribunicia potestas* übertragen, um die kaiserliche Macht
damit zu stärken.[1]) Daneben blieben jedoch die Tribunen in
der Zehnzahl als besondere Beamte in der genannten Bedeutungslosigkeit bestehen. Gegenüber der höheren *tribunicia
potestas* des Kaisers war natürlich ihre *tribunicia potestas*
wirkungslos, und so hingen sie ganz vom Kaiser ab, der sogar das Recht hatte, durch seine höhere Gewalt alle ihre
Schritte zu hindern und zu bestrafen. So verkehrte sich die
ursprünglich zum Schutze des Volkes bestimmte Gewalt zu
einem Werkzeuge der Despotie.[2])

Wie lange das Tribunat als besonderes Amt seine Existenz
fortfristete, ist ungewiss. Seinen Platz in der Ämterreihe hat
es bis an den Anfang des dritten Jahrhunderts behauptet.
Nachher wird es in dieser nicht mehr genannt. Später kommt
der Name noch mehrfach, aber wohl nur als Titulatur, und
zwar bis in die Zeit der Trennung des Reiches vor.

---

[1]) Übrigens folgte hierin Augustus dem Beispiel Cäsars, der
sich gleichfalls schon tribunicische Gewalt und zwar auf Lebenszeit
hatte geben lassen, um sich so den Einfluss auf die plebejischen Wahlen
und die Intercession gegen widerspenstige Tribunen zu verschaffen. Doch
war dies nur eine Schutzmassregel. Vergl. Dio. 42, 20. Auch machte
Cäsar in seiner Titulatur keinen Gebrauch davon.

[2]) Vergl. Göll. Das Volkstribunat in der Kaiserzeit, Rhein. Mus.
N. F. 13, 111.

# Kapitel XVII.
## Die Ädilität.

Mommsen, Staatsr. II², 462. Lange I², 856. Madvig I, 421. Herzog I, 798. Becker II, 2. Abt. 291. Karlowa I, 249.

§ 113. **Entstehung und Entwickelung des Amtes; plebejische und curulische Ädilität.**

Die Ädilität hängt mit dem Tribunat ursprünglich ebenso zusammen wie die Quästur mit dem Consulat. Wie die Quästoren anfänglich die Unterbeamten der patricischen Consuln, so waren die Ädilen die Unterbeamten der plebejischen Tribunen: wie jene in früherer Zeit von den Consuln, so wurden diese von den Tribunen ernannt. Selbständiger wurden sie wie die Quästoren auch erst, seitdem sie, gleich den Tribunen, in den *concilia plebis* gewählt wurden (*lex Publilia Voleronis* 471).

Die Entstehung der Ädilität fällt mit der des Tribunats zusammen, indem durch die *lex sacrata* nicht allein der Plebs die Ernennung von Tribunen, sondern auch diesen selbst die Bestellung von zwei Dienern, die gleich ihnen sacrosanct sein sollten, eingeräumt wurde. Ihre Haupt- oder regelmässigste Beschäftigung war wohl zunächst ihr Schriftführeramt, das sie im Auftrage der Tribunen führten, und in Verbindung hiermit die archivarische Aufsicht über die Plebiscite und andere für die Plebs wichtige Schriftstücke. Damit hängt wohl auch ihre Benennung *aediles* zusammen. Denn das Amtslokal ihrer archivarischen Thätigkeit war der plebejische Tempel der Ceres, *aedes Cereris*, und von dieser *aedes*, dem plebejischen Tempel schlechthin, wird ihr Name mit gutem Grunde abgeleitet.[1] Neben dieser archivarischen Thätigkeit, von der

---

[1] So Niebuhr, Becker, Lange auf Grund der Stelle Pompon. Dig. 1, 2, 2, § 21: *Ut essent qui aedibus praeessent, in quibus omnia scita sua plebs deferebat, duos ex plebe constituerunt, qui etiam aediles appellati sunt.* Schwegler deutet den Namen ganz allgemein als „Hausmeister" der Gemeinde und Mommsen als „Bauherrn" von *aedes* Haus. Dabei ist aber,

sie ihren Namen haben, hatten sie als Gehilfen der Tribunen
alles dasjenige zu vollziehen, wozu sie von jenen beauftragt
wurden; sie hatten auch hierin grosse Ähnlichkeit mit den
Quästoren, deren Geschäftskreis infolge ihrer untergeordneten
Stellung anfänglich ganz undefiniert war und deren spätere
Kompetenz sich ebenfalls nicht von innen heraus, sondern
durch Aufträge verschiedener Art entwickelt hat. Wie die
Quästoren von den Consuln bei der Rechtspflege als Gehilfen
(*quaestores parricidii*) verwendet wurden, so wurden von den
Tribunen die Ädilen auch gar bald mit Geschäften auf dem
gleichen Gebiete und zwar wie diese auf dem der Kriminal-
rechtspflege beauftragt. Zuerst hatten sie zwar nur als Diener
der Tribunen die von diesen verhängte Prension und Exekution
vorzunehmen, später aber wurde ihnen eine eigene Strafgewalt bezw. das Recht selbständig eine Kriminalklage zu
erheben zugestanden. Diese grössere Selbsständigkeit der
Ädilen hängt mit der *lex Publilia Voleronis* (471), kraft der
sie nicht mehr von den Tribunen ernannt, sondern gewählt

wie Herzog richtig bemerkt, die Beziehung zu einem ursprünglich zum
Schutze der Plebs eingesetzten Amt nicht ersichtlich. Andere Etymologien
in Paulys Realencyclopädie unter *aedilis*. K. W. Nitzsch (Gesch. d. röm.
Rep., herausgegeben von Thouret, Leipzig, Dunker und Humblot 1884)
leitet den Namen ebenfalls von *aedes Cereris* ab, meint aber, dass die
Ädilen die Schatzmeister und Verwalter des Tempelguts gewesen, und
dass der Schutz, den die Plebejer durch die erste *secessio* sich errungen,
darin bestanden habe, dass von da an dieselben in den Schutz dieses
Tempels eingetreten seien. Dementsprechend fasst Nitzsch die Ädilen
ursprünglich als die Übergeordneten und die Tribunen als deren Diener
auf. Vgl. dazu Nitzsch, Röm. Annalastik S. 189. Siehe dagegen Lange I², 
857. Dass die Ädilen ihren Namen von *aedes Cereris* haben und dass
ihre ursprüngliche Funktion ein Schriftführeramt gewesen, weist auch
W. Soltau in s. Schrift: Die ursprüngliche Bedeutung und Kompetenz
der *aediles plebis* (Bonn, Strauss 1882) nach, bestimmt aber ihre Funktionen
mit grosser Wahrscheinlichkeit dahin, „dass sie als Unterbeamte der Tribunen in der *aedes Cereris* nicht nur als Vorsteher des plebejischen
Standesamts, sondern auch als Schiedsrichter in den von streitenden
Plebejern freiwillig vor sie gebrachten *iurgia* fungiert haben." Übrigens
hatten sie wohl auch die wegen Verletzung der *leges sacratae* dem Tempel
der *Ceres* verfallenen Vermögen zu verkaufen, s. Karlowa I, 250.

werden, und mit der *lex Aternia Tarpeia* (454) zusammen, die ihnen, wie den Tribunen, das *ius multae dictionis* und damit das Recht selbständige Klagen zu erheben verliehen hat. Zu ihren älteren Befugnissen mag auch die Aufsicht über die öffentlichen Bauten gehört haben, die aus den Frohnden der Plebejer hervorgingen, woraus sich auch wahrscheinlich die spätere allgemeine polizeiliche Kompetenz der Ädilen entwickelt hat.[1]) Einen weiteren Schritt zur selbständigen Magistratur machten die Ädilen durch den Auftrag, den ihnen im Jahre 449 die Consuln L. Valerius und M. Horatius erteilten, die Senatusconsulte in ihrem Amtslokale aufzubewahren, was ein Gegenbild zu der gleichartigen Thätigkeit der Quästoren im Tempel des Saturn ist. Im Jahre 428 wurden sie beauftragt, dafür zu sorgen, *ne qui nisi Romani dii neu quo alio more quam patrio colerentur.* Im Jahre 366 aber wurde die Ädilität eine ganz selbständige Magistratur, indem man den Geschäftskreis erweiterte und den zwei plebejischen noch zwei patricische mit dem Namen curulische Ädilen hinzufügte. Damit wurden auch die plebejischen Ädilen, die mit gleichem Geschäftskreise wie die curulischen beauftragt wurden, trotz ihrer Plebität, zu einer Magistratur des Gesamtstaates. Die curulischen Ädilen erhielten zwar allein Amtsabzeichen, nämlich die *toga praetexta* und die *sella curulis;* andererseits hatten die plebejischen Ädilen, die der Insignien ermangelten, die ihnen von früher her zustehende *sacrosancta potestas* vor den curulischen voraus. Ein weiterer Unterschied zwischen beiden bestand darin, dass die curulischen Ädilen in den allgemeinen *comitia tributa* unter dem Vorsitz eines patricischen Magistrats, die plebejischen dagegen in den spezifisch plebejischen *concilia plebis* unter dem Vorsitz der Tribunen gewählt wurden. Doch der beiden Arten von Ädilen übertragene Geschäftskreis war im wesentlichen derselbe, und auch die übrigen Unterschiede traten gegenüber den wichtigen beiden gemeinsam obliegenden Geschäften bald in den Hintergrund, besonders als der spezifisch patricische Charakter der curulischen Ädilität aufgehoben

---

[1]) Mommsen, Staatsr. II², 470.

und dieselbe auch den Plebejern zugänglich wurde, was bald
nach ihrer Einsetzung der Fall war. Unter Augustus wurde
sogar auch die Bekleidung der curulischen Ädilität beschränkt,
so dass von da an für beide Arten die Plebität erforderlich
war.[1])

## § 114. Der Geschäftskreis der Ädilen.

Die Einsetzung der curulischen Ädilen und die Vereinigung ihres Geschäftskreises mit dem der plebejischen hatte
offenbar den Zweck, die Ädilität ihrer ursprünglichen Bestimmungen zu entfremden und dadurch den separaten Charakter der der Plebs eigentümlichen Institutionen aufzuheben
oder wenigstens zu mildern. Daraus erklärt sich die eigentümliche Erscheinung, dass bei verschiedener Wahlqualifikation
und Wahlform, verschiedenen Insignien und mangelnder Kollegialität zwischen den beiden Arten der Ädilität doch das Amt
als solches dieselben Kompetenzen hat, und dass die Ädilen
als Inhaber desselben in gleicher Weise als Diener der Consuln erscheinen. Zu den alten archivarischen und kriminal-
rechtlichen Befugnissen, die nun auch auf die neuen Ädilen
übergingen, wurden ihnen jetzt ganz neue übertragen, die sie
von nun an als eine Verwaltungsbehörde mit überwiegend
polizeilichem Charakter erscheinen lassen.

Cicero[2]) giebt ihre Funktionen folgendermassen an: *sun-
toque aediles curatores urbis, annonae ludorumque solemnium*. Danach bleiben mit Übergehung der archivarischen und prozessualischen Thätigkeit der Ädilen, von der schon mehrfach
die Rede war, als Hauptthätigkeiten der Ädilen folgende drei
Gebiete übrig: die Überwachung der Strassen und öffentlichen
Orte, die Überwachung des öffentlichen Handelsverkehrs und
die Besorgung der öffentlichen Spiele.

---

[1]) Ed. Moll, Über die Röm. Ädilität in der ältesten Zeit. Philologus,
46. Bd., 1. Heft. Ohneseit, Über den Ursprung der Ädilität (z. s. die
Savigny-Stiftung für Rechtsgesch. IV, romanistische Abteilung 1883,
S. 200 ff. (sucht den alt-lat. Ursprung der Ädilität nachzuweisen).
[2]) Cic. de leg. III, 3, 7.

I. Die Überwachung der Strassen und öffentlichen Orte der Stadt (*cura urbis*). Diese Funktion ist
im wesentlichen als Polizei zur Aufrechterhaltung der
Ordnung, im besonderen als Strassen- und Baupolizei zu
bezeichnen und darf weder mit der kriminellen Sicherheitspolizei, die den *tresviri capitales* obliegt, noch der politischen
Polizei der Consuln noch der höheren Sittenpolizei der Censoren verwechselt werden. Diese Strassenpolizei schloss zwar
auch die Sicherheit des Verkehrs gewissermassen in sich, aber
nur in gewissen Grenzen. Bezüglich der Baupolizei berührte
sich ihre Thätigkeit mit der der Censoren, insofern den letzteren die Regelung und Anordnung der auf die Bauten bezüglichen Verhältnisse, den Ädilen dagegen nur die Überwachung und Instandhaltung der Gebäude und Beseitigung
momentaner Missstände zukam. Dann hatten sie darüber zu
wachen, dass das öffentliche Eigentum nicht beeinträchtigt
wurde. Dies bezog sich besonders auf die *aedes sacrae*, deren
Beeinträchtigung sie vor allem abzuwehren hatten. Sodann
hatten sie die Oberaufsicht über Reinigung, Pflasterung und
Ausbesserung der Strassen, sowie über die Benutzung der
Wasserleitungen. Auch gehört hierher die Verhütung von
Feuersbrünsten, wobei sie von den *triumviri nocturni* unterstützt wurden. Ferner hatten sie auch insofern Sorge für
die Sicherheit des Verkehrs zu tragen, als sie verhindern
mussten, dass derselbe durch gefährliche Tiere oder durch
unerlaubtes Fahren gestört würde. Dann hatten sie das
Treiben in den öffentlichen Lokalen, wie Wirtschaften,
Bordellen, Bädern, zu überwachen, wobei sie eine Aufsicht
über die Sitten zu führen bezw. für Aufrechterhaltung der
Ordnung zu sorgen hatten. Doch ist diese Sittenpolizei total
verschieden von dem *regimen morum* der Censoren, und
zwar einmal insofern, als die Ädilen nicht einschritten,
weil eine Sache unsittlich an sich, sondern weil sie mit der
öffentlichen Ordnung unverträglich war, und dann insofern,
als die Ädilen direkt mit Strafen und gerichtlicher Anklage
gegen die der Sitte und dem Gesetz Zuwiderhandelnden vorgingen. Zur Ausübung aller der genannten Funktionen be-

durften sie natürlich des Rechtes der *coërcitio*, der Pfändung und Verhängung von Geldstrafen, und im Falle die letztere die Provocationsgrenze[1]) übersteigt, des Rechts der Anklage. Die Ädilen teilen sich bezüglich der *cura urbis* der Art, dass jeder die Aufsicht über einen der vier Stadtteile übernahm (Suburana, Palatina, Esquilina, Collina).[2])

2. Die Überwachung des öffentlichen Handelsverkehrs (*cura annonae*). Diese bezieht sich im allgemeinen auf Kauf und Verkauf; dabei hatten sie darüber zu wachen, dass in den öffentlichen Verkaufsläden richtiges Mass und Gewicht angewendet wurde, ferner gegen Betrügereien und Rechtswidrigkeiten im Handel, insbesondere aber im Getreideverkehr, einzuschreiten, wobei sie sich hauptsächlich um die Preise der Lebensmittel bekümmern und gegen Teuerung die nötigen Vorkehrungen treffen mussten. In besonderen Fällen wurden sie vom Senat ermächtigt, Vorräte anzuschaffen und die Austeilung an das Volk in die Hand zu nehmen. Die zunehmende Wichtigkeit dieser letzteren Funktion führte unter Cäsar zur Einsetzung zweier besonderen *aediles cereales*, denen die *cura annonae* in der Hauptstadt von da an allein oblag. Übrigens gingen ihre hierauf bezüglichen Amtsgeschäfte unter Augustus auf einen besonderen *praefectus annonae* über. Mit der allgemeinen Überwachung von Kauf und Verkauf hängt auch die Überwachung des Sklaven- und Viehmarktes zusammen, wobei es sich nicht bloss um polizeiliche Beaufsichtigung, sondern auch um die Aburteilung der aus den dortigen Kaufs- und Verkaufsgeschäften sich ergebenden Prozesse handelte. Diese ädilicische Civiljurisdiktion kam indessen nur den curulischen Ädilen zu, die sich deshalb auch der *sella curulis* bedienten; die plebejischen waren davon ausgeschlossen.

Die griechische Bezeichnung für Ädilen, ἀγορανόμοι, ist speziell dieser Seite ihrer Thätigkeit entnommen.

---

[1]) Diese betrug sonst 3020 As.
[2]) Lex Iulia municipalis 2, 24 ff.

3. Die Besorgung der öffentlichen Spiele (*cura ludorum*). Infolge der *cura urbis* hatten die Ädilen auch die Aufsicht über alle, sowohl die privaten wie die öffentlichen, Spiele. Daneben lag ihnen aber auch speziell die Besorgung gewisser öffentlichen Spiele ob, und diese erscheint in späterer Zeit als ihr Hauptgeschäft und als die Thätigkeit, die ihrem Amte seinen eigentlichen Charakter gab. Lange Zeit gab es nur ein römisches Fest, die *ludi Romani*, dessen Leitung ursprünglich allein in den Händen der Consuln lag. Nach der Einsetzung der curulischen Ädilen wurden auch diese dabei beteiligt, und noch später ging die Besorgung dieser Spiele ganz auf die curulischen Ädilen über. Zu diesen *ludi Romani*, die als ursprünglich patricische von den *aediles curules* besorgt wurden, traten die *ludi plebei* hinzu (nach Mommsen wahrscheinlich erst im Jahre 220), deren Leitung dann in entsprechender Weise den *aediles plebei* übertragen wurde. Bezüglich der übrigen Spiele der Republik, die mit Ausnahme der von dem Stadtprätor besorgten apollinarischen gleichfalls den Ädilen überwiesen wurden, lässt sich die dabei speziell den plebejischen und den curulischen Ädilen zufallende Kompetenz nicht mit Sicherheit unterscheiden. Durch Augustus haben die Ädilen die Besorgung der Spiele wieder verloren. Sie wurde den Prätoren übertragen, die sie von da an im grossen und ganzen auch behalten haben.

Die Besorgung der Spiele war für die Ädilen deswegen von grosser Wichtigkeit, weil die Bestreitung der Kosten, die später den Ädilen im wesentlichen oblag, das Amt nur den reicheren unter den römischen Bürgern zugänglich machte, und die grössere oder geringere Pracht, die sich dabei entfalten liess, eine Art von *ambitus* um die höheren Staatsämter zur Folge hatte.

Ursprünglich hatte die Kosten für die öffentlichen Spiele wohl nur der Staat bestritten. Wenn dabei die von demselben bewilligten Summen überschritten wurden, liess man sich zuerst Beiträge von fremden Staaten und Provinzen dazu geben. Später aber, als infolge von Missbräuchen dies vom Senat untersagt wurde, waren die Ädilen zur Deckung

des Defizits auf ihre Privatkasse angewiesen, und daraus
bildete sich der Gebrauch, überhaupt freiwillig mehr zu thun
als nötig war, um sich durch Entfaltung einer besonderen
Pracht die Gunst des Volkes zu erwerben. Infolge davon
wurde die Ädilität faktisch als *primus adscensus ad honoris
amplioris gradum* betrachtet.

### § 115. Wahl, Insignien. — Untergang der Ädilität.

Die plebejischen Ädilen wurden immer in den *concilia
plebis* unter Vorsitz der Tribunen, die curulischen dagegen
gleich den übrigen *magistratus minores* in den *comitia tributa*
unter Vorsitz des zeitigen patricischen Oberbeamten, in der
Regel des Consuls, gewählt. Für die plebejische Ädilität
war immer die Plebität erforderlich, für die curulische erst
seit Augustus. Derselbe machte auch die Ädilität im Wechsel
mit dem Tribunat obligatorisch[1]) und fügte sie in der Stufen-
folge der Ämter zwischen Quästur und Prätur ein. Da die
Ädilen nicht Oberbeamte sind, so besitzen sie auch nicht das
*ius cum populo agendi* und das *ius senatum consulendi*. Insignien haben nur die curulischen Ädilen und zwar die *sella
curulis* und *toga praetexta*, während die plebejischen Ädilen
beiderlei Amtszeichen entbehren; ihnen kommt wie den Tribunen nur das *subsellium* zu, welches aber gar nicht als ein besonderes Amtsabzeichen zu betrachten ist. Auch haben die
plebejischen Ädilen nach Ablauf ihrer Amtszeit kein Recht
auf einen Sitz im Senat und auch nicht das *ius imaginum*.
Dagegen waren die Volksädilen wie die Tribunen sacrosanct.
Doch in der späteren Zeit kam die Vorstellung von dieser
Eigenschaft allmählich so abhanden, dass dieselbe ein Gegenstand
einer Kontroverse wurde.[2]) Dass unter Cäsar die Zahl der
Ädilen durch Hinzufügung von zwei *aediles cereales* auf sechs

---

[1]) Die Patricier waren von dieser Stufe (Adilität oder Tribunat)
befreit.

[2]) Vgl. hierüber Karlowa I, 249. Die Sanctität verlieren die Ädilen
nach Mommsen. Staatsrecht II², 476 allmählich thatsächlich und wohl
nicht durch besondere Gesetzesbestimmung.

erhöht wurde, ist schon erwähnt, ebenso dass ihnen die Spiele genommen und den Prätoren überwiesen wurden und die Sorge für das Getreidewesen ein *praefectus annonae* übernahm. Die Aufsicht über den Marktverkehr dagegen behielten sie, ebenso die *cura urbis* der in vierzehn Regionen geteilten Stadt, wenn auch gemeinschaftlich mit den Tribunen und Prätoren. Das eigentliche Polizeiwesen ging auf besondere kaiserliche Ämter über, und auch die Jurisdiktion der curulischen Ädilen wurde wieder mit der Prätur vereinigt. Die Ädilität hat sich jedenfalls bis auf Alexander Severus erhalten; ob sie aber schon unter diesem Kaiser oder erst von Diocletian abgeschafft wurde, ist ungewiss.

# Kapitel XVIII.
# Die magistratus minores.

Becker II. 2. Abt. 358. Mommsen, Staatsr. II², 568. Lange I³, 899.
Madvig I, 480. Herzog I, 848. Karlowa I, 264.

## § 116. Allgemeines.

Der Ausdruck *magistratus minores* hat eine doppelte Bedeutung:

Erstens bezeichnet er alle diejenigen Beamten (s. oben § 69), welche aus ursprünglichen Dienern und Gehilfen der Oberbeamten zu selbständigen Magistraten geworden sind, d. h. alle Beamten von der Ädilität an abwärts, also Ädilen, Quästoren und sämtliche Beamte unter der Quästur.

Zweitens bezeichnet der Ausdruck in einem engeren Sinne nur die kleineren Magistrate unter der Quästur, wozu die sogenannten *vigintisexviri* und die *tribuni militum a populo* gehören. Doch nimmt man in der Regel auch noch die letzteren als militärische Beamte davon aus, so dass nur die *vigintisexviri* übrigbleiben.[1] Die Bekleidung eines der unter diesem Namen zusammengefassten Ämter war für die Beamtenlaufbahn insofern von Wichtigkeit, als es üblich und von Augustus sogar vorgeschrieben war, vor der Quästur eines dieser Ämter zu verwalten. Als *magistratus* galten sie, weil sie in den plebejisch-patricischen Tributcomitien vom Volke gewählt wurden, womit sie die allgemeinen magistratischen Befugnisse, das *ius contionem habendi, edicendi* und *auspiciorum* erhielten. Doch erlangten nicht alle zusammen auf einmal dieses Recht, sondern es wurde den einzelnen besonderen Magistraten zu verschiedenen Zeiten zuerkannt. Es sind dies folgende sechs Beamtencollegien:

---

[1] Vgl. H. Christensen, Über den Vigintisexvirat und den Eintritt in den Senat, Festschr. d. Hamburger Wilhelmgymn. 1885, S. 81.

1. III *viri capitales*.
2. III *viri aere argento auro flando feriundo* oder III *viri monetales*.
3. IIII *viri viis in urbe purgandis*.
4. II *viri viis extra urbem purgandis*.
5. X *viri stlitibus iudicandis*.
6. IIII *viri praefecti Capuam Cumas*.

## § 117. Tresviri capitales.

Die *tresviri capitales*, auch *tresviri nocturni* genannt, wurden anfänglich vom Stadtprätor ernannt, später aber durch Volkswahl bestellt. Ursprünglich hatten sie nur für die Sicherheit der Stadt während der Nacht zu sorgen, später als sie durch Volkswahl zu eigentlichen Magistraten geworden waren (289), wurde ihre Kompetenz dahin erweitert, dass sie sowohl bei der Kriminaljurisdiktion, wie bei der Civilrechtspflege als Gehilfen des *praetor urbanus* mitzuwirken hatten. Seit dieser Zeit hiessen sie *triumviri capitales*.

1. **Hilfeleistung bei der Kriminaljurisdiktion.** Hierbei haben sie zunächst die Aufsicht über die Gefangenen und die Vollstreckung der Todesurteile. Damit hängt dann die weitere Befugnis zusammen, Angeschuldigte in Untersuchungshaft zu nehmen und bei Anzeigen von Verbrechen Nachforschungen anzustellen. Ferner haben sie überhaupt für die Sicherheit der Stadt zu sorgen und dabei Aufgegriffene je nach dem Vergehen zu bestrafen, bezw. zu verhaften und einzukerkern. Im wesentlichen können sie als **Kriminalpolizei** der Hauptstadt bezeichnet werden.

2. **Hilfeleistung bei der Civilrechtspflege.** Dahin gehören zunächst die Klagen, zu deren Aburteilung die *tresviri capitales* in solchen Fällen von dem Prätor ermächtigt wurden, die eigentlich krimineller Natur waren, aber im Civilrechtswege entschieden wurden. Doch hört diese Gerichtsbarkeit mit der Entstehung der *quaestiones perpetuae* auf. Dann lag ihnen ob, in den prätorischen Civilprozessen die

verwirkten *sacramenta* einzutreiben und Streitigkeiten über die Pflicht als Geschworener zu fungieren zu entscheiden.

Im ganzen können die *tresviri capitales* also als Hilfsbeamte des Stadtprätors betrachtet werden.

### § 118. Tresviri monetales.

Die *tresviri aere argento auro flando feriundo* (abgekürzt A. A. A. F. F.) wurden auch *tresviri monetales* genannt, letzteres wohl von der Münzstätte der Iuno Moneta auf der Arx. Entstanden ist diese Magistratur wahrscheinlich erst in der Zeit des pyrrhischen Krieges, als die Notwendigkeit eintrat, die Münzprägung durch einen besonderen Magistrat zu überwachen; doch war ihre Stellung eine untergeordnete. Bei ausserordentlichen Münzprägungen wurden auch Ädilen, Quästoren oder besondere Curatoren damit beauftragt. Sie kommen vor bis in das dritte Jahrhundert nach Chr. Geburt.

### § 119. Quatuorviri viis in urbe purgandis und duoviri viis extra urbem purgandis.

Diese hatten die Reinigung der Strassen innerhalb und ausserhalb der Stadt, und zwar unter Oberaufsicht der Ädilen, zu leiten. Die Zeit ihrer Entstehung ist unbekannt. Die *quatuorviri viis in urbe purgandis*, die späterhin gewöhnlich *quatuorviri viarum curandarum* genannt werden, hatten, wie der Name sagt, die Reinigung der Strassen in der Stadt, und die *duoviri*, die auch *duoviri viis extra propiusque Romam passus mille purgandis* heissen, die Reinigung der Strassen ausserhalb der Stadt bis zum ersten Meilenstein. Unter Augustus treten an die Stelle der *duoviri* besondere mit grösseren Befugnissen versehene *curatores riarum,* denen die Aufsicht der Chausseen bis an die Stadtmauern heran oblag. Die *quatuorviri* aber bestanden in der Kaiserzeit fort.

Die *quatuorviri* und die *duoviri* hatten gemeinsam mit den *tresviri capitales* Viatoren.

## § 120. Decemviri stlitibus iudicandis.

Diese waren ein Gerichtshof, der in Freiheitssachen urteilte, d. h. in solchen Prozessen, in denen der *status libertatis* in Frage kam. Diese *decemviri* werden in den *leges Valeriae Horatiae* mit den Tribunen und Ädilen zusammen als *sacrosancti* bezeichnet.[1]) Diese sakrale Unverletzlichbkeit wird aber später geschwunden sein, als ihr Zusammenhang mit den Tribunen sich löste, deren Diener oder Gehilfen sie vordem gewesen waren. Wahrscheinlich sind sie zugleich mit der Einsetzung des Tribunats entstanden, indem sie als Geschworenengerichtshof für solche Fälle bestellt wurden, in denen es sich um die persönliche Freiheit eines Plebejers handelte. Mit der Ausgleichung der Rechte der Patricier und Plebejer musste sich natürlich das Verhältnis der *decemviri* zu den Tribunen lockern, und damit hängt dann wieder zusammen, dass sie von da an nicht mehr von den Tribunen, sondern vom Volke gewählt werden. Ihre Wahl fand wahrscheinlich in Tributcomitien unter Leitung des städtischen Prätors statt. Unter Augustus erhielten die *decemviri* statt der Freiheitsprozesse die Leitung der Erbschaftsprozesse im Centumviralgerichtshof. Seit dieser Zeit sind sie nicht mehr Geschworenenrichter, sondern Instruenten der Prozesse, aber unter Oberleitung des Prätors. Das Amt dauerte bis tief in die Kaiserzeit fort.

## § 121. Praefecti Capuam Cumas.

Die *praefecti Capuam Cumas* werden auch *quatuorviri iuri* (oder *iure*) *dicundo* genannt. Den ersteren Namen haben sie vom Standpunkt der Bewohner derjenigen Bezirke, über welche sie gesetzt sind, und den zweiten als in Rom bestellte Magistrate. Die Einsetzung dieser Magistratur hängt nach der Ansicht der einen mit der Beendigung des grossen Latinerkrieges (338) zusammen, indem die unterworfenen und

---

[1]) Vgl. § 109.

mit der *civitas sine suffragio* beschenkten Campaner der Jurisdiktion des *praetor urbanus* unterstellt worden seien, der zu
diesem Zwecke *praefecti iuri dicundo* für Capua und andere
campanische Städte ernannte, später aber vom Volke wählen
liess. Wann sie der Volkswahl unterworfen wurden, ist nicht
ausgemacht. Mommsen nimmt dafür das Jahr 124 v. Chr.,
Lange schon das Jahr 318 an, in welchem Jahre sie zuerst
nach Capua geschickt wurden. Dieser Meinung, wonach die
Einsetzung der *quatuorviri iuri dicundo* eine Folge der Unterwerfung der Campaner wegen ihrer Beteiligung am grossen
Latinerkriege gewesen sein soll, steht die vor längerer
Zeit vom Verfasser dieses Buches[1]) begründete Ansicht entgegen, dass die im Jahre 318 eingesetzten Präfekten mit der
später vorkommenden ständigen Magistratur der *quatuorviri*
in Capua nichts zu thun hatten. Die ersteren waren römische
Kommissare, die auf Bitten der Campaner dort eine neue
Gesetzgebung einrichteten und nach Erledigung dieses Geschäfts wieder ausser Funktion traten; die Einsetzung der
*quatuorviri iure dicundo* dagegen hängt mit der Bildung eines
zehn Städte umfassenden Gerichtssprengels zusammen, die
nicht vor dem Jahre 194 v. Chr. angesetzt werden kann.
Veranlasst war letztere Einrichtung durch den Umstand,
dass der infolge der Unterwerfung Capuas im Jahre 211 gewonnene *ager publicus* das Gebiet von zehn campanischen
Städten (1. Capua, 2. Cumae, 3. Casilinum, 4. Volturnum,
5. Liternum, 6. Puteoli, 7. Acerrae, 8. Suessula, 9. Atella,
10. Calatia) umfasste und überall römische Bürger in Masse
sich hier angesiedelt hatten. Die rechtlichen Beziehungen
dieser römischen Bevölkerung zu den einheimischen campanischen Bewohnern verlangten eine juristische Instanz,
für welche die einzelnen campanischen Lokalbehörden nicht
genügten und die nur von Rom aus durch von dort gesandte

---

[1]) M. Zoeller, Die staatsrechtlichen Beziehungen Roms zu Capua
Fleckeisens Jahrb. f. Phil. 1874, S. 715 und M. Zoeller, Das Senatus-
consultum über Capua im Jahre 211 v. Chr. und dessen Ausführung,
Mülhausen Progr. 1875. Vergl. dazu Lange I², 908.

und vom Volke gewählte Richter gegeben werden konnte. Der Grund dieser Einrichtung war für alle diese Städte ein gemeinsamer, weshalb auch anzunehmen ist, dass dieselbe nicht nach und nach, sondern durch die nach der Wiedereroberung Capuas im Jahre 211 neugeschaffenen Zustände entstanden ist. Die Bezeichnung *praefecti Capuam Cumas* ist nur eine Abkürzung statt eines vollständigen sämtliche zehn Städte umfassenden Titels. Die *quatuorviri iuri dicundo* bestanden fort bis zur Zeit des Augustus, unter dem sie infolge der neuen Einteilung Italiens aufgehoben wurden.

Infolge ihres Wegfalls sowie des der II *viri viis extra urbem purgandis* hiessen seit Augustus die genannten *magistratus minores* nicht mehr *vigintisexviri*, sondern *vigintiviri*. Die Bekleidung dieses Vigintivirats war in der Kaiserzeit die Vorstufe für die Quästur.

# Kapitel XIX.

## Die ausserordentlichen Beamten.

Becker II, 2. Abt. 368. Mommsen, Staatsr. II², 596, 626, 682. Lange I³, 915, 623, 646. Madvig I, 499. Herzog I, 733 und 827. Karlowa I, 266.

### § 122. Die ausserordentlichen Beamten im engeren Sinne. Einteilung.

Unter ausserordentlichen Beamten sind im engeren Sinne diejenigen zu verstehen, die nicht in der Verfassung vorgesehen sind.[1]) In diesem Sinne sind der Dictator und der Interrex, von denen oben die Rede war, nicht als ausserordentliche Beamte anzusehen, da ihre, wenn auch nur zeitweise eintretende, Bestellung für gewisse Fälle durch gesetzliche Norm und nach Herkommen bestimmt war. Sie kehren, wenn auch nicht regelmässig, für gewisse Fälle immer wieder, während die jetzt zu betrachtenden ausserordentlichen Beamten gerade dadurch von den übrigen sich unterscheiden, dass sie nicht verfassungsmässig vorgesehene Institute sind, sondern eben gerade dem Umstand ihre Entstehung verdanken, dass die verfassungsmässigen Organe für die Besorgung der Geschäfte, um derentwillen sie bestellt werden, nicht ausreichen oder nicht opportun sind. Unter diesen lassen sich vier Kategorien unterscheiden:

1. Die ausserordentlichen konstituierenden Gewalten, wohin die *decemviri legibus scribundis* und die *triumviri reipublicae constituendae* gehören.
2. Das Consulartribunat.
3. Die ausserordentlichen Aushilfsbeamten, unter denen die für den Krieg bestimmten die wichtigsten sind.
4. Die ausserordentlichen Beamten zur Vornahme eines bestimmten in der gewöhnlichen

---

[1]) S. oben § 69.

Amtsbefugnis der ordentlichen Magistrate nicht enthaltenen Geschäfts. Unter diesen sind namentlich die Beamten *agris dandis adsignandis* und *coloniae deducendae* hervorzuheben.

Alle diese Beamte unterscheiden sich von den übrigen Magistraten dadurch, dass sie für den einzelnen Fall durch Spezialgesetz, nicht durch eine allgemeine Norm ins Leben treten.

§ 123. **Die ausserordentlichen konstituierenden Gewalten.**

Als solche sind zu betrachten die *decemviri legibus scribundis* und die *triumviri reipublicae constituendae*.

1. Die *decemviri legibus scribundis*. Die Einsetzung dieser ausserordentlichen Magistratur war das Resultat des Kampfes, welchen die Plebejer unter Leitung ihrer Tribunen zum Zweck der Erlangung eines geschriebenen Rechtes geführt haben (s. oben § 108). Anfangs hatten die Patricier das Verlangen der Plebs durch Konzessionen auf anderen Gebieten zu beschwichtigen gesucht: allein zuletzt drang letztere mit demselben doch durch, und so wurde vereinbart, dass zur Abfassung dieser neuen Gesetzgebung zehn Männer aufgestellt würden, die zugleich die Regierung mit unumschränkter Gewalt übernehmen sollten. Aus dieser Zweckbestimmung ergiebt sich für diese Gewalt dreierlei:

1. Die Zeitdauer des Amtes war normiert durch die Erfüllung des Zweckes, um dessentwillen die Magistratur bestellt wurde.

2. Das Provocationsrecht war während dieser Zeit ausser Kraft.

3. Nicht nur die patricische Magistratur, das Consulat, sondern auch das Tribunat wurde während dieser Zeit sistiert.

Das Ergebnis der Amtsthätigkeit dieser *decemviri legibus scribundis* war bekanntlich die Zwölftafelgesetzgebung. Nach Erledigung dieses Geschäfts hätten die Decemvirn zurücktreten müssen. Als die Decemvirn des zweiten Jahres dies aber nicht thaten und die Gewalt über den Zweck ihrer Einsetzung hinaus weiter führen wollten, wurden sie durch eine Revolution (die zweite *secessio* 449) zur Abdankung gezwungen.

2. Die *triumviri reipublicae constituendae*. Im Jahre 43 v. Chr. wurden durch die *lex Titia* Lepidus, Antonius und Octavianus auf fünf Jahre zu *triumviri reipublicae constituendae* ernannt. Diese konstituierende Gewalt, welche die drei Machthaber durch das genannte Gesetz sich beilegen liessen, ermangelte jeder Schranke, indem einerseits die ganze Gesetzgebung und Ernennung sämtlicher Beamten in ihre Hände gelegt wurde und andererseits alle sonst die Magistratur gesetzlich beschränkenden Hemmnisse, wie Provocation und tribunicische Intercession, in Wegfall kamen. Nominell lautete das Gesetz nur auf fünf Jahre, thatsächlich konnten die durch dasselbe erteilten Befugnisse, wie dies im Wesen einer schrankenlosen konstituierenden Gewalt liegt, nur durch den freiwilligen Rücktritt der Machthaber ihr Ende finden.[1]

In der Regel wird diese Magistratur als das **zweite Triumvirat** bezeichnet und einem **ersten** von Cäsar Pompeius und Crassus gebildeten Triumvirat entgegengestellt. Allein das letztere trug nur spottweise diesen Namen, es war keine Magistratur, sondern nur eine private Koalition dreier Machthaber zur Verteilung der höchsten Staatsämter; die erste derartige Koalition zwischen Cäsar, Pompeius und Crassus hatte im Jahre 71 und die zweite im Jahre 60 stattgefunden.[2]

## § 124. Das Consulartribunat.

Das Consulartribunat war eine Aushilfsmassregel, die der Tradition zufolge zum ersten Mal im Jahre 444 getroffen, von da an verschiedentlich wiederholt, aber durch das dritte licinische Gesetz (366: *ne tribunorum militum comitia fierent consulumque utique alter ex plebe crearetur*) definitiv abge-

---

[1] Mommsen, Staatsr. II², 697, H. Schiller, Gesch. d. Röm. Kaiserzeit I, 59.

[2] Vgl. Mommsen, Röm. Gesch. III², 101 und 208.

schafft wurde. Wahrscheinlich war diese Massregel veranlasst durch den Umstand, dass die Kriegsverhältnisse es wünschenswert erscheinen liessen, hie und da mehr als zwei Oberbeamte aufzustellen; deswegen wurde in dem genannten Jahre bestimmt, dass der Senat alljährlich darüber entscheiden sollte, ob Comitien zur Wahl von Consuln oder von *tribuni militum consulari potestate* abzuhalten seien. Infolge davon wurden nun vom Jahre 444 bis 367 bald Consuln bald Militärtribunen mit consularischer Gewalt an die Spitze des Staates gestellt. Es war dabei von vornherein bestimmt worden, dass die Militärtribunen *promiscue ex patribus et plebe* gewählt werden sollten; doch haben in den ersten 44 Jahren die Plebejer zu dem genannten Amte faktisch keinen Zutritt erlangt. Erst im Jahre 400 bekleiden dasselbe zum ersten Mal vier Plebejer. Bezüglich der Zahl der Consulartribunen ist nichts Bestimmtes überliefert; dieselbe scheint je nach dem Bedürfnis gewechselt zu haben, und es scheint jeweils ein Collegium von drei, vier und sechs Tribunen gewählt worden zu sein. Mit den gewöhnlichen Kriegstribunen hingen sie wohl derart zusammen, dass sie aus denselben entnommen, aber zum Zweck ihrer besonderen Machtbefugnis, d. h. der Ausübung ihrer consularischen Gewalt, durch Volkswahl bestellt wurden. Doch sind diese aus der Volkswahl hervorgegangenen Militärtribunen mit consularischer Gewalt wohl zu unterscheiden von den nach Aufhebung dieser ausserordentlichen Magistratur seit den *leges Liciniae Sextiae* (366) vom Volke erwählten sechs Kriegstribunen (*tribuni militum a populo*).

Ihre Kompetenz ist, wie aus der Bezeichnung „*consulari potestate*" hervorgeht, der der Consuln gleich.

## § 125. Die ausserordentlichen Aushilfsbeamten.

Es giebt verschiedene ausserordentliche Aushilfsbeamten, so für die Aushebung, für die Leitung von Beamtenwahlen, für den Prozess, für die öffentliche Sicherheit, für das Bauwesen, für das Getreidewesen[1]) und dergl.; allein die wich-

---

[1]) Mommsen, Staatsr. II³, 643.

tigsten sind die für den Krieg bestimmten. Anfangs hat man sich mit Prorogation und Cumulation beholfen: später griff man jedoch zu dem Mittel, Private *extra ordinem* mit dem militärischen Imperium zu bekleiden. Der erste Fall der Art fiel in die Zeit des hannibalischen Krieges, als nach der Niederlage der beiden Scipionen in Spanien (211) durch Volksbeschluss dem jungen Scipio, dem späteren Sieger von Zama, zur Führung des spanischen Krieges das consularische Imperium gegen alles Herkommen übertragen wurde. Erst zur Zeit des Pompeius erneuerte sich der Fall. Dieser wurde viermal mit einem ausserordentlichen Imperium bekleidet, obwohl er zur Zeit nicht Magistrat, sondern *homo privatus* war. Zum ersten Mal geschah dies im Jahre 81 für Sicilien und Afrika, dann im Jahre 77 für Italien und für Spanien; dann wurde Pompeius im Jahre 67 durch die *lex Gabinia* mit dem „*imperium infinitum*" gegen die Seeräuber bekleidet und im Jahre 66 durch die *lex Manilia* noch dazu mit dem proconsularischen Imperium über Syrien und Asien zum Zweck der Führung des mithridatischen Krieges ausgerüstet. Das dem Pompeius durch die *lex Gabinia* eingeräumte *imperium infinitum* enthielt das schrankenlose consularische Imperium, jedoch mit der Massgabe, dass Pompeius an sämtlichen Küsten des römischen Staates das *imperium* mit dem Statthalter der betreffenden Provinz teilen musste (*imperium aequum*). Ebenso wie es *privati* als Oberfeldherren gab, so wurden auch Private zu Unterfeldherren ernannt. Dies geschah ebenfalls zum ersten Mal durch das gabinische Gesetz, welches den fünfundzwanzig von Pompeius zu ernennenden Legaten zum voraus das proprätorische Imperium unter dem Proconsul Pompeius verlieh. Diese Bezeichnung als Proconsul oder Proprätor kommt ursprünglich nur der prorogierten oder der mandierten, nicht der oben erwähnten ausserordentlichen Gewalt zu, allein mit der Zeit wurde jeder, der zwölf *fasces* erhielt, als Proconsul und jeder *sexfascalis* als Proprätor bezeichnet.

Zur Übertragung eines *imperium* an Private bedarf es eines Volksbeschlusses, was bei der Prorogation und Mandierung nicht nötig ist, da bei diesen beiden Erteilungen von Gewalt es sich nicht um ein neues Imperium, sondern um eine Verlängerung bezw. Überlassung einer bereits schon vom Volke durch die Magistratswahl verliehenen Gewalt handelt. Die Wahl der ausserordentlichen Beamten wurde immer durch die Tribus, nicht die Centuriatcomitien vollzogen.

Diese ausserordentlichen militärischen Imperien, die überwiegend der letzten Zeit der Republik angehören, haben nicht zum wenigsten den Untergang der römischen Republik herbeigeführt, da das römische Principat oder Kaisertum, das seinem Wesen nach nichts anderes ist als ein ausserordentliches Imperium, dadurch vorbereitet wurde.

§ 126. **Die Beamten agris dandis adsignandis und coloniae deducendae.**

Von den Aushilfsbeamten, die, soweit sie nicht militärisch sind, zu verschiedenen Geschäften meist in Kommissionen als *duoviri, tresviri, quinqueviri* verwendet wurden, sind diejenigen ausserordentlichen Beamten zu unterscheiden, die zur Besorgung eines solchen Geschäfts bestellt werden, welches in der gewöhnlichen Amtsbefugnis der ordentlichen Magistrate nicht vorgesehen oder nicht enthalten ist. Die *duoviri perduellionis*, d. h. zwei Männer, welche in ausserordentlicher Weise im Falle eines Hochverratsprozesses als Ankläger bestellt wurden, gehören genau genommen nicht unter diese Kategorie, da ihre Wahl, wie bei dem Dictator und dem Interrex, auf einer Institution beruhte. Eher dürften hierher die *duoviri aedi dedicandae* und *aedi locandae* zu rechnen sein. Unzweifelhaft aber sind hierher zu zählen die Beamten *agris dandis adsignandis* und *coloniae deducendae*. Für die unentgeltliche Weggabe von Gemeindeland bedurfte es in republikanischer Zeit eines Volksbeschlusses, weil damit ein Eigentumsrecht der Gemeinde aufgehoben wurde. Demgemäss liegt auch die Ausführung eines solchen Beschlusses nicht den ordentlichen Magistraten, sondern besonderen dazu bestellten Beamten ob. Man unterscheidet dabei Assignation und Kolonisation. Bei der ersteren handelt es sich um blosse Ackerverteilung, und zwar wird dabei die rechtliche Zuteilung (*dare*) von der faktischen Überweisung (*adsignare*) der Äcker unterschieden. Dieses Geschäft wird vollzogen von einer zu diesem Behufe vom Volke gewählten, in der Regel aus drei Männern bestehenden, Teilungskommission, die deshalb auch *tresviri agris dandis adsignandis* genannt wird. (Seltener werden *quinqueviri* u. dergl. erwähnt.) Erfolgt eine solche Ackeranweisung unter der Bedingung, dass zugleich eine neue Gemeinde gegründet werden soll, so entsteht dadurch noch der weitere Zweck der Kolonisation, und dann werden *tresviri coloniae* (bezw. *quinqueviri*) *deducendae* bestellt, die nicht allein die rechtliche und faktische Zuweisung des Landgebietes, sondern auch die ganze Einrichtung der Kolonie selbst zu besorgen haben. Dabei wird das den Kolonisten zuzuweisende Gebiet, die Anzahl und die Qualifikation der Kolonisten, sowie das Quantum des jedem einzelnen zuzuteilenden Landes durch Spezialgesetz bestimmt. Gewählt wurden solche *tresviri* in früherer Zeit unter der Leitung des Consuls oder städtischen Prätors, später unter der von Tribunen und zwar meist in Tributcomitien. Die Amtsfrist war abhängig von der Ausführung des ihnen übertragenen Geschäfts, doch wurde dafür in der Regel von vornherein ein Maximum bestimmt, das nicht überschritten werden sollte.

# Kapitel XX.
# Das Principat.

Becker II, Abt. 3, 292. Mommsen, Staatsrecht II², 723 (2. Abt. v. II).
Madvig I, 521, 534. Herzog II, 608. Karlowa I, 491. H. Schiller,
Gesch. der Röm. Kaiserzeit I, 150.

### § 127. Entstehung des Principats.[1])

Wie aus der ursprünglichen Königsgewalt die republikanische Magistratur durch Zersplitterung und Teilung entstanden ist, so ist umgekehrt die kaiserliche Gewalt aus der Wiedervereinigung der getrennten Befugnisse der höchsten Magistratur nebst Hinzufügung der neu entstandenen Gewalten, also mit einem Worte aus der Cumulation der republikanischen Ämter hervorgegangen. Alle Merkmale der monarchischen Magistratur, wie wir sie oben (§ 76) für Königtum und Dictatur aufgezählt haben, passen auch für den Kaiser oder den Princeps. Wie jene vereinigt er wieder das Imperium in einer Person und regiert ohne Provocation und ohne Intercession, und ganz analog tritt an die Stelle der Volkswahl die Ernennung. Doch hatte das Principat, abgesehen von der Lebenslänglichkeit, mit der Dictatur insofern mehr Berührungspunkte als das Königtum, als es gleich jener in das System der übrigen Magistraturen sich einfügen und mit demselben sich auseinandersetzen musste. Für eine solche Einfügung bot aber die Annahme der erst während der Republik entstandenen und entwickelten tribunicischen Gewalt auf Lebenszeit eine bequeme Handhabe, indem der damit bekleidete Princeps infolge des ihm dadurch zukommenden Intercessionsrechts gegen alle magistratischen Akte der übrigen Beamten

---

[1]) Vgl. hierüber auch Joh. Kromayer, Die rechtliche Begründung des Principats, Diss., Strassburg 1888 (gegen Mommsens Anschauungen). Jul. Asbach, Röm. Kaisertum und Verfassung, Histor. Taschenbuch 7, S. 109. A. Duméril, Aug. et la fondation de l'empire rom., Bordeaux 1890.

Einsprache erheben konnte. Andererseits hatte aber mit der königlichen Gewalt das Principat insofern wieder einige Ähnlichkeit, als der Princeps durch Übernahme des Oberpontifikats auch die höchste priesterliche Gewalt wieder mit der magistratischen vereinigte. Auch darin ist die Ähnlichkeit der genannten Institutionen nicht zu verkennen, dass bei ihnen das militärische Imperium als der Kern und die Quelle ihrer Macht anzusehen ist. Das beweist vor allem die Entstehung des Principats. Schon bei Cäsar tauchte die Idee einer dauernden Alleinherrschaft auf, als er auf Grund seiner militärischen Siege sich die Dictatur auf zehn Jahre und dann auf Lebenszeit übertragen liess. Als dann nach seinem Tode es einigen Machthabern gelungen war, sein Erbe anzutreten und an der Spitze der cäsarischen Legionen die republikanische Partei zu schlagen, verteilten sie untereinander die Provinzen, zum Schein auf Grund des titischen Gesetzes, kraft dessen sie *triumviri reipublicae constituendae* waren, dem Wesen nach aber auf Grund ihrer Militärgewalt, aus deren faktischem Besitz sie niemand mehr verdrängen konnte. Und als dann nach Beseitigung des Antonius und Lepidus Octavian im Jahre 27 die konstituierende Gewalt an Senat und Volk zurückgab und statt dessen den Beinamen Augustus empfing, so war es gewiss nicht dieser Name, der ihn im Besitz der höchsten Gewalt schützte, sondern sein ihm ergebenes Heer und die kraft seines militärischen Imperiums getroffenen Einrichtungen. Die Quelle seiner thatsächlichen Macht war demnach das militärische Imperium, das ihm auf Grund des seit dem Jahre 40 angenommenen Imperatortitels verblieb und die Verfügung über Heer und Flotte und den gesamten Provinzialboden gewährte. Diese Militärgewalt wird ihrem Wesen nach als proconsularische bezeichnet. Damit war gesagt, dass sie sich nicht auf Italien, sondern nur auf die Provinzen erstreckte; allein dieselbe war so gross, dass die Exemption Italiens mehr als eine formal rechtliche denn als eine faktische Beschränkung derselben zu betrachten ist.

Das Principat hebt also faktisch mit dem Augenblick an, wo Octavianus, seines letzten Nebenbuhlers, des Antonius,

entledigt, in den Alleinbesitz der militärischen Gewalt im
römischen Reich getreten war, weshalb auch in der Regel
die Monarchie von der Schlacht bei Aktium an (31) datiert
wird. Allein staatsrechtlich ist die Begründung des Principats später anzusetzen. Diese beruht vielmehr auf der
civilen Stellung des Kaisers der römischen Bürgerschaft
gegenüber, die in der Theorie immer noch als souverän gedacht wird. Von einer solchen civilen Stellung konnte aber
erst von da an die Rede sein, als Augustus seine ausserordentliche Gewalt, die ihm noch als *triumvir reipublicae constituendae* zukam, niederlegte und dieselbe an Senat und Volk
zurückgab. 27 v. Chr. Damit wäre Octavian in die Stellung
eines gewöhnlichen Bürgers zurückgekehrt, wenn er nicht,
abgesehen von dem auf die Provinzen sich erstreckenden
*imperium proconsulare*, sich mit der Consulargewalt für Rom
und Italien hätte bekleiden lassen. Allein die letztere erwies
sich für die Stellung eines Monarchen insofern unpraktisch,
als die Kollegialität des Amtes und die gegen dieselbe giltige
Intercession der Tribunen alle seine Amtshandlungen rechtlich
hemmen konnte. Deshalb zog er vor, nachdem er von 27—23
v. Chr. das Consulat bekleidet hatte, die *tribunicia potestas*,
und zwar auf Lebenszeit, sich übertragen zu lassen. Diese
*tribunicia potestas*, die wohl zu unterscheiden ist von der *tribunicia potestas* der daneben immer noch fungierenden jährlichen
Tribunen, schloss für ihn die höchste Machtfülle ein, insofern
er nicht nur durch die positiven Befugnisse derselben jede
beliebige staatsrechtliche Massregel treffen, sondern auch kraft
des selbst gegen die Tribunen geltenden Intercessionsrechts
jede Amtshandlung der übrigen Magistrate hemmen konnte.
Zugleich gewährte sie, da die *tribunicia potestas sacrosancta*
war, Unverletzlichkeit und Heiligkeit der Person.

Die Übernahme der tribunicischen Gewalt galt daher
auch so sehr als die eigentliche Begründung des Principats,
dass Octavianus von da an seine Regierungsjahre zählte,
obwohl er daneben ab und zu wieder das Consulat und
auch die Censur übernahm. Gestützt wurde die Stellung
des Kaisers noch durch verschiedene Dinge, einmal durch

Annahme des Beinamens Augustus, den Octavianus am 16.
Januar 27 vom Senat erhielt; dann durch die erbliche
Annahme des Imperatortitels, indem er denselben als
*praenomen* seinem Namen vorausstellte; ferner durch die
Führung des Namens Cäsar, der ihm als Adoptivsohn des
eigentlichen Begründers der Monarchie, des C. Iulius Cäsar,
zukam und seitdem sowohl von sämtlichen Kaisern des julischen
Geschlechts wie von anderen Dynastien geführt wurde, und
schliesslich durch die Übernahme des Pontifikats (seit dem
Jahre 12) und den Eintritt in sämtliche Priesterkollegien.
Der Name Princeps, den Augustus mehrfach sich beilegte
und den man vorzugsweise für die Bezeichnung der kaiserlichen Gewalt anwendete, schloss keine magistratische Kompetenz ein und sollte nur andeuten, dass der Kaiser der an-
gesehenste Bürger des Staates sei.[1]) Später schwand mit dem
Untergang der republikanischen Anschauungen die ursprüngliche Bedeutung des Namens, und derselbe wurde synonym
mit Imperator. Übrigens wurde das Principat nicht als eine
den einzelnen Princeps überdauernde Verfassungs-
form eingeführt. Nach seinem Tode lag rechtlich die alte
Ordnung der Dinge wieder vor, wie sie vor seiner Ernennung
bestanden hatte;[2]) allein faktisch trat die Notwendigkeit
einen Princeps einzusetzen immer wieder von neuem hervor.
Rechtlich wird der Zustand, der durch die dem Princeps
übertragene Gewalt entstand, als eine Teilung der Gewalt
zwischen dem Volk bezw. dem Senat und dem Princeps bezeichnet. Diese Teilung zeigt sich insbesondere in dem Gegen-

---

[1]) So deutet Mommsen den Namen, nämlich *princeps = princeps
civium*; andere erklären den Namen als *princeps senatus*. Madvig I, 529.
Karlowa glaubt, dass damit die erste obrigkeitliche Stellung im Gemeinwesen bezeichnet werde.

[2]) Vgl. Karlowa a. a. O. und ähnlich Herzog II, 608 a. Den Charakter
einer ausserordentlichen, je auf die eine Person zugerichteten Gewalt hat
das Principat nie verloren; auch als es die Bedeutung einer ordentlichen,
regelmässig wiederkehrenden Gewaltstellung erhalten, wurde nie ein
Grundgesetz formuliert, das dieser Bedeutung in einer über die einzelne
Person hinausgehenden Weise gerecht wurde nach Analogie der Gesetze,
durch welche die republikanischen Magistraturen eingeführt worden waren.

satz zwischen den Senatsprovinzen und den kaiserlichen Provinzen. Nicht mit Unrecht ist daher das Principat als Dyarchie bezeichnet worden, obwohl im Laufe der Zeit der monarchische Charakter immer mehr hervortrat, bis das Principat endlich in die reine Monarchie überging.

## § 128. Die kaiserliche Gewalt.

Die kaiserliche Gewalt ist teils Militär- teils Civilgewalt.

I. Die Quelle der kaiserlichen Macht ist das militärische Imperium: deshalb fällt auch die Übernahme desselben mit dem Regierungsantritt zusammen (*dies imperii*). Übernommen wird dasselbe auf Aufforderung des Senats oder der Truppen, gleichwie ursprünglich der Imperatortitel nur dem siegreichen Feldherrn verliehen wird. Dieses militärische Imperium wird aber definiert als ein proconsularisches,[1] weil es sich, rechtlich genommen, nur auf die Provinzen bezog und dort die höchsten Statthalter Proconsuln hiessen. Deshalb führen die Kaiser den Titel Proconsuln auch nur ausserhalb Italiens. Infolge dieses Imperiums haben sämtliche Truppen des Reiches dem Kaiser den Feldherrneid zu leisten und seinem Oberbefehl zu gehorchen, und zwar nicht nur diejenigen, welche in dem speziell kaiserlichen, sondern auch diejenigen, die in den dem Senate unterstellten Provinzen garnisonierten. Die Aushebung der Truppen und die Ernennung der Offiziere kommt natürlich ebenfalls ausschliesslich dem Kaiser zu. Rom und Italien waren, wie mehrfach erwähnt, von dem proconsularischen Imperium der Kaiser eximiert,

---

[1] So Mommsen, welcher die imperatorische und proconsularische Macht identifiziert. Karlowa I, 493 will jedoch beide unterschieden wissen, ausser andern Gründen deshalb, weil nach verschiedenen Stellen der Kaiserbiographien dem Princeps zu der imperatorischen Gewalt, mit welcher die Annahme des Augustusnamens verknüpft ist, noch das *ius proconsulare* hinzuverliehen werde. Der Unterschied zwischen *imperium* und *ius proconsulare* besteht nach Karlowa darin, dass sich das *imperium* nur auf die kaiserlichen Provinzen bezog, das *ius proconsulare* aber auch die Oberaufsicht über die Senatsprovinzen in die Hand des Kaisers legte.

und streng genommen durften daselbst den Truppen keine
Standquartiere angewiesen werden; doch erlitt dieses Prinzip
schon unter Augustus einige Einschränkungen; so musste der
Kaiser als Feldherr die zu seiner Bedeckung nötige Mannschaft stets in seiner Nähe haben, folglich dieser ein Stand-
ort in der Nähe von Rom angewiesen werden. Doch wurde
das Prinzip insofern festgehalten, als in Rom und Italien keine
Legionen stehen durften. Erst Septimius Severus unterwarf
Italien der proconsularischen Gewalt.

II. Die Civilgewalt des Kaisers stützte sich auf die
*tribunicia potestas.* Der Kaiser wurde damit nicht Volks-
tribun und somit auch nicht Kollege der Volkstribunen, sondern
lebenslänglicher Träger der *tribunicia potestas,* die ihm nach
Beschluss des Senats durch die Centuriatcomitien verliehen
wurde.[1]) Diese tribunicische Gewalt unterscheidet sich von der
des gewöhnlichen Volkstribuns dadurch, dass dieselbe nicht
wie bei diesem auf ein Jahr, sondern auf Lebenszeit verliehen
wird, dass sie nicht nur innerhalb der Bannmeile, sondern
im ganzen römischen Reiche gilt, und dass sie der Einsprache
eines anderen Volkstribuns nicht unterworfen ist.

An diese tribunicische Gewalt, die nicht bloss als absolutes
Intercessionsrecht, sondern vermöge der in der letzten Zeit der
Republik so gewaltig gesteigerten Bedeutung des Tribunats
auch als positive Regierungsgewalt zu fassen ist, lehnen sich
nun die anderen dem Kaiser zustehenden Befugnisse in verschiedener Weise an.

1. Initiative bei der Gesetzgebung in den Comitien,
an deren Stelle aber bald einseitig gegebene Gesetze (*leges
datae*) und Verordnungen der Kaiser traten.

2. Jurisdiktion, und zwar Kriminal- und Civiljurisdiktion.
Zunächst nahm der Kaiser das Recht die bisher von den
Prätoren aufgestellte Geschworenenliste zu entwerfen ganz für
sich in Anspruch. Dann aber trat mit dem Principat ein be-

---

[1]) Vgl. A. Nissen, Beiträge zum Röm. Staatsrecht, Strassburg 1885,
S. 220. L. Wiegandt, C. Iulius Cäsar und die tribunicische Gewalt, Diss.
Leipzig 1890.

sonderes kaiserliches Strafverfahren in Kraft, welches neben dem senatorischen ebenbürtig funktionierte, indem von rechtswegen jeder Kriminalprozess vor dem Kaiser geführt werden konnte, vor allem aber militärische Delikte von diesem Gerichtshofe abgeurteilt wurden. Auf die Civiljurisdiktion hatte der Kaiser durch Aufstellung der Geschworenenliste in dieser Hinsicht zunächst denselben Einfluss wie auf die Kriminaljurisdiktion. Auch haben die Kaiser namentlich in späterer Zeit nicht selten in den Gang der Civilrechtspflege durch prozessleitende Dekrete eingegriffen. Insbesondere aber zeigt sich die kaiserliche Civiljurisdiktion in der Form der Appellation gegen ein magistratisches Dekret (nicht aber gegen einen Geschworenenspruch).

3. Einfluss auf die Beamtenwahlen und Beamtenernennung. Hierbei kommen die eigentlichen Magistrate, die unmittelbar in den Comitien ernannt werden, und die speziell kaiserlichen Beamten in Betracht. Bezüglich der Magistrate, deren Wahl unter Tiberius von den Comitien, denen nur eine Art Bestätigung übrigblieb, auf den Senat überging, wurden in der Verfassung des Augustus dem Kaiser zwei Befugnisse eingeräumt: das Recht der Prüfung der Wahlqualifikation und das Commendationsrecht. Die Prüfung der Wahlqualifikation hatte zwar auch in republikanischer Zeit dem wahlleitenden Magistrat zugestanden und stand ihm auch jetzt noch zu; aber daneben übte der Kaiser ein gleiches Recht, welches bei seiner übrigen Machtstellung geradezu einer Ernennung und Zurückweisung der Bewerber gleichkam. Auch das Commendations- oder Empfehlungsrecht hatte in den republikanischen Gewohnheiten einen Anhaltspunkt, indem auch schon früher die Empfehlung eines Kandidaten beim Volk durch eine hervorragende Persönlichkeit nichts Ungewöhnliches war. Noch Augustus erschien persönlich auf dem Forum, um nach alter Sitte die Kandidaten dem Volke persönlich zu empfehlen. Als die Wahlen aber an den Senat übergegangen waren, erfolgten die Empfehlungen durch schriftliche Mitteilungen an diesen. Die nicht magistratischen Beamten ernannte der Kaiser aus eigener Machtvollkommenheit.

Hierher gehören vor allem die Statthalter der kaiserlichen Provinzen.

4. **Ernennung der Senatoren.** Ursprünglich hatte bekanntlich der Censor die *lectio* des Senats; später trat an deren Stelle der einfache Eintritt in den Senat nach der Bekleidung eines Amtes von der Quästur ab aufwärts. Erst Cäsar hatte Ernennung eingeführt. Augustus ging wieder auf den früheren Modus, jedoch mit Beibehaltung der Censur zurück. Erst Domitian hat definitiv die Senatorenernennung dem Principat hinzugefügt.

5. **Die oberste Reichsverwaltung in inneren und auswärtigen Angelegenheiten.** Dieselbe sollte nach Augustus zwischen Senat und Princeps geteilt sein. Diese Doppelherrschaft dauerte bis Diocletian, der an ihrer Stelle die reine Monarchie einführte. In welcher Weise diese doppelte Verwaltung geführt wurde, wird später gezeigt werden. Sehr wichtig ist auf diesem Gebiete die finanzielle Stellung des Princeps. Er verfügt in dieser Stellung über eine besondere Kasse, den *fiscus,* die man einerseits von seinem Privatvermögen oder Hausgut (*res familiaris, pecuniae familiares, patrimonium*), andererseits von dem alten *aerarium populi*, das immermehr zu einer Municipalkasse der Stadt Rom zusammenschrumpfte, unterscheiden muss. Der *fiscus* entwickelte sich als Reichskasse und das *patrimonium* als Krongut, welches auf den Erben des Princeps nur, sofern er Nachfolger im Principat war, übergehen konnte. Infolge davon trat dann eine Unterscheidung dieses *patrimonium* von dem eigentlichen Privatvermögen, *res privata principis*, ein. Zum ersten Mal scharf ausgesprochen wurde diese Scheidung durch Septimius Severus.[1])

6. **Die oberste Leitung der Kultusangelegenheiten,** indem der Kaiser die Würde des Pontifex Maximus bekleidete und zugleich Mitglied der angesehensten Priester-

---

[1]) Karlowa nimmt im Gegensatz zu Marquardt an, dass dabei das unveräusserliche Krongut *res privata principis* und das Privatvermögen *patrimonium* geheissen habe.

tümer wurde. Auch die Priesterwahlen, die von den 17 Tribus auf den Senat übergegangen waren, waren infolge des Empfehlungsrechtes vom Kaiser abhängig.

Ausser diesen Rechten besass der Kaiser natürlich alle formalen magistratischen Rechte, wie das *ius cum populo* oder *plebe agendi*, wie wenig direkten Gebrauch er auch davon gemacht haben mag, ferner das *ius cum patribus agendi* oder *ius senatum consulendi*, ferner das *ius edicendi*, das in seiner Erweiterung bis zu einem legislatorischen Verfügungsrecht des Kaisers geführt hat, das *ius auspiciorum*, das *ius contionem habendi* und das *ius intercedendi*. Alle diese formalen Rechte lassen sich aus der *tribunicia potestas* herleiten.

## § 129. Amtsabzeichen und Amtsehren.

Der Kaiser trug gewöhnlich die magistratische *toga praetexta*, nur bei feierlichen Akten und Festlichkeiten erscheint er in der triumphalen, ganz purpurnen, goldgestickten Toga. Als Feldherr trägt er das Paludamentum (später auch *purpura* genannt). Mit der Übertragung des proconsularischen Imperiums auf Rom und Italien unter Severus wurde letzteres das übliche Herrschergewand. Als Kopfbedeckung hatten die Kaiser seit Beginn des Principats den Lorbeerkranz, an dessen Stelle seit Constantin das Diadem trat. Ferner bedienen sich die Kaiser des curulischen Sessels und ab und zu auch des tribunicischen Subselliums, ebenso der *fasces* und der Lictoren, die ihn überall, und zwar mit Lorbeeren geschmückt, begleiten. Ebenso führt er gleich den übrigen Obermagistraten Apparitoren, Viatoren, Präconen. Ausserdem aber kommt dem Kaiser als Feldherrn eine Leibwache zu, die in der Weise gebildet wird, dass von den Cohorten der dafür besonders bestimmten Mannschaft (*praetoriani*) je eine zur Zeit in dem Kaiserpalast, dem Hauptquartier (*praetorium*) des Kaisers, die Wache hat. Ein weiteres Ehrenrecht des Kaisers ist das Bildnisrecht. Das Bildnis des Kaisers durfte überall ausgestellt werden, und schon seit Cäsar erscheint dasselbe überall auf Münzen. Dieses Münzbildnisrecht kommt zwar auch Landesfürsten, ja sogar den Proconsuln in den Senats-

provinzen, für das ganze Reich jedoch nur dem Kaiser zu.
Ein ferneres Ehrenrecht der Kaiser ist die Consecration,
d. h. die Versetzung des verstorbenen Kaisers unter die
Götter, und zwar speziell unter die Kaisergötter, *divi*, d. h.
die vergötterten verstorbenen Kaiser, daher die Ausdrücke:
*divus Iulius, divus Augustus* etc.

## § 130. Die kaiserlichen Beamten.

Zuerst kommen hier die Provinzialstatthalter der kaiserlichen Provinzen in Betracht, die *legati Augusti*, von denen
unter Kapitel XXXIV die Rede sein wird. Diese sind
rechtlich keine Magistrate, sondern nur Gehilfen und Vertreter des *princeps;* sie werden aber vom *princeps* aus der
Zahl der Senatoren, bezw. bestimmter Klassen der gewesenen
Beamten ernannt. Ebenso verhält es sich mit den den *legati
Augusti* unterstellten *legati legionum*.

Ebenso ernennt der Kaiser *praefecti* verschiedener Art.
Der *praefectus* ist schon in republikanischer Zeit nur ein öffentlicher Funktionär, der keine eigenen amtlichen Befugnisse hat,
sondern nur die dem zu Vertretenden zukommende Macht ausübt,
wie z. B. die *praefecti iuri dicundo.* So ist auch der in der Kaiserzeit vom *princeps* ernannte Präfect nur ein Vertreter des Kaisers,
der kraft einer Vollmacht desselben eine diesem zustehende Gewalt ausübt und an des Kaisers Statt befiehlt. Die Präfecten-
stellen wurden immer von Personen des Ritterstandes bekleidet.

Eine dritte Klasse kaiserlicher Diener sind die Procuratoren. Der Ausdruck ist dem privatrechtlichen Verkehr entnommen und bezeichnet in demselben denjenigen, der ein Geschäft für einen anderen besorgt. Dementsprechend findet sich
der Titel Procurator bei vielen Hausämtern des *princeps,* aber
auch bei Geschäften und Administrationen, welche dem Gebiet der öffentlichen Verwaltung angehören. Insofern der
*procurator* des *princeps* nur ein privatrechtlicher Vertreter desselben ist, konnten solche Stellungen nicht von Senatoren,
die nur in öffentlichen Ämtern dienen, sondern nur von Freigelassenen bekleidet werden. Je mehr aber die Procuratur
ein Zweig der öffentlichen Administration wurde, um so mehr

mussten die Freigelassenen zur Übernahme solcher Procuraturen als nicht qualifiziert erscheinen. So waren die Freigelassenen von der Bekleidung der Provinzialsteuererhebungsstellen schon unter den julisch-claudischen Kaisern ausgeschlossen, unter denen sie zu sonstigen Procuraturen häufig zugelassen wurden. Die Bekleidung der Stellen der Provinzialsteuererheber war für Personen des Ritterstandes reserviert. Eine Unterscheidung im Titel dieser zweierlei Arten von Procuratoren tritt insofern hervor, als die Provinzialsteuereinnehmer als *procuratores Augusti* bezeichnet werden, während ein solcher Zusatz bei Freigelassenen, welche eine Procuratur verwalten, sich nicht vorfindet.

Eine vierte Klasse kaiserlicher Beamten sind diejenigen, welche persönliche Dienste politischer Art beim Kaiser zu verrichten haben. Dahin gehört z. B. die Hilfeleistung bei der Erledigung der offiziellen Korrespondenz des Kaisers. Bezeichnet wird diese Beamtenkategorie mit der Präposition *a*, z. B. *a rationibus, a libellis, ab epistolis*. Der Unterschied zwischen diesen und den Procuratoren besteht darin, dass die Procuratoren Vertreter sind, welche statt ihres Vollmachtgebers thätig sind und auch nach aussen als solche auftreten, während die *ab epistolis* etc. Gehilfen sind, welche bei dem eigenen Handeln des *princeps* nur mitwirken.[1]) Doch verwandelt sich der *a rationibus* später in einen *procurator*. Für diese Gehilfenstellungen wurden anfangs vielfach Freigelassene verwandt. Von Hadrian ab wurden aber die bedeutenden Gehilfenstellungen *ab epistolis, a libellis, a rationibus* gleich allen Procuraturen, welche materiell dem Gebiet der staatlichen Administration angehörten, nicht mehr mit Freigelassenen, sondern mit Personen des Ritterstandes besetzt.

Eine fünfte Klasse von Verwaltungsämtern gehört zwar der senatorischen Carrière an, kann jedoch insofern als kaiser-

---

[1]) So Karlowa S. 538, während Hirschfeld, Verwaltungsgesch. mit dem Titel *procurator* immer den Begriff von Finanzgeschäften verbindet. Vgl. auch Kretschmar, Über das Beamtentum der Röm. Kaiserzeit, Giessen 1879.

lich bezeichnet werden, als die Ernennung der Träger derselben dem Kaiser zusteht. Diese Ämter sind die vier schon vor Augustus eingesetzten *curae: cura viarum,*[1]) *cura operum publicorum, cura aquarum publicarum, cura alvei et riparum Tiberis.* Die Geschäfte derselben hatten in republikanischer Zeit im wesentlichen den Censoren obgelegen. Censoren wurden aber nicht mehr ernannt, und die *principes* selbst bekleideten vor Domitian nicht regelmässig die Censur. Während nun die mit den *curae* beauftragten Beamten sich in die senatorische Carrière einfügten, gestalteten sich die kaiserlichen Procuraturen, Präfecturen und Gehilfenstellungen, soweit sie nicht dem reinen Palastdienst angehörten, zu einer unter der senatorischen stehenden Ämterstaffel, welche die Laufbahn der Personen des Ritterstandes bildete. Während die senatorischen Beamten unentgeltlich dienten, waren die kaiserlichen Beamten besoldet, und zwar mit einem Gehalte. nach dem sich die Rangklasse, in welcher die Ämter standen, richtete. Seit Hadrian, der die ritterliche Carrière fest regelte, gab es vier Gehaltsklassen, die *trecenarii*, welche 300000, die *ducenarii*, welche 200000, die *centenarii*, welche 100000, und die *sexagenarii*, welche 60000 Sesterzien Gehalt empfingen. Die hohen ritterlichen Präfecten gehören jedoch diesen Klassen nicht an. Übrigens musste der ritterlichen Civilcarrière der Dienst im Heere vorangehen. Die drei ritterlichen Offizierstellen, von denen die Bekleidung je einer die Voraussetzung für eine Procuratorstelle bildete, waren die *praefectura cohortis,* der *tribunatus legionis* und die *praefectura alae.* Unter Septimius Severus wurden auch noch der Centuriouat und der Primipilat als Vorstufen herangezogen.

Die wichtigsten der oben erwähnten Gehilfenämter waren die *ab epistolis* und *a libellis.* Ursprünglich reine *officia palatina,* hatten sie sich allmählich in die wichtigsten Staatsämter verwandelt. Der Beamte *ab epistolis* hatte alle in der Form der *epistolae* erfolgenden Bescheide abzufassen, so z. B. die

---

[1]) v. Domaszewski, Cura viarum, in Eranos Vindobonensis (Festschrift zur Wiener Philologenversammlung 1892), p. 60.

Benachrichtigungen von den durch den Kaiser erfolgten Ernennungen von Beamten und Offizieren, die kaiserlichen Antworten und Bescheide auf die Depeschen der Feldherren,
Statthalter u. dergl. Als Unterbeamte dieses Ressorts werden
*adiutores, tabularii, proximi, scriniarii* genannt.

Der Beamte *a libellis* hatte die Erledigung der an den
Kaiser von Privaten gerichteten Bittschriften und Anfragen
(*preces, libelli*). Da es hierzu gediegener juristischer Kenntnisse bedurfte, so haben die angesehensten Juristen, wie Pa-
pinian, Ulpian. dieses Amt bekleidet.

Ein besonderes Amt war das *a cognitionibus*. Ursprünglich von Freigelassenen bekleidet, wurde es im dritten Jahrhundert Rittern übertragen. Es war ein Beirat des Kaisers
zur Erledigung von Rechtssachen. Später sind die Funktionen
dieses Amtes auf die Beamten *a libellis* übertragen worden.

Zur Zeit des Kaisers Caracalla wird das Amt *a memoria*
erwähnt, das ursprünglich dazu bestimmt gewesen zu sein
scheint, offizielle Reden und mündliche Entscheidungen des
Kaisers zu Protokoll zu bringen oder Entwürfe dazu aufzu-
setzen. Mit der Zeit stieg jedoch das Amt durch Erweiterung
seiner Funktionen derart, dass es den oben genannten Ämtern
*ab epistolis* und *a libellis* gleich geachtet wurde. Ferner wird
noch ein Amt *a codicillis* erwähnt, das die Ausfertigung der
Bestallungen der Beamten und Offiziere zu besorgen hatte,
aber später in dem Amte *a memoria* aufging. Der *quaestor
sacri Palatii* war ein kaiserlicher Kassenbeamter.

Ausser diesen Beamten stand dem Kaiser noch ein con-
*silium* für das Rechtsprechen zur Seite, das jedoch vom Kaiser
aus der Zahl seiner Freunde und Ratgeber und nur für einen
bestimmten Fall berufen wurde und ausschliesslich dem Sena-
toren- und Ritterstande angehörte. Wichtige Beamte sind,
abgesehen von ihrer bedeutenden militärischen Stellung, in
civilen Dingen auch die *praefecti praetorio*, deren es in der
Regel zwei gab. Ursprünglich bloss militärische Vertreter des
Kaisers im Oberbefehl über die Gardetruppen, gelangten sie bald
zu ungewöhnlich faktischem Einfluss, was zur Folge hatte, dass
auch rechtlich ihre Stellung eine andere wurde als die von

Kommandanten der Gardetruppen. Einmal erweiterte sich ihre militärische Kompetenz dahin, dass alle in Italien stehenden Truppen mit Ausnahme der *cohortes urbanae* und der seit Septimius Severus in Alba stehenden zweiten parthischen Legion, ja sogar vielleicht das ganze Militärdepartement des Reiches ihrer Direktion unterstellt wurde. Dann aber wird ihnen auch durch kaiserliche Constitutionen die Strafrechtspflege in Italien jenseits des hundertsten Meilensteins von Rom, ja schliesslich sogar die Befugnis in höchster Instanz an Kaisers Statt (*vice sacra*) Recht zu sprechen übertragen.

Kaiserliche Beamte speziell für die Stadt Rom waren der *praefectus urbi*, der *praefectus annonae* und der *praefectus vigilum*.

Unter Augustus trat der *praefectus urbi* nur während dessen Abwesenheit in Funktion. Unter Tiberius wurde das Amt zunächst durch die langjährige Abwesenheit des *princeps* von Rom faktisch dauernd; unter den folgenden Kaisern blieb der *praefectus urbi* auch während der Anwesenheit derselben in Funktion. Er ist senatorischen Ranges und wird vom Kaiser auf unbestimmte Zeit ernannt. Seine Funktion war die des höchsten städtischen Polizeibeamten; behufs ihrer Ausübung waren ihm die drei *cohortes vigilum* unterstellt.

Ein zweites städtisches Amt war die gleichfalls von Augustus eingesetzte *praefectura annonae*. Früher hatte die Versorgung der Stadt mit Getreide den Ädilen, später den *curatores frumenti*, senatorischen Beamten, obgelegen. Augustus hielt es für nötig, die Sorge für die regelmässigen unentgeltlichen Getreideverteilungen dauernd auf sich und seine Kasse zu übernehmen. Doch leistete dabei das Ärar dem Fiscus einen Zuschuss. Die *praefectura annonae* gehörte zu den höchsten Ämtern der Rittercarrière, indem sie im Rangverhältnis der Ritterämter gleich die dritte Stelle einnahm (1. *praefectura praetorii*, 2. *praefectura Aegypti*, 3. *praefectura annonae*, 4. *praefectura vigilum*).

Als Vertreter für die Verwaltung des Löschwesens in Rom setzte Augustus den *praefectus vigilum* ein.

# Anhang zum dritten Abschnitt:

## § 131. Die Dienerschaft der Beamten.

Mommsen, Staatsr. I², 318. Lange I², 923.

Die Dienerschaft der Beamten zerfällt in zwei Kategorien, die *serri publici* und die *apparitores*. Die *serri publici*. Staatssklaven, werden als die Diener der Priester und als Büttel und Boten der Oberbeamten verwendet. Sie werden von den letzteren hauptsächlich für die Folterung und Hinrichtung, insbesondere der unfreien Leute, verwendet, als *tortores* und *carnifices*. Die *apparitores* dagegen, freie Leute, sind die eigentlichen Diener, die dem Magistrat als solchem zur Verfügung stehen, *qui ei adparent*. Sie sind meistens lebenslänglich und bilden feste Korporationen, die selbst wieder in Decurien zerfallen und unter einem Vorstand (*ordo*) von sechs oder zehn (*sex primi, decem primi*) stehen. Die korporativen Apparitoren zerfallen in verschiedene Kategorien, und zwar in folgender Rangordnung:

1. Die Scribae oder die quästorischen Schreiber, die vornehmlich bei der Verwaltung des Ärars beschäftigt sind. Sie bilden drei Decurien, denen *sex primi* vorstehen. Ausserdem gab es *scribae* bei den curulischen Ädilen, den Tribunen, den plebejischen und den Cerealädilen. Unter ihnen stand aber noch ein zahlreiches wahrscheinlich aus Staatssklaven rekrutiertes Schreiberpersonal.

2. Die Lictores. Sie bestehen meistens aus Freigelassenen. Die hauptstädtischen unter ihnen bilden eine Genossenschaft von drei Decurien mit *decem primi* an der Spitze.

3. Die Accensi, ursprünglich Ersatzmänner für die Lictoren, indem derjenige Magistrat, der die *fasces* und die Lictoren abgab, das Recht hatte, einen *accensus* (Ersatzmann) mit sich zu führen. Später, als der Turnus wegfiel, erschien jeder Magistrat ausser mit den Lictoren auch noch mit dem *accensus*. Die *accensi* bilden keine Korporation und hören mit dem Rücktritt des Beamten, für den sie bestimmt sind,

zu funktionieren auf. Beim Censor tritt an die Stelle des
*accensus* der *nomenclator censorius*.

4. Die Viatores. Diese werden von den Magistraten
benutzt zu Ladungen; sie kommen vor bei Consuln, Prätoren, Ärarquästoren, Volkstribunen, Ädilen, den III *viri
capitales* und den IV *viri viarum curandarum* und waren in
Decurien gegliedert.

5. Die Praecones, öffentliche Ausrufer. Sie kamen vor
bei den Consuln, Prätoren, Censoren, curulischen Ädilen.
Quästoren, Volkstribunen, meist in korporativer Gliederung.

Von den hauptstädtischen Apparitoren sind diejenigen
zu unterscheiden, die für den Provinzialdienst verwendet
wurden. Dies waren die sog. Bruttiani, deren Entstehung
offenbar von dem hannibalischen Krieg datiert, nach dessen
Beendigung die Bruttier die niedrigste Klasse der römischen
Unterthanen bildeten. Ausser diesen gab es noch verschiedene
Apparitoren besonderer Art, wie z. B. die *tibicines, haruspices*
und andere, von deren besonderer Erwähnung hier abzusehen ist.

# Vierter Abschnitt.

## Der Senat.

Becker II. 1. Abt. 339, 2. Abt. 385, 3. Abt. 210. Lange I³. 389 und II³. 352. Madvig I, 280 und 561. Herzog I, 83, 867. II, 860. Ihne, Röm. Gesch. IV, 33. P. Willems, Le sénat de la république romaine, 2 Bde. Louvain 1878 und 1883, zweite Auflage Paris (Thorin). Mommsen, Staatsrecht III, 2. Abt., 835.¹) Karlowa I, 40, 517.

## Kapitel XXI.

## Bildung und Zusammensetzung des Senats.

### § 132. Allgemeines. Entwickelung der Macht des Senats. Bildung und Zusammensetzung desselben.

Die Bildung und Zusammensetzung des Senats²) hängt mit dessen Stellung im Staatsorganismus auf das Innigste zusammen. Diese Stellung wird im allgemeinen bezeichnet als *auctoritas*, d. h. als Einfluss, der sich nach Sitte und Herkommen geltend macht und im besonderen durch die Be-

---

¹) In Mommsens Röm. Gesch. ist darüber insbes. der Abschn. von S. 255 (7. Aufl.) an nachzulesen. Die wissenschaftliche Begründung von Mommsens Ansichten findet sich in den „Römischen Forschungen" I, 218. Über die ursprünglichen Rechte des Senats enthält genaueres Mommsen, Über das röm. Consilium, Monatsber. d. Berl. Akad. 1875, S. 8. Vgl. auch G. Bloch, Les origines du sénat romain, recherches sur la formation et la dissolution du sénat patricien. Paris 1883.

²) Über die Bedeutung und die Etymologie des Wortes sagt Mommsen, Staatsr. III, 836: Nach der durchsichtigen Etymologie, die auch die Römer nicht verkannt haben, bezeichnet das Wort, wie die homerischen γέροντες und δημογέροντες und die spartanische γερουσία, eine Vereinigung bejahrter Männer. . . . Das Wort *senatus* ist nur zu erklären unter der Voraussetzung eines dem *comitiare* der Bürger entsprechenden verschollenen Zeitworts *senare* für das Ratschlagen der *senes*.

folgung der einzelnen Meinungsäusserung von seiten anderer Gewicht erlangt.

Indem der Senat ein Gutachten (*auctoritas*) abgiebt, mehrt oder stärkt (*augere*) er dadurch einen magistratischen Akt oder einen Beschluss des Volkes, sei es vorher oder nachträglich, und wird dadurch *auctor* des betreffenden obrigkeitlichen oder gesetzlichen Aktes. Danach beruhte die Stellung des Senats nicht auf rechtlicher Basis, sondern auf dem faktischen Ansehen, das seine Beschlüsse den anderen Faktoren des Staatslebens, der Magistratur und dem Volke, gegenüber behaupten oder geltend machen konnte. Am deutlichsten musste diese Stellung des Senats in der älteren Zeit, namentlich in der Königszeit, hervortreten, wo demselben noch eine starke unzersplitterte Magistratur entgegenstand, die auf ihre rechtliche Stellung und ihre uneingeschränkte Gewalt gestützt sich über diese Senatsauktorität um so leichter hinwegsetzen konnte, als die Wahl der Mitglieder dieser Körperschaft nur von ihr ausging. So wird der Senat zur Zeit der Könige in seinem Wesen richtig als ein *consilium* bezeichnet, das zwar vom Könige um Rat gefragt wird, aber weder verlangen kann, dass der König diesen Rat einholt, noch dass er ihn befolgt, im übrigen aber gezwungen ist, auf das Geheiss des Königs zu erscheinen und die von ihm vorgelegten Fragen zu beantworten. Im grossen und ganzen ist dies auch immer die rechtliche Stellung des Senats geblieben, faktisch aber nahm mit der Zeit sein Ansehen immer mehr zu, je mehr das Imperium durch Kreierung verschiedener Magistraturen und Verteilung auf mehrere Personen sich zersplitterte und das infolgedessen wachsende Gefühl der Verantwortlichkeit des einzelnen Magistrats an dem Senat einen Halt suchte. Infolge davon bildete sich dann in gewissen Dingen eine bestimmte Observanz, von der abzuweichen sich kein Beamter erlauben durfte. Diese steigende Bedeutung des Senats fand ihren Ausdruck zunächst in der Art und Weise, wie diese Körperschaft selbst gebildet wurde. Wie in der Königszeit die Wahl der einzelnen Senatoren ganz vom Könige abhing, so wurden dieselben auch in der Zeit der älteren Republik von dem Consul ernannt. Erst im Jahre 312[1]), setzte die *lex Orinia* fest, dass die Besetzung der erledigten Senatorensitze von dem Consulate getrennt und den Censoren übertragen werden solle, und zwar mit der Verpflichtung, *ut ex omni ordine optimum quemque iurati in senatum legerent.* In welchem Zusammenhang man immer auch dieses Gesetz mit der übrigen staatlichen Entwickelung bringen mag, so steht doch so viel fest, dass damit die Stellung der Senatoren von der Abhängigkeit von den Consuln befreit werden musste. Auch leuchtet ein, dass infolge der eidlichen Verpflichtung der Censoren, nur *optimum quemque* in den Senat aufzunehmen, nicht mehr bloss *seniores*, sondern auch solche, die sich als Beamte um den Staat verdient gemacht hatten, Aufnahme in den Senat fanden. Seit dieser Zeit wurde derselbe immer mehr der Mittelpunkt der Beamtenaristokratie, aus welcher er sich zum grössten Teil rekrutierte. Dieser Umstand hob seine faktische Macht ungemein; denn der Einfluss und die Erfahrung der neu aufgenommenen gewesenen Beamten übte naturgemäss einen gewaltigen Druck auf alle Magistrate aus. Eine weitere Stärkung erhielt der Senat durch das *plebiscitum Atinium* (unbestimmten Datums), welches bestimmte, dass die Volkstribunen Senatoren werden sollten, und mit Lange dahin zu deuten ist, dass von da an die Volkstribunen und wahrscheinlich auch die plebejischen Ädilen nach Ablauf ihrer Amtszeit gleich den curulischen Magistraten Anspruch auf Aufnahme in den Senat erhalten sollten.[2]) Die Beschränkung der Censoren in der Auswahl der Senatoren wuchs in der Folgezeit noch mehr durch die zunehmende Zahl der Magistrate; denn jetzt blieb kaum noch Spielraum für die *lectio* solcher übrig, die kein

---

[1]) So Mommsen, Staatsr. II[2], 413, vgl. Willems, Le sénat. I, 156. Lange nimmt das Jahr 351 an, Herzog eine Zeit nach 339.

[2]) Nach Willems hätten die Tribunen dieses Recht schon seit der *lex Orinia* gehabt und durch das *plebiscitum Atinium* im Jahre 122 das *ius sententiae dicendae* als weiteres Recht erhalten. Anders Herzog, der die Ansicht vertritt, dass vor Sulla kein gewesener Ädil, Quästor oder Tribun Anrecht auf einen Sitz im Senat gehabt habe.

Magistratus bekleidet hatten. Ein weiterer Schritt in der Entwickelung des Senats war die sullanische *lex de riginti quaestoribus*, durch welche die censorische *lectio senatus* ganz entbehrlich gemacht wurde. Durch diese *lex* wurde nämlich die Zahl der Quästoren auf 20 erhöht und zugleich festgesetzt, dass die gewesenen Quästoren sofort nach Ablauf ihres Amtes in den Senat eintreten sollten. Des weiteren wurde dann später durch ein Gesetz des Clodius (58) das Ausstossungsrecht der Censoren so beschränkt, dass es von da an ganz illusorisch wurde. Unter Cäsar und Antonius kam durch massenhafte Ernennung niedrig Stehender und Unwürdiger die Würde allerdings etwas herunter; aber Augustus suchte dieselbe wieder nach Kräften zu heben, was ihm durch Aufstellung eines senatorischen Censns von 1 000 000 Sesterzien auch gelang. So hing also das Wachstum des Ansehens des Senats mit der Art und Weise, wie er gebildet wurde, eng zusammen; diese letztere aber war wieder abhängig von dem Gang der inneren Politik, insbesondere des Ständekampfes.

## § 133. Zusammensetzung des Senats: der patricische und plebejische Bestandteil.

Im allgemeinen bestand der Senat aus zwei Elementen, aus Patriciern und Plebejern. Die letzteren sollen zum ersten Mal nach Vertreibung der Könige Zutritt zum Senat erhalten haben. Ob dies wirklich unmittelbar nach dem genannten Ereignis oder später stattfand, ist eine historische Frage, die wir hier unerörtert lassen können. Aber zu irgend einer Zeit müssen sie Zutritt zu dem Senate erhalten haben, und zwar muss dies schon ziemlich frühe gewesen sein,[1] als die Plebejer standesrechtlich sich noch wesentlich von den Patriciern unterschieden. Nach Mommsens Auseinandersetzung,[2]

---

[1] Auch Willems nimmt noch eine verhältnismässig frühe Zeit an, nämlich das Ende des 5. Jahrhunderts v. Chr.

[2] Bezüglich des Ausdrucks *patres* als Bezeichnung von Gesamtsenat weicht Mommsen in dem zuletzt erschienenen 3. Teil seiner Staatsaltertümer einigermassen von seiner früheren Ansicht (s. oben § 8) und der-

die jetzt von den meisten neueren Forschern adoptiert ist, war das ursprüngliche Verhältnis zwischen den beiden Elementen im Senat folgendermassen gestaltet. Der aus den alten patricischen Elementen bestehende Teil des Senats repräsentierte auch nach der Aufnahme der Plebejer noch den Senat als solchen, indem er die wesentlichen Befugnisse desselben, das Recht den Zwischenkönig zu stellen und die Bestätigung oder Verwerfung der vom Volke gefassten Beschlüsse und von demselben vollzogenen Wahlen noch allein in Anspruch nahm. Nur für diejenigen Angelegenheiten, die eine freiere Behandlung zuliessen, wurden auch Plebejer zugelassen, indem man die Einrichtung traf, dass für solche Verhandlungen „dem patricischen Senat (*patres*) eine Anzahl nicht patricischer Zugeschriebener (*conscripti*) beigegeben wurde“, daher der Ausdruck *patres conscripti*, der so viel bedeutet als *patres et conscripti*,[1]) wobei die *patres* die patricischen und die *conscripti*

---

jenigen, die wir zu Grunde gelegt haben, ab. Er sagt Staatsr. III. 836: „Dem Senat der rein patricischen Gemeinde kann die Bezeichnung *patres* nicht zugekommen sein, da diese, wie früher nachgewiesen worden ist, noch im Zwölftafelrecht vielmehr die Patricier insgemein bezeichnet. Aber in der patricisch-plebejischen Gemeinde tritt in früherer Zeit diese weitere Verwendung des Wortes zurück und werden der patricische und der patricisch-plebejische Gemeinderat, welche beide nebeneinander fungieren, jener als die *patres*, dieser als die *patres (et) conscripti* von einander unterschieden.“ Das letztere ist unzweifelhaft richtig. Ob aber deshalb der Ausdruck *patres* ursprünglich nicht für den alten Senat der Patriciergemeinde üblich gewesen und daraus erst der Begriff der *patres* als Patricier sich ableite, wie wir oben dargelegt, ist dadurch keineswegs irgendwie in Frage gestellt. Denn daraus, dass *patres* zur Zeit der zwölf Tafeln die Patricier insgemein bezeichnet, folgt nicht, dass *patres* in der ersten Zeit nicht dennoch ursprünglich den Senat bezeichnet habe. *Patres* bezeichnet vielmehr wie auch *senatores* ursprünglich die Alten, die Geronten. Vgl. oben S. 318 A. 1 und S. 11.

[1]) Vergl. Festus: *Qui patres qui conscripti vocati sunt in curiam.* — *P. Valerius cons. propter inopiam patriciorum ex plebe adlegit in numerum senatorum CLXIIII, ut expleret numerum senatorum trecentorum.* Lexikalisch sind hierbei die *conscripti* mit Herzog als „die mit verzeichneten“ zu fassen. Nach Ihne und Willems dagegen bezieht sich *conscripti* nicht auf die Plebejer, sondern auf den Gesamtsenat.

die plebejischen Senatoren bezeichnen. Letztere wurden nicht
Senatoren und hatten auch kein Recht auf die Abzeichen der
senatorischen Würde. Sie blieben ursprünglich ausgeschlossen
von der Ausübung der dem Senate zustehenden Befugnisse
(*auctoritas*) und mussten es sich gefallen lassen, auch da, wo
es sich um einen blossen Ratschlag handelte (*consilium*), der
an die Patricier gerichteten Umfrage schweigend beizuwohnen
und nur bei dem Auseinandertreten ihre Meinung zu erkennen
zu geben, *pedibus in sententiam ire*, woher der Ausdruck
*pedarii*. Dieser bezeichnete ursprünglich wohl alle plebejischen Mitglieder des Senats, da dieselben ihre Meinung nur
*pedibus* zu erkennen geben konnten. Später jedoch, als den
Plebejern die ursprünglich patricischen Ämter zugänglich
wurden, blieben nur diejenigen unter ihnen von der Rede
ausgeschlossen, die kein derartiges Amt bekleidet hatten.[1])
Die Gesamtzahl war oder blieb die normale 300 (mit den
Plebejern) bis zum Jahre 88 v. Chr., in welchem die Zurückgabe der Geschworenengerichte an den Senat die Verdoppelung
der Normalzahl zur Folge hatte. Seitdem steht die Zahl 600
als Normalzahl fest, obwohl sie als Maximalzahl in den letzten
Jahren der Republik keine thatsächliche Geltung mehr hatte.
Augustus hielt die genannte Zahl von 600 im wesentlichen
wieder fest. Aber für die nachaugusteische Zeit kann dieselbe als wenigstens thatsächlich beseitigt gelten. Die neu-
aufgenommenen Plebejer gehörten natürlich der vornehmeren
Klasse ihres Standes an, d. h. derjenigen, aus der der spätere
Ritterstand hervorging.

---

Ihne deutet den Ausdruck in Anlehnung an die spätere Formel *Senatores
et quibus in senatu sententiam dicere licet* folgendermassen: *Qui patres
sunt, tum ii qui sunt conscripti, quam quibus in senatu sententiam dicere
licet*; danach ist *conscripti* Adjectiv zu *patres* und in der schon von Dionys
angenommenen Bedeutung (πατέρες ἐγγραφοι) „eingeschriebene Senatoren"
im Gegensatz zu denen zu fassen, die als gewesene Magistrate vor ihrer
förmlichen Eintragung in das Album im Senate ihre Meinung äussern
durften, ohne schon eigentliche eingeschriebene Senatoren zu sein. Willems
erklärt in ähnlicher Weise den Ausdruck mit „*patres lecti*".
   [1]) Vgl. Mommsen, Staatsr. III, 964. Siehe auch unten § 134.

Auf Grund dieser Zusammensetzung des Senats aus zwei in ihren Rechten verschiedenen Elementen bildet sich neben dem Gesamtsenat ein Patriciersenat, d. h. ein Ausschuss für speziell patricische Angelegenheiten, der auch dann noch bestehen blieb, als im übrigen die plebejischen Mitglieder den patricischen vollständig gleichgestellt waren. Solche rein patricische Dinge, in denen nur der Patriciersenat kompetent war, waren das Interregnum und die sogenannte *patrum auctoritas.*

Das Interregnum trat ein, wenn am Schlusse eines Jahres Magistratswahlen nicht zu stande gekommen waren, und wurde nur von dem patricischen Teile desselben gebildet; die *interreges* waren also patricische Senatoren.

Die *auctoritas patrum* bezog sich auf die Bestätigung der Wahlen und Gesetze. Ursprünglich erfolgte eine solche nach denselben; aber durch das mänische Gesetz (nach 287) wurde es Vorschrift, dass das Gutachten der patricischen Senatoren schon vor den Wahlen und vor der Promulgation oder vor der Abstimmung erfolgen musste. Dadurch wurde dieses Sonderrecht zur leeren Form.

### § 134. Die curulischen Senatoren und die Pedarii.

Neben dem im vorigen Paragraphen angeführten Unterschied zwischen Patriciern und Plebejern, der zur Bildung eines besonderen Patriciersenats führte, trat seit den *leges Liciniae* ein neuer Unterschied ein, nämlich der zwischen den gewesenen Beamten und den übrigen Mitgliedern, soweit sie Plebejer waren; die ersteren nahmen einen höheren Rang ein und hatten das *ius sententiae dicendae*, d. h. das Recht, bei der namentlichen Umfrage um ihre Meinung gefragt zu werden und dieselbe zu äussern; die übrigen Mitglieder hatten nur das Recht der Abstimmung, der *discessio in partes;* ob sie ihre Meinung äussern dürften, hing nur vom Vorsitzenden ab,[1] ein Recht es zu verlangen hatten sie nicht.

---

[1] So Lange, Herzog, Willems; nach Mommsen durften sie gar nicht gefragt werden.

Diese waren also von jetzt an die Pedarii; dass sich unter ihnen auch Patricier befunden haben sollen, ist nicht glaublich; es ist vielmehr wahrscheinlich, dass unter den *pedarii* nur solche plebejische Senatsmitglieder zu verstehen sind, welche durch freie consularische und später censorische Lection in den Senat gelangt sind; doch war der Ausdruck Pedarii wohl kein offizieller. Über das Zahlenverhältuis zwischen beiden Klassen ist nichts Sicheres bekannt. In nachsullanischer Zeit verschwand mit dem Zurücktreten und dem Wegfall der censorischen Wahl der rechtliche Unterschied zwischen redeberechtigten und nichtredeberechtigten Senatoren. Doch blieb der Ausdruck *pedarii* noch bestehen, und zwar für diejenigen, welche, weil sie bei der Umfrage zuletzt gefragt wurden, von ihrem Rederecht thatsächlich keinen Gebrauch machten, also für die Tribunicier und Quästorier, im Gegensatz zu den consularischen und prätorischen Senatsmitgliedern und den *aedilicii* der curulischen Ädilität, welche drei letzteren Klassen man nun im Gegensatz zu jenen neuen *pedarii* die curulischen Senatoren nannte.

Die curulischen Senatoren zerfielen selbst wieder in verschiedene Klassen, je nach dem Amte, das sie vorher bekleidet hatten. Zu allen Zeiten wurden zu ihnen nur diejenigen Senatoren gerechnet, welche wirklich vorher ein curulisches Amt versehen hatten: dazu gehörten unter den ordentlichen Magistraten die Consuln, Prätoren, Censoren und curulischen Ädilen und unter den ausserordentlichen die Dictatoren, die Decemvirn, die Consulartribunen, die *magistri equitum*. So blieb wohl der Name *pedarii* für alle diejenigen in Geltung, welche kein curulisches Amt bekleidet hatten, wenngleich sie jetzt auch das *ius sententiae dicendae* hatten. Auch noch in späterer Zeit zerfallen die Senatoren in *curules* und *pedarii*, und sind regelmässig folgende Klassen zu unterscheiden:

1. Consulares
2. Praetorii        } *curules*
3. Aedilicii der curulischen Ädilität

4. Aedilicii der plebejischen Ädilität  ⎫
5. Tribunicii                           ⎬ *pedarii*
6. Quästorii                            ⎪
7. *adlecti*                            ⎭

Zu den *consulares* gehören auch die gewesenen Dictatoren und die *censorii*, die durch besonderes Ansehen ausgezeichnet sind. An der Spitze stand der *princeps senatus*, in der Regel der älteste der *censorii* und immer ein Patricier. In der Kaiserzeit war der *princeps senatus* der jedesmalige Kaiser. Über den Senatorenstand und seine Auszeichnungen s. oben § 23 und 24.

# Kapitel XXII.

# Versammlungen und Verhandlungen des Senats.

## § 135. Berufung, Zeit und Ort der Senatsversammlungen.

Das Recht den Senat zu berufen (*senatum vocare, convocare, cogere*), *ius cum patribus agendi* oder *ius senatum consulendi*, stand ursprünglich nur den Oberbeamten zu, d. h. den Consuln oder denjenigen Beamten, die in ausserordentlichen und Ausnahmefällen an ihrer Statt gewählt wurden, wie die Dictatoren, Decemvirn, Consulartribunen. Nach der Einsetzung der Prätur übten auch die Prätoren das Recht der Berufung des Senats, und zwar nicht bloss in Abwesenheit der Consuln, sondern auch selbständig; doch geschah letzteres meist nur dann, wenn die Consuln damit einverstanden waren oder ein Senatusconsult oder ein Volksbeschluss sie dazu besonders ermächtigte. Nach der *lex Hortensia* besassen auch die zu obermagistratischer Gewalt gelangten Tribunen das *ius senatum consulendi*. In der Kaiserzeit wurde es von dem Kaiser, den Consuln, den Prätoren (und zwar unabhängig von den Consuln) und von den Tribunen geübt.

Die Art der Berufung war nicht immer dieselbe. In der ältesten Zeit hatten sich die Senatoren von selbst an einem der in der Nähe der Curie gelegenen Warteplätze, *senacula*, eingefunden, um von da aus durch einen *praeco* mit der Formel *qui patres quique conscripti* zur Sitzung berufen zu werden. In späterer Zeit geschah die Berufung entweder durch speziell in die einzelnen Häuser geschickte Boten oder in weniger dringenden Fällen durch ein Edikt, in welchem der Tag der Sitzung und häufig auch der Gegenstand der Beratung summarisch verzeichnet war. Unter Augustus unterschied man zwischen regelmässigen und unregelmässigen Senatssitzungen. Die ersteren, die *senatus legitimi*, wurden regelmässig an den Kalenden und Iden jedes Monats abgehalten; die unregelmässigen, *senatus indicti*, wurden durch ein Edikt besonders angesagt. Die Senatoren waren verpflichtet, in der Senatssitzung zu erscheinen und im Verhinderungsfalle sich zu entschuldigen, und konnten in besonders dringenden Fällen durch die dem berufenden Magistrat zustehenden Coercitions-mittel, gewöhnlich durch eine Geldstrafe, zum Erscheinen gezwungen werden.

Über die Zeit, zu welcher Senatssitzungen abgehalten werden sollten oder durften, finden sich keine besonderen Bestimmungen; wahrscheinlich konnten solche an allen Tagen stattfinden, die nicht mit den Volksversammlungen, namentlich nicht mit den plebejischen, kollidierten, oder an denen nicht die zur Berufung berechtigten Magistrate durch religiöse Handlungen verhindert waren.

Die Verhandlungen mussten am Tage stattfinden; weder vor Sonnenaufgang noch nach Sonnenuntergang durfte ein Beschluss gefasst werden.

Das regelmässige Versammlungslokal des Senats war die angeblich von Tullus Hostilius errichtete *curia Hostilia;*[1] seit Augustus diente als solches die von Cäsar und ihm erbaute *curia Iulia.*[2] Übrigens war die Abhaltung einer Senatssitzung auch an einem anderen Orte zulässig, vorausgesetzt, dass derselbe ein geweihter Platz, ein *templum,* war. So wurden z. B. der Tempel des Iupiter Capitolinus, der Tempel der Concordia und andere Tempel zu Sitzungen benutzt, was jeweils von dem Willen des berufenden Magistrats abhing. Unter freiem Himmel, *sub divo,* versammelte sich der Senat nur dann, wenn das Wahrzeichen gemeldet wurde, dass ein Rind mit menschlicher Stimme geredet habe, *borem locutum esse.* Die Senatoren mussten sich zum Versammlungs-lokal zu Fuss begeben. Ausser ihnen und den Magistraten hatten nur die für die Abhaltung der Sitzungen nötigen Subalternbeamten, wie die *scribae, lictores, viatores,* später

---

[1] Ursprünglich gab es noch eine zweite Versammlungsstätte, die *curia calabra* auf dem Capitol. Dieselbe kam jedoch später ausser Gebrauch.

[2] Sie heisst auch *curia Pompiliana.*

auch Senatorensöhne und gelegentlich auch Deputationen aus
der Bürgerschaft, fremde Gesandte und Auskunftspersonen
zu demselben Zutritt. Doch waren die Sitzungen insofern
öffentlich, als sie bei offenen Thüren stattfanden und das
Volk vor denselben sich versammeln durfte. Wenn jedoch
geheime Sitzungen stattfanden, bei denen nur die Magistrate
und Senatoren anwesend sein durften, so waren die Thüren
geschlossen. Der in geheimer Sitzung gefasste Beschluss
hiess *senatus consultum tacitum*.

## § 136. Die Verhandlungen und die Geschäftsordnung des Senats.

Den Verhandlungen des Senats präsidierte der die Sitzung
berufende Magistrat, von dem auch die Bestimmung der
Tagesordnung abhing. Dabei wurde jedoch grundsätzlich die
Observanz festgehalten, dass, wenn auch religiöse Dinge zur
Sprache kamen, zuerst *de rebus divinis* und dann erst *de
rebus humanis* referiert wurde. Der Vortrag des vorsitzenden Magistrats begann mit den feierlichen Worten: *quod
bonum felix faustum fortunatumque sit populo Romano Quiritium referimus ad vos, patres conscripti.* Der Vortrag selbst
hiess *referre ad senatum* oder *senatum consulere*, jedoch ursprünglich mit dem Unterschied, dass ersterer Ausdruck gebraucht wird, wenn die Bestätigung eines Volksbeschlusses,
und der letztere, wenn die Beratung eines magistratischen
Dekrets beabsichtigt wird; jenes führt zur *patrum auctoritas*,
dieses zum *senatus consultum*. Übrigens werden später *referre*
und *consulere* zwar nicht in Urkunden, aber von den Schriftstellern gleichbedeutend gebraucht. Ausserdem kommen auch
noch die Ausdrücke *reicere ad senatum* und *verba facere* vor.
Unter *verba facere* ist der magistratische Vortrag zum Zweck
der Instruktion der Senatoren zu verstehen. Der Vortrag
konnte sich entweder auf die Lage des Staates im allgemeinen
(*de republica referre*) oder auf einzelne besondere Dinge, *de
singulis rebus*, beziehen.

In der Regel schloss der Vortrag mit der Vorlegung
einer bestimmten Frage an den Senat. Hierüber konnte der

Vorsitzende entweder sofort abstimmen lassen oder zuvörderst eine Beratung anstellen. Ersteres geschah nur dann, wenn Übereinstimmung der Ansichten vorauszusehen war und sich kein Senator erhob, um eine Umfrage zu verlangen. Die Debatte beherrschte der Vorsitzende in ganz anderer Weise als heutzutage der Präsident einer parlamentarischen Versammlung. Vor allen Dingen mangelte den einzelnen Senatoren jegliche Initiative, indem sie nur auf die namentliche Aufforderung des Präsidenten reden durften und ein Antrag von ihnen gar nicht ausgehen konnte. Dann erteilte der Präsident nicht das Wort irgend einem aus der Reihe, der sich gerade für berufen hielt, dasselbe zu ergreifen, sondern er befragte der Reihe nach, und zwar der bestehenden Rangordnung gemäss, jeden Einzelnen. Nach der *lex Ovinia* wurde der *princeps senatus* zuerst gefragt, dann die übrigen Consulare, hierauf die Prätorier, Ädilicier, Tribunicier und Quästorier. In nachsullanischer Zeit kam jedoch ein derartiger Vormann in Wegfall, indem der älteste Consular, ohne den genannten Titel zu führen und ohne ein besseres Stimmrecht zu besitzen, zuerst seine Stimme abgab. Gegen Schluss des Jahres, wenn die *consules designati* in den Senat eintraten, hatten diese, aber wohl erst seit Sulla, das Vorrecht vor allen übrigen. Der Akt des Befragens heisst *sententiam rogare* oder auch *interrogare;* wurden, was Vorschrift war, alle Senatoren durchgefragt, so hiess dies *sententias perrogare.* Doch konnte der Magistrat bei der Umfrage irgendwo eine Pause machen, um selbst das Wort zu ergreifen und dadurch auf die folgende Abstimmung einzuwirken;[1]) dann entstand mitunter eine *altercatio,* Rede und Gegenrede, an der sich dann auch wohl Senatoren, die schon votiert hatten, beteiligten. Doch konnte eine solche *altercatio* sich nur auf den vorliegenden Gegenstand beziehen. Das einzige Mittel, welches ein Senator hatte, bei der Umfrage auch eine andere Sache zur Sprache zu bringen, bestand darin, dass er bei seiner Antwort auf die ihm vom Vorsitzenden vorgelegte Frage von derselben ab-

---

[1]) Wie dies Cicero mit der vierten catilinarischen Rede that.

schweifte und damit die eigentliche Debatte unterbrach. Bekannt ist, dass Cato, wenn er die Frage des Vorsitzenden beantwortet hatte, sein *ceterum censeo Carthaginem esse delendam* jedesmal anbrachte. Die engen Grenzen und die strengen Formen, in denen sich die Debatte bewegte, waren gerechtfertigt, wenn man bedenkt, dass derselbe Gegenstand nur in einer Lesung und nicht in drei Lesungen, wie in modernen Parlamenten, zur Erörterung und Abstimmung kam, und dass im römischen Senat das Korrektiv der Presse und im wesentlichen auch der Öffentlichkeit fehlte.

Das Abgeben der Meinung konnte auf dreierlei Arten erfolgen:

1. Durch das *sententiam dicere*. 2. Das *verbo adsentiri*. 3. Das *pedibus in sententiam alienam ire*. Bei dem ersteren, welches als eine Art Vorschlagsrecht der ersten Rangklassen zu betrachten ist, stand der Senator auf und begründete seine Ansicht durch eine mehr oder minder ausführliche, vom Platze aus gehaltene Rede, die entweder mit der formellen Zustimmung zu dem Antrag des Vorsitzenden oder mit einem davon abweichenden Antrag bzw. der Zustimmung zu einem bereits von einem anderen Senator gestellten Antrag schloss. Das *verbo adsentiri* war die einfache Beitrittserklärung zu einer der bereits ausgesprochenen Meinungen; man gab sie sitzend ab mit dem Worte *adsentior* und der Hinzufügung des Namens desjenigen, dem man beistimmte, z. B. *Catoni adsentior*. Bei dem *pedibus in sententiam ire* setzte man sich schon vor der Befragung an die Seite desjenigen, dessen Meinung man beitrat, oder bildete mit denen, die derselben Ansicht waren, Gruppen, so dass sich schon vorher das Stimmenverhältnis erkennen liess. Es diente dies wesentlich zur Abkürzung der Umfrage. Diejenigen, welche auf diese Weise auf das Wort verzichteten, wurden *pedarii* genannt, wenn sie auch nicht zur Klasse der eigentlichen *pedarii*, d. h. derjenigen gehörten, die vorher kein curulisches Amt bekleidet hatten. Eine Majoritätfindung fand bei der Umfrage nicht statt. Wohl aber konnte die Umfrage überhaupt wegfallen und direkt nach dem Vortrage des Vorsitzenden *per*

*discessionum* ein Beschluss gefasst werden, wie dies gewöhnlich erst nach der Umfrage geschah.

Wenn die Umfrage beendigt war, gab der Vorsitzende ein Resumé über die einzelnen *sententiae* und setzte dann die Reihenfolge fest, in der sie zur Abstimmung gebracht werden sollten. Die Abstimmung selbst erfolgte dann stets durch *discessio*, zu welcher der Vorsitzende mit den Worten aufforderte: *qui hoc censetis, illuc transite, qui alia omnia, in hanc partem*, oder: *qui haec sentitis, in hanc partem, qui alia omnia, in illam partem ite qua sentitis.* Die Abstimmung des einzelnen Senators hiess *censere* und ist technisch wohl von dem *sententiam dicere* der Umfrage zu unterscheiden; später, nachdem das Vorschlagsrecht bei der Umfrage und das Stimmrecht zusammengefallen waren, werden beide Ausdrücke nicht mehr streng geschieden. Die einzelnen *sententiae* wurden der Reihe nach zur Abstimmung gebracht, bis eine von ihnen die absolute Majorität erlangte. Die Abstimmung musste unterbleiben, wenn nach dem Schlussresumé des Vorsitzenden die auf den Antrag eines Senators erfolgte Auszählung (der Ruf lautete: *numera*) ergeben hatte, dass der Senat nicht in beschlussfähiger Anzahl versammelt war (*senatus infrequens*).[1] Dabei gab es für verschiedene Gegenstände verschiedene Bestimmungen. Für die Magistrate galt es als Regel, dass nicht nur der Vorsitzende, sondern sämtliche Beamte des Jahres sich der Stimmenabgabe enthielten. Bei der Schlussabstimmung, der *discessio*, beteiligten sich sämtliche Senatoren, auch diejenigen, die vorher bei der Umfrage sich nicht durch Abgabe einer besonderen *sententia* beteiligt hatten. Auch stand nichts im Wege, bei der *discessio* einer anderen Meinung als der vorher geäusserten beizutreten (*sententiam mutare*). Hierfür kann aus Sallusts Catilina das Beispiel des D. Iunius Silanus angeführt werden. Dieser hatte, in der von Cicero im Tempel der Concordia abgehaltenen Senatssitzung als *consul designatus*

---

[1] Vor Augustus war die Beschlussfähigkeitsziffer 400. Augustus setzte sie herab und ordnete die Minimalziffern je nach dem Gegenstand der Verhandlung. Mommsen, Staatsr. III, 990.

vor allen anderen um seine Meinung befragt, zuerst sein Votum dahin abgegeben, dass die fünf in Rom gefangen gehaltenen Häupter der catilinarischen Verschwörung hingerichtet werden sollten, hatte aber unter dem Eindruck der Rede Cäsars sich der *sententia* des Ti. Nero angeschlossen, der unter dem Vorwande, dass eine Verstärkung der bewaffneten Macht nötig sei, Vertagung beantragt hatte. Auch andere Senatoren hatten sich trotz Ciceros Rede teils der Ansicht Cäsars, teils der des Nero angeschlossen; erst Catos Rede gab den Ausschlag zu Gunsten des ursprünglichen Antrages, so dass bei der *discessio* viele entgegen ihrer bei der Umfrage abgegebenen Stimme der Ansicht des letzteren beitraten.

War die Abstimmung beendigt und die Tagesordnung erschöpft, entliess der Vorsitzende den Senat (*mittere, dimittere senatum*) mit den Worten: *nihil vos moramur, patres conscripti.*

Das Recht die Meinung im Senate zu äussern besassen nicht nur die Senatoren, sondern auch die Magistrate, und zwar nicht bloss die fungierenden, sondern auch die gewesenen, die noch nicht in das Senatorenalbum eingetragen waren, und die *designati*, die bereits gewählten und künftigen. Es sind dies diejenigen, die in der Formel: *senatores et quibus in senatu sententiam dicere licet* in dem letzten Teile derselben verstanden sind.

### § 137. Die Senatsbeschlüsse.

Ein Senatsbeschluss heisst *patrum auctoritas, senatus auctoritas, senatus consultum* und *senatus decretum.*

1. *Patrum auctoritas* heisst ein Beschluss des Patriciersenats, durch den auf Antrag eines Magistrats ein Volksbeschluss bestätigt wird. (s. oben S. 324.)
2. *Senatus consultum* ist ein Beschluss des gesamten Senats, durch welchen ein magistratischer Akt gutgeheissen wird. Synonym damit wird auch der Ausdruck *senatus sententia* gebraucht.
3. *Senatus auctoritas* (wohl zu unterscheiden von *patrum auctoritas*) ist ein Beschluss des Gesamtsenats, dem die formale Giltigkeit fehlt und der Magistrat

deshalb nicht Folge leistet. Dieser Fall trat ein bei Formfehlern und infolge von Intercession.

Zum Unterschied von dieser *senatus auctoritas* bezeichnet dann das unter 2 genannte *senatus consultum* auch den giltigen Senatsbeschluss.

4. *Senatus decretum* ist synonym mit *senatus consultum* oder *senatus sententia*, doch tritt dabei die magistratische Urheberschaft des Beschlusses hervor. Die doppelte Urheberschaft des Magistrats und des Senats würde, wie Mommsen es sehr richtig bezeichnet, zum Ausdruck kommen etwa durch: *decretum consulis (praetoris* u. s. w.) *de senatus sententia.*[1])

Die schriftliche Aufzeichnung des Senatsbeschlusses fand durch den Vorsitzenden und zwar meistens nach der Sitzung im Verhandlungslokale statt. Zugegen waren dabei Zeugen aus der Zahl der Senatoren, die eine Art Redaktionscomité bildeten und deren Namen dem *senatus consultum* vorangestellt wurden mit der Formel: *scribendo adfuerunt.* Diesen Namen standen dann noch voran die Namen der Consuln bezw. desjenigen Magistrats, der den Senat berufen hatte, ferner die Angabe des Monats und Tages sowie des Lokals der Versammlung, was man alles unter dem Ausdruck: *praescripto senatus consulti* zusammenfasste. Nach dieser kam dann die Angabe des Gegenstandes, die Beschlusseinführung (*de ca re ita censuere*) und der Beschlussinhalt (*ut illa faceret* oder *illum facere*). Diesem schloss sich bei Senatsconsulten der Buchstabe C an, womit der Abstimmungsvermerk (*censuere*) ausgedrückt wurde. Zu C (*censuere*) sind als Subjekt die Senatoren und nicht die Tribunen zu verstehen. In der Kaiserzeit kamen nach der Beschlusseinführung noch die Beschlussgründe (eingeführt mit *cum res ita se habeat*) und nach dem *censuere* noch die Zahl der Abstimmenden ohne Unterschied der für und gegen Stimmenden hinzu.

Die Senatsbeschlüsse wurden ursprünglich aufbewahrt in dem plebejischen Tempel der Ceres, weil die Plebejer ein

---

[1]) Näheres hierüber bei Mommsen, Staatsr. III, 996 ff.

Interesse daran hatten, dieselben gegen spätere Fälschungen
sicher zu stellen, und zwar standen sie dort unter Aufsicht
der Ädilen; später nach dem Ausgleich der Stände wurden
sie im Tempel des Saturn, im Aerarium, deponiert und der
Aufsicht der Quästoren übergeben. Über die Senatsbeschlüsse
und die im Senate gehaltenen Reden und abgegebenen Vota
erhielt das Publikum nur in vereinzelten Fällen durch private
Mitteilungen oder Veröffentlichung von Reden von seiten
einzelner Redner Mitteilung. Erst Cäsar traf im Jahre 59
die Einrichtung, dass die Verhandlungen des Senats regelmässig publiziert wurden. Die Publikationen, in denen nicht
nur die Senatsbeschlüsse, sondern auch die *sententiae* der einzelnen Senatoren enthalten waren, hiessen *acta senatus*.[1])
Aufgenommen wurden die Verhandlungen von den im Senate
anwesenden Tachygraphen (*notarii*). Diese Einrichtung wurde
jedoch von Augustus dahin abgeändert, dass nur dasjenige
aus den Protokollen dem Publikum bekannt gegeben wurde,
was sich zur Veröffentlichung zu eignen schien. Diese Auszüge aus den nunmehr nicht mehr veröffentlichten *acta senatus*
wurden dann in den *acta populi* oder *acta diurna* bekannt
gemacht.

---

[1]) Wahrscheinlich geschah dies in der Weise, dass die betreffenden
Aktenstücke den Redakteuren der Tagesberichte, d. h. der aus Privatindustrie hervorgehenden *commentarii* oder *acta rerum urbanarum* zugestellt
oder von Tachygraphen dieser Zeitungen in den Sitzungen zum Zweck
der Veröffentlichung aufgezeichnet wurden.

# Kapitel XXIII.
# Die Kompetenz und die Macht des Senats.

**§ 138. Über die Kompetenz des Senats im allgemeinen.**

Es ist schon oben (§ 132) hervorgehoben worden, dass die Stellung des Senats im Staatsorganismus nicht auf gesetzlich abgegrenzter Kompetenz, sondern auf herkömmlicher Observanz, dem *mos maiorum*, beruht. Diese Stellung ist im wesentlichen als *auctoritas* zu bezeichnen, indem durch das Votum dieser Körperschaft ein magistratischer Akt oder Volksbeschluss gemehrt, gestärkt wird (*augere* — *senatus auctor fit* oder *patres auctores fiunt*). Diese *auctoritas* erstreckte sich auf alles, was im Staate geschah, ohne Unterschied, machte sich also den beiden übrigen Faktoren im Staatsorganismus gegenüber in gleicher Weise geltend. Die beiden Faktoren sind das Volk und die Magistratur. Das Volk hat die Souveränität, ist also die Quelle der ganzen Staatsgewalt. Dasselbe begiebt sich aber, da es sie nicht immer selbst ausüben kann, derselben teilweise durch die Wahl der Beamten, auf die es seine Gewalt überträgt. Streng genommen waren demnach das Volk und die Beamten die alleinigen gesetzlichen Staatsgewalten. Zwischen beiden steht nun aber die Auktorität des Senats. Dieser war ursprünglich nur ein Rat, ein *consilium* des obersten Beamten, der ihn in wichtigen Fällen befragte, wo er nicht auf eigene Verantwortung handeln, sondern sich dem Volke gegenüber durch die Auktorität desselben decken wollte. Dies bedingte aber, dass das Volk die Auktorität dieser Körperschaft anerkannte, und dies war nur unter der Voraussetzung möglich, wenn der oberste Magistrat die Senatoren aus den Besten und Angesehensten im Volke ernannte. So war der Senat zugleich ein *consilium* für die Oberbeamten und eine Art Repräsentation des Volkes. Es erstreckte sich daher die *auctoritas* des Senats sowohl auf die Magistratur wie auf das Volk. In Bezug auf den Magistrat war der Senat ursprünglich nur ein Rat, ein *consilium*. Mit der Zeit stieg die Bedentung dieses Rates derart, dass die Magistrate aus der um Rat fragenden Regierung zu Beauftragten des Senats wurden und letzterer sich dann als die eigentliche Regierungsbehörde betrachtete. Daraus leitet sich die Kompetenz des Senats als Verwaltungsbehörde ab, die in allen Angelegenheiten des Staates, insbesondere aber in Sachen der Religion, der auswärtigen Angelegenheiten und der Staatsfinanzen, die oberste Leitung in Anspruch nahm. Von diesem Gesichtspunkte aus heisst es dann, die Beamten seien *in auctoritate* oder *in potestate* des Senats. Diese Entwickelung hatte die Macht desselben jedoch erst in der Zeit nach der *lex Hortensia* erhalten, in der er der Sache nach die gesamte Regierung des Staates in der Hand hielt und die ursprünglich ganz selbständigen Beamten lediglich zu seinen Organen herabgedrückt hatte. Andererseits hatte aber der Senat als eine Auswahl aus den Besten des Volkes auch Auktorität gegenüber dem Volke; denn wie er das Wohl desselben gegenüber den Beamten zu wahren suchte, hielt er sich dagegen auch für berufen, das Volkswohl auch dem Volke selbst gegenüber zu wahren, und dies giebt sich in doppelter Weise kund: einmal unterwirft er die Beschlüsse des Volkes seiner Auktorität, indem er die Giltigkeit derselben von seiner Bestätigung abhängig macht, und dies ist die *patrum auctoritas* (s. § 137). Doch erstreckt sich dieses Recht nicht auf alle Volksbeschlüsse mit gleicher Wirkung und hat in den zwei letzten Jahrhunderten der Republik seine Bedeutung verloren. Andererseits gewöhnte er das Volk überhaupt, ihn als das legitime Organ des Volkswillens zu betrachten. Die Folge davon war, dass das Volk mit seiner Souveränität nur selten in den regelmässigen Gang der Regierung eingriff, wie sie vom Senat als oberster Verwaltungsbehörde geführt wurde. Diese Vorstellung prägte sich deutlich aus in der Formel: *senatus populusque Romanus*, der man sich auch da bediente, wo der Senat ohne Mitwirkung des Volkes handelte. Danach ergaben sich für den Senat im wesentlichen zwei grosse Kompetenzkreise, und zwar:

1. Die Kompetenz des Senats, wie sie sich in der Beschränkung des Volkswillens zeigt, bezw. der Anteil

des Senats an der Gesetzgebung, der Gerichtsbarkeit
und den Wahlen.

2. Die Kompetenz des Senats, die aus der Beschränkung
der Magistratsgewalt hervorgegangen ist, oder die Regierungsgewalt des Senats.

§ 139. Anteil des Senats an der Gesetzgebung, den Wahlen
und der Gerichtsbarkeit.

Bezüglich des Anteils, den der Senat an der Gesetzgebung und den Wahlen hatte, sind die älteren gesetzgeberischen Faktoren, nämlich der *populus* in den Curiat- und
Centuriatcomitien, von dem jüngeren, der *plebs* in den *concilia
plebis*, zu unterscheiden.

Die in den *comitia curiata* und *comitia centuriata* und
später auch die in den *comitia tributa* im engeren Sinne gefassten Beschlüsse werden vom Senate bestätigt. Diese Bestätigung heisst *patrum auctoritas*. (Vgl. über die Be-
deutungen von *senatus auctoritas* u. dgl. oben § 137.) Diese
*patrum auctoritas* wurde nicht von dem ganzen Senate erteilt,
sondern nur von dem patricischen Teile desselben, den
Mommsen als „den Patriciersenat“ bezeichnet. Sie bezieht sich
indess nur auf die Beschlüsse des *populus*, nicht auf die Plebiscite,
die immer als Beschlüsse der *plebs*, nicht des *populus* galten,
wenn sie auch Giltigkeit für den Gesamtstaat erlangt hatten.

Zur Anwendung kam diese *patrum auctoritas*
bei sämtlichen Gesetzen und Wahlen des *populus*;
doch durfte die Autorisation eines Gesetzes nur dann
versagt werden, wenn dasselbe die Verfassung zu
verletzen und insbesondere die Auspicien zu be-
einträchtigen schien. Diese *patrum auctoritas* war vor
dem publilischen und mänischen Gesetz nach dem gesetzgeberischen oder Wahlakt erteilt worden, durch die *lex
Publilia* (339) wurde aber bestimmt, dass dieselbe schon vor
dem betreffenden Comitienbeschluss zu erfolgen habe,[1]) und

---

[1]) Liv. VIII, 12: *ut legum, quae comitiis centuriatis ferrentur, ante initum
suffragium patres auctores fierent.* Vgl. dazu Liv. I, 17: *hodie . . . priusquam
populus suffragium ineat, in incertum comitiorum eventum patres auctores fiunt.*

die *lex Maenia* bestimmte dasselbe auch für die Wahlen. Diese Anticipation machte das Bestätigungsrecht des Senats illusorisch und ist daher schon im Altertum praktisch als eine Aufhebung desselben betrachtet worden. Die genannte *patrum auctoritas* des Patriciersenats ist aber wohl zu unterscheiden von der *senatus auctoritas* des ganzen Senats, die verschiedentlich ebenfalls *patrum auctoritas* genannt wird.[1]

Nach dem Gesagten hatte also der Patriciersenat das Recht der Bestätigung für Gesetze und Wahlen in *comitia curiata, centuriata* und *tributa*, und zwar erfolgte dieselbe vor der *lex Publilia* und *Maenia* nach dem betreffenden Akt, von da an aber wurde sie zum voraus erteilt.

Dagegen bezog sich diese *patrum auctoritas* nicht auf die Plebs. Solange die in *concilia plebis* gefassten Beschlüsse keine Giltigkeit für den ganzen Staat beanspruchten

---

[1] Die voranstehende Auffassung der *patrum auctoritas* stützt sich auf Mommsen (Röm. Forsch. I, 218, Staatsrecht III, 1037), der hierin übrigens schon Huschke und Bröcker zu Vorgängern hatte und unter den jüngeren Gelehrten bei Christensen, Herzog, Soltau Zustimmung fand. Da übrigens dieser Punkt in der neuesten Zeit zu einer viel ventilierten Kontroverse geworden ist, so seien die anderen Ansichten über die *patrum auctoritas* hier kurz angegeben.

1. Die Ansicht von Niebuhr, der sich Becker, Schwegler, Walter und Clason anschlossen. Danach ist die *patrum auctoritas* identisch mit der *lex curiata de imperio*, d. h. einem Curiengesetz, durch welches der patricische *populus* seine Genehmigung zu dem betreffenden Akte erteilte.

2. Die Ansicht Langes, der ursprünglich der Ansicht Niebuhrs gewesen war, aber dieselbe später dahin umänderte, dass er unter den *patres* nicht den ganzen patricischen *populus*, sondern eine besondere Versammlung der *patres familias gentium patriciarum* versteht.

3. Eine ältere, vor Niebuhr allgemein angenommene, in der neuesten Zeit von Willems verteidigte Ansicht, wonach sich die *patrum auctoritas* auf den Gesamtsenat bezieht und nicht verschieden ist von der *senatus auctoritas*.

4. Die Ansicht von Ihne und Genz (Das patricische Rom), wonach die *patres* zwar die patricischen Senatoren bezeichnen und rechtlich die *patrum auctoritas* sich auf diese bezieht, aber in der Zeit nach dem publilischen Gesetze der Vorbeschluss des Patriciersenats praktisch mit dem usuellen *senatus consultum* verbunden wurde, so dass er wahrscheinlich in derselben Sitzung formell abgethan ward.

und die Tribunen rein plebejische Beamte waren, gab es
zwischen diesen und dem Senat überhaupt keine staatsrechtlichen Beziehungen: weder der patricische Ausschuss, noch
der Gesamtsenat bestätigten oder kassierten Plebiscite oder
Wahlen plebejischer Beamten. Doch konnte leicht der Fall
eintreten, dass ein Beschluss der Plebs für den *populus* von
Wichtigkeit war und durch die Centuriatcomitien zum Gesetz
erhoben wurde. In diesem Fall fand eine Bestätigung durch
die *patrum auctoritas* statt; doch bezog sich diese dann nicht
direkt auf das Plebiscit, sondern auf die in den Centuriatcomitien gefasste, das Plebiscit bestätigende *lex*. Durch die
*lex Valeria Horatia* (449), die *lex Publilia Philonis* (339) und
die *lex Hortensia* (287) (s. oben § 62) gelangten die Plebiscite
zu allgemeiner staatsrechtlicher Giltigkeit, und konsequenter-
massen hätten von nun an dieselben der *patrum auctoritas*
unterworfen werden müssen. Nach der Ansicht neuerer
Forscher war dies auch anfangs der Fall, und daraus erklärt
sich ihnen zufolge eben die auffallende Thatsache, dass die
Giltigkeit der Plebiscite für den *populus* in drei fast gleichlautenden, aber anderthalb Jahrhunderte auseinanderliegenden
Gesetzen bestimmt wurde. Man nimmt demnach an, dass in
den beiden ersten Gesetzen noch Klauseln enthalten gewesen
seien, und dass erst das Hortensische Gesetz die Plebiscite
ohne alle Einschränkung als verbindlich für den Staat erklärt
habe. Danach hätten die beiden ersten Gesetze die *patrum
auctoritas* noch für Plebiscite verlangt, und zwar, wie Willems
meint,[1] die *lex Valeria Horatia* derart, dass die *patrum auctoritas* dem Plebiscit zu folgen, und die *lex Publilia* so, dass
dieselbe ihm vorauszugehen hatte, während durch die *lex
Hortensia* diese Beschränkung für die Plebiscite gänzlich beseitigt worden sei. Doch wie dem auch sein möge, so
viel steht fest, dass in der Zeit nach dem Hortensischen Gesetz die Plebiscite keiner Genehmigung
des Senats, und zwar weder des Patriciersenats noch
des Gesamtsenats bedurften.

---

[1] Willems, Le sénat II, 85.

In der ganzen römischen Geschichte von der *lex Publilia* und *Maenia* an hatte also der Senat kein Recht, die Volksbeschlüsse oder die Wahlen der *plebs* und des *populus* zu kassieren, und auch vor diesen Gesetzen beim *populus* nur dann, wenn eine Verfassungsverletzung oder Beeinträchtigung der Auspicien konstatiert werden konnte. Zwar hat es der Senat verschiedentlich versucht, er hat z. B. Magistrate aufgefordert, ihr Amt niederzulegen, sei es um die Auspicien zu erneuern, sei es aus Gründen der Politik. Allein dies war nur ein Rat und kein Befehl, dem der Magistrat die Verpflichtung gehabt hätte, sich unterzuordnen. Eigentliche Absetzungen durch den Senat haben erst während der Bürgerkriege stattgefunden, als die Verfassung zu einem leeren Buchstaben geworden war. Ebenso war es mit der Kassierung von Gesetzen. Ein Recht dazu hatte der Senat nach der *lex Publilia Philonis* nicht mehr. Doch konnte er immer ein Gutachten aussprechen, wobei er sich der Formel bediente, *ea (lege) non videri populum teneri*, und den Beschluss fassen, *placere legem abrogari;* dann musste er aber die dazu kompetenten Magistrate auffordern, die Abschaffung des Gesetzes beim Volke zu beantragen, sei es durch ein Gesetz oder durch ein Plebiscit, wofür die Ausdrücke *derogare, abrogare, commutare legem, per populum agi convenire* stehend sind. Doch ging natürlich ein solches Votum nicht, wie die nachträglichen Bestätigungen durch die *patrum auctoritas*, von dem Patriciersenat, sondern von dem **ganzen Senate** aus. Aber gleichwie in der letzten Zeit der Republik der Senat sich das Recht anmasste, Beamte abzusetzen, ebenso nahm er sich auch das Recht heraus, die Gesetze zu suspendieren. Dies geschah durch das *senatus consultum ultimum*, durch welches die Consuln mit ausserordentlicher Macht bekleidet und von den bestehenden Gesetzen entbunden wurden (*videant consules ne quid respublica detrimenti capiat*); allein genau genommen hatte der Senat hierzu kein Recht, und die Volkspartei hat dasselbe auch niemals anerkannt. Auch nahm sich der Senat verschiedentlich heraus, von den Gesetzen zu dispensieren, *legibus solvere*, bis im Jahre 67 ein derartiges Senatsconsult der Bestätigung durch das Volk ein für allemal unterworfen wurde.

Eine Gerichtsbarkeit besass der Senat in republikanischer Zeit nicht, jedoch ordnete er *quaestiones extraordinariae* an; diese bedurften aber einer Bestätigung durch das Volk und enthielten keine Ausübung der Gerichtsbarkeit selbst, sondern nur eine administrative Massregel. Dagegen kann das *senatus consultum ultimum* als ein Eingriff in die regelmässige Gerichtsbarkeit betrachtet werden, wenn dasselbe, wie dies z. B. mit den catilinarischen Verschworenen der Fall war, dem Consul geradezu die Todesstrafe gegen Bürger ohne weiteres Gerichtsverfahren empfohlen hat. Eine wirkliche Gerichtsbarkeit hatte der Senat erst in der Kaiserzeit.

## § 140. Die Regierungsgewalt des Senats im allgemeinen.

Viel bedeutender als die Kompetenz des Senats, die aus der Beschränkung des Volkswillens hervorgegangen ist, ist diejenige, welche der Senat mit der Zeit der Magistratsgewalt abgerungen hat. Anfangs hatten die Magistrate den Senat nur um Rat gefragt; später wurde es zum Prinzip, dass die ordentliche Aktion den Magistraten selbständig zustand, bei der ausserordentlichen aber der Senat zugezogen wurde; zuletzt aber wurden die Beamten lediglich zu Vollstreckern des Senatswillens. So wurde der Senat zur eigentlichen Regierungsbehörde. Diese zog alles, was nur irgend wie den Staat betraf, in den Kreis ihrer Macht. Doch muss immer festgehalten werden, dass wie die Bürgerschaft in den Comitien so auch der Senat nur in Gemeinschaft mit dem Magistrat zu handeln vermag, dass also seine Aktion nur als eine Cooperation mit derjenigen des Magistrats aufzufassen ist.[1]

Zunächst kommen hier die Massregeln zur Aufrechterhaltung des Staatswohls im allgemeinen in Betracht. Zu diesem Behufe verfügte der Staat in früherer Zeit die Ernennung eines Dictators (*rei gerundae causa* oder *seditionis sedandae causa*); in späterer Zeit bediente er sich zu

---

[1] Vgl. Mommsen, Staatsrecht III, 1025.

diesem Behufe des oben besprochenen *senatus consultum
ultimum*. Diese Massregel, deren Gesetzlichkeit übrigens
mit Recht bestritten worden ist, hatte noch andere Massregeln
im Gefolge, die sich aus der Verhängung des Belagerungs-
zustandes von selbst ergaben, nämlich den Beschluss, dass
ein *tumultus* oder *bellum* vorhanden sei, und damit im Zusammenhange die Verfügung des *iustitium*, d. h. des Auf-
hörens jeglicher Privat- oder öffentlicher Geschäfte.

Allein nicht bloss in ausserordentlichen Fällen hielt der
Senat sich für berufen, für das Wohl des Staates zu sorgen,
sondern überhaupt in jedem Fall; daher bemächtigte er sich
der ganzen Staatsverwaltung und repräsentierte gewissermassen
sämtliche Ressorts eines modernen Ministeriums, indem er
das Ministerium des Innern, der Justiz, der Finanzen, des
Kultus, des Krieges, der Kolonien und des Äussern in sich
vereinigte. Doch traf der Senat in allen diesen Dingen nur
die oberste Entscheidung. Die Ausführung selbst lag den
Magistraten ob. Von den genannten Ressorts verlangen das
Kriegs-, das Finanz-, das Rechts- und das Provinzialwesen
eine besondere Darstellung. Doch soll im folgenden die
Kompetenz des Senats in denjenigen Gebieten, in denen dieselbe am mächtigsten hervortritt, kurz hervorgehoben werden.
Diese Gebiete sind:

1. **Der Kultus.**
2. **Das Finanzwesen.**
3. **Die auswärtigen Angelegenheiten und der
Krieg.**

### § 141. Die Regierungsgewalt des Senats auf dem Gebiete des Kultus.

Der Kultus zerfällt in zwei grosse Gebiete, die *sacra*
und die *auspicia*.[1]

Die *sacra* umfassen öffentliche Gebete, Opfer, Feste und
Spiele; die *auspicia* enthalten die Einholung des Götterwillens

---

[1] Cic. de nat. deor. III, 2, § 5: *omnis populi Romani religio in
sacra et auspicia dicitur*.

für einen staatlichen Akt. Beide, *sacra* und *auspicia*, werden teils von Priestern bezw. Augurn, teils von Magistraten vollzogen, die oberste Aufsicht des ganzen Kultus aber untersteht dem *pontifex maximus*. Doch griff der Senat zu jeder Zeit kraft seiner Eigenschaft als oberste Regierungsbehörde ein, und dies war hauptsächlich der Fall, wenn die Magistrate über besondere Vorkommnisse, namentlich über ungesuchte Auspicien oder Prodigien berichtet hatten. Häufig beschloss der Senat in einem solchen Falle die Verweisung der Frage an das kompetente Priestercollegium oder die Augurn, deren Gutachten dann wieder dem Senate zur Genehmigung vorgelegt werden mussten. Die bei solchen Gelegenheiten vom Senate ergriffenen Massregeln waren entweder solche, die sich auf den bestehenden nationalen Kultus bezogen, oder solche, die die Einführung fremder Kulte befahlen.

1. Massregeln, die sich auf den bestehenden Kultus bezogen. Dahin gehören die *instauratio* (d. h. die Wiederholung eines Festes, wenn bei demselben ein Fehler begangen worden ist), die Wiederherstellung von Tempeln und Gelobung sowie Errichtung neuer Tempel und zuletzt die Anordnung von *supplicationes*, Lectisternien und Lustrationen.

2. Die Einführung fremder Kulte. In der Regel ordnete der Senat dieselbe an auf Geheiss der sibyllinischen Bücher. Aber umgekehrt hatte derselbe auch das Recht, fremde Kulte zu verbieten. Schon im Jahre 428 soll der Senat die plebejischen Ädilen beauftragt haben, dafür zu sorgen, *ne qui nisi Romani dii neu quo alio more quam patrio colerentur;* doch gehört diese Massregel wahrscheinlich in eine spätere Zeit. Im Jahre 213, wo fremde Kulte besonders zahlreich in Aufnahme gekommen waren, schritt der *praetor urbanus* auf Geheiss des Senats durch ein besonderes Edikt ein, durch welches fremde Kultbücher und Opfer auf das strengste verboten wurden. Vor allem aber gehört hierher das berühmte *senatus consultum de Bacchanalibus*, 186 v. Chr., durch welches der unsittliche Bacchuskultus für Rom und Italien verboten wurde. Manchmal befahl der Senat auch die Zerstörung von Tempeln fremder, namentlich ägyp-

tischer Gottheiten. Auch hängen damit die Massregeln zusammen, die der Senat bisweilen gegen Fremde ergriff, deren Aufenthalt in Rom er wegen ihrer religiösen oder philosophischen Ansichten für gefährlich erachtete. Diese wurden durch den Senat aus Rom ausgewiesen, so im Jahre 139 v. Chr. die Juden und Chaldäer.

Andere Massregeln religiöser Art, die der Senat traf, waren z. B. Dankfeste zu Ehren der siegreichen Feldherren (*supplicationes*) sowie die Bewilligung der *oratio* oder des Triumphes, die eigentlich als religiöse Feste zu betrachten sind. Im übrigen wird der Senat von den Magistraten überhaupt in allen besonderen, die Religion betreffenden Fällen befragt, obwohl die Magistrate, streng rechtlich genommen, nicht an die Entscheidungen des Senats gebunden sind. Einige religiöse Massregeln, wie die Weihung von Tempeln, bedurften auch noch einer Bestätigung durch einen Volksbeschluss.

## § 142. Die Kompetenz des Senats im Gebiete des Finanzwesens.

Ursprünglich war das Finanzwesen Sache der Consuln gewesen. Aber nach der Einsetzung der Censur und Quästur teilten sich diese beiden Magistraturen in die Verwaltung dieses Ressorts, und zwar derart, dass den Censoren die Verpachtung des Staatseigentums und der Staatsgefälle, die Verpachtung der Staatslieferungen und die Beaufsichtigung der öffentlichen Bauten und Anlagen (s. oben § 101), den *quaestores urbani* dagegen die Einzahlung und Auszahlung der Gelder sowie überhaupt die Leitung und Beaufsichtigung der Staatskasse (§ 101 und 104) zukam. Es fragt sich nun, wie sich hierzu die Kompetenz des Senats verhielt. Es ist schon oben bei der Censur hervorgehoben worden, dass die Censoren in allen auf ihre finanzielle Thätigkeit bezüglichen Dingen nur die ausführenden Organe des Senats waren, der ihre Anordnungen aus eigener Machtvollkommenheit aufheben und andere an die Stelle setzen konnte und insbesondere bei Staatslieferungen die Gelder bewilligte. Ebenso hatten die

Quästoren nur für die richtige Vereinnahmung und Verausgabung der Gelder zu sorgen; eine Disposition über die Staatsgelder kam ihnen nicht zu; diese war wesentlich Sache des Senats, ausser in solchen Fällen, in denen die Consuln darüber nach ihrem Ermessen zu verfügen hatten. Dem oben § 140 erwähnten Prinzip, dass bei der ausserordentlichen Aktion der Beamten der Senat immer zugezogen wird, unterstand selbstverständlich auch das Finanzwesen; aber nirgends ist auch die ordentliche Aktion der Magistratur so sehr an die Zustimmung des Senats gebunden und das Regiment des Senats so vollständig durchgedrungen, wie auf dem Gebiete der Finanzen.[1]) Demnach ist der Senat die oberste Behörde auf dem Gebiete der Finanzen. Polybius[2]) beschreibt diese Kompetenz des Senats folgendermassen:

„Der Senat hat die oberste Entscheidung über die Staatsgelder. Denn er verfügt in gleicher Weise über alle Staatseinnahmen wie Ausgaben. Denn ohne einen Senatsbeschluss können die Quästoren für die einzelnen Staatsbedürfnisse keine Ausgaben vornehmen ausser für die Consuln. Ebenso hängen die vor allen wichtigsten und grössten Ausgaben, welche die Censoren alle fünf Jahre für die Unterhaltung des Staatseigentums machen, ganz vom Senate ab, und nur durch diesen erhalten die Censoren die Gelder bewilligt."

Hiernach kamen dem Senate auf dem Gebiete des Finanzwesens im einzelnen folgende Kompetenzen zu:

1. Die Verwaltung des Staatseigentums. Hierbei kommt vor allem der *ager publicus* in Betracht, soweit derselbe nicht umsonst an Private und Korporationen überlassen, sondern verpachtet wurde. Die Verpachtung, welche durch die Censoren geschah, unterlag der Genehmigung des Senats. Ebenso verhielt es sich mit den öffentlichen Gebäuden, sowie überhaupt mit sämtlichen dem Staate gehörigen Immobilien, desgleichen mit den Hafenzöllen u. a. der Art. Das Volk wird bei allen diesen Dingen regelmässig nicht befragt, da die ad-

---

[1]) Vgl. Mommsen, Staatsrecht III, 1111.
[2]) Polyb. VI, 13.

ministrative Verwertung des Gemeinguts Recht und Pflicht
des Magistrats ist, der entweder die direkten Weisungen des
Senats ausführte, oder seine Massnahmen vom Senate bestätigen
liess. Nur die Nutzung der öffentlichen Plätze in Rom selbst
ist öfters durch Gemeindebeschluss geregelt worden. Auch
ist es selbstverständlich, dass die Bürgerschaft das Recht
hatte, ihr Eigentum zu jeder Zeit zurückzunehmen. Ebenso
war für die unentgeltliche Weggabe des Grundbesitzes der
Gemeinde, wie bei Assignation und Koloniengründung, die Einwilligung der Comitien rechtlich erforderlich, obwohl dies keineswegs immer geschehen ist und in der nachsullanischen Zeit
ganz in Wegfall kam.

2. Die Feststellung des Einnahme- und Ausgabebudgets. Diese gehörte, obwohl von den Censoren und
Quästoren vorbereitet, zur Kompetenz des Senats, da derselbe
darüber in letzter Instanz entschied. Die Auflegung einer
neuen Steuer oder die Aufhebung einer bestehenden kommt
natürlich der souveränen Gewalt des Volkes zu. Aber über
die Erhebung und jeweilige Fixierung der bereits bestehenden
ständigen Steuer verfügt der Beamte nach dem Gutachten
des Senats. Daher setzte der Senat vor allem das von den
Bürgern zu entrichtende *tributum ex censu* fest, während
der Befehl zur Erhebung desselben von den Consuln ausging.
Natürlich währte diese Kompetenz des Senats nur so lange,
als überhaupt ein *tributum* erhoben wurde (bis 167 v. Chr.)
Was die Einnahmen in den Provinzen, *stipendia* und *vectigalia*,
anbelangt, so hing deren Feststellung von dem Grundgesetz
jeder Provinz ab; der Senat hatte jedoch darüber zu wachen,
dass dasselbe auch beachtet wurde, zu welchem Zwecke jeweils Kommissionen von 10 Senatoren in die Provinzen geschickt wurden. Ebenso bedurfte jede Modifikation und Veränderung an dem Grundgesetz der Genehmigung des Senats.
Auch entschied der Senat darüber, ob die Gelder oder gelieferten
Naturalien nach Rom oder an den Oberbefehlshaber eines kriegführenden Heeres geschickt werden sollten. Ferner bestimmte
der Senat die Höhe der von einem besiegten Feinde zu zahlen-
den Kriegskontributionen, wenn dieselben mit in den Friedens-

vertrag stipuliert waren. Anders aber verhält es sich mit der
Kriegsbeute, die ganz zur Verfügung der Feldherren steht;
doch machten dieselben von diesem Rechte nicht immer Gebrauch; ja es war Regel, dass sie den grössten Teil des Er-
löses aus derselben dem Staatsschatze übergaben (*in publicum
redigere*), in welchem Fall der Senat über die Verwendung
verfügte. Aus diesen und anderen Einnahmen wurde dann
das Einnahme-Budget zusammengestellt. Die Aufstellung des
Ausgabebudgets ging ebenfalls in letzter Instanz den Senat
an. Doch darf nicht vergessen werden, dass der Senat in
allen diesen Dingen nur auf Befragung des vorsitzenden
Magistrats dekretierte, und dass die von ihm beschlossenen
Massregeln wieder von den jeweiligen Beamten ausgeführt
wurden.

3. Die Zahlungsanweisungen und die Rechnungsprüfungen. Die Quästoren, welche die Verwaltung des
Schatzes hatten, durften, die Consuln allein ausgenommen,
keinem Beamten ohne Senatsbeschluss öffentliche Gelder ver-
abfolgen lassen. Die oberste Prüfung der Rechnungen kam
nicht den Quästoren zu, denen die Rechnungen nur zur Kal-
kulation übergeben wurden, aber nicht das Recht eingeräumt
war, auch die Nachweise für die Berechtigung der gemachten
Ausgaben zu verlangen. Die Kompetenz des obersten Rech-
nungshofes hatte vielmehr der Senat, der die Ausgaben bewilligt hatte. Übrigens liess der Senat den Beamten grosse
Freiheit in der Aufstellung ihrer Rechnungen, die in der Regel
sehr in Bausch und Bogen abgefasst waren. Auch wurden
nicht alle Rechnungen dem Senat unterbreitet; vielmehr geschah
dies meistens nur dann, wenn grosse Unregelmässigkeiten ent-
deckt wurden. War dies der Fall, so wurde die Sache von
dem dafür kompetenten Magistrat vor den Senat gebracht
und der inkulpierte Beamte wurde vor denselben geladen, um
sich zu rechtfertigen. Je nach dem Ergebnis der Diskussion
kann dann der Senat die aufgestellten Rechnungen entweder
ratifizieren oder dem betreffenden Beamten bezw. gewesenen
Beamten einen Verweis erteilen. Ergaben sich Unterschlagungen
von Geldern, so hatte der Senat kein weiteres Recht, als die

Magistrate aufzufordern, den Betreffenden *de peculatu* zu belangen. was bis zum ersten Jahrhundert vor Chr. in Comitien oder nach Mommsens Ansicht als *delictum privatum* vor dem Prätor durch einen Privatkläger erfolgte, von da an aber in der *quaestio perpetua de peculatu* entschieden wurde.

## § 143. Die Kompetenz des Senats in Sachen der auswärtigen Politik und des Krieges.

Das Recht der Kriegserklärung sowie des Abschlusses von Friedens- und anderen Verträgen mit fremden Völkern steht im Prinzip dem Volke zu. Allein alle vorbereitenden Massregeln traf der Senat, so dass dem Volke nur die Bestätigung des Senatusconsultums verblieb. Im Anschluss an die Kriegserklärung bestimmte dann der Senat, mit welchen Truppen der Krieg geführt werden sollte und wie viele Legionen und welche Kontingente der Bundesgenossen ins Feld zu rücken hatten; ferner bezeichnete er die Kriegsschauplätze, sorgte für Löhnung und Verpflegung der Truppen, ebenso für das Kommando, wofern die Magistrate des Jahres nicht ausreichten, durch Prorogation; überhaupt traf er im wesentlichen die allgemeinen Anordnungen für die Feldzüge mit unumschränkter Gewalt, konnte aber nicht, nachdem einmal der Krieg begonnen hatte, in die eigentliche Leitung des Feldzuges eingreifen; er liess sich jedoch von den Feldherren Bericht erstatten, und öfters kam es zu Reibungen, namentlich wenn der Feldherr die allgemeinen Weisungen des Senats überschritten hatte. Der Senat bestätigte ferner den von den Soldaten dem Feldherrn verliehenen Imperatortitel, bewilligte den Triumph und die Gelder dazu und dekretierte auch sonst Belohnungen und Auszeichnungen.

Auch bei internationalen Verträgen, insbesondere bei Friedensschlüssen hatte der Senat streng rechtlich genommen keine Befugnis, aber thatsächlich galt der Grundsatz, dass eigentlich militärische Abmachungen dem Feldherrn, definitive politische Festsetzungen dagegen dem Senat zustehen. Dementsprechend stellte der Senat das Detail der Verträge vorher fest, schickte in der Regel Kommissionen von 10 *legati* auf den Kriegsschauplatz mit Instruktionen für den Feldherrn, der dann im Einverständnis mit diesen Kommissionen den Vertrag abschloss. Doch lässt sich der Senat niemals auf direkte Verhandlungen mit dem kriegführenden Staate ein, sondern nimmt dessen Friedensanträge nur durch Vermittelung der römischen Feldherren entgegen. Auch später, als sich der Grundsatz ausgebildet hatte, dass ein *foedus* oder Friedensvertrag ohne einen Volksbeschluss nicht giltig sei, war dennoch der Senat immer noch diejenige Behörde, auf die fast alles ankam. Dies zeigt sich vor allem in der Thatsache, dass der Senat in Rom die Centralbehörde für die Diplomatie war. Alle fremden Gesandten und Fürsten, die nach Rom kamen, wurden von dem obersten Magistrat nur im Senat in Audienz empfangen, ebenso wie die römischen Gesandten von ihm ihre Instruktionen empfingen. Doch hatte das Volk das Recht, auch selbständig in die auswärtigen Verhältnisse einzugreifen und war dann rechtlich genommen natürlich die oberste Instanz.

Alle Ausländer, welche auf Grund eines Freundschaftsvertrages oder sonst durch Vermittelung des obersten Beamten offiziell empfangen wurden, waren Gäste der Gemeinde und zunächst des Senats, welch letzterer auch die durch das Gastrecht gebotenen Leistungen für die fremden Gesandten und ihre Dienerschaft von Fall zu Fall festsetzte.

Zuletzt mag hier noch die Sitte des Senats Erwähnung finden, Ehrenbezeugungen und Geschenke an die befreundeten Könige, wie z. B. den Titel *rex et amicus*, zu verleihen.[1]

## § 144. Der Senat in der Kaiserzeit.

Der Grundsatz der augusteischen Verfassung, welche längere Zeit die des Kaiserreiches blieb, war die Dyarchie, d. h. die Teilung der Regierungsgewalt zwischen Kaiser und Senat. Zunächst wurde die Gewalt, die bis jetzt die Comitien gehabt hatten, dem Senate übertragen, so dass die Ausübung der Souveränität, obwohl sie theoretisch immer noch

---

[1] Ausführlicheres bei Mommsen, Staatsr. III, von Seite 1147 an.

dem Volke zustand, doch faktisch in den Händen des Senats
lag. Deshalb nennt sich der Senat, wo er als Wahlkörper
fungiert, offiziell *senatus populusque romanus*. Der Senat
repräsentiert die Bürgerschaft, indem der *populus* und die
*respublica* ideale Begriffe geworden sind, für welche der reelle
Ausdruck und die Form allein der Senat ist.[1]) Im allgemeinen
kann man, abgesehen von den faktischen Übergriffen der
Kaiser, sagen, dass dem Senat nicht nur sämtliche Rechte,
die er vordem besessen, blieben, sondern auch eine Reihe
neuer Rechte zuerkannt wurde, durch welche seine Stellung,
im Gegensatz zu seiner früheren, mehr auktoritativen Kompetenz, eine gesetzliche Grundlage erhielt.

Was zunächst die Verwaltung angeht, so behielt der
Senat die Aufsicht über den Kultus und die oberste Finanz-
kontrolle. Selbst das Recht Krieg zu erklären und Frieden
zu schliessen kam ihm zu, wenn er auch angesichts der Stellung, die der Kaiser zu dem Heere einnahm, nur ausnahmsweise in der Lage war, von diesem Rechte Gebrauch zu
machen. Dabei erhielt die eigentliche Verwaltungskompetenz
des Senats dadurch festere Formen, dass ihm besondere
Provinzen, die man von da an senatorische nannte, zur
Verwaltung nebst der Ernennung der Statthalter für dieselben
übertragen wurden. Bedeutend gemehrt und gesetzlich festgestellt wurde aber die Macht des Senates dadurch, dass
ihm die Wahl der Magistrate, die Gesetzgebung und
die höchste Gerichtsbarkeit überwiesen wurde. Ebenso
hatte der Senat das Recht, alle Ämter und Würden, die die
Kaiser selbst zur Ausübung ihrer Gewalt bedurften, denselben
zu verleihen, ja sogar, vorausgesetzt, dass ihm die äussere
Macht dazu nicht genommen wurde, den Kaiser selbst zu ernennen und wieder abzusetzen.

Mit diesen Änderungen in den Befugnissen des Senats
war natürlich auch eine Umgestaltung seiner äusseren
Organisation verbunden. Cäsar und Antonius hatten durch
Aufnahme vieler fremden und unwürdigen Elemente das An-

---

[1]) Genaueres hierüber Mommsen, Staatsr. III, 1257.

sehen des Senats sehr herabgewürdigt, auch die Anzahl der Mitglieder auf 900 erhöht. Augustus suchte sein Ansehen zwar wieder zu heben, indem er eine *lectio senatus* anstellte und die unwürdigen Elemente ausstiess; auch setzte er die Zahl auf 600 herab. Doch da die Aufnahme in den Senat ausschliesslich von der Willkür des Kaisers abhing und die Aufnahme von Leuten aus den Municipien, Kolonien und Provinzen immer häufiger wurde, so sank natürlich das persönliche Ansehen des Senats und sein faktischer, politischer Einfluss immer mehr. Als Vorbedingung für den Eintritt in den Senat setzte Augustus das fünfundzwanzigste Lebensjahr (statt des früher erforderlichen dreissigsten) sowie einen neuen Census fest, anfangs 400 000, dann 800 000, zuletzt 1 000 000 Sesterzien. Die *lectio senatus* vollzog der Kaiser kraft der ihm zustehenden *potestas censoria*.

Die Sitzungen des Senats fanden seit Augustus regelmässig zweimal im Monat und zwar an den Kalenden und Iden statt; daneben gab es auch unregelmässige Sitzungen. Gegen diejenigen, die ohne Entschuldigung ausblieben, wurden strenge Strafen angeordnet. Den Vorsitz führten auch jetzt noch die Consuln, Prätoren und auch die Tribunen. Auch der Kaiser berief den Senat kraft seiner *tribunicia potestas;* derselbe konnte, auch wenn er nicht den Vorsitz führte, in der Senatssitzung jeden Gegenstand zur Sprache bringen. Auch die äusseren Gebräuche blieben im grossen und ganzen dieselben. Der Zutritt zu den Versammlungen jedoch, der früher ausser den Senatoren und Magistraten niemand gestattet war, stand jetzt auch den Söhnen der Senatoren sowie ausnahmsweise den kaiserlichen Beamten zu.

So erlitt sowohl nach dem theoretischen Rechte wie den äusseren Gewohnheiten diese Körperschaft keine Schmälerung, man kann sogar unbedenklich behaupten, dass in ersterer Beziehung der Senat, insbesondere nach Übertragung der Wahlen und anderer Rechte der Souveränität, bei weitem bestimmtere und ausgedehntere Kompetenzen als früher besass. Allein die Allgewalt des Kaisers, infolge deren der Senat faktisch von dessen Willen abhängig wurde, und die zunehmende

Servilität der Senatoren, die sich jeder selbständigen Entscheidung begaben und nur nach den Wünschen des Kaisers
fragten, ferner die Bildung eines besonderen kaiserlichen Rates
neben oder über dem Senat schufen eine tiefe Kluft zwischen
der rechtlichen Kompetenz und der faktischen Gewalt. Diese
sank immer mehr, trotz der zeitweise eintretenden Reaktion,
durch welche der Senat seine alte Stellung den Kaisern gegenüber, namentlich das Recht der Kaiserwahl, sich wieder zu erringen suchte. Die letzten Versuche ein Senatskaisertum herzustellen, d. h. das Kaisertum, in welchem der Kaiser nichts
anderes als der Geschäftsführer des Senats sein sollte, fallen in
die Regierungszeit des Kaisers Tacitus. Von da an machte
das bis dahin in der Idee immer noch aufrecht erhaltene
Principat dem absoluten Kaisertum Platz, und damit sank
auch der Senat zu vollständiger Bedeutungslosigkeit herab.

# Fünfter Abschnitt.

# Das Finanzwesen.

Marquardt, Röm. Staatsverwaltung (Handbuch der röm. Altertümer, 5 Bd.) II. Mommsen, Staatsrecht III, 1111. Madvig II, 346. Willems. Le sénat II, 329. Lange I, 51, 487, 813, 885. Ihne, Röm. Gesch. IV, 118. G. Humbert Essai sur les finances et la comptabilité publique chez les Romains. Paris, I vol. 1886, II vol. 1887. Mispoulet, Institutions politiques des Romains II, 211.

## Kapitel XXIV.

## Münze, Mass und Gewicht. Geldverkehr.

Marquardt a. a. O. Mommsen, Röm Münzwesen. Hultsch, Griechische und römische Metrologie, zweite Bearbeitung, Berlin 1882. Madvig II, 451.

### § 145. Das römische Geld.

Ursprünglich bediente man sich als Zahlungsmittel gar keiner Münzen, sondern der Rinder und Schafe, daher heisst Geld auch *pecunia* von *pecus*. Später trat an die Stelle des Heerdenviehes ungemünztes Kupfer, welches man in Stücken nach dem Gewicht in Zahlung gab. Die Einführung einer Münze fällt erst in die Zeit der Decemvirn. Dies war eine Kupfermünze im Gewichte eines römischen Pfundes und hiess As. Später kam die Prägung von Silbermünzen und noch später die von Goldmünzen hinzu. Im Zusammenhange damit wurde aber sowohl das ursprünglich auf ein Kupfer normierte As verschiedentlich im Werte herabgesetzt, als auch die Wertberechnung verändert. Danach kann man drei grössere Münzperioden unterscheiden:

1. Die Zeit der reinen Kupferprägung.
2. Die Zeit der Silberprägung.
3. Die Zeit der Goldprägung.

In der Zeit der reinen Kupferprägung war das As gleich einem Pfund Kupfer und wurde daher *as libralis* (von *libra* Pfund) genannt. Diese Zeit kann daher auch als die Zeit des Libralfusses bezeichnet werden.

Zugleich mit der Einführung der Silberwährung kommt der Trientalfuss (der dritte Teil des Libralasses) und statt der früheren Duodecimalberechnung die Decimalrechnung auf. Diese Zeit kann daher auch als die des Trientalfusses bezeichnet werden. Mit der Goldprägung endlich tritt an die Stelle des Trientalasses zugleich das Unzialas (der zwölfte Teil des ursprünglichen Pfundasses).

1. **Die Zeit der reinen Kupferprägung und des Libralasses.** Das Libral- oder das Pfundas, welches in dieser Zeit Münzeinheit war, war gleich einem Pfund Kupfer, welches nach römischer Gewichtseinteilung 12 Unzen, nach heutigem Gewicht 327 Gramm enthielt. Zu dieser Zeit wurden in Rom folgende Münzen geprägt:

1. Das As = 12 Unciae = 1 Pfund Kupfer.
2. Semis = 6 „ = $\frac{1}{2}$ „ „
3. Triens = 4 „ = $\frac{1}{3}$ „ „
4. Quadrans = 3 „ = $\frac{1}{4}$ „ „
5. Sextans = 2 „ = $\frac{1}{6}$ „ „
6. Uncia = 1 Uncia = $\frac{1}{12}$ „ „

Der Libralfuss bestand nach Mommsens wahrscheinlicher Annahme bis kurz vor dem Jahr 264 v. Chr. (wahrscheinlich 269) fort. wo er in den trientalen Fuss umgesetzt wurde.

2. **Die Zeit der Silberprägung und des Trientalfusses.** Diese Umgestaltung tritt mit dem Jahre 269 ein durch die Einführung des Silbergeldes als Courant. Man hatte zwar auch schon früher Silber, allein nur in Barren, die nach dem Gewicht berechnet wurden. Erst mit der Einrichtung einer Prägestätte in dem Tempel der Iuno Moneta in dem genannten Jahre gab es in Rom Silbermünzen, neben denen das Kupfergeld in Rom übrigens noch lange seine Bedeutung behielt. Die Einführung der Silberwährung hing mit dem Bedürfnis zusammen, für den Verkehr mit Unteritalien

und Sicilien eine allgemein giltige Münze herzustellen.[1]) Als
solche galt in den genannten Gegenden die attische Drachme.
Es wurde nun eine dieser gleichwertige Münze geprägt, nämlich
der Denar. Da aber diese der attischen Drachme gleichwertige Münze mit dem bisherigen in Rom giltigen Münzsystem
nicht stimmte, so wurde letzteres verändert. Das alte Pfundas
wurde abgeschafft, und an dessen Stelle trat ein Nominal,
welches nur den dritten Teil (4 Unzen) des Wertes des alten
Pfundas (= 12 Unzen) enthielt, aber gleichfalls As genannt
wurde. Zehn solcher Trientalasse machten nun gerade einen
Denarius, woher der Name. So kam man mit der Einführung
des Silbergeldes zugleich zur Annahme eines decimalen
Rechnungssystems im Geldverkehr. In dieser Periode wurde
also Silber in folgenden Nominalen geprägt:

1. Denarius  = 10  Trientalasse;
2. Quinarius =  5  Trientalasse;
3. Sestertius =   2$\frac{1}{2}$ Trientalasse

mit den Wertbezeichnungen X. d. h. 10 As, V, d. h. 5 As
und HS, d. h. 2$\frac{1}{2}$ As. HS, Wertbezeichnung für Sestertius,
besteht aus dem Zahlzeichen II und einem Querstrich durch
dasselbe, welcher im Schriftgebrauch bei Zahlzeichen allgemein üblich war, und dem S als Abkürzung für Semis, d. h.
$\frac{1}{2}$ As oder 6 Unzen. Übrigens wurde im Volke noch lange
nach dem alten Pfundas gerechnet, nachdem dasselbe ausser
Kurs gekommen war. Daher kam es auch, dass diejenige
unter den neuen Münzen, die in ihrem Werte dem Pfundas
am nächsten stand, der Sestertius, in der Wertbestimmung
von Geldsummen das Übergewicht über den Denar erhielt
und daher vorzugsweise *nummus* genannt wurde.

3. Die Zeit der Goldprägung und des Unzial-
fusses. Im Jahre 217 v. Chr., in welchem man den ersten
Versuch Goldmünzen zu prägen machte, wurde auch das As
auf den Unzialfuss reduziert. Zwar ging man nicht unmittelbar von dem Trientalas auf das Unzialas über, welches nur

---

[1]) Von Sicilien ist auch die Bezeichnung *nummus* = νοῦμμος oder
νόμος = $\frac{1}{10}$ Stater abgeleitet. Vgl. Hultsch, Metrologie, 661 (2. Aufl.).

ein Zwölftel des Pfundas Kupferwert hatte, sondern zwischen dem Trientalas und dem Unzialas lag noch das Sextanaras, welches 2 Unzen oder den sechsten Teil des Pfundes enthielt. Wie lange im ganzen das Sextanaras in Giltigkeit gewesen war. ist nicht mit Sicherheit festzustellen. Doch wurde das As sehr bald noch weiter reduziert, und um dem Schwanken ein Ende zu machen, wurde im Jahre 217 dasselbe auf eine Uncia fixiert, zugleich aber der Denar auf 16 Asse gesetzt und so um ¹⁄₂ des Wertes verringert. Damit hörten die Silber- und die Kupfernominale auf, Wertmünzen zu sein; insbesondere wurde damit die Kupfermünze zu einer Scheidemünze, welche kaum die Hälfte des wirklichen Wertes betrug. Dieses Münzsystem, welches von da an bis tief in die Kaiserzeit hinein in Geltung blieb, war demnach folgendermassen gestaltet:

1. Der Denar war = 16 As;
2. der Quinar = 8 As;
3. der Sesterz = 4 As.

Daneben existierte aber in Illyrien, Istrien, Ligurien, Spanien und auch in Unteritalien der Victoriatus, eine Münze, die den Wert von ³⁄₄ des Denars hatte und daran kenntlich ist, dass sie auf der Hauptseite den Jupiterkopf und auf der Rückseite eine Victoria und die Inschrift ROMA zeigt; doch kam der Victoriatus in dem Jahre 104 v. Chr. ausser Kurs.

Der nominale Wert eines Denars war gleich dem einer Drachme, die nach dem genauen Silberwerte von Hultsch auf 79 Pfennige, also ein Pfennig geringer als ein Frank, berechnet wurde: der Sesterz war also etwas geringer als das Zwanzigpfennigstück. 6000 Denare oder Drachmen machen ein attisches Talent, sind also gleich 4715 Mark und 60 Pfennige. Hundert Denare oder 1 Mine sind demnach = 78 Mark 60 Pfennige.[1]) Diese Wertbestimmungen

---

[1]) Natürlich lassen sich diese Werte nur im allgemeinen bestimmen; geht man z. B. von dem genauen Silberwerte eines Sesterz aus, so beträgt derselbe allerdings wohl nicht mehr als 15 oder 16 Pfennige; betrachtet man ihn aber als ¹⁄₁₀₀ des antiken *aureus*, so wird er etwa auf 21 Pfennige berechnet werden können. Vergl. darüber Madvig II, 460.

sind, wie erwähnt, nach dem genauen Silberwert berechnet;
wo es auf schärfere Bestimmungen nicht ankommt, genügt
es, wie noch Böckh thut, das Talent auf rund 4500, die Mine
zu 75 und die Drachme zu $^3/_4$ Mark (= 75 Pfg.) zu berechnen.

In dem Jahre der Einführung dieses neuen, fortan im
römischen Reiche giltigen, Münzsystems (217 v. Chr.) fand
auch zum ersten Mal die Prägung von Goldmünzen statt, indem Stücke von 60, 40 und 20 Sesterzien ausgegeben wurden
(also Stücke von etwa 12, 8 und 4 Frank). Doch war dies
nur ein nominaler und nicht der wirkliche Wert dieser Stücke;
deswegen kamen dieselben auch bald wieder ausser Kurs.
Erst unter Sulla, Pompeius und Cäsar wurden wieder Goldmünzen geprägt, die aber nicht nach dem bestehenden Münz-
fusse, sondern nach dem Goldgewicht normiert waren und
daher im Handel nur nach dem Gewicht angenommen wurden.
Unter diesen wurde der von Cäsar geprägte Aureus für die
Kaiserzeit massgebend. In der Zeit von Cäsar bis Nero hatte
derselbe das Gewicht von $^1/_{40}$ Pfund oder 8,18 Gramm und
entsprach dem Nominalwert von 25 Denaren oder 100 Sesterzien, war also eine Münze, deren Wert etwas unter 20
Mark stand. Von Augustus ab wurde das Gewicht dieser
Münze verschiedentlich herabgesetzt; unter Marc Aurel sank
dasselbe auf 7,3 Gramm und gegen Ende der Regierung des
Caracalla auf 6,5 Gramm. Später verschlechterte sich die
Goldmünze noch mehr, doch kehrte sich der Handel nicht
daran, sondern nahm die Münze nur nach dem eigentlichen
Goldgewicht. Erst durch Constantin wurde der Aureus de-
finitiv auf $^1/_{72}$ des Pfundes normiert und in dieser Prägung
bis zum Ende des byzantinischen Kaiserreichs beibehalten.
Er hiess Solidus und hatte die römische Wertbezeichnung
LXXII und seit Valentinian die griechische Bezeichnug OB.
Alles andere Geld, soweit es noch im Umlauf war, liess Con-
stantin nur nach der Wage gelten. Über die Veränderungen
in der Prägung der Silber- und Kupfermünzen während der
Kaiserzeit findet sich näheres in den oben citierten Werken.
Neben diesem römischen Gelde, welches das römische Recht

allein als Geld ansah, kursierten aber noch verschiedene
Landesmünzen, die nur sehr langsam von demselben verdrängt
wurden.

Die Geldrechnungen wurden in der Republik und den
ersten drei Jahrhunderten der Kaiserzeit gewöhnlich in Sesterzien gemacht. *Sestertius* ist Adjektiv zu dem Substantivum
*nummus*, weshalb die vollständige Bezeichnung für die Münze
*nummus sestertius* ist. Man schreibt daher z. B. regelmässig
HS$\overline{LXX}$,[1]) d. h. *sestertium sexagena milia nummum:* nur
selten wird die eine oder die andere der beiden Bezeichnungen
d. h. entweder HS oder N weggelassen. Neben *sestertius*
findet sich auch das Neutrum plurale *sestertia*, mit welchem
unter Hinzuziehung einer Kardinal- oder Distributivzahl die
Tausende angegeben werden, z. B. *septem sestertia* = 7000
Sesterzien.[2]) Davon ist der Gebrauch des Genitiv Plural
von *sestertius sestertium* in Verbindung mit den Zahladverbien
*decies, vicies* u. s. w. zu unterscheiden: *decies sestertium*, in
Zahlzeichen ausgedrückt $\lfloor$X$\rfloor$HS, ist gleich *decies centena millia
sestertium* = eine Million. Somit werden durch *sestertii* die einzelnen Sesterzien, durch *sestertia* die Tausende und *sestertium*
die Hunderttausende ausgedrückt.

---

[1]) Der Strich über den Zahlen bezeichnet die Zehntausende; schliesst
man die Zahl mit einem unten offenen Quadrat ein, so bezeichnet dies
die Hunderttausende, z. B. $\lfloor$X$\rfloor$ eine Million. Doch gab es auch andere
Zeichen.

[2]) Dieses *sestertia* wird verschieden erklärt. Einige nehmen an, dass
aus dem Genitiv *sestertium* sich ein neutrales Substantiv gebildet habe,
weil man nicht nur *mille sestertii*, sondern auch *mille sestertium* gesagt
habe. Hultsch glaubt, dass, wie Cäsar sagt *armata milia centum*, man
analog gesagt habe *duodena millia sestertia* oder mit Auslassung von
*millia: duodena sestertia*. Marquardt dagegen leitet es ab von einem
Singular *sestertium*, das adjectivisch zu einem zu ergänzenden *pondus*
gesetzt wurde. Wie das *pondus denarium* = 10 Minen oder 1000 Denaren = 4000 Sesterzien, so sei das *pondus sestertium* = 2½ Minen oder
250 Denaren = 1000 Sesterzien angenommen worden. Schon die grundlegende Untersuchung über die Sesterzienrechnung von Gronovius (De
sestertiis, Lugd. Bat. 1691) kam zu diesem von Marquardt gebilligten
Ergebnis.

## § 146. Das römische Gewicht.

Das römische Pfund, *libra*, entspricht in altem Gelde dem *as*[1]) und ist unter Zugrundelegung der Geldstücke der Kaiserzeit von Hultsch auf 327,453 Gramm berechnet worden. Dieses Pfund war die Einheit bei der Berechnung und hiess *as* im Gegensatz zu den nach dem Duodecimalsystem berechneten Bruchteilen. Danach zerfiel das Pfund oder das *as* in zwölf *unciae*. Für diese Bruchteile existieren verschiedene Namen, die wir zum Teil schon oben aus den Münzbezeichnungen kennen gelernt haben. Die komplizierte römische von dem As ausgehende Bruchrechnung wird durch folgende Tabelle veranschaulicht.

---

[1]) Dieses Wort hängt wohl mit dem griechischen εἷς, altdorisch ἧς, und nicht mit *aes*, Erz, zusammen. Es bedeutet soviel wie Einheit.

| As und seine Teile | As | Un-zen | Bezeichnung | Wortbedeutung |
|---|---|---|---|---|
| *as* | 1 | 12 | | Einheit |
| *deunx* | $\frac{11}{12}$ | 11 | S = = — | das Ganze weniger einer Unze |
| *dextans* | $\frac{5}{6}$ | 10 | S = = | = *desextans*, das Ganze weniger ein Sechstel |
| *dodrans* | $\frac{3}{4}$ | 9 | S = — | = *dequadrans*, das Ganze weniger ein Viertel |
| *bes* | $\frac{2}{3}$ | 8 | S = | alte Form *des* = *dis*, d. h. 2 Teile oder 2 Drittel des *as* |
| *septunx* | $\frac{7}{12}$ | 7 | S — | sieben Unzen |
| *semis* | $\frac{1}{2}$ | 6 | S | halb |
| *quincunx* | $\frac{5}{12}$ | 5 | = = — od  = — = | fünf Unzen |
| *triens* | $\frac{1}{3}$ | 4 | = = | ein Drittel |
| *quadrans* | $\frac{1}{4}$ | 3 | = — | ein Viertel |
| *sextans* | $\frac{1}{6}$ | 2 | = | ein Sechstel |
| *sescunx* | $\frac{1}{8}$ | $1\frac{1}{2}$ | £ — | = *sesquiunc*, andert-halb Unzen |
| *uncia* | $\frac{1}{12}$ | 1 | — od. O | von *unus*, d. h. ein Teil von Zwölf |
| *semuncia* | $\frac{1}{24}$ | $\frac{1}{2}$ | £ | eine halbe Unze |
| *binae sextulae* | $\frac{1}{36}$ | $\frac{1}{3}$ | U | zwei kleine Sechstel. ein kleines Sechstel ist der sechste Teil einer Unze = $\frac{1}{72}$ |
| *sicilicus* | $\frac{1}{48}$ | $\frac{1}{4}$ | O | Σικιλικός |
| *sextula* | $\frac{1}{72}$ | $\frac{1}{6}$ | 2 | ein kleines Sechstel |
| *dimidia sextula* | $\frac{1}{144}$ | $\frac{1}{12}$ | Ͼ | die Hälfte eines klein. Sechstels |
| *scriptulum* (*scripulum, scrup.*) | $\frac{1}{288}$ | $\frac{1}{24}$ | Ə | Übersetzung des griech. γράμμα |
| *siliqua* | $\frac{1}{1728}$ | $\frac{1}{144}$ | ohne Bezeichn. | die Schote |

## § 147. Das römische Mass.

Hierbei sind die Längenmasse, Flächenmasse, die Masse des Flüssigen und die Masse des Trockenen zu unterscheiden.

Das Längenmass hat zur Einheit den römischen Fuss, welcher auf 0,29574 Meter angesetzt wird. Die Teilung des Fusses geschah entweder nach der oben angeführten Duodecimalteilung oder nach der bei den Technikern üblichen griechischen, nach welcher der Fuss in 16 δάκτυλοι oder *digiti* eingeteilt wird. Ein *digitus* ist demnach = 0,0185 Meter, 16 *digiti* sind ein *pes*, 24 *digiti* ein *cubitus*, $2^1\,_2$ *pedes* ein *gradus*, 5 *pedes* ein *passus*, 625 *pedes* ist = ein *stadium* und 5000 *pedes* = 1000 *passus* ist eine römische Meile.

Die Einheit des Flächenmasses war das *jugerum*, ein Rechteck von 240 Fuss Länge, 120 Fuss Breite – 2518,88 Quadratmeter oder 0,99 pr. Morgen. Die Hälfte desselben ist der *actus quadratus* = 1259,44 Quadratmeter; 200 *jugera* bilden eine *centuria* – 50.377 Hektaren. Auf diese Längenmasse wird dann selbst wieder die im vorigen § angegebene Unzialteilung angewendet, bei welcher das *jugerum* die Einheit bildet.

Die Masse für das Flüssige sind grösstenteils aus Griechenland entlehnt. Es sind zu merken:

| | | | | | |
|---|---|---|---|---|---|
| 1. | der *cyathus* | | | — | 0,0456 Liter |
| 2. | *acetabulum* | — | $1^1/_2$ | *cyathus* | — 0,0684 „ |
| 3. | *quartarius* | - - | 3 | *cyathi* | — 0,137 „ |
| 4. | *hemina* | | 6 | *cyathi* | -- 0,274 „ |
| 5. | *sextarius* | | 12 | *cyathi* | - - 0,547 „ |
| 6. | *congius* | | 6 | *sextarii* | — 3.283 „ |
| 7. | *urna* | | 4 | *congii* | -- 13,13 „ |
| 8. | *amphora (cadus)* | | 8 | *congii* | - - 26.26 „ |
| 9. | *culeus* | | 20 | *amphorae* | 525,27 „ |

Die *amphora* hiess auch *quadrantal*, weil sie dem Inhalt eines römischen Kubikfusses gleich geachtet wurde. Dieselbe wurde übrigens nicht gemessen, sondern nach dem Gewichte bestimmt. Dabei wurde eine *amphora* Wein zu 80 röm. Pfund gerechnet.

Die Masse für das Trockene (z. B. Getreide) gehen von dem *modius* als Einheit aus, = 8,754 Liter. Diese wird dann nach griechischer Weise in *sextarii*, *heminae* u. s. w. eingeteilt und zwar folgendermassen:

1. der *modius* -- $^1/_8$ *amphora* -- 8,754 Liter,
2. der *semodius*, die Hälfte des *modius*,
3. der *sextarius* - $^1/_{16}$ *modius*,
4. die *hemina* -- $^1/_{32}$ *modius*,
5. der *quartarius* $^1/_{64}$ *modius*,
6. das *acetabulum* $^1/_{128}$ *modius*,
7. der *cyathus* -- $^1/_{192}$ *modius*.

Sechs *modii* gehen wieder auf einen griechischen *medimnus* 52,53 Liter. Auch ist noch des *modius castrensis* zu gedenken, der das Doppelte des gewöhnlichen *modius* betrug.

## § 148. Zinsfuss und Geldgeschäft.

Erst seit der Decemviralgesetzgebung bestand in Rom ein fester Zinsfuss. Es wurde nämlich durch dieselbe das *unciarium fenus* eingeführt, d. h. der Zins auf ein Zwölftel des Kapitals oder auf $8^1/_3$ Procent normiert. Im Jahre 347 v. Chr. wurde der Zinsfuss auf die Hälfte herabgesetzt, so dass von da an nur $4^1/_6$ Procent jährlich bezahlt wurden (*semiunciarium fenus*), und im Jahre 343 soll durch eine *lex Genucia* alles Leihen gegen Zinsen verboten worden sein. Doch halfen solche Gesetze wenig gegen den Wucher, und später traten infolge der erweiterten Handelsbeziehungen und der enorm gewachsenen Spekulationen überhaupt andere Verhältnisse ein, die zuletzt dahin führten, dass nicht mehr wie früher auf Jahre, sondern nur noch auf Monate geliehen wurde, wobei der normale Zinsfuss die *centesima pars sortis*, d. h. 1 Procent monatlich (oder 12 Procent auf das Jahr gerechnet) betrug. Doch kommt neben dieser monatlichen Zinsberechnung auch die jährliche noch hie und da vor, und für sichere Geschäfte war noch zu Ende der Republik der Zinsfuss ein mässiger, nämlich $4\,^0/_0$. Die grossen Wucherer in Rom waren aber mit solchen mässigen Zinsen nicht zufrieden, und dabei liessen sie noch jedes Jahr die hohen Zinsen im Falle versäumter Zahlung zum Kapital schlagen und dieses für das folgende Jahr neu umschreiben, woher der Aus-

druck *rersuram facere* stammt. der später soviel bedeutet
als Geld leihen. Das Zuschlagen der Zinsen zum Kapital,
was *anatocismus* hiess, war übrigens erlaubt, wenn dasselbe
nur ein jährliches (*anatocismus annirersarius*) und nicht ein
monatliches war. Später wurde dasselbe überhaupt verboten, und Justinian setzte als Zinsfuss für gewöhnliche Geschäfte 6% fest.

Die Geldgeschäfte in Rom wurden durch die *argentarii*
und *nummularii* besorgt.

# Kapitel XXV.

## Die Staatseinnahmen.

Marquardt II, 144. Madvig II, 364. Mispoulet II, 214, 246.

### § 149. Allgemeines.

Die Römer haben zwar einen Unterschied zwischen direkten und indirekten Steuern im modernen technischen Sinne nicht gemacht, doch können wir immerhin folgende dreierlei Arten von Einnahmen unterscheiden:

1. Die direkten Steuern, und zwar *tributum, vectigal* und *stipendium.*
2. Die Zölle, *vectigalia, portoria.*
3. Die Domänen, und zwar italischer *ager publicus* und Provinzial-Domänen.

### § 150. Das römische Bürgertributum.

Das Tributum ist eine ausserordentliche Vermögenssteuer der römischen Bürger, um ausserordentliche Bedürfnisse, namentlich Kriegskosten und Truppensold, zu bestreiten. Das Tributum steht also in engster Beziehung zum Kriegsdienst und ist als eine Ergänzung der Kriegsdienstpflicht zu betrachten. Andererseits trat dieselbe aber nicht regelmässig, sondern nur dann ein, wenn der Krieg sich nicht selbst bezahlt machte; auch wurde es nach glücklich beendetem Krieg wieder zurückbezahlt. Es kann deshalb das Tributum mit Lange[1]) richtig als eine Kriegssteuer, eine gezwungene Anleihe zum Zweck der Kriegsführung bezeichnet werden.

---

[1]) Lange I³, 539. Zu vgl. ist Mommsen. Röm. Tribus. Die Frage, ob das Tributum so alt sei wie die Tribuseinteilung (Mommsen, Lange) und ob das Wort von Tribus abzuleiten, oder ob das Tributum erst mit der Einführung des Truppensoldes entstanden 406 v. Chr. (Soltau, Altröm. Volksvers. 404) und das Wort direkt von *tribuere* herkomme und die auf die einzelnen Bürger verteilte Kriegssteuer bedeute, kann hier nicht erörtert werden. Ich verweise hierbei auf die oben erwähnten Bücher.

Das Tributum diente aber vor allem dazu, das Verpflegungsgeld der Soldaten zu bezahlen. Dieses Verpflegungsgeld oder
dieser Truppensold hiess *stipendium, aes militare, aes ordi-
narium*. Sehr häufig wurde dasselbe aus der Kriegsbeute oder
aus der den Feinden auferlegten Kriegskontribution bezahlt,
weshalb letztere später auch mit dem Namen *stipendium* bezeichnet wird. Überhaupt ist die Beziehung zwischen *tributum* und *stipendium* eine derartige, dass beide Ausdrücke dasselbe
bezeichnen und nur, wie Mommsen und Lange richtig sagen,
vom Standpunkte des Gebers und Empfängers aus verschieden
sind. Diese enge Beziehung des Tributums zum Truppensold (*stipendium*) macht es daher auch wahrscheinlich, dass
die definitive Regelung des Tributums erst mit der Einführung
der Soldzahlung (406) stattgefunden hat. Sonach wird mit
Marquardt wohl anzunehmen sein, dass bis zum Jahre 406
die zum Heere ausgehobenen Bürger auf eigene Kosten
dienten und, wenn in dieser Zeit von einem Tributum die
Rede ist, darunter nur der Kostenbetrag zu verstehen ist,
den jede Tribus für die Ausrüstung der ihr auferlegten
Mannschaft unter sich zusammenbrachte. Seit der Einführung des Truppensoldes zahlte der Staat den Truppensold, der wenn möglich aus den regelmässigen Einnahmen
des Aerariums oder der Kriegsbeute und erst, wenn dies nicht
durchführbar war, durch eine alle Bürger treffende Umlage
bestritten wurde.[1] Zu dieser musste ein jeder *ex censu,*
d. h. nach Massgabe seines Vermögens, beisteuern. Demnach
war das Tributum keine regelmässige Steuer, wenn sie auch
infolge der andauernden Kriege ziemlich regelmässig erhoben
wurde.

Das Tributum wurde *ex censu* erhoben. Dem *census*
waren unterworfen alle *res censui censendo. Res censui
censendo* waren aber in älterer Zeit nur die *res mancipi,*

---

[1] Die Ansicht, dass auch nach der Einführung des Truppensoldes
das Tributum als eine Art Zwangsanlehen aufzufassen sei, wird von
manchen bestritten, so von Walter, Röm. Rechtsgesch. § 180, A. 17,
Mispoulet II, 215.

d. h. alles Grundeigentum und was mit dessen Bewirtschaftung zusammenhängt, wie Sklaven, Zug- und Lasttiere. Daher wurde anfänglich nur dieses bei der Besteuerung in Rechnung gezogen. Später jedoch erstreckten sich die *res censui censendo* auch auf die *res nec mancipi*, d. h. auf das sämtliche nicht in Grundeigentum bestehende Vermögen. Als dem *census* unterworfen werden in dieser Zeit erwähnt:

1. Ländliche Grundstücke.
2. Städtische Grundstücke.
3. Das Wirtschaftsinventarium, also Sklaven-, Zug- und Lasttiere und (was ursprünglich darin nicht inbegriffen war) die zum Wirtschaftsbetriebe nötigen Geräte.
4. Bares Geld.

Diejenigen, die kein Grundeigentum hatten und nur nach den *res nec mancipi* oder dem baren Gelde veranlagt wurden, hiessen *aerarii*. Sie hatten, wie es heisst, ihren Namen davon, dass sie *aera pro capite suo tributi nomine* bezahlten. Ausser den Ärariern bezahlten noch ein *tributum in capita* die nicht in väterlicher Gewalt stehenden unmündigen Knaben (*orbi*) und die selbständigen Frauenzimmer (*pupillae et viduae*). Das *tributum* wurde nach *tribus* erhoben; beschäftigt dabei waren die *tribuni aerarii*, durch die auch der Sold an die Soldaten gezahlt wurde. Später entwickelte sich aus ihnen ein besonderer Stand, über welchen § 27 nachzulesen ist. Wurde das Tributum nach dem Satze 1 *pro mille* erhoben, so wurde es ein *tributum simplex* genannt; wurden 2 *pro mille* angesetzt, so war es ein *tributum duplex*.

Seit der Einführung des Tributums wurde dasselbe fast jährlich erhoben. Es hörte aber auf, als mit der Eroberung Macedoniens durch Aemilius Paulus im Jahre 167 v. Chr. so viel Geld in die Staatskasse kam, dass der Staat dieser Steuer nicht mehr benötigt war. Von da bezahlten nur noch die Unterworfenen und Provinzialen Steuern.

## § 151. Die Vectigalia.

Unter *vectigalia*[1]) versteht man im allgemeinen alle sachlichen Steuern, direkte sowohl wie indirekte, im engeren Sinne aber wird damit die Abgabe von dem *ager publicus* und der Zehnte (*decuma*) verstanden, der von dem Provinzialboden und zwar meist in Naturallieferungen (*vectigalia* von *vehere* = Fuhren) erhoben wird. Das alte römische Bürgertributum war zwar nach dem Vermögen normiert, war aber im wesentlichen eine Personalsteuer. Im Gegensatz zu diesem personalen Tributum war das *vectigal*, welches die römischen Pächter von dem *ager publicus* zu zahlen hatten, eine rein sachliche Steuer.

Ausserhalb Italiens wurde sämtlicher Provinzialboden, soweit nicht römischen Bürgern zum Zwek der Kolonisation Äcker *viritim* assigniert oder den *civitates foederatae* und den *civitates liberae et immunes* als freies Eigentum zugestanden wurden, als *ager publicus populi Romani* angesehen und war demnach dem *vectigal* unterworfen, *vectigalis*.

Dabei müssen aber zwei Arten unterschieden werden:

1. Derjenige Provinzialboden, der in derselben Weise wie in Italien als *ager publicus* behandelt wurde; dieser wurde von dem Staate, und zwar durch die Censoren wie der in Italien befindliche *ager publicus* verpachtet und heisst deshalb im engeren Sinne *ager populi Romani qui a censoribus locari solet*. Es sind dies die Staatsdomänen, von denen weiter unten die Rede sein wird.

2. Derjenige Provinzialboden, der Privaten als erbliches und verkäufliches Besitztum überlassen, aber im Prinzip als Eigentum des Staates betrachtet wurde. Die Steuer nun, welche für die Überlassung dieses Bodens von seiten des Staates von

---

[1]) Vgl. Burmann, De vectigalibus, Leyden 1734. B. Mathiass, Die röm. Grundsteuer und das Vectigalrecht. Habilitationsschrift, Erlangen, Deichert 1882. Vgl. dazu L. Hegrowsky, Über die rechtl. Grundlage der *leges contractus* bei Rechtsgeschäften zwischen dem röm. Staat und Privaten. Prag. Leipzig, 1881. (Beide Schr. rec. im philol. Anzeiger 1885, 15. Bd. 1. Heft, S. 152 v. W. Ohneseit).

den Privaten entrichtet wird. heisst gleichfalls *vectigal*. Man unterscheidet hierbei zweierlei Arten von solchem privaten Provinzialboden: 1. Solchen, der an römische Bürger verkauft worden und in deren erblichen Besitz übergegangen war. Dieser hiess *ager privatus quaestorius*, weil der Verkauf durch die Quästoren besorgt wurde. Die Besitzer zahlten dafür ein *vectigal*, weshalb er auch *ager privatus vectigalisque* genannt wird. 2. Solchen Provinzialboden, und dies war der grösste Teil, der den alten Einwohnern als abgabenpflichtiges Land überlassen wurde. Dieser wurde entweder so besteuert, dass die Steuer eine fest normierte war, *vectigal certum*, auch *stipendium* genannt, oder so, dass nur eine gewisse Quote der wechselnden Produkte bezahlt wurde. Die erstere Steuer, *stipendium*, wurde denjenigen auferlegt, welche mit Waffengewalt unterworfen worden waren, und bezog sich nicht allein auf den Boden, sondern auch auf die Personen. Hiervon wird im nächsten § die Rede sein. Die zweite Art der Besteuerung geschah zumeist in der Form des Zehnten, *decuma*, wovon auch der dieser Steuer unterworfene Boden *ager decumanus* genannt wird. Ein solcher Zehnte wurde hauptsächlich in Sizilien und in Asien bezahlt.

Dieser Zehnte wurde von dem Besitzer oder Pächter des Grundstückes direkt *in natura* abgeliefert. Besitzer wie Pächter sowie überhaupt alle diejenigen, welche die *decumae* bezahlen, heissen *aratores*. Solche Pächter, welche das Grundstück, das sie bebauen, von einem Eigentümer gepachtet haben, sind aber wohl zu unterscheiden von den Staatspächtern, den *publicani*, welche nicht den Boden, sondern die Vereinnahmung des Zehnten vom Staate gepachtet haben. Diese letzteren zahlen dem Staate, der sich mit der direkten Erhebung der Steuern nicht befasst, eine gewisse Summe in Bausch und Bogen und erhalten das Recht, die Steuern. die sie von den *aratores* einnehmen, für sich zu behalten. Haben sie teuer gepachtet, machen sie schlechte, im anderen Fall gute Geschäfte. Die Sache der *publicani* war es daher, dafür zu sorgen, dass sie nicht zu kurz kamen.

## § 152. Das Stipendium.

Stipendium heisst ursprünglich Truppensold; dann bezeichnet es die Kriegskontribution, die von dem überwundenen Volke zur Bestreitung des Truppensoldes erhoben wird. Daraus entwickelte sich eine besondere Art von Steuer, die den im Kriege Überwundenen auferlegt wurde. Da nach dem Kriegsrecht nicht nur sämtliches Eigentum, sondern auch die Person des Besiegten dem Sieger anheimfällt, so muss, wenn der letztere von der Anwendung des strengen Rechts absieht, der erstere dafür ein Entgelt bezahlen. Mit Bezug auf das Grundeigentum heisst dies *rectigal* oder *tributum soli*, mit Beziehung auf die Personen aber *stipendium* oder *tributum capitis*. Am deutlichsten geht das hierbei von den Römern angewandte Verfahren aus den Verhältnissen des proconsularischen Afrika hervor, wo sich beide Steuergattungen, *rectigal* und *stipendium*, neben einander befanden. Diejenigen Punier, die den Römern sich freiwillig unterworfen oder nur geringen Widerstand geleistet hatten, erfuhren die mildere Behandlung. Es wurde nur ihr Grund und Boden besteuert, und sie bezahlten deshalb nur ein *rectigal* in Form eines Zehnten. Diejenigen punischen Städte aber, die nächst Karthago Scipio am meisten Widerstand entgegengesetzt hatten, mussten eine hohe Abgabe entrichten, die sowohl den Boden als die Personen betraf und wohl das doppelte des gewöhnlichen *rectigal* betrug; diese Steuer heisst nun *stipendium* oder auch *rectigal stipendiarium* und ist keine wandelbare, sondern bestimmte, *rectigal certum*.

Das einer Provinz auferlegte Stipendium wurde auf Städte und Distrikte nach einem in dem Grundgesetz der Provinz enthaltenen Modus repartiert, und zwar entweder so, dass eine überall gleiche Kopfsteuer erhoben wurde, wie in Afrika, Cilicien und den ehemals persischen Ländern, oder so, dass die Provinz in Steuerbezirke eingeteilt wurde, die den ihnen zufallenden Betrag aus den landesüblichen Steuern, insbesondere den Zehnten aufbrachten. In der Kaiserzeit wurden die Unterschiede, die in der verschiedenartigen Besteuerung der einzelnen Provinzen obwalteten, immer mehr zu Gunsten eines einheitlich nach einem allgemeinen Provinzialcensus geregelten Systems beseitigt. Nach diesem Provinzialcensus wurden zweierlei direkte Steuern erhoben: ein *tributum soli* und ein *tributum capitis*, wobei bezüglich des ersteren die Fruchtbarkeit des betreffenden Bodens und bei letzterem der Wert der Immobilien zu Grunde gelegt wurde.[1])

## § 153. Die Zölle und andere indirekte Steuern.

Zölle[2]) gab es in Rom seit den ältesten Zeiten. Sie werden zwar auch mit dem Ausdruck *vectigalia* bezeichnet, im besonderen jedoch heissen sie *portoria*. Hafenzölle, da die Einfuhrzölle für fremde Waren in Italien fast nur in den Häfen erhoben wurden. Wie diese Zolleinrichtungen beschaffen waren, darüber ist wenig überliefert: wir wissen nur, dass jede Provinz ihre besonderen *portoria* hatte, und dass die Erhebung derselben an Publicani verpachtet war. Auch gab es in der Kaiserzeit eine Reichsgrenze, *limes imperii*, an welcher Reichszölle erhoben und die Ausfuhr gewisser Waren, wie z. B. von rohem und verarbeitetem Eisen, gehindert wurde. Da nun noch ausserdem die Provinzen ihre besonderen Zolllinien hatten, so war der Warentransport durch das römische Reich vielen Hemmnissen unterworfen.

Neben diesen Ein- und Ausfuhrzöllen gab es in der Kaiserzeit noch eine Reihe anderer indirekter Steuern, wie die *centesima rerum venalium*, eine Art Enregistrementsteuer, ferner Erbschaftssteuer und dergleichen.

In der Kaiserzeit existierten, wie aus verschiedenen Inschriften geschlossen werden kann, zehn Zollgebiete.

1. **Italien**, in welchem uns nur die Zollstätten von Puteoli, Brundisium, Tergeste und Aquileia bekannt sind. In diesen Häfen wurde nur für Luxusgegenstände aus dem Orient ein Zoll, wahrscheinlich in der Höhe von $2\frac{1}{2}\,{}^0/_0$, erhoben.

---

[1]) Mispoulet II. 251.

[2]) E. Thibaud, Les douanes chez les Romains, Paris 1888. Cagnat, Etude hist. sur les impôts indirects chez les Romains, Paris 1882 (enthält das Genaueste über diese Materie).

2. **Sicilien.** welches schon in der Zeit der Republik ein besonderes Zollgebiet bildete mit 5 °/₀ als Eingangszoll, verblieb in der Kaiserzeit in dieser Stellung.

3. **Illyricum.**

4. und 5. **Asien,** wo 1) die Provinz Asien und 2) Bithynien, Pontus und Paphlagonien gesonderte Zollgebiete bildeten. Die Zolltaxe war die *quadragesima*, also 2¹/₂ °/₀.

6. **Ägypten,** wo das vor der Inkorporierung in das römische Reich bestehende Zollsystem beibehalten wurde. Von Zollstationen sind Schedia (nicht weit von Alexandria), Syene, Leuke Come bekannt. Die Höhe des Zolles kennen wir nur in Leuke Come, wo die Waren den vierten Teil ihres Wertes bezahlten.

7. **Africa.** Unter den vier Arten von Steuern, IV *publica Africae,* welche von einer einzigen Behörde erhoben wurden, bildete das *portorium* den vierten Distrikt. Von Zollstationen ist Rusicade und Statio ad Portum bekannt, letztere später nach Zaraia verlegt. Nach dem noch vorhandenen Tarif von Zaraia war jede Warenart besonders zu verzollen, während sonst im Reiche nur der Prozentsatz vom Werte erhoben wurde.

8. **Spanien,** alle drei Provinzen umfassend, mit einer Zolltaxe von 2 °/₀.

9. **Gallien** (die Provinzen Belgica, Lugdunensis, Aquitania, Narbonensis, sowie die Cottischen und Seealpen umfassend). Von Zollstätten sind uns eine ganze Reihe bekannt, u. a. Turicum (Zürich). Die Zolltaxe war die *quadragesima.*

10. **Britannien,** von dem nichts Näheres bekannt ist.

Ein Octroi oder ein Marktgeld für Nahrungsmittel hat es in Rom nur vorübergehend unter Caligula gegeben. Die Erhebung aller Zölle und indirekten Steuern war verpachtet, wurde aber in der Kaiserzeit von kaiserlichen Procuratoren überwacht.

## § 154. Die Domänen in Italien.

Unter den Domänen ist der italische *ager publicus*,[1]) der unter den Domänen der früheren Zeit fast allein in Betracht kommt, von der späteren Provinzialdomäne zu unterscheiden.

Der italische *ager publicus* war aus Eroberung hervorgegangen. Hatte eine italische Stadt im Kriege mit Rom ihre Selbständigkeit verloren, so kam sie nach strengem Kriegsrecht mit allem, was sie besass, in die *potestas* des Siegers. Dieses strenge Kriegsrecht kam aber nur ausnahmsweise und in ausserordentlichen Fällen, wie z. B. bei Capua im Jahre 211, zur vollen Anwendung. In der Regel liess man dem überwundenen Volke die persönliche Freiheit und den grössten Teil seines Eigentums und begnügte sich damit, zum Ersatz für die Kriegskosten ihm einen Teil seines Gebietes, meistens ein Drittel, in selteneren Fällen zwei Drittel, zu nehmen. Dieses Land wurde römisches Staatseigentum, *ager publicus*. Weil es aus Gebiet bestand, das den Feinden abgenommen war, wird es auch manchmal als *ager ab hostibus captus* oder *ager captivus* bezeichnet. Die Verwertung dieser Ländereien geschah auf vierfache Weise:

1. Die gewonnenen Ländereien wurden entweder ganz oder teilweise verkauft: *ager quaestorius*, so genannt, weil der Quästor den Verkauf besorgte.

2. Der *ager publicus* wurde an römische Bürger assigniert, *ager datus assignatus* oder *ager viritanus*.[2])

Beide Arten waren somit *agri privati* und waren als solche frei von jeglicher Abgabe.

---

[1]) Mommsen, Die italische Bodeneinteilung und die Alimententafeln, Hermes 19, 393. Mommsen, CIL 1, p. 97 (De agro publico in Italia). Hirschfeld, Die Getreideverwaltung in der römischen Kaiserzeit, Philol. 29 (1869). M. Voigt, Über staatsrechtliche possessio und den ager compascuus der röm. Rep., Abhdl. der k. sächs. Ges. der Wiss., phil.-hist. Klasse, 10, 223. M. Weber, Die röm. Agrargeschichte, Stuttgart 1891.

[2]) Zu dem *ager datus assignatus* gehört auch der *ager colonicus*, d. h. dasjenige Gemeindeland, das den Kolonisten als freies Eigentum zuerkannt wurde.

3. Er wurde um einen Pachtzins den alten Einwohnern überlassen. Dieses Feld bestand meist aus Weideplätzen (*pascua*) und hiess daher *ager compascuus*. Der Pachtzins hiess *scriptura* (von den Verzeichnissen, die von dem weidenden Vieh aufgenommen waren).

4. Das gemeine Feld wurde — und dies war in der ältesten Zeit der am häufigsten vorkommende Fall — von den Altbürgern oder Patriciern occupiert: *ager occupatorius*. Der Staat überliess nämlich das gewonnene Land den Bürgern zum Besitz, *possessio*, und zur Nutzung, *usus*, indem er sich das Eigentumsrecht vorbehielt und für die Nutzniessung eine Abgabe, *vectigal*, verlangte. Daraus entstand bei den Römern der Begriff des Besitzes im Gegensatz zum Eigentum. Die *occupatio* einzelner Länderstrecken erfolgte durch thatsächliche Inbesitznahme beliebiger Strecken. Was jeder occupiert hatte, das besass er, und zwar derart, dass es vererbt, verschenkt, verkauft und cediert werden, aber niemals durch *usucapio* in Eigentum übergehen konnte. Nach dem später durch Ti. Gracchus erneuerten licinischen Gesetz durfte niemand mehr als 500 *iugera* für sich und 250 *iugera* für jeden der Söhne in Besitz haben. Durch ein Gesetz vom Jahre 111 wurden sämtliche Possessionen in Privateigentum verwandelt, zugleich aber für die Zukunft jede weitere Occupation verboten. Für die Nutzniessung waren die *possessores* verpflichtet, eine Nutzungssteuer, *vectigal*, an die Staatskasse zu entrichten, nämlich den Zehnten vom Saatland, den Fünften von den Weingärten und Baumpflanzungen und ein Hutgeld von dem auf die Weide getriebenen Vieh, wobei die Erhebung des Geldes von den Censoren auf je ein Lustrum verpachtet wurde. Dies letztere heisst *vectigalia locare, decumas vendere, agrum fruendum locare*. Doch bestand eine solche Nutzungssteuer nicht von Anfang an, sondern wurde wohl erst in der Zeit des Ständekampfes eingeführt.[1])

----

[1]) Ausser dem *ager compascuus* und dem *ager occupatorius* gab es in Italien noch folgende besondere Arten von *ager publicus:*

## § 155. Die Provinzialdomänen.

In den Provinzen war zwar der ganze Grund und Boden streng genommen *ager publicus*. Allein da der grösste Teil desselben den alten Einwohnern gegen eine Abgabe überlassen wurde, so wurde als eigentlicher *ager publicus* nur dasjenige Land betrachtet, welches der römische Staat in seine direkte Verwaltung nahm, *ager publicus a censoribus locatus*.

In den Provinzen, welche früher unter königlicher Herrschaft gestanden hatten, wie Bithynien, Asien, Macedonien u. a., waren dies die ehemaligen königlichen Güter, in allen Provinzen aber die Ländereien derjenigen Städte, die mit Waffengewalt erobert und dafür mit Entziehung ihres gesamten Grund und Bodens bestraft worden waren. Diese sämtlichen Grundstücke wurden von den Censoren verpachtet. Dies hiess *publica populi Romani vectigalia fruenda locantur* — und dabei bedeutet *frui* aus dem Staatsland durch Erhebung des *vectigal* Vorteil ziehen.

Hierbei kommen die kultivierten Ländereien, das Weideland und die Bergwerke in Betracht.

Die kultivierten Ländereien wurden entweder indirekt oder direkt verpachtet. Doch war das erstere, die Verpachtung der Gefälle an *publicani*, in der Republik der bei weitem häufigere Fall.

1  *ager coloniis municipiisve fruendus datus*, d. h. Ländereien, welche vom Staate den Landgemeinden zum Genusse überlassen wurden.

2. *trientabula* oder *ager in trientabulis fruendus datus*, d. h. Ländereien, welche vom Staate an seine Gläubiger unter der Bedingung verkauft worden waren, dass die letzteren sie zurückgeben und ihre Forderung in Geld erheben konnten. In der Zwischenzeit galten die betreffenden Ländereien als *ager publicus*, für dessen Nutzniessung ein *as* für das *iugerum* jährlich bezahlt werden musste.

3. *ager publicus riasiis vicanis datus*, d. h. Ländereien, welche zur Zeit der Gracchen den Anwohnern der Staatsstrassen mit der Verpflichtung, dieselben zu unterhalten, zugeteilt wurden. *Viasius* ist alte Form für *viarius*, d. h. die Wege betreffend.

4. Die Staatsstrassen selbst.

Das Weideland, *pascua, ager pascuus,* wurde an *publi-cani* verpachtet, die von denen, die die Weide benützten, ein Weidegeld, *scriptura,* erhoben. Der Ausdruck *scriptura* kommt von den Verzeichnissen, die die *publicani* von dem auf die Weide getriebenen Vieh anlegten. Von dieser *scriptura* bezahlten dann die *publicani* die im Vertrag bedungene Summe.

Die Bergwerke, *metalla,* worunter nicht nur Bergwerke, in denen Metall gewonnen wird, sondern auch Steinbrüche, Salzwerke und Ähnliches verstanden werden, wurden von Censoren an Publicani verpachtet, soweit dieselben nicht, wie vielfach geschah, an Private verkauft worden waren. In dem letzteren Falle wurde aber nur der Besitz verkauft und die Besitzer waren gehalten, eine Abgabe an den Staat zu entrichten.

In der Kaiserzeit hörte das System der Publicani auf, und die Domänen wurden direkt unter die Administration des kaiserlichen Fiskus gestellt. Sie hiessen von da an nicht mehr *ager publicus populi Romani,* sondern *loca fiscalia, fundi fiscales.* Diese *fundi fiscales* wurden späterhin unterschieden als *agri non vectigales,* wenn sie nur auf eine bestimmte kürzere Zeit verpachtet sind, und als *vectigales* oder *emphyteu-ticarii,* wenn sie für immer verpachtet sind. Die letztere Form wurde immer mehr die üblichere. Daneben wurden einzelne Domänen auch direkt vom Fiskus durch *actores dominici* (auch *actores sacri patrimonii* oder *procuratores possessionum principis* genannt) verwaltet. Auch die Bergwerke und Steinbrüche standen zum Teil unter direkter Verwaltung kaiserlicher Procuratoren (*procuratores metallorum*), während ein anderer Teil derselben gleich den *pascua* an Unternehmer (*conductores*) verpachtet war. Inwieweit das fiskalische Eigentum von dem Privateigentum der Kaiser im engeren Sinne unterschieden wurde, darüber vergleiche oben S. 309.

### § 156. Zufällige Einnahmen.

Zufällige Einnahmen konnten entstehen durch *multae* oder Geldbussen, welche von Magistraten, insbesondere von Ädilen, verhängt wurden, ferner durch Konfiskationen

(*bona publicata*) infolge von Strafurteilen, wie dies z. B. bei
den sullanischen Proscriptionen der Fall war, hauptsächlich
aber ergaben sich bedeutende zufällige oder ausserordentliche
Einnahmen durch die Beute, *manubiae,*[1]) die in den siegreichen Kriegen gewonnen wurde. Zwar wurde in den älteren
Zeiten dieselbe häufig entweder ganz oder zum Teil den
Soldaten überlassen. Später dagegen, als die Kriegsbeute
ungeheure Summen an Wert repräsentierte, wurde davon
zwar an die Soldaten eine Belohnung ausgeteilt, die nur
einen kleinen Bruchteil des Ganzen betrug, die ganze übrige
Masse von Kostbarkeiten und barem Gelde aber regelmässig
an das Ärar abgeliefert. Als ein Beispiel einer besonders
reichen Kriegsbeute ist die des Aemilius Paulus (167 v. Chr.)
zu nennen, die derselbe aus dem dritten macedonischen Kriege
gewann.

Verwandter Art sind die Bereicherungen, die die Staatskasse durch Konfiskationen des Vermögens fremder Könige
oder auswärtiger Staaten erfuhr; dahin gehört z. B. die
Konfiskation der Insel Cypern, die im Jahre 58 durch das
clodische Gesetz über dieselbe verhängt ward und dem Staate
nicht weniger als 7000 Talente (über 30 Millionen Mark)
einbrachte. Ähnliche ausserordentliche Einnahmen entstanden
auch durch Erbschaften, wie z. B. durch das Testament des
Königs Attalus von Pergamum, der den Römern sein ganzes
Reich vermacht hatte (133 v. Chr.).

Für die Kaiserzeit ist noch das *caducum* zu erwähnen,
d. h. dasjenige, was von einem Erblasser zwar rechtsgiltig
hinterlassen wird, aber aus irgend einem Grunde nicht erworben werden kann und somit herrenlos ist. Ferner ist
hier die *vicesima libertatis* oder *vicesima manumissionum* hervorzuheben, d. h. eine Abgabe von 5 % vom Werte freigelassener
Sklaven, welche schon in republikanischer Zeit bestand und
unter den Kaisern im ganzen Reiche erhoben wurde. Von
Caracalla wurde diese Steuer auf 10 % erhöht, später aber

---

[1]) Manubiae heisst eigentlich das aus dem Verkauf der Beute gewonnene Geld zum Unterschied von *praeda*, der Beute in Natura.

wieder auf den ursprünglichen Satz herabgemindert.[1]) Ferner gehören hierher die *bona damnatorum*, ferner das sog. *aurum coronarium*, ein Geschenk, das ursprünglich siegreichen Feldherren, dann den Provinzialstatthaltern, später aber ausschliesslich dem Kaiser zufloss.

Die Summe sämtlicher Staatseinnahmen zu irgend einer Zeit bestimmt zu berechnen, ist unmöglich. Nach einer allerdings auf unsicheren Ansätzen beruhenden Annahme Savignys sollen dieselben zur Zeit Constantins 360 Millionen Mark jährlich betragen haben.

---

[1]) Ferner sind hier noch zu nennen die *cicesima hereditatum*, von Augustus eingeführt, die *centesima auctionum*, identisch mit der § 153 erwähnten *centesima rerum venalium*, ebenfalls von Augustus eingeführt, ferner die *quadragesima litium* unter Caligula.

# Kapitel XXVI.
## Die Staatsausgaben.

Marquardt II, 76. Madvig II, 351 und 419.

§ 157. **Die Ausgaben für die Civil- und Militär-verwaltung.**

Die **Civilverwaltung** beanspruchte in der Zeit der Republik nur geringe Summen. Die Magistrate waren Ehrenämter und erhielten, wenn sie auch für ausserordentliche Ausgaben entschädigt wurden, keine Art von Gehalt. Letzteren bezogen nur die Subalternbeamten, die *apparitores;* ausserdem hatte der Staat nur für die Anschaffung sämtlicher Geräte, *tribunalia, subsellia* und dergleichen zu sorgen. Für die **Provinzialverwaltung** dagegen waren bedeutende Summen erforderlich, da die Statthalter nicht allein für besondere Fälle, sondern auch für die Verwaltung der Provinz selbst mit Geldmitteln ausgerüstet werden mussten. In der Kaiserzeit änderten sich diese Verhältnisse, indem in derselben vor allem die Beamtengehälter grosse Summen in Anspruch nahmen. Zwar bezog der Kaiser selbst keinen Gehalt, da er von seinem Privatvermögen lebte, gleichwohl entnahm er aus der Staatskasse öfters Gelder für die Hofhaltung, indem er über sämtliche Einnahmen des Staates disponieren konnte. Aber einen besonderen Posten bildete die Besoldung der neuen kaiserlichen hauptstädtischen und Steuerbeamten, desgleichen die kaiserliche Post und das Unterrichtswesen.

Die **kaiserliche Post**, *cursus publicus*, wurde von Augustus eingerichtet. Dieselbe war aber nur für die kaiserlichen Beamten bestimmt und konnte von Privaten nur benutzt werden, wenn sie dazu durch einen besonderen Erlaubnisschein (*diploma*) ermächtigt waren. Der Direktor der Post, der in Rom seinen Sitz hatte, führte den Titel *ab vehiculis*, seit Hadrian *praefectus vehiculorum*; der unter ihm stehende erste Postsekretär hiess *a commentariis vehiculorum*. Im dritten Jahrhundert n. Chr. kommen Oberpostdirektoren für besondere Reichspostbezirke auf, die meist mehrere Provinzen enthielten oder sich auf die von einer grossen Strasse durchzogene Gegend erstreckten. In der späteren Kaiserzeit wurde das Postwesen immer weiter ausgebildet und verursachte dementsprechend grössere Kosten für den Staat. An allen Strassen wurden Relais (*mutationes*) und Stationen (*mansiones*) in grosser Zahl eingerichtet und ein für den Postdienst nötiges zahlreiches Personal eingestellt (*curiosi* oder *curagendarii*), an dessen Spitze der *magister officiorum* und der *praefectus praetorio* stand. Diese letzteren erteilen auch die Erlaubnis zur Benützung der Post (*evectiones*).[1]

Das Unterrichtswesen war in der Zeit der Republik vollständig der Privatindustrie überlassen worden; seit Vespasian jedoch wurden in allen Städten Professoren mit zum Teil hohen Gehältern angestellt.

Die Militärverwaltung in der Zeit der Republik hatte seit Einführung des Truppensoldes, 406 v. Chr., diesen als Entschädigung für die Kosten des Unterhaltes aus dem Ärar zu bestreiten. Er wurde für den ganzen Feldzug auf einmal vorher oder nachher bezahlt und betrug zur Zeit des Polybius für den einzelnen Legionar 2 Obolen täglich, für den Centurionen 4 Obolen und für den Reiter eine Drachme = ein Denar. Cäsar verdoppelte nahezu den Sold, und Domitian vervierfachte ihn, so dass die jährliche Besoldung der Fusssoldaten, die sich während der Republik auf 120 Denare belief, seit Cäsar 225 und seit Domitian 300 Denare betrug. Nach der Berechnung Marquardts belief sich zur Zeit des Tiberius die Gesamtausgabe an Sold für das Heer auf 186 840 000 Sesterzien.

Im übrigen fehlt es an den nötigen Nachrichten, um die Gesamtausgaben für Heer und Flotte auch nur annähernd berechnen zu können.

Zu allen diesen Ausgaben kamen in der Kaiserzeit noch die Besoldungen für das ungeheure Beamtenheer, das gegen

---

[1] Hudemann, Gesch. des Postwesens der röm. Kaiserzeit, Berlin 1878. Rittershain, Die Reichspost der röm. Kaiser, 1860. Maury, Les postes rom., Paris 1890.

das Ende des Kaiserreichs immer grössere Dimensionen annahm.[1])

### § 158. Ausgaben für das Bauwesen.

Die Ausgaben für öffentliche Arbeiten und Anlagen waren die bedeutendsten, die der Staat zu bestreiten hatte. Es gehörten dahin:

1. Alle Reparaturen, die an öffentlichen Bauten wie Anlagen vorzunehmen waren, wie z. B. an den Stadtmauern, dem Strassenpflaster.
2. Alle Neubauten, die sich auf genannte Einrichtungen bezogen.

Diese Arbeiten wurden von den Censoren in Verdung gegeben, nachdem ihnen bald nach dem Antritt ihres Amtes eine bestimmte Summe, die manchmal die Jahreseinnahme sämtlicher *vectigalia* enthielt, zur Verausgabung bewilligt worden war. Von Augustus an stand das Bauwesen unter besonderen Beamten, wie *curatores aedium sacrarum, curatores aquarum, curatores ludorum* u. a. In den Provinzen wurden aber die Kosten für öffentliche Bauten und Strassen nicht aus der Staatskasse, sondern aus Provinzialfonds und, als diese nicht mehr ausreichten, durch Zuschüsse aus der kaiserlichen Kasse oder Beiträge der Gemeinden oder besondere Erhebungen, wie z. B. von Chausseegeldern, bestritten.

Übrigens wurden auch manche Tempel oder sonstige Denkmäler von den Feldherren *ex manubiis*, meistens infolge eines Gelübdes, *ex voto*, errichtet.

### § 159. Ausgaben für den Getreidebedarf der römischen Bevölkerung, annona, frumentationes. Die Alimenta.

Die Ausgaben für den Getreidebedarf der städtischen Bevölkerung wurden stehende und regelmässige, seit infolge der Ansammlung eines ungeheuren Proletariats in Rom die Bürgerschaft auf Kosten des Ärars entweder

---

[1]) Lactantius, De mortibus persecutorum, cp. 7: *adeo maior esse coeperat numerus accipientium quam dantium.*

durch Verkauf des Getreides unter dem Preise oder durch ganz freie Lieferungen unterhalten werden musste. Die Versorgung der Stadt mit Getreide lag in der Republik den Ädilen, in der Kaiserzeit, wo sie zur stehenden Institution wurde, dem *praefectus annonae* ob, dessen Amt sich übrigens nicht allein auf Rom, sondern auf das ganze römische Reich erstreckte. Die Bestreitung der Summen, die die *cura annonae* erheischte, fiel in der Zeit der Republik dem Ärar, in der Kaiserzeit in der Hauptsache dem kaiserlichen Fiskus, zum Teil, wenn auch in minderem Masse, der Senatskasse, dem *aerarium Saturni*, zu. Zum Empfang der *frumentationes* waren nur in Rom domizilierte römische Bürger berechtigt, die eine durch das Gesetz vorgeschriebene Erklärung abgegeben hatten.[1]) Ausgeschlossen waren Kinder und Frauen.

In späterer Zeit, d. h. nach Septimius Severus, wurden die Frumentationen durch tägliche Brotverteilungen an die Armen ersetzt.

Verschieden von den *frumentationes* sind die *alimenta*, die unter Trajan zur Einführung gelangten. Diese bestehen darin, dass kleinen Grundeigentümern aus der kaiserlichen Kasse gewisse Summen zu einem verhältnismässig niederen Zinsfuss zur Verfügung gestellt wurden. Die Zinsen wurden für den Unterhalt der Kinder bestimmt, kamen aber zugleich auch indirekt dem Ackerbaubetrieb zu gute.[2]) Für die Verwaltung dieser Gelder wurden neue Beamte eingesetzt, die dem Senatoren- und Ritterstand und den Municipalbeamten entnommen waren.

### § 160. Ausgaben für den Kultus.

Die Ausgaben für den Kultus erstreckten sich auf folgende Dinge:

---

[1]) Lex Iul. municipalis 1—19.

[2]) Zwei Inschriften handeln von diesen *alimenta*, die Inschriftentafel von Velcia und die *Tabula alimentorum Baebianorum*, Henzen Annali, 1844 und 49 und Bullet., 1847.

1. **Ausgaben für die Unterhaltung der Tempel-
gebäude.** Von diesen war schon oben die Rede, da sie zu
den Ausgaben für das öffentliche Bauwesen gehören.
2. **Ausgaben für das Tempelpersonal und die
Priester.** Die grossen Priestertümer waren Ehrenämter
und wurden daher nicht vom Staate bezahlt. Nur diejenigen
Priester und Priesterinnen, welche wie die Curionen und die
Vestalinnen beständig und lebenslang durch den Dienst in
Anspruch genommen wurden, und die *apparitores* der Priester
wurden vom Staate unterhalten, die Kultushandlungen der
Priester selbst aber wurden alle teils aus dem Staatsgut, mit
dem der Tempel dotiert war, teils aus laufenden Einnahmen,
wie Geschenke an den Tempel, Bussen u. dgl., bestritten.
3. **Ausgaben für die Staatsopfer und Feste.** Die
Opfer, Feierlichkeiten und Feste, die vom Staate und nicht
von den Priestern angeordnet wurden, wurden aus der Staatskasse gedeckt. Dahin gehören die *procurationes prodigiorum*,
die Triumphe, besonders aber die **öffentlichen Spiele**, *ludi
publici*. Diese verursachten dem Staate erhebliche Kosten.
die auch dann noch fortbestanden, als die Ädilen den grössten
Teil des Aufwandes für dieselben aus eigenen Mitteln bestritten. Denn dieselben bezogen vom Staate nach wie vor
das für dieselben bestimmte Geld, und ihre eigenen Kosten
entstanden dabei nur dadurch, dass sie aus ihren eigenen
Mitteln einen Mehraufwand machten, um sich dadurch dem
Volke zu empfehlen.

### § 161. Das Congiarium und das Donativum.

Das Congiarium, von *congius*, ein Geschenk von Wein,
Oel oder Fleisch u. a. dergl., war eine Zulage zu dem an
das Volk verabreichten Getreide, die allmählich mit zu der
*cura annonae* gezogen und entweder zu ganz wohlfeilen
Preisen oder umsonst verabreicht wurde. In der Kaiserzeit
waren die Ausgaben für die *congiaria* Sache des Fiskus.
Dieselben beliefen sich unter Cäsar auf 32, bei den meisten
Kaisern bis Nerva auf 15 Millionen Denare, unter den folgenden
sogar meist über 100 Millionen Denare. Doch wissen wir

nicht, wie viel davon auf die einzelnen Jahre zu setzen ist. Die Anzahl der Empfänger war ebenso gross oder noch grösser als die bei den Frumentationen.

Das Donativum ist ein Geldgeschenk an die Soldaten. Dasselbe wurde ursprünglich aus dem Beutegelde bestritten. Unter Cäsar und noch mehr unter den Kaisern nahmen diese Schenkungen grössere Dimensionen an, da die Treue der Soldaten damit erkauft wurde. Cäsar schenkte im Jahre 46 jedem Soldaten 5000 Denare. Auch Augustus machte ähnliche Schenkungen. Tiberius verteilte bei seinem Regierungsantritt etwa 18 Millionen Denare an seine Soldaten. Eine ähnliche Summe wurde von Caligula an dieselben verteilt, als er zur Regierung gelangte, und für die Prätorianer wurde es Sitte, dass sie bei jedem Regierungswechsel durch ein grosse Schenkung erkauft wurden.

# Kapitel XXVII.
## Die Finanzverwaltung.

Marquardt II, 289.  Madvig II. 348 u. 402.  Mispoulet II, 228 u. 402.

### § 162.  Die Oberleitung des Finanzwesens.

Die Oberleitung des Finanzwesens stand in republikanischer Zeit dem Senate zu, der, wie oben § 142 auseinandergesetzt ist, die oberste Entscheidung über die Staatsgelder hatte. Es lagen ihm die oberste Verwaltung des Staatseigentums, die Feststellung der Einnahmen und Ausgaben, die Zahlungsanweisungen und die Rechnungsprüfungen ob. Doch war eine Körperschaft wie der Senat nicht geeignet, auch die eigentliche Arbeit selbst in die Hand zu nehmen: er verfügte, genehmigte, prüfte; aber das Finanzgeschäft selbst überliess er den Censoren und Quästoren. Diese teilten sich in die Finanzverwaltung derart, dass die ersteren die Verpachtung des Staatseigentums bezw. der Staatsgefälle, die Verpachtung der Staatslieferungen und die Beaufsichtigung der öffentlichen Bauten und Anlagen (s. oben § 101), die Quästoren dagegen die Ein- und Auszahlung der Gelder, sowie die Beaufsichtigung und Leitung der Staatskasse zu besorgen hatten (s. § 104). Zu der Thätigkeit dieser beiden Klassen von Finanzbeamten verhält sich die Kompetenz des Senats derart, dass dieselben nur die ausführenden Finanzorgane waren, deren Anordnungen der Senat aus eigener Machtvollkommenheit aufheben und durch andere ersetzen konnte, während er allein über die Verwendung der Gelder disponierte (s. § 142).

In der Kaiserzeit stand die höchste Verfügung über die Staatsgelder natürlich den Kaisern zu, wenn auch eine Zeit lang der Senat eine besondere Verfügung über diejenigen Gelder, welche dem *aerarium Saturni* im Gegensatz zu dem Fiskus zuflossen, ausgeübt hat. Die in der Hand des Kaisers centralisierte Finanzverwaltung hatte die Einrichtung einer Menge neuer Finanzstellen und die Einsetzung einer grossen

Zahl von Beamten im Gefolge. Diese Stellen wurden teils Senatoren anvertraut, wie es die *legati ad census accipiendos,
curatores operum publicorum, locorum publicorum iudicandorum,
aquarum, viarum, praefecti frumendi dandi, praefecti alimentorum,
praefecti aerarii Saturni* waren, oder Rittern oder Freigelassenen, wie z. B. die *procuratores,* die *censitores* und die
Vorsteher der verschiedenen Kassen, von welchen weiter
unten die Rede sein wird.

## § 163. Die Erhebung der Einkünfte. Die Publicani. Steuererhebung unter den Kaisern.

In der republikanischen Zeit hielt der römische Staat
kein eigenes Beamtenpersonal, um die verschiedenen Einnahmen zu erheben, so wenig wie er Staatsbauten durch
eigene Beamte ausführen liess. Bekanntlich thut das letztere
der Staat noch heutzutage nicht, sondern er vergiebt die
Staatsbauten auf dem Submissionswege an den Mindestfordernden. und zwar aus dem einfachen Grunde, weil er
selbst immer teurer baut als der Privatunternehmer. Die
Römer vergaben aber nicht nur die Bauten, sondern auch
die Erhebung der verschiedenen Einkünfte und zwar derart,
dass sie den Ertrag derselben an den Meistbietenden überliessen. Damit erreichte der Staat einmal den Vorteil, dass
er seine Einkünfte genau im voraus berechnen konnte, indem
er sich um keine Steuerausfälle zu kümmern brauchte, dann
aber den, dass er keines besonderen Steuerpersonals bedurfte.

Dieses Vergeben der Staatseinnahmen an Staatspächter
heisst *publicum vendere, locare, locare fruendum. Publicum*
heisst zwar im allgemeinen Staatsgut, und so bedeutet *publicum vendere* auch das Verpachten von Staatsgut überhaupt,
wie z. B. das Verpachten des Baues von öffentlichen Einrichtungen. Im besonderen heisst aber *publicum* soviel als
*vectigal.* Davon haben nun diejenigen, welche die Abgaben
pachten, *qui publico fruuntur, qui publica conducunt, redimunt,*
den Namen Publicani. Frui heisst dabei soviel als vom
Staatsgut, von den *vectigalia,* Vorteil ziehen. Einen solchen
Vorteil haben aber die Publicani nur dann, wenn der Ertrag

des ihnen zur Eintreibung überlassenen Vectigal abzüglich
der Unkosten höher ist als die jährlich an den Staat zu
zahlende feste Summe, für welche sie den Vectigal gepachtet
haben. In der Regel bildeten diese Staatspächter Gesellschaften, *societates publicanorum*, die grosse Pachtungen übernahmen. So pachtete z. B. eine Gesellschaft die *decumae*
einer Provinz, eine andere die *scriptura*, wieder eine andere
die *portoria*. Manchmal übernahm eine Gesellschaft auch die
*portoria* und *decumae* einer Provinz zusammen. Die Teil-
nehmer der Genossenschaft hatten Anteil an dem Gewinn
nach dem Verhältnis ihres eingeschossenen Kapitals, gerade
wie dies bei den heutigen Aktiengesellschaften der Fall ist.
Der Staat verhandelte jedoch nur mit Einem, der das Gebot
that, den Kontrakt mit den Censoren abschloss und Sicherheit leistete. Dieser hiess *manceps*. Derselbe ist jedoch
von dem Direktor der Gesellschaft, dem *magister*, zu unterscheiden. Dieser war der oberste Geschäftsführer, der das
ganze Rechnungswesen und die Korrespondenz leitete, und
dem in den Provinzen Unterdirektoren (*pro magistris*) und
eine grosse Menge untergeordneter Beamten zu der Erhebung
der Gefälle, sowie zur Aufsicht und Kontrolle unterstellt
war (*custodiae, esse in operis societatis, familiae publicanorum*
— letzteres Sklaven). Die Publicani hatten je nach den
Vectigalia, die sie gepachtet, verschiedene Namen. Diejenigen,
welche die *decumae* gepachtet hatten, hiessen *decumani*. Die
Pächter der *scriptura* oder des Weidegeldes hiessen *pecuarii*
oder *scriptuarii*, die Pächter der *portoria* — *portoriorum conductores*.

Die Publicani gehörten dem Ritterstande an. Dies erklärt sich daraus, dass die Senatoren von dieser Thätigkeit
ausgeschlossen waren und die niederen Stände nicht die
Mittel besassen, um einer solchen Societät beizutreten.

In der Kaiserzeit verschwand allmählich das System
der Verpachtung der Steuern an Staatspächter. An seine
Stelle trat die unmittelbare Steuererhebung und Verwaltung
der Domänen. Der Kaiser veranstaltet sowohl in den seiner
Verwaltung unmittelbar unterworfenen, wie in den Senats-

provinzen einen Census durch besondere Beamte, *censitores*. Dieser Census bildete die Grundlage der Veranlagung der Steuern, die von verschiedenen, oben namhaft gemachten Beamten erhoben wurden und in die weiter unten noch zu nennenden Reichskassen flossen. Die Domänen wurden durch kaiserliche Procuratores verwaltet. Die Steuerveranlagung, anfangs sehr kompliziert, wurde später sehr vereinfacht, und in Anlehnung an die Einrichtung fester Stipendia und die Veränderung des ganzen Steuersystems hat sich in der letzten Kaiserzeit eine regelmässige Steuererhebung im ganzen römischen Reich herausgebildet. Denn seit Diocletians Zeit zahlte das ganze römische Reich, Italien mit einbegriffen, eine feste Grundsteuer und ebenso eine Kopfsteuer. Zur Erhebung der Grundsteuer war das ganze Reichsgebiet in jeder Provinz in Steuergebiete eingeteilt, *capita* oder *iuga*. Diese Steuer wurde jährlich durch den Kaiser ausgeschrieben (*indictio*) und erhoben. Ebenso war es mit der Kopfsteuer, welche diejenigen bezahlten, die keinen Grundbesitz oder kein sonstiges Vermögen hatten. Die Zahlung fand in drei Terminen statt und wurde durch *exactores* erhoben.

## § 164. Die Kassenverwaltung.

Bei dem Kassenwesen sind drei Perioden zu unterscheiden: 1. die republikanische Zeit, 2. die Kaiserzeit bis Diocletian und 3. die Kaiserzeit seit Diocletian. In der republikanischen Zeit gab es nur eine Staatskasse, das *aerarium* im Tempel des Saturn. Die Verwaltung derselben war Sache der *quaestores urbani*. Über ihre Thätigkeit s. oben § 104.

In der Kaiserzeit gab es vier bezw. fünf Hauptkassen, nämlich das *aerarium Saturni*, d. h. die alte Staatskasse, den *fiscus*, d. h. die kaiserliche Kasse, das *aerarium militare*, die Kriegskasse, das *patrimonium* und seit Septimius Severus die *res privata*.

1. Das *aerarium Saturni* galt in der ersten Zeit des Kaisertums noch als die eigentliche Staatskasse, *aerarium populi*. Sie stand unter der Oberleitung des Senats und ver-

einnahmte diejenigen Gelder, die aus den Senats- und Volks-provinzen eingingen. Unter Augustus waren mit der Ver-waltung dieser Kasse zwei *praefecti aerarii*, hierauf zwei *praetores aerarii*, unter Claudius zwei auf drei Jahre ernannte *quaestores* und unter Nero zwei aus gewesenen Quästoren ent-nommene *praefecti* betraut. In das Aerarium flossen die di-rekten Steuern und anfangs auch die indirekten Steuern und die Erträgnisse des *ager publicus* der Senatsprovinzen. Be-stritten wurden mit diesen Einnahmen die Verwaltung der Senatsprovinzen, ferner die allgemeinen Staatskosten, ausge-nommen die Ausgaben für das Heer und die Verwaltung der kaiserlichen Provinzen. Da die Kaiser die Hauptstaatsein-nahmen und Ausgaben nach und nach auf den Fiskus über-trugen, so sank das Ärar allmählich zu einer römischen Kom-munalkasse herab.

2. Der *fiscus*. Dieser entstand aus dem ungeheuren Privatvermögen des Augustus, welches schon von Iulius-Cäsar durch Kriegsbeute, Kontributionen u. a. der Art begründet und von ihm noch bedeutend vergrössert worden war. Auf die folgenden Kaiser ging dieses Vermögen durch Erbschaft über und erhielt den Namen *fiscus*. Es war dem Kaiser direkt unterstellt und von Hausbeamten desselben verwaltet. Ursprünglich enthielt die Kasse nur das kaiserliche Haus-vermögen. Mit der Zeit nahm sie aber auch Staatseinnahmen in ihre Verwaltung und bestritt Staatsausgaben und ward so bald zur eigentlichen Reichs- und Staatskasse. Anfangs, als der Fiskus noch den Charakter einer kaiserlichen Privat-kasse bewahrte, geschah die Verwaltung durch einen Frei-gelassen des Kaisers. Dieser führte den Titel *a rationibus* und war der eigentliche Reichsfinanzminister. Seit Hadrian wurde das Amt einem römischen Ritter übertragen, der den Titel *procurator a rationibus* führte. Von diesem ist seit Marc Aurel der *procurator summarum rationum* zu unterscheiden, der unter dem zuerst genannten steht. Unter diesem stehen noch zahlreiche Finanzbeamte, wie die *adiutores, proximi, tabularii, optio tabellariorum*. Im dritten Jahrhundert er-hielt der oberste Leiter des Fiskus den Titel *rationalis* und

noch später *rationalis summae rei.* Ihm unterstand als zweiter der *magister summarum rationum* oder *ricarius summae rei.* In den kaiserlichen Provinzen sind die Interessen des Fiskus einem *procurator provinciae* und in den Senatsprovinzen einem *procurator Caesaris* anvertraut. Dieser letztere übt seine Funktionen neben dem vom Senate bestellten Quästor aus. Die Stellung beider Beamten zu einander hing von dem Eingreifen des Kaisers in das Ärar überhaupt ab und wird sich immer mehr zu Gunsten der kaiserlichen Beamten verschoben haben.

Für die Schlichtung der zwischen Privaten und dem Fiskus entstehenden Streitigkeiten wurde zuerst ein *procurator,* später ein *praetor fiscalis* und noch später ein *advocatus fisci* bestellt.

3. Das *aerarium militare,* eine Pensions- und Versorgungskasse für ausgediente Soldaten ähnlich unserem Invalidenfonds. Ausserdem wurde noch die Löhnung für das Heer aus dieser Kasse bestritten, während die sonstigen Ausgaben für das Heer dem Fiskus entnommen wurden. Es war begründet durch Augustus. Es bezog seine Fonds aus der *vicesima hereditatum* und der *vicesima manumissionum.*

4. und 5. Das *patrimonium* und die *res privata.*

Im streng juristischen Sinne gab es keine strenge Unterscheidung unter den verschiedenen, dem Fiskus zufliessenden Fonds, weshalb man sich auch wohl hüten muss, die moderne Unterscheidung zwischen Staatsdomänen, Krongut und Privatdomänen auf römische Verhältnisse ohne weiteres zu übertragen. Thatsächlich jedoch bildete sich mit der Zeit ein Unterschied zwischen den Gütern, welche dem Kaiser in seiner Eigenschaft als Kaiser zukamen und auf seine Nachfolger übergingen, und denen, welche ihm als Privatmann gehörten und welche dann nach seinem Tode seinen Erben zukamen. Die Güter der ersten Gattung gehörten dem Fiskus, die der zweiten Gattung bildeten das *patrimonium.* Die das *patrimonium* bildenden Güter bestanden aus dem Vermögen, welches der Kaiser vor seiner Thronbesteigung besass, ferner aus dem Privaterwerb, namentlich durch Erbschaften und den Erlös aus den durch Majestätsprozesse erfolgenden

Konfiskationen. Verwaltet wurden diese Privatfinanzen anfänglich durch Freigelassene, später durch Beamte aus dem Ritterstande, *procuratores patrimonii* oder *a patrimonio*. Anfänglich waren es getrennte Kassen, später flossen die Fonds des *patrimonium* in eine einem *procurator patrimonii* unterstellte Centralkasse in Rom.

Aber auch dieses *patrimonium* verlor mit der Zeit seinen Charakter als Privatkasse und entwickelte sich immer mehr als Krongut. Dies kam daher, dass die Kaiser sehr häufig sowohl die Nachfolger im Throne wie die Privaterben ihrer Vorgänger waren. Dadurch kam die Sitte auf, dass die Kaiser, auch wenn sie nicht Privaterben ihrer Vorgänger waren, doch sich als solche betrachteten und auf das Privatvermögen derselben Anspruch erhoben. Als dieser Brauch sich einmal festgesetzt hatte, dachten Kaiser, deren Leibeserben keinen Anspruch auf den Thron zu haben schienen und welche für diese ihr Privatvermögen zu retten suchten, daran, dies durch Gründung einer besonderen Privatkasse zu bewerkstelligen, und so wurde unter Septimius Severus zum ersten male rechtlich ein Unterschied gemacht zwischen dem *patrimonium* (Krongut) und der *res privata principis*, der eigentlichen Privatkasse des Kaisers. Verwaltet wurde dieselbe durch einen *procurator rei privatae*, später *magister rei privatae*, noch später *comes rei privatae*.

Dazu kam noch seit Diocletian die *arca praefecturae praetorianae*. Diese Kasse ist wohl zu unterscheiden von dem *aerarium militare*, welches allmählich eingegangen war. Auch ging die *arca praefecturae praetorianae* nicht aus dem letzteren hervor, sondern aus den Ausschreibungen der Naturalbedürfnisse für das Heer, die jedoch allmählich in Geldabgaben verwandelt wurden. Diese Eintreibungen wurden von dem *praefectus praetorio* besorgt. Daher der Name.

Seit Diocletian wurden das *patrimonium* und die *res privata* als besondere Bestandteile einer *aerarium privatum* genannten Kasse von einem *comes* verwaltet und das *aerarium* mit dem *fiscus* verschmolzen.

# Das Kriegswesen.

Marquardt, Röm. Staatsverwaltung II, 309. Madvig II, 465. Mispoulet II, 310. Rüstow, Heerwesen und Kriegführung C. Iulius Cäsars (2. Aufl. Nordhausen 1862). v. Göler, Cäsars gallischer Krieg im Jahre 51, nebst Erläuterungen über das röm. Kriegswesen zu Cäsars Zeit, Heidelberg 1860 Lange I⁴, 50, 522, II³, 672, 704, 712 und Lange, Historia mutationum rei militaris Romanorum, Goettingae 1846. H. Delbrück, Die römische Manipulartaktik, in Sybels H. Z. N. F. 15, 229, und Triarii und Leichtbewaffnete, ebendaselbst 124, 230, R. Schneider, Legion und Phalanx, Berlin 1893. Fröhlich, Das Kriegswesen Cäsars, 3 Teile. Zürich 1889 und 1890.

## Kapitel XXVIII.

## Organisation des römischen Heeres in der republikanischen Zeit bis auf Marius.

### § 165. Historische Übersicht.

In der Organisation des römischen Heerwesens lassen sich drei Hauptperioden unterscheiden:

1. Die Organisation des römischen Heeres in der republikanischen Zeit bis auf Marius (die Zeit des Bürgerheeres).
2. Die Organisation des römischen Heeres in der Zeit von Marius bis Augustus (die Zeit des Söldnerheeres); dieselbe ist als Übergangszeit zu betrachten.
3. Die Organisation des kaiserlichen Heeres bis Constantin (die Zeit des stehenden Heeres).

Aber auch in der ersten Periode, von der ältesten Zeit bis auf Marius, lassen sich wieder Unterschiede und Übergänge feststellen, und zwar sind hier die Königszeit, die reformierte Heeresordnung des Servius Tullius und die wahrscheinlich durch Camillus eingeführte Heeresreform zu unterscheiden. Von der Heeresorganisation der ältesten Königszeit ist wenig zu sagen. Das Heer bestand damals aus der Legion (d. h. die Lese), die aus den drei Stämmen der Ramnes, Tities und Luceres je 1000 Mann aushob, so dass der ganze Bestand sich auf 3000 Mann belief. Die Aushebung innerhalb jedes Stammes geschah nach Curien, deren jede 100 Mann zu Fuss und 10 Reiter stellte. Vergleiche hierüber § 20. Über die servianische Heeresordnung s. § 18 und 20.

Die servianische Heeresorganisation erfuhr aber, wahrscheinlich in der Zeit des Camillus, eine durchgreifende Reform. Diese betrifft namentlich drei Punkte: 1. Besoldung des Heeres, durch die andauernden Kriege veranlasst. 2. Veränderung der Bewaffnung, eine Folge der Kämpfe mit den Galliern. 3. Taktische Reformen, welche die wahrscheinlich in der Zeit der Samniterkriege entstandene Manipularstellung zur Folge hatten. Durch diese Veränderungen entstand diejenige Heeresorganisation, welche durch drei Jahrhunderte hindurch bis Marius festgehalten wurde und aus Polybius uns näher bekannt ist. Doch erfolgten im einzelnen innerhalb dieses Zeitraums manche Umgestaltungen, ganz abgesehen von der Änderung in der äusseren Zusammensetzung des Heeres, die sich aus der Heranziehung von *socii* und *auxiliares* ergeben musste.

## § 166. Wehrpflicht und Aushebung.

Ursprünglich wurden zum Kriegsdienst nur die Bürger der 5 Klassen herangezogen, d. h. die Bürger, die über 11,000 As besassen. Zur Zeit des Polybius jedoch betrug der Census für die zum Kriegsdienst Berechtigten nur 4000 As; diejenigen, welche weniger besassen, wurden nur zum Seedienst als *socii navales* (Matrosen) verwandt. Unter Marius endlich hörten die Censusklassen für den Kriegsdienst ganz auf. Die Dienstpflicht begann regelmässig mit dem vollendeten 17. Jahre und endete für die *iuniores* mit dem begonnenen oder vollendeten 46. Jahre. Innerhalb dieser Altersgrenze konnte der Staat von jedem Bürger 10 Feldzüge zu Pferde und 16, im Falle der Not sogar 20 zu Fuss verlangen.[1]) Befreiung vom Kriegsdienste kam ausser infolge von Alter oder körperlicher Untauglichkeit nur bei den Magistraten und Priestern vor.

Zur Zeit des Polybius fand regelmässig eine jährliche Aushebung von vier Legionen statt. Doch konnte das Heer durch ausserordentliche Aushebungen und durch Nichtverabschiedung der früheren Legionen bedeutend verstärkt werden.

Die Aushebung, *dilectus*, wurde auf Grund eines Senatsbeschlusses durch ein Edikt der Consuln verfügt, in welchem die aushebungspflichtige Mannschaft aufgefordert wurde, an einem bestimmten Tage sich auf dem Capitol zu stellen. Mit Hilfe der für die vier auszuhebenden Legionen schon vorher ernannten Kriegstribunen leitete dann der Consul, später auch im Auftrage des Senats der Prätor, die Aushebung. Diese begann damit, dass man die Erschienenen nach Tribus ordnete und dann nach einer durch das Los festgestellten Reihenfolge durch Namensaufruf die Anwesenheit der Dienstpflichtigen innerhalb jeder Tribus konstatierte. Aus jeder Tribus liess man dann vier an Alter und Wuchs gleichartige Leute vortreten und verteilte sie auf die vier Legionen. So fuhr man fort, bis sämtliche anwesenden Dienstpflichtigen eingereiht waren. Damit wurde erreicht, dass jede Legion gleich tüchtige Leute erhielt. Beim Beginne der Aushebung nahm man darauf Rücksicht, dass zuerst Namen von guter Vorbedeutung, wie Salvius, Valerius, ausgerufen wurden.

Die Entziehung vom Kriegsdienste wurde in der älteren Zeit mit dem Verkauf in die Sklaverei, später mit Geldstrafen, Vermögenskonfiskationen, körperlicher Züchtigung und Gefängnis bestraft. Auch kam Streichung aus dem Tribus und Versetzung unter die *aerarii* durch den Censor vor.

Ausser den Ausgehobenen dienten im Heere aber auch Freiwillige, die sich meist in der Hoffnung auf Beute meldeten.

---

[1]) Vgl. Steinwender. Altersklassen und reguläre Dienstzeit des Legionars, Philologus, 48, 2 p. 285.

Es waren dies ältere Soldaten mit zurückgelegter Dienstzeit.
In der späteren Zeit kommen sie unter dem Namen *evocati*
vor, so genannt, weil sie auf Aufforderung des Feldherrn
dienten. Nach der Aushebung fand die Vereidigung statt. Der
Eid wurde dem Feldherrn geleistet und zwar zuerst von den
Tribunen, dann von den Soldaten, denen er selbst von den
Tribunen abgenommen wurde. Dieser Eid heisst *sacramentum*,
weil der Schwörende Verwünschungen über sich aussprach,
wenn er den Eid bräche. Doch sprach nur einer die Ver-
wünschungsformel (*sacramento praeire*), die anderen begnügten
sich zu sagen: *idem in me*. Von diesem Fahneneid, der er-
neuert werden musste, wenn ein anderer Feldherr das Kommando übernahm, ist der Lagereid zu unterscheiden, durch
den der Soldat gelobte, gute Ordnung im Lager halten zu
wollen. In Fällen besonderer Not kam auch noch eine Massen-
einschwörung, die *coniuratio*, vor, indem die Soldaten nicht
einzeln, sondern auf einmal, und zwar ursprünglich freiwillig,
später auf Aufforderung der Tribunen schworen, nicht zu
fliehen oder aus dem Gliede zu treten.

§ 167. **Die Legion; Ihre Stärke und Zusammensetzung.**

Die Grundlage der römischen Heeresorganisation ist die
Legion. Die normale Zahl derselben betrug 4200 Mann zu
Fuss und 300 Reiter. Doch war die Stärke derselben in
verschiedenen Zeiten verschieden, indem dieselbe vielfach auf
5000 Mann und darüber, ja von Marius sogar auf 6200 Mann
gebracht wurde. Zur Zeit des Polybius war die Legion in
vier Klassen eingeteilt, deren Unterschied vorzugsweise auf
dem Alter beruhte, und zwar bestand dieselbe bei normaler
Stärke aus:

1200 *hastati: flos iuvenum pubescentium,*
1200 *principes: robustior aetas.*
 600 *triarii: veteranus miles spectatae virtutis,*
1200 *velites: minus roboris aetate factisque.*
————
4200.

Unter diesen nahmen die *hastati* in der Schlacht die erste, die *principes* die zweite und die *triarii* die dritte Linie ein, während die *velites* auf die einzelnen Heeresabteilungen verteilt wurden. Wie die Namen *hastati*, *principes* und *triarii* zu erklären sind, ist unsicher. Doch wird meist angenommen, dass die *principes* daher ihren Namen führten, weil sie ursprünglich als Bürger der ersten Klasse in erster Linie gestanden hätten, und die *triarii* nach ihrer Aufstellung im dritten Gliede benannt worden seien.[1]) Dazu kommen noch die Werkleute (*fabri*), die Spielleute (*cornicines, tibicines*) und die *accensi velati*, die meist als Ersatzmannschaften Verwendung fanden.

Die *hastati, principes* und *triarii* wurden in je 10 Centurien oder Manipeln eingeteilt, so dass die ganze Legion 30 Centurien oder Manipeln enthielt, ursprünglich zu 100 Mann. Später zerfiel jeder Manipel wieder in 2 Centurien, und bei dieser Einteilung betrug die Stärke jedes Manipels bei den beiden ersten Waffengattungen je 120 und bei den Triariern 60 Mann, die Stärke jeder Centurie bei den ersteren 60 und bei den Triariern 30 Mann. Woher es kam, dass die Centurie als taktische Einheit aufgegeben und dem Manipel untergeordnet wurde und dann zu einer Abteilung von nur 60 Mann heruntersank, ist nicht bekannt. Doch wird nicht ohne Grund angenommen, dass der *manipulus* (d. h. Heubündel, ältestes Feldzeichen)[2]) ursprünglich nur ein anderer Name für *centuria* und mit derselben identisch war, und dass erst nach Erhöhung der Zahl der Soldaten von 100 auf 120 eine Teilung in zwei Unterabteilungen und zwar derart stattfand, dass für die ganze Compagnie der Name *manipulus* und die Halbcompagnie der Name *centuria* beliebt wurde.

Die Velites waren unter die übrigen Truppen verteilt und zwar derart, dass je 20 *velites* zu einer Centurie, bezw. 40 *velites* zu einem Manipel kamen. Mit den *velites* zusammen war also eine Centurie der Hastati und Principes 80 und ein Manipel derselben 160 Mann stark.

---

[1]) Vgl. über die wahrscheinliche Entstehung und allmähliche Begriffsveränderung der Namen Marquardt II, 347, 348 und 349.

[2]) Manche erklären *manipulus* als „Haufe".

| | Zahl der Manipeln | der Centurien | Summe der Mannschaften |
|---|---|---|---|
| *hastati* | 10 zu120Legionaren und 40 *relites* | 20 zu 60 Legionaren und 20 *relites* | $1200 + 400 = 1600$ *hastati* *relites* |
| *principes* | 10 zu 120 Leg. und 40 *relites* | 20 zu 60 Leg. und 20 *relites* | $1200 + 400$ 1600 *principes relites* |
| *triarii* | 10 zu 60 Leg. und 40 *relites* | 20 zu 30 Leg. und 20 *relites* | $600 + 400 = 1000$ *triarii relites* |
| Summa | 30 | 60 | $3000 + 1200 = 4200$ |

Durch die Reform des Camillus wurde die Front auf 300 Mann verkürzt, bei einer Aufstellung von 10 Mann in der Tiefe, wobei die Triarier die beiden letzten Glieder bildeten. In dieser Reform wurde die geschlossene Phalanx noch vollständig beibehalten. Erst zur Zeit des Pyrrhus etwa trat hierin eine und zwar doppelte Veränderung ein: 1) fand eine Gliederung in die Tiefe durch die drei hintereinander aufgestellten Abteilungen statt, welche die Namen *principes*, *hastati* und *triarii* führten, 2) eine Teilung der Front in zehn Haufen, anfangs mit kleinen, später mit grösseren Zwischenräumen: jeder dieser Haufen enthielt infolge der Gliederung in die Tiefe demnach drei hintereinander aufgestellte Abteilungen. Daraus ergab sich der Manipel und die ganze Manipulartaktik. Zweck der genannten Fronteinschnitte war hauptsächlich eine grössere Beweglichkeit in der Ausnützung des Terrains. Bei dieser Manipularordnung wurde ein besonderes Gewicht auf die Reserve der Triarier gelegt, die aus den ältesten Jahrgängen der *principes* gebildet wurden. Ursprünglich waren die Triarier noch mit der Stosslanze bewaffnet, und nur die *principes* und *hastati* hatten das *pilum*, bald aber wurde das *pilum* auch bei den Triariern eingeführt.

An der Spitze einer jeden Centurie stand ein Centurio. Die Legion zählte also 60 Centurionen. Diese zerfallen in verschiedene Rangstufen. Jeder Manipel hat nämlich einen *centurio prior* und einen *centurior posterior*, auch *centurio prioris et secundae centuriae* genannt. Der *centurio prior* stand auf dem rechten Flügel und befehligte den ganzen Manipel, der *centurio posterior* dagegen, der auf dem linken Flügel stand, war dem ersteren wahrscheinlich untergeordnet.[1] Dann bestand auch ein Unterschied in der Rangstellung, je nachdem ein Centurio den *triarii, principes* oder *hastati* angehörte. In der Kaiserzeit standen die Centurionen ausser denen der ersten Cohorte einander gleich. Die vornehmsten Centurionen waren die der *triarii,* die auch *pilani* heissen, und unter diesen selbst war wieder eine Rangordnung nach der Nummer des Manipels, den jeder befehligte. Da der Manipel der Triarier auch *pilus* hiess und demgemäss die Nummern der Manipeln der Triarier die Bezeichnung *primus, secundus . . .* bis *decimus pilus* führten, so war ein *centurio primi pili* ein Centurio des ersten Manipels der Triarier und der *centurio primi pili prior* oder *primipilus*[2] *prior,* auch *primus pilus* allein genannt, der Befehlshaber desselben und somit der vornehmste Officier der Legion. Geringeren Ranges waren die Centurionen der Manipeln der *principes,* die ebenfalls von 1 bis 10 numeriert waren. Der Manipel der *principes* hiess *ordo principum* mit Hinzufügung der Nummer, also z. B. *ordo decimus principum* oder abgekürzt auch *decimus princeps,* und so zählte man also vom *primus princeps* bis zum *decimus princeps.* Den letzteren Namen führten auch die Centurionen der betreffenden Manipeln; danach war der *decimus princeps* oder *ordo*[3] *decimus princeps prioris centuriae* der erste Centurio des 10. Manipels der Principes. Auf einer niederen Rangstufe standen die Centurionen der *hastati,* und zwar in demselben Verhältnisse zu der Nummer der Manipeln; der *ordo decimus hastatorum*

---

[1] Ein Rangunterschied zwischen beiden ist zwar nicht nachweisbar (Bruncke, Rangordnung der Centurionen, S. 4), doch wahrscheinlich (Giesing, Neue Jahrb. für Phil., 145, 495).

[2] Es kommen die Ausdrücke *primipilus, primopilus* und *primus pilus* vor.

[3] Zu bemerken ist, dass auch der Centurio selbst statt *centurio ordinis* kurz *ordo* genannt wird.

oder (*ordo*) *decimus hastatus posterioris centuriae* war der unterste Officier in der Legion. Ein regelmässiges Avancement (*successio*) fand erst in der Kaiserzeit statt. Als Insigne ihres Amtes führen alle Centurionen den Rebstock (*vitis*), mit welchem sie die körperlichen Züchtigungen an den Soldaten vollziehen. Ernannt wurden sie vom Consul durch die an der Spitze der Legion stehenden *tribuni militum*.[1])

Die *tribuni militum*, sechs an der Zahl, für die regelmässig ausgehobenen vier Legionen seit 207 vom Volke (*tribuni militum a populo*), sonst vom Consul ernannt, teilten sich nach Polybius in den Oberbefehl der Legion in der Regel so, dass je 2 zwei Monate kommandierten, indem sie Tag um Tag im Befehl wechselten. Die übrigen Tribunen versahen während dieser Zeit den inneren Dienst und leisteten im Kampfe dem kommandierenden Tribunen Beistand.

Die *tribuni militum* wurden nicht wie die Centurionen aus gedienten Soldaten bezw. aus den Centurionen selbst, sondern immer aus dem Stande der Senatoren oder Ritter und zwar aus jungen Leuten genommen, welche mit diesem Amt ihre politische Laufbahn begannen und vorher meist in der Reiterei (*equo merere*) oder als *contubernales* oder *comites imperatoris* gedient hatten. Als Zeichen ihres Ranges trugen die *tribuni militum* den *anulus aureus* der Ritter.[2])

## § 168. Bewaffnung der römischen Legion.

Die Waffen der Legionssoldaten zerfallen in Schutz- und Angriffswaffen.[3]) Die Schutzwaffen bestehen in der Zeit des Polybius:

1. Aus einem ehernen Helm (*cassis*) mit hohem Federbusch, aus Erz oder Eisen oder beiden Metallen hergestellt.

---

[1]) Vgl. Giesing, Beiträge zur röm. Taktik, Rang und Beförderung der Centurionen, Jahrb. für Phil., 145. Band, 7. Heft, S. 493.

[2]) Vergl. Haukol, Die Ernennung und soziale Stellung der röm. Kriegstribunen. Dresden-Neustadt, Pgr. 1889.

[3]) Mit einiger Sicherheit sind uns erst die Waffen der Kaiserzeit bekannt, weil nur aus dieser Zeit Funde und bildliche Darstellungen stammen.

Er wurde nur vom Legionar getragen. Von ihm zu unterscheiden ist die *galea*, eine Lederkappe, welche von den Leichtbewaffneten getragen wurde.

2. Einem Brustharnisch, *lorica*, aus ledernen, übereinander geflochtenen Riemen mit einem Eisenblech von $^3/_4$ Fuss Höhe und Breite in der Herzgegend. Diesen ledernen Panzer trugen alle Legionssoldaten mit Ausnahme derer, die der ersten Censusklasse angehörten. Letztere trugen einen Panzer aus metallenen Ringen (*lorica hamata*), die noch mit metallenen Schuppen bedeckt sein konnten (*lorica squamata*).

3. Dem *cingulum*, einem mit Metallbeschlägen verzierten Ledergurt, an dem oft ein Schurz aus metallplattierten Lederstreifen befestigt ist.

4. Einem viereckigen, cylindrisch gebogenen Schild, *scutum*.

Die Angriffswaffen waren:

1. Das Schwert, *gladius*, kurz, zweischneidig, zum Hieb und zum Stoss geeignet und an der rechten Seite getragen. Dasselbe war den Hispanern entlehnt und seit dem zweiten punischen Kriege in Rom eingeführt. Dieses Schwert führten alle Legionare.

2. Ein Dolch, *pugio*, der an der linken Seite an einem besonderen Riemen befestigt war.

3. Das *pilum*, d. h. ein Wurfspiess. Der Hauptcharakter desselben bestand nach Lindenschmit[1]) in einer starken Eisenstange mit gestählter Spitze, „welche wegen ihrer Länge und festen Verbindung mit dem Schaftholze, wenn einmal im feindlichen Schild haltend, nicht abgehauen werden konnte und den Krieger befähigte, mit wohlgezieltem Wurf Ross und gepanzerten Reiter zumal und mehrere Schilde auf einmal zu durchbohren." Dieser Hauptcharakter blieb unberührt durch die mancherlei Veränderungen, die immer nur die Länge und somit das Gewicht der ganzen Waffe, sowie die Art der Verbindung des Speereisens mit dem Schafte betrafen.

---

[1]) Tracht und Bewaffnung des römischen Heeres während der Kaiserzeit. Braunschweig, Fr. Vieweg u. Sohn, 1882, S. 12.

Die dunkle Erklärung, welche Polybius von dieser
Gattung von Wurfspeeren gab, war bis in die zweite Hälfte
unseres Jahrhunderts für die Forscher noch ein Rätsel, bis
der in den fränkischen und allemannischen Friedhöfen ge-
fundene Eisenspeer, der eine Nachbildung des Pilums ist und
mit den Fundstücken des römischen Pilums übereinstimmt,
zur Entdeckung des letzteren führte und in die Beschreibung
des Polybius Licht brachte.

Das Pilum, das zur Hälfte aus Eisen, zur Hälfte aus
einem mehr als zolldicken Schaft bestand, wurde, wie seine
ganze Konstruktion und die verschiedenen Schlachtenberichte
zeigen, nicht zum Stoss, sondern zum Wurf gebraucht. Es
wird beim Beginn des Gefechts angewendet, indem die
einzelnen Glieder, wenn der Feind in Schussweite heran-
gekommen ist, dasselbe abschleudern und erst hierauf, wenn
der Feind schon etwas in Verwirrung geraten, vom Schwerte
Gebrauch machen.

In späterer Zeit führten die Legionare nur ein Pilum.
Ob dies auch zu Polybius Zeit der Fall war, oder ob die
Soldaten zwei Pila geführt haben, ist zweifelhaft. Polybius
spricht von zwei Pila, einem leichteren und schwereren. Das
letztere aber war wohl kein Pilum für den Gebrauch im
freien Felde, sondern nach Köchlys Annahme ein *pilum mu-
rale*, ein Mauerspeer, der nur zur Verteidigung des Lagers
angewendet wurde.

Mit dem Pilum waren zur Zeit des Polybius nur die
*hastati* und *principes* ausgerüstet, während die *triarii* die *hasta*
führten; später ging das Pilum auch auf die letzteren über.

4. Die *hasta*, die älteste Angriffswaffe der Römer und
nach Einführung des Pilums noch Stosswaffe der Triarier, war
wohl der griechischen Sarisse ähnlich. Übrigens fehlen über
ihre Form alle schriftlichen Notizen. Von der *hasta* des
Legionssoldaten sind die leichten Spiesse der *velites*, die *hastae
velitares*, und der *contus*, der Reiterspeer, zu unterscheiden.

Die leichten Truppen führten ausser den *hastae velitares* als Angriffswaffe noch das spanische Schwert; als Schutzwaffen dagegen hatten sie nur einen Lederhelm (*galea*) und

einen leichten runden Schild von 3 Fuss im Durchmesser, *parma*.

Rüstung und Waffen schaffte der Soldat sich selbst an.

## § 169. Aufstellung und Schlachtordnung der Legion.

Dass jedem Manipel noch 40 *relites* hinzugefügt waren, ist schon oben gesagt. Die *relites* bildeten also keine besonderen Abteilungen für sich, sondern waren mit den Manipeln der *hastati, principes* und *triarii* vereinigt. Jeder Soldat hatte von seinem Neben- und Hintermann je 3 Schritte Abstand. Der Abstand von je drei Fuss von dem Nebenmann (Rottenabstand) war zur Handhabung von Schild und Schwert notwendig, aber bei der Ausfallstellung des Legionars auch ausreichend, weil durch diese Ausfallstellung der Zwischenraum zwischen den Nebenleuten sich um einen halben Fuss vergrösserte. Denn entweder wurde der linke Fuss vorgestellt, um sich gegen den Angriff mit dem Schilde zu decken, oder der rechte, um dem Stiche oder Hiebe den gehörigen Nachdruck zu geben. Der Abstand zwischen Vordermann und Hintermann (Gliederabstand) war gewöhnlich dem Rottenabstand gleich. Da aber bei drei Fuss Gliederabstand der Legionar sein *pilum* nicht schwingen konnte, so wurde das zweite Glied nicht auf den Vordermann, sondern auf die Lücke des ersten Gliedes und ebenso das dritte Glied auf die Lücke des zweiten und das vierte auf die Lücke des dritten Glieds u. s. w. ausgerichtet (Quincunxstellung der einzelnen Legionare, aber wohl zu unterscheiden von der Quincunxstellung der Manipeln vor der Schlacht). Dadurch gewann jeder Legionar den nötigen Abstand von 6 Fuss, um sein *pilum* zu werfen, ohne den Hintermann zu stossen.[1]) Die geöffnete Stellung war für den freien Gebrauch der Waffen im Gefecht von grossem

---

[1]) R. Schneider, Legion und Phalanx, S. 93 und 99. Mit diesem Resultat stimmt Vegetius III, 14: *inter ordinem autem et ordinem a tergo in latum sex pedes distare voluerunt, ut haberent pugnantes spatium accedendi atque recedendi, rehementius enim cum saltu cursuque tela mittuntur.* Über die Irrtümer des Vegetius in zwei anderen hierauf bezüglichen Stellen im 15. Cap. s. Schneider S. 94 u. 95.

Vorteil, insbesondere der griechischen oder macedonischen Phalanx gegenüber, die zwar im geschlossenen Angriff und Vorstoss auf ebenem und freiem Felde unwiderstehlich, aber bei ihrer dicht gedrängten Stellung von nur $1\frac{1}{2}$ Fuss Abstand (oder Raum) zu unbehilflich war und bei den geringsten Terrainhindernissen sich lockern und Blössen darbieten musste. In dem letzteren Fall war die dichte und ganz geschlossene Stellung der Phalanx für den einzelnen Phalangiten, der sich nicht rühren und regen konnte, ein ausserordentliches Hindernis für den Kampf, während die lose und freie Stellung des einzelnen Legionars demselben jeglichen Spielraum zum Gebrauch seiner Waffen gewährte.

Die grössere Beweglichkeit der Legion hing aber nicht bloss von dem grösseren Raum ab, der dem einzelnen Mann zur Verfügung stand, sondern auch von der gegliederten Aufstellung der Legion.

Diese Gliederung der Legion war eine doppelte, nämlich eine Gliederung in die Tiefe und eine Gliederung in die Fronte.

Die Gliederung in die Tiefe ergab sich aus der Einteilung der Legion in die drei Waffengattungen der *hastati*, *principes* und *triarii* von selbst. In der Aufstellung vor der Schlacht bildeten das erste Treffen regelmässig die *hastati*, das zweite die *principes* und das dritte die *triarii*. Die Gliederung in der Fronte dagegen ergab sich aus der Einteilung in Manipeln. Ueber die Art und Weise der Aufstellung der so gegliederten Legion oder über die Manipulartaktik findet sich bei Livius[1]) eine Beschreibung, welche die Ausleger

---

[1]) Liv. VIII, 8, 9: *ubi his ordinibus exercitus instructus esset, hastati omnium primi pugnam inibant. Si hastati profligare hostem non possent, pede presso eos retro cedentes in intervalla ordinum principes recipiebant. Tum principum pugna erat; hastati sequebantur. Triarii sub rexillis considebant sinistro crure porrecto, scuta innixa umeris, hastas subrecta cuspide in terra fixas, haud secus quam vallo saepta inhorreret acies, tenentes. Si apud principes quoque haud satis prospere esset pugnatum, a prima acie ad triarios sensim referebantur. Inde rem ad triarios redisse, cum laboratur, proverbio increbuit. Triarii consurgentes, ubi in intervalla ordinum suorum prin-*

seit alten Zeiten beschäftigt hat, bis der Streit durch die
Autorität Rüstows, dem zur Zeit noch fast alle Lehrbücher
folgen, auf längere Zeit entschieden wurde. Nach der Ansicht
Rüstows waren die Manipeln derart aufgestellt, dass zwischen
je zwei Manipeln ein der Frontlänge des einzelnen Manipels
gleicher Zwischenraum blieb. Dadurch ergab sich der Vorteil,
dass jeder einzelne Manipel für sich manöverierbar wurde und
für die hinteren Abteilungen der *principes* und *triarii* ein offener
Raum blieb, durch den sie ungehemmt hindurchmarschieren
konnten. Zu diesem Behufe waren aber die Manipeln in der
Tiefe nicht in einer geraden Linie, sondern schachbrettförmig
aufgestellt (die Form des *quincunx*) und zwar in der Weise,
dass die *principes* hinter den Intervallen der *hastati*, und die
*triarii* hinter den Intervallen der *principes* standen.

Der Angriff gegen den Feind wurde durch die *hastati*
eröffnet, indem sie gegen den Feind vordrangen, in Speer-
schussweite die *pila* gegen denselben abschleuderten und dann
zu dem Schwerte griffen. Gelang es ihnen nicht, die Entscheidung herbeizuführen, so zogen sie sich zurück, während
gleichzeitig durch ihre Intervalle die *principes* zum Angriffe
vorgingen, die Triarier aber in ihrer Position verblieben. Erst
wenn auch der Angriff der *principes* fehlschlug, rückten die
Triarier vor, aber nicht allein, sondern die geschlagenen *hastati*
und *principes* in ihre Intervalle nehmend, rückten sie mit
diesen vereint in geschlossener Linie vor (*res ad triarios redit*).
Doch mussten in diesem Falle die Intervalle der Triarier um

cipes et hastatos recepissent, extemplo compressis ordinibus relut claudebant
rias unaque continenti agmine iam nulla spe post relicta in hostem incidebant;
id erat formidolosissimum hosti, cum relut victos insecuti noram repente aciem
exsurgentem, auctam numero, cernebant.

das Doppelte, von 60 auf 120 Fuss, erweitert werden.[1]) Nur
im dringenden Notfall, wenn der Raum eine Entfaltung der
Kräfte nicht gestattete, fielen die Intervalle fort. Was die
Verwendung der *relites* betrifft, so füllten sie entweder beim
Angriff die Intervalle aus oder wurden als Plänkler vor die
Schlachtlinie gestellt, um den Kampf zu eröffnen.

Gegen diese Ansicht Rüstows, die durch alle Lehrbücher
verbreitet, etwa dreissig Jahre die herrschende war, erklärte
sich zuerst Hans Delbrück in seinem Aufsatze „Die römische
Manipulartaktik"[2]), und seine Untersuchungen bewirkten, dass

---

[1]) Ein Intervall war nämlich gerade so lang als der Manipel Raum
einnahm. Ein Manipel hatte 20 Mann in der Front, die, da jeder 3 Fuss
brauchte, 60 Fuss Raum nötig hatten.

[2]) H. Delbrück, Hist. Ztschr. N. F. XV, 239—264. Derselbe weist
nach, dass das manipelweise Durchziehen und Ablösen der Treffen, so
bestimmt auch die Erzählung des Livius laute, eine Unmöglichkeit sei;
denn einmal sei es unmöglich gewesen, beim Angriff auf den Feind die
Distanzen einzuhalten, wodurch eine Unordnung sondergleichen habe entstehen müssen; dann aber, wenn auch die Legion wirklich, was sehr un-
wahrscheinlich, mit den durch regelrechte Intervalle getrennten Manipeln
an den Feind gekommen sei, sei es undenkbar, dass die infolge der
Intervalle nicht angegriffenen Teile der feindlichen Schlachtordnung nicht
in diese Intervalle eindrangen und die Manipeln von den Flanken an-
fassten. War dies letztere aber der Fall, dann musste allerdings das
zweite Treffen vorrücken, um die Flanken der Manipeln des ersten Treffens
zu schützen. In diesem Falle war aber die kontinuierliche Linie hergestellt, und war es besser, diese gleich von vornherein aufzustellen. Seit
Delbrücks Untersuchungen haben alle, die nach ihm über röm. Taktik geschrieben haben, für den Kampf selbst eine geschlossene Stellung der
Legion ohne die frontgleichen Lücken angenommen. Es wurde aber, und
zwar von mehreren Gelehrten gleichzeitig, der Versuch gemacht, die geschlossene Stellung im Kampfe mit der Quincunxstellung bei Livius zu
kombinieren und zwar dadurch, dass man für den Anmarsch frontgleiche
Intervalle, für den eigentlichen Kampf aber die Schliessung der Intervalle
annahm. Dies findet sich zuerst ausgesprochen bei Soltau, (Hermes
XX, 1885, S. 262.) Ihm zufolge findet die Schliessung der Intervalle
durch die Verdoppelung des Abstandes jedes einzelnen Legionars von
seinem Nebenmann statt. (Vgl. dagegen R. Schneider, Legion und Phalanx,
S. 114.) Wenn das zweite Treffen das erste ablösen sollte, wurden durch
Zusammenziehung die Intervalle wieder hergestellt, durch welche dann

alle, die seitdem über die römische Taktik geschrieben haben,
für den Kampf eine geschlossene Stellung der Legion, ohne
die frontgleichen Lücken annahmen, dagegen für den Anmarsch die frontgleichen Intervalle und die Quincunxstellung
beibehielten. Es wird, insbesondere von R. Schneider, die

das zweite Treffen vorrückte. Die Ansicht Soltaus wird geteilt und
zum Teil mit besonderen Gründen verfochten von Kuthe (Die röm.
Manipulartaktik, Wismar 1885) und Fröhlich (Beiträge zur Gesch. der
Kriegsführung und Kriegskunst der Römer zur Zeit d. Rep., Berlin 1886,
Ders., Bedeutung des 2. punischen Kriegs für die Entwickelung des röm.
Heerwesens, ferner Recension von Kuthes Ansichten in der Berl. phil.
Wochenschr. 1886, 839 und Kriegswesen Cäsars, Zürich, 3 Teile, 1889—1891.)
Das von den Genannten angenommene Manöver der Manipeln ist aber
nach Delbrück (Triarier und Leichtbewaffnete, Hist. Ztschr. N. F. 24,
238—264) unmöglich, weil die Truppen im Handgemenge nicht abgelöst
werden können. Bruncke (Über die serv. Phalanx und die ältere
Manipularlegion) lässt die Ablösung der Treffen durch die Intervalle
fallen, nimmt aber an, dass eine Ablösung derart stattgefunden habe,
dass das vorderste Treffen, um dem zweiten Platz zu machen, seitwärts
rechts und links abgezogen sei. Auch diese Annahme wird von Delbrück
mit dem Hinweis darauf widerlegt, dass, wenn das erste Treffen im
Nahkampfe mit dem Feinde verwickelt sei, eine solche taktische Bewegung undenkbar sei. R. Schneider (Berl. phil. Wochenschrift 1886,
S. 593; dann Der Rotten- und Gliederabstand in der Legion, Berl. philol.
Wochenschr. 6, 609 und zuletzt Legion und Phalanx, Taktische Untersuchungen, Berlin 1893) führt auf Grund eines Überblicks über die Kriegs-
geschichte der alten und neuen Zeit mit Recht aus, dass es unmöglich
ist für die römischen Legionen, ob sie nun nach Manipeln oder nach
Cohorten aufgestellt waren, die durchbrochene Ordnung als Normal-
stellung im Kampfe anzunehmen, weil die durchbrochene Ordnung
beim Angriffe nur unter ganz besonderen Umständen brauchbar, beim
Rückzug aber überhaupt verderblich gewesen wäre. Der Bericht des
Livius könne nur auf Phantasie beruhen. Polybius, ein gründlicher Kenner
des Kriegswesens und genauer Beobachter der röm. Kriegskunst, berichte
von den bei Livius vorgeschriebenen drei Stadien des Kampfes nirgends
etwas. Wohl spreche auch er von der Ordnung in drei Treffen, auch er
nehme Intervalle an, auf welche die Manipeln des 2. Treffens gerichtet
waren, aber dies gelte nur für die Bereitschaftsstellung, die Livius mit
der eigentlichen Kampfesstellung verwechselt habe. Vgl. auch Giesing,
Rottenabstände in der Phalanx und der Manipularlegion und die Grösse
der Intervalle, Jahrbb. für Phil. 139, Bd. 2, 3. Heft, S. 161 und Giesing,
Die Entwickelung der röm. Manipulartaktik, Dresden, Pr. 1890.

Anschauung begründet, dass Livius die Bereitschaftsstellung zum Gefecht mit der eigentlichen Kampfesstellung
verwechselt hat. In der Bereitschaftsstellung standen
die Manipeln, wie Polybius bezeugt, wirklich in drei Treffen
in Quincunxstellung. Diese Intervalle dienten dem Durch-
zuge der Leichtbewaffneten, die sich nach Eröffnung des Kampfes
wieder durch sie zurückzogen. War dies aber geschehen, so
wurden diese Intervalle durch die Manipeln des zweiten
Treffens ausgefüllt, so dass also die Legion geschlossen mit zwei Dritteln ihrer Gesamtstärke zum
Angriff vorging, während das aus den Triariern bestehende
letzte Drittel zu beliebiger Verwendung des Feldherrn stand.
Obiges Schema, wie es von Rüstow aufgestellt ist, gilt also
nur für die Bereitschaftsstellung, während sich die
Schlachtordnung der Manipellegion so gestaltete:

Die Angriffsformation des vereinigten 1. und 2. Treffens.

Die aus den Triariern bestehende Reserve.

Als Abzeichen existierten in der Zeit vor Marius nur
*signa manipulorum*, Standarten mit einem auf einer Stange
befindlichen massiven *insigne*, mit welchem noch ein Fähnchen
verbunden war (*signum* und *vexillum*); Cohortenfahnen und
Legionsadler kamen erst später auf. Bei dem Angriff in geschlossener Kolonne gehen diese *signa* den Manipeln im ersten
Gliede voran; in der stehenden Schlacht aber stehen sie
hinter dem ersten Gliede. Die in der ersten Linie stehenden
*hastati* heissen infolge hiervon auch *antesignani;* rücken die
*principes* vor, so werden diese zu *antesignani*. Auch die
*velites* führen manchmal diesen Namen, aber in einem anderen
Sinne, indem dann nur gesagt sein soll, dass sie vor den
Manipeln kämpfen.

## § 170. Die Reiterei.

Neben den Truppen zu Fuss enthält jede Legion noch
300 Reiter, *equites*. Diese waren eingeteilt in 10 *turmae* zu

je 30 Mann, die Offiziere mit eingerechnet. Jede Turme zerfiel wieder in 3 *decuriae* mit *decuriones* an der Spitze, von denen der erste die ganze *turma* befehligte. Unter den *decuriones* standen 3 Gehilfen oder Unteroffiziere, *optiones* genannt. Die Turme hatte als Abzeichen ein Fähnlein, *vexillum*. Sie war wie die Legion in drei Gliedern aufgestellt und zwar ebenfalls entweder in geschlossenen oder geöffneten Rotten. Die Rüstung bestand in einem Panzer (*thorax*), ledernen Beinschienen (*ocreae*). Helm, Schild, Lanze (*hasta, contus*) und Schwert. Die Stellung der Reiterei war auf den Flügeln der Legionen, doch wurde auch manchmal die Reiterei mehrerer Legionen vereinigt. Später kam die speziell römische Reiterei ab und wurde durch bundesgenössische ersetzt. Seitdem bildeten die *centuriae equitum* nur eine dem Namen nach bestehende Militäreinrichtung, die einer faktischen Befreiung vom eigentlichen Kriegsdienste für Mitglieder der höheren Stände, ausgenommen als Offiziere oder als Freiwillige, gleichkam. Wie hieraus der Ritterstand hervorgegangen, ist oben § 25 auseinandergesetzt. Ausserhalb der Legion stand auch die *delecta manus imperatoris* oder die *praetoria cohors,* letztere Bezeichnung offenbar von der Zeit her führend, wo der Consul noch *praetor* hiess. Diese *praetoria cohors* war ein Elitecorps aus den Vornehmen und Reichen und zwar Reiterei. Später, gegen Ende der Republik, war sie aus Fusstruppen und Reiterei gemischt.

### § 171. Die Hilfstruppen der Bundesgenossen.

Unter den Hilfstruppen sind die Hilfstruppen der italischen *socii* von denen der ausseritalischen Bundesgenossen zu unterscheiden. Jene heissen immer *socii*, letztere *auxilia*.

Einen Hauptbestandteil der italischen *socii* bildeten die *socii Latini*, d. h. die Kontingente, welche sich aus den latinischen Kolonien rekrutierten. Diese lieferten keine Truppen zu den Legionen, sondern waren nach den Bestimmungen ihres mit Rom abgeschlossenen *foedus* nur zur Stellung von Hilfstruppen verpflichtet; ebenso war es mit den anderen *socii Italici*, wie Samnitern, Marsern, Frentanern, Lucanern u. a.

Die jährlich einzustellende Zahl wurde von dem Senat und
den Consuln festgestellt. Die Naturalverpflegung der Truppen
übernahm der römische Staat, während der Truppensold von
den Bundesgenossen bezahlt wurde. Nach Polybius ist die
Stärke des aus diesen Kontingenten gebildeten Fussvolkes
in der Regel ebenso gross wie die aufgestellte römische Macht,
die Reiterei aber dreimal so gross als die römische. In der
Schlacht an der Trebia war sogar die Zahl der Bundesgenossen grösser als die der Römer, nämlich 20000 Mann zu
Fuss, wogegen die Römer nur 16000 stellten. Dass zu einem
consularischen Heer von zwei Legionen immer ein an Zahl
gleiches oder stärkeres bundesgenössisches Kontingent hinzu-
trat, ward mit der Zeit so selbstverständlich, dass es zuletzt
gar nicht mehr erwähnt wurde; daher hat man sich, wenn
von einem solchen Heere die Rede ist, auch wenn sie nicht
speziell erwähnt werden, die Bundesgenossen mit hinzuzu-
denken. Ein Consul führte demnach zwei römische Legionen
zu etwa 5000 Mann, also 10000 Römer, und mindestens
ebensoviele Bundesgenossen, also durchschnittlich ein Heer
von 20000 Mann.[1])

Die *socii* zerfielen in *ordinarii* und *extraordinarii*. Die
*extraordinarii*, 1600 Mann stark, erhielten eine besondere
Stellung. Sie bildeten vier Cohorten und zwei Reiterschwa-
dronen. Nach Abzug derselben bleibt in der Regel eine den
zwei Legionen gleiche Anzahl von 8400 Mann, die auf zwei
*alae*, *ala dextra* und *ala sinistra*, gleich verteilt sind. Jede
*ala* war also an Stärke ungefähr einer Legion gleich, bildete
aber kein selbständiges Corps; denn nur von dieser Verteilung
auf die Flügel führten diese Abteilungen selbst den Namen *alae*.[2])
Eingeteilt waren diese Truppen (jedenfalls seit dem Bundesgenossenkriege) in Cohorten, von denen wahrscheinlich jede in 3
Manipeln und 6 Centurien zerfiel; auch ist anzunehmen, dass

---

[1]) Vgl. Steinwender, Das numerische Verh. zwischen *cives* und *socii*
im röm. Heer, Marienburg i. Pr., 1879.

[2]) Über diese *alae* wie über die ebenso genannten Reiterabteilungen
s. E. Marcks, De alis, quales in exercitu rom. temporibus reipublicae
liberae fuerint, Jahrbb. für Phil. Supplem. 15, 1—44.

die vier Truppengattungen der *triarii, principes, hastati* und *velites* auch bei den Bundesgenossen vorkamen. An der Spitze der zu zwei consularischen Heeren gehörigen bundesgenössischen Kontingente standen zwölf wechselnde Anführer, *praefecti sociorum*. Dieselben waren Römer und wurden von den Consuln ernannt. Unter ihnen standen den einzelnen Abteilungen einheimische Führer vor.

Die Reiterei der Bundesgenossen war bei einem consularischen Heer meist 1800 Mann stark; bis zum Bundesgenossenkriege war sie wahrscheinlich nur in *turmae* eingeteilt, von da ab zerfiel sie in 6 *alae* zu je 300 Mann, die selbst wieder 5 Doppelturmen zu je 60 Mann enthielten.

Von den Hilfstruppen dieser *socii Italici* sind die *auxilia* aus den Provinzen und den verbündeten ausseritalischen Staaten zu unterscheiden. Dieselben bildeten aber kein bestimmtes Kontingent, sondern waren nach Bedürfnis verschieden; auch nahm der römische Staat fremde Truppen in Sold, wie kretische Bogenschützen und balearische Schleuderer. Formiert waren diese Truppen in Cohorten. Von grösster Bedeutung für das römische Heer war aber die von den Provinzen gestellte Reiterei, die im letzten Jahrhundert v. Chr. ganz an die Stelle der Legions- und italischen Bundesgenossenreiterei trat. An der Spitze derselben standen römische *praefecti*. Diese bundesgenössischen Reiter waren in *alae* eingeteilt, eine Bezeichnung, die dem früher *ala* genannten der römischen Legion entsprechenden Truppenteil entlehnt war. Jede *ala* stand unter einem meist römischen, manchmal aber auch einheimischen Truppenführer, *praefectus alae*.

### § 172. Marsch- und Schlachtordnung des römischen Heeres.

Die Marschordnung eines consularischen Heeres war gewöhnlich folgende. Das Heer marschierte in einfacher Kolonne (*agmen pilatum*). Den Vortrab bildeten die *extraordinarii* (1600 Mann bundesgenössische Truppen s. § 171). Dann folgte die *ala dextra sociorum* mit ihrem Train, dann die erste Legion mit ihren *impedimenta*, hierauf ebenso die zweite Legion, dann der Train des Nachtrabs und zuletzt dieser selbst, welcher von der *sinistra ala sociorum* gebildet wurde. Legionen und *alae* wechselten täglich ihre Stelle. Die Reiterei befindet sich entweder auf den Flanken zum Schutze des Trains oder folgt dem Truppenteil, zu dem sie gehört. Das Heer in Marsch heisst *agmen*. Zeigt sich der Feind, so formiert sich dasselbe zur *acies*, d. h. dem Heer in Schtachtordnung. Nahm die Marschordnung schon auf die schnelle Entwickelung zur *acies* Rücksicht, so war dies das *agmen quadratum*, d. h. diejenige Marschordnung, bei welcher die *hastati*, *principes* und *triarii* in drei Kolonnen nebeneinander marschierten, wobei jeder Manipel seinen Train vor sich hatte (*quadratum* von *quadrare* richten heisst dabei in gerader Front gerichtet). Daneben kommt jedoch eine andere Art von *agmen quadratum* vor, nämlich eine solche Marschordnung, bei welcher das marschierende Heer ein hohles Viereck bildet, in dessen Mitte das Gepäck geführt wird. Diese Form wurde namentlich in Afrika und Spanien angewendet, um Heer und Gepäck gegen unvermutete Überfälle zu schützen. Bestand ein Heer z. B. aus vier Legionen bezw. zwei Legionen und zwei *alae sociorum*, so bildete je ein solcher Truppenteil eine Seite des Vierecks, während die *auxilia* entweder in die Mitte genommen oder als Vortrab und Nachtrab verwendet wurden.

Andere Formationen sind der *orbis*, ein volles Carré, die *testudo*, das Marschieren mit dichtem Aneinanderhalten der Schilde, und der *globus*, ein abgesondertes Corps zur Überflügelung des Feindes.

Ausser seinen Waffen trug der römische Soldat auf dem Marsche auch noch Gepäck. Dasselbe bestand aus einem Vorrat von Getreide oder Brot, gewöhnlich für 17 Tage, und einem oder mehreren Schanzpfählen zur Herstellung des Lagers, und ausserdem führte ein grosser Teil Sägen, Beile, Sicheln, Spaten, Schanzkörbe u. dgl. Das Gewicht des Gepäcks giebt Vegetius auf 60 Pfund an.

Von diesem vom Soldaten selbst getragenen Gepäck (*sarcina*) ist das von Zugtieren (*iumenta*) geführte schwere

Gepäck (*impedimenta*) zu unterscheiden. Begleitet war dasselbe von Trossknechten (*calones*). Es enthielt vor allem die
ledernen Zelte für das Lager, deren man für ein Heer von
20 000 Mann etwa 2000 bedurfte, für welche dann die gleiche
Anzahl von Pferden erforderlich war. Alles zusammen bildet
den Tross, ebenfalls *impedimenta* genannt.

Die gewöhnliche Schlachtordnung eines consularischen
Heeres war die, dass die beiden Legionen das Centrum, die
*ala dextra sociorum* den rechten und die *ala sinistra sociorum*
den linken Flügel bildeten und die Reiterei sich beiden
Flügeln anschloss. Doch wich man häufig von dieser Schlachtordnung ab. Auch kämpfte man nicht immer in gerader
Front, *fronte longa*, sondern man wandte auch manchmal die
sogenannte schiefe Schlachtordnung (*obliqua*) an, bei welcher
das Heer in einen Defensiv- und Offensivflügel geteilt und
anfangs nur der letztere am Kampfe beteiligt war. Eine
andere Form ist die *sinuata acies*. Diese besteht darin, dass
die beiden Flügel zum Angriff vorgehen, während das Centrum
zurückbleibt. Die dieser Schlachtordnung entgegengesetzte
Form ist der *cuneus*, eine keilförmige Angriffsstellung, bei
welcher das Centrum an der Spitze vordringt und von den
die Flanken des Keils bildenden Flügeln begleitet wird. Bekanntlich wandten die Römer diese Form bei Cannae an.
Abgewehrt wird der Angriff durch die Form des hohlen Keils;
von diesem machte auch Hannibal Gebrauch; er täuschte
aber die Römer, indem er zuerst sein Centrum in der Form
des Halbmondes vorrücken und erst während des Kampfes
seine zurückgebogenen Flügel die Schwenkung ausführen liess,
durch welche der hohle Keil hergestellt wurde.

## § 173. Das römische Lager.[1])

Polybius hat eine Beschreibung des römischen Lagers für
ein regelmässiges consularisches Heer von zwei Legionen mit
der entsprechenden Anzahl bundesgenössischer Truppen hinter-

---

[1]) Siehe H. Nissen, Das alte römische Lager nach Polybius, N. J.
für Phil., 132, 129. Vergl. auch dessen Templum, Berlin 1869.

lassen, aus der man, wenn auch nicht in allen, so doch in
den Hauptpunkten die Beschaffenheit und Einrichtung eines
römischen Lagers in der Zeit der Republik erkennen kann.

Das Lager bildete ein Quadrat, dessen Seiten nach den
vier Himmelsgegenden derart orientiert sein sollten, dass die
Frontseite nach Osten lag: doch wich man aus militärischen
Gründen von dieser Regel vielfach ab. Bei der Anlage wurde
zuerst das Praetorium, d. h. das Feldherrnzelt, abgesteckt,
welches die Form eines Quadrats hatte, dessen Seiten je
60 Meter betrugen. Neben demselben wurde der Raum für
die Zelte der Tribuni abgesteckt, und an ihnen vorbei lief
die eine der beiden Hauptstrassen des Lagers, die 30 Meter
breite *via principalis*. Die Anlage der Strassen erfolgte nach
bestimmten Linien, durch welche das Lager in seine Abteilungen zerlegt wird. Die von Osten nach Westen laufenden
Linien heissen *decumani* und die von Norden nach Süden
gehenden *cardines*. Doch bei den notwendig durch die Stellung
des Feindes und andere Rücksichten gebotenen Abweichungen
kam die Sache allmählich so, dass mit dem *decumanus* die
Länge und mit dem *cardo* die Breite des Lagers geteilt wird.
Die *via principalis* ist nach einem dieser *cardines* angelegt,
der *cardo maximus* genannt wird. Sie hat, wie erwähnt,
30 Meter Breite und teilt das Lager in zwei ungleiche Hälften,
und zwar eine hintere und eine vordere. In der hinteren
kleineren Hälfte befindet sich das Praetorium, die Zelte der
Tribunen und auserlesene Truppen, in der vorderen grösseren
Hälfte die Legionssoldaten und Bundesgenossen. Wenn auf
diese Weise die beiden Hauptteile des Lagers abgesteckt waren,
wurde von der Mitte des *cardo maximus* oder der *via principalis*
aus mit Hilfe eines dioptrischen Instruments eine zweite Linie
gezogen, die das Lager der Länge nach durchschnitt. Auf
dieser Linie, welche den *cardo maximus* im rechten Winkel
schnitt und *decumanus maximus* hiess, wurde nun ebenfalls
eine Strasse und zwar von 15 Meter Breite angelegt, die das
Lager ebenfalls in zwei Hälften, und zwar in eine rechte
und linke Hälfte zerlegte. Doch war die Strasse unterbrochen
durch das Praetorium, in dessen Front sie mündete. Daher

hatte man vom Praetorium aus den grössten Teil des *decumanus* und das eigentliche Soldatenlager vor sich, und was von diesem Standpunkte aus rechts oder links war, wurde als rechte und linke Seite des Lagers bezeichnet. Der grössere vom Praetorium aus gesehene und jenseits der *via principalis* gelegene Teil galt dann als der vordere und der diesseits des Praetoriums gelegene Teil als der hintere Teil des Lagers.

Zu beiden Seiten der beiden Hauptstrassen waren Thore. Das Thor zur rechten Seite hiess *porta principalis dextra* und das zur linken *porta principalis sinistra*, beide nach der *via principalis* genannt, deren Endpunkte durch sie bezeichnet wurden. Das vordere Thor hiess *porta praetoria*, das hintere *porta decumana*.

Der vordere Teil des Lagers zerfiel der Breite nach wieder in zwei Teile durch eine mit der *via principalis* parallel laufende Strasse, *via quintana*, die wie der *decumanus* oder die *via decumana* 15 Meter breit war. Parallel mit der letzteren liefen 6 doppelte Zeltreihen (*strigae*), der Form nach Rechtecke. Dieselben waren durch die *via quintana* und fünf ebenfalls 15 Meter breite und dem *decumanus* parallel laufende Querwege von einander getrennt. In diesen 6 Doppelreihen lagerte das Gros des Heeres und zwar derart, dass die Bundesgenossen auf der rechten und linken Seite, die römischen Truppen aber in der Mitte untergebracht wurden.

Die Velites kampierten ausserhalb des Lagers. Die hintere Seite des Lagers (*pars postica*) enthielt zunächst das Praetorium und die Zelte für die 12 *tribuni militum*. In dem Praetorium war das Zelt des Feldherrn (*ducis tabernaculum*), ein mit einem Dache versehenes Haus von dem Aussehen eines Tempels. Auf der Frontseite befand sich der Altar, auf welchem der Feldherr opferte. Auf der rechten Seite standen das *augurale* und das Quaestorium, das den Train enthielt, und auf der linken das Tribunal, von welchem aus der Feldherr Ansprachen an die Truppen hielt und Recht sprach, sowie das Forum, auf dem die Soldaten versammelt wurden. Links von dem letzteren und rechts von dem Quaestorium befand sich die Leibwache des Feldherrn, die aus auserwählten Truppen, und zwar Reitern und Fussgängern, bestand. Vor diesen waren auch wohl die Zelte für die *praefecti sociorum* und die *legati* angebracht. Ganz zu hinterst im Lager und zwar durch eine mit der *via principalis* parallel laufende Strasse von den oben genannten Lagerteilen getrennt waren die Zelte für die *extraordinarii sociorum* errichtet. Der das Lager umgebende Wall ist von den Zelten durch einen hauptsächlich zum Aufmarsch der Truppen bestimmten freien Raum von 45 Meter Breite getrennt. Der Wall selbst wurde immer zuerst aufgeworfen, bevor noch die Zelte errichtet wurden. Zuerst wurde dabei der Graben gezogen und die aus demselben geschaufelte Erde zu einem Damm aufgeschüttet (*agger*), der mit Pallisaden (*valli*) besetzt war; die Pallisadenreihe bildete den Wall im engeren Sinne (*vallum*). Die Zelte waren aus Leder (*militem sub pellibus tenere*).[1]

Für die Ordnung und Sicherheit des Lagers wurde durch Wachen (*stationes, custodiae, excubiae, vigiles*) gesorgt. Der Nachtdienst war in vier *vigiliae* eingeteilt. Die erste *vigilia*

---

[1] Die hier gegebene Beschreibung des röm. Lagers stützt sich auf die Ausführungen Nissens, dem auch Marquardt folgte. Diesen stehen entgegen die Ansichten hauptsächlich von Fr. Hankel (Neue Jahrbb. für Philol. 121, 737 und 123, 857), denen sich u. a. H. Schiller, Kriegsaltertümer, 2. Aufl. S. 268 anschloss. Während nach Nissen das Thor in der sog. *pars postica*, wo das Feldherrnzelt aufgeschlagen und der dem Feinde abgewendete Teil des Lagers zu suchen ist, die *porta decumana* heisst, und das in der sog. *pars antica* gelegene Thor den Namen *porta praetoria* führt, verhält sich nach Hankel die Sache gerade umgekehrt. Das Thor vor dem Teil des Lagers, wo das *praetorium* liegt, ist nach ihm die *porta praetoria* und die im sog. vorderen Teil umgekehrt die *porta decumana*. Auch wird nach Hankel die sog. *pars postica* mit Unrecht als die dem Feinde abgewendete Seite des Lagers betrachtet. Sie heisst nur im Sinne des Gromatikers, der das Lager abmisst, *pars postica*, ist aber in Wirklichkeit die dem Feinde zugewendete Seite. Auch entspricht nach der Annahme Hankels wahrscheinlich der Raum des hinteren Teils genau dem vorderen, so dass das Lager durch *cardo* und *decumanus* in 4 gleiche Quadrate zerfiel. Nach Nissen muss man aber aus der Zahl der lagernden Truppenteile schliessen, dass der sog. vordere Teil des Lagers bei weitem grösser war als die *pars postica* desselben.

erstreckte sich von 6 Uhr bis 9 Uhr abends, die zweite von
9 Uhr bis Mitternacht, die dritte von da bis 3 Uhr morgens,
und die vierte von 3 bis 6 Uhr. Zur Ablösung wurde regelmässig geblasen. Ausserdem wurde für die Nacht eine Parole
ausgegeben. Der Abmarsch aus dem Lager erfolgte durch
die *porta praetoria.*

### Plan des römischen Lagers.

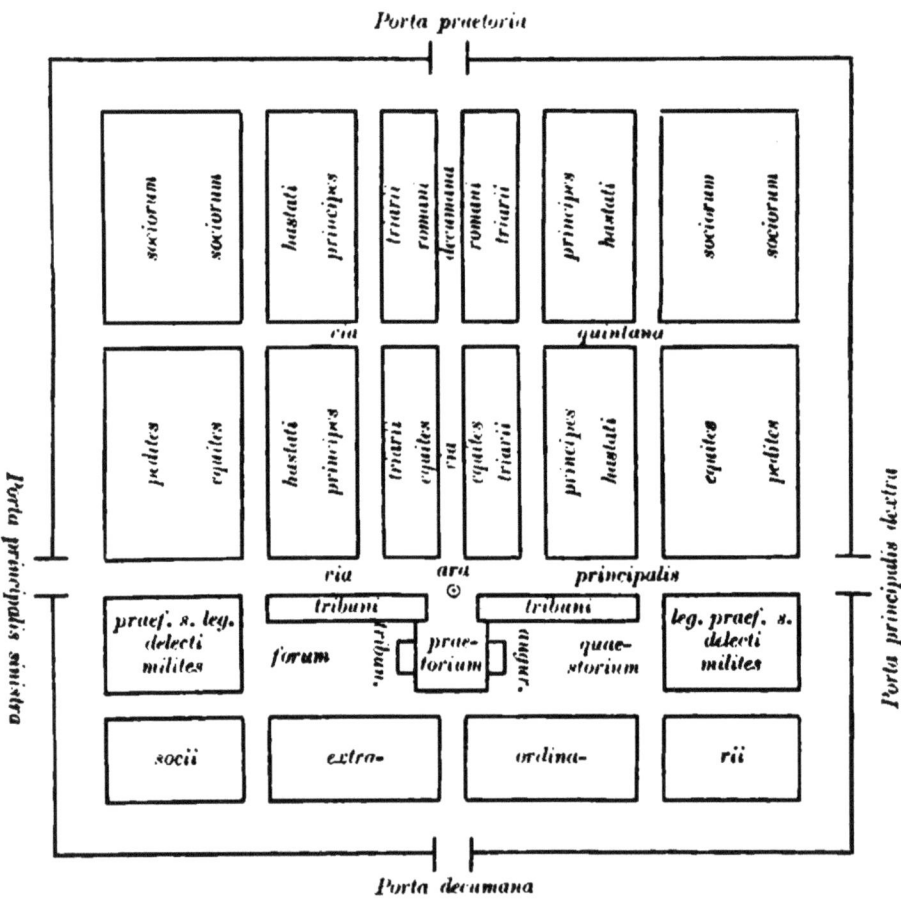

In der Kaiserzeit traten in der Einrichtung des
Lagers einige Veränderungen ein. Die normale Form desselben

ist nach **Hygin**,[1]) der uns eine ausführliche Beschreibung
davon hinterlassen hat, nicht mehr das Quadrat, sondern ein
Rechteck, dessen Länge um ein Drittel grösser ist als seine
Breite. Es zerfällt in einen äusseren Teil und einen inneren.
Den äusseren Teil haben die Legionen inne als die zuver-
lässigsten Truppen; sie lagern an der ganzen Ausdehnung
des Wallweges auf allen vier Seiten des Lagers und sind
durch eine mit diesem Wallweg parallel laufende 9 Meter
breite Strasse (*via singularis*) von dem inneren Teile des
Lagers geschieden. Der innere Teil selbst wieder zerfällt
in drei Abteilungen, die durch die *via principalis* und *via
quintana* von einander getrennt sind. In dem mittleren
Teile, *latera praetorii* genannt, also zwischen der *via principalis* und der *via quintana*, befindet sich das Praetorium und
die Gardetruppen; der vordere Teil d. h. von der *via quintana* bis zur *porta praetoria*, die *praetentura* genannt, enthält
ausser den Zelten der *legati* und *tribuni* 4 Legionscohorten
und verschiedene Auxiliartruppen nebst dem Lazarett, dem
*veterinarium* und der *fabrica*. Der hintere Teil des Lagers,
*retentura*, enthält neben einigen römischen Cohorten ebenfalls
*auxilia*.

## § 174. Sold, Disciplin, Strafen, Belohnungen.

Ursprünglich verpflegte der Soldat sich selbst. Im Jahre
406 wurde der Sold eingeführt als Entschädigung für die
Kosten des Unterhaltes. Derselbe betrug zur Zeit des Polybius
für den einzelnen Legionar täglich zwei Obolen = $3\frac{1}{3}$ As
nach dem Trientalfuss oder $5\frac{1}{3}$ As nach dem Unzialfuss.
Die Centurionen erhielten das Doppelte, und die Reiter eine
Drachme oder einen Denar. Danach betrug die jährliche
Besoldung der Fusssoldaten 120 Denare; unter Cäsar wurde
dieselbe nahezu auf das Doppelte (225) erhöht. Von dieser
Löhnung musste der Soldat sich nach einem allerdings billig

---

[1]) Hygini gromatici *liber de munitionibus castrorum*. Vgl. dazu den
Kommentar von L. Lange, Göttingen 1848.

angesetzten Preise Korn und ausserdem Kleidung und Waffen anschaffen. Später wurde das Korn frei geliefert. Zu der Löhnung kamen jedoch später, namentlich seit den macedonischen Kriegen, reiche Beute und Gratifikationen. Der Dienst des römischen Soldaten war hart und die Disciplin streng. Jedes Vergehen gegen dieselbe wurde scharf bestraft, und zwar teils von den Oberoffizieren, die in einem besonders schweren Falle zu einem Kriegsgericht zusammentraten, teils von dem Oberfeldherrn, der meist ebenfalls ein Kriegsgericht (*consilium*, daher *de consilii sententia*) abhielt. Als Strafen wurden Abzug von Sold, Verlängerung der Dienstzeit, beschämende Ausstellung und körperliche Züchtigung, deren strengster Grad das *supplicium fustuarium* war, ja selbst die Todesstrafe verhängt.

Dagegen wurden auch kriegerische Tüchtigkeit und Diensteifer auf verschiedene Weise belohnt. Solche Belohnungen waren Beförderung, öffentliche Belobung *pro contione*, Erhöhung der Löhnung, Geschenke, Dekorationen und Ehrenzeichen (*hastae purae*, *torques*, *armillae*, *phalerae*, *coronae*, darunter die *corona civica* für Rettung eines Bürgers aus Lebensgefahr im Kampfe).

Der Feldherr dagegen wird nach einem bedeutenden Siege von seinen Soldaten als *imperator* begrüsst und behielt diesen Namen während der Dauer des Feldzuges. Diese Ehrenbezeugung, die vom Senate anerkannt oder auch verworfen werden konnte, ward als Vorläufer des Triumphes angesehen. Dieser wurde nur demjenigen, der den Krieg selbständig, *suis auspiciis*, geführt hatte, nicht einem Unterfeldherrn bewilligt und vom Senate in einer Sitzung *extra urbem*, ausnahmsweise auch vom Volke zuerkannt. Zu unterscheiden ist von dieser Bewilligung des Senats die *lex*, d. h. der Volksbeschluss, durch welchen dem Feldherrn für den Tag des Triumphes das *imperium* in der Stadt verliehen wurde. Der Triumph, eigentlich ein religiöser Akt, sollte einen feierlichen Aufzug des siegreich heimgekehrten Heeres darstellen. An der Spitze des Zuges fuhr der Feldherr in einem vierspännigen Wagen, angethan mit einem Prunkgewande, unter einer goldenen Krone, die über seinem Haupte gehalten wurde. Der Zug bewegte sich durch die *porta triumphalis* über das Forum und durch die *via sacra* auf das Capitol. Dort wurde geopfert und der Lorbeerschmuck (*laurus*) *in gremio Iovis* niedergelegt. Im Zuge befanden sich ausser den Soldaten und Unterfeldherren vornehme Gefangene, ferner Bilder von den besiegten Städten und Ländern und die ganze Kriegsbeute. Während des Zuges sangen die Soldaten Kriegs- und Spottlieder, die zum Teil den triumphierenden Feldherrn betrafen.

# Kapitel XXIX.

## Die Organisation des römischen Heeres seit Marius und in der Kaiserzeit. Die römische Flotte.

§ 175. **Veränderungen in der Organisation des Heeres unter Marius.**

1. In den Bestandteilen der Legion trat seit Marius die wichtige Veränderung ein, dass der Unterschied zwischen den vorher durch Census- und Altersverhältnisse bestimmten Waffengattungen verschwand, indem von jetzt an fast nur noch *capite censi* ausgehoben wurden. Von *hastati, principes, triarii* und *velites* ist jetzt nicht mehr die Rede, und die Legion bildete eine in der Bewaffnung gleichartige Truppe.

2. Eine zweite, ebenso wichtige Veränderung ist die Einführung der Cohortentaktik an Stelle der früheren Manipularaufstellung. Diese letztere hatte sich zwar gegenüber der schwerfälligen macedonischen Phalanx und der griechischen Fechtart überhaupt vortrefflich bewährt, aber dem wütenden Ansturm der Cimbern und Teutonen hatte sie nicht standgehalten. Deshalb war Marius darauf bedacht, wie die ganze Legion, so insbesondere die taktische Einheit in derselben zu verstärken. Dies letztere erreichte er dadurch, dass er die auf 6000 Mann verstärkte Legion nicht in 30 Teile wie bisher, sondern in 10 Teile, die er Cohorten nannte, formierte. Danach gewann er eine taktische Einheit von 600 Mann an Stelle des nur 120 Mann starken Manipels. Diese Cohorte war aus 3 Manipeln gebildet, deren jeder wieder aus 2 Centurien bestand. Auch bei der Cohortenlegion wurde das Prinzip, welches bei der Manipulartaktik die Regel war, festgehalten. In der regelrechten Aufstellung war die Cohortenlegion ebenfalls in drei Treffen formiert, von denen zwei zum Angriff in einer Front ohne Intervalle vorgingen, während eins zur Reserve bestimmt war. In der Bereitschaftsstellung

vor dem Kampf waren die beiden ersten Treffen in Cohorten und in Intervallen, die der Front einer Cohorte gleich waren, schachbrettförmig aufgestellt, so dass die drei Cohorten des zweiten Treffens auf die Intervalle gerichtet waren, und dabei standen in erster Linie vier, in zweiter drei und in dritter ebenfalls drei Cohorten.

Bereitschaftsstellung der Cohorten vor dem Kampf.

| | |
|---|---|
| ▭ ▭ ▭ ▭ | Erstes Treffen. |
| ▭ ▭ ▭ | Zweites Treffen. |
| ▭ ▭ ▭ | Reserve. |

Durch diese Intervalle zogen sich die Leichtbewaffneten,[1]) nachdem sie den Kampf eröffnet hatten. zurück, und nun rückte das zweite Treffen ins erste ein, um die Angriffsfront zu schliessen.

Schlachtordnung der Cohortenlegion im Kampf.

Das erste und das zweite Treffen sind somit untrennbar mit einander verbunden, und somit wurde auch bei der Cohortentaktik die naturgemässe Teilung der Kräfte beobachtet, nämlich zwei Drittel für den Angriff, ein Drittel für die Reserve, mit einer geringen Verschiebung zu Gunsten der Angriffstruppen (7 Teile statt 6) verwendet. Übrigens richtete sich die Ordnung und Stellung der Reserve nicht nach einer festen Regel, indem sie nicht immer zur direkten Unterstützung oder Ablösung der Angriffstruppen diente, sondern auch zur Deckung eines bedrohten Flügels oder zum Schutze gegen einen Angriff im Rücken oder zu einem selb-

---

[1]) Dass auch in der Cohortentaktik die Leichtbewaffneten, deren Beteiligung beim Kampf in den Schlachtenschilderungen meist mit Stillschweigen übergangen wird, durch die Intervalle vorgingen, haben Stoffel, Hist. de Jules César, Guerre civile, Paris 1887, II S. 249 u. 280, sowie R. Schneider, Legion und Phalanx, S. 139 u. 141, des Näheren begründet.

ständigen Seitenangriff verwendet werden konnte. Neben dieser *acies triplex* (d. h. der Bereitschaftsstellung) ist die *acies duplex* zu unterscheiden, bei welcher die Truppen schon vorher so geordnet waren, wie sie für den Kampf bestimmt waren. War die Truppenzahl sehr gering, so musste überhaupt auf jede Reserve verzichtet werden (*acies simplex*). Dagegen kam neben der *acies triplex* auch eine *acies quadruplex* vor, indem das Heer sich in die Angriffsfront (erstes und zweites Treffen), in eine Gesamtreserve (das dritte Treffen) und in ein gesondertes Corps (das vierte Treffen) teilte.[1]

3. Da in früherer Zeit die Legionen nur für ein Jahr ausgehoben wurden, so konnte keine feste Numerierung für dieselbe eingeführt werden. Dies änderte sich, seitdem durch Marius Reform die Soldaten 20 Jahre und bei freiwilligem weiteren Dienst noch länger dienten und damit die Legion einen festen Bestand gewann. Seitdem bildete sich für sämtliche Legionen eine feste Nummer. Vollständig stabil wurde die Numerierung aber erst in der Kaiserzeit.

4. Eine weitere Neuerung des Marius bestand in der Einführung des Legionsadlers, als eines gemeinsamen Feldzeichens für die ganze Legion. Dieser Adler, aus Silber, in der Kaiserzeit auch aus Gold gefertigt, befand sich an der Spitze einer Stange, die selbst wieder mit verschiedenen Verzierungen versehen war. Getragen wurde der Adler von dem *aquilifer*, und zwar in der *prima acies* unter dem Schutze des *primipilus*. Wahrscheinlich erhielten auch die Cohorten eigene *signa*.[2]

---

[1] R. Schneider, Legion und Phalanx, S. 145. Giesing (Neue Jahrbb für Phil. 137, S. 849), Verstärkung und Ablösung in der Cohortenlegion. Auch Giesing ist mit Delbrück und Fröhlich darin einverstanden, dass er gleich diesen Kampfintervalle von Frontenlänge zum Zwecke der Ablösung verwirft, weicht aber u. a. von Fröhlich darin ab, dass er überhaupt die Verwendung von Reserven für die Ablösung eines ganzen Treffens in Abrede stellt. Gleich Schneider (S. 147) fasst er die Ablösung immer nur als Einzelablösung auf.

[2] v. Domaszewski, Die Fahnen im röm. Heere, in Abb. des archäol. epigr. Seminars in Wien, V, 1885. Vgl. dazu Mommsen, Zu v. Dom. Abh. über d. röm. F., archäol.-epigr. Mitteil. aus Österreich-Ungarn 10, 1 ff.

5. Die eigentliche römische Reiterei, die schon gegen Ende der ersten Periode bedeutend hinter der bundesgenössischen und Provinzialreiterei zurückgetreten war, ging jetzt gänzlich ein. Seit Marius wurde die ganze Reiterei nur noch aus den ausseritalischen Auxiliartruppen entnommen, die teils von verbündeten Fürsten oder Völkern gestellt, teils aus unabhängigen Nationen angeworben war. Seit Marius wurden überhaupt sogenannte Auxiliartruppen, d. h. Truppen, die von den Provinzialen gestellt wurden, in den Kriegen verwandt. Auxiliartruppen selbst aber bestanden aus Infanterie und Cavallerie.

**§ 176. Veränderungen der Heeresorganisation in der Kaiserzeit.**

Das römische Heer war, solange die Republik bestand, ein Bürgerheer. Sobald aber die Republik sich der Monarchie zuneigte, verwandelte sich das Bürgerheer mehr und mehr in ein Heer von Berufssoldaten. Zunächst gestaltete es sich unter Marius in ein rechtlich unständiges Söldnerheer. Unter Augustus jedoch ward dasselbe in ein stehendes Heer mit bestimmten Garnisonen umgewandelt. Dabei bestand gesetzlich die allgemeine Dienstpflicht noch immer, in Wirklichkeit aber rekrutierten sich die Legionen aus Freiwilligen. Mit diesen wurde vor dem Eintritt ein Kontrakt abgeschlossen, der die Dienstzeit (für die Legionare und die *cohortes urbanae* auf 20,[1]) für die Kaisergarde auf 16 und für die *auxilia* auf 25 Jahre), den Sold (für den Legionar auf 225 Denare,[2] für die *cohortes urbanae* auf 360 Denare und für die Garde auf 720 Denare), sowie die Versorgung nach beendigter Dienstzeit (ursprünglich in einer Geldsumme, später in Landanweisungen bestehend) festsetzte.

Das Heer bestand in der Kaiserzeit aus *cives* und *peregrini*. Aus den ersteren wurden die Legionen und die haupt-

---

[1]) Vgl. Steinwender a. a. O.
[2]) Domitian erhöhte denselben auf 300 Denare.

städtischen Truppen gebildet, von den letzteren die Auxiliar-truppen gestellt.[1])

Die regelmässige Stärke der Legion betrug in der Kaiser-zeit 6000 Mann zu Fuss und 120 Reiter; die ersteren waren in 10 Cohorten und 60 Centurien und die Reiter in 4 *turmae* eingeteilt. Im übrigen wurden aber von Augustus eine Reihe von Veränderungen eingeführt, die auch bis in spätere Zeit sich behaupteten. Solche Veränderungen waren:

1. Die Legion erhielt einen bleibenden Kommandeur. Dieser hiess *legatus*, zum Unterschiede von den anderen *legati* vollständig *legatus legionis* genannt. Dieser befehligte aber nicht allein die Legion, sondern auch ein der Legion in der Regel an Zahl gleiches Corps von Auxiliartruppen. Die *tribuni militum* kommandierten die Legion unter dem Ober-befehl des *legatus*.

2. Die Legion erhielt nach der Einführung fester Stand-quartiere noch einen neuen Offizier, nämlich den *praefectus castrorum* (Platzkommandant), welcher Titel seit Domitian, als jede Legion ihr eigenes Standquartier hatte, mit dem des *praefectus legionis* vertauscht wurde.

3. Die Legion erhielt wieder eine besondere Reiterei, nämlich 4 Turmen von zusammen 120 Mann.

4. Die Legionen erhielten fortlaufende Nummern. In der der Monarchie vorangehenden Zeit war die Zahl der Legionen unbeschränkt gewesen. Nach Beendigung der Bürger-kriege wurde aber die Zahl derselben von Augustus auf 28 fixiert, und zwar mit bestimmten Zahlen, Beinamen und Stand-quartieren. Von diesen waren 3 in der Varusschlacht ge-fallen. Danach verteilten sich z. B. im Jahre 25 n. Chr., also 9 Jahre nach Augustus Tode, die noch übrigen 25 Le-gionen folgendermassen (s. Marquardt II, 432):

---

[1]) Neuere Inschriftenfunde zeigen jedoch, dass auch, namentlich im Orient, viele *peregrini* für den Legionsdienst ausgehoben wurden. Wahrscheinlich erhielten solche aber früher oder später das römische Bürgerrecht.

| Länder: | Nummern: | Beinamen: |
|---|---|---|
| **Germania inferior** | | |
| 4 Legionen und zwar: | *legio* I | Germanica. |
| | „ V | Alaudae. |
| | „ XX | Valeria Victrix. |
| | „ XXI | Rapax. |
| **Germania superior** | | |
| 4 Legionen: | *legio* II | Augusta. |
| | „ XIII | Gemina. |
| | „ XIV | Gemina Martia Victrix. |
| | „ XVI | ohne Beinamen. |
| **Hispania (3 Provinzen)** | | |
| 3 Legionen: | *legio* IV | Macedonica. |
| | „ VI | Victrix. |
| | „ X | Gemina. |
| **Africa** 2 Legionen: | *legio* III | Augusta. |
| | „ IX | Hispana (seit 24 n. Chr. eine Zeit lang in Spanien, vorher in Pannonien stationiert). |
| **Aegyptus** 2 Legionen: | *legio* III | Cyrenaica. |
| | „ XXII | Deiotariana. |
| **Syria** 4 Legionen: | *legio* III | Gallica. |
| | „ VI | Ferrata. |
| | „ X | Fretensis (von *fretus*). |
| | „ XII | Fulminata. · |
| **Pannonia** 2 Legionen: | *legio* VIII | Augusta. |
| | „ XV | Appollinaris. |
| **Dalmatia** 2 Legionen: | *legio* VII | ohne Beinamen (später Claudia). |
| | „ XI | ohne Beinamen (später Claudia). |
| **Moesia** 2 Legionen: | *legio* V | Macedonica. |
| | „ IV | Scythica. |

Die in der Varusschlacht gefallenen Legionen hatten die Nummern XVII, XVIII und XIX gehabt. Bis Vespasian wurde die Zahl der Legionen allmählich auf 30 vermehrt.

Diese Zahl blieb unverändert bis Septimius Severus, der sie auf 33 erhöhte. Dies blieb bis auf Diocletian, von dem ab die Zahl allmählich bis auf 175 stieg.

Die oben angeführten Beinamen sind zum Teil unbekannten Ursprungs. Ein grosser Teil dagegen ist offenbar von dem Lande der Rekrutierung oder von dem besiegten Volke oder von einem Insigne (wie z. B. die *alaudae*) oder Kaisernamen (Augusta) abgeleitet.

6. Die erste Cohorte der Legion erhielt (wahrscheinlich aber erst seit Hadrian) die doppelte Stärke. Zur Zeit des Hygin[1]) kamen auf die erste Cohorte 960 Mann, auf die übrigen aber nur halb so viel, nämlich 480 Mann.

7. Die alte Phalanx, wie sie vor Camillus bestanden hatte, wurde wieder hergestellt. Je mehr die Kämpfe mit barbarischen Völkerschaften zunahmen, desto mehr nahm man darauf bedacht, den Erfolg auf die Wirkung einer geordneten Masse zu gründen, und so finden wir schon in der Zeit Hadrians wieder die alte phalangitische Aufstellung. Es ist dies im wesentlichen die alte griechische Phalanx ohne Intervalle und 8 Glieder tief aufgestellt, von denen die vier ersten mit *pila* und die vier letzten mit *lanceae* bewaffnet sind. Die Cavallerie und Artillerie steht auf den Flügeln, hinter der Phalanx die Auxiliartruppen, die Pfeile schiessen, und hinter diesen wieder eine Reserve auserlesener Truppen.

Nach Diocletian fanden im Heerwesen verschiedene Veränderungen statt, über welche Mommsen (Hermes XXIV, 2, p. 195—278: Das römische Heerwesen seit Diocletian) Genaueres mitteilt.

§ 177. **Die Truppen der Hauptstadt; Prätorianer, cohortes urbanae und cohortes vigilum.**

Die hauptstädtischen Truppen sind die *cohortes praetoriae*, die germanische Leibwache, die *cohortes urbanae* und die *cohortes vigilum*.

---

[1]) Nach Lange zur Zeit des Trajan lebend. Nach Marquardt dagegen fällt die Abfassung der Schrift in den Anfang des dritten Jahrhunderts. Das fragmentarisch erhaltene Buch des Hygin führt den Titel: Hygini gromatici liber de munitionibus castrorum.

1. Die *cohortes praetoriae*[1]) sind hervorgegangen aus
der *cohors praetoria*, d. h. der Truppenbildung, welche dem
Feldherrn und dem Hauptquartier zum Schutze dienen sollte.
Als mit Einführung der Monarchie unter Augustus das Amt
des Oberfeldherrn ausschliesslich dem Kaiser zustand, und
dessen Residenz zugleich als das *praetorium* betrachtet wurde,
wurde zu seinem Schutze eine Leibwache organisiert, die den
Namen *cohortes praetoriae* führte. Diese waren *equitatae*, 9 an
der Zahl, je 1000 Mann stark, und wurden von *praefecti
praetorio* befehligt. Sie zerfielen früher in drei Manipeln mit
eigenen *signa*, später in 10 Centurien. Ursprünglich waren
von diesen *cohortes praetoriae* nur drei in Rom selbst, während
die übrigen in verschiedenen Orten Italiens garnisonierten.
Von Tiberius aber wurden sie alle in einem befestigten Lager,
*castra praetoria*, vor dem viminalischen Thore untergebracht.
Ihre Zahl wurde später auf zehn erhöht. Die Dienstzeit in
den prätorischen Cohorten betrug 16 Jahre; der Sold belief
sich auf jährlich 720 Denare oder täglich etwa 2 Denare für
den Mann. Von Constantin wurde die Garde abgeschafft.

2. Die germanische Leibwache zum persönlichen
Schutze des Kaisers, teilweise aus Unfreien bestehend. An
ihre Stelle trat wohl schon vor Trajan eine Elitetruppe
aus der Auxiliarreiterei, *equites singulares Augusti*. Später
unter Caracalla wurde wieder eine germanische Leibwache
gebildet.[2])

3. Die *cohortes urbanae*. Diese waren eine Art
Gendarmeriecorps für die Hauptstadt, bestehend aus 3, später
aus 4 Cohorten unter dem *praefectus urbis*, und hatten jede
wie die Prätorianercohorten eine Stärke von 1000 Mann. Sie

---

[1]) Mommsen, Die Gardetruppen der röm. Republik und der Kaiser-
zeit, Hermes 14, 25 und 160, und 16, 643, sowie Festgabe für G. Beseler,
Berlin 1885. Fröhlich, Die Gardetruppen der röm. Republik (vgl. dazu
Förster, philol. Rundschau V, 5).

[2]) Mommsen, Die germanischen Leibwächter der röm. Kaiser, N.
Archiv der Ges. für ältere deutsche Geschichtskunde 8, 349. Rosenstein,
Die germ. Leibwache der julisch-claudischen Kaiser, Forsch. z. d. Gesch.
24, 369.

hatten mit den *cohortes praetoriae* fortlaufende Nummern, nämlich X—XIII, von denen die XIII. in Lyon lag. Als später die Zahl der *cohortes praetoriae* vermehrt wurde, wurde auch ihre Zahl erhöht, und wir ersehen aus Inschriften, dass die XIV. und XV. Cohorte in Ostia und Puteoli lagen. Die in Rom stationierten Cohorten hatten ihre Kaserne am *forum suarium*.

4. Die *cohortes vigilum*. Dies war ein von Augustus errichtetes Feuerwehrcorps und zugleich eine Schutzmannschaft gegen Diebe und Räuber. Es bestand aus 7 Cohorten, jede zu 1000 Mann und war einem *praefectus vigilum*, unter dem wieder Tribunen befehligten, unterstellt. Sie waren ursprünglich aus Freigelassenen gebildet, die aber durch die *lex Visellia* 24 n. Chr. durch sechsjährige Dienstzeit das Bürgerrecht erhielten. Ein späterer Senatsbeschluss setzte die dazu nötige Zahl der Dienstjahre auf 3 herab. Später bildeten die Bürger in ihnen die Mehrzahl.[1])

§ 178. Die Auxiliartruppen.

In der Kaiserzeit sind unter *auxilia* diejenigen Truppen zu verstehen, welche ausserhalb der Legionen standen und in den Provinzen ausgehoben wurden. Sie zerfielen in Fussvolk und Reiterei. Das Fussvolk war teils römisch, teils landesüblich bewaffnet. Doch hatte es nur leichte Waffen und führte deshalb auch den Namen *leves cohortes* neben der Bezeichnung *cohortes auxiliariae* oder *sociae*. Die Cohorten waren von verschiedener Grösse, und zwar entweder 500 oder 1000 Mann stark. Die ersteren hiessen *cohortes quingenariae*, die letzteren *milliariae*. Auch waren sie entweder mit einer bestimmten Anzahl Reiter verbunden oder nicht, so dass man auch noch *cohortes equitatae* und *cohortes peditatae* unterscheidet. Von den ersteren sind die ungemischten Reiterabteilungen zu unterscheiden, die *alae*

---

[1]) O. Hirschfeld, Gallische Studien III, Der praefectus vigilum in Nemausus und die Feuerwehr in den röm. Landstädten, in Sitzungsberichte der kaiserl. Akad. der Wiss. zu Wien, philol.-histor. Klasse Bd. 107, Heft 1.

hiessen.[1]) Diese waren ebenfalls 500 oder 1000 Mann stark
und bildeten neben der wenig zahlreichen Legionsreiterei die
Masse der römischen Cavallerie. Beide, *cohortes* und *alae,*
wurden von Präfecten kommandiert. Benannt wurden sie
nach Provinzen und Völkern mit beigefügter Zahl, manchmal
auch mit Beinamen. In der Regel garnisonierten sie nicht
in der Provinz, in der sie ausgehoben waren. Nicht zu verwechseln sind damit die Provinzialmilizen, die als dritter
Heeresteil an die *legiones* und *auxilia* sich anschliessen. Ihre
technische Bezeichnung ist τὸ συμμαχικόν oder *symacharii.*
Diese Formation bestand jedoch nicht im ganzen Reiche,
sondern beschränkte sich auf einen verhältnismässig kleinen
Teil der unterthänigen Landschaften.[2])

Eine Zwischenstellung zwischen Legionen und *auxilia*
nehmen ein:

1. Die *Vexilla veteranorum*. Diejenigen Soldaten,
deren Dienstzeit vorüber war, blieben unter dem *vexillum,*
unter welchem sie in die ihnen bestimmte Kolonie abgeführt
werden sollten, eine Zeit lang vereinigt. Deshalb hiessen sie
*vexillarii.* Sie stehen ausserhalb der Legion und bilden, wie
früher die *evocati,* ein Elitekorps, welches vom gewöhnlichen
Dienste frei und nur zum Kampfe verpflichtet ist. Von
diesen *vexilla veteranorum* sind die *vexilla* schlechthin zu
unterscheiden, d. h. einzelne von den Legionen oder den
Auxiliartruppen zu irgend welchem Zweck detachierte Abteilungen. Sonstige Ausscheidungen aus den Legionen zu
besonderen Aufgaben nannte man *vexillationes.*

2. Die *cohortes Italicae civium Romanorum volun-
tariorum,* d. h. freiwillige Truppen aus Italien und in Cohorten, deren Zahl bis auf 32 nachgewiesen werden kann,
vereinigt. Ihre Dienstzeit beträgt 25 Jahre.

---

[1]) Vgl. Vaders, De alis exercitus rom. quales erant impp. temporibus,
Münster 1893.

[2]) Mommsen, Die röm. Provinzialmilizen, Hermes 22, 546.

## § 179. Die römische Flotte.

Marquardt II², 495. Madvig II, 574. Mispoulet II, 370. Schiller, Röm. Kriegsaltertümer in Iw. Müllers Handbuch IV, 2, S. 723. Ferrero, L'ordinamento delle armate romane, Roma, Torino, Firenze 1878. O. Hirschfeld, Die italischen Flotten, in VG. S. 123. Lübeck, Das Seewesen der Griechen und Römer, Hamburg 1890.

Das Seekriegswesen verdankt seine Ausbildung den Griechen und Karthagern. Bei diesen waren die Kriegsschiffe Ruderschiffe, die am Bug mit einem Schnabel (ἔμβολος, lat. *rostra*) versehen waren, vermittelst dessen man das feindliche Schiff in den Grund zu bohren suchte. In der Zeit vor und während des peloponnesischen Krieges bediente man sich hauptsächlich der Dreiruderer, τριήρεις, lat. *triremes*. Solche Schiffe hatten drei Reihen von Ruderbänken übereinander, doch ist es sehr strittig, in welcher Weise dieselben am Schiffe angebracht waren, sowie wir überhaupt über die Konstruktion der Kriegsschiffe sehr wenig unterrichtet sind.[1] Seit dem peloponnesischen Kriege baute man statt der Dreiruderer häufig Fünfruderer, Penteren, und diese wurden in den punischen Kriegen vorzugsweise angewandt. In der Diadochenzeit ging man aber öfters im Bau der Kriegsschiffe noch weiter und baute solche mit 6, 7, 8, 9, 10 und mehr Ruderreihen, Hexeren, Hepteren, Okteren, Enneren, Dekeren. Doch erwiesen sich diese Schiffskolosse als unpraktisch und man kehrte wieder zu den Penteren und Trieren zurück.

Dass die Römer bis zum ersten punischen Kriege überhaupt keine Kriegsschiffe besassen, wie berichtet wird, ist wenig glaublich, wenn sie auch bis dahin jedenfalls nur über eine geringe Anzahl von Kriegsschiffen verfügten. Eine eigentliche Flotte aber wurde von ihnen allerdings erst in diesem Kriege geschaffen und damit zugleich die Neuerung verbunden, die eine von der früheren verschiedenen Seetaktik zur Folge

---

[1] Am meisten verdient gemacht hat sich um die Kenntnis der Schiffsbauten Assmann: Zur Kenntnis der antiken Schiffe, Jahrbb. des kais. deutschen archäol. Inst. 1889 und derselbe in Baumeisters Denkmäler des kl. Alt. III, S. 1593.

hatte. Nämlich bei der Überlegenheit der Karthager im Lenken und Manövrieren der Schiffe suchten die Römer die ihnen hieraus erwachsenden Nachteile durch Anbringung von Enterbrücken (*corvi*) auszugleichen, durch welche der Kampf der Schiffe gegen die Schiffe in einen Kampf der Mannschaften umgewandelt werden konnte.[1]) Diese Einrichtung setzte natürlich eine stärkere Bemannung mit Seesoldaten voraus (120 *milites classici* neben 47 Matrosen, *nautae*, welch letztere auch *socii navales* genannt wurden, weil vorzugsweise von den verbündeten, meist griechischen, Städten gestellt, und 300 Ruderern, *remiges*).

Nach den punischen Kriegen und nach der Unterwerfung von Macedonien und Griechenland liessen die Römer ihre Flotte eingehen, und man führte die Seekriege mit den Flotten verbündeter Staaten. Erst der Krieg mit Mithridates und das Überhandnehmen der Seeräuberei auf dem mittelländischen Meere veranlasste wieder den Bau einer grossen Flotte. Ein weiterer grösserer Flottenbau wurde durch den Feldherrn des Octavian, Agrippa, bewerkstelligt, der jedoch offenbar auf Grund der von ihm gemachten Erfahrungen das Hauptgewicht nicht auf grosse Schlachtschiffe, wie sie Sextus Pompeius bei Mylae und Naulochus und Antonius bei Actium in Aktion treten liess, sondern auf Leichtbeweglichkeit und Manöverierfähigkeit legte. Letztere Eigenschaft besassen namentlich die von ihm bei Actium verwandten Liburnen-Biremen,[2]) die den Sieg bei Actium entschieden und fortan von den Römern hauptsächlich als Kriegsschiffe verwendet wurden. Daher hiess mit der Zeit Liburna überhaupt Kriegsschiff. Daneben kamen aber noch in der Kaiserzeit als eigentliche Schlachtschiffe Dreiruderer (*triremes*), ja sogar Sechsruderer (*hexeres*) vor. Auch einruderige Schiffe, *naves actuariae* genannt, waren bei der Flotte in Gebrauch. Diese waren aber keine eigentlichen Schlachtschiffe, sondern dienten wohl zu raschen Lan-

---

[1]) Die Beschreibung dieser Enterbrücken findet sich bei Polybius 1, 22.

[2]) So genannt, weil diese Art von Schiffen bei den Liburnen, einer dalmatinischen, Seeraub treibenden Völkerschaft, in Gebrauch war.

dungen oder als Avisos u. dgl. Alle Schiffe hatten ihren Namen. Der Kapitän hiess *trierarchus.* An der Spitze der einzelnen Flottenabteilungen standen *praefecti,* über diesen wieder der Kaiser. Die Bemannung der Schiffe, Soldaten und Ruderer, bestand in der Kaiserzeit aus Freigelassenen und Peregrinen, welche erst durch eine Dienstzeit von 26 Jahren das Bürgerrecht erhielten. Der Flottensoldat (*miles ex classe*) stand in Rang und Sold weit hinter dem Soldaten des Landheeres zurück.

Die Flotten der Kaiserzeit hatten zu Stationen bestimmte Kriegshäfen. So gab es zwei italische Flotten, *classes praetoriae,* und zwar die *classis praetoria Misenensis* und *classis praetoria Ravennas.* Misenum und Ravenna waren Kriegshäfen ersten Ranges, alle anderen Kriegshäfen zweiten Ranges.

Ausseritalische Flotten waren die *classis Foroiuliensis* stationiert in Forum Iulium[1]) (Fréjus) für die Beschützung der gallischen und spanischen Küste, die *classis Veneta* in Aquileia, die *classis Syriaca* zu Seleucia, die *classis Augusta Alexandreae* zu Alexandria, die *classis Pontica,* stationiert nach einander zu Trapezunt, Perinth und Cyzicus für das Schwarze Meer, und eine *classis Britannica* für den Kanal und die englische Küste. Dann gab es noch eine Flotte, die ihre Station zu Carpathus bei Rhodus hatte. Ausserdem gab es noch eine Reihe von Stationen auf Flüssen und Landseen, so eine Rheinflotte (*classis Germanica*), eine Donauflotte (*classis Pannonica* und *Moesica*), eine Euphratflotte, eine Flotille auf dem Comersee (*classis Comensis*) u. a. m.

## § 180. Anhang.

Im Festungsbau, in der Kunst der Städtebelagerung und der Städteverteidigung, in der Artillerie, sowie im Seewesen waren die Römer die Schüler der Griechen. Ausführliches über diese Teile des Kriegswesens ist daher in den griechischen Altertümern aufzusuchen; insbesondere ist für diese Materien Rüstow und Köchly, Geschichte des griechischen Kriegswesens,

---

[1]) Diese Station ging bald nach Augustus ein.

nachzulesen. Wir heben hier nur einige Namen von gewissen öfters genannten Kriegswerkzeugen hervor:

I. Belagerungswerkzeuge:
  1. Der Widder, *aries*, d. h. ein Balken mit eisenbeschlagenem Kopfe, den man gegen die Mauern rannte.
  2. Mauersicheln, *falces murales*, um Steine aus der Mauer zu reissen.
  3. Mauerbohrer, *terebrae*, d. h. Widder mit einer Spitze.
  4. Maueräxte, *dolabrae*, um das Fundament der Mauer aufzureissen.
II. Schutzmittel für die Belagerer:
  1. Die *testudo*, schräges mit Tierhäuten beschlagenes Schutzdach für die Mannschaft, welche den Widder gegen die Mauern führte.
  2. Feldschirme, *plutei*, die nur Schutz gegen vorn und nicht von oben gewährten.
  3. Laubdächer, *vineae*, Holzgerüste mit flachem Dach aus Brettern oder Weidengeflecht.
III. Artilleristische Werkzeuge:
  1. Die *catapulta*, eine Armbrust in vergrössertem Massstabe zum Abschleudern von Pfeilen.
  2. Die *ballista*, ein ebenfalls der Armbrust nachgebildetes Instrument, aber darin verschieden, dass es nicht Pfeile, sondern schwere Steine, Kugeln und Balken schleudert, und zwar nicht in gradlinigem Schuss, wie die Katapulte, sondern gleich dem heutigen Mörser in einem Bogenwurf.
  3. Der *onager*, auch *scorpio*, eine Schleudermaschine, bei welcher der Spannungsapparat in einem schweren, am Boden liegenden Kasten angebracht ist. Der *onager* kommt erst in der Zeit nach Constantin vor.

# Siebenter Abschnitt.

# Das Rechtswesen.

## Kapitel XXX.

## Das römische Privatrecht.

Karlowa I. 425, 616, 930. Lange I³, 120. Madvig II. 148. Rudorff
Röm. Rechtsgesch., Leipzig 1857—59. Rein, Das römische Privatrecht
und der Civilprozess (für Philologen), 3. Aufl. 1858. Savigny, System
des heutigen römischen Rechts. M. Voigt, Die Lehre vom ius naturale.
M. Voigt, Das Civil- und Criminalrecht der zwölf Tafeln, Leipzig 1883.
Ibering, Geist des röm. Rechts. Puchta, Cursus der Institutionen (9. Aufl.
1875, Bd. II.) Sohm, Institutionen des röm. Rechts 1884. J. Baron, Ge-
schichte des röm. Rechts 1884. Erster Teil: Institutionen und Civilprozess.
Schulin, Lehrbuch der Gesch. des röm. Rechts, Stuttgart 1889. Lörs,
Röm. Rechtswiss. zur Zeit der Rep., Berlin 1888.

## § 181. Ius civile, ius gentium, aequitas, ius naturale, fas.

Das römische Recht im allgemeinen zerfällt in Staatsrecht, *ius publicum*, Sakralrecht, *ius sacrum* und in Privatrecht, *ius privatum*. Wir haben es hier zunächst nur mit
dem Privatrecht zu thun. Wir haben in der Besprechung
des Rechtswesens den Lehrbüchern folgend Privatrecht und
Civilprozess auseinander gehalten. Es wird aber neuerdings
mit Recht hervorgehoben, dass die heute übliche scharfe
Trennung von Privatrecht und Prozess den Römern unbekannt
war; ihr Privatrecht war weniger ein System von Rechten
als vielmehr ein solches von Rechtsmitteln; dementsprechend
wurde auch die Lehre von dem Gebrauche und der Durch-
führung dieser Rechtsmittel als der praktisch wichtigere Teil
des Rechtes betrachtet. Daher stellt die Zwölftafelgesetzgebung den Prozess an die Spitze des Systems, gleichwie
auch das prätorische Edikt von der praktischen Thätigkeit

des Prätors ausgeht, indem es mit dem *exordium litis* beginnt, alsdann auf die *auxilia iuris* übergeht und dabei erst den Inhalt der Klagerechte, d. h. das Privatrecht behandelt.[1]) Weil daher Privatrecht und Civilprozess so enge zusammengehören, konnte auf die Darstellung des Privatrechts nicht völlig verzichtet werden.

Das Privatrecht zerfällt bei den Römern, soweit es positives Recht ist, in das *ius civile* und das *ius gentium*.

Das *ius civile* ist dasjenige positive Recht, welches die Rechtsverhältnisse der römischen Bürger ausschliesslich regelt.

Das *ius gentium* ist dasjenige positive Recht, welches die Rechtsverhältnisse freier Menschen, also ebensowohl der römischen Bürger als der Peregrinen zum Gegenstand hat.

1. Das *ius civile* als speziell römisches Partikularrecht hiess ursprünglich *ius Quiritium;* doch bezeichnet dieser Ausdruck nicht bloss das älteste römische Partikularrecht, sondern auch die Mitgliedschaft in dem *populus Romanus Quiritium,* sonach das Bürgerrecht selbst. Allmählich liess man die individualisierende Bezeichnung *ius Quiritium* fallen und taufte es in ein *ius civile Romanorum* um; mit dem Ausdruck *ius civile* bezeichnet man das einem bestimmten Staat individuell eigentümliche Recht, *ius civile quod unusquisque populus ipse sibi constituit.* Doch im besonderen wird darunter das *ius civile Romanorum* im Gegensatz zu dem *ius gentium* verstanden.

2. Das *ius gentium*. Dies wird im allgemeinen zwar von den römischen Juristen als *ius commune omnium hominum* oder als *ius quod apud omnes populos peraeque custoditur* definiert; allein als positives römisches Recht enthielt es die von dem römischen Volke anerkannten Teile der Legislationen fremder Völker im Gegensatz zu dem *ius proprium populi Romani;* es war daher im engeren Sinne dasjenige Recht, welchem auf dem römischen Forum eine gleichmässige Herrschaft über alle Freien auf römischem Territorium beigelegt

---

[1]) Fischer, Recht und Rechtsschutz 1889, S. 6 und Engelmann, Civilprozess, II. 2, Breslau 1891, S. 3.

wurde. Hervorgegangen war dieses Recht aus der Notwendigkeit eines rechtlichen Verkehrs der Römer mit den Peregrinen, auf welche letzteren das speziell römische Recht keine Anwendung finden durfte. Doch waren diese neuen Rechtsformen nicht bloss auf den rechtlichen Verkehr der Römer mit den Peregrinen, sondern auch auf den der Römer unter einander anwendbar.[1]) Dieses *ius gentium* ist aber nicht aufzufassen als ein besonders kodificiertes Recht, sondern es bildet einen Teil des gesamten positiven Privatrechts und stellt eine Erweiterung der ursprünglichen Rechtsformen dar mit der Massgabe, dass der letzteren nur die römischen Bürger, nicht aber die Peregrinen fähig waren. Charakteristisch für das *ius gentium* ist:

a) Die Befreiung des Rechtsgeschäfts von einer gesetzlich gegebenen Form.

b) Die Befreiung von dem Zwang der lateinischen Sprache.

Von dieser Bedeutung des *ius gentium* als eines Teils des positiven in Rom geltenden Civilrechts ist die Bedeutung desselben als Völkerrecht wohl zu unterscheiden. Dabei bezeichnet *ius gentium* nicht die bei allen Völkern geltenden Privatrechtsgrundsätze, wie sie in das römische Privatrecht eingedrungen waren, sondern die bei allen Völkern in Rücksicht auf die internationalen Beziehungen giltigen Normen (*quod apud omnes gentes sanctum est*). Genauer wird das Völkerrecht bezeichnet mit dem Ausdruck: *ius belli ac pacis*.

Dem positiven Recht, dem *strictum ius*, steht in der römischen Jurisprudenz, teils ergänzend, teils im Gegensatz zu ihm, die Rechtsanschauung von der *aequitas* entgegen. Die *aequitas* ist im allgemeinen der Ausdruck der volkstümlichen Rechtsüberzeugung, die sich bei einem jeden Volke neben dem strengen Rechte bildet. Davon ist jedoch wohl zu unterscheiden das *ius naturale* oder Naturrecht, d. h. das

---

[1]) Vergl. Cic. de off. III, 17, 19: *Itaque maiores aliud ius gentium, aliud ius civile esse voluerunt. Quod civile non idem continuo gentium; quod autem gentium, idem civile esse debet.*

allgemein menschliche Recht, wie es aus allgemeinen Rechtsbegriffen philosophisch konstruiert wurde.

Ein anderer, aber dem positiven Recht angehöriger Begriff ist das *fas*. Dieses *fas* bildet einen Teil der römischen
Religion und bezeichnet das von den römischen Göttern gesetzte Recht. Insofern es in die positive Rechtsordnung des
Staates Aufnahme gefunden hat, wurde es zum *ius* und als
*ius sacrum* von dem *ius privatum* wie dem *ius publicum*
unterschieden.

## § 182. Die Rechtsquellen.

Als giltige Quellen des *ius civile* nennt der Jurist Gaius
(aus dem zweiten Jahrhundert nach Chr.) Gesetze und Plebiscite, Senatsbeschlüsse, kaiserliche Verordnungen, Edikte von
Magistraten und Gutachten von Rechtsgelehrten.[1]) Unter
diesen kommen besonders in Betracht 1. die Gesetzgebung,
2. das *edictum praetorium*, 3. die Gutachten von Rechtsgelehrten.

1. Die Gesetzgebung. Ursprünglich hatten die Römer
gar kein geschriebenes Recht. Ein solches erlangten sie erst
durch die zwölf Tafeln; diese bildeten bis zur sullanischen
Zeit die anerkannte Unterlage des .*ius civile*. An die zwölf
Tafeln lehnten sich nun verschiedene Gesetze an, welche in
den Centuriat- und Tributcomitien (*leges*) und den *concilia
plebis* (*plebiscita*) gegeben wurden. Dazu kamen noch *senatus
consulta*, die aber erst zur Zeit des Tiberius, der die Gesetzgebung von den *comitia* auf den Senat übertrug, volle Rechts-
giltigkeit erlangten. Später traten an die Stelle der *senatus
consulta* kaiserliche Verordnungen, *constitutiones principum*,
welche nach Gaius und Ulpian „*legis vicem*" haben, weil
jeder Kaiser durch eine *lex* sein *imperium* erhalte. Es giebt
vier Arten von Constitutionen, nämlich Edikte, Dekrete,
Reskripte und Mandate.

---

[1]) Gaius. Institutiones I. 2: *Constant iura ex legibus, plebiscitis,
senatus consultis, constitutionibus principum, edictis eorum qui ius edicendi
habent, responsis prudentium.*

2. Das prätorische Edikt, *edictum praetorium*, auch *edictum perpetuum* genannt. Dieses macht einen Teil des *ius honorarium* aus, d. h. des von solchen Obrigkeiten gegebenen Rechts, welche *honores* d. h. Staatsämter bekleiden. Die Prätoren pflegten bei ihrem Amtsantritt die Rechtsnormen bekannt zu geben, nach denen sie sich vorkommenden Falles im Verlaufe ihres Amtsjahres richten wollten. Die Vorschriften zusammen, die ein Prätor in dieser Richtung veröffentlichte, heissen *edictum,* oder auch, weil sie sich auf das ganze Jahr erstreckten, *annua lex.* Streng genommen hatte ein solches Edikt nur für das Amtsjahr des betreffenden Prätors Giltigkeit; allein da die keineswegs willkürlich aufgestellten Regeln im wesentlichen von dem folgenden Prätor wiederholt wurden, so bildete sich ein von Prätor zu Prätor übergehendes Edikt (*vetus edictum tralaticiumque*), das sich allmählich zu einer festen und geordneten Masse gestaltete. Der Zweck des prätorischen Edikts war ein dreifacher, nämlich Unterstützung, Ergänzung und Verbesserung des Rechts, *adiuvandi, supplendi* und *corrigendi iuris civilis causa.*[1]) Daher kann man das *ius praetorium* als eine fortlaufende, jährlich revidierte Kontrolle des gesamten bürgerlichen Rechts bezeichnen.

3. Die Gutachten der Rechtsgelehrten, *responsa prudentium* oder *iuris peritorum auctoritas.* Ursprünglich war die *iuris scientia* in den Händen der Priester. Später wurde jedoch die Rechtskunde allgemeiner, namentlich seit der Plebejer Flavius eine Sammlung der *dies fasti* und *legis actiones* (*ius Flavianum*) herausgegeben hatte. Seit dieser Zeit gab es viele Männer in Rom, welche das Recht zum Gegenstand eines besonderen Studiums machten und ihren Mitbürgern in schwierigen Fällen Rat erteilten. Als solche Männer werden genannt Ti. Coruncanius (Consul des Jahres 280), Sex. Aelius, M. Porcius Cato, P. Mucius Scaevola u. a.

---

[1]) Dig. I. 7, § 1. *Ius praetorium est quod praetores introduxerunt adiurandi rel supplendi rel corrigendi iuris civilis gratia.*

Im Anschluss an solche Gutachten bildete sich mit der Zeit eine juristische Litteratur, auf die man sich vor Gericht berief. Doch wurde dies erst recht üblich in der Kaiserzeit, und Hadrian gebot ausdrücklich, dass die einhellige Meinung der Juristen dem Richter Gesetz sein, falls aber keine Übereinstimmung vorhanden wäre, derselbe unter den verschiedenen Meinungen die Wahl haben sollte. In der juristischen Litteratur seit Augustus bildeten sich sogar zwei bestimmte Schulen verschiedener Richtung aus, von denen die eine, die Sabinianer, sich mit einseitiger Strenge an den Buchstaben des positiven Rechts hielt, während die andere, die Proculianer, überall auf die *ratio* jeder Gesetzesvorschrift sah. Nach Hadrian wurden fünf Juristen allen anderen vorgezogen. Diese waren 1. Gaius, dessen erst in diesem Jahrhundert wieder aufgefundenes Hauptwerk, *Institutiones iuris Romani*, in 4 Büchern über das *ius personarum* (1. Buch), *ius rerum* (2. und 3. Buch) und *ius actionum* (4. Buch) handelt, 2. Aemilius Papinianus, 3. Domitius Ulpianus, 4. Iulius Paulus, 5. Herenn. Modestinus. Die Werke dieser fünf Juristen wurden von Valentinian III. für klassisch erklärt und erhielten dadurch Gesetzeskraft (Citiergesetz). Da aber die Benutzung dieser klassischen Werke zu weitläufig, und auch manches in denselben veraltet war, so veranstaltete der Kaiser Justinian eine in Büchern und Abschnitten geordnete Zusammenstellung von Stücken der klassischen Werke. Diese Zusammenstellung ist bekannt unter dem Namen der Pandectae oder Digesta.

Die Kodifikation des Justinian beschränkte sich aber nicht auf die Sammlung der klassischen juristischen Litteratur, sondern ähnlich wie die juristischen Schriften wurden auch die vorhandenen kaiserlichen Gesetze gesammelt. Dies ist der *codex Iustinianeus*. Daran schloss sich dann eine systematische Übersicht des Rechts als Grundlage für den juristischen Unterricht, *Institutiones* genannt, wobei die Institutionen des Gaius zu Grunde gelegt wurden. Die vierte Arbeit der Justinianischen Kodifikation bilden die Novellen, d. h. einzelne von Justinian nach Vollendung der drei genannten Werke erlassene Gesetze. Die Gesamtheit dieser vier Teile wird seit den Glossatoren *Corpus iuris civilis* genannt. Die erste Gesamtausgabe ist die von Dionysius Gothofredus 1583.

### § 183. Die Teile des römischen Privatrechts.

Das System des Privatrechts zerfiel bei den römischen Juristen der Kaiserzeit in 3 Teile:

1. *ius de personis:* dieser Teil umfasste den *status personarum* und das Familienrecht,
2. *ius de rebus;* dieser Teil betraf das Sachenrecht, also Eigentums- und Erbrecht,
3. *ius de actionibus,* welches wiederum das Obligationenrecht und Aktionenrecht (Prozess) umfasste.[1])

Das Privatrecht enthält also im einzelnen folgende 5 Partien:

1. den status personarum und das Familienrecht,
2. das Sachen- oder Eigentumsrecht,
3. das Erbrecht,
4. das Obligationenrecht,
5. das Civilprozessrecht.

### § 184. Der Status personarum und das Familienrecht.

Die rechtsfähige Persönlichkeit heisst bei den Römern *caput.* Hiervon ist schon oben § 33 und 34 die Rede gewesen. Wir fügen hier nur hinzu, dass die Giltigkeit des römischen Bürgers als Rechtssubjekt zunächst durch Geschlecht, Alter und Abhängigkeit von anderen Personen beeinflusst ist. Das Weib konnte nur unter Mitwirkung des Vormundes in vollgiltiger Weise handeln. Die Töchter standen unter der Vormundschaft des Vaters, die Frauen unter der des Mannes oder dessen Stellvertreters. Bezüglich des Alters dauerte die Unmündigkeit im Privatleben bis zum 14. Jahre. Doch bestanden darüber später Kontroversen. Im öffentlichen Leben war die Unmündigkeit dagegen erst durch das 17. Jahr begrenzt. Über die Abhängigkeit von anderen Personen sagt

---

[1]) Gaius I, 8: *Ius pertinet vel ad personas vel ad res vel ad actiones.*

das Familienrecht das Nähere. Der Verlust und die Rechtsfähigkeit heisst *capitis deminutio*. Siehe hierüber § 34.

Das Familienrecht zerfällt in drei Partien:

1. die Ehe;
2. das Verhältnis zwischen Eltern und Kindern;
3. die Vormundschaft.

## § 185. Die Ehe.

Die Römer unterscheiden ein *matrimonium iustum* und
*iniustum*. Das *matrimonium iustum* setzte von beiden
Seiten *conubium* voraus und hatte civilrechtliche Vorteile,
die dem *matrimonium iniustum* mangelten. Die Gewalt des
Mannes über die Frau heisst *manus;* von der Frau heisst es,
dass sie *in manu* des Mannes ist oder *in manum convenit.*
Es giebt eine dreifache *conventio in manum*, und dies sind die
drei Hauptformen des *iustum matrimonium* mit der *manus.*

1. Durch die *confarreatio*, d. h. die alte, ursprünglich
patricische und mit Beobachtung bestimmter vorgeschriebener
Gebräuche geschlossene Ehe. Sie hat ihren Namen von dem
notwendig mit ihr verbundenen, dem Jupiter dargebrachten
Opfer, das in Spelt (*far*) bestand, oder, wie die Alten angaben,
von dem beim Opfer angewandten Opferkuchen aus *far*
(*panis farreus*). Gegenwärtig waren bei der *confarreatio* der
*pontifex maximus*, der *flamen dialis* und andere Priester,
ferner 10 Zeugen.

2. Durch die *coëmptio*. Dies ist eine civilrechtliche
Form der Ehe, bei welcher die alte Mancipation des Sachenrechts auf die ehelichen Verhältnisse übertragen wurde. Die
Ehe hatte die Form eines Kaufes, daher der Name. Sie ist
ursprünglich plebejisch, wurde aber ihrer grossen Bequemlichkeit halber später auch von den Patriciern angewandt.

3. Durch *usus*. Dies ist die formlose Ehe, welche unter
Voraussetzung der Geschlechtsreife, des *consensus*, der Hoch-
zeitsfeier und des *conubium* durch ununterbrochenes jährliches
eheliches Zusammenleben mit der Frau entsteht. Von dem
Concubinat unterscheidet sich diese Ehe dadurch, dass bei
ersterem die genannten Voraussetzungen nicht erfüllt sind.

In die *manus* des Mannes gelangte die Frau aber erst nach Ablauf des ersten Jahres. Wollte diese den Eintritt in die Gewalt des Eheherrn verhindern, so musste sie vor Ablauf des Jahres ein *trinoctium* ausser dem Hause des Mannes zubringen. Diese Form der Ehe war herübergenommen von der *usucapio* des Sachenrechts.

Neben der römisch nationalen Ehe mit *manus* gab es auch noch eine freie Ehe ohne *manus*. Bei dieser blieb die Frau in der *patria potestas* ihres Vaters oder in der *tutela* ihres Vormundes.[1]) Die eheherrliche *potestas* war somit bei dieser Ehe auf ein Minimum reduziert, welches der Zweck der Ehe fordert. Diese freie Ehe, welche schon seit der Zwölftafelgesetzgebung hie und da eingegangen wurde, fand seit den punischen Kriegen immer mehr Anklang und gewann schliesslich das Übergewicht.

Von diesen 4 Arten des *matrimonium iustum* ist das *matrimonium iniustum* zu unterscheiden, d. h. Ehe zwischen Römern und solchen Peregrinen, mit denen kein *conubium* bestand. Bei dieser Ehe galt zuerst der Grundsatz, dass die Kinder dem Stande der Mutter, später aber, dass sie dem Stande desjenigen Ehegatten, der das schlechtere Recht hatte. folgen sollten.

Die **Folge der Ehen** mit *manus* war zunächst, dass die Frau. welche in die *manus* des Mannes kommt, aus der Gewalt ihres Vaters oder Vormundes heraus und in die Familie des Mannes mit dem vollständigen Agnationsrecht

---

[1]) Bei einer solchen Ehe kam die Frau nicht in die Gewalt des Mannes. Die einzige Abhängigkeit der Frau vom Manne bestand darin, dass sie an den Wohnsitz des Mannes gebunden war. Andererseits behielt die Frau ihr eigenes Vermögen, nicht nur dasjenige, welches sie bei Eingehung der Ehe besass, sondern auch das, was sie während der Ehe erwarb. Auch kann der Mann die Zinsen davon nicht beanspruchen. und die Verwaltung über dasselbe steht nicht ihm, sondern einem besonderen Verwalter (Procurator) zu. Auch hatte in dieser Ehe die Frau ganz dasselbe Scheiderecht wie der Mann. während in der strengen Ehe nur der Mann ein Scheiderecht hatte. Dabei war die Scheidung in dieser Art von Ehe vollständig formlos, bis Augustus verordnete, dass fortan eine Erklärung vor 7 Zeugen erforderlich sein sollte.

übertritt, so dass, was sie erwirbt, ihrem Manne gehört und sie selbst kein Eigentum besitzt. Sie heisst *mater familias* oder *matrona*. Die Frau dagegen, die in freier Ehe mit dem Manne lebte, hiess lediglich *uxor*, *uxor tantummodo*. Bei der Ehe mit *in manum conventio* gehörte dem Manne das ganze Vermögen der Frau; bei der freien Ehe behielt die Frau die Disposition über ihr Vermögen mit Ausnahme der *dos* (Mitgift).

Die Ehescheidung wurde bei der *confarreatio* durch *diffarreatio*, bei der *coëmptio* und dem *usus* durch *remancipatio* und bei der freien Ehe durch bestimmte, zum Teil symbolische Scheideformeln, wie das Zerbrechen der *tabulae nuptiales*, bewirkt.[1])

§ 186. **Das Verhältnis zwischen Eltern und Kindern. Vormundschaft.**

Die väterliche Gewalt, *patria potestas*, entsteht auf natürliche oder künstliche Weise. Auf natürliche Weise entsteht sie durch Zeugung, auf künstliche Weise entweder durch *arrogatio* oder *adoptio*. Die *arrogatio* war die Aufnahme von unabhängigen Personen männlichen Geschlechts in die *patria potestas*, wobei die Handlung in Curiatcomitien vorgenommen wurde. Bei der *adoptio* gehen Unselbständige, wie Frauen und Unmündige, in die *patria potestas* eines anderen über, wobei der Akt von einer Magistratsperson vorgenommen wurde.

Rechte der väterlichen Gewalt waren:

1. Recht über Leben und Tod, was das Züchtigungsrecht natürlich zur Voraussetzung hat. Dieses Recht dauerte das ganze Leben hindurch fort. In der Kaiserzeit wurde es zwar durch die Sitte, aber nicht durch das Gesetz beseitigt.

---

[1]) Vgl. Rossbach, Unters. über d. röm. Ehe, Stuttgart 1853 und Röm. Hochzeits- und Ehedenkmäler, Leipzig 1871, Karlowa, Die Formen d. röm. Ehe und *manus*, Bonn 1868, Baron, Die Frauen im röm. Recht, Nord und Süd, 1886, S. 207 (dazu meine Besprechung bei Bursian-Müller 1889, III, S. 207), M. Zoeller, Die soziale und rechtliche Stellung der Frau im alten Rom, Mannheim 1892.

2. Das *ius vendendi*. Es wurde durch Diocletian ausdrücklich abgeschafft.[1])

3. Specielle persönliche Rechte, wie das Recht des Vaters im Todesfall testamentarische Vormünder zu bestellen, oder das Recht desselben das neugeborene Kind auszusetzen oder zu töten, jedoch mit der Beschränkung, das Kind vorher fünf Nachbarn zu zeigen und deren Zustimmung einzuholen.

4. Die ausschliessliche Herrschaft über das Eigentum der Familie. Damit hängt zusammen, dass alles, was der in der *patria potestas* stehende Sohn erwirbt, nicht dessen Eigentum, sondern nur ein *peculium* ist. *Peculium* heisst dasjenige, was der *pater familias* seinem Sohne oder seinem Sklaven zur eigenen Verwaltung in die Hände giebt. Ebenso folgt aus dem Eigentumsrecht des Vaters, dass der Vater zur Bezahlung der Schulden des Sohnes nicht verpflichtet ist, desgleichen, dass der Sohn das von ihm Erworbene nicht verschenken oder testamentarisch darüber verfügen kann.

Unter Vormundschaft versteht man dasjenige Institut, durch welches solche Beistand erhielten, welche sich nicht selbst beraten konnten. Dieser Beistand heisst *tutor*, Vormund: die Vormundschaft selbst heisst *tutela*. Dieser Beistand bezog sich jedoch nur auf solche, welche nicht in eines anderen *potestas* oder *manus* oder *mancipium* waren. Die Vormundschaft trifft also nur Unmündige und Frauen und zerfällt daher in eine *tutela impuberum* und *tutela muliebris*.

## § 187. Das Sachen- oder Eigentumsrecht.

Eigentum ist zu unterscheiden von Besitz.

Der Besitz ist ursprünglich dasjenige faktische Verhältnis zwischen dem Menschen und einer Sache, vermöge dessen

---

[1]) Die Sitte machte diese Rechte schon in der ältesten Zeit abhängig von dem Spruche eines Verwandtschaftsrates, welcher bei allen wichtigen, die Familie betreffenden Rechtsakten zugezogen wurde. Dieser fungierte, wenn der Hausvater über die Kinder oder der Mann über die Ehefrau zu Gericht sass, als Hausgericht.

jener die äussere Möglichkeit hat, darüber zu verfügen. Diesen rein natürlichen Besitz nannten die römischen Juristen später *possessio naturalis*. Von dieser *possessio naturalis* ist aber die *possessio civilis* zu unterscheiden, d. h. derjenige Besitz, der vom Staate geschützt wird. Dieser Schutz ward gewährt durch *interdicta*, die einen unmittelbaren Befehl oder ein Verbot des Prätors enthielten. Eine weitere Entwickelung der *possessio ad interdicta* ist die *possessio ad usucapionem*, d. h. der durch Fortsetzung des Besitzes ersessene Besitz, der, wenn er mit gutem Glauben verbunden ist, zum Eigentum führen kann.

Zur Erwerbung des Besitzes gehören zwei Momente, thatsächliche Gewalt (*apprehensio*) und Aneignungswille (*animus possidendi*).

Das Eigentum ist das unbeschränkte Recht über eine Sache. Man unterscheidet im älteren römischen Recht zweierlei Arten von Eigentum, die *res mancipi* und die *res nec mancipi*.[1])

I. Die *res mancipi* umfassen die für ein ackerbautreibendes Volk wesentlichen Gegenstände des Eigentums. Dieselben sind nach Ulpian (XIX, 1) folgende:

1. Grundstücke in Italien oder in den Provinzen, welche *ius italicum* haben (*praedia tam rustica, qualis est fundus, quam urbana, qualis domus*);
2. Prädialservituten (*iura praediorum rusticorum, velut via, iter, actus, aquaeductus*);
3. Sklaven, *servi;*
4. Zug- und Lasttiere, *quadrupedes quae dorso colloque domantur, velut boves, muli, equi, asini*. Nicht gehörten dazu Kamele und Elefanten.

Die *res mancipi* werden erworben:

1. Durch die *mancipatio*. Diese ist ein dem spezifisch römischen Recht eigentümlicher Kauf von Dingen, die *res mancipi* sind. Dieser wird vorgenommen unter Anwesenheit von Käufer und Verkäufer, eines *libripens*, welcher die Wag-

---

[1]) Ulpian **XIX, 1**: *omnes res aut mancipi sunt aut nec mancipi.*

schale hielt, in welche ein Sesterz hineingeworfen wurde, und unter Zuziehung von 5 Zeugen.

2. Durch *in iure cessio*. Dies ist eine jüngere Form der Eigentumserwerbung, durch welche übrigens auch *res nec mancipi* erworben werden können. Sie besteht darin, dass beide Parteien sich vor den Prätor begeben und dort eine scheinbare Vindication anstellen. Der Kaufende sagt: *hunc hominem meum esse aio* (Vindicationsformel), und wenn hierauf der bisherige Eigentümer dies nicht bestreitet, so erkennt der Prätor dem ersteren den Kaufgegenstand zu (*addicit*). Ulpian drückt dies kurz so aus: *quae fit per tres personas, in iure cedentis* (des Verkäufers), *vindicantis, addicentis. In iure cedit dominus, vindicat is, cui ceditur, addicit praetor.*

3. Ebenfalls werden *res mancipi*, daneben aber auch *res nec mancipi* erworben durch die *usucapio* oder *usus* (die Verjährung). Die *usucapio* giebt eine Sache dadurch zum Eigentum, dass man sie ununterbrochen eine bestimmte Zeit in Händen hatte. Voraussetzung ist dabei *bona fides*, d. h. Glaube an die Rechtmässigkeit der Erwerbung, und ein *iustus titulus*, ein giltiger Rechtsgrund. Ulpian XIX, 8: *usus est dominii adeptio per continuationem possessionis anni vel biennii, rerum mobilium anni, immobilium biennii.*

II. Die *res nec mancipi*. Diese unterscheiden sich von den *res mancipi* dadurch, dass sie ihrer Natur nach dem Verbrauche ausgesetzt sind, wie z. B. der Ertrag der Ernte, Federvieh, Schafe, Ziegen, Schweine, Geräte. Der positive Ausdruck für die *res nec mancipi* ist *bona*, die besondere Form ihrer Veräusserung ist die *traditio*. Ulpian XIX, 7: *traditio propria est alienatio rerum nec mancipi. Harum rerum dominia ipsa traditione adprehendimus, scilicet si ex iusta causa traditae sunt nobis.*

Aus dem Gegensatz der *res mancipi* und *res nec mancipi* hat sich mit der Zeit ein anderer Gegensatz entwickelt, der damit nicht verwechselt werden darf, nämlich der Gegensatz zwischen quiritarischem und bonitarischem Eigentum (*dominium ex iure Quiritium* und in *bonis habere*). Der Begriff des *dominium ex iure Quiritium* ist weiter als der der *res mancipi*, da derselbe sowohl *res mancipi* als *res nec man-cipi* umfasste, jedoch mit der Massgabe, dass die Erwerbung durch die dem römischen Civilrecht eigentümlichen Formen erfolgte. Im Gegensatz dazu ist eine Sache nur *in bonis*, wenn der Erwerb ohne die dem römischen Civilrecht eigen-tümlichen Formen stattgefunden hat. Die dem römischen Recht eigentümlichen Erwerbungsformen sind ausser den schon genannten (*mancipatio, in iure cessio* und *usucapio*) die *hereditas*, Erwerbung durch Erbanfall, *venditio publica*, staatliche Veräusserung, und *adiudicatio*, richterliche Zuer-kennung. Die natürlichen, nur bonitarisches Eigentum be-gründenden Erwerbungsarten werden *acquisitiones naturales* genannt im Gegensatz zu den *acquisitiones civiles*. Zu ihnen gehören *traditio* und *occupatio*. Der Unterschied zwischen *res mancipi* und *res nec mancipi* und zwischen quiritarischem und bonitarischem Eigentum wurde von Justinian beseitigt.

Ausser dem Recht an eigenen Sachen giebt es auch Rechte an Sachen anderer Eigentümer (*iura in re*); dahin gehören die *servitutes*, d. h. Beschränkungen, vermöge deren der Eigentümer nicht die ausschliessliche Verfügung über seine Sache hat, sondern gezwungen werden kann, Hand-lungen zu unterlassen oder zu gestatten. Das alte römische Recht unterscheidet zwischen *servitutes praediorum* und *servi-tutes personarum*. Zu den ersteren gehört z. B. die Ver-pflichtung den Nachbarn nicht Luft und Aussicht abzuschneiden, ferner *iter*, das Recht des Nachbars oder anderer Leute auf dem Grundstück zu gehen, zu reiten, ferner *actus*, das Recht darauf zu fahren oder Vieh zu treiben u. a. m.

## § 188. Das Erbrecht.

Beerbung kann auf doppelte Weise eintreten, entweder durch Testament oder durch natürliche Verwandtschaftserbfolge. Die erstere nennt man *hereditas testamentaria*, die letztere *hereditas ab intestato*.

1. Die testamentarische Beerbung oder *hereditas testamentaria*.

Es gab drei streng römische Testamentsformen. Das

*testamentum calatum,* das *testamentum in procinctu* und das *testamentum per aes et libram factum.*

1. Das *testamentum calatum* oder *comitiis calatis factum,* die älteste Form des Testaments von wesentlich sakralrechtlichem Charakter. Dasselbe bestand wahrscheinlich darin, dass der Testator die sein Testament enthaltende Urkunde einer zum Empfang solcher Urkunden legitimierten Person in *calatis comitiis,* die sich zu diesem Behufe zweimal im Jahre versammelten, übergab und dabei die Quiriten zum Zeugnis dafür aufforderte, dass diese Urkunde sein Testament sei. Dieses Testament war also ein öffentliches.

2. Das *testamentum in procinctu.* Das war das Testament, welches die Soldaten vor der Schlacht machten.

3. Das *testamentum per aes et libram factum,* wobei die alte Form der *mancipatio* auf die Hinterlassenschaft angewendet wurde. Der Erblasser verkaufte dabei sein Vermögen zum Schein und erklärte den Käufer zu seinem Erben. Später diente dieser Käufer (*emptor familiae pecuniaeque*) nur als Mittelsperson und hiess dementsprechend *familiae emptor fiduciarius.* Dieser kaufte zum Schein das Vermögen des Testierenden und machte bei dessen Lebzeiten natürlich keinen Gebrauch von der Sache. Nach dem Tode desselben verteilte er die Erbschaft auf Grund seines Eigentumsrechtes, natürlich nach dem Wunsche des Erblassers. Ursprünglich enthielt dieses Testament keinerlei Erbeinsetzungen, sondern nur Einzelverfügungen, *legata* des Testators. Die Form des alten *testamentum per res et libram* bestand darin, dass der Erblasser sein ganzes Vermögen in Gegenwart von fünf Zeugen und eines *libripens* einem Treuhändler, *familiae emptor,* anvertraute und ihm dabei auftrug, die ihm namhaft gemachten Einzelvermächtnisse, Legate, den einzelnen nach seinem Tode zu übergeben.

Diese mündliche Erklärung nannte man *nuncupatio.* Später wurde es üblich, die einzelnen Legate schriftlich aufzuzeichnen und die Einzelheiten den Zeugen nicht zu nennen, sondern ihnen nur die *tabulae* des Testaments vorzuzeigen. Nach dem Tode des Erblassers hatte dann der *familiae emptor* die Legate diesen schriftlichen Aufzeichnungen entsprechend auszuzahlen und zugleich auch die Gläubiger zu befriedigen. Später aber wurden mit der letzteren Verpflichtung einer oder einige der Legatare betraut. Dadurch verwandelten diese sich in *heredes* und damit sank der *familiae emptor* allmählich zum reinen Figuranten herab. An die Stelle desselben hat dann der Prätor den Erbschaftscurator gesetzt.

Neben dem *testamentum per aes et libram* kam noch ein bequemeres und weniger formelles, nämlich das prätorische Testament auf, das aber zuletzt mit demselben in eine Form verschmolz.

II. Die *hereditas ab intestato,* Intestaterbfolge; diese trat ein, wenn kein Testament vorhanden war, und zwar nach Massgabe von gesetzlichen Bestimmungen, denen zufolge der nächste Verwandte immer den entfernteren ausschloss. Zuerst kommen diejenigen, welche in des Erblassers Gewalt standen, also Söhne, Töchter, Enkel und Frau *in manu;* diese heissen *sui.* In Ermangelung der *sui* folgten die *agnati proximi.*[1])

Der Antritt der Erbschaft vollzog sich entweder in bestimmten civilrechtlichen Formen (Erbschaft nach dem Gesetz, *hereditas legitima*) oder in der freieren Form der *bonorum possessio.* Die freiere Form bestand dabei darin, dass diejenigen, welche auf eine Erbschaft Anspruch machten, sich mit der Bitte an den Prätor wandten, ihnen den Nachlass auszuhändigen (*petebant bonorum possessionem*), welchem Wunsch er nach Massgabe bestimmter, von Jahr zu Jahr fortgepflanzter Regeln (prätorisches Edikt, *ius praetorium*) entsprach

---

[1]) *Agnati sunt a patre cognati, per virilem sexum descendentes* (Ulpian).

(*dabat bonorum possessionem*). Die freiere Form der *bonorum possessio* fand sowohl auf die testamentarische wie Intestaterbfolge Anwendung.

## § 189. Das Obligationenrecht.

*Obligatio* bezeichnet ein Verhältnis zwischen zwei Personen, von denen die eine ein Recht gegen die andere hat. Die berechtigte Person heisst *creditor*, die zu einer Handlung verpflichtete *debitor*. Die klassische römische Jurisprudenz teilt die sämtlichen Obligationen in zwei Hauptklassen ein: nach *ius civile* vollwirksame, *obligationes civiles*, und nach *ius civile* nicht vollwirksame, *obligationes naturales* und *obligationes inanes*. Die *obligationes civiles* zerfallen in *obligationes ex contractu*, *obligationes ex delicto* und *obligationes ex variis causarum figuris*.

I. *Obligationes ex contractu*. Contractus bezeichnet einen förmlichen, nach Civilrecht klagbaren Vertrag[1]) zwischen mehreren dazu fähigen Personen. Zur gerichtlichen Giltigkeit eines Kontraktes ist vor allem nötig, dass der Wille der Person sich unzweideutig ausspreche. Dies ist möglich durch die That, *re*, durch Worte mündlich (*verbis*) oder schriftlich (*libris*) oder durch blossen Consens. Danach giebt es vier Arten von Kontrakten: Realkontrakte, Verbalkontrakte, Literalkontrakte, Consensualkontrakte.

Die älteste Form der Verbalkontrakte war das *nexum per aes et libram*, die unter denselben feierlichen Formalitäten wie die *mancipatio* vor sich ging (s. § 187) und sich von derselben nur dadurch unterschied, dass nicht ein Verkauf, sondern ein Kontrakt abgeschlossen wurde. Derjenige, welcher dabei die Verpflichtung übernahm, erklärte unter Anwesenheit des anderen und von 5 Zeugen und unter gewissen Formalitäten, dass er die Verpflichtung übernehme und im Falle der Nichterfüllung dem anderen das Recht der *manus iniectio* einräume (Selbstverpfändung). In dieser strengen Form wurden namentlich Gelddarlehen abgeschlossen.

---

[1]) Zum Unterschied von *pactio*, worunter man eine durch das prätorische Recht in Schutz genommene Verabredung versteht.

Die Literalkontrakte bestehen darin, dass man eine Person, die man als Schuldner bezeichnen wollte, nebst der schuldigen Summe auf die Seite der Ausgaben im Hausbuch (*codex expensi et accepti*) eintrug und durch das Eintragen selbst verpflichtete, *transscriptio, nomina transscripticia*. Dieses Eintragen konnte natürlich nur nach gegenseitiger Übereinkunft geschehen, wobei der Schuldner seine Einwilligung entweder mündlich oder schriftlich zu erkennen gab. Den Posten eintragen heisst *nomen facere*, daher *nomen* = Posten oder Schuld; das Buch, in welches dieselbe eingetragen wurde, bestand aus mehreren *tabulae*, weshalb *tabulae* auch soviel als Schuldbücher bezeichnet. Von der Literalobligation ist das *chirographum* (*cautio*) zu unterscheiden, welches ein blosser Schuldschein und keine Obligation ist.

II. *Obligationes ex delicto*. Dies sind Verpflichtungen, welche aus widerrechtlichen Beschädigungen entstehen und Klagen teils auf Ersatz, teils auf Strafe, teils auf beides begründen.

III. *Obligationes ex variis causarum figuris*. Damit werden solche Obligationen bezeichnet, welche weder auf einem wirklichen Vertrag noch auf einem wahren Delikt beruhen, sich aber teils an diese, teils an jene Entstehungsweise anschliessen und ähnliche Wirkungen haben. Diejenigen Obligationen, welche den aus Verträgen entspringenden am nächsten stehen, heissen *obligationes quasi ex contractu*, und diejenigen, welche den aus Delikten entspringenden verwandt sind, *obligationes quasi ex delicto;* für letztere ist ein Beispiel das *damnum infectum*, d. h. der Schaden, welcher durch den drohenden Einsturz benachbarter Baulichkeiten entstehen kann.

# Kapitel XXXI.

## Der römische Civilprozess.

Mommsen, Staatsr. II, 935 (Die kaiserl. Civiljurisdiktion). Madvig II,
216. Rein a. a. O. Baron I, 381. Bethmann-Hollweg, Der Civilprozess
des gemeinen Rechts, Bonn 1864—66. Karlowa, Der röm. Civilprozess
zur Zeit der Legisactionen, 1872. Becker, Die Actionen des röm. Privatrechts, Berlin 1871—73. Keller, Der röm. Civilprozess und die Actionen
in summarischer Darstellung, 6. Aufl., Leipzig 1883. Engelmann, Der
Civilprozess, 2. Bd. 2. Heft, Breslau 1891.

### § 190. Die Privatrechtspflege im allgemeinen.

Die römische Privatrechtspflege zur Zeit der römischen
Republik beruhte auf dem Zusammenwirken einer das ganze
Rechtswesen leitenden Magistratsperson, bei der alle Prozesse
angestrengt und eingeleitet werden mussten, und einer Anzahl
zu richterlicher Thätigkeit erkorener Bürger. Die Magistratsperson war in der Regel der Prätor. Soweit der Prozess
bei ihm verhandelt wurde, hiess das ganze Verfahren *in iure*;
denn von ihm sagte man *ius dicit*, und seine Thätigkeit hiess
dabei *iurisdictio*. Aber das Urteil selbst sprach er nicht;
dies war vielmehr Sache der Richter, *iudices*, die das Urteil
zu finden hatten, *iudicare*. Dies Verfahren hiess *in iudicio*.
Demnach spaltete sich jeder Prozess in zwei Akte, in die
einleitende Verhandlung *in iure* vor dem Magistrat und in
die Verhandlung *in iudicio* vor den Richtern.

### § 191. Die richterlichen Magistrate und die Richter.

Die richterliche Kompetenz war ein Ausfluss der höchsten
Amtsgewalt, des *imperium*. Dies hatten im Anfange nur die
Könige, dann die Consuln; seit dem Jahre 366 ging aber das
Imperium auch auf den Prätor über und zwar mit der Mass-
gabe, dass diesem vorzugsweise das richterliche *imperium* zu-
fiel. Über die Civiljurisdiktion des Prätors ist schon oben
Kapitel XIII, § 95 die Rede gewesen. Im allgemeinen müssen
bei der jurisdiktionellen Thätigkeit des Prätors die Akte der

streitigen Gerichtsbarkeit von den Akten der freiwilligen Jurisdiktion unterschieden werden. Bei den Akten der streitigen Gerichtsbarkeit fällt der Prätor das Urteil nicht selbst, sondern entweder ein in Übereinkunft mit den Parteien bestellter Einzelrichter (*iudex*) oder ein Richtercollegium (*recuperatores*). Bei den Akten der freiwilligen Jurisdiktion handelte der Prätor selbst kraft seines Amtes. Die Befugnis des Prätors ist in beiden Arten der Jurisdiktion in den drei Worten enthalten, *do, dico, addico*. *Do* will sagen Klagen, Exceptionen, Rechte geben, *dico* das Urteil sprechen, *addico* Eigentum ab- und zuerkennen.

Für die Akte der streitigen Gerichtsbarkeit (*contentiosa*) fällte der richtende Magistrat das Urteil nicht selbst, sondern er bestellte Richter, nachdem er den Prozess instruiert hatte. Dies waren in Übereinkunft mit den Parteien bestellte E i n z e l - r i c h t e r (*iudices* oder *arbitri*). Diese Einzelrichter waren entweder der *unus iudex* oder der *arbiter*.

Die Einigung der Parteien über den *iudex*, wenn sie nicht schon vorher erfolgte, fand von dem Prätor *in iure* statt und zwar in der Weise, dass der Kläger einen Richter vorschlug (*iudicem procare, iudicem ferre*), der Beklagte ihn annahm (*iudicem sumere*). Wollte der Beklagte den vorgeschlagenen Richter nicht annehmen, so hatte er die Ablehnung zu begründen oder eidlich die Überzeugung zu bekräftigen, dass er von dem vom Kläger vorgeschlagenen Richter ein gerechtes Urteil nicht erwarte. Später trat mehr und mehr an Stelle dieser Form die Auslosung des Richters (*sortitio*). Wer durch das Los bestimmt und nicht von den Parteien abgelehnt war, wurde vom Magistrat zum Richter ernannt und vereidigt (*dare, addicere iudicem*).

Von den *iudices* sind die *arbitri* zu unterscheiden. Der *arbiter* unterscheidet sich von *iudex* 1) dadurch, dass sich die Mitwirkung des Magistrats bei seiner Ernennung auf die Prüfung der Frage beschränkte, ob die Wahl auf eine zur Ausübung des Richteramts an sich fähige Person gefallen sei, und auf die Bestätigung der Wahl im Falle der Bejahung dieser Frage. Ein besonderes rechtliches Verfahren

wie bei der Bestellung des *iudex* fand dabei nicht statt.
2) Sachlich unterscheiden sich die *arbitri* von den *iudices* dadurch, dass sie mit freier Befugnis und mit Berücksichtigung der *aequitas* richteten; denn es kam bei der Wahl des *arbiter* nicht wie bei dem *iudex* auf die einfache Anwendung strenger Rechtsgrundsätze, sondern vielmehr auf die Ordnung eines in Verwirrung und Unklarheit geratenen Rechtsverhältnisses an. Somit nahm der *arbiter* gegenüber dem *iudex*, der auf die Individualität des konkreten Falles nicht eingehen konnte, sondern die ihm vorgelegte Rechtsfrage mit Ja oder Nein beantworten musste, eine freiere Stellung ein. Übrigens verwischte sich schon zu Ciceros Zeit der Unterschied zwischen *iudex* und *arbiter* derart, dass er den Juristen nicht mehr bewusst war. Die *arbitri* sind nicht zu verwechseln mit den Privatschiedsrichtern (*honorarius arbiter*, *disceptator domesticus*), welche *intra parietes* ohne alle öffentliche Autorität entschieden. Neben den *arbitri*, die als Einzelrichter fungierten, werden auch Kollegien von *arbitri* genannt, die ebenfalls für einen einzelnen Fall berufen wurden.

Ausser diesen nicht ständigen Gerichten kamen zwei besondere ständige Richterkollegien vor:

1. Die *decemviri litibus* (oder *stlitibus*) *iudicandis*, ein aus alter Zeit stammendes Richterkollegium, das in Fällen, in denen es sich um Freiheit und Civität handelte, entschied und seit Augustus dem Centumviralgericht präsidierte. S. oben § 109 und 120.

2. Die *centumviri*. Diese bestanden schon in republikanischer Zeit, und man nimmt meistens an, obwohl dies keineswegs ganz feststeht, dass sie über dingliche Rechtsverhältnisse und in Erbschaftssachen gerichtet hätten. Wahrscheinlich ist, dass die Centumvirn eine gegenüber anderen Richtern konkurrierende Gerichtsbarkeit besessen haben, jedenfalls aber nur in bedeutenderen Sachen zu richten hatten. In der Kaiserzeit waren ihnen gleichfalls gewisse Sachen reserviert, die als *centumvirales causae* dem *iudicium privatum* gegenüber gestellt wurden. In der Zeit der Republik führte den Vorsitz der *praetor urbanus*, in der letzten Zeit derselben

gewesene Quästoren und seit Augustus die oben erwähnten *decemviri*.

Zuletzt sind noch die *recuperatores* zu erwähnen. Diesen Namen führten ursprünglich Richterkollegien, die einem Vertrage zufolge aus Männnern von zwei Völkern (Römern und Peregrinen) zusammengesetzt waren, um über Zurückgabe und Ersatz (*recuperare*) von im Kriege eroberten und jetzt zurückzugebenden Gegenständen, sowie über zukünftige Privatprozesse zwischen beiden Völkern zu entscheiden. Dann wurden allmählich auch in Rom solche Recuperatorengerichte eingeführt, um zwischen Peregrinen und Römern und zwischen Peregrinen selbst entstandene Streitigkeiten zu schlichten. Später bedienten sich wegen der bei diesen Recuperatorenprozessen üblichen Beschleunigung des Verfahrens auch die Römer selbst öfters solcher Richterkollegien und zwar meistens in Schuldsachen, *de statu* u. a. Das Kollegium war meist aus 3 oder 5 Mitgliedern zusammengesetzt.

## § 192. Die Partelen und deren Stellvertreter.

Ein Prozess ist nur möglich, wenn ein Kläger und ein Beklagter vorhanden ist. Der Kläger heisst *actor* oder *petitor*, der Beklagte *reus*; beide zusammen, die Parteien, werden *litigantes*, manchmal auch *rei* genannt. Der als Kläger oder Beklagter Auftretende musste ein *civis sui iuris* sein, also waren Haussöhne, Sklaven, Peregrinen ausgeschlossen. Stellvertretung war ursprünglich nicht gestattet. Doch kam dieselbe mit der Zeit immer mehr in Geltung, insbesondere bei Prozessen *pro libertate* und bei Prozessen der Peregrinen gegen Römer, in welchen die ersteren durch einen anfangs selbst gewählten, später vom Prätor ihnen zugewiesenen *patronus* vertreten waren. Sonst hiessen die Stellvertreter *cognitores* und *procuratores*. Von den Stellvertretern sind die Rechtsbeistände zu unterscheiden. In der Zeit der Republik waren dies angesehene, rechtskundige Leute, die den Prozessierenden Rat erteilt hatten und durch ihre Gegenwart ihr Interesse und ihr Wohlwollen an den Tag legten : sie führten von dieser Gegenwart den Namen *advocati* (*advocatum*

*esse alicui).* Von ihnen sind verschieden die Anwälte,
*patroni,* welche als Rechtsbeistände für die Parteien
sprachen.[1]) Diese Anwaltschaft war anfangs unbesoldet.
Doch fing man frühzeitig an, sich bezahlen zu lassen, und
diese Sitte erhielt sich trotz des Verbots durch die *lex Cincia*
(204 v. Chr.) und der Wiederholung derselben durch Augustus,
so dass man sich darauf beschränken musste, ein Maximum
für das Honorar zu bestimmen (unter Claudius 10 000 Sesterzien).

In der Kaiserzeit schwand allmählich der Unterschied
zwischen *patroni* und *advocati,* und beide Ausdrücke bezeichneten wie *causidici, oratores* einen bestimmten Stand, für
welchen in den späteren Jahrhunderten der Name *advocati*
zur ausschliesslichen Geltung kam.

## § 193. Die Arten des Prozesses.

Man unterscheidet im allgemeinen den Legisactionsprozess und den Formularprozess.

Der Legisactionsprozess heisst so von den *legis
actiones.* Dies sind gewisse dem strengen altrömischen Rechte
angehörige Formeln und symbolische Handlungen, die von
den Parteien angewandt werden, um streitiges Recht geltend
zu machen. Die Hauptformen dieses Verfahrens sind: 1. *sacramento,* 2. *per iudicis postulationem,* 3. *per condictionem,* 4. *per
manus iniectionem,* 5. *per pignoris capionem.*

Der Formularprozess war ein freieres Verfahren und
hat seinen Namen von den *formulae,* d. h. den Instruktionen,
welche der Prätor den Richtern erteilte, nachdem er die Parteien angehört hatte.

---

[1]) Cic. de or. I, 36 ff. *Qui defendit alterum in iudicio aut patronus
dicitur, si orator est, aut advocatus, si aut ius suggerit aut praesentiam
suam commodat amico.*

# Kapitel XXXII.

# Das Kriminalrecht und der Kriminalprozess.[1]

Madvig II, 268. Mispoulet II, 272 und 513. Mommsen, Staatsr. II, 111, 572 und 917. A. W. Zumpt, Das Criminalrecht der röm. Republik (2 Bde. in je 2 Abteilungen), Berlin 1865—69. A. W. Zumpt, Der Criminalprozess der röm. Republik, Leipzig 1871. Madvig II, 268. Rein, Das Criminalrecht der Römer von Romulus bis auf Justinian, Leipzig 1844.

## § 194. Die Verbrechen (delicta).

Die römischen Juristen unterscheiden zwischen *delicta privata* und *delicta publica*. *Delicta publica* sind Missethaten, welche entweder direkt gegen den Staat oder zwar direkt nur gegen ein einzelnes Individuum gerichtet, aber so geartet sind, dass sich der Staat durch dieselben für mitverletzt erachtet; wer ein solches Verbrechen begeht, ist *perduellis; delicta privata* sind solche, durch welche nur ein einzelnes Individuum verletzt worden ist. Die Grenze zwischen beiden war in früherer Zeit vielfach schwankend, wenn auch im allgemeinen der Unterschied der Sache nach beachtet wurde.

Die Hauptverbrechen, die in der Zeit der Republik zum Gegenstand eines *iudicium publicum* gemacht werden konnten, und die selbst wieder obiger Definition entsprechend in politische und nichtpolitische eingeteilt werden können, waren folgende:

I. Politische Verbrechen.

1. *Perduellio*, später *maiestas*, Beleidigung der Hoheit des Volkes. Dem Wortlaut nach bezeichnet *perduellio* das Verhalten eines *perduellis*, d. h. eines Kriegsfeindes, wofür später der Ausdruck *hostis* üblich wird. In historischer Zeit hatte das Wort eine allgemeinere Bedeutung, indem es solche Handlungen bezeichnet, durch die ein einzelner im Innern

---

[1] Das Kriminalrecht ward in der röm. Jurisprudenz nicht als ein besonderer Teil behandelt, sondern an die Lehre von den *delicta privata* als *delicta publica* angeschlossen.

des Staates sich als Feind (*perduellis*) der bestehenden Staatsordnung erweist oder durch welche er die Sicherheit und das
Staatsinteresse in gröblicher Weise verletzt. Zu den als *per-*
*duellio* angesehenen Delicten gehören die *proditio*, Verrat an
den Feind, die *concitatio hostis*, d. h. das Aufwiegeln eines
fremden Volkes zum Kriege gegen das Vaterland, ferner die
Desertion, dann die Hinrichtung eines Bürgers gegen die
Provocation (*civem romanum adversus provocationem virgis*
*caedere securique necare*) seitens eines Magistrats, das Vergehen gegen die *lex sacrata* durch Tötung oder Störung eines
*tribunus plebis* in der Ausübung seiner Rechte. An die Stelle
der Klage wegen *perduellio* trat in dem letzten Jahrhundert
die Anklage *maiestatis*. Die *maiestas* besteht in der Würde
der Herrschaft des römischen Volkes.[1]) Der Schmälerung
derselben macht sich schuldig, wer durch Gewalt und Aufruhr
die gesetzliche Ordnung stört.[2]) Dadurch war das Majestäts-
gesetz[3]) anwendbar auf einen weiteren Kreis von Handlungen,
welche als ordnungsstörend angesehen werden konnten. In
der Kaiserzeit wurde es bekanntlich das Mittel, jede Auflehnung gegen das geheiligte Haupt des Monarchen durch
Wort oder That niederzuhalten. Dies geschah seit Tiberius,
der den Begriff *maiestas*, der ursprünglich nur vom Volke galt,
auf den Kaiser übertrug (*maiestas principis*). Über die *vis*
*publica*, mit welcher die *maiestas* verwandt ist, s. unten *vis*.

2. *Ambitus*. Amtserschleichung oder Anwendung un-
gesetzlicher bezw. unerlaubter Mittel bei der Bewerbung um
öffentliche Ämter. Ausser anderem gehört dahin z. B. die
Anwendung klubartiger Verbindungen (*sodalitia*).

3. *Repetundae* (*pecuniae repetundae*). Im allgemeinen
ist darunter jede Benutzung obrigkeitlicher Gewalt zu verstehen, um sich ungesetzliche Vorteile zuzuwenden, für welche

---

[1]) Cic. part. orat. 30, 105: *maiestas est in imperii atque in nominis*
*populi Romani dignitate.*

[2]) Cic. a. a. O.: *maiestatem minuit is qui per vim multitudinis rem ad*
*seditionem vocavit.*

[3]) Dasselbe wurde gegeben von Saturninus 102, später ergänzt
durch eine *lex Varia* 92 v. Chr.

von den Geschädigten Ersatz verlangt werden kann. Insbesondere aber versteht man darunter die Erpressungen, die sich die Statthalter gegen die Provinzialen zu schulden kommen liessen. Die Klagen hiegegen heissen *de repetundis*.

4. *Peculatus*. Unterschlagung öffentlicher Gelder.

II. Unpolitische Verbrechen, die aber gleichwohl als *delicta publica* bezeichnet werden, weil sie, wenn sie auch den Staat nicht direkt betrafen, als allgemeingefährliche Handlungen betrachtet wurden. Dahin gehören:

1. Mord. in der Kaiserzeit im allgemeinen *homicidium*, zur Zeit Ciceros *inter sicarios* und noch früher *parricidium* genannt. *Homicidium* hat eine allgemeine Bedeutung und bezeichnet den Mord eines jeden Menschen, auch des Sklaven. Der Ausdruck *inter sicarios* (Meuchelmord), d. h. *quaestio inter sicarios* enthält eine Abkürzung, indem er besagen will: *Quaestio* gegen diejenigen, *qui inter sicarios deferuntur; inter sicarios deferre* will aber heissen *aliquem ita deferre ut nomen eius inter sicarios referatur*. Des abgekürzten Ausdrucks *inter sicarios* bediente man sich wahrscheinlich deswegen, weil ein entsprechendes sachliches Substantivum für Meuchelmord fehlte. Über *parricidium* s. oben § 104.

2. *Vis*. Bei *vis* ist die kriminalrechtliche Bedeutung von der privatrechtlichen zu unterscheiden. In privatrechtlicher Beziehung ist *vis* der Zwang, durch den eine Rechtshandlung zustande gekommen war; war ein solcher nachzuweisen. so konnte der Gezwungene vor dem Prätor Restitution beantragen. Die hier allein in Betracht kommende kriminalrechtliche *vis* entstand als Rechtsbegriff erst im letzten Jahrhundert der römischen Republik, indem die einreissende Gewaltthätigkeit zu der Rechtsüberzeugung führte, dass es nicht bloss auf die materielle Satisfaktion des Verletzten ankomme, sondern der Staat ein Interesse daran habe, die Verletzung seiner Rechtsordnungen durch Strafen zu ahnden. Von dieser öffentlichen Klage *de vi*, die durch eine *lex Cornelia* eingeführt wurde und die Gewaltthätigkeit gegen den Einzelnen als *delictum publicum* bestrafte, ist wieder zu unterscheiden die gewaltthätige Störung des öffent-

lichen Friedens, gegen welche eine *lex Plautia de vi* ein-
schritt. Dahin gehört Erregung eines Aufstandes, Gewalt
gegen Magistrate, das Besetzen von höher gelegenen Plätzen
und verbotenes Waffentragen (*qui loca superiora occupasset et
cum telo fuisset*), Demolieren von Häusern. Die *lex Plautia
de vi*, die schon im Jahre 63 zu Recht bestand und gegen
diejenigen angewandt wurde, die wegen Beteiligung an der
catilinarischen Verschwörung angeklagt wurden, wurde später
noch ergänzt und verschärft. Die *vis publica* steht auf einer
Linie mit dem *crimen maiestatis*, von dem sie sich nur durch
eine schärfere Begrenzung unterscheidet.

3. *Falsum:* Urkundenfälschung, Falschmünzerei, Meineid, Verleitung zu Meineid, in der *lex Cornelia de falsis* enthalten. In der Kaiserzeit trat an Stelle dieses Begriffs
*stellionatus*, Betrug.

4. *Incestum* und *nefanda venus*, in der Kaiserzeit
noch *adulterium*, bei welch letzterem Verbrechen jedoch nur
der Beteiligte selbst klagen konnte.

5. *Plagium*, Menschenraub.[1]

Von den politischen und unpolitischen *delicta publica*
sind die *delicta privata* zu unterscheiden, wie *furtum, rapina,
iniuria, damnum iniuria datum*, Ehebruch, Sachbeschädigung,
Injurien (ausser dem Schmähgedicht), Wucher. Bei diesen
griff der Staat nicht ein, sondern überliess es den Verletzten,
eine Klage auf Schadenersatz im Wege der Privatklage anzustellen.

---

[1] Ferner wurden schon in den *leges regiae* und den zwölf Tafeln
als *delicta publica* betrachtet: die Misshandlung des Vaters durch den
Sohn (*si parentem puer verberit*), der in Blutschande oder in Unkeuschheit
einer *virgo vestalis* bestehende *incestus*, weiter die *incantatio*, Bezauberung
oder Behexung, das Hinausschieben oder die Beseitigung des Grenzsteins
(*termini motio*), das nächtliche heimliche Abweiden oder Abschneiden
fremder Ackerfrüchte seitens eines *puber*, die absichtliche Brandstiftung,
Bestechlichkeit des Richters, Verfertigung eines Schmähgedichts, Treu-
losigkeit des Patrons gegen seinen Clienten und umgekehrt, falsches
Zeugnis, grundlose Verstossung der Frau u. a. d. A.

## § 195. Strafen.

Unter den Strafen für *delicta publica* sind zu nennen:
1. Die Todesstrafe, *supplicium, poena capitalis,* deren gewöhnliche Form die Hinrichtung mit dem Beile nach vollzogener Stäupung war (*virgis caedi securique feriri*). Eine ganz eigenartige Form der Todesstrafe war die *poena cullei,* die den *parricida* traf, insofern er Elternmörder war. Nach der Schilderung der Pandekten bestand dieselbe darin, dass der *parricida* zuerst mit roten Ruten gepeitscht, dann in Gesellschaft von einem Hunde, einem Hasen, einer Schlange und eines Affen in einen ledernen Sack eingenäht und hierauf in das Meer geworfen wurde. Sonst wird dem *parricida* Tod durch Erhängen angedroht. Auf falschem Zeugnis und auf Blutschande steht *praecipitatio de saxo* (*Tarpeio*). Die unkeusche *virgo vestalis* wird lebendig begraben und ihr Verführer mit Ruten gepeitscht. Die dolose Brandstiftung wurde nach den zwölf Tafeln mit Feuertod bestraft, offenbar ein Recht des alten Wiedervergeltungsrechtes (*ius talionis*), von welchem sich auch sonst noch verschiedene Spuren, selbst in der Kaiserzeit, finden.[1]) Die Todesstrafe durch Kreuzigung, *crux,* kam nur bei Sklaven und in den Provinzen bei Nichtbürgern niedrigen Standes vor.[2])

Gegen diejenigen, welche sich eines *delictum publicum,* auf welchem die *poena capitalis* stand, schuldig gemacht hatten, wurde verschieden verfahren. Gemeine Verbrecher untergeordneten Standes, die auf frischer That ertappt wurden, wurden in das Gefängnis geschleppt, und nachdem ihnen der Prozess gemacht worden war, hingerichtet. Dies war zu allen Zeiten so, und es ist deshalb, wie Madvig nachgewiesen, nicht richtig, zu behaupten, dass in der Zeit der Republik die Haft und die Hinrichtung überhaupt abgekommen und dass an Stelle der letzteren ohne Unterschied die freiwillige

---

[1]) Vgl. Günther, Die Idee der Wiedervergeltung, Erlangen 1889.
[2]) Vergl. H. Fulda, Das Kreuz und die Kreuzigung, Breslau. Koebner, 1878.

Verbannung getreten sei. Diese beiden Dinge waren vielmehr ein Vorrecht der *honestiores* vor den *humiliores*, das zwar erst später direkt ausgesprochen wurde, aber in der Praxis auch schon früher fast ausnahmslos in Geltung war. Es war nämlich Sitte, dass die Angeklagten, mit Ausnahme der auf frischer That ertappten niedrigen Verbrecher, auf freiem Fuss blieben, ohne Kaution zu leisten. Damit steht in Verbindung, dass der auf freiem Fusse stehende Verbrecher im letzten Augenblick, noch ehe das Urteil entgiltig gesprochen wurde, sich durch freiwillige Verbannung (*exsilium*) der Todesstrafe entziehen konnte. Bei den früheren Volksgerichten, bei welchen alle 35 Tribus stimmten, konnte dies vor der Abstimmung der letzten Tribus geschehen. Das *exsilium* war somit keine Strafe, sondern, wie Cicero mit Recht sagt, ein *perfugium portusque supplicii*. Hierüber sowie über die *aqua et igni interdictio* s. oben § 34. Gegenüber ganz besonders ehrlosen Missethätern tritt häufig an Stelle der Todesstrafe Verkauf in die Sklaverei, so gegenüber demjenigen, der sich dem Militärdienst entzieht. Sein Vermögen wird konfisziert.

2. Die Verbannung als besondere gerichtlich verhängte Strafe kommt erst in der Kaiserzeit vor und war entweder *relegatio* (gelindere Form) oder *deportatio* (strengere Form). S. oben § 34, S. 62.

3. Die Geldstrafe, *multa*. Geldstrafen kommen bei öffentlichen Vergehungen mehrfach vor und werden vom Volke in den Tribusversammlungen auf die Klage eines Tribunen oder Ädilen hin verhängt. Solche Multprozesse wurden hauptsächlich wegen Übertretung von Gesetzen und Polizeivorschriften und zwar in der letzten Zeit meist von den Ädilen anhängig gemacht. Die tribunicischen Anklagen dagegen beschränkten sich auf politische Vergehungen und waren meist gegen ungesetzliche und verderbliche Amtsführung gerichtet. Auch Capitalvergehungen wurden aus Abneigung gegen die Todesstrafe bis auf die Einsetzung der Quästionengerichte vielfach im Wege des Multprozesses verfolgt. Als festgesetzte Strafe für besondere Vergehungen wird die Mult

nur bei zwei Delikten erwähnt: Wer seine Frau grundlos verstösst, soll einen Teil seines Vermögens an die Frau, einen anderen an die *Ceres* verlieren, und wer die Vorschriften über die Kinderaussetzung verletzt, soll mit Konfiskation der Hälfte seines Vermögens (und mit anderen, nicht überlieferten Strafen) belegt werden. Eine Beschränkung auf eine bestimmte Summe wird nicht erwähnt; ja es kam sogar vor, dass vollständige Vermögenskonfiskation beantragt und genehmigt wurde.

4. Die körperliche Strafe bestand als vom Gericht verhängte Strafe nur als Einleitung zur Todesstrafe (*virgis caedi securique feriri*). Die durch die *lex Porcia* abgeschafften körperlichen Züchtigungen waren von Magistraten verhängte Zwangszüchtigungen ohne vorhergehendes Urteil.

5. Die Freiheitsstrafe (Gefängnis) kommt in der Zeit der Republik nicht als gerichtliche Strafe für Capitalvergehen, sondern nur als politische Massregel und bei gemeinen Verbrechen der niederen Stände als Untersuchungshaft vor. In der Kaiserzeit dagegen wurde Gefängnisstrafe auf gewisse Jahre und auf Lebenszeit neben Bestrafung durch öffentliche Arbeiten, insbesondere in den Bergwerken, verhängt.

6. Ehrentziehung findet sich in der Zeit der Republik nur vereinzelt als Strafe für politische Vergehen.

Welche Strafen für die einzelnen Vergehungen bestimmt waren, hing, wie aus obigen ersichtlich, im allgemeinen von der Natur des Verbrechens ab. So wurde, wie wir gesehen, Mord, *perduellio* und *maiestas* und was sich unter diese subsummieren liess mit dem Tode, dagegen leichtere Vergehungen, sei es privater, sei es politischer Art, mit einer Geldbusse bestraft. Im einzelnen bestimmte jedoch das Gesetz für das Verbrechen oder Vergehen, dessentwillen es gegeben war, auch zugleich die Strafe für dasselbe.

## § 196. Der Kriminalprozess.

Bei dem Kriminalprozess sind drei verschiedene Formen zu unterscheiden:

1. Der Volksprozess in der früheren republikanischen Zeit.

2. Der Quästionenprozess in der späteren Republik.
3. Die kriminelle Rechtspflege der administrativen Gewalten in der Kaiserzeit.

I. Der Volksprozess. Dies war diejenige Form des Prozesses, nach welcher infolge des Provocationsrechtes die Entscheidung nicht von dem richtenden Magistrat, sondern vom Volke gefällt werden musste. Capitalklagen kamen dabei vor die *comitia centuriata*, Multklagen dagegen vor die *comitia tributa* oder *concilia plebis*. Über diese beiden Formen des Volksprozesses wurde oben § 50 und § 61, wo von der Gerichtsbarkeit der Centuriat- und Tributcomitien die Rede war, ausführlich gehandelt.

II. Der Quästionenprozess. Die Quästionen sind ursprünglich vom Senate angeordnete ausserordentliche Untersuchungen, *quaestiones extraordinariae*, in Fällen, in denen es das Staatsinteresse erheischte, Verbrechen möglichst rasch zu entdecken und zu bestrafen.

Mit dem Worte *quaestio* bezeichnete man aber nicht nur den Akt der Untersuchung, sondern *in concreto* auch die mit derselben vom Senate beauftragte aus Senatoren bestehende Kommission.

Dieselbe befasste sich jedoch nicht nur mit der Untersuchung des fraglichen Verbrechens, sondern auch mit dessen Bestrafung, wobei die rechtliche Befugnis dazu als ein Ausfluss der Senatsauktorität zu betrachten ist. Gegenüber der schwerfälligen Volksjustiz bewährte sich diese neue Form der Gerichtsbarkeit derart, dass gar bald diese ausserordentlichen Einrichtungen zu regelmässigen erhoben wurden. Auf diese Weise wurden diese ausserordentlichen Untersuchungskommissionen, *quaestiones extraordinariae*, zu ständigen Gerichtshöfen, *quaestiones perpetuae*. Der erste derartige ständige Gerichtshof war die durch die *lex Calpurnia*, 149 v. Chr., eingesetzte *quaestio repetundarum*. Zur Zeit Ciceros gab es deren 8, nämlich 1. *de repetundis*, 2. *de maiestate*, 3. *de ambitu*, 4. *inter sicarios*, 5. *de veneficiis*, 6. *de peculatu*, 7. *de vi*. 8. *de falso*. Später kamen noch mehr hinzu. An der Spitze jedes einzelnen Gerichtshofes stand ein *quaesitor*, meist ein Prätor. Die Richter selbst waren, wie dies der Entstehung der ganzen Institution entspricht, anfänglich nur Senatoren. Später kamen noch der Ritterstand und die *tribuni aerarii* hinzu.[1]) Das Richterpersonal wurde jedesmal aus der allgemeinen Richterliste herangezogen.

Der Quästionenprozess wurde später sehr beschränkt, bis er gegen Ende des zweiten Jahrhunderts nach Chr. endlich ganz erlosch.

III. Die kriminelle Rechtspflege der kaiserlichen Behörden. Die kaiserlichen Beamten, die die kriminelle Rechtspflege ausübten, waren:

1. In Rom der *praefectus urbi* mit zwei Beisitzern (*assessores*), welche Senatoren waren. Die Kriminaljustiz desselben war ursprünglich auf untergeordnete Vergehen be-

---

[1]) Eine *lex Sempronia* vom Jahre 122 hatte den Senatoren das *munus iudicandi* nicht nur in Repetundenprozessen, sondern überhaupt jegliches *munus iudicandi* entzogen und auf alle Bürger, die den Rittercensus hatten, mit Ausnahme der Senatoren, übertragen. Nachdem in der Folgezeit dem Senat das *munus iudicandi* wiedergegeben und wieder entzogen worden war, wurde es bei der Neuregelung der Quästionenprozesse demselben ausschliesslich wieder übertragen (*lex Cornelia iudiciaria* vom J. 81 v. Chr.). Durch eine *lex Aurelia iudiciaria* vom J. 70 v. Chr. wurden jedoch die Richter nicht mehr ausschliesslich den Senatoren, sondern einer jährlich vom Prätor in einem Album zusammenzustellenden Liste von *iudices selecti* entnommen, die zu gleichen Teilen dem Stand der Senatoren, dem der Ritter und dem der *tribuni aerarii* angehören sollten. Die *lex iudiciaria* Cäsars vom Jahre 46 v. Chr. schloss die *tribuni aerarii* von dem *album iudicum selectorum* wieder aus. Eine dauernde Neuordnung der Gerichtsorganisation und des prozessualischen Verfahrens überhaupt wurde durch die *lex iudiciaria* des Augustus geschaffen. Nach dieser sollte das *album iudicum selectorum* aus 4 Decurien bestehen, von denen eine aus Senatoren, eine aus Rittern, eine aus *tribuni aerarii* und eine aus *ducenarii*, d. h. aus Leuten mit dem halben Rittercensus, gebildet werden sollte. Jede Decurie sollte normaler Weise 1000 Richter umfassen. Der die Kriminalgerichte und den Kriminalprozess ordnende Teil dieser *lex Iulia* wird von den klassischen Juristen *lex Iulia publicorum* (*iudiciorum*), der die Civilgerichte und den Civilprozess ordnende Teil *lex Iulia privatorum* genannt. Alle Kriminalprozesse werden den *quaestiones perpetuae* überwiesen, und der Prozess vor der Volksgemeinde verschwindet vollständig. Auch urteilt in einer Reihe von Kriminalfällen der Senat selbständig.

schränkt, dehnte sich aber allmählich auf alle Verbrechen aus. Auch der *praefectus rigilum* hatte eine Art von Kriminalgerichtsbarkeit über untergeordnete Leute und Sklaven.

2. Ausserhalb Roms übten dieselbe Staatsgewalt die Statthalter der Provinzen oder unter Auktorität derselben die Lokalbehörden.

## § 197. Der Quästionenprozess im besonderen. Die Anklage und das Verfahren in iure.

Einen Staatsanwalt, der *ex officio* gegen Verbrechen vorging, gab es in Rom nicht, sondern die Klage war jedem Bürger, der sich dazu berufen fühlte, überlassen. Eine Ermunterung dazu fanden viele in den Belohnungen, die der Staat demjenigen gewährte, der eine Kriminalklage glücklich durchfocht, und die je nach dem Gesetz verschieden waren, in der Regel aber in dem vierten Teil des Vermögens des Angeklagten bestanden. Andererseits galt es für wenig ehrenhaft, sich aus der Anklage ein Handwerk zu machen (*accusationem factitare*). Die gewerbsmässigen Ankläger hiessen *quadruplatores*, weil sie in Erwartung des in dem vierten Teil des Vermögens bestehenden Gewinns die Anklage unternahmen.[1] Im allgemeinen hiessen Ankläger *accusatores*, auch *delatores*, letzteres jedoch mehr in dem Sinne von Angeber und zwar insbesondere bei Majestätsverbrechen in der Kaiserzeit. Häufig vereinigte sich ein Ankläger, um seiner Klage mehr Nachdruck zu geben oder das Risiko zu vermindern, mit mehreren anderen als Mitanklägern, *subscriptores*. Der Ankläger musste vor allem den Eid ablegen, dass er nicht *calumniae causa* anklage; ward er dennoch später der *calumnia* überführt, so traf ihn die durch die *lex Remmia* vorgesehene Strafe, dass ihm ein K (Kalumniator) auf die Stirne gebrannt wurde, womit er zugleich der Infamie verfiel und das Recht wieder als Ankläger aufzutreten ver-

---

[1] Zu dieser verächtlichen Klasse von Leuten gehörte z. B. Erucius, der bestochene Ankläger des von Cicero verteidigten Sex. Roscius von Ameria.

wirkte.[1]) Häufig kam es auch vor, dass ein Ankläger mit dem Angeklagten unter einer Decke spielte. Dieses Verfahren hiess *praevaricatio*.

Wenn sich mehrere Ankläger für ein und dasselbe Verbrechen gemeldet hatten, veranstaltete der Prätor mit einem von ihm gebildeten Gerichtshofe eine Vorverhandlung über das Recht zur Anklage, *divinatio*.[2])

Die Eröffnung der Anklage erfolgte durch die *postulatio*, indem der Ankläger sich mit der Bitte an den Prätor wandte, eine gewisse Person anklagen zu dürfen (*aliquem postulare lege aliqua, nomen alicuius deferre*). Nahm der Prätor die Anklage an, so citierte er den Angeklagten. In dessen Gegenwart wiederholte dann der Ankläger seine Anklage, und nach verschiedenen Formalitäten schloss dann mit der *nominis receptio* das Vorverfahren ab.

### § 198. Das Verfahren in ludicio.

Das Verfahren *in iudicio*, zu dem beide Teile durch einen *praeco* citiert wurden, bestand in der Erlosung und Vereidigung der Richter und in der eigentlichen Prozessverhandlung, der ein Magistrat, in der Regel ein Prätor, präsidierte. Die Prozessverhandlung war öffentlich und entweder auf dem Forum oder in einer Basilica. Der Verlauf des Prozesses, dessen Mittelpunkt die ausführlichen Anklagen- und Verteidigungsreden bildeten, war wesentlich bedingt durch die Stellung, welche der Angeklagte zur Anklage einnahm. Derselbe konnte entweder die That, deren man ihn beschuldigte, leugnen, oder er konnte sie zugeben, aber behaupten, dass sie mit Recht geschehen sei, oder er konnte zwar die That an sich, auf die sich die Anklage bezog, zugeben, aber die Fassung der letzteren bekämpfen. Danach giebt es drei Arten von *causae*:

---

[1]) Vgl. Cic. pro S. Rosc. cp. 19 Ende. Vgl. auch über die Ankläger überhaupt die Degression über dieselben in cp. 20 derselben Rede.

[2]) Vgl. Cic. div. in Caecilium.

1. *causa infitialis*, indem der Angeklagte die That einfach leugnet, z. B. die Rede Cic. pro S. Roscio.

2. *causa iuridicialis*, wobei der Angeklagte behauptet, zu der That berechtigt gewesen zu sein; dieser Standpunkt findet sich z. B. in der Verteidigung Milos.

3. *causa definitiva*, bei welcher der Angeklagte eine Handlung zugiebt, aber die vom Ankläger angenommene Qualifizierung derselben bekämpft, z. B. wenn er statt Mord Totschlag oder Notwehr zugiebt.

Nach Beendigung der beiderseitigen Reden, wobei naturgemäss zuerst die *accusatio* und dann die *defensio* vorgetragen wurde, rief der *praeco: dixerunt,* hierauf konnten noch weitere contradictorische Verhandlungen folgen, wie die *altercatio,* in welcher Ankläger und Angeklagter in kurzen Fragen und Antworten die wichtigsten Punkte nochmals hervorhoben, und die *comperendinationes* (Beantragungen auf Verhandlung im späteren Termin), und dann kam in der Regel das Zeugenverhör und die Darlegung und Prüfung der Beweise. Doch war die Reihenfolge nicht immer und bei allen Quästionen dieselbe.

Als Beweise konnten vorgebracht werden: 1. *confessio,* galt aber nicht für unbedingt beweisend, 2. Zeugenaussagen, wobei jedoch die Regel galt, dass Sklaven gegen ihre Herren nicht vernommen werden durften. Sonst fand bei den Sklaven ein peinliches Verhör statt, was bei Freien erst in der Kaiserzeit (namentlich gegen den Angeklagten selbst) vorkam. Zu den Zeugenaussagen sind auch die *laudationes* zu rechnen, welche von Gemeinden über den Beklagten ausgestellt und dann im Prozesse vorgelegt wurden. 3. Die Vorlegung von Urkunden. 4. Die Darlegung von Indicien. Nach der Vernehmung der Zeugen und den übrigen Beweisaufnahmen schritten die Richter zur Abstimmung. Die Abstimmung geschah mit Täfelchen (*tabellae ceratae*), auf welche die Richter entweder A (*absolvo*) oder C (*condemno*) oder im Falle der *ampliatio* N. L. (*non liquet*) schrieben. Freisprechung oder Verurteilung erfolgte durch Majorität. Der Spruch konnte demnach auf *condemnatio* oder auf eine *absolutio* oder auf eine *ampliatio* (Vertagung) gehen. Den Schluss bildete die Verkündigung des Urteils durch den Präsidenten (*pronuntiatio*). Das Urteil war *res iudicata;* denn eine Provocation war bei dem Quästionenprozess nicht zulässig; dasselbe wurde daher auch sofort vollstreckt. Den Strafvollzug ordnete der Magistrat an. Über das ganze Verfahren wurde ein Protokoll geführt.

Bei Repetundenprozessen schloss sich im Fall der Verurteilung an die eigentliche Gerichtsverhandlung noch die *aestimatio litium* an, d. h. eine Verhandlung über die Geldentschädigung, die der Verurteilte den Geschädigten zu zahlen hatte.

## Achter Abschnitt.

# Italien und die Provinzen.

Marquardt, Röm. Staatsverwaltung I². Madvig II, 1. E. Kuhn, Die städtische und bürgerliche Verfassung des römischen Reichs. 2 Bände. Leipzig 1864/65. Mommsen, Staatsrecht III, 570—832 und 1174—1216.

## Kapitel XXXIII.

## Die Bevölkerung und Gemeinden Italiens.

Marquardt, Madvig, Kuhn a. a. O. Mommsen, Römisches Münzwesen. Herzog I, 1005. Karlowa I, 295. Mispoulet II, 31. J. Beloch, Der italische Bund unter Roms Hegemonie, Leipzig 1880. M. Voigt, Das ius civile und ius gentium der Römer, Teil II, 1, 103, 253. M. Zoeller, Latium und Rom, 383.

### § 199. Allgemeines.

Man unterscheidet in Italien und in den Provinzen vom staatsrechtlich römischen Standpunkt aus folgende Bevölkerungsklassen:

1. *Cives cum suffragio*, Vollbürger in Rom, in Italien oder in den Provinzen lebend.

2. *Municipes* oder *cives sine suffragio*, eine Mittelstufe zwischen *cives* und *peregrini*.

3. *Peregrini dediticii*, vollständig rechtlose Individuen, meist schlechthin *dediticii* genannt.

4. *Peregrini foederati*, in der Regel bloss *foederati* oder *socii* genannt, römische Bundesgenossen.

Da die *peregrini dediticii* vor der *lex Iulia* 90 v. Chr. in Italien nur sporadisch vorkommen, so sind bis dahin in Italien nur die römischen Bürger und die Bundesgenossen in Betracht zu ziehen und danach bis zur *lex Iulia* in Italien folgende Städte zu unterscheiden:

I. Römische Städte und Gemeinden und zwar:

1. *conciliabula*
2. *fora*
3. *coloniae*
4. *municipia*

} teils mit eigener Gerichtsbarkeit, teils in der Form der *praefectura*.

II. Bundesgenössische Städte und zwar:

1. Die föderierten latinischen Gemeinden (*nomen latinum*) mit *ius Latii*,
   a) alt-latinische, soweit sie föderiert geblieben sind,
   b) *coloniae Latinae*.
2. Die föderierten italischen Gemeinden (*socii Italici*),
   a) Gemeinden in Etrurien,
   b) Gemeinden in den sabellischen Ländern,
   c) griechische Städte.

## § 200. Conciliabula, fora, coloniae.

*Conciliabulum* heisst ursprünglich der, Ort, wo die Bewohner der Landtribus (§ 17) zur gemeinsamen Beratung zusammentreten; später bezeichnet es eine Landgemeinde des römischen Gebiets ohne Stadtrecht. Nach dem Bundesgenossenkriege werden die *conciliabula* teils von den angrenzenden Municipien absorbiert, teils selbst zu Municipien erhoben.

Die *fora* sind kleine städtische Ansiedelungen römischer Bürger, die von römischen Magistraten meist zum Schutze der Strassen angelegt waren. Sie gehören wohl mit zu den *viasii vicani*, Wegedörfern, d. h. den Ansiedelungen derer, denen längs der grossen italischen Strassen Gemeinland zum erblichen Nutzbesitz gegen die Pflicht der Instandhaltung dieser Strassen überwiesen wurde. Sie kamen allerdings nur vor nach dem Ackergesetz von 111 v. Chr. Die *fora* hatten ihre Namen von den Gründern.

Die *coloniae* sind solche Ansiedelungen römischer Bürger, die infolge eines Senats- und Volksbeschlusses durch speziell dafür bestellte *triumviri* (*coloniae deducendae*) gegründet werden.

Man unterscheidet dreierlei Kolonien römischer Bürger:

1. *Coloniae civium maritimae.*
2. Die Ackerkolonien.
3. Die *coloniae militares* oder *veteranorum.*

Daneben giebt es noch eine vierte Art von Kolonien, nämlich die *coloniae Latinae,* aber diese gehören überhaupt nicht zu den römischen, sondern zu den bundesgenössischen Städten. Siehe § 204.

1. *Coloniae civium maritimae.* Dies waren stehende Besatzungen in eroberten an der See gelegenen Städten. Diese Besatzungen, meist aus 300 Kolonisten bestehend, wurden in denselben fest angesiedelt und erhielten zu diesem Zwecke eine bestimmte Anzahl Morgen Landes. Die alten Einwohner, anfangs als *dediticii* betrachtet, erhielten zuletzt die Civität und verschmolzen dann mit den Kolonisten. Die letzteren hatten das volle Bürgerrecht, wenn sie auch an der Ausübung einzelner Partien desselben, wie z. B. des aktiven Wahlrechtes, durch ihre Entfernung von Rom thatsächlich gehindert waren. Es· gab wohl ursprünglich ausser den *coloniae civium maritimae* auch noch andere *coloniae civium romanorum;* aber sicher ist, dass seit dem Aufkommen der *coloniae latinae* Bürgerkolonien nur noch als Seekolonien vorkamen. Da die Kolonisten in den Seekolonien schon eine militärische Verwendung hatten, die hauptsächlich in der wichtigen Küstenbewachung bestand, so waren sie von sonstigem Militärdienst frei. Später aber erfuhr diese *vacatio militiae* Beschränkungen. So wurde sie später mit Ausnahme von Ostia und Antium für den Fall aufgehoben, *cum in Italia hostis esset,* und 191 v. Chr. wurde durch einen Senatsbeschluss erklärt, dass die *vacatio* der alten Seekolonien sich auf den Flottendienst nicht beziehe.[1])

---

[1]) Es sind folgende 22 *coloniae maritimae* nachzuweisen: 1. Ostia, 2. Antium, 3. Terracina, 4. Minturnae, 5. Sinuessa, 6. Sena Gallica, 7. Castrum Novum, 8. Aesium, 9. Alsium, 10. Fregenae, 11. Pyrgi, 12. Castra Hannibalis, 13. Puteoli, 14. Volturnum, 15. Liternum, 16. Salernum, 17. Buxentum, 18. Sipontum, 19. Croto, 20. Tempsa, 21. Potentia, 22. Pisaurum.

2. Die Ackerkolonien, d. h. Kolonien zur Versorgung
der armen Bevölkerung Roms und Italiens. Dieselben wurden
als Landfestungen in Italien, zum Teil auch ausserhalb Italiens
angelegt und in der Zahl von 2000, 3000, 6000 und darüber
deduciert. Die ersten Bürgerkolonien dieser Art sind: Mutina,
Parma, Saturnia (183).[1]

3. *Coloniae militares* oder *coloniae veteranorum*,
während der Bürgerkriege und in der Kaiserzeit zur Versorgung und Belohnung für ausgediente Soldaten.[2]

Über das Verfahren bei Gründung von Kolonien siehe
§ 126. Das Ackerlos der einzelnen Kolonisten bestand in
den alten Seekolonien meist aus zwei oder dritthalb *iugera*,
in den späteren Seekolonien und anderen Bürgerkolonien meist
aus 5 und 10.

## § 201. Das Municipium.

Während die *conciliabula, fora* und *coloniae* von Rom
aus gegründete Gemeinwesen römischer Bürger sind, treten
die Municipia von aussen in den römischen Staatsverband:
ursprünglich souveräne, selbständige Gemeinwesen, werden
sie durch Krieg dem römischen Staate unterthan und dann
demselben inkorporiert.

Der Ausdruck *municipium* hat nun eine doppelte Bedeutung. Einmal bedeutet er als Abstractum zu dem Concretum *municeps* das Rechtsverhältnis des *municeps*; dann
aber bedeutet es die Stadt, der dieses Rechtsverhältnis verliehen worden ist.

Im Rechtsverhältnis selbst ist das ursprüngliche Rechtsverhältnis von dem späteren zu unterscheiden.

---

[1] Von Ackerkolonien werden folgende 13 genannt: 1. Parma, 2.
Mutina, 3. Saturnia, 4. Graviscae, 5. Luna, 6. Auximum, 7. Fabrateria
Nova, 8. Neptunia (Tarentum), 9. Minervia (Scylacium), 10. Dertona,
11. Florentia (von Sulla gegründet), 12. Narbo Martius, 13. Eporedia.

[2] Vgl. auch Mommsen, Die italischen Bürgerkolonien von Sulla
bis Vespasian. Hermes 18, 161. Hollaender, De militum coloniis ab
Augusto in Italia deductis, Halle 1880.

Das ursprüngliche Rechtsverhältnis der *municipes* ist
das von Leuten, welche durch die *deditio* in die *potestas*
Roms gekommen und als solche zu Leistungen (*munia*) an
den römischen Staat verpflichtet sind. Diese Leistungen bestehen in militärischer Hilfe und einer Kopfsteuer, *aes*, weshalb sie auch zum Teil *aerarii* genannt werden. Diesen Leistungen entsprachen aber gewisse Vergünstigungen, die ihnen
vom römischen Staat gewährt wurden, wie das *ius nexi
manicipiique*. Diese Rechte führten aber bald zur Civität,
zuerst zur niederen Civität, *civitas sine suffragio*, zuletzt
zur vollen, *civitas cum suffragio*. Den *cives sine suffragio*
fehlte ausser dem *ius suffragii*, d. h. dem Rechte in den
Volksversammlungen abzustimmen, auch noch das *ius honorum*, dagegen besassen sie das *ius conubii* und *ius commercii*
nebst der *actio*, d. h. dem Rechte selbständig vor Gericht aufzutreten. Nach der Verleihung des Vollbürgerrechts geht
der Name *municipium* allmählich über in den Begriff einer
römischen Landstadt mit Vollbürgerrecht. Als dann im Jahre
89 und 90 durch die *lex Plautia Papiria* und *lex Iulia* fast
sämtliche italische Städte mit dem Bürgerrecht beschenkt
wurden, erhielten diese alle den Namen *municipia*, obwohl
sie niemals in dem alten Sinne des Wortes *municipia* gewesen waren.

Demnach können unterschieden werden:

I. Die älteren *municipia*, d. h. solche, die aus unterthänigen Gemeinden allmählich zu römischen Landstädten
mit Vollbürgerrecht wurden. Die Einwohner waren ursprünglich *dediticii* ohne Rechte, dann erhielten sie die *civitas sine
suffragio*, zuletzt die *civitas cum suffragio*.[1])

[1]) Die Ansichten über das ältere Municipalverhältnis sind sehr
kontrovers. Von älteren Schriften kommen hier hauptsächlich in Betracht
Madvig, De iure et condicione coloniarum, in Opuscula acad., Hauniae 1834
und im Gegensatz dazu Niebuhr, Röm. Gesch. II, p. 62. Niebuhr schlossen
sich mit Modificationen an Kiene, Der röm. Bundesgenossenkrieg, Leipzig
1845 und Rein, De Romanorum municipiis, Eisenach 1847 und in Paulys
Realencyclopädie s. v. municeps. Im Gegensatz zu diesen allen steht
dann Rubino, Über die Bedeutung der Ausdrücke municipium und municeps,

II. Die *municipia* der *lex Iulia*, d. h. solche, die aus
unabhängigen, bundesgenössischen Gemeinden in römische
Vollbürgerstädte umgewandelt wurden.

## § 202. Die Municipalverfassung.[1])

An der Spitze der Municipien standen häufig auch noch
in späterer Zeit die alten Behörden, wie sie vor der Inkorporierung in dem römischen Staate üblich gewesen waren, wie
z. B. in Aricia ein Dictator und unter ihm zwei Ädilen und
zwei Quästoren, in anderen Städten zwei Prätoren mit Ädilen
und Quästoren daneben. In den meisten sind aber an Stelle
dieser alten Namen *duoviri* oder *quatuorviri* getreten,
neben denen aber noch überall zwei Ädilen funktionierten.
Nach der *lex Iulia* bildet sich für alle Municipien ein gleiches
Municipalrecht aus, nach welchem die Municipalbehörde regelmässig aus vier Personen besteht, nämlich zwei höchsten
richterlichen Beamten, *duoviri iure dicundo*, und zwei
Ädilen, *duoviri aediles*. Dieselben bilden entweder zwei
Collegien von je zwei oder ein Collegium von vier Männern,
weshalb bald von *duoviri*, bald von *quatuorviri* die Rede ist.
Diese *duoviri* oder *quatuorviri* (*iure dicundo*) führen als die
höchsten Beamten ausschliesslich den Namen *magistratus*.
Sie haben zunächst die Gerichtsbarkeit in Kriminal- und
Civilsachen, dann den Vorsitz im Senat und zuletzt den
Vorsitz in der Volksversammlung nebst dem Recht die ge-
wählten Magistrate einzusetzen. Zu diesen Funktionen kam

---

Ztschr. für Alt. 1844 und 1847. Von späteren Schriften sind ausser den
in verschiedenen Schriften enthaltenen Auseinandersetzungen Mommsens
(Röm. Tribus, Röm. Münzwesen), Voigts und Belochs noch zu nennen:
Zumpt, Stud. Rom., Berlin 1859, M. Zoeller, De civitate sine suffragio et
municipio Romanorum, Heidelberg 1866, ders. Latium und Rom, Leipzig
1878, Rudert, De iure municipum Rom., Leipzig 1879 und Taddei, Roma
e i suoi municipi. Firenze 1886.

[1]) Die Hauptquellen für die Verfassung der Municipien bilden die
Inschriften, insbesondere die Tafeln von Salpensa und Malaca und im
Jahre 1870 und 1871 aufgefundene Teile einer Inschriftentafel, welche
das Grundgesetz der *Colonia Iulia Genetiva* enthielt.

alle fünf Jahre noch die Censur hinzu, in welchem Falle sie dann II *viri* (IV *viri*) *censoria potestate quinquennales* oder auch bloss *quinquennales* genannt wurden und ihre amtliche Thätigkeit vorzugsweise auf die Aufstellung der Bürgerliste und die *lectio senatus* richten mussten. Ausser dieser höchsten Behörde bestanden in vielen Municipien noch Quästoren.

Wie in Rom, so gab es auch in allen Municipien einen Senat. Dieser, teils ebenfalls Senat, meist aber *ordo decurionum* oder *decuriones* oder bloss *ordo*, später auch *curia* genannt, bestand aus einer Anzahl von lebenslänglichen Mitgliedern, in der Regel aus Hundert, und wurde nach der *lex Iulia municipalis* alle fünf Jahre durch eine von den *quinquennales* vorgenommene *lectio* neu konstituiert.

Der Senat bestand aus Decurien, d. h. Abteilungen von je 10. An der Spitze derselben standen die *decemprimi*, d. h. die 10 ersten als geschäftsführender Ausschuss.

Die Gemeinde in einem Municipium bestand aus *municipes* (oder *cives*) und *incolae*. Die letzteren, sind Insassen ohne Bürgerrecht, wohl zu unterscheiden von den Fremden, die sich Geschäfte halber vorübergehend in einer Stadt aufhalten und *hospites* oder *adventores* heissen. Den *municipes* und *incolae* entsprechen in den Kolonien die *coloni* und *inquilini*. Die *municipes* oder *cives* bilden die eigentliche Bürgerschaft, *populus*, die in Volksversammlungen zusammentritt, in denselben Beschlüsse (*leges*) fasst und die Wahlen der Behörden und Priester vollzieht. Die Incolae waren jedoch nicht ganz vom Stimmrecht ausgeschlossen, sondern dasselbe war nur geringer, indem sie alle in einer Curie oder Tribus stimmen mussten.

Eigentümlich ist den Municipien der Stand des Augustales. Dieser meist aus Freigelassenen gebildet, stand zwischen den Decurionen und der *plebs*. Gebildet wurde dieser Stand hauptsächlich aus den gewesenen *seviri*. Diese waren aber nicht, wie früher vielfach angenommen wurde, Priester, denen der Kultus des Augustus oder der consecrierten Kaiser (*divi*) oblag, sondern nach Analogie der *seviri equitum* in Rom eingesetzte Magistrate, die für die Abhaltung der Spiele zu sorgen hatten. Der Zweck der von Augustus geschaffenen Einrichtung bestand darin, den Freigelassenen einflussreiche Ehrenstellen zu eröffnen und sie zu den Kosten der Verwaltung heranzuziehen.[1])

## § 203. Die Präfecturen.

Der Name *praefectura* bezeichnet ursprünglich das Amt eines Präfecten, und erst später hat derselbe, wie *provincia*, eine räumliche Bedeutung erhalten, Gerichtssprengel eines Präfecten.

Als Präfecten kennen wir nur die *praefecti iuri (iure) dicundo*, deren es zweierlei gab.

1. Die IV *viri praefecti Capuam Cumas*. Über diese s. § 121.

2. Vom Stadtprätor ernannte richterliche Beamte, die von demselben zum Zweck der Rechtsprechung in italische Städte und Gemeinden geschickt werden z. B. Fundi, Formiae, Caere.

Die Gemeinden nun, in welche vom Stadtprätor solche Präfekten zum Zweck der Rechtsprechung geschickt wurden, hiessen Präfecturen. In der Regel waren dies solche Municipien, Kolonien oder Dorfgemeinden, in denen der grösste Teil der Bevölkerung ursprünglich aus Nichtrömern bestanden hatte und das römische Recht erst eingebürgert werden sollte. Mit der sonstigen Stellung hatte also die Einrichtung einer Präfectur nichts zu thun, und der Name Präfectur bezeichnet somit nicht eine besondere, den Municipien und Kolonien koordinierte Gattung von Städten, sondern bis zur *lex Iulia* waren Präfecturen teils einzelne Municipien und Kolonien, teils mehrere zusammengenommen, teils verschiedene zu diesem Zweck vereinigte Dorfgemeinden, die einen Gerichtssprengel bildeten.

---

[1]) Wir haben uns hier der Ansicht Mommsens, Archäol. Zeitung 1878, p. 74, angeschlossen. Über die ganze Streitfrage s. meinen Bericht bei Bursian-Müller 73. Bd. (1892, III S. 261.) Hirschfeld, Berl. Akad. d. Wiss. 1888 hält an dem priesterl. Charakter der *seviri* fest, wenn er auch die von Mommsen angegebene Zweckbestimmung zugiebt.

Wo das *municipium* selbst gross genug war, um einen Gerichtssprengel zu bilden, fielen die Grenzen der Präfectur und des Municipiums zusammen. In dieser letzteren Gattung von Städten verschwand die Präfectur mit der Verleihung des Vollbürgerrechts. Diejenigen Präfecturen dagegen, die aus Zusammenlegung mehrerer Gemeinden gebildet waren, hielten sich längere Zeit. In der Kaiserzeit jedoch verschwanden auch sie. In dieser erhielten die Municipien nur dann Präfecten, wenn wegen besonderer Umstände die Wahl der ordentlichen Magistrate nicht zustande gekommen war.

## § 204. Die Socii.

Es gab in Italien zweierlei *socii, socii Latini* und *socii Italici.*

I. Die *Socii Latini;* hier sind zu unterscheiden:

1. Die *Socii Latini* der älteren Zeit, die angeblich infolge des cassischen Bündnisses (493) mit Rom verbündet waren.[1]

2. Die latinischen Kolonien nebst einigen selbständig gebliebenen Städten Latiums, wie Tibur und Präneste (*socii nominis Latini,*[2] auch *Latini coloniarii,* genannt). Der Name Latini kommt daher, weil diejenigen, die sich in diese Kolonien einschreiben liessen, in dasselbe Rechtsverhältnis eintraten, in welchem einige ältere, nach dem grossen Latinerkriege (338) selbständig gebliebene Bundesstädte standen. Dieses Rechtsverhältnis beruhte auf einem *foedus,* in welchem die Leistungen wie die Rechte genau bestimmt waren.

---

[1] S. des Verfassers Latium und Rom, in welchem über dies ältere Bündnis ausführlich gehandelt ist.

[2] Die Bezeichnung *socius nominis Latini* ist nach Mommsen, Staatsrecht III, 611, der älteren Sprache fremd, findet sich jedoch häufig bei Livius. *Nomen Latinum,* der in der älteren Sprache allein technische Ausdruck, bedeutet ursprünglich „alles, was sich *Latinus* nennt", also den latinischen Stamm, dann den latinischen Bund. Das Rechtsverhältnis heisst gewöhnlich *ius Latii,* in der Kaiserzeit häufig *Latium;* auch *Latinitas* kommt vor.

Die Leistungen bestanden in der Verpflichtung militärischer Hilfeleistung im Falle des Krieges, wobei das von einer jeden Kolonie zu stellende Kontingent genau festgestellt war. Die Rechte der *Latini coloniarii* bestanden in *commercium*, *conubium* und *actio* (*recuperatio*).

Unter *commercium* versteht man das Recht ein Rechtsgeschäft vorzunehmen, das von dem anderen Staate als giltig anerkannt wird.

*Conubium* ist die Fähigkeit mit einem Angehörigen eines fremden Staates eine rechtsgiltige Ehe abzuschliessen.

Die *actio* oder *recuperatio* ist die Fähigkeit im anderen Staate sein Recht klagbar zu verfolgen.

Übrigens haben die Latiner nicht bloss *commercium* *conubium* und *actio* mit Rom und umgekehrt, sondern auch untereinander.[1]

In die genannten Kolonien konnten sich Latiner und Römer einschreiben lassen. Letztere verloren aber damit ihr römisches Bürgerrecht und tauschten dafür das latinische ein.

Die latinischen Kolonien waren von den Römern angelegt worden, um eroberte Gebiete zu sichern und waren daher bedeutende Festungen mit einer starken Kolonistenmannschaft bis zu 6000 Mann. Die Zahl der Kolonien, unter denen als einige der bedeutenderen Sutrium, Nepete, Luceria, Narnia, Ariminum, Brundisium, Cremona und Placentia hervorzuheben sind, betrug im ganzen 39, bezw. 40.

Durch die *lex Iulia* erhielten sämtliche latinische Kolonien römisches Bürgerrecht; damit ging aber das Rechtsver-

---

[1] Von Mommsen werden dabei zweierlei Stadtrechte unterschieden, und zwar ein älteres und ein jüngeres. Das jüngere Stadtrecht gewährte die oben genannte privatrechtliche Gleichstellung, das ältere gewährte wohl noch besondere Rechte, über die aber nichts besonderes überliefert ist. Die niedere Kategorie wird auch bezeichnet als das Recht von Ariminum oder das der zwölf Kolonien, worunter die im Jahre 268 v. Chr. und von da bis zum Bundesgenossenkrieg weiter von den Römern in Italien gegründeten lat. Kolonien zu verstehen sind. Dieser zweiten Klasse werden dann noch alle diejenigen zuzurechnen sein, welche in den Provinzen latinisches Recht empfangen haben.

hältnis selbst nicht unter, sondern dasselbe wurde vielen
Städten in den Provinzen als eine Zwischenstufe zwischen
Peregrinität und Civität verliehen (*ius Latii*). Dieses *ius
Latii* war selbst wieder ein doppeltes, *Latium minus* und
*Latium maius*. Der Unterschied bestand darin, dass in den-
jenigen Städten, welche das *Latium minus* hatten, die Latini
nur durch die Verwaltung eines Kommunalamtes zur römischen
Civität gelangen konnten, während bei *Latium maius* die
Erlangung der römischen Civität schon durch den Eintritt in
den *ordo decurionum* erfolgte.[1])

Das Verzeichnis der latinischen Kolonien ist nach Madvig,
Mommsen, Marquardt u. a. folgendes:

| | Gründungsjahr | | Zahl der Kolonisten |
|---|---|---|---|
| 1. Signia   im Volskerlande | 495 | auch dem Tarquinius Superbus zu- geschrieben | — |
| 2. Circeii             „ | 393 | | — |
| 3. Suessa Pometia     „ | — | | — |
| 4. Cora               „ | — | | — |
| 5. Velitrae           „ | — | | — |
| 6. Norba              „ | 492 | | — |
| 7. Antium             „ | 467 | 338 in eine römische Kolonie ver- wandelt | — |
| 8. Ardea  im  Rutulerlande | 442 | | — |
| 9. Satricum im Volskerlande | 385 | später nach dem Abfall zu den Samniten aufgehoben | 2000 |
| 10. Sutrium  in  Etrurien | 383 | | — |
| 11. Nepete           „ | 383 | | — |

---

[1]) Diese spätere *Latium maius* und *minus* ist übrigens nicht zu
verwechseln mit der oben S. 479 · Anm. 1 erwähnten Unterscheidung
Mommsens von einem besseren älteren und schlechteren jüngeren Stadtrecht der latinischen Kolonien in Italien.

| | Gründungsjahr | Zahl der Kolonisten |
|---|---|---|
| 12. Setia im Volskerlande | 382 | — |
| 13. Cales in Campanien | 334 . . . . . | 2500 |
| 14. Fregellae im Volskerlande | 328, zerstört 125 | — |
| 15. Luceria in Apulien | 314 . . . . . | 2500 |
| 16. Suessa im Aurunkergebiet | 313 | — |
| 17. Pontiae, Insel der Volsker | 313 | — |
| 18. Saticula in Samnium | 313 | — |
| 19. Interamna Lirinas im Volskerl. | 312 . . . . . . | 4000 |
| 20. Sora im Volskerlande | 303 . . . . . | 4000 |
| 21. Alba am lacus Fucinus | 303 . . . . . | 6000 |
| 22. Narnia in Umbrien | 299 | — |
| 23. Carseoli im Aequerlande | 298 . . . . . | 4000 |
| 24. Venusia in Apulien | 291 . . . . . | 20000 |
| 25. Hatria in Picenum | 289 | — |
| 26. Cosa in Campanien | 273 | — |
| 27. Paestum in Lucanien | 273 | — |
| 28. Ariminum im *ager Gallicus* | 268 | — |
| 29. Beneventum in Samnium | 268 | — |
| 30. Firmum in Picenum | 264 | — |
| 31. Aesernia in Samnium | 263 | — |
| 32. Brundisium in Calabrien | 244 | — |
| 33. Spoletium in Umbrien | 241 | — |
| 34. Cremona und | 218 . . . . . | 6000 |
| 35. Placentia in Gallien | 218 . . . . . | 6000 |
| 36. Copia (Thurii) in Lucanien | 193 . . . . . | 3300 |
| 37. Valentia (Vibo) in Bruttium | 192 . . . . . | 4000 |
| 38. Bononia in Gallien | 189 . . . . . | 3000 |
| 39. Aquileia  „ | 181 . . . . . | 3000 |
| 40. Luca (von Mommsen nicht als lat. Kol. angenommen)[1] | 180 . . . . . | 3000 |

Eine besondere Klasse von Latini wurde durch die *lex Iunia Norbana* (19 n. Chr.) geschaffen, nämlich die nach dieser *lex* benannten *Latini Iuniani*. Die genannte *lex*

---

[1] Vgl. jedoch Beloch. Der ital. Bund, S. 147.

hatte ·nämlich verfügt, dass diejenigen, welche durch eine unfeierliche Manumission (*manumissio minus iusta*, s. oben § 29) zu Freigelassenen gemacht worden waren, nicht römische Bürger, sondern Latini werden sollten. Diese *Latini Iuniani* unterschieden sich von den anderen Latini, die im Gegensatz zu ihnen *Latini coloniarii* hiessen, dadurch, dass sie nicht einer bestimmten Gemeinde angehörten.

II. Die *Socii Italici*. Ihrer Nationalität nach lassen sich drei Klassen derselben unterscheiden:

1. Die mit Rom föderierten Gemeinden Etruriens, wie Pisae, Volaterrae, Volsinii, Perusia, Clusium.

2. Die mit Rom föderierten umbrisch-sabellischen Gemeinden, so in Umbrien z. B. Ravenna, Ameria, Interamna, in Picenum Asculum, in Campanien Nola; dann die Eidgenossenschaften der Marser, Päligner, Vestiner, Marruciner, Frentaner, Samniten, Hirpiner, Nuceriner, Lucaner, Japyger und Messapier; in Bruttium Bantia, von dessen Verfassung uns die bekannte Erztafel Aufschluss giebt.

3. Die föderierten griechischen Städte, wie Neapel, Velia. Heraclea u. a.

Die italischen Bundesgenossen waren wie die latinischen souveräne Staaten. Aber ihr *foedus* verpflichtete sie zu militärischen Leistungen, die ein für allemal für jede einzelne Stadt durch die speziellen Bundesmatrikel (*formula togatorum*) geregelt waren.

### § 205. Die italischen Gemeinden nach der lex Iulia und lex Plautia Papiria.

Als das römische Bürgerrecht immer wertvoller wurde, ging das Streben der Bundesgenossen dahin, mit Aufgebung ihrer relativen Selbständigkeit an demselben Teilnahme zu erlangen. Als es ihnen nun beharrlich verweigert wurde, griffen sie zu den Waffen. So entstand der Bundesgenossenkrieg, *bellum sociale* oder *bellum Marsicum*. Derselbe fand aber weniger durch die Siege des Marius, Sulla und Pompeius Strabo, als durch die Gewährung dessen, was die Bundesgenossen von vornherein erstrebt hatten, nämlich des römischen

Bürgerrechts, einen für Rom günstigen Abschluss. Hier kommen zwei Gesetze in Betracht:

1. Die *lex Iulia* vom Jahre 90, die den im Social-kriege den Römern treu gebliebenen Bundesgenossen das Bürgerrecht gewährte, wenn sie dasselbe annehmen wollten (*si ei legi fundi facti essent*).

2. Die *lex Plautia Papiria* vom Jahre 89. Diese verlieh allen denjenigen die Civität, welche *cives* und *incolae* eines föderierten Staates waren, die zur Zeit des Gesetzes ihr Domizil in Italien gehabt hatten und innerhalb 60 Tagen sich bei dem städtischen Prätor in Rom meldeten.

Infolge dieser beiden Gesetze gelangten sämtliche Italiker in kurzer Zeit zur römischen Civität, und damit verschwanden die Unterschiede, die bis dahin unter den italischen Städten bestanden hatten.

Die weitere Folge dieser Umgestaltung war die Aus-bildung eines besonderen Municipalwesens. Die Kompetenz der Kommunal- und Staatsbehörden wurde dabei durch be-sondere gesetzliche Bestimmungen (*leges municipales*) festge-stellt. Von solchen Municipalgesetzen sind uns bekannt und noch teilweise erhalten:

1. Die *lex Rubria* (49), eine Gerichtsordnung für die cisalpinischen Municipien enthaltend.

2. Die *lex Iulia municipalis* (45), gewöhnlich *tabulae Heraclenses* genannt, weil die Bronzetafeln, auf denen das Gesetz teilweise erhalten ist, in dem alten Heraclea gefunden worden sind. Diese *lex* enthielt eine bis in die Kaiserzeit hinein giltige Kommunalordnung und zwar 1. im allgemeinen eine Kommunalverfassung, in welcher für die Städte eigene Volksversammlungen, ein eigener Senat und eigene Behörden festgestellt waren, 2. Bestimmungen über den Census, wonach die Abhaltung desselben, die bisher für alle römischen Bürger in Rom stattgefunden hatte, den höchsten Municipalmagistraten mit der Massgabe übertragen wurde, dass sie die in ihren Gemeinden angefertigten Censuslisten nach Rom ablieferten, 3. die Verleihung einer eigenen Gerichtsbarkeit, welche in jeder Stadt von II *viri* oder IV *viri* ausgeübt werden sollte.

Dabei fand bei Civilprozessen eine Beschränkung auf eine nicht zu überschreitende Streitsumme und bei Kriminal- prozessen auf die nicht vor eine *quaestio* gehörigen Fälle statt. Daraus ergab sich die Municipalverfassung, wie sie im wesent- lichen schon oben § 202 dargestellt ist.

## § 206. Die Regioneneinteilung unter Augustus.

Italien reichte ursprünglich nur bis an den Apennin und wurde durch die Flüsse Arnus und Aesis und später mit vorgeschobener Grenze durch Macra und Rubico begrenzt, jenseits deren die Provinz Gallia cisalpina lag. Als aber im Jahre 42 diese Provinz aufgehoben und zu Italien ge- schlagen wurde, reichte das letztere nördlich bis zu den Alpen und östlich bis zu dem Flusse Formio bei Tergeste (Triest). Dieses Gebiet teilte Augustus, abgesehen von dem Stadtkreis von Rom, in elf Regionen ein, die für gewisse Verwaltungsgeschäfte dienten und in späterer Zeit die Grund- lage für die ganze Administration und die schliessliche Pro- vinzialeinrichtung Italiens bildeten. Nach den Angaben des Plinius[1]) war diese Regionareinteilung folgende:[2])

### A. Oberitalien.

Regio XI, *regio Transpadana*, begrenzt durch die Alpen, den Po und die Addua. In diesem Gebiete werden 13 Städte aufgeführt, unter diesen Augusta Taurinorum, Vercellae, Mediolanum.

Regio X, *Venetia et Histria;* Grenzen: im N. die Al- pen, im O. der Fluss Arsia, im S. der Po und das adriatische Meer. 33 Städte, darunter Aquileia, Tergeste, Cremona, Patavium, Mantua, Verona.

---

[1]) Plin. H. N. III. Buch. Plinius folgte dabei, wie er selbst III, 5, 46 sagt, einer Schrift des Augustus. Für die Küstenorte berück- sichtigte Plinius jedoch neben der genannten Schrift auch einen Periplus, dem er die genauere Beschreibung der Küsten mit einer Masse anti- quarischen und historischen Details entnommen hat. Vgl. Beloch, Der italische Bund, S. 3.

[2]) Wir übergehen dabei die vollständige Angabe der bei Plinius angeführten Städte. Siehe darüber Beloch a. a. O.

Regio IX, *Liguria;* Grenzen: im W. der Fluss Varus, die *Alpes maritimae* und *Alpes Cottiae,* im N. der Po, im O. Trebia und Macra, im S. das tyrrhenische Meer. 19 Städte, darunter Nicaea, Genua, Pollentia, Portus Herculis Monoeci (Monaco); letzteres und Nicaea gehörten jedoch zur Zeit des Tiberius noch zu dem Gebiet von Massilia.

Regio VIII, *Aemilia.* so genannt von der *via Aemilia,* die von dem Consul M. Aemilius Lepidus 187 (von Ariminum bis Placentia) gebaut worden war. Grenzen: im S. der Apennin und der Küstenfluss Crustumius, im N. der Po, im W. die Trebia, im O. das adriatische Meer. 25 Städte, darunter Ariminum, Ravenna, Bononia, Mutina, Parma, Placentia.

## B. Mittelitalien.

Regio VII, *Etruria,* später Tuscia: Grenzen: im N. Macra und der Apennin, im O. und S. der Tiber. 50 Städte, darunter Luna, Luca, Pisae, Alsium, Caere, Sutrium, Cortona, Clusium Vetus und Clusium Novum, Florentia, Perusia, Saturnia, Volaterrae, Volsinii.

Regio VI, *Umbria.* Grenzen: im N. der Fluss Crustumius, im S. bis Ocriculum, im W. der Tiber, im O. Nar und Aesis. 48 Städte, darunter Ameria, Camerinum, Iguvium, Interamna Nahartium, Narnia, Ocriculum, Sentinum, Spoletium.

Regio V, *Picenum.* Küstenland zwischen Aesis und Aternus. 23 Städte, darunter Hatria, Castrum Novum, Asculum, Ancona, Auximum, Cingulum.

Regio IV, *Samnium.* Grenzen: gegen Umbrien der obere Lauf des Nar, gegen Etrurien der Tiber, im S. einesteils der Frento, anderenteils Campanien, im SO. ein Teil des römischen Gebiets. Diese Region umfasst folgende sabellische Völkerschaften:

1. Die Frentani mit 7 Städten.
2. Die Marrucini mit 1 Stadt, Teate.
3. Die Paeligni mit 3 Städten, darunter Corfinium.
4. Die Marsi mit 5 Städten, darunter Alba Fucentis.

5. Die Aequiculi mit 3 Städten, darunter Carseoli.
6. Die Vestini mit 4 Städten.
7. Die Samnites mit 8 Städten, darunter Bovianum Vetus, Aesernia, Ficulea.
8. Die Sabini mit 12 Städten, darunter Amiternum, Cures, Fidenae, Nursia, Reate, Tibur.

Regio I, *Campania*, schloss ganz Latium, mit Ausnahme des römischen Stadtgebiets, und Campanien im engeren Sinne ein. Grenzen sind im N. der Tiber, im S. der Silarus; die Ostgrenze ist verschieden. Diese Region umfasste 87 Städte, darunter alle alt-latinischen, wie Laurento-Lavinium, Ardea, Antium, und alle campanischen Städte, wie Cumae, Capua, Neapolis, Cales.

## C. Unteritalien.

Regio III, Bruttii und Lucania. Grenzen: gegen Campanien der Silarus, gegen Apulien wahrscheinlich der Bradanus (heute Bradano, der Grenzfluss zwischen der Basilicata und terra d'Otranto). 32 Städte, darunter Paestum, Velia, Buxentum, Locri, Croto, Thurii, Heraclea, Metapontum, Atina, Bantia.

Regio II, *Apulia et Calabria*. Grenzen: im N. der Frento, gegen die 3. Region wahrscheinlich der Bradanus, im übrigen der tarentinische Meerbusen und das obere Meer (*mare superum*). 72 Städte, die sich auf die Gebiete der Sallentini, Calabri, Apuli (Daunii) und Hirpini verteilen, darunter Tarentum, Hydruntum, Brundisium im Gebiet der Sallentini, Rudiae, Barium, Egnatia im Gebiet der Calabri, Luceria, Venusia, Canusium, Ausculum, Aletrium, Herdonia im Gebiet der Apuli, Beneventum, Compsa, Caudium im Gebiet der Hirpini. Das letztere Gebiet wurde übrigens später zur ersten Region (Campania) geschlagen.

# Kapitel XXXIV.

# Die Provinzen.

Marquardt I², 497. Madvig II, 49 und 86. E. Kuhn II. J. Jung, Die romanischen Landschaften des röm. Reichs, Innsbruck 1881. Mommsen, Staatsr. I, 51, 748, II, 239, III, 748. Mommsen, Röm. Gesch. V (Die Provinzen von Cäsar bis Diocletian), Berlin 1885. Willems, Droit public. 381 und 513. Karlowa I, 567. Herzog II, 190. Mispoulet II, 75.

## § 207. Die ursprüngliche und spätere Bedeutung des Namens Provincia.

*Provincia* heisst ursprünglich der Amtsbereich der Consuln, wenn beide sich räumlich in die Geschäfte geteilt hatten, von *provincere*, der Mächtigere sein vor dem anderen. Auch der Amtsbereich der Prätoren hiess *provincia*. Geschah die räumliche Teilung in der Art, dass z. B. der eine Consul zu Rom blieb und der andere in den Krieg zog, so hatte der erstere die *provincia urbana*, der letztere diejenige, die von dem Lande, in dem der Krieg geführt wurde, ihren Namen erhielt. Auch das Amt des *praetor urbanus* wurde *provincia urbana* genannt im Gegensatz zu dem des *praetor peregrinus*, das *provincia peregrina* hiess. Noch häufiger war der Fall, dass beide Consuln Rom verliessen und jeder an der Spitze eines consularischen Heeres einen besonderen Kriegsschauplatz erhielt, der gleichfalls mit dem Namen des Landes oder Volkes, mit dem man sich im Kriegszustand befand, bezeichnet wurde. Das ist der Ursprung der räumlichen und staatsrechtlichen Bedeutung des Wortes *provincia*. Danach bezeichnet *provincia* ein Land, dessen Bewohner von den Römern unterworfen und steuerpflichtig gemacht und, um es in diesem Zustand zu erhalten, von einem mit dem militärischen Imperium ausgerüsteten Statthalter verwaltet wird. Vergl. S. 213 und 214. Die beiden ersten Provinzen waren Sicilien und Sardinien.

488

## § 208. Die Provinzialstatthalter.

Zur Verwaltung der Provinzen wurden anfangs besondere Prätoren gewählt, so zuerst für Sicilien und Sardinien und später für die beiden Spanien. Als aber seit dem Jahre 146 weitere Provinzen dem römischen Reiche einverleibt wurden, erhöhte man nicht mehr die Zahl der Prätoren, sondern behalf sich, wie dies teilweise auch schon vorher geschehen war, mit der *prorogatio imperii* (siehe darüber S. 164 u. 216), d. h. man schickte gewesene Prätoren und Consuln in die Provinzen, indem man ihr Imperium verlängerte (*prorogato imperio*), und nannte dann diese *pro praetore* oder *pro consule*, woraus dann später je ein Wort *propraetor* oder *proconsul* entstanden ist. Dabei wurde alljährlich von dem Senate bestimmt, welche Provinzen durch Prätoren und welche durch Proprätoren oder Proconsuln zu besetzen seien. Seit der Einführung der *quaestiones perpetuae* waren aber die Prätoren nicht mehr während ihres Amtsjahres für die Verwaltung von Provinzen verfügbar: daher wurde durch Sulla die Bestimmung getroffen, dass die Consuln und Prätoren während ihres Amtsjahres in Rom bleiben, nach ihrem Amte aber regelmässig eine Provinz verwalten sollten. Dabei wurde es Regel, die bereits beruhigten Provinzen Proprätoren und diejenigen, zu deren Behauptung eine grössere Truppenmacht nötig war, Proconsuln zu übertragen. Welche Provinz ein jeder erhalten sollte, wurde unter den Consuln und den Prätoren durch das Los bestimmt. Die Amtsdauer war in der Regel einjährig. Der in eine Provinz gesandte Statthalter kann, obwohl es ihm zusteht, die vollen Insignien des *imperium* schon beim Überschreiten des *pomoerium* anzunehmen, seine Spezialkompetenz in der Provinz dann erst ausüben, wenn er in derselben eingetroffen ist. Bis dahin bleibt der bisherige Statthalter, auch wenn seine Amtsfrist schon abgelaufen ist, in Funktion. Dieser letztere musste aber nach der *lulia de provinciis* vom Jahre 46 binnen 30 Tagen nach Eintreffen des Nachfolgers abziehen. Ausserdem bestimmt dieselbe *lex*, um allzuweit gehende Verschleppungen abzuschneiden, dass die Dauer der Verwaltung der consularischen Provinzen höchstens eine zweijährige, die der prätorischen nur eine einjährige sein solle. Zu Gehilfen hatte der Statthalter einen *quaestor* und meist auch vom Senate bestimmte *legati*.

Augustus teilte die Provinzen in Senatsprovinzen und kaiserliche Provinzen.

Unter Senatsprovinzen sind diejenigen Provinzen zu verstehen, die vom Senate verwaltet wurden. An der Spitze derselben standen wie früher gewesene Prätoren und Consuln; beide führen jedoch den Titel Proconsuln. Ein Unterschied zwischen ihnen bestand nur darin, dass die gewesenen Prätoren 6 und die gewesenen Consuln 12 Lictoren hatten. Die ersteren standen an der Spitze derjenigen Provinzen, welche, weil sie von gewesenen Prätoren verwaltet wurden, prätorische genannt waren. Die letzteren regierten diejenigen Provinzen, welche, weil sie gewesenen Consuln unterstanden, consularische hiessen. Consularische Provinzen waren aber nur Asien und Africa, alle übrigen waren prätorische. Diese Bezeichnung galt aber nur für die genannte Unterscheidung innerhalb der senatorischen Provinzen, welche im allgemeinen proconsularische hiessen. Im Gegensatz dazu werden sonst mit dem Namen consularische und prätorische Provinzen nur die kaiserlichen Provinzen bezeichnet. Entsprechend obiger Unterscheidung innerhalb der senatorischen Provinzen führten die Statthalter der von gewesenen Consuln verwalteten und bis auf Constantin als consularisch betrachteten Provinzen Asia und Africa immer 12 Lictoren, während die anderen nur deren 6 hatten. Unter ihnen stehen wieder *legati pro praetore* und *quaestores*.

Die kaiserlichen Provinzen waren diejenigen, welche durch vom Kaiser ernannte Stellvertreter regiert wurden. Es gab deren drei Arten:

1. *Legati Augusti pro praetore consulares,* welche in die grössten und wichtigsten Provinzen geschickt wurden.

2. *Legati Augusti pro praetore praetorii,* in Provinzen, für welche eine Legion genügte.

3. *Procuratores,* d. h. Statthalter, welche vom Kaiser in solche Länder geschickt wurden, in denen noch nicht

die gewöhnlichen Provinzialeinrichtungen eingeführt waren. Die *procuratores* führen, wenn sie als selbständige Provinzialverwalter bezeichnet werden sollen, den Titel *procurator et praeses, procurator pro legato, procurator cum iure gladii, praeses*. Für Ägypten bestand statt *procurator* der Titel *praefectus*. Die kaiserlichen Statthalter blieben so lange im Amte, als es dem Kaiser genehm war, sie hatten das *ius gladii* und führten alle ohne Unterschied fünf *fasces*. Deshalb hiessen sie auch *quinquefascales*, namentlich wurden die prätorischen Legaten häufig so bezeichnet. Unter ihnen standen so viel *legati*, als sie Legionen befehligten.

Unter den kaiserlichen Statthaltern stehen wieder die *legati Augusti legionis* und die *legati Augusti iuridici*. Die letzteren waren vom *princeps* besoldete *comites*, welche namentlich als *assessores*, später *consiliarii* bei der Rechtspflege fungierten.

Von den *legati Augusti*, den Statthaltern der kaiserlichen Provinzen, sind also drei Gattungen von Unterbeamten zu unterscheiden, die gleichfalls den Titel *legati* führen, nämlich:

1. Die *legati pro praetore*, Gehilfen der Proconsuln in den Senatsprovinzen.
2. Die *legati legionum*, die Befehlshaber der Legionen in den kaiserlichen Provinzen.[1])
3. Die *legati Augusti iuridici*.

Ausser den Statthaltern und den genannten Unterbefehlshabern stehen in den Provinzen natürlich noch andere Beamte, wie z. B. die Quästoren in den Senatsprovinzen (S. 257 und 258), die *procuratores provinciae*, d. h. die Finanzbeamten der kaiserlichen Provinzen, von den oben erwähnten *procuratores* wohl zu unterscheiden: sie heissen im Gegensatz zu diesen selbständigen Provinzialverwaltern, die denselben Titel führen, *procuratores* schlechthin oder später

---

[1]) Vgl. W. Liebenam, Die Legaten in den römischen Provinzen, Leipzig 1888.

*rationales* und haben dieselben Funktionen wie die *quaestores;* werden sie, was später sowohl in kaiserlichen wie senatorischen Provinzen vorkam, mit der Vertretung des Statthalters betraut, so sind sie *procuratores vice praesidis;* ferner *praefecti,* die zur Stellvertretung des Statthalters in entlegenen Bezirken zur Eintreibung der Steuern u. dergl. verwendet wurden. Von den verschiedenen Finanzbeamten und der Finanzverwaltung der Provinzen überhaupt war oben §§ 101, 162, 163 und 164 und von den übrigen kaiserlichen Beamten § 130 die Rede.

## § 209. Staatsrechtliche Stellung der Provinzialen und der Provinzialgemeinden.

Im allgemeinen sind die Bewohner der Provinzen von staatsrechtlichem Standpunkte aus Unterthanen, *dediticii, stipendiarii.* Dieselben werden als Peregrinen betrachtet und sind daher des römischen Rechts nicht fähig. Eine Ausnahme machen dabei nur diejenigen Städte, welche entweder durch ein *foedus* oder durch ein Gesetz eine andere Stellung erhalten haben, sowie die römischen oder latinischen Kolonien. Man unterscheidet demnach:

1. Unterthänige Gemeinden, 2. freie Städte, 3. Städte mit römischer Verfassung.

I. Unterthänige Gemeinden, *civitates vectigales* und *stipendiariae,* d. h. die eigentlichen abgabenpflichtigen Provinzialgemeinden. Doch gab es unter diesen Städten mannigfache Unterschiede. Manche, namentlich solche, welche früher unter königlicher Herrschaft gestanden hatten, erfreuten sich grosser Selbständigkeit, indem der Statthalter nur wenig in die innere Verwaltung eingriff. Manche behielten noch ausserdem eigene Gerichtsbarkeit und besonderes Münz- und Besteuerungsrecht. Wieder andere bekamen dazu auch noch besondere Privilegien (*beneficia*). Vielen jedoch fehlten die genannten Berechtigungen. Vergl. §§ 151 und 152 das über *vectigal* und *stipendium* Gesagte.

II. Freie Städte. Diese zerfallen in *civitates foederatae* und *civitates sine foedere immunes et liberae.*

1. Die *civitates foederatae*, d. h. Staaten, welche mit Rom ein *foedus* abgeschlossen und infolge desselben von der Provinzialordnung und der Abgabenpflichtigkeit befreit waren. Solche Städte gab es übrigens nur wenige und meist in den älteren Provinzen, z. B. Massilia, Athen, Astypalaea, Rhodus. Ihre Souveränität, die sich in Münzrecht und Exilrecht kundgab, war durch die Bestimmungen des *foedus*, das ihnen unter anderem eine auswärtige Politik verbot, und das thatsächliche Übergewicht Roms beschränkt. Diese Städte waren von der Provinz eximiert.

2. *Civitates sine foedere immunes et liberae.* Ihre rechtliche Stellung war zwar analog der der *civitates foederatae* normiert, beruhte jedoch nicht auf einem *foedus*, sondern auf einem Gesetz oder *senatus consultum:* dieselbe konnte ihnen daher auch wieder durch ein Gesetz entzogen werden. Sie hatten eigene Gerichts- und Finanzverwaltung, Freiheit von römischer Besatzung, Eigentum an Grund und Boden, Freiheit von Grundsteuer, Münz- und Exilrecht, zuletzt das Recht eigene Zölle zu erheben, also dieselben Rechte, die den souveränen föderierten Staaten zukamen. Diese Städte wurden ebenfalls als nicht zur eigentlichen Provinz gehörig betrachtet.[1]

III. Städte römischer Verfassung und zwar Kolonien, Municipien und Städte mit *ius Latii*.

Die Kolonien hatten vor den Municipien in den Provinzen einen gewissen Vorrang. So können nur Kolonien die Befreiung von der Aufsicht des Statthalters, *libertas*, Befreiung von der Kopf- und Grundsteuer, *immunitas*, sowie Eigentumsfähigkeit des Bodens, *ius Italicum*,[2] erlangen. Die Municipien in den Provinzen genossen diese Privilegien nicht. Das geht daraus hervor, dass Municipien häufig um das *ius coloniae* nachsuchen. Über die Städte latinischen Rechts s. oben § 204. Mit Ausnahme der oben genannten privilegierten

---

[1] Vgl. Henze, De civitatibus liberis quae fuerint in provinciis rom., Berlin 1892.

[2] Heisterbergk, Name und Begriff des ius Italicum, Tübingen, 1885.

Kolonien wurden in der Kaiserzeit sämtliche Städte römischer Verfassung der höheren Gerichtsbarkeit und Verwaltung des Statthalters der Provinz unterstellt, sowie zu der Provinzialsteuer herangezogen.

## § 210. Verwaltung der Provinzen.

Die erste Einrichtung der Provinz erfolgte durch ein von dem Feldherrn, der das Land unterworfen, ausgehendes Dekret oder durch die *lex*, welche derselbe gemäss den Instruktionen des Senats unter Zuziehung einer Kommission, welche aus zehn ihm zu diesem Behufe beigegebenen Senatoren (*legati*) bestand, entwarf. Dieses Grundgesetz der Provinz wurde dann noch durch weitere Gesetze, namentlich aber durch die regelmässig von dem Statthalter erlassenen Edikte vervollständigt. Die Verwaltung des Statthalters erstreckte sich zunächst auf die Ausübung der Gerichtsbarkeit. Die Kriminalgerichtsbarkeit stand ihm über römische Bürger in uneingeschränkter Kompetenz zu, während die Gerichtsbarkeit der unterthänigen Städte über ihre Angehörigen nicht ganz aufgehoben wurde. Doch konnten römische Bürger, seit das Provocationsrecht über die Stadtgrenze hinaus erstreckt war, bei einer Anklage auf Leib und Leben an das hauptstädtische Gericht appellieren. Was die Civiljurisdiktion betrifft, so handhabte in allen Streitigkeiten zwischen römischen Bürgern in der Provinz oder zwischen römischen Bürgern und Peregrinen oder Peregrinen, welche verschiedenen *civitates* in der Provinz angehörten, der Statthalter oder sein Vertreter die gewöhnliche Jurisdiktion. Dagegen stand die Civiljurisdiktion im Prozesse zwischen den Bürgern einer und derselben Stadt meist den betreffenden städtischen Magistraten zu.

Für die Zwecke der Handhabung der Jurisdiktion, aber auch für die Zwecke der Verwaltung war jede Provinz in eine Anzahl Sprengel, *conventus*, eingeteilt, welche eine bestimmte Anzahl von Städten umfassten und einen Hauptort zum Mittelpunkt hatten. Hier hielt in der Winter- und Frühlingszeit der Statthalter seine Sitzungen ab, in denen er die Angelegenheiten der *civitates* erledigte und zu Gericht

sass (*forum agere, conventus agere*). Dabei wurden, wenn
es sich um Rechtsprechung handelte, die Richter je nach
der Beschaffenheit der Sachen entweder aus der Versammlung der römischen Bürger (*conventus civium romanorum*)[1])
oder aus den Provinzialen bestellt.

Was die Verwaltung im engeren Sinne des Wortes betrifft, so war die Einrichtung der Provinz nicht darauf berechnet. die ganze Detail- und Lokalverwaltung in den einzelnen Teilen und Städten der Provinz zu übernehmen. Man
liess zunächst den unterworfenen Städten (*civitates stipendiariae*)
eine eigene Verfassung. trug aber dafür Sorge. dass dieselbe
in einer der römischen Herrschaft zusagenden Weise gestaltet
wurde. Die Verwaltung selbst unterlag natürlich der Oberaufsicht des Statthalters, namentlich in finanzieller Beziehung,
indem der städtische Etat und die städtischen Rechnungen,
sowie die Verteilung der Steuern der statthalterischen Genehmigung bezw. Revision unterworfen wurden. Rechtlich
eximiert von dieser Oberaufsicht des Statthalters waren die
oben erwähnten *civitates foederatae* und *civitates sine foedere
immunes et liberae*. Doch war *de facto* eine gewisse Oberaufsicht. namentlich über die *civitates immunes et liberae* nicht
ausgeschlossen. Was nun die römischen Städte und Kolonien
in den Provinzen betrifft, so standen sie hinter den italischen
insofern zurück, als ihr Boden als ausseritalischer nicht in
quiritarischem Eigentum bestand und deshalb in der Regel
auch der Besteuerung unterlag. In der Kaiserzeit wurden
mit Beziehung hierauf dreierlei Städte unterschieden: 1) Städte.
welche das *ius Italicum* haben (s. oben § 209), 2) Städte,
welche *immunes* sind, d. h. welche zwar in der Regel an
sich keine Abgaben bezahlen, deren Boden aber des quiri-
tarischen Eigentums unfähig ist. 3) Stipendiäre Kolonien.
Eine besondere Art von Städten waren diejenigen, welche
das künstliche *ius Latii* hatten, d. h. welche ohne gerade la-

[1]) Über diese handelt genauer Schulten, De conventibus civ. rom.,
Leipzig 1892 und Kornemann. De civ. rom. in prov. imperii consistentibus.
Berlin 1892.

tinische Kolonien zu sein, dasselbe Recht wie die latinischen Kolonien geniessen sollten (*lex Pompeia*). In diesem künstlichen *ius Latii* war zunächst bestimmt, dass die betreffende Stadt gleich einer wirklichen latinischen Kolonie den römischen Beamten, also auch dem Provinzialstatthalter, in dessen Bezirk sie lag, nicht unterworfen sein sollte. Ferner erhielt die Stadt das *commercium* mit römischen Bürgern sowie verschiedene Mittel zum römischen Bürgerrecht zu gelangen.

In der Kaiserzeit war die Kriminaljurisdiktion von dem früheren Usus nicht wesentlich verschieden. In der Civiljurisdiktion bestand zwischen Senats- und kaiserlichen Provinzen der Unterschied, dass in den ersteren der Proconsul seinen Legaten oder auch andere mit der Stellvertretung betrauen konnte, während in den kaiserlichen Provinzen der kaiserliche Statthalter die ihm vom Kaiser übertragene Gerichtsbarkeit nicht weiter mandieren konnte.

Der wichtigste Zweig der Provinzialverwaltung war das Steuerwesen. Für die Zwecke der Steuerverteilung und Steuererhebung wurde unter Augustus der Provinzialcensus eingeführt. Die Provinzen wurden in Distrikte eingeteilt. In jeden derselben wurde ein Kommissar *ad census accipiendos* oder *censitor* geschickt, welcher die Steuerlisten für denselben mit Hülfe der Kommunalbeamten anzulegen, bezw. von Zeit zu Zeit zu revidieren hatte. Die Kontrolle des Census der ganzen Provinz übte in den kaiserlichen Provinzen ein besonderer *legatus Augusti pro praetore ad census accipiendos* aus, während in den Senatsprovinzen dieses Amt wahrscheinlich von den Proconsuln selbst versehen wurde.[1])

In jeder Provinz im ganzen Reiche befand sich unter der Oberaufsicht des Statthalters eine gut organisierte Sicherheitspolizei, wobei wir insbesondere über diejenige Ägyptens Näheres wissen.[2])

---

[1]) Vgl. auch Jung, Das röm. Municipalwesen in d. Provinzen, Hist. Zeitschr. 67. Bd., 1. Heft.

[2]) O. Hirschfeld, Die Sicherheitspolizei im röm. Reich, Sitzungsber. der Berl. Akad. der Wiss. 39, S. 854 und Die ägyptische Polizei in der Kaiserzeit, Sitzungsber. 1892, 39, S. 815.

## § 211. Die Provinzialversammlungen.[1])

Die Provinzialversammlungen verdankten ihre Entstehung dem Kaiserkultus und zwar speziell demjenigen, welcher als die Verehrung *Romae et Augusti* bezeichnet wird. Es war dies der Kultus der Hoheit des römischen Reiches und seines Oberhauptes. Es ist wahrscheinlich, dass jede Provinz einen solchen Verein hatte.[2]) Dabei repräsentierten aber diese Vereine weniger die Bevölkerung als solche als die Stadtgemeinde, von denen eine jede ihre Abgeordneten entsandte. Der Sitz der Versammlung war an eine bestimmte Kultstätte gebunden, befand sich also in den westlichen Ländern da, wo ein Altar für die Verehrung von Rom und Augustus errichtet worden war. Die Versammlungen fanden entweder jährlich oder alle vier Jahre statt. Der Vorsitzende der Versammlung war der Priester des Provinzialaltars. Derselbe war der einzige Priester der Provinz und wurde in den westlichen Ländern direkt von den Städten der Provinz und zwar aus solchen gewählt, welche in ihrer Heimat die höchste Magistratur bekleidet hatten. Diese Provinziallandtage hatten zunächst eine sakrale Bedeutung, doch nahmen sie mehr und mehr auch einen politischen Charakter an. Denn man beschloss in ihnen nicht nur dem abgehenden Statthalter einen Dank, sondern fasste auch unter Umständen Beschwerden gegen ihn ab. Ferner wurden Gesandtschaften an den Senat oder den Kaiser und zwar, wie es scheint, ohne Beteiligung des Statthalters abgeschickt. In nachconstantinischer Zeit wird sogar jegliche Behinderung von Beschwerdesendungen dem Statthalter verboten, so dass in dieser Zeit die Provinziallandtage als eine Art Kontrolle der kaiserlichen Beamten betrachtet werden können.

[1]) Paul Guiraud, Les assemblées provinciales dans l'empire romain. Paris 1887. Vgl. E. Hardy, The provincial concilia from Augustus to Diocletian. Classical Review 1890, April.
[2]) Marquardt, De provv. rom. conciliis et sacerdotibus und Staatsverwaltung I², 510.

## § 212. Statistische Übersicht über die römischen Provinzen in der Zeit der Republik.

| | Einrichtung | Verwaltung |
|---|---|---|
| 1. Sicilia | 241, vollständig unterworfen 210 | Seit 227 unter einem Prätor, seit 121 unter einem Proprätor. |
| 2. Sardinia mit Corsica | 231 | Seit 227 unter einem Prätor, seit 122 unter einem Proprätor. |
| 3. Hispania citerior oder Tarraconensis | | |
| 4. Hispania ulterior (um 25 v. Chr. in zwei Provinzen, Baetica und Lusitania, zerlegt.) | 197 | Unter Prätoren mit proconsularischer Gewalt. |
| 5. Illyricum | wahrscheinlich 45 v. Chr. | Illyricum, das römische Gebiet zwischen Italien und Macedonien umfassend und so ziemlich mit dem illyrischen Stamm sich deckend, wurde nach seiner Unterwerfung 167 v. Chr. zum kleineren Teil mit der griechisch-macedonischen Statthalterschaft vereinigt, zum grösseren Teil als Nebenland von Italien und nach der Einrichtung des cisalpinischen Galliens als ein Teil von dieser Provinz verwaltet. Als selbständige Provinz erscheint es zuerst 45/44 v. Chr. Später zerfiel es in ein unteres Illyrien oder Pannonia |

| Einrichtung | Verwaltung |
|---|---|

und in eine *superior provincia* oder *Dalmatia*.

| | Einrichtung | Verwaltung |
|---|---|---|
| 6. Macedonia | 146 | Bis zur Kaiserzeit mit Ausnahme von Illyricum und Moesia fast die ganze Balkanhalbinsel umfassend. Sie enthielt somit auch Achaia und Epirus, welche 146 als Teile der Provinz Macedonien inkorporiert, im Jahre 27 zusammen unter dem Namen Achaia eine selbständige Senatsprovinz wurden. |
| 7. Africa | 146 | Unter einem Prätor, nachher Proprätor. |
| 8. Numidia oder Africa nova | 146 | 30 v. Chr. wieder aufgehoben, von neuem wieder Provinz unter Septimius Severus. |
| 9. Asia | 133, definitiv konstituiert 129 | In der Regel unter einem Proprätor, in Zeiten des Krieges auch unter einem Proconsul. |
| 10. Gallia Narbonensis | 120 | |
| 11. Gallia Cisalpina | ? | Seit 191 in der Gewalt der Römer, wurde das Land nicht sofort einem eigenen Statthalter übergeben, sondern von Rom aus verwaltet. Nach Mommsen wurde es durch Sulla im Jahre 81 in eine Provinz verwandelt mit dem Rubico als Grenze. Im Jahre 42 wurde die Provinz |

| | Einrichtung | Verwaltung |
|---|---|---|
| | | aufgehoben und zu Italien geschlagen. |
| 12. Bithynia, 65 wurde der westliche Teil des pontischen Reiches damit vereinigt, und hiess die Provinz seitdem Bithynia et Pontus. | 74 | Unter einem Proprätor. |
| 13. Creta | 67 | Creta und Cyrene werden von Augustus 27 zu einer Provinz vereinigt. |
| 14. Cyrene | 74 | Unter einem *quaestor pro praetore*. |
| 15. Cilicia | 103 | Unter einem Proconsul umfasste die Provinz bis 64 nur Cilicia campestris; im genannten Jahre wurde Cilicia aspera, Pamphylia, Pisidia, Isauria, Lycaonia, ein Teil von Phrygien und 58 als achter Bestandteil noch Cyprus hinzugeschlagen. |
| 16. Syria | 64 | Zuerst von Proprätoren, dann von Proconsuln, dann von Legaten des Antonius verwaltet. |

§ 213. **Übersicht über die Provinzen im ersten und am Anfange des zweiten Jahrhunderts.**

1. Senatorische Provinzen.

| | Einrichtung | Verwaltung |
|---|---|---|
| 1. Asia | 133 v. Chr. | Proconsul, gewesener Consul. |

|  | Einrichtung | Verwaltung |
|---|---|---|
| 2. Africa | 146 v. Chr. | Proconsul, gewesener Consul mit einer Legion, welche seit 37 v. Chr. unter einem eigenen vom Statthalter unabhängigen *legatus Aug. pro praetore* stand. |
| 3. Baetica | 25 v. Chr. | Proconsul, gewesener Prätor. |
| 4. Narbonensis | 120 v. Chr. | Proconsul, gewesener Prätor. |
| 5. Sardinia et Corsica | 231 v. Chr. | Proconsul, gewesener Prätor. |
| 6. Sicilia | 241 v. Chr. | Proconsul, gewesener Prätor. |
| 7. (Illyricum 27—11 Senats-, von da bis zu seiner Trennung in Pannonia und Dalmatia kaiserliche Provinz.) | | |
| 8. Macedonia | 146 v. Chr. | Als Teile der Provinz Macedonien inkorporiert. |
| 9. Achaia und Epirus | 146 v. Chr. | Proconsul, gewesener Prätor. |
| | 27 v. Chr. bis 15 n. Chr., eigene Provinz | Unter prät. Proconsuln. |
| | 15—44 n. Chr. | Unter kaiserlichen Legaten wieder mit Macedonien vereinigt. Von Vespasian an war Achaia Senatsprovinz unter einem Proconsul, gewesenen Prätor, während Epirus zu einer kaiserlichen Provinz unter einem Procurator wurde. |
| 10. Creta et Cyrene | 67 und 74 v. Chr. | Proconsul, gewesener Prätor. |

| | Einrichtung | Verwaltung |
|---|---|---|
| 11. Cyprus | 27. 22, v. Chr. Seit 27 v. Chr. kaiserliche, mit Cilicien vereinigte, seit 22 v. Chr. Senatsprovinz. | Proconsul, gewesener Prätor. |
| 12. Bithynia et Pontus | 74, 65 v. Chr., seit 27 v. Chr. Senatsprovinz. | Proconsul, gewesener Prätor. |

## 2. Kaiserliche Provinzen.
### a. Consularische

| | Einrichtung | Verwaltung |
|---|---|---|
| 1. Tarraconensis | 127 v. Chr. | *legatus Augusti pro praetore, vir consularis.* |
| 2. Germania superior | 17 n. Chr. | militärisch unter je einem *legatus Augusti pro praetore consularis.* Die Civilverwaltung war mit Belgica vereinigt. |
| 3. Germania inferior | 17 n. Chr. | |
| 4. Britannia | 43 n. Chr. | *legatus Augusti pro praetore, vir consularis.* |
| 5. Pannonia superior | Anfangs zu Illyricum gehörig, dann eine besondere Provinz, nach 102 n. Chr. in zwei Prov. geteilt. | do.  do. |
| 6. Pannonia inferior | | |
| 7. Moesia superior | Seit 6 vereinigt kaiserliche Prov., seit Domitian getrennt. | do.  do. |
| 8. Moesia inferior | | |
| 9. Dacia | 107 n. Chr. von | do.  do. |

|  | Einrichtung | Verwaltung |
|---|---|---|
|  | Hadrian in Dacia sup. und inf., von Marcus in drei Teile geteilt, von Aurelian aufgegeben. | |
| 10. Dalmatia | 45/44 v. Chr., seit 27 v. Chr. Senats-, 11 v. Chr. kaiserl. Provinz. | *legatus Augusti pro praetore, vir consularis.* |
| 11. Cappadocia | 17 n. Chr. procuratorische, seit 70 consul. Provinz. | do.  do. |
| 12. Syria | 64 v. Chr., seit 27 kaiserliche Prov., Judaea abgezweigt 44 und 70 n. Chr. Von Septimius Severus in Syria Coele oder Magna u. Syria Phoenice geteilt. | do.  do. |

### b. Prätorische

|  | Einrichtung | Verwaltung |
|---|---|---|
| 1. Lusitania | 25 v. Chr. | *legatus Augusti pro praetore, vir praetorius.* |
| 2. Aquitania | 27 v. Chr. | seit 17 n. Chr. *vir praetorius.* |
| 3. Lugdunensis | 27 v. Chr. | seit 17 n. Chr.  do. |
| 4. Belgica | 27 v. Chr. | seit 17 n. Chr.  do. |
| 5. Galatia | 25 v. Chr. (von | do. |

| | Einrichtung | Verwaltung |
|---|---|---|
| | 78 n. Chr. mit Cappadocien als consul. Provinz vereinigt und wieder getrennt, blieb es seit 115 als prätorische selbständig). | |
| 6. Pamphylia et Lycia | seit 43 n. Chr. verbunden und wieder getrennt, werden sie von Vespasian vereinigt und kaiserliche Provinz, später von Hadrian gegen Bithynia an den Senat vertauscht. | *vir praetorius.* |
| 7. Cilicia | 103, 64 v. Chr. Mehrfach verkleinert wurde Cilicia unter Augustus mit Syria vereinigt, aber seit Vespasian wieder selbständig uud von Septimius Severus durch Isaurien und Lycaonien vergrössert. | *legatus Augusti pro praetore, vir praetorius.* |

| | Einrichtung | Verwaltung |
|---|---|---|
| 8. Arabia | 106 n. Chr. (später in Arabia Bostraea und Arabia Petraea geteilt.) | vir praetorius. |
| 9. Armenia? | Kurze Zeit mit Cappadocien vereinigt, 117 n. Chr. aufgegeben. | vir praetorius. |
| 10. Mesopotamia | 115 von Hadrian aufgegeben, von L. Verus wiederhergestellt. | do. Seit Septimius Severus ein Praefectus. |
| 11. Assyria | 116 von Hadrian aufgegeben. | do. |
| 12. Numidia? | 46 v. Chr. 30 v. Chr. mit Mauretanien, später wieder mit Africa vereinigt, wahrscheinlich erst seit Septimius Severus eigene Provinz unter dem *legatus* der *legio* III *Aug.* | do. |

c. Procuratorische

| | Einrichtung | Verwaltung |
|---|---|---|
| 1. Alpes maritimae | seit 14 v. Chr. | Kaiserlicher Procurator. (Genauerer Titel s. § 208.) |

|  | Einrichtung | Verwaltung |
|---|---|---|
| 2. Alpes Cottiae | seit Nero | Unter einem Procurator. |
| 3. Alpes Poeninae | anfangs vielleicht zu Raetia gehörig, wahrscheinlich im 2. Jahrhundert in eine procuratorische Provinz verwandelt. | |
| 4. Raetia | seit 15 v. Chr. | *Procurator et pro legato provinciae Raetiae et Vindeliciae et Vallis Poeninae,* seit M. Aurel unter dem Commandeur der *leg.* III Italica, *legatus Augusti pro praetore leg.* III Italicae. |
| 5. Noricum | seit 15 v. Chr. | Als *regnum Noricum* von einem Proconsul verwaltet, später (seit Marcus Antoninus) unter dem Befehlshaber der *leg.* II Pia (später Italica genannt). |
| 6. Thracia | 46 n. Chr. | Bis Trajan unter einem Procurator, von da unter einem prätorischen Legaten. |
| 7. Epirus | s. oben. | Seit Vespasian unter einem Procurator. |
| 8. Mauretania Tingitana | 40 n. Chr. | do. |
| 9. Mauretania Caesariensis | | do. |

d. Unter einem Präfecten mit consularischer Gewalt steht

Aegyptus, welches als kaiserliche Domäne (seit 30 v. Chr.) eine Ausnahmestellung einnahm; dasselbe wurde von einem kaiserlichen Präfecten (s. oben über die Bedeutung dieses Wortes § 130) verwaltet. Neben ihm fungierte ein *iuridicus*, der den Titel Procurator führte, für die Rechtsprechung in Alexandrien. Diese Beamten waren wie die Legionsbefehlshaber (*praefecti castrorum*) aus dem Ritterstande entnommen, da Senatoren ohne besondere kaiserliche Erlaubnis Ägypten nicht betreten durften.

Über einzelne Provinzen ist noch Folgendes zu bemerken. Die definitive Regulierung Galliens (*Galliae*) nach dessen Unterwerfung durch Cäsar ist das Werk des Augustus. Nachdem dieser *Gallia Narbonensis* schon 22 v. Chr. an die senatorische Regierung abgegeben hatte, behielt er nur das von Cäsar eroberte Gallien in eigener Verwaltung und teilte dieses in drei Provinzen, deren jeder ein selbständiger kaiserlicher Statthalter vorgesetzt wurde (seit 17 n. Chr.): 1. Aquitania, 2. Lugdunensis, 3. Belgica. Diese drei Provinzen wurden die *tres Galliae* genannt. Eine gemeinschaftliche Oberbehörde hatten diese drei Provinzen nicht; nur unter Augustus waren sie gewöhnlich einem Mitglied des Kaiserhauses mit *imperium proconsulare maius* unterstellt. Aber sonst wurden die drei Provinzen als ein zusammengehöriges Gebiet betrachtet, als dessen Hauptstadt Lugdunum galt. Hier residierten die Kaiser und Prinzen, wenn sie in Gallien verweilten. Hier war auch neben Karthago die einzige ständige Garnison der lateinischen Westhälfte des Reichs und die einzige Münzstätte für Reichsgeld im Westen überhaupt. Ferner war hier die Centralstelle des ganz Gallien umfassenden Grenzzolls. Ausserdem wurde Lugdunum der Sitz des keltischen Landtags (*concilium Galliarum*) der drei Provinzen und aller sich daran knüpfenden politischen und religiösen Institutionen, Tempel und Jahresfeste (*ara Romae et Augusti*). Auf dem Landtag waren 60, später 64 Gaue vertreten. Die beiden Provinzen *Germania superior* und *inferior*, anfangs von Augustus dem Oberstatthalter der *tres Galliae* unterstellt, wurden später zwei besondere Militärprovinzen mit je einem consularischen Legaten an der Spitze. Diese hatten übrigens mit der Civilverwaltung nichts zu thun. Dieselbe war vielmehr, wie schon oben angegeben, mit der von Belgica vereinigt. Zu den unter dem Plural Galliae zusammengefassten Provinzen wurden ausser den *tres Galliae*, den beiden Germanien und der alten narbonensischen Provinz noch die drei von Procuratoren verwalteten Alpendistrikte, *Alpes maritimae, Cottiae* und *Poeninae* gerechnet.[1])

Eine besondere Stellung nahm auch in gewissen Zeiten **Judaea** ein. Infolge der Eroberung durch Pompeius (63) wurde es der Provinz Syrien zugeteilt, behielt aber eigene Steuerverwaltung und seinen besonderen Oberpriester und Oberrichter (ἀρχιερεύς καὶ ἐθνάρχης) in der Person des Hyrcanus. Um das Jahr 38 v. Chr. wurde Judaea wieder ein Königreich unter dem Idumäer **Herodes**, der den Beinamen des Grossen führt. Zum Schutze seiner Herrschaft lag in Jerusalem eine römische Legion. Übrigens war Judaea wie auch schon früher zum Zahlen eines Tributs an den Kaiser und zur Stellung von Hilfstruppen verpflichtet. Daher ist Herodes faktisch als ein *procurator* des Kaisers mit dem Königstitel zu betrachten. Nach dem Tode des Herodes, 4 v. Chr., wurde sein Reich unter seine drei Söhne geteilt, der Königstitel aber keinem verliehen. Ganz Judaea wurde aber später wieder unter Herodes Agrippa zu einem Reiche vereinigt (41—44 n. Chr.). Von 44 an wurde Judaea wieder von Procuratoren verwaltet, deren Residenz Caesarea war. Das bekanntermassen durch Titus zerstörte Jerusalem wurde durch Griechen neu kolonisiert und erhielt den Namen *Colonia Aelia Capitolina*.

## § 214. Die Neuordnung durch Diocletian und Constantin.

Die Teilung des römischen Reichs unter die vier Kaiser Diocletianus, Maximianus, Constantius und Galerius, von denen jeder seinen *praefectus praetorio* hatte (292), führte zu einer Neuordnung, die auch nach Wiedervereinigung der vier von den genannten Kaisern beherrschten Gebieten von Constantin beibehalten wurde. Danach zerfiel das Reich in vier je einem *praefectus praetorio* unterstellten Präfecturen und zwar:

[1]) Vgl. auch Fustel de Coulanges, La Gaule Romaine, Paris 1891.

1. *Praefectura Italiae.*
2. *Praefectura Galliarum.*
3. *Praefectura Illyrici.*
4. *Praefectura Orientis.*

Diese Präfekturen waren wieder in Diöcesen eingeteilt, an deren Spitze *vicarii* standen, und diesen waren wieder die Statthalter der einzelnen Provinzen unterstellt. Es gab im Ganzen 12 *vicarii* und 116 Statthalter, welch letztere verschiedene Titel führten.

Die *Praefectura Italiae* enthielt drei Diöcesen: Africa, Italia und Illyricum occidentale mit zusammen 30 Provinzen, deren Titel teils *consularis*, teils *corrector*, teils *praeses* war. Dabei stand die Diöcese Illyricum occidentale (auch *dioecesis Pannoniarum* genannt) direkt unter dem *praefectus praetorio Italiae*, während Africa einen *vicarius* und Italien deren zwei hatte. Der eine, der in Rom residierte, hiess *vicarius in urbe*, der andere, der in Mailand seinen Wohnsitz hatte, führte den Titel *vicarius Italiae.*

Die *Praefectura Galliarum* zerfiel ebenfalls in drei unter *vicarii* stehenden Diöcesen: 1) Hispanien, 2) Gallien, 3) Britannien mit zusammen 29 Provinzen.

Die *Praefectura Illyrici* enthielt die drei Diöcesen Dacia, Achaia, Macedonia, von denen Dacia direkt unter dem *praefectus praetorio*, Achaia unter einem *proconsul* und Macedonia unter einem *vicarius* stand.

Die *Praefectura Orientis* zerfiel in 5 Diöcesen unter einem *comes Orientis* (Palaestina I, Phönizien, Syria I, Cilicien, Cypern, Mesopotamien u. a. Länder), einem *praefectus Augustalis* (Ägypten, Libyen u. a), einem *vicarius dioeceseos Asianae* (kleinasiatische Länder), einem *vicarius Pontiae* (Bithynien, Galatien, Pontus, Armenien u. a.) und einem *vicarius Thraciarum* (Thracien, Mösien, Scythien).

Direkt unter dem Kaiser stand der *proconsul Africae* und der *proconsul Asiae*, unter welch letzterem wieder ein *consularis Hellesponti* und ein *praeses insularum* stand.

# Index.